W9-BBS-901

Literatura española

Garland Reference Library of the Humanities (Vol. 1871)

Literatura española
una antología

TOMO 1
DE LOS ORÍGENES HASTA 1700

David William Foster

Con la colaboración de
Daniel Altamiranda
Gustavo Oscar Geirola
Carmen de Urioste

GARLAND PUBLISHING, INC.
New York & London
1995

Preface copyright © 1995 by David William Foster
All rights reserved

Library of Congress Cataloging-in-Publication Data

Literatura española : una antología / edited by David William Foster, coedited by
Daniel Altamiranda, Gustavo Oscar Geirola, Carmen de Urioste.
    p.   cm. — (Garland reference library of the humanities ; vol. 1871, 1927)
    Contents: t. l. De los orígenes hasta 1700 — t. 2. De 1700 hasta la actualidad.
    ISBN 0-8153-1755-7 (v. 1 : alk. paper). — ISBN 0-8153-2012-4 (v. 1 : pbk. :
alk. paper). — ISBN 0-8153-2063-9 (v. 2 : alk. paper). — ISBN 0-8153-2064-7
(v. 2 : pbk. : alk. paper)
    1. Spanish literature.   I. Foster, David William.   II. Series.
PQ6172.L543   1995
860.8—dc 20   95-19115
                                                        CIP

Paperback cover designs for volumes 1 and 2 by Karin Badger.
Paperback cover photographs courtesy of the Tourist Office of Spain.

Printed on acid-free, 250-year-life paper
Manufactured in the United States of America

ÍNDICE DE MATERIAS

PREFACIO

Literatura española: una antología aspira a ser una antología global de textos señeros de la literatura española. Su organización obedece a distintos criterios que imperan en la docencia en los Estados Unidos, en función del contexto de la presentación de esta literatura a estudiantes de dicho país, ya sean angloparlantes o hispanohablantes.

Se ha procurado, en primer lugar, alcanzar un equilibrio en la representación cronológica. La enorme eclosión en la producción y en el reconocimiento de la literatura contemporánea, así como también la reciente reevaluación de autores y obras de distintos períodos, han sido contrabalanceadas por la necesidad de seguir proporcionando una adecuada representación del canon tradicional. El material servirá para una secuencia de cursos de un año lectivo, o una división en dos semestres centrada en el año 1700, o una división en tres cuatrimestres: medioevo y siglo XV, siglo de oro y siglo XVIII, y época moderna. Al mismo tiempo, para no caer en segmentaciones fundamentadas en una armazón simplemente histórica, los textos, aunque se ordenan cronológicamente, no están repartidos bajo rótulos convencionales.

En segundo lugar, ya que entendemos que el estudiante no está necesariamente capacitado para leer ciertos textos en sus versiones originales, hemos reproducido fragmentados del texto del *Poema de Mio Cid* junto con la versión modernizada; transcripción de las jarchas primitivas con la versión modernizada; así como también varias manifestaciones de la interpenetración de lo que va a emerger definitivamente como el castellano y el portugués en el caso de las *Cantigas de Santa María* de Alfonso el Sabio y el teatro de Gil Vicente, éste bilingüe y aquellas escritas en gallego-portugués.

En tercer lugar, aunque no ha sido siempre posible cumplirlo, el principio rector aquí es la reproducción de textos completos: así se incluyen obras de teatro de Gil Vicente, Lope de Rueda, Lope de Vega, Calderón de la Barca, Ramón de la Cruz, Leandro Fernández de Moratín, José Zorrilla, Federico García Lorca y Paloma Pedrero, cuatro novelas completas (el *Lazarillo de Tormes*, Miguel de Unamuno, Ramón Sender y Adelaida García Morales), además del texto completo de *La deshumanización de arte* de José Ortega y Gasset. Toda antología no puede ser más que una selección en última instancia bastante jerarquizante, y la que indudablemente se ha ejercido aquí ha sido en aras de facilitar el conocimiento de una representación muy destacada de la literatura española que procura ir un poco más allá de la serie ya canonizada que ofrecen las antologías anteriores.

Evidentemente, esta antología se destina a estudiantes con un nivel relativamente alto de preparación lingüística—por lo menos tres años de lengua a nivel universitario y, preferentemente, un curso de presentación general a conceptos de período, género y movimientos. Por lo tanto, no se ha querido utilizar páginas de este texto para la presentación histórica y crítica de los textos, con la idea de que el estudiante dependerá para ello de las exposiciones del profesor y las lecturas en fuentes de información paralelas.

Todos los textos han sido reproducidos de reconocidas ediciones críticas y, salvo ligeras modificaciones para imponer una uniformidad ortográfica (la supresión del acento en pretéritos como *fue*, por ejemplo) y por razones de un diseño gráfico uniforme, se han conservado las particularidades de la fuente en lo que respecta a la puntuación, las mayúsculas, la letra cursiva y demás. Las notas a los textos tienen la doble función de aclarar referencias culturales e históricas por un lado, y, por otro, de anotar usos lingüísticos que no figuran en un buen diccionario bilingüe. A estos efectos se ha consultado como autoridad el *Collins Spanish-English, English-Spanish Dictionary*, de Colin Smith.

En el caso de los textos medievales, se ha buscado que el estudiante tenga acceso a su versión más auténtica, mediante la reproducción de las ediciones más autorizadas (cuando ello ha sido posible) y modernizando en algunos casos la ortografía. La modernización no responde en esta antología a un criterio único, ya que se reproducen los criterios de los editores consultados y agregamos algunos signos de puntuación para facilitar la lectura cuando lo hemos estimado necesario. Las notas a pie de página aclaran dificultades léxicas y dialectales, y los textos de las jarchas mozárabes y de las *Cantigas* de Alfonso el Sabio figuran en su idioma original, junto con sus respectivas traducciones al castellano. En casi todos los casos se ha cotejado el texto con otras ediciones críticas, a fin de salvar algunas erratas evidentes u ofrecer una versión más clara en cuanto a puntuación o alguna irregularidad métrica.

Las responsabilidades para la preparación del material se han repartido de la siguiente manera: Gustavo Oscar Geirola (medioevo y poesía del siglo XVI); Daniel Altamiranda (teatro y prosa del siglo XVI y siglos XVII y XVIII); Carmen de Urioste (siglos XIX y XX).

Finalmente, se quiere agradecer a las editoriales que han concedido los permisos necesarios para la confección de esta antología, como también a las personas que han colaborado, en particular Fabio Correa Uribe, José María García Sánchez y Patricia Altamiranda.

AGRADECIMIENTOS

Ediciones Cátedra: Pedro Calderón de la Barca, *La dama duende*; Lope de Rueda, "La tierra de jauja"; Santa Teresa, *Libro de la vida*.
Editorial Anagrama: Adelaida García Morales, *El sur*.
Scripta Humanistica: Fernando de Rojas, *La Celestina*.
José M. Solá-Solé: *Dança general de la muerte*.
Ediciones Destino: Ramón J. Sender, *Réquiem por un campesino español*.
Editorial Planeta: Mariano José Larra, *Artículos*; El marqués de Santillana, poetry and prose.
Francisco H. Pinzón Jiménez, por Herederos de Juan Ramón Jiménez: selections from the poetry of Juan Ramón Jiménez.
Espasa-Calpe: Juan del Encina, *Triunfo del amor*; Gil Vicente, *Auto pastoril castellano*.
Grupo Anaya: Gonzalo de Berceo, *Milagros de nuestra Señora*; "Jarchas mozárabes".
Angel María Yanguas Cernuda: selections from the poetry of Luis Cernuda.
Agencia Mercedes Casanovas: Federico García Lorca, *Yerma*.

JARCHAS MOZÁRABES

1

Des cuand mio Cidiello vénid
—¡tan bona *albishara!*—,
com rayo de sole yéshid
en Wad-al-hachara.

Desde el momento que viene mi
Cidiello
—¡oh, qué buena nueva!—,
sale en Guadalajara
como un rayo de sol.

2

Non dormireyo, mamma,
a rayo de mañana.
Bon Abu-l-Qasim,
la fache de matrana.

No dormiré, madre,
al rayar la mañana.
El buen Abu-l-Qasim,
la cara de aurora.

3

¿Qué faré, mamma?
  Meu *al-habib* est ad yana.

¿Qué haré, madre?
  Mi amado está a la puerta.

4

Que no quero tener *al-'iqd*, ya
   mamma,
   Amana hulá li.
Coll' albo quérid fora meu sidi,
   non quérid *al-huli.*

Que no quiero yo tener collar,
madre.
   ¿Prestarme alhajas?
Cuello blanco quiere fuera mi se-
ñor:
   no quiere joyas.

5

¡Mamma, *ayy habibi!*
Suaal-chumella shaqrellah,
   el collo albo,
   e boquella *hamrellah.*

¡Madre, qué amigo!
Su guedejuela es rubia,
   el cuello blanco
y la boquita coloradita.

1

6

Non quero yo un *jilliello*
illa' l-samarello.

No quiero yo amiguito
sino el morenito.

7

Garid vos, ¡ay yermaniellas!,
¿cóm' contenir el mio male?
Sin el *habib* non vivreyo:
¿ad ob l' irey demandare?

Decídme, ay hermanitas,
¿cómo contener mi mal?
Sin el amado no viviré:
¿adónde iré a buscarlo?

8

¡Tanto amare, tanto amare,
habib, tanto amare!
Enfermeron olios nidios
e dolen tan male.

Tanto amar, tanto amar,
amado, tanto amar!
Enfermaron [mis] ojos brillantes
y duelen tanto.

9

Vaise mio corachón de mib.
¡*Ya Rab*!, ¿si se me tornarad?
Tan mal me dóled *li-l-habib*:

enfermo yed, ¿cuánd sanarad?

Vase mi corazón de mí.
¡Ay Dios!, ¿acaso tornará?
Tanto me duele por el amado:
enfermo está, ¿cuándo sanará?

10

Gar, ¿qué fareyo?
¿cómo vivreyo?
Est' *al-habib* espero,
por él murreyo.

Dime, ¿qué haré?,
¿cómo viviré?
A este amado espero,
por él moriré.

11

Gar ¿sabes devina,
e devinas *bi-l-haqq*?
Garme cuánd me vernad
meu *habibi* Ishaq.

Puesto que sabes adivinar
y adivinas la verdad,
dime cuándo vendrá a mí
mi amigo Isaac.

12

Como filyolo alieno,
non más adormes a meu seno.

Como si fueses hijito ajeno,
ya no te duermes más en mi seno.

13

Adamey filiolo alieno,
ed él a mibi;
quéredlo de mib catare
suo *al-raquibi.*

Amé a un hijito ajeno,
y él a mí.
Quiérelo apartar de mí
su guardador.

14

¡Amanu, amanu, ya l-malih! Gare,
¿por qué tú queres, *ya-llah* matare?

¡Piedad, piedad, hermoso! Di,
¿por qué tú quieres, ¡ay Dios!, ma-
tarme?

15

Si queres como bon a mib,
béchame *da' l-nazma duk,*
boquella de *habb al-muluk.*

Si me quieres como bueno,
bésame esta sarta de perlas,
boquita de cerezas.

16

Amanu ya habibi,
al-wahsha me no farás.
Bon, becha ma boquella:
eu sé que te no irás.

¡Merced, amigo mío!
No me dejarás sola.
Hermoso, besa mi boquita:
yo sé que no te irás.

17

Meu sidi Ibrahim, ya nuemne dol-
che,
vent't a mib de nohte.
In non, si non queris, yireim'a tib:
garme a ob legarte.

Señor mío Ibrahim, ¡oh dulce
nombre!,
vente a mí de noche.
Si no, si no quieres, iréme a ti:
díme dónde encontrarte.

18

¿Qué fareyu, o qué serad de mibi,
habibi?
¡Non te tolgas de mibi!

¿Qué haré o qué será de mí,
amado?
¡No te apartes de mí!

19

Al-sabah bono,
garme d'on venis.
Ya lo sé que otri amas,
a mibi non queris.

Alba hermosa,
dime de dónde vienes.
Ya sé que amas a otra
y a mí no me quieres.

20

Ve, *ya raqi*, ve tu vía,
que non me tenes *al-niyya*.

Vete, desvergonzado, sigue tu vía,
que no me tienes buena fe.

Lírica española de tipo popular. Edición de Margit Frenk Alatorre. Madrid:
Cátedra, 1977.

POEMA DE MIO CID[1]

CANTAR DE CORPES [versos 2278-3735]

112. Se escapa el león del Cid.

En Valencia estaba mio Cid con todos sus vasallos.
Con él sus yernos ambos, los infantes de Carrión.
Echado en un escaño, dormía el Campeador,
un mal accidente, sabed que les pasó:
salióse de la red y desatóse el león.
En gran miedo se vieron en medio de la corte;
embrazan los mantos los del Campeador,
y rodean el escaño, y se quedan junto a su señor.
Fernán González, el infante de Carrión,
no vio ahí dónde meterse, ni cuarto abierto ni torre;
metióse bajo el escaño, tan grande fue su pavor.
Diego González por la puerta salió,
diciendo por su boca: «No veré más Carrión».
Tras una viga de lagar se metió con gran pavor;
el manto y el brial[2] todos sucios los sacó.
En esto despertó el que en buena hora nació;
vio cercado el escaño por sus buenos varones:
«¿Qué es esto, mesnadas, o qué queréis vosotros?»
—«Ya señor honrado, un susto nos dio el león».
Mio Cid hincó el codo, en pie se levantó,

---

[1]Utilizamos la edición modernizada preparada por Francisco Marcos Marín, *Cantar de Mio Cid* (Madrid: Editorial Alhambra, 1985); conservamos los títulos de cada apartado, pero no reproducimos los agregados en prosa que sustituyen a los folios faltantes. Corregimos algunas erratas evidentes; usamos mayúsculas después de los dos puntos cuando se trata del parlamento de algún personaje. No hemos creído necesario dar una aclaración de las muchas referencias geográficas que se mencionan circunstancialmente en el texto.

[2]túnica.

el manto lleva al cuello y se dirigió hacia el león;
el león cuando lo vio mucho se avergonzó,
ante mio Cid la cabeza bajó y el rostro hincó.
Mio Cid don Rodrigo del cuello lo tomó,
lo lleva de la mano, en la red lo metió.
Por maravilla lo tiene quien allí lo vio;
retornan al palacio para la corte.
Mio Cid por sus yernos preguntó y no los halló;
aunque los está llamando ninguno le responde,
cuando los hallaron así vinieron sin color;
no visteis tal broma como iba por la corte;
la mandó prohibir mio Cid el Campeador.
Quedaron muy ofendidos los infantes de Carrión,
muchísimo les pesa por lo que les pasó.

113. El rey Búcar y los almorávides.

Ellos estando en esto, que les daba gran pesar,
fuerzas de Marruecos Valencia van a cercar;
cincuenta mil tiendas plantadas hay de las grandes;
éste era el rey Búcar, del que habréis oído hablar.

114. Los infantes tienen miedo.

Se alegraban el Cid y todos sus varones,
pues les crece la ganancia, gracias al Creador;
mas, sabed, de corazón les pesa a los infantes de Carrión;
pues veían tantas tiendas de moros que el gusto les quitó.
Ambos hermanos salen aparte los dos:
«Miramos la ganancia y la pérdida no;
ya en esta batalla que entrar tendremos los dos;
esto está de modo que no veremos Carrión,
viudas quedarán las hijas del Campeador».
Oyóles el secreto aquel Muño Gustioz,
vino con estas nuevas a mio Cid el Campeador:
«He aquí a vuestros yernos, lo bravos que son,
al entrar en la batalla se acuerdan de Carrión.

Idlos a confortar, así os ayude el Creador,
que se queden en paz y no tengan participación.
Nosotros con vos venceremos, y nos ayudará el Creador».
Mio Cid don Rodrigo sonriendo salió:
«Dios os salve, yernos, infantes de Carrión,
en brazos tenéis a mis hijas, tan blancas como el sol.
Yo deseo lides y vosotros Carrión:
en Valencia holgad como os parezca mejor,
pues a aquellos moros me los conozco yo;
a vencerlos me atrevo, con la merced del Creador».

[En el texto falta un folio, lo que supone, probablemente, unos cincuenta versos.]

115. El Cid se cree la mentira del infante.

aún vea la hora que os lo pague doblado».
En compañía han regresado ambos.
Así lo otorga don Pedro como se jacta Fernando.
Plugo a mio Cid y a todos sus vasallos;
«Aún si Dios quisiera y el Padre que está en lo alto,
ambos, mis yernos, buenos serán en el campo».
Esto van diciendo, las gentes se van congregando,
en la hueste de los moros los atambores sonando;
por maravilla lo tienen muchos de los cristianos,
nunca lo habían visto, pues nuevos han llegado.
Más se admiraban tanto Diego y Fernando,
por su voluntad no habrían allí llegado.
Oíd cómo habló el que en buen hora fue criado:
«Hala, Pedro Bermúdoz, mi sobrino amado,
cuidadme a Diego y cuidadme a don Fernando,
mis yernos, ambos, los dos, cosa que mucho amo,
pues los moros, con Dios, no quedarán en el campo».

116. Impaciencia por comenzar la batalla.

—«Yo os digo, Cid, sea por caridad,
que hoy los infantes a mí por ayo no me tendrán;

cuídelos quienquiera, pues de ellos poco se me da.
Yo con los míos herir quiero adelante,
vos con los vuestros firmemente la zaga tengáis;
si falta hiciera, bien me podréis ayudar».
Aquí llegó Minaya Alvar Fáñez:
«Oíd, ya Cid, Campeador leal,
esta batalla el Creador la ganará,
y vos tan digno que con él tenéis parte.
Mandadnos atacar por donde se os antojare,
el deber de cada uno para cumplir será.
Lo veremos con Dios, con suerte en vuestra parte».
Dijo mio Cid: «Podemos esperar».
Héos aquí al obispo don Jerónimo, muy bien armado va;
de pie ante el Campeador, con suerte de su parte:
«Hoy os dije la misa de la Santa Trinidad.
Por esto salí de mi tierra y os vine a buscar,
por gusto que tenía de algún moro matar;
mi orden y mis manos las quisiera honrar,
y en este ataque yo quiero ir delante.
Traigo pendón con crozas[3] y armas de señal,
si pluguiese a Dios, las querría ensayar,
que mi corazón se pudiese holgar,
y vos, mio Cid, de mí os alegréis más.
Si el gusto no me dais, de vos me voy a separar».
Entonces dijo el Cid: «Lo que vos queréis me place.
Los moros están a la vista, idlos a probar.
Nosotros aquí veremos cómo pelea el abad».

117. El obispo comienza la batalla.

El obispo don Jerónimo dio una espolonada
y los iba a atacar cerca de donde acampan.
Por su ventura y Dios que lo amaba
a los primeros golpes de la lanza dos moros mataba.
El astil ha quebrado y metió mano a la espada.

---

[3]báculos pintados en el pendón.

Se esforzaba el obispo, ¡Dios, qué bien lidiaba!
Dos mató con lanza y cinco con la espada.
Los moros son muchos, alrededor lo cercaban;
le daban grandes golpes, mas no le falsan las armas.
El que en buena hora nació los ojos le clavaba,
embrazó el escudo y bajó el asta,
aguijó a Babieca, el caballo que bien anda,
los fue a herir de corazón y alma.
En las haces primeras el Campeador entraba,
abatió a siete y a cuatro mataba.
Plugo a Dios que ésta fue la espantada:
mio Cid con los suyos tras ellos se lanza;
veríais quebrarse tantas cuerdas y arrancarse las estacas,
y tumbarse los tendales, que muy adornados estaban.
Los de mio Cid a los de Búcar de las tiendas los sacan.

118. El Cid persigue a Búcar.

Sácanlos de las tiendas, van a su alcance;
tanto brazo con loriga veríais caer aparte,
tantas cabezas con yelmos que por el campo caen,
caballos sin dueños salir por todas partes.
Siete millas completas persiguiéndolos van.
Mio Cid al rey Búcar lo sigue detrás:
«Acá vuelve, Búcar, viniste de allende el mar,
te verás con el Cid, el de la barba grande,
nos saludaremos ambos y trabaremos amistad».
Repuso Búcar al Cid: «Confunda Dios tal amistad;
la espada desnuda tienes en la mano y te veo aguijar,
así como aparenta, en mí la quieres ensayar.
Mas si el caballo no tropieza o conmigo no cae,
no te juntarás conmigo hasta dentro del mar».
Aquí repuso mio Cid: «Esto no será verdad».
Buen caballo tiene Búcar y grandes saltos da,
mas Babieca el de mio Cid alcanzándolo va.

Lo alcanzó el Cid a Búcar a tres brazas[4] del mar,
arriba alzó a Colada, un gran golpe le acaba de dar,
los carbunclos del yelmo se los ha quitado ya,
le cortó el yelmo y, descubierto lo demás,
hasta la cintura la espada pudo llegar.
Mató a Búcar, el rey de allende el mar
y ganó a Tizona, que mil marcos de oro vale.
Venció en la batalla, maravillosa y grande.
Aquí se honró mio Cid con cuantos con él van.

119. Alabanzas equivocadas a los infantes.

Con estas ganancias ya iba retornando;
sabed, todos de firme saqueaban el campo.
A las tiendas han llegado
donde estaba el que en buen hora fue criado,
mio Cid Ruy Díaz, el Campeador contado,
con dos espadas que él apreciaba algo;
entre la matanza venía muy rápido,
la cara arrugada y el almófar[5] soltado,
la cofia sobre los pelos, fruncido de ella un tanto.
Algo veía mio Cid que a él le ha agradado,
alzó sus ojos, estaba adelante mirando,
y vio venir a Diego y a Fernando;
ambos son hijos del conde don Gonzalo.
Sonriendo gustoso mio Cid se ha alegrado:
«¿Venís, mis yernos? Mis hijos sois ambos.
Sé que de lidiar bien os habéis hartado;
a Carrión de vosotros irán buenos recados,
cómo al rey Búcar hemos derrotado.
Como yo confío en Dios y en todos sus santos,
de esta victoria nos iremos con agrado».
De todas partes sus vasallos van llegando.

---

[4]medida que consta de alrededor de dos metros; espacio medido con los brazos abiertos.

[5]capucha de malla.

Minaya Alvar Fáñez entonces ha llegado,
el escudo trae al cuello y todo espadado;[6]
los golpes de las lanzas no podían contarlos;
aquellos que se los dieran no lo habían logrado.
Por el codo abajo la sangre goteando;
de veinte para arriba, moros ha matado:
«Gracias a Dios y al padre que está en lo alto,
y a vos, Cid, que en buen hora fuisteis criado.
Matasteis a Búcar y vencimos en el campo.
Todos estos bienes de vos son y de vuestros vasallos.
Y vuestros yernos aquí se han estrenado,
hartos de lidiar con moros en el campo».
Dijo mio Cid: «Yo contento me hallo;
cuando ahora son buenos, después serán estimados».
Por bien lo dijo el Cid; pero a mal se lo han tomado.
Todas las ganancias a Valencia han llegado,
alegre está mio Cid con todos sus vasallos,
en cada ración caen de plata seiscientos marcos.
Los yernos de mio Cid cuando este botín tomaron
de esa victoria, que lo tenían a salvo,
pensaron que en su vida ya no quedarían faltos.
Fueron por Valencia muy bien ataviados,
gran lujo de comidas, buenas pieles y buenos mantos.
Están muy alegres mio Cid y sus vasallos.

120. Satisfacción reiterada del Cid.

Grande fue el día en la corte del Campeador,
después que en esta batalla vencieron y al rey Búcar mató;
alzó la mano, a la barba la llevó:
«Gracias a Cristo, que del mundo es señor,
porque veo lo que prefería yo,
que han luchado conmigo en el campo mis yernos,
por valor de cinco mil marcos ganaron ambos, los dos;
buenos recados irán de ellos a Carrión,

---

[6]con las señales de los golpes de espada en la madera del escudo.

cómo quedan honrados y ganan gran pro.

121. Reparto del botín.

Extremadas son las ganancias que todos han ganado,
parte hay aquí, otra parte tienen a salvo».
Mandó mio Cid, el que en buen hora fue criado,
de esta batalla que han ganado
que todos tomasen su derecho contado,[7]
y que su quinto no fuese olvidado.
Así lo hacen todos, pues estaban concertados.
Le cayeron en el quinto al Cid seiscientos caballos,
y otras acémilas, y camellos varios,
son tantos y tantos que no podrían contarlos.

122. Exaltación del Cid.

Todas estas ganancias tuvo el Campeador.
«Gracias a Dios, que del mundo es señor.
Antes quedé falto, ahora rico soy,
que tengo bienes y tierra, y oro y honor,
y son mis yernos los infantes de Carrión;
venzo en las batallas como place al Creador,
moros y cristianos me tienen gran pavor.
Allá dentro de Marruecos, donde las mezquitas tienen honor,
que daré un asalto quizás alguna noche
ellos lo temen, mas no lo pienso yo:
no los iré a buscar, en Valencia estaré yo,
ellos me darán parias, con ayuda del Creador,
que me paguen a mí, o a quien decida yo».
Grandes son los gozos en Valencia la mayor
en todas las compañas de mio Cid el Campeador,
por esta batalla que lucharon de corazón;
grandes son los gozos de sus yernos, ambos, los dos;

---

[7]lo que les correspondía.

se tienen por muy ricos los infantes de Carrión.
Ellos con los otros vinieron a la corte;
aquí está con mio Cid el obispo don Jerome,
el bueno de Alvar Fáñez, caballero lidiador,
y otros muchos que crió el Campeador;
cuando entraron los infantes de Carrión,
los recibió Minaya por mio Cid el Campeador:
«Acá venid, cuñados, por vosotros tenemos más valor».
En cuanto que llegaron se alegró el Campeador:
«Helas aquí, yernos, a mi mujer de pro,
y ambas hijas mías, doña Elvira y doña Sol:
mucho os abracen y os sirvan de corazón,
de estos vuestros casamientos lograréis honor.
Buenos recados irán a tierras de Carrión».

123. La vanidad de los infantes provoca las burlas.

A estas palabras respondió Fernán González:
«Gracias al Creador y a vos, Cid honrado,
tantos bienes tenemos que no podemos contarlos;
por vos tenemos honra y hemos lidiado,
vencimos a los moros en el campo y matamos
a ese rey Búcar, traidor probado.
Pensad en otras cosas, que lo nuestro ya está a salvo».
Los vasallos de mio Cid se estaban chanceando:
unos habían luchado mejor, otros persiguiendo habían estado,
mas no hallaban ahí ni a Diego ni a Fernando.
Por estas bromas que iban levantando,
las noches y los días muy mal soliviantándolos,
muy mal se decidieron estos infantes, ambos.
Ambos salieron aparte, ciertamente son hermanos,
de aquello que hablaron parte no tengamos:
«Vayamos para Carrión, aquí mucho aguardamos.
Los bienes que tenemos grandes son y extremados,
mientras que viviéramos no podremos gastarlos.

124. Los infantes urden su plan.

Pidamos nuestras mujeres al Cid Campeador,
digamos que las llevaremos a tierras de Carrión,
les enseñaremos lo que en nuestra herencia quedó.
Las sacaremos de Valencia, de poder del Campeador;
después por el camino nuestro gusto haremos los dos,
antes que nos recuerden lo que ocurrió con el león.
Nosotros somos de la casta de los condes de Carrión.
Llevaremos muchos bienes que tienen gran valor;
escarneceremos a las hijas del Campeador».
—«Con estos bienes siempre seremos ricos hombres,
podremos casarnos con hijas de reyes o de emperadores,
pues somos de la casta de los condes de Carrión.
Así las escarneceremos a las hijas del Campeador;
antes que nos recuerden lo que pasó con el león».
Con este acuerdo se volvieron los dos,
habló Fernán González e hizo callar a la corte:
«Que nos ayude el Creador, Cid Campeador,
que plegue a doña Jimena y primero a vos
y a Minaya Alvar Fáñez y a toda esta reunión:
dadnos nuestras mujeres que tomamos con bendición;
las llevaremos a nuestras tierras de Carrión,
de las villas les daremos posesión
que les dimos por arras y por honores;
verán vuestras hijas lo que tenemos los dos,
los hijos que tuviéramos, cuál será su partición».
No pensaba ser deshonrado el Cid Campeador:
«Os daré a mis hijas y algo de lo que tengo yo;
les disteis villas por arras en tierras de Carrión,
tres mil marcos de plata en ajuar les doy yo,
os daré mulas y palafrenes muy gruesos de condición,
caballos destreros[8] fuertes y corredores,
y muchas vestiduras de paños y ciclatones;[9]
os daré dos espadas, Colada y Tizón,

---

[8]caballos diestros, ejercitados.
[9]brocado de seda.

bien sabéis vosotros que las gané como varón;
mis hijos sois ambos, pues mis hijas os doy;
allá me lleváis las telas del corazón.
Que lo sepan en Galicia y en Castilla y en León,
con qué riqueza envío a mis yernos, a los dos.
A mis hijas sirváis, que vuestras mujeres son;
si bien las servís yo os daré buen galardón».
Otorgado han esto los infantes de Carrión.
Aquí reciben a las hijas del Campeador
comienzan a recibir lo que el Cid mandó.
Cuando han satisfecho toda su ambición,
ya mandaban cargar los infantes de Carrión.
Grandes son las nuevas por Valencia la mayor,
todos toman armas y cabalgan con vigor,
porque despiden a las hijas del Campeador a tierras de Carrión.
Ya van a cabalgar y se despiden las dos.
Ambas hermanas, doña Elvira y doña Sol,
hincaron las rodillas ante el Cid Campeador:
«Merced os pedimos, padre, que os ayude el Creador,
vos nos engendrasteis, nuestra madre nos parió;
delante estáis ambos, señora y señor.
Ahora nos enviáis a tierras de Carrión,
tenemos que cumplir lo que nos mandéis vos.
Así os pedimos por favor nosotras, las dos,
que tengamos mensajes vuestros en tierras de Carrión».
Las abrazó mio Cid y las besó a las dos.

125. La despedida.

Él hizo esto, la madre lo dobló.
«Andad, hijas; desde aquí el Creador os valga,
de mí y de vuestro padre bien tenéis nuestra gracia.
Id a Carrión, donde vais heredadas;
tal como yo puedo, bien os tengo casadas».
Al padre y a la madre las manos les besaban;
ambos las bendijeron y les dieron su gracia.
Mio Cid y los otros a cabalgar se preparaban,
con grandes atavíos de caballos y armas.

Ya salían los infantes de Valencia la clara,
despidiéndose de las señoras y de todas sus compañas.
Por la huerta de Valencia salían jugando las armas;
alegre va mio Cid con todas sus compañas.
Lo vio en los agüeros el que en buena ciñó espada,
que estos casamientos no saldrían sin alguna mancha.
No se puede arrepentir, que casadas tiene a ambas.

126. Félez Muñoz acompaña a las infantas.

«¿Dónde estás mi sobrino, tú, Félez Muñoz?
Primo eres de mis dos hijas, de alma y de corazón.
Te mando vayas con ellas hasta dentro de Carrión,
verás las posesiones que dote de mis hijas son;
con noticia de ellas volverás al Campeador».
Dijo Félez Muñoz: «Pláceme con el alma y el corazón».
Minaya Alvar Fáñez ante mio Cid se presentó:
«Volvamos, Cid, a Valencia la mayor;
que si a Dios pluguiere, al padre Creador,
las iremos a ver a tierras de Carrión».
—«A Dios os encomendamos, doña Elvira y doña Sol,
tales cosas haced que placer hágannos».
Respondían los yernos: «Así lo mande Dios».
Grandes fueron los llantos en la separación.
El padre y las hijas lloran de corazón,
igual hacían los caballeros del Campeador.
«Oigas, sobrino, tú, Félez Muñoz,
por Molina iréis, ahí pasaréis una noche;
saludad a mi amigo, el moro Abengalbón;
que reciba a mis yernos como pueda mejor;
dile que envío a mis hijas a tierras de Carrión,
que en lo que necesiten las sirva a satisfacción,
y desde ahí las escolte a Medina, por mi amor,
de cuanto él hiciere yo le daré por ello buen galardón».
Como la uña de la carne se separaron las dos.
Ya se volvió a Valencia el que en buen hora nació.
Se ponen en camino los infantes de Carrión;
por Santa María de Albarracín hacían la parada,

aguijan cuanto pueden los infantes de Carrión;
hélos en Molina, con el moro Abengalbón.
Al moro, cuando lo supo, le plugo de corazón;
con gran alborozo a recibirlos salió;
«¡Dios, cómo los sirvió a plena satisfacción!
A la mañana siguiente con ellos cabalgó,
por doscientos caballeros escoltarlos mandó;
iban a cruzar los montes que dicen de Luzón,
cruzaron Arbujuelo y llegaron al Jalón,
donde dicen la Ansarera la comitiva acampó.
A las hijas del Cid el moro regalos dio,
sendos buenos caballos a los infantes de Carrión;
todo esto hizo el moro por amor del Cid Campeador.
Ellos veían la riqueza que el moro sacó,
entrambos hermanos tramaron una traición:
«Pues hemos de dejar a las hijas del Campeador,
si pudiésemos matar al moro Abengalbón,
cuanta riqueza tiene sería para los dos.
Estará tan segura como lo de Carrión;
no tendría derecho sobre nosotros el Campeador».
Cuando esta falsedad decían los de Carrión,
un moro latinado[10] bien se lo entendió;
no guarda el secreto, se lo dijo a Abengalbón:
«Alcaide, guárdate de éstos, pues eres mi señor;
tu muerte oí tramar a los infantes de Carrión».

127. Reacción de Abengalbón.

El moro Abengalbón era muy buen barragán,[11]
con los doscientos que tiene se ponía a cabalgar;
con las armas en la mano se paró ante los infantes;
lo que el moro les dijo a los infantes no place:
«Si no lo dejase por mio Cid el de Vivar,
tal cosa os haría que por el mundo sonase,

---

[10]que habla romance.

[11]valiente.

y luego llevaría sus hijas al Campeador leal;
nunca a Carrión os volveríais, jamás.

128. El robledo de Corpes.

¿Decidme qué os hice, infantes de Carrión?
Yo sirviéndoos sin engaño y vosotros tramando mi muerte.
Aquí me aparto de vosotros como de malos y de traidores.[12]
Iré con vuestra gracia, doña Elvira y doña Sol;
poco aprecio el renombre de los de Carrión.
Dios lo quiera y lo mande, que de todo el mundo es señor,
que de este casamiento se agrade el Campeador».
Esto les ha dicho y el moro se volvió,
con las armas en la mano al cruzar el Jalón,
como de buen sentido, a Molina se volvió.
Ya dejaron la Ansarera los infantes de Carrión;
se ponen a andar de día y de noche;
a la izquierda dejan Atienza, una peña muy fuerte,
la sierra de Miedes pasáronla entonces,
por los Montes Claros pican con el espolón;
a la izquierda dejan Griza, que Alamos pobló,
allí están los caños donde a Elfa encerró;
a diestro dejan San Esteban, que lejos quedó.
Han entrado los infantes en el robledo de Corpes,
los montes son altos, las ramas empujan hasta las nubes,
y las bestias fieras andan alrededor.
Hallaron un vergel con una limpia fuente;
mandan plantar la tienda los infantes de Carrión,
con cuantos van con ellos ahí duermen esa noche,
con sus mujeres en brazos les muestran amor;
¡mal se lo cumplieron tras salir el sol!
Mandaron cargar las acémilas con los grandes bienes,
está recogida la tienda donde se albergaron de noche,
adelante había ido el séquito de los dos:
así lo mandaron los infantes de Carrión,

---

[12]expresión jurídica que se usará luego como término legal en las cortes.

que ahí no quedase ninguno, mujer ni varón,
salvo sus mujeres ambas, doña Elvira y doña Sol:
solazarse quieren con ellas a plena satisfacción.
Los cuatro solos quedan, el resto se marchó,
tan gran mal urdieron los infantes de Carrión:
«Creedlo bien, doña Elvira y doña Sol,
aquí seréis escarnecidas, en estos fieros montes.
Hoy nos marcharemos abandonándoos a las dos;
no tendréis parte en las tierras de Carrión.
Irá este recado al Cid Campeador:
nos vengaremos en ésta de la del león».
Allí les quitan los mantos y los pellizones,
las dejan en cueros, con las camisas y los ciclatones.
Espuelas llevan calzadas los malos traidores,
en la mano tienen los cinchos, muy fuertes azotes.
Cuando esto vieron ellas, hablaba doña Sol:
«Por Dios os rogamos, don Diego y don Fernando,
dos espadas tenéis de filos cortadores,
a una dicen Colada y a la otra Tizón,
cortadnos las cabezas, seremos mártires las dos.
Los moros y los cristianos censurarán esta acción,
pues por lo que hayamos hecho no lo merecemos las dos.
Tan cruel castigo no hagáis con las dos:
si fuéramos golpeadas vuestra deshonra es mayor;
os lo reclamarán en vistas o en cortes».
Lo que ruegan las dueñas no les tiene ningún pro.
Entonces les empiezan a dar los infantes de Carrión;
con las cinchas corredizas las golpean con gran furor;
con las espuelas agudas, cuyo recuerdo es peor,
les rompían las camisas y las carnes a las dos;
limpia salía la sangre sobre el ciclatón,
bien lo sienten ellas en su corazón.
¡Qué ventura sería ésta si quisiese el Creador
que asomase ahora el Cid Campeador!
Mucho las golpearon, pues despiadados son;
sangrientas las camisas y todos los ciclatones.
Cansados están de herir ellos, ambos a dos,
rivalizando ambos en cuál dará mejores golpes.
Ya no pueden hablar doña Elvira y doña Sol,

por muertas las dejaron en el robledo de Corpes.

129. El abandono.

Les llevaron los mantos y las pieles armiñas,
las dejan afligidas en briales y en camisas,
y a las aves del monte y a las bestias de fiera guisa.
Por muertas las dejaron, sabed, que no por vivas.
¡Qué ventura sería si asomase ahora el Cid Campeador!

130. Jactancia de los infantes.

Los infantes de Carrión por muertas las dejaron,
pues una a la otra ayuda no se han dado.
Por los montes que iban se iban alabando:
«De nuestros casamientos ahora estamos vengados.
No las debíamos tomar por barraganas a menos de ser rogados,
pues no eran mujeres para con ellas casarnos.
La deshonra del león así se irá vengando».

131. Salvación de doña Elvira y doña Sol.

Se iban jactando los infantes de Carrión,
mas yo os diré de aquel Félez Muñoz:
Sobrino era del Cid Campeador;
mandáronle ir delante, por su gusto no obedeció.
Cuando iba de camino le dolió el corazón,
de todos los otros aparte se salió,
en un monte espeso Félez Muñoz se metió,
hasta que viese venir a sus primas, ambas a dos
o qué han hecho los infantes de Carrión.
Los vio venir y oyó la conversación,
ellos no lo veían ni tenían de ello noción;
sabed bien que si lo viesen no escapara de muerte.
Se van los infantes, pican con el espolón.
Por el rastro volvióse Félez Muñoz,

halló a sus primas, desmayadas las dos.
Gritando: «Primas, primas», en seguida descabalgó,
sujetó el caballo, a ellas se dirigió:
«Ya primas, mis primas, doña Elvira y doña Sol,
mal se esforzaron los infantes de Carrión.
Dios quiera que en ello lleven ellos dos mal galardón».
Las va volviendo en sí a ellas ambas a dos;
tan traspuestas están que hablar no pueden, no.
Partiéronsele las telas de dentro del corazón,
gritando: «Primas, doña Elvira y doña Sol.
Que despertéis, primas, por amor del Creador,
mientras es de día, antes de que llegue la noche,
que los animales fieros no nos coman en este monte».
Se van recobrando doña Elvira y doña Sol,
abrieron los ojos y vieron a Félez Muñoz.
«Esforzaos, primas, por amor del Creador.
En cuanto no me hallen los infantes de Carrión,
con gran prisa seré buscando yo;
si Dios no nos ayuda será nuestra perdición».
Con gran dolor hablaba doña Sol:
«Así os lo agradezca, primo, nuestro padre el Campeador,
traednos agua, así os ayude el Creador».
Con un sombrero que tiene Félez Muñoz,
nuevo era y reciente, pues de Valencia lo sacó,
cogió el agua en él y a sus primas dio;
están lastimadas y a ambas las sació.
Mucho las rogó, hasta que las incorporó.
Las va confortando e infundiendo corazón,
hasta que se esfuerzan y a ambas las tomó,
y rápido en el caballo las montó;
con su manto a ambas las cubrió,
el caballo tomó por la rienda y enseguida de allí las sacó.
Los tres solos por los robledos de Corpes,
en un día y una noche salieron de los montes;
a las aguas del Duero primero las llevó,
en la torre de doña Urraca él las dejó.
A San Esteban vino Félez Muñoz,

halló a Diego Téllez,[13] el que a Alvar Fáñez sirvió:
cuando él lo oyó le pesó de corazón;
tomó bestias y vestidos de pro,
iba a recibir a doña Elvira y doña Sol;
en San Esteban dentro las metió,
cuanto él mejor puede allí las honró.
Los de San Esteban siempre prudentes son,
cuando sabían esto, les pesó de corazón,
a las hijas del Cid ánimo les dieron,
allí estuvieron ellas hasta su curación.
Jactándose estaban los infantes de Carrión.
De corazón pesó esto al buen rey don Alfonso.
Van estos recados a Valencia la mayor;
cuando se lo dicen a mio Cid el Campeador,
largo tiempo pensó y reflexionó;
alzó su mano, a la barba se cogió:
«Gracias a Cristo, que del mundo es señor,
pues tal honra me han dado los infantes de Carrión.
Por esta barba que nadie mesó,
no lo lograrán los infantes de Carrión,
que a mis hijas bien las casaré yo».
Pesó a mio Cid y a toda su corte,
y a Alvar Fáñez en el alma y el corazón.
Cabalgó Minaya con Pedro Bermúdoz,
y Martín Antolínez, el burgalés de pro,
con doscientos caballeros, los que mio Cid mandó;
les insistió mucho en que anduviesen de día y de noche;
condujesen a sus hijas a Valencia la mayor.
No lo retrasan, el encargo de su señor,
aprisa cabalgan, andan los días y las noches.
Vinieron a Gormaz, un castillo muy fuerte,
allí se quedaron en realidad una noche.
A San Esteban el recado llegó
de que venía Minaya por sus primas, las dos.
Los hombres de San Esteban, a guisa de muy pros,

---

[13]probable alusión a Diego Téllez, que en 1086 fue gobernador de la ciudad de Sepúlveda.

reciben a Minaya y a todos sus hombres,
presentan a Minaya esa noche un gran don;
no se lo quiso tomar, pero mucho se lo agradeció:
«Gracias, varones de San Esteban, que tenéis discreción,
por esta honra que nos disteis en lo que nos pasó;
mucho os lo agradece, allá donde está, mio Cid el Campeador;
así lo hago yo que aquí estoy.
Que el Dios de los cielos os dé por ello buen galardón».
Todos se lo agradecen y tienen satisfacción,
se dirigen a alojarse para descansar esa noche.
Minaya va a ver a sus primas a donde están las dos,
en él ponen los ojos doña Elvira y doña Sol:
«Tanto os lo agradecemos como si viésemos al Creador;
y vos a Él agradeced que vivas estamos las dos.
En los días por venir toda nuestra queja sabremos decir».

132. Llegada a Valencia.

Lloraban de los ojos las señoras y Alvar Fáñez,
mas Pedro Bermúdoz las va a confortar:
«Doña Elvira y doña Sol, cuidado no tengáis,
cuando estáis sanas y vivas y sin otro mal.
Buen casamiento perdisteis, mejor lo podréis ganar.
¡Que veamos el día en que os podamos vengar!»
Ahí pasan esa noche, y muy gran gozo que hacen.
A la mañana siguiente se ponen a cabalgar.
Los de San Esteban escoltándolos van
hasta Río de Amor, dándoles solaz;
allí se despidieron de ellos, se ponen a regresar,
Minaya con las señoras iba camino adelante.
Cruzaron el Alcoceva, a la derecha dejan Gormaz,
donde dicen Vadorrey allí iban a pasar,
en el pueblo de Berlanga posada tomado han.
A la mañana siguiente se ponen a cabalgar,
en el que dicen Medina se iban a albergar,
y de Medina a Molina en otro día van;
al moro Abengalbón de corazón le place,
los salió a recibir con buena voluntad,

por amor de mio Cid rica cena les da.
De ahí hasta Valencia directamente van.
Al que en buen hora nació llegaba el mensaje,
rápido cabalga, a recibirlos sale;
las armas en la mano, y gran gozo que hace.
Mio Cid a sus hijas las iba a abrazar,
besándolas a ambas, volvió a sonreír ya:
«¿Venís, hijas mías? Dios os libre de mal.
Yo acepté el casamiento, no lo osé rechazar.
Plegue al Creador, que en el cielo está,
que os vea mejor casadas de aquí en adelante.
De mis yernos de Carrión Dios me haga vengar».
Le besaron las manos las hijas al padre.
Jugando las armas entraron en la ciudad;
gran gozo hizo con ellas doña Jimena, su madre.
El que en buen hora nació no quiso tardar,
habló con los suyos en su puridad,[14]
al rey Alfonso de Castilla pensó en enviar.

133. Muño Gustioz, mensajero del Cid ante el rey.

«¿Dónde estáis Muño Gustioz, mi vasallo de pro?
En buen hora te crié, a ti, en mi corte.
Lleva el recado a Castilla, al rey Alfonso;
por mí bésale la mano con el alma y el corazón,
pues yo soy su vasallo y él es mi señor.
De esta deshonra que me han hecho los infantes de Carrión,
que le pese al buen rey, en el alma y el corazón.
Él casó a mis hijas, pues no se las di yo;
como las han dejado con gran deshonor,
si deshonra alguna de ello nos afectó,
pequeña o grande toda es de mi señor.
Mis bienes se me han llevado, que extremados son;
eso me puede pesar, con el otro deshonor.
Tráigamelos a vistas, o a juntas o a cortes,

---

[14]poridad = secreto.

para obtener justicia de los infantes de Carrión,
pues muy grande es la queja dentro de mi corazón».
Muño Gustioz rápido cabalgó,
con él dos caballeros que lo sirvan a su satisfacción
y con él dos escuderos que de su séquito son.
Salían de Valencia y andan cuanto pueden,
no quieren descansar ni de día ni de noche.
Al rey [don Alfonso] en Sahagún lo halló.
Rey es de Castilla y rey es de León,
y de las Asturias, hasta San Salvador,[15]
hasta dentro de Santiago[16] de todo es señor,
los condes de Galicia lo tienen por señor.
En cuanto descabalga ese Muño Gustioz,
se arrodilló ante los santos y rogó al Creador;
se dirigió hacia el palacio, donde estaba la corte,
con él dos caballeros que le dan guardia como su señor.
Así como entraron en medio de la corte,
los vio el rey y conoció a Muño Gustioz;
se levantó el rey, muy bien los recibió.
Delante del rey las rodillas hincó,
le besaba los pies ese Muño Gustioz:
«Merced, don Alfonso, en muchos reinos os dicen señor.
Los pies y las manos os besa el Campeador;
él es vuestro vasallo y vos sois su señor.
Casasteis a sus hijas con los infantes de Carrión:
alto fue el casamiento, pues los quisisteis vos.
Ya sabéis la deshonra que nos aconteció,
cómo nos han afrentado los infantes de Carrión:
mal golpearon a las hijas del Cid Campeador;
golpeadas y desnudas, con gran deshonor,
desamparadas las dejaron en el robledo de Corpes,
a las bestias fieras y las aves del monte.
Hélas sus hijas, que en Valencia recogió.
Por eso os besa las manos, como vasallo a señor,
que se los llevéis a vistas, o a juntas o a cortes.

---

[15]La catedral de Oviedo está consagrada a San Salvador.

[16]Santiago de Compostela.

Se tiene por deshonrado, mas la vuestra es mayor
y que os pese, rey, pues que sois conocedor;
reciba mio Cid justicia de los infantes de Carrión».
El rey mucho rato calló y meditó:
«Verdad te digo yo que me pesa de corazón,
y verdad dices en esto, tú, Muño Gustioz,
pues yo casé a sus hijas con los infantes de Carrión;
lo hice por bien, que fuese en su honor.
¡Siquiera el casamiento no estuviera hecho hoy!
Tanto a mí y a mio Cid nos pesa de corazón.
Lo ayudaré en justicia, así me salve el Creador.
Lo que no pensaba hacer en toda esta estación,
andarán mis porteros por todo mi reino,
para hacerla en Toledo pregonarán mi corte,
que allá me vayan condes e infanzones;
mandaré que ahí vayan los infantes de Carrión,
porque den su derecho a mio Cid el Campeador,
y que no tenga queja pudiendo evitarlo yo.

134. El rey convoca cortes en Toledo.

Decidle al Campeador, en buen hora criado,
que dentro de siete semanas se prepare con sus vasallos,
y me venga a Toledo, esto le doy de plazo.
Por amor de mio Cid esta corte yo hago.
Saludádmelos a todos, que queden consolados;
de esto que se les vino aun bien saldrán honrados».
Despidióse Muño Gustioz, con mio Cid ha regresado.
Así como lo dijo, suyo era el cuidado:[17]
no lo detiene por nada Alfonso el Castellano,
envía sus cartas a León y a Santiago,
y a los portugueses y a los galicianos
y a los de Carrión y a los varones castellanos,
que corte hacía en Toledo aquel rey honrado,
al cabo de siete semanas que ahí estaban convocados;

---

[17]preocupación.

quien no viniese a la corte que no se tuviese por su vasallo.
Por todas sus tierras así lo iban pensando,
que no faltasen a lo que el rey había mandado.

135. Los infantes no quieren asistir.

Ya les va pesando a los infantes de Carrión,
porque en Toledo el rey hacía corte;
temen que ahí vendrá mio Cid el Campeador.
Toman su consejo, tantos parientes cuantos son,
ruegan al rey que los exima de esta corte.
Dijo el rey: «No lo haré, así me salve Dios,
pues ahí vendrá mio Cid el Campeador;
le daréis su derecho, pues tiene queja de los dos.
Quien no quisiere hacerlo, o no ir a mi corte,
deje mi reino, pues no me da satisfacción».
Ya vieron que hay que hacerlo, los infantes de Carrión,
toman consejo, tantos parientes cuantos son;
el conde don García en este asunto se halló,
enemigo de mio Cid, a quien mal siempre buscó,
éste aconsejó a los infantes de Carrión.
Acababa el plazo, tenían que ir a la corte;
entre los primeros va el buen rey don Alfonso,
el conde don Enrique[18] y el conde don Ramón,[19]
—éste fue el padre del buen emperador—,
el conde don Fruela[20] y el conde don Beltrán.[21]

---

[18]nieto de Roberto, primer duque de Borgoña, y sobrino de la reina Constanza, esposa de Alfonso VI.

[19]Raimundo, conde de Amoux en Borgoña, primo y rival de Enrique. El hijo de Raimundo, nacido en 1105, llegó a ser Alfonso VII el Emperador, que reinó desde 1127? hasta 1157.

[20]Froila Díaz, hermano de Jimena, conde de León, Aguilar y Astorga, y mayordomo de Raimundo, yerno de Alfonso VI.

[21]Desconocido en tiempos del Cid, Beltrán heredó el condado de Carrión a la muerte de Pedro Ansúrez en 1117; por lo tanto, ésta parece ser referencia anacrónica.

Ahí fueron de su reino otros muchos conocedores,[22]
de toda Castilla todos los mejores.
El conde don García con los infantes de Carrión,
y Asur González[23] y Gonzalo Ansúrez[24]
y Diego y Fernando, ahí están ambos a dos,
y con ellos gran bando que trajeron a la corte:
atropellarlo piensan, a mio Cid el Campeador.
De todas partes llegan a la reunión.
Aún no ha llegado el que en buen hora nació,
el que se atrase al rey no le gustó.
Al quinto día ha venido mio Cid el Campeador;
a Alvar Fáñez delante envió,
que besase las manos al rey su señor;
bien lo supiese, que llegaría esa noche.
Cuando lo oyó el rey, le plugo de corazón.
Con grandes gentes el rey cabalgó
e iba a recibir al que en buen hora nació.
Bien ataviado viene el Cid con su expedición,
buenas compañas que así tienen tal señor.
Cuando estuvo a la vista del buen rey don Alfonso,
echóse a tierra mio Cid el Campeador;
humillarse quiere y honrar a su señor,
cuando lo vio el rey ni un instante tardó:
«Por San Isidro, verdad no será hoy.
Cabalgad, Cid, si no, no me daríais satisfacción,
nos saludaremos con el alma y el corazón.
Por lo que os pesa me duele el corazón;
Dios lo mande que por vos se honre hoy la corte».
—«Amén», dijo mio Cid el Campeador;
le besó la mano y después lo saludó:
«Gracias a Dios porque os veo, señor.
Os saludo a vos y al conde don Ramón
y al conde don Enrique y a toda esta reunión:
Dios salve a nuestros amigos, y a vos más, señor.

---

[22]conocedores del derecho, jurisconsultos.

[23]hermano mayor de los infantes de Carrión.

[24]padre de los infantes de Carrión.

Mi mujer doña Jimena—señora es de pro—,
os besa las manos, y mis hijas, las dos,
de lo que se nos vino que os pese, señor».
Respondió el rey: «Sí lo hago, así me salve Dios».

136. El Cid no cruza el Tajo, espera a sus mesnadas.

Hacia Toledo el rey va a regresar;
esa noche mio Cid el Tajo no quiso pasar;
«Merced, ya rey, así el Creador os salve.
Id, señor, a entrar en la ciudad,
y yo con los míos me quedaré en San Serván:[25]
mis compañas esta noche llegarán.
Haré vigilia en este santo lugar;
mañana mismo entraré en la ciudad,
e iré a la corte antes de almorzar».
Dijo el rey: «Me place de voluntad».
El rey don Alfonso en Toledo ha entrado,
mio Cid Ruy Díaz en San Serván se ha albergado.
Mandó hacer candelas y ponerlas en el altar;
tiene gusto en velar en esa santidad,
al Creador rogando y hablando en puridad.
Con Minaya y los buenos que ahí están,
concertados estuvieron cuando vino la mañana.

137. El Cid empieza la demanda en la corte.

Maitines y prima dijeron hasta el alba.
Ha acabado la misa antes de salir el sol,
y su ofrenda han hecho, muy buena y cumplida.
«Vos, Minaya Alvar Fáñez, mi brazo mejor,
vos iréis conmigo y el obispo don Jerónimo
y Pedro Bermúdoz y este Muño Gustioz
y Martín Antolínez, el burgalés de pro,

---

[25]monasterio-fortaleza de San Servando.

y Alvar Alvarez y Alvar Salvadórez
y Martín Muñoz, el que en buen punto nació,
y mi sobrino, Félez Muñoz;
conmigo irá Mal Anda,[26] que es muy conocedor,[27]
y Galín Garcíez, el bueno de Aragón;
complétense estos con ciento de los buenos que tengo yo.
Belmeces[28] vestidos para sufrir las guarniciones,
encima las lorigas, tan blancas como el sol;
sobre las lorigas, armiños y pellizones,
que no aparezcan las armas, bien prietos los cordones;
bajo el manto las espadas de filos cortadores;
de esta manera quiero ir a la corte,
a pedir mis derechos y dar mi razón.
Si querella buscaren los infantes de Carrión,
ante cientos como ellos estaría sin pavor».
Respondieron todos: «Así lo queremos, señor».
Tal como lo ha dicho todos ataviados son.
No se detiene por nada el que en buen hora nació:
calzas de buen paño en sus piernas metió,
sobre ellas unos zapatos que de gran obra son.
Vistió camisa de ranzal, tan blanca como el sol,
de oro y de plata las presillas son,
al puño bien le están, pues él se la encargó;
sobre ella un brial magnífico de ciclatón,
los bordados de oro, de gran brillo son.
Sobre esto una piel bermeja, las franjas de oro son,
siempre la viste mio Cid el Campeador.
Una cofia sobre los pelos de un escarí[29] de pro,
con oro está bordada, como él lo encargó,
para que no le arrancasen los pelos al buen Cid Campeador;
la barba tenía larga y la trenzó con el cordón,
por guardar todo lo suyo es esta precaución.

---

[26]probable deformación de un nombre árabe o judío.

[27]perito en leyes.

[28]El belmez era la túnica que protegía del roce con la armadura.

[29]tela muy fina de hilo.

Encima se puso un manto que es de gran valor,
de cuantos allí están llamaría la atención.
Con estos ciento que ataviarse mandó,
deprisa cabalga, de San Servando salió;
así iba mio Cid ataviado a la corte.
En la puerta de fuera a gusto descabalgó;
cuerdamente entra mio Cid con los que él mandó:
él va en medio y los ciento alrededor.
Cuando lo vieron entrar al que en buen hora nació,
levantóse en pie el buen rey don Alfonso
y el conde don Enrique y el conde don Ramón
y así adelante, sabed, todos los otros;
con gran honra lo reciben al que en buen hora nació.
No se quiso levantar el crespo de Grañón,[30]
ni todos los del bando de los infantes de Carrión.
El rey dijo al Cid: «Venid a sentaros, Campeador,
en este escaño que me disteis en don;
aunque a algunos pesa, mejor que nosotros sois».
Entonces dio muchas gracias el que Valencia ganó:
«Sentaos en vuestro escaño, como rey y señor;
acá me quedaré, con los que traigo yo».
Lo que dijo el Cid al rey plugo de corazón.
En un escaño torneado luego mio Cid se sentó,
los ciento que lo guardan se sientan alrededor.
Mirando están a mio Cid cuantos están en la corte,
la barba que tenía larga y trenzada con el cordón;
sus atavíos parecen muy de varón.
No lo pueden mirar de vergüenza los infantes de Carrión.
Entonces se puso en pie el buen rey don Alfonso:
«¡Oíd, mesnadas, así os valga el Creador!
Yo, desde que fui rey, no hice más que dos cortes:
una fue en Burgos y la otra en Carrión,
esta tercera a Toledo la vine a hacer hoy,
por el amor de mio Cid, el que en buen hora nació,
que reciba justicia de los infantes de Carrión.
Gran agravio le han causado, todos sabémoslo;

---

[30]apodo de García Ordóñez.

alcaldes[31] sean de esto el conde don Enrique y el conde don Ramón,
y estos otros condes que de ningún bando sois.
Todos pensad en ello, pues sois conocedores,
para escoger el derecho, pues tuerto[32] no mando yo.
Por una y otra parte en paz estemos hoy.
Juro por San Isidro que el que alterare mi corte
dejará mi reino, perderá mi amor.
Con el que tuviere derecho, yo de esa parte soy.
Ahora demande mio Cid el Campeador;
sabremos qué responden los infantes de Carrión».
Mio Cid la mano al rey besó, en pie se levantó:
«Mucho os lo agradezco, como a rey y a señor,
puesto que esta corte hicisteis por mi amor.
Esto les demando a los infantes de Carrión:
por mis hijas que me abandonaron yo no tengo deshonor,
pues vos las casasteis, rey, sabréis qué hacer hoy,
mas cuando sacaron a mis hijas de Valencia la mayor,
yo bien los quería, con el alma y el corazón,
les di dos espadas, Colada y Tizón
—éstas yo las gané a guisa de varón—
para que se honrasen con ellas y os sirviesen a vos.
Cuando dejaron a mis hijas en el robledo de Corpes,
conmigo no quisieron tener nada y perdieron mi amor;
denme mis espadas, porque mis yernos no son».
Otorgan los alcaldes: «Todo esto es razón».
Dijo el conde don García: «Esto hablémoslo».
Entonces salían aparte los infantes de Carrión,
con todos sus parientes y el bando de los dos;
deprisa están discutiendo y acceden a la petición:
«Aun gran amor nos hace el Cid Campeador,
cuando la deshonra de sus hijas no nos demanda hoy,
bien nos avendremos con el rey don Alfonso.
Démosle las espadas, pues así acaba la petición
y, cuando las tuviere, se acabará la corte;
ya no tendrá más derecho sobre nosotros el Cid Campeador».

---

[31]jueces.

[32]agravio, en el sentido de 'torcido' como contrario a derecho.

Con estas palabras volvieron a la corte:
«¡Merced, ya rey Alfonso, sois nuestro señor!
no lo podemos negar, pues dos espadas nos dio;
como las demanda y con ellas tiene satisfacción,
dárselas queremos estando delante vos».
Sacaron las espadas Colada y Tizón,
las pusieron en la mano del rey su señor;
sacan las espadas y relumbra toda la corte,
los pomos y los gavilanes todos de oro son;
se admiran de ellas todos los hombres buenos de la corte.
Recibió las espadas, las manos le besó,
volvióse al escaño de donde se levantó.
En las manos las tiene y a ambas las miró;
no las pueden cambiar, que el Cid bien las conoce;
se le alegró todo el cuerpo, sonrióse de corazón,
alzaba la mano, la barba se cogió:
«Por esta barba que nadie mesó,
así se irán vengando doña Elvira y doña Sol».
A su sobrino don Pedro por el nombre lo llamó,
tendió el brazo, la espada Tizón le dio:
«Cogedla, sobrino, pues mejora de señor».
A Martín Antolínez, el burgalés de pro,
tendió el brazo, la espada Colada le dio:
«Martín Antolínez, mi vasallo de pro,
coged a Colada, la gané de buen señor,
del conde Ramón Berenguer de Barcelona la mayor.
Por esto os la doy, que bien la cuidéis vos.
Sé que si os ocurriera o viniera la ocasión
con ella ganaréis gran prez y gran valor».
Le besó la mano, la espada tomó y recibió.
Luego se levantó mio Cid el Campeador:
«Gracias al Creador y a vos, rey señor,
ya satisfecho estoy de mis espadas, de Colada y de Tizón,
otra queja tengo de los infantes de Carrión:
cuando sacaron de Valencia a mis hijas, ambas a dos,
en oro y en plata tres mil marcos les di yo;
mientras yo hacía esto, lo suyo acabaron los dos;
denme mis haberes, porque mis yernos no son».
¡Aquí veríais quejarse a los infantes de Carrión!

Dice el conde don Ramón: «Decid que sí o que no».
Entonces responden los infantes de Carrión:
«Por eso le dimos sus espadas al Cid Campeador,
que no hiciese más demandas, que aquí acabó la petición».
—«Si pluguiese al rey, ésta es nuestra decisión:
lo que demanda el Cid, que lo satisfagáis los dos».
Dijo el buen rey: «Así lo otorgo yo».
Púsose en pie el Cid Campeador:
«De estos dineros que os di yo,
si me los dais, o dad de ello razón».
Entonces salían aparte los infantes de Carrión,
no hay acuerdo en su consejo, pues los haberes grandes son:
se los han gastado los infantes de Carrión.
Vuelven al consejo, a su gusto hablan los dos:
«Mucho os apremia el que Valencia ganó,
cuando de nuestro dinero pide satisfacción;
le pagaremos con propiedades en tierras de Carrión».
Dijeron los alcaldes, cuando confesaron los dos:
«Si esto pluguiese al Cid, no haremos oposición;
pero en nuestro juicio, ésta es nuestra decisión,
que aquí lo entreguéis, dentro de la corte».
Tras estas palabras habló el rey don Alfonso:
«Nos por buena tenemos esta decisión,
pues su derecho demanda el Cid Campeador.
De esos tres mil marcos, doscientos tengo yo;
entrambos me los dieron, los infantes de Carrión.
Devolvérselos quiero, si se arruinan los dos,
dénselos a mio Cid, el que en buen hora nació;
si los han de pagar, no se los quiero yo».
Habló Fernán González: «Dinero acuñado no tenemos los dos».
Luego respondió el conde don Ramón:
«El oro y la plata lo gastasteis los dos;
en juicio lo damos ante el rey don Alfonso:
páguenle en especie y tómelo el Campeador».
Ya vieron lo que han de hacer los infantes de Carrión.
Veríais conducir tanto caballo corredor,
tanta gruesa mula, tanto palafrén de lo mejor,
tanta buena espada, con toda su guarnición;
lo recibió mio Cid, como decidieron en la corte.

También los doscientos marcos que tenía el rey Alfonso,
pagaron los infantes al que en buen hora nació.
Les prestan lo ajeno, lo suyo no les bastó.
Escapan mal juzgados, sabed, de esta petición.

138. El reto.

Los bienes en especie mio Cid va a tomar,
sus hombres los tienen y de ellos se ocuparán.
Mas, cuando esto hubo acabado, otra cosa fue a pensar:
«Merced, ya señor rey, por amor de caridad.
La queja mayor no se me puede olvidar.
¡Oídme toda la corte, y que os pese mi mal;
a los infantes de Carrión, que me deshonraron tan mal,
a menos que los rete no los puedo dejar!

139. El Cid acusa a los infantes de menosvaler.

Decid, ¿en qué os falté, infantes de Carrión,
en bromas o en veras o de alguna razón?
Aquí lo remediaré, a juicio de la corte.
¿A qué me descubristeis las telas del corazón?
A la salida de Valencia a mis hijas os di yo,
con bienes en gran número y muy gran honor;
si no las queríais, ya perros traidores,
¿por qué las sacabais de Valencia, sus posesiones,
por qué las heristeis con cinchas y espolones?
Solas las dejasteis en el robledo de Corpes,
a las bestias fieras y a las aves del monte.
Por cuanto les hicisteis menos valéis[33] los dos.
Si no respondéis, véalo esta corte».

---

[33]La acusación de "menos valer" era la de "infamia", y obligaba a un duelo judicial.

140. Enfrentamiento de García Ordóñez y el Cid.

El conde don García en pie se levantaba:
«Merced, ya rey, el mejor de toda España.
Se acostumbró mio Cid a las cortes pregonadas;
la dejó crecer y larga trae la barba;
unos le tienen miedo y a los otros espanta.
Los de Carrión son de linaje tal
que no debían querer a sus hijas ni como barraganas;[34]
¿quién se las habría dado por iguales y desposadas?
Su derecho tenían para luego dejarlas.
Cuanto él dice no nos importa nada».
Entonces el Campeador se cogió de la barba:
«Gracias a Dios, que en cielo y tierra manda;
por esto es larga, porque a gusto fue criada.
¿Qué tenéis vos, conde, que reprochar a mi barba?
Pues desde que nació a gusto fue criada;
pues no me agarró de ella hijo de mujer creada,
ni me la mesó hijo de moro ni de cristiana,[35]
como yo a vos, conde, en el castillo de Cabra.
Cuando tomé Cabra y a vos por la barba,
no hubo allí rapaz que no mesó su pulgada,
la que yo mesé aún no está igualada».

141. Fernando rechaza la acusación de infamia.

Fernán González en pie se levantó,
con grandes voces oiréis lo que habló:
«Abandonad, Cid, esta acusación;
de vuestros bienes en todo pagado sois.
No crezca la contienda entre nosotros y vos.
Del linaje somos de los condes de Carrión:
debíamos casarnos con hijas de reyes o de emperadores,
pues no nos corresponden hijas de infanzones.

---

[34]concubinas.

[35]nadie.

Cuando las dejamos, derecho tuvimos los dos;
en más nos estimamos, sabed, que en menos no».

142. El Cid se dirige a Pedro Bermúdoz.

Mio Cid Ruy Díaz a Pedro Bermúdoz llama:
«Habla, Pedro Mudo, varón que tanto callas.
Para mí son hijas, para ti primas hermanas;
a mí me lo dicen, a ti te dan la pescozada.
Si yo respondiese tú no entrarías en armas».

143. Acusación de Pedro Bermúdoz.

Pedro Bermúdoz empezó a hablar;
trábasele la lengua, no la puede soltar,
mas cuando empieza, sabed, no la deja descansar:
«Os diré, Cid, ¡tenéis costumbres semejantes!
Siempre en las cortes Pedro Mudo me llamáis.
Bien lo sabéis que yo no puedo más;
lo que yo haya de hacer por mí no quedará.
Mientes, Fernando, en cuanto dicho has,
el Campeador os hizo valer más.
Esas mañas tuyas yo te las sabré contar:
recuerda cuando lidiamos cerca de Valencia la grande;
pediste los primeros golpes al Campeador leal,
viste un moro, lo fuiste a atacar;
pero antes huiste que hasta él te acercases.
Si yo no lo evitase, el moro te burlara mal;
te adelanté, con el moro me hube de emparejar,
en los primeros golpes lo tuve que derrotar;
te di el caballo, te lo tuve en puridad:
hasta este día no lo descubrí a nadie.
Ante mio Cid y ante todos fuiste capaz de jactarte
de que habías matado al moro y hecho barnaje;[36]

---

[36]hazaña, proeza.

te lo creyeron todos, pero no saben la verdad.
Y eres hermoso, pero mal barragán.[37]
Lengua sin manos, ¿cómo osas hablar?

144. Sigue el reto de Pedro Bermúdoz.

Di, Fernando, haz esta confesión:
¿No te viene a las mientes, en Valencia, lo del león,
cuando dormía mio Cid y el león se desató?
Y tú, Fernando, ¿qué hiciste con el pavor?
Te metiste tras el escaño del mio Cid el Campeador.
Te metiste, Fernando, por donde menos vales hoy.
Nosotros cercamos el escaño para guardar a nuestro señor,
hasta que despertó mio Cid, el que Valencia ganó;
se levantó del escaño y se fue para el león;
el león bajó la cabeza, a mio Cid esperó,
le dejó cogerlo del cuello, y en la red lo metió.
Cuando se volvió el buen Campeador,
a sus vasallos los vio alrededor;
preguntó por sus yernos, a ninguno encontró.
Te reto el cuerpo, por malo y por traidor.
Por esto te retaré aquí ante el rey don Alfonso,
por las hijas del Cid, doña Elvira y doña Sol:
por haberlas dejado menos valéis los dos;
ellas son mujeres y vosotros sois hombres,
de todas maneras más valen que los dos.
Cuando sea la lid, si pluguiese al Creador,
tú lo confesarás, a modo de traidor;
en cuanto he dicho por verdadero quedaré yo».
De éstos, de ambos, aquí paró la discusión.

145. Diego rechaza la acusación.

Diego González, oiréis lo que dijo:

---

[37]cobarde.

«Del linaje somos de los condes más limpios;
¡Que estos casamientos no se hubiesen producido,
por emparentar con mio Cid don Rodrigo!
De que dejamos a sus hijas aún no nos arrepentimos;
mientras que vivan pueden lanzar suspiros;
lo que les hicimos les será reconvenido.
Por esto lucharé con el más atrevido:
que porque las dejamos nos honramos los dos».

146. Martín Antolínez reta a Diego González.

Martín Antolínez en pie se levantaba:
«¡Calla, alevoso, boca sin verdad!
Lo del león no se te debe olvidar;
saliste por la puerta, te metiste en el corral,
te fuiste a meter tras la viga del lagar;
no te volviste a poner el manto ni el brial.
Yo lucharé por ello, por otra cosa no será:
las hijas del Cid, porque vosotros las dejasteis,
de todas maneras, sabed, más que vosotros valen.
Al acabar la lid por tu boca lo dirás,
que eres un traidor y mentiste en cuanto dijiste antes».

147. Llega el glotón de Asur González.

De los dos éstos la discusión ha acabado.
Asur González entraba por el palacio,
manto de armiño y un brial arrastrando;
colorado viene, pues había almorzado;
en lo que habló tenía poco recato:

148. Asur González increpa al Cid por su condición.

«Ya, varones, ¿quién vio nunca tal mal?
¿Quién nos daría noticias de mio Cid el de Vivar?

¡Que se vaya al río Ubierna los molinos a picar,[38]
y coger maquilas,[39] como suele cobrar!
¿Quién le metería con los de Carrión a emparentar?»

149. Desafío de Muño Gustioz. Mensajes de Aragón y Navarra.

Entonces Muño Gustioz en pie se levantó:
«¡Calla, alevoso, malo y traidor!
Antes almuerzas que vas a la oración,
a los que das la paz, les eructas alrededor.[40]
No dices la verdad ni a amigo ni a señor,
falso para todos, y más para el Creador.
De tu amistad no quiero participación.
Te lo haré decir, que eres como digo yo».
Dijo el rey Alfonso: «Acabe ya esta discusión,
los que han retado lidiarán, así me salve Dios».
En cuanto acaban esta discusión,
hé aquí a dos caballeros que entraron en la corte;
al uno dicen Ojarra,[41] al otro Iñigo Jiménez,[42]
el uno es del infante de Navarra embajador,
y el otro lo es del infante de Aragón.
Besan las manos al rey don Alfonso,
piden sus hijas a mio Cid el Campeador,
para que sean reinas de Navarra y de Aragón,
y que se las diesen con honra y bendición.
Ante esto callaron y escuchó toda la corte.
Levantóse en pie mio Cid el Campeador:
«Merced, rey Alfonso, vos sois mi señor.

---

[38]mantener en buen uso las piedras de los molinos, picando las desigualdades.

[39]lo que se paga, en especie, al molinero.

[40]Se refiere al saludo final de la misa, que consiste en un beso de paz, aquí reemplazado groseramente por un eructo.

[41]personaje desconocido.

[42]gobernador de Meltría hacia 1106-7 y privado de Alfonso el Batallador, rey de Aragón.

Esto agradezco yo al Creador,
el que me las pidan de Navarra y de Aragón.
Vos las casasteis antes, pues yo no,
hé aquí a mis hijas, en vuestras manos están las dos:
sin vuestro mandato nada decidiré yo».
Levantóse el rey, hizo callar a la corte:
«Os ruego, Cid, honrado Campeador,
que os agrade a vos y lo autorizaré yo,
este casamiento hoy se autorice en esta corte,
pues os crece ahí honra y tierra y honor».
Se levantó mio Cid, al rey las manos le besó:
«Puesto que a vos os place, lo autorizo yo, señor».
Entonces dijo el rey: «Dios os dé buen galardón.
A vos, Ojarra, y a vos Iñigo Jiménez,
este casamiento os lo autorizo yo
de las hijas de mio Cid, doña Elvira y doña Sol,
con los infantes de Navarra y Aragón,
que os las dé con honra y bendición».
Levantóse en pie Ojarra, e Iñigo Jiménez,
besaron las manos del rey don Alfonso,
y después de mio Cid el Campeador;
dieron su palabra y el acuerdo se ratificó,
que como se ha dicho así sea, o mejor.
A muchos place de toda esta corte,
mas no place a los infantes de Carrión.
Minaya Alvar Fáñez en pie se levantó:
«Merced os pido, como a rey y a señor,
y que no pese esto al Cid Campeador:
bien os dejé actuar en toda esta corte,
decir querría algo de lo que pienso yo».
Dijo el rey: «Me place de corazón.
Decid, Minaya, lo que os parezca en razón».
—«Yo os ruego que me oigáis toda la corte
pues gran queja tengo de los infantes de Carrión.
Yo les di mis primas de manos del rey Alfonso,
ellos las recibieron con honra y bendición;
grandes bienes les dio mio Cid el Campeador,
ellos las han dejado, para nuestro dolor.
Les reto los cuerpos por malos y por traidores,

del linaje sois de los de Bani Gómez,[43]
de donde salían condes de prez y de valor;
aunque bien sabemos las mañas que tienen hoy.
Esto agradezco yo al Creador,
el que pidan a mis primas, doña Elvira y doña Sol,
los infantes de Navarra y Aragón;
antes las teníais iguales, en vuestros brazos las dos,
ahora besaréis sus manos y las llamaréis señoras,
las habréis de servir, mal que os pese a los dos.
Gracias al cielo y a este rey don Alfonso,
así le crece la honra a mio Cid el Campeador.
De todas las maneras tal sois cual digo yo;
si hay quien responda o dice que no,
yo soy Alvar Fáñez, para el que sea mejor».
Gómez Peláyet[44] en pie se levantó:
«¿Qué vale, Minaya, toda esta exposición?
pues en esta corte bastantes hay para vos,
y quien otra cosa quisiese sería su ocasión.
Si Dios quisiese que de ésta bien salgamos hoy,
después veréis qué dijisteis o qué no».
Dijo el rey: «Acabe esta discusión;
no diga ninguno en ella ninguna otra razón.
Mañana sea la lid, en cuanto salga el sol,
de estos tres para tres que se retaron en la corte».
Enseguida hablaron los infantes de Carrión:
«Dadnos un plazo, rey, pues mañana ser no puede.
Nuestras armas y caballos tienen los del Campeador,
antes tendremos que ir a tierras de Carrión».
Habló el rey para el Campeador:
«Sea esta lid donde lo mandéis vos».
Entonces dijo mio Cid: «No lo haré, señor;
prefiero Valencia a las tierras de Carrión».
Entonces dijo el rey: «Sin duda, Campeador.

---

[43]Bani en árabe quiere decir "hijos de", aquí como descendientes del conde de Carrión y Saldaña, Gómez Díaz.

[44]noble leonés, probablemente el hijo de Pelayo Gómez.

Dadme vuestros caballeros con todas vuestras guarniciones,[45]
vayan conmigo, yo seré su protector:
yo os garantizo, como a buen vasallo hace su señor,
que no reciban daño de conde ni de infanzón.
Aquí los cito, dentro de mi corte,
al cabo de tres semanas, en las vegas de Carrión,
que hagan esta lid estando delante yo;
quien no viniere al plazo pierda la razón,
dése por vencido y quede por traidor».
Recibieron la sentencia los infantes de Carrión.
Mio Cid al rey las manos le besó
y dijo: «Me place, señor.
Mis tres caballeros en vuestra mano pongo yo,
desde aquí os los encomiendo como a rey y a señor.
Ellos están preparados para cumplir con su obligación;
honrados enviádmelos a Valencia, por amor del Creador».
Entonces repuso el rey: «Así lo mande Dios».
Allí se quitó el bonete el Cid Campeador,
la cofia de ranzal que era blanca como el sol,
y se soltaba la barba sacándola del cordón.
No se hartan de mirarlo cuantos están en la corte.
Se dirigieron a él el conde don Enrique y el conde don Ramón,
muy bien los abrazó y les rogó de corazón
que cojan de sus bienes cuanto quisieron los dos.
A ellos y a los otros que de buena parte son,
a todos los rogaba así a su satisfacción;
algunos hay que toman, algunos hay que no.
Los doscientos marcos al rey le perdonó;
de lo otro tomó tanto como le apeteció.
«Merced os pido, rey, por amor del Creador.
Ya que todas estas nuevas así puestas son,
beso vuestras manos con vuestra gracia, señor,
e irme quiero a Valencia, con afán la gané yo».

[En el códice falta un folio.]

---

[45]armas y aparejos.

150. Los duelos.

El rey alzó la mano, la cara se santiguó:
«Yo lo juro, por San Isidro el de León,
que en todas nuestras tierras no hay tan buen varón».
Mio Cid en el caballo adelante se acercó,
fue a besar la mano a Alfonso, su señor:
«Me mandasteis mover a Babieca el corredor,
entre moros y cristianos otro tal no hay hoy,
yo os lo doy en don, mandadlo tomar, señor».
Entonces dijo el rey: «Esto no lo quiero yo;
si os lo quitase, el caballo no tendría tan buen señor.
Tal caballo como éste es para tal como vos,
para vencer a los moros en el campo e ir en su persecusión;
a quien quitároslo quisiere no le ayude el Creador,
pues por vos y por el caballo honrados estamos Nos».
Entonces se despidieron y se deshizo la corte.
El Campeador a los que lidiarán muy bien los aconsejó:
«Ya Martín Antolínez, y vos, Pedro Bermúdez y Muño Gustioz,
firmes estad en el campo, a guisa de varones;
buenos recados me vayan a Valencia de vos».
Dijo Martín Antolínez: «¿Por qué lo decís, señor?
Queda a nuestro cargo, pues tomamos la obligación;
podéis oír de muertos, que de vencidos no».
Alegre quedó con esto el que en buen hora nació;
se despidió de todos los que sus amigos son.
Mio Cid hacia Valencia y el rey hacia Carrión.
El plazo de tres semanas, todo se cumplió.
Hélos al plazo a los del Campeador,
cumplir quieren el encargo que les mandó su señor;
ellos están en poder de Alfonso el de León;
dos días esperaron a los infantes de Carrión.
Vienen muy bien preparados de caballos y guarniciones;
y todos sus parientes están con los dos:
que si los pudiesen apartar a los del Campeador,
que los matasen en el campo, para deshonra de su señor.
El designio fue malo, lo otro ni se empezó,
pues gran miedo tuvieron de Alfonso el de León.
De noche velaron las armas y rogaron al Creador.

Ha pasado la noche, ya quiebran los albores,
se juntaron muchos de buenos ricos hombres
para ver esta lid, pues sentían su atracción;
por encima de todos ahí está el rey Alfonso,
para defender el derecho y no consentir tuerto.
Ya se ponían las armas los del buen Campeador,
los tres todos de acuerdo, pues son de un solo señor.
En otro lugar se arman los infantes de Carrión,
los estaba aconsejando el conde Garci Ordóñez.
Anduvieron en pleito, se lo dijeron al rey Alfonso,
que no estuviesen en la batalla las espadas tajadoras Colada y Tizón,
que no luchasen con ellas los del Campeador;
estaban muy arrepentidos los infantes por su devolución.
Se lo dijeron al rey, pero no se lo concedió:
«No excluisteis ninguna cuando tuvimos la corte.
Si buenas las tenéis, bien harán a los dos;
otro tanto harán a los del Campeador.
En pie y salid al campo, infantes de Carrión,
hace falta que lidiéis a guisa de varones,
pues nada quedará por los del Campeador.
Si del campo salís bien, gran honra tendréis los dos,
y si fueseis los vencidos, no nos culpéis a Nos,
pues todos saben que lo buscasteis los dos».
Ya se van arrepintiendo los infantes de Carrión,
de lo que habían hecho se arrepienten los dos;
no querrían haberlo hecho por cuanto hay en Carrión.
Los tres están armados, los del Campeador,
íbalos a ver el rey don Alfonso;
dijeron los del Campeador:
«Os besamos las manos como a rey y a señor,
que fiel seáis hoy de ellos y de nosotros;
en derecho valednos, pero en tuerto no.
Aquí tienen su bando los infantes de Carrión,
no sabemos lo que planearán o lo que no;
en vuestra mano nos metió nuestro señor;
mantenednos en derecho, por amor del Creador».
Entonces dijo el rey: «Con el alma y el corazón».
Les traen los caballos, buenos y corredores,
santiguaron las sillas y cabalgan con vigor;

los escudos en los cuellos, que de buenas blocas[46] son;
en mano toman las astas de los hierros tajadores,
estas tres lanzas traen sendos pendones;
y alrededor de ellos muy buenos varones.
Ya salieron al campo donde estaban los mojones.
Los tres van concertados, los del Campeador,
que cada uno de ellos bien hiriese a su opositor.
Hélos de la otra parte a los infantes de Carrión,
muy bien acompañados, pues muchos parientes son.
El rey les dio jueces para decir lo justo y lo otro no;
que no se peleen entre ellos por si o por no.
Cuando estaban en el campo habló el rey Alfonso:
«Oíd qué os digo, infantes de Carrión;
esta lid la hubierais hecho en Toledo, no lo quisisteis los dos.
Estos tres caballeros de mio Cid el Campeador
yo los traje a salvo a tierras de Carrión.
Tened vuestra justicia, lo injusto no queráis los dos,
que a quien eso quisiera hacer, no se lo dejaré yo,
en todo mi reino no tendrá satisfacción».
Ya les va pesando a los infantes de Carrión.
Los jueces y el rey señalaron los mojones,
se apartaban del campo, todos alrededor.
Bien se lo explicaron, a los seis que son,
que se daría por vencido al que se saliese del mojón.
Todas las gentes se despejaron alrededor,
a seis astas de lanza de distancia del mojón.
Les sorteaban el campo, ya les repartían el sol,
salían los jueces del medio, están de frente dos a dos;
de ahí venían los de mio Cid a los infantes de Carrión,
y los infantes de Carrión a los del Campeador;
cada uno de ellos del suyo se ocupó.
Embrazan los escudos ante los corazones,
bajan las lanzas, envueltas en los pendones,
inclinaban las caras sobre los arzones,
picaban los caballos con los espolones,
iba a temblar la tierra cuando la carga empezó.

---

[46]centro de un escudo.

Cada uno de ellos del suyo se ocupó;
todos de tres en tres, el choque se efectuó:
piensan que entonces caerán muertos, los que están alrededor.
Pedro Bermúdoz, el que antes retó,
con Fernán González de cara se juntó;
se hieren en los escudos, sin ningún pavor.
Fernán González a Pedro Bermúdoz el escudo atravesó,
lo cogió de vacío, la carne no le pilló,
bien en dos lugares el asta le quebró.
Firme estuvo Pedro Bermúdoz, por eso no se cayó;
había recibido un golpe, pero otro devolvió,
partió la bloca del escudo, aparte se la echó,
se lo atravesó todo, que de nada le valió;
tres mallas de loriga tenía Fernando, esto lo salvó,
dos se le desmanchan,[47] la tercera resistió:
el belmez con la camisa y con la guarnición
por dentro de la carne una mano le metió;
por la boca afuera la sangre le salió;
se le quebraron las cinchas, ninguna le sirvió,
por la grupa del caballo en tierra lo echó.
Tal lo creían las gentes, que es mal herido de muerte.
El dejó la lanza, y mano a la espada metió,
cuando lo vio Fernán González conoció a Tizón;
antes que el golpe llegase dijo: «Vencido soy».
Lo confirmaron los jueces, Pedro Bermúdoz lo dejó.

151. Martín Antolínez vence a Diego.

Martín Antolínez y Diego González se hirieron con las lanzas,
tales fueron los golpes que les quebraron ambas.
Martín Antolínez mano metió a la espada,
relumbra todo el campo, tanto es limpia y clara;
le dio un golpe, de revés lo pillaba;
el casco de encima aparte se lo echaba,
las lanzadas del yelmo todas se las cortaba,

---

[47]atraviesan.

allá se fue el almófar, hasta la cofia llegaba,
la cofia y el almófar todo se lo llevaba,
le rayó los pelos de la cabeza, bien a la carne llegaba;
parte cayó en el campo, parte arriba quedaba.
Cuando este golpe hubo herido Colada la estimada,
vio Diego González que no escaparía con el alma;
volvió la rienda al caballo, para ponerse de cara,
la espada tiene en la mano, pero no la empleaba.
Entonces Martín Antolínez lo recibió con la espada,
un golpe le dio de plano, con lo agudo no lo pillaba;
entonces el infante muy grandes voces daba:
«¡Ayúdame, Dios glorioso, señor, líbrame de esta espada!»
Al caballo enfrena y, apartándolo de la espada,
lo sacó del mojón; Martín Antolínez en el campo quedaba.
Entonces dijo el rey: «Venid vos a mi compaña;
por cuanto habéis hecho, habéis vencido esta batalla».
Confirmaron los jueces que dice verdadera palabra.

152. Muño Gustioz vence a Asur González, fin del Cantar.

Los dos han vencido; os diré de Muño Gustioz,
con Asur González cómo se arregló.
Se hieren en los escudos con unos muy grandes golpes.
Asur González, forzudo y de valor,
hirió en el escudo a don Muño Gustioz,
tras el escudo le falsó la guarnición;
en vacío pasó la lanza, que la carne no le pilló.
Este golpe hecho, otro dio Muño Gustioz:
por medio de la bloca el escudo le quebrantó;
no lo pudo proteger, falsó la guarnición;
lo cogió de lado, que no junto al corazón;
le metió por la carne adentro la lanza con el pendón,
por la otra parte una braza se la sacó,
con él hizo una finta, de la silla lo sacó,
al tirar de la lanza en tierra lo echó;
bermejo salió el astil, y la lanza y el pendón.
Todos se piensan que herido está de muerte.
La lanza recobró y sobre él se paró.

Dijo Gonzalo Ansúrez:[48] «¡No lo hiráis, por Dios!
Vencido queda el campo cuando esto se acabó».
Dijeron los jueces: «Esto bien se oyó».
Mandó despejar el campo el buen rey don Alfonso,
las armas que ahí quedaron él se las cogió.
Como honrados salen los del Campeador,
vencieron esta lid, gracias al Creador.
Grandes son los pesares por tierras de Carrión.
El rey a los de mio Cid de noche los envió,
que no les diesen asalto ni tuviesen temor.
Como hombres avisados andan días y noches,
hélos en Valencia, con mio Cid el Campeador.
Como malos dejaron a los infantes de Carrión,
han cumplido el encargo que les mandó su señor;
alegre fue con esto mio Cid el Campeador.
Grande es la vergüenza de los infantes de Carrión.
Quien a buena señora escarnece y la deja después,
igual le suceda o incluso peor.
Dejémonos de pleitos de los infantes de Carrión,
de lo que han recibido tienen muy mal sabor;
hablemos mejor de ése que en buen hora nació.
Grandes son los gozos en Valencia la mayor,
porque tan honrados quedaron los del Campeador.
Agarróse la barba Rey Díaz su señor:
«¡Gracias al rey del cielo, mis hijas vengadas son!
¡Ahora las tengan libres, las propiedades de Carrión!
Sin vergüenza las casaré, a quien pese o a quien no».
Anduvieron en pedidos los de Navarra y de Aragón,
tuvieron su junto con Alfonso el de León.
Hicieron sus casamientos con doña Elvira y doña Sol.
Los primeros fueron grandes, pero estos son mejores;
con mayor honra las casa que la vez anterior.
Ved qué honra crece al que en buen hora nació,
pues señoras son sus hijas de Navarra y de Aragón.
Hoy los reyes de España sus parientes son,
a todos llega honra por el que en buen hora nació.

---

[48]padre de Asur González.

Coda.

Pasado es de este mundo mio Cid el Campeador
el día de Cincuaesma;[49] ¡de Cristo tenga pendón!
Así hagamos todos, justos y pecadores.
Estas son las nuevas de mio Cid el Campeador;
en este lugar se acaba esta razón.

Explicit.

A quien escribió este libro déle Dios el Paraíso, amén.
Per Abbat le escribió en el mes de mayo,
era de mil y doscientos cuarenta y cinco años.

El cantar está leído, dadnos vino. Si no tenéis dineros,
haced unos empeños, que bien os lo darán sobre ellos.

---

[49]Pentecostés.

Versión en castellano antiguo de los mismos versos

POEMA DE MIO CID[50]

CANTAR TERCERO

112 [El león del Cid se escapa y el Cid lo amansa; cobardía de los infantes de Carrión]

En Valencia seí Mio Çid   con todos sus vassallos,
con él amos sus yernos   los ifantes de Carrión.
Yaziés' en un escaño,   durmié el Campeador,
mala sobrevienta,   sabed, que les cuntió:
saliós' de la rred   e desatós' el león.
En grant miedo se vieron   por medio de la cort;
enbraçan los mantos   los del Campeador
e çercan el escaño   e fincan sobre so señor.
Ferrán Gonçalez.............................
non vio allí dós' alçasse,   nin cámara abierta nin torre,
metiós' so 'l escaño,   tanto ovo el pavor.
Diego Gonçález   por la puerta salió,
diziendo de la boca: «¡Non veré Carrión!»
Tras una viga lagar   metiós' con grant pavor,
el manto e el brial   todo suzio lo sacó.
En esto despertó   el que en buen ora nació,
vio çercado el escaño   de sus buenos varones:
«¿Qué 's esto, mesnadas,   o qué queredes vós?»
«Ya señor ondrado,   rrebata nos dio el león».
Mio Çid fincó el cobdo,   en pie se levantó,
el manto trae al cuello   e adeliñó pora ['l] león.
El león, quando lo vio,   assí envergonçó,
ante Mio Çid la cabeça premió   e el rrostro fincó.
Mio Çid don Rodrigo   al cuello lo tomó

---

[50]Reproducido de *Poema de Mio Cid*, 2a ed. Edición, introducción y notas de Ian Michael (Madrid: Editorial Castalia, 1981).

e liévalo adestrando,   en la rred le metió.
A maravilla lo han   quantos que í son
e tornáronse al palaçio   pora la cort.
Mio Çid por sos yernos   demandó e no los falló,
maguer los están llamando,   ninguno non rresponde.
Quando los fallaron,   assí vinieron sin color,
non viestes tal juego   commo iva por la cort;
mandó lo vedar   Mio Çid el Campeador.
Muchos' tovieron por enbaídos   los ifantes de Carrión,
fiera cosa les pesa   d'esto que les cuntió.

113 [El general almorávide Búcar viene de Marruecos para poner sitio a Valencia]

Ellos en esto estando,   dón avién grant pesar,
fuerças de Marruecos   Valençia vienen çercar,
cinquaenta mill tiendas   fincadas ha de las cabdales,
aquéste era el rrey Búcar,   sil' ouyestes contar.

114 [Temerosos de la batalla, los infantes piensan en volver a casa; el Cid se muestra indulgente con ellos]

Alegravas' el Çid   e todos sus varones
que les creçe la ganançia,   grado al Criador;
mas, sabed, de cuer les pesa   a los ifantes de Carrión
ca veyén tantas tiendas de moros   de que non avié[n] sabor.
Amos hermanos   apart salidos son:
«Catamos la ganançia   e la pérdida no,
ya en esta batalla   a entrar abremos nós,
esto es aguisado   por non ver Carrión,
bibdas rremandrán   fijas del Campeador».
Oyó la poridad   aquel Muño Gustioz,
vino con estas nuevas   a Mio Çid Ruy Díaz el Canpeador:
«Evades qué pavor han   vuestros yernos tan osados,
por entrar en batalla   desean Carrión.
Idlos conortar,   sí vos vala el Criador,
que sean en paz   e non ayan í rración.

Nós convusco la vençremos   e valer nos ha el Criador».
Mio Çid don Rodrigo   sonrrisando salió:
«Dios vos salve, yernos,   ifantes de Carrión.
En braços tenedes mis fijas   tan blancas commo el sol.
Yo desseo lides   e vós a Carrión,
en Valençia folgad   a todo vuestro sabor
ca d'aquellos moros   yo só sabidor,
arrancar me los trevo   con la merçed del Criador».

[Laguna de 50 versos aproximadamente (falta un folio)]

115 [El infante don Fernando, habiéndose asustado en el campo de batalla, recibe ayuda de Pedro Bermúdez y le da las gracias:]

«aún vea el ora   que vos meresca dos tanto».
En una conpaña   tornados son amos,
assí lo otorga don Pero   cuemo se alaba Ferrando;
plogo a Mio Çid   e a todos sos vassallos;
«Aún, si Dios quisiere   e el Padre que está en alto,
amos los mios yernos   buenos serán en ca[m]po».
Esto van diziendo   e las yentes se allegando,
en la hueste de los moros   los atamores sonando,
a marav[i]lla lo avién   muchos d'essos christianos
ca nunqua lo vieran,   ca nuevos son llegados.
Más se maravillan   entre Diego e Ferrando,
por la su voluntad   non serién allí llegados.
Oíd lo que fabló   el que en buen ora nasco:
«¡Ala, Pero Vermúez,   el mio sobrino caro!
Cúriesme a [don] Diego   e cúriesme a don Fernando,
mios yernos amos a dos,   la cosa que mucho amo,
ca los moros, con Dios,   non fincarán en canpo».

116 [Pedro Bermúdez se niega a cuidarse más de los infantes; Alvar Fáñez se muestra impaciente ante la esperada batalla; al obispo Jerónimo se le permite lanzar el primer ataque]

«Yo vos digo, Çid,   por toda caridad,

que oy los ifantes   a mí por amo non abrán;
cúrielos qui quier,   ca d'ellos poco m'incal.
Yo con los míos   ferir quiero delant,
vós con los vuestros   firmemientre a la çaga tengades,
si cueta fuere,   bien me podredes uviar».
Aquí llegó   Minaya Albar Fáñez:
«¡Oíd, ya, Çid,   Canpeador leal!
Esta batalla   el Criador la ferá
e vós tan dinno   que con él avedes part.
Mandadno' los ferir   de quál part vos semeiar,
el debdo que á cada uno   a conplir será.
Ver lo hemos con Dios   e con la vuestra auze».
Dixo Mio Çid: «Ayamos más de vagar».
Afévos el obispo don Iherónimo   muy bien armado,
paravas' delant al Campeador   siempre con la buen auze:
«Oy vos dix la missa   de Sancta Trinidade;
por esso salí de mi tierra   e vin vos buscar
por sabor que avía   de algún moro matar;
mi orden e mis manos   querría las ondrar
e a estas feridas   yo quiero ir delant.
Pendón trayo a corças   e armas de señal,
si ploguiesse a Dios   querríalas ensayar,
mio coraçón   que pudiesse folgar
e vós, Mio Çid,   de mí más vos pagar.
Si este amor non' feches,   yo de vós me quiero quitar».
Essora dixo Mio Çid: «Lo que vós queredes plazme.
Afé los moros a oio,   idlos ensayar.
Nós d'aquent veremos   cómmo lidia el abbat».

117 [El obispo lucha con valentía; el Cid entra en la batalla; derrota de los moros]

El obispo don Iherónimo   priso a espolonada
e ívalos ferir   a cabo del albergada.
Por la su ventura   e Dios quel' amava
a los primeros colpes   dos moros matava de la lanç[a];
el astil á quebrado   e metió mano al espada,
ensayavas' el obispo,   ¡Dios, qué bien lidiava!

Dos mató con lança   e çinco con el espada;
los moros son muchos,   derredor le çercavan,
dávanle grandes colpes   mas nol' falsan las armas.
El que en buen ora nasco   los oios le fincava,
enbraçó el escudo   e abaxó el asta,
aguijó a Bavieca,   el cavallo que bien anda,
ívalos ferir   de coraçón e de alma.
En las azes primeras   el Campeador entrava,
abatió a siete   e a quatro matava.
Plogo a Dios,   aquésta fue el arrancada.
Mio Çid con los suyos   cae en alcança,
veriedes quebrar tantas cuerdas   e arrancarse las estacas
e acostarse los tendales,   con huebras eran tantas.
Los de Mio Çid a los de Búcar   de las tiendas los sacan.

118 [Durante la persecución, el Cid mata a Búcar y gana la espada llamada Tizón]

Sácanlos de las tiendas,   cáenlos en alcaz,
tanto braço con loriga   veriedes caer apart,
tantas cabeças con yelmos   que por el campo caen,
cavallos sin dueños   salir a todas partes;
siete migeros conplidos   duró el segudar.
Mio Çid al rrey Búcar   cayól' en alcaz:
«¡Acá torna, Búcar!   Venist d'allent mar,
ver te as con el Çid,   el de la barba grant,
saludar nos hemos amos   e taiaremos amistad».
Respuso Búcar al Çid: «¡Cofonda Dios tal amistad!
El espada tienes desnuda en la mano   e véot' aguijar,
assí commo semeia,   en mí la quieres ensayar;
mas si el cavallo non estropieça   o comigo non caye,
non te iuntarás comigo   fata dentro en la mar».
Aquí rrepuso Mio Çid: «¡Esto non será verdad!»
Buen cavallo tiene Búcar   e grandes saltos faz,
mas Bavieca el de Mio Çid   alcançándolo va.
Alcançólo el Çid a Búcar   a tres braças del mar,
arriba alçó Colada,   un grant colpe dádol' ha,
las carbonclas del yelmo   tollidas ge la[s] ha,

cortól' el yelmo   e, librado todo lo ál,
fata la çintura   el espada llegado ha.
Mató a Búcar,   al rrey de allén mar,
e ganó a Tizón   que mill marcos d'oro val.
Vençió la batalla   maravillosa e grant,
aquís' ondró Mio Çid   e quantos con él son.

119 [El Cid y Alvar Fáñez elogian las proezas de los infantes, pero éstos toman las alabanzas por calumnia; reciben un botín extraordinario]

Con estas gananças   yas' ivan tornando,
sabet, todos de firme   rrobavan el campo.
A las tiendas eran llegados   dó estava el que en buen ora nasco.
Mio Çid Ruy Díaz   el Campeador contado
con dos espadas   que él preçiava algo
por la matança   vinía tan privado,
la cara fronzida   e almófar soltado,
cofia sobre los pelos   fronzida d'ella yaquanto.
Algo v[e]yé Mio Çid   de lo que era pagado,
alçó sus oios,   esteva adelant catando
e vio venir a Diego   e a Fernando;
amos son fijos   del conde don Go[n]çalo.
Alegrós' Mio Çid,   fermoso sonrrisando:
«¡Venides, mios yernos,   mios fijos sodes amos!
Sé que de lidiar   bien sodes pagados,
a Carrión de vós   irán buenos mandados
cómmo al rrey Búcar   avemos arrancado.
Commo yo fío por Dios   e en todos los sos sanctos,
d'esta arrancada   nós iremos pagados».
De todas partes   sos vassallos van llegando,
Minaya Albar Fáñez   essora es llegado,
el escudo trae al cuello   e todo espad[ad]o,
de los colpes de las lanças   non avié rrecabdo,
aquellos que ge los dieran   non ge lo avién logrado.
Por el cobdo ayuso   la sangre destellando,
de veínte arriba   ha moros matado:
«Grado a Dios   e al Padre que está en alto
e a vós, Çid,   que en buen ora fuestes nado.

Matastes a Búcar   e arrancamos el canpo.
Todos estos bienes de vós son   e de vuestros vassallos,
e vuestros yernos   aquí son ensayados,
fartos de lidiar   con moros en el campo».
Dixo Mio Çid: «Yo d'esto só pagado,
quando agora son buenos,   adelant serán preçiados».
Por bien lo dixo el Çid,   mas ellos lo tovieron a mal.
Todas las ganançias   a Valençia son llegadas,
alegre es Mio Çid   con todas sus conpañas
que a la rraçión caye   seisçientos marcos de plata.
Los yernos de Mio Çid   quando este aver tomaron
d'esta arrancada,   que lo tenién en so salvo,
cuidaron que en sus días   nunqua serién minguados,
fueron en Valençia   muy bien arreados,
conduchos a sazones,   buenas pieles e buenos mantos.
Mucho son alegres   Mio Çid e sus vassallos.

120 [El Cid se complace en las supuestas proezas de sus yernos]

Grant fue el día   [por] la cort del Campeador
después que esta batalla vençieron   e al rrey Búcar mató,
alçó la mano,   a la barba se tomó:
«Grado a Christus,   que del mundo es señor,
quando veo   lo que avía sabor
que lidiaran comigo en campo   mios yernos amos a dos;
mandados buenos irán   d'ellos a Carrión
cómmo son ondrados   e aver vos [an] grant pro.

121 [Reparto del botín]

»Sobeianas son las ganançias   que todos an ganadas,
lo uno es nuestro,   lo otro han en salvo».
Mandó Mio Çid,   el que en buen ora nasco,
d'esta batalla   que han arrancado
que todos prisiessen   so derecho contado
e la su quinta   non fuesse olbidado.
Assí lo fazen todos,   ca eran acordados,

cayéronle en quinta   al Çid seixçientos cavallos
e otras azémilas   e camellos largos,
tantos son de muchos   que non serién contados.

122 [El Cid medita sobre un posible ataque a Marruecos, pero rechaza la idea; vuelve a alabar a sus yernos]

Todas estas ganançias   fizo el Canpeador:
«¡Grado a Dios   que del mundo es señor!
Antes fu minguado,   agora rrico só,
que he aver e tierra   e oro e onor
e son mios yernos   ifantes de Carrión.
Arranco las lides   commo plaze al Criador,
moros e christianos   de mí han grant pavor;
allá dentro en Marruecos,   ó las mezquitas son,
que abrán de mí salto   quiçab alguna noch
ellos lo temen,   ca non lo piesso yo.
No los iré buscar,   en Valençia seré yo,
ellos me darán parias,   con aiuda del Criador,
que paguen a mí   o a qui yo ovier sabor".
Grandes son los gozos en Valençia   con Mio Çid el Canpeado[r]
de todas sus conpañas   e de todos sus vassallos;
grandes son los gozos   de sus yernos amos a dos:
d'aquesta arrancada   que lidiaron de coraçón
valía de çinco mill marcos   ganaron amos a dos;
muchos' tienen por rricos   los ifantes de Carrión;
ellos con los otros   vinieron a la cort.
Aquí está con Mio Çid   el obispo do Iherónimo,
el bueno de Albar Fáñez,   cavallero lidiador,
e otros muchos   que crió el Campeador;
quando entraron   los ifantes de Carrión,
rreçibiólos Minaya   por Mio Çid el Campeador:
«Acá venid, cuñados,   que más valemos por vós».
Assí commo llegaron,   pagós' el Campeador:
«Evades aquí, yernos,   la mi mugier de pro
e amas la[s] mis fijas,   don Elvira e doña Sol;
bien vos abraçen   e sírvanvos de coraçón.
Vençiemos moros en campo   e matamos

a aquel rrey Búcar, provado traidor.
Grado a Sancta María, madre del Nuestro Señor Dios,
d'estos nuestros casamientos vós abredes honor.
Buenos mandados irán a tierras de Carrión».

123 [Avergonzado, el infante don Fernando ruega al Cid que no se interese más por él ni por su hermano; los del Cid se burlan de los infantes y éstos traman la deshonra de aquél]

A estas palabras fabló Ferrán Gonçález:
«Grado al Criador e a vós, Çid ondrado,
tanto avemos de averes que no son contados,
por vós avemos ondra e avemos lidiado;
pensad de lo otro, que lo nuestro tenémoslo en salvo».
Vassallos de Mio Çid seyénse sonrrisando:
quien lidiara meior o quien fuera en alcanço,
mas non fallavan í a Diego ni a Ferrando.
Por aquestos juegos que ivan levantando
e las noches e los días tan mal los escarmentando,
tan mal se conseiaron estos iffantes amos.
Amos saliero[n] apart, veramientre son hermanos,
d'esto que ellos fablaron nós parte non ayamos:
«Vayamos pora Carrión, aquí mucho detardamos;
los averes que tenemos grandes son e sobeianos,
mientra que visquiéremos despender no lo podremos.

124 [Los infantes planean una venganza inicua; piden al Cid que les autorice para llevarse a sus esposas a Carrión; el Cid da ricos ajuares a sus hijas y se despide de ellas]

«Pidamos nuestras mugieres al Çid Campeador,
digamos que las levaremos a tierras de Carrión
[e] enseñar las hemos dó las heredades son.
Sacar las hemos de Valençia de poder del Campeador,
despúes en la carrera feremos nuestro sabor,
ante que nos rretrayan lo que cuntió del león;
nós de natura somos de condes de Carrión.

Averes levaremos grandes   que valen grant valor,
escarniremos   las fijas del Canpeador.
D'aquestos averes   siempre seremos rricos omnes,
podremos casar con fijas   de rreyes o de enperadores,
ca de natura somos   de condes de Carrión.
Assí las escarniremos   a las fijas del Campeador,
antes que nos rretrayan   lo que fue del león».
Con aqueste conseio   amos tornados son,
fabló Ferrán Gonçález   e fizo callar la cort:
«¡Sí vos vala el Criador,   Çid Campeador!
Que plega a doña Ximena   e primero a vós
e a Minaya Albar Fáñez   e a quantos aquí son:
dadnos nuestras mugieres   que avemos a bendiçiones,
levar las hemos   a nuestras tierras de Carrión,
meter las hemos   en las villas
que les diemos por arras   e por onores,
verán vuestras fijas   lo que avemos nós,
los fijos que oviéremos   en qué avrán partiçión».
Nos' curiava de ser afontado   el Çid Campeador:
«Dar vos he mis fijas   e algo de lo mío;
vós les diestes villas por arras   en tierras de Carrión,
yo quiero les dar axuvar   tres mill marcos de plata;
dar vos é mulas e palafrés   muy gruessos de sazón,
cavallos pora en diestro,   fuertes e corredores,
e muchas vestiduras   de paños de çiclatones;
dar vos he dos espadas,   a Colada e a Tizón,
bien lo sabedes vós   que las gané a guisa de varón.
Mios fijos sodes amos   quando mis fijas vos do,
allá me levades   las telas del coraçón.
Que lo sepan en Gallizia   e en Castiella e en León
con qué rriqueza enbío   mios yernos amos a dos.
A mis fijas sirvades,   que vuestras mugieres son,
si bien las servides   yo vos rrendré buen galardón».
Atorgado lo han esto   los iffantes de Carrión,
aquí rreçiben   las fijas del Campeador,
conpieçan a rreçebir   lo que el Çid mandó;
quando son pagados   a todo so sabor,
ya mandavan cargar   iffantes de Carrión.
Grandes son las nuevas   por Valençia la mayor,

todos prenden armas   e cavalgan a vigor
porque escurren sus fijas del Campeador   a tierras de Carrión.
Ya quieren cavalgar,   en espidimiento son;
amas hermanas   don Elvira e doña Sol
fincaron los inoios   ant el Çid Campeador:
«¡Merçed vos pedimos, padre,   sí vos vala el Criador!
Vós nos engendrastes,   nuestra madre nos parió;
delant sodes amos,   señora e señor.
Agora nos enviades   a tierras de Carrión,
debdo nos es a cunplir   lo que mandáredes vós.
Assí vos pedimos merçed   nós amas a dos
que ayades vuestros mensaies   en tierras de Carrión».
Abraçólas Mio Çid   e saludólas amas a dos.

125 [Doña Jimena se despide de sus hijas; el Cid ve malos agüeros]

Él fizo aquesto,   la madre lo doblava:
«Andad, fijas, d'aquí   el Criador vos vala,
de mí e de vuestro padre   bien avedes nuestra graçia.
Id a Carrión   dó sodes heredadas,
assí commo yo tengo,   bien vos he casadas».
Al padre e a la madre   las manos les besavan;
amos las bendixieron   e diéronles su graçia.
Mio Çid e los otros   de cavalgar pensavan
a grandes guarnimientos,   a cavallos e armas.
Ya salién los ifantes   de Valençia la clara
espi[di]endos' de las dueñas   e de todas sus compañas.
Por la huerta de Valençia   teniendo salién armas,
alegre va Mio Çid   con todas sus compañas.
Violo en los avueros   el que en buen ora çinxo espada
que estos casamientos   non serién sin alguna tacha;
nos' puede rrepentir,   que casadas las ha amas.

126 [El Cid manda a Félez Muñoz que acompañe a sus hijas; el doloroso adiós último; los viajeros llegan a Molina, desde donde Avengalvón les escolta hasta El Ansarera; se descubre el plan de los infantes para asesinar a Avengalvón]

«¿Ó eres mio sobrina,   tú, Félez Muñoz?
Primo eres de mis fijas amas   d'alma e de coraçón.
Mándot' que vayas con ellas   fata dentro en Carrión,
verás las heredades   que a mis fijas dadas son,
con aquestas nuevas   vernás al Campeador».
Dixo Félez Muñoz: «Plazame d'alma e de coraçón».
Minaya Albar Fáñez   ante Mio Çid se paró:
«Tornémosnos, Çid,   a Valençia la mayor,
que si a Dios ploguiere   e al padre Criador,
ir las hemos ver   a tierras de Carrión».
«A Dios vos acomendamos,   don Elvira e doña Sol,
atales cosas fed   que en plazer caya a nós».
Respondién los yernos: «¡Assí lo mande Dios!»
Grandes fueron los duelos   a la departiçión,
el padre con las fijas   lloran de coraçón,
assí fazían   los cavalleros del Campeador.
«¡Oyas, sobrino,   tú, Félez Muñoz!
Por Molina iredes,   í iazredes una noch,
saludad a mio amigo   el moro Avengalvón;
rreçiba a mios yernos   commo él pudier meior.
Dil' que enbío mis fijas   a tierras de Carrión,
de lo que ovieren huebos   sírvalas a so sabor,
desí escúrralas fasta Medina   por la mi amor;
de quanto él fiziere   yol' dar[é] por ello buen galardón».
Cuemo la uña de la carne   ellos partidos son,
yas' tornó pora Valençia   el que en buen ora nasçió.
Piénsanse de ir   los ifantes de Carrión,
por Sancta María d'Alvarrazín   fazían la posada.
Aguijan quanto pueden   ifantes de Carrión:
félos en Molina   con el moro Avengalvón.
El moro, quando lo sopo,   plógol' de coraçón,
saliólos rrecebir   con grandes avorozes,
¡Dios, qué bien los sirvió   a todo so sabor!
Otro día mañana   con ellos cavalgó,
con dozientos cavalleros   escurrirlos mandó;
ivan troçir los montes,   los que dizen de Luzón.
A las fijas del Çid   el moro sus donas dio,
buenos seños cavallos   a los ifantes de Carrión.
Troçieron Arbuxuelo   e llegaron a Salón,

ó dizen el Ansarera   ellos posados son.
Tod esto les fizo el moro   por el amor del Çid Campead[or].
Ellos veyén la rriqueza   que el moro sacó,
entr'amos hermanos   conseiaron traçión:
«Ya pues que a dexar avemos   fijas del Campeador,
si pudiéssemos matar   el moro Avengalvón,
quanta rriquiza tiene   aver la iemos nós.
Tan en salvo lo abremos   commo lo de Carrión,
nunqua avrié derecho de nós   el Çid Campeador».
Quando esta falsedad   dizién los de Carrión,
un moro latinado   bien ge lo entendió;
non tiene poridad,   díxolo [a] Avengalvón:
«Acayaz, cúriate d'éstos,   ca eres mio señor,
tu muert oí cosseiar   a los ifantes de Carrión».

127 [Avengalvón amenaza a los infantes]

El moro Avengalvón   mucho era buen barragán,
co[n] dozientos que tiene   iva cavalgar,
armas iva teniendo,   parós' ante los ifantes,
de lo que el moro dixo   a los ifantes non plaze:
«¡Dezidme qué vos fiz,   ifantes de Carrión!
Yo sirviéndovos sin art   e vós, pora mí, muert conseiastes.
Si no lo dexás   por Mio Çid el de Bivar,
tal cosa vos faría   que por el mundo sonás
e luego levaría sus fijas   al Campeador leal;
vós nu[n]qua en Carrión   entrariedes iamás.

128 [La afrenta en el robledo de Corpes]

»Aquím' parto de vós   commo de malos e de traidores.
Iré con vuestra graçia,   don Elvira e doña Sol,
poco preçio las nuevas   de los de Carrión.
Dios lo quiera e lo mande   que de tod el mundo es señor,
d'aqueste casamiento   que grade el Canpeador».
Esto les ha dicho   e el moro se tornó,
teniendo iva armas   al troçir de Salón,

cuemmo de buen seso   a Molina se tornó.
Ya movieron del Ansarera   los ifantes de Carrión;,
acóiense a andar   de día e de noch,
a siniestro dexan Atienza,   una peña muy fuert,
la sierra de Miedes   passáronla esto[n]z,
por los Montes Claros   aguijan a espolón,
a siniestro dexan a Griza   que Alamos pobló,
allí son caños   dó a Elpha ençerró,
a diestro dexan a Sant Estevan,   más cae aluén.
Entrados son los ifantes   al rrobredo de Corpes,
los montes son altos,   las rramas puian con las núes;
¡e las bestias fieras   que andan aderredor!
Fallaron un vergel   con una linpia fuent,
mandan fincar la tienda   ifantes de Carrión,
con quantos que ellos traen   í iazen essa noch,
con sus mugieres en braços   demuéstranles amor,
¡mal ge lo cunplieron   quando salié el sol!
Mandaron cargar las azémilas   con grandes averes,
cogida han la tienda   dó albergaron de noch,
adelant eran idos   los de criazón,
assí lo mandaron   los ifantes de Carrión
que non í fincás ninguno,   mugier nin varón,
sinon amas sus mugieres   doña Elvira e doña Sol:
deportarse quieren con ellas   a todo su sabor.
Todos eran idos,   ellos quatro solos son,
tanto mal comidieron   los ifantes de Carrión:
«Bien lo creades,   don Elvira e doña Sol,
aquí seredes escarnidas   en estos fieros montes.
Oy nos partiremos   e dexadas seredes de nós,
non abredes part   en tierras de Carrión.
Irán aquestos mandados   al Çid Campeador,
nós vengaremos por aquésta   la [desondra] del león».
Allí les tuellen   los mantos e los pelliçones,
páranlas en cuerpos   e en camisas e en çiclatones.
Espuelas tienen calçadas   los malos traidores,
en mano prenden las çinchas   fuertes e duradores.
Quando esto vieron las dueñas,   fablava doña Sol:
«¡Por Dios vos rrogamos,   don Diego e don Ferrando!
Dos espadas tenedes   fuertes e taiadores,

al una dizen Colada   e al otra Tizón,
cortandos las cabeças,   mártires seremos nós,
moros e christianos   departirán d'esta rrazón,
que por lo que nós mereçemos   no lo prendemos nós.
Atan malos ensienplos   no fagades sobre nós;
si nós fuéremos maiadas,   abiltaredes a vós,
rretraer vos lo an   en vistas o en cortes».
Lo que rruegan las dueñas   non les ha ningún pro,
essora les conpieçan a dar   los ifantes de Carrión,
con las çinchas corredizas   máianlas tan sin sabor,
con las espuelas agudas   dón ellas an mal sabor
rronpién las camisas e las carnes   a ellas amas a dos,
linpia salié la sangre   sobre los çiclatones;
ya lo sienten ellas   en los sos coraçones.
¡Qual ventura serié ésta,   si ploguiesse al Criador,
que assomasse essora   el Çid Campeador!
Tanto las maiaron   que sin cosimente son,
sangrientas en las camisas   e todos los ciclatones.
Cansados son de ferir   ellos amos a dos,
ensayandos' amos   quál dará meiores colpes.
Ya non pueden fablar   don Elvira e doña Sol;
por muertas las dexaron   en el rrobredo de Corpes.

129 [Las hijas del Cid abandonadas]

Leváronles los mantos   e las pieles armiñas,
mas déxanlas marridas   en bristales e en camisas
e a las aves del monte   e a las bestias de la fiera guisa.
Por muertas la[s] dexaron,   sabed, que non por bivas.
¡Quál ventura serié   si assomás essora el Çid Campeador!

130 [Los infantes se alaban de su 'hazaña']

Los ifantes de Carrión en el rrobredo de Corpes por muertas las dexaron
que el una al otra   nol' torna rrecabdo.
Por los montes dó ivan   ellos ívanse alabando:
«De nuestros casamientos   agora somos vengados;

non las deviemos tomar por varraganas si non fuéssemos rrogados,
pues nuestras pareias   non eran pora en braços.
La desondra del león   assís' irá vengando».

131 [Félez Muñoz vuelve atrás en busca de sus primas, las reanima y las lleva
a San Esteban; la noticia de la afrenta llega al rey y al Cid, y Alvar Fáñez va a
San Esteban a recoger a las hijas]

Alabandos' ivan   los ifantes de Carrión,
mas yo vos diré   d'aquel Félez Muñoz:
sobrino era   del Çid Campeador;
mandáronle ir adelante,   mas de su grado non fue.
En la carrera dó iva   dolió' el coraçón,
de todos los otros   aparte se salió,
en un monte espesso   Félez Muñoz se metió
fasta que viesse venir   sus primas amas a dos
o qué an fecho   los ifantes de Carrión.
Violos venir   e oyó una rrazón,
ellos nol' v[e]yén   ni dend sabién rraçión;
sabet bien que si ellos le viessen   non escapara de muert.
Vanse los ifantes,   aguijan a espolón;
por el rrastro   tornós' Félez Muñoz,
falló sus primas   amorteçidas amas a dos.
Llamando: «¡Primas, primas!»,   luego descavalgó,
arrendó el cavallo,   a ellas adeliñó:
«¡Ya primas, las mis primas,   don Elvira e doña Sol,
mal se ensayaron   los ifantes de Carrión!
¡A Dios plega e a Sancta María   que dent prendan ellos mal galardón!»
Valas tornando   a ellas amas a dos,
tanto son de traspuestas   que non pueden dezir nada.
Partiéronsele las telas   de dentro del coraçón,
llamando: «¡Primas, primas,   don Elvira e don Sol!
¡Despertedes, primas,   por amor del Criador!
¡Mie[n]tra es el día,   ante que entre la noch,
los ganados fieros   non nos coman en aqueste mont!»
Van rrecordando   don Elvira e doña Sol,
abrieron los oios   e vieron a Félez Muñoz:
«¡Esforçadvos, primas,   por amor del Criador!

De que non me fallaren   los ifantes de Carrión,
a gran priessa   seré buscado yo;
si Dios non nos vale   aquí morremos nós».
Tan a grant duelo fablava doña Sol:
«Si vos lo meresca, mio primo,   nuestro padre el Canpeador,
¡dadnos del agua,   sí vos vala el Criador!»
Con un sonbrero   que tiene Félez Muñoz,
nuevo era e fresco,   que de Valénçial' sacó,
cogió del agua en él   e a sus primas dio,
mucho son lazradas   e amas las fartó.
Tanto las rrogó   fata que las assentó,
valas conortando   e metiendo coraçón
fata que esfuerçan,   e amas las tomó
e privado   en el cavallo las cavalgó,
con el so manto   a amas las cubrió.
El cavallo priso por la rrienda   e luego dent las part[ió],
todos tres señeros   por los rrobredos de Corpes,
entre noch e día   salieron de los montes,
a las aguas de Duero   ellos arribados son,
a la torre de don Urraca   elle las dexó.
A Sant Estevan   vino Félez Muñoz,
falló a Diego Téllez,   el que de Albar Fáñez fue.
Quando él lo oyó,   pesól' de coraçón,
priso bestias   e vestidos de pro,
iva rreçebir   a don Elvira e a doña Sol;
en Sant Estevan   dentro las metió,
quanto él meior puede   allí las ondró.
Los de Sant Estevan   siempre mesurados son,
quando sabién esto,   pesóles de coraçón,
a llas fijas del Çid   danles esfuerço;
allí sovieron ellas   fata que sanas son.
Alabandos' seían   los ifantes de Carrión.
De cuer pesó esto   al buen rrey don Alfonso.
Van aquestos mandados   a Valençia la mayor,
quando ge lo dizen   a Mio Çid el Campeador,
una grand ora   pensó e comidió;
alçó la su mano,   a la barba se tomó:
«Grado a Christus,   que del mundo es señor,
quando tal ondra me an dada   los ifantes de Carrión;

par aquesta barba   que nadi non messó,
non la lograrán   los ifantes de Carrión,
¡que a mis fijas   bien las casaré yo!»
Pesó a Mio Çid   e a toda su cort
e [a] Albar Fáñez   d'alma e de coraçón.
Cavalgó Minaya   con Pero Vermúez
e Martín Antolínez,   el burgalés de pro,
con dozientos cavalleros   quales Mio Çid mandó;
díxoles fuertemientre   que andidiessen de día e de noch,
aduxiessen a sus fijas   a Valençia la mayor.
Non lo detardan   el mandado de su señor,
apriessa cavalgan,   andan los días e las noches,
vinieron a Gormaz,   un castiello tan fuert,
í albergaron   por verdad una noch.
A Sant Estevan   el mandado llegó
que vinié Minaya   por sus primas amas a dos.
Varones de Sant Estevan   a guisa de muy pros
rreçiben a Minaya   e a todos sus varones,
presentan a Minaya   essa noch grant enfurçión,
non ge lo quiso tomar,   mas mucho ge lo gradió:
«Graçias, varones de Sant Estevan,   que sodes coñosçedores,
por aquesta ondra que vós diestes   a esto que nos cuntió;
mucho vos lo gradeçe,   allá dó está, Mio Çid el Canpeador,
assí lo fago yo   que aquí estó.
Afé Dios de los çielos   que vos dé dent buen galardón».
Todos ge lo gradeçen   a sos pagados son,
adeliñan a posar   pora folgar essa noch.
Minaya va ver   sus primas dó son,
en él fincan los oios   don Elvira e doña Sol:
«Atanto vos lo gradimos   commo si viéssemos al Criador
e vós a Él lo gradid   quando bivas somos nós.

132 [Alvar Fáñez lleva a las hijas a Valencia]

»En los días de vagar   toda nuestra rrencura sabremos contar».
Lloravan de los oios   las dueñas e Albar Fáñez
e Pero Vermúez   otro tanto las ha:
«Don Elvira e doña Sol,   cuidado non ayades

quando vós sodes sanas e bivas   e sin otro mal.
Buen casamiento perdiestes,   meior podredes ganar.
¡Aún veamos el día   que vos podamos vengar!»
Í iazen essa noche   e tan grand gozo que fazen.
Otro día mañana   piensan de cavalgar,
los de Sant Estevan   escurriéndolos van
fata Río d'Amor,   dándoles solaz;
d'allent se espidieron d'ellos,   piénsanse de tornar
e Minaya con las dueñas   iva cabadelant.
Troçieron Alcoçeva,   a diestro dexan Gormaz,
ó dizen Bado de Rey   allá ivan pas[s]ar,
a la casa de Berlanga   posada presa han.
Otro día mañana   métense a andar,
a qual dizen Medina   ivan albergar
e de Medina a Molina   en otro día van.
Al moro Avengalvón   de coraçón le plaz,
saliólos a rreçebir   de buena voluntad,
por amor de Mio Çid   rrica cena les da.
Dent pora Valençia   adeliñechos van;
al que en buen ora nasco   llegava el mensaie,
privado cavalga,   a rreçebirlos sale,
armas iva teniendo   e grant gozo que faze,
Mio Çid a sus fijas   ívalas abraçar,
besándolas a amas,   tornós' de sonrrisar:
«¡Venides, mis fijas,   Dios vos curie de mal!
Yo tomé el casamiento,   mas non osé dezir ál.
Plega al Criador,   que en çielo está,
que vos vea meior casadas   d'aquí en adelant.
¡De mios yernos de Carrión   Dios me faga vengar!»
Besaron las manos   las fijas al padre.
Teniendo ivan armas,   entráronse a la cibdad,
grand gozo fizo con ellas   doña Ximena su madre.
El que en buen ora nasco   non quiso tardar,
fablós' con los sos   en su poridad,
al rrey Alfonso de Castiella   pensó de enbiar:

133 [El Cid envía a Muño Gustioz para que pida justicia al rey]

«¿Ó eres, Muño Gustioz,   mio vassallo de pro?
¡En buen ora te crié   a ti en la mi cort!
Lieves el mandado   a Castiella al rrey Alfonso,
por mí bésale la mano   d'alma e de coraçón,
cuemo yo só su vassallo   e él es mio señor,
d'esta desondra que me an fecha   los ifantes de Carrión
quel' pese al buen rrey   d'alma e de coraçón.
Él casó mis fijas,   ca non ge las di yo;
quando las han dexadas   a grant desonor,
si desondra í cabe   alguna contra nós,
la poca e la grant   toda es de mio señor.
Mios averes se me an levado,   que sobeianos son,
esso me puede pesar   con la otra desonor.
Adúgamelos a vistas,   o a iuntas o a cortes
commo aya derecho   de ifantes de Carrión,
ca tan grant es la rrencura   dentro de mi coraçón».
Muño Gustioz   privado cavalgó,
con él dos cavalleros   quel' sirvan a so sabor
e con él escuderos   que son de criazón.
Salién de Valençia   e andan quanto pueden,
nos' dan vagar   los días e las noches;
al rrey   en San Fagunt lo falló.
Rey es de Castiella   e rrey es de León
e de las Asturias   bien a San Çalvador,
fasta dentro en Sancti Yaguo   de todo es señor,
e llos condes gallizanos   a él tienen por señor.
Assí commo descavalga   aquel Muño Gustioz,
omillós' a los santos   e rrogó a[l] Criador;
adeliñó pora 'l palaçio   dó estava la cort,
con él dos cavalleros   quel' aguardan cum a señor.
Assí commo entraron   por medio de la cort,
violos el rrey   e connosçió a Muño Gustioz,
levantós' el rrey,   tan bien los rreçibió.
Delant el rrey fincó los inoios   aquel Muño Gustioz,
besávale los pies   aquel Muño Gustioz:
«¡Merçed, rrey Alfonso,   de largos rreinos a vós dizen señor!
Los pies e las manos   vos besa el Campeador

ele es vuestro vasallo   e vós sodes so señor.
Casastes sus fijas   con ifantes de Carrión,
alto fue el casamien[t]o   ca lo quisiestes vós.
Ya vós sabedes la ondra   que es cuntida a nós,
cuemo nos han abiltados   ifantes de Carrión:
mal maiaron sus fijas   del Çid Campeador,
maiadas e desnudas   a grande desonor,
desenparadas las dexaron   en el rrobredo de Corpes,
a las bestias fieras   e a las aves del mont.
Afélas sus fijas   en Valençia dó son.
Por esto vos besa las manos   commo vassallo a señor
que ge los levedes a vistas,   o a iuntas o a cortes;
tienes' por desondrado,   mas la vuestra es mayor,
e que vos pese, rrey,   commo sodes sabidor;
que aya Mio Çid derecho   de ifantes de Carrión».
El rrey una grand ora   calló e comidió:
«Verdad te digo yo   que me pesa de coraçón
e verdad dizes en esto,   tú, Muño Gustioz,
ca yo casé sus fijas   con ifantes de Carrión;
fizlo por bien   que fuesse a su pro.
¡Si quier el casamiento   fecho non fuesse oy!
Entre yo e Mio Çid   pésanos de coraçón,
aiudar le [é] a derecho,   ¡sín' salve el Criador!
Lo que non cuidava fer   de toda esta sazón,
andarán mio porteros   por todo mio rreino,
pora dentro en Toledo   pregonarán mi cort,
que allá me vayan   cuendes e ifançones,
mandaré cómmo í vayan   ifantes de Carrión
e cómmo den derecho   a Mio Çid el Campeador,

134 [Don Alfonso convoca corte en Toledo]

»e que nos aya rrencura   podiendo yo vedallo.
Dezidle al Campeador,   que en buen ora nasco,
que d'estas siete semanas   adobes' con sus vassallos,
véngam' a Toledo,   éstol' do de plazo.
Por amor de Mio Çid   esta cort yo fago.
Saludádmelos a todos,   entr'ellos aya espaçio,

d'esto que les abino   aún bien serán ondrados».
Espidiós' Muño Gustioz,   a Mio Çid es tornado.
Assí commo lo dixo,   suyo era el cuidado,
non lo detiene por nada   Alfonso el castellano,
enbía sus cartas   pora León e a Sancti Yaguo,
a los portogaleses   e a galizianos
e a los de Carrión   e a varones castellanos,
que cort fazié en Toledo   aquel rrey ondrado,
a cabo de siete semanas   que í fuessen iuntados;
qui non viniesse a la cort   non se toviesse por su vassallo.
Por todas sus tierras   assí lo ivan pensando
que non falliessen   de lo que el rrey avié mandado.

135 [Los infantes ruegan en vano al rey que les exima de asistir: la corte se reúne]

Ya les va pesando   a los ifantes de Carrión
porque en Toledo   el rrey fazié cort;
miedo han que í verná   Mio Çid el Campeador.
Prenden so conseio   assí parientes commo son,
rruegan al rrey   que los quite d'esta cort.
Dixo el rey: «No lo feré,   ¡sín' salve Dios!
Ca í verná   Mio Çid el Campeador;
dar le [e]des derecho,   ca rrencura ha de vós.
Qui lo fer non quisiesse   o no ir a mi cort,
quite mio rreino,   ca d'él non he sabor».
Ya lo vieron que es a fer   los ifantes de Carrión,
prenden conseio   parientes commo son;
el conde don Garçía   en estas nuevas fue,
enemigo de Mio Çid   que mal siémprel' buscó,
aquéste conseió   los ifantes de Carrión.
Llegava el plazo,   querién ir a la cort,
en los primeros va   el buen rrey don Alfonso,
el conde don Anrrich   e el conde don Remond,
aquéste fue padre   del buen enperador,
el conde don Fruella   e el conde don Beltrán.
Fueron í de su rreino   otros muchos sabidores
de toda Castiella   todos los meiores.

El conde don Garçía   con ifantes de Carrión
e Assur Gonçález e Gonçalo Assúrez,
e Diego e Ferrando   í son amos a dos,
e con ellos grand bando   que aduxieron a la cort:
e[n]baírle cuidan   a Mio Çid el Campeador.
De todas partes   allí iuntados son.
Aún non era llegado   el que en buen ora naçió,
porque se tarda   el rrey non ha sabor.
Al quinto día   venido es Mio Çid el Campeador,
[a] Alvar Fáñez   adelántel' enbió
que besasse las manos   al rrey so señor:
bien lo sopiesse   que í serié essa noch.
Quando lo oyó el rrey,   plógol' de coraçón,
con grandes yentes   el rrey cavalgó
e iva rreçebir   al que en buen ora naçió.
Bien aguisado viene   el Çid con todos los sos,
buenas conpañas   que assí an tal señor.
Quando lo ovo a oio   el buen rrey don Alfonso,
firiós' a tierra   Mio Çid el Campeador,
biltarse quiere   e ondrar a so señor.
Quando lo oyó el rrey   por nada non tardó:
«¡Par Sant Esidro   verdad non será oy!
Cavalgad, Çid, si non,   non avría de[n]de sabor,
saludar nos hemos   d'alma e de coraçón,
¡Dios lo mande que por vós   se ondre oy la cort!»
«Amen—dixo   Mio Çid el Campeador,
besóle la mano   e después le saludó—
grado a Dios   quando vos veo, señor.
Omíllom' a vós   e al conde do Remond
e al conde don A[n]rrich   e a quantos que í son,
¡Dios salve a nuestros amigos   e a vós más, señor!
Mi mugier doña Ximena,   dueña es de pro,
bésavos las manos,   e mis fijas amas a dos,
d'esto que nos abino   que vos pese, señor».
Respondió el rrey: «Si fago, ¡sín' salve Dios!»

136 [El Cid guarda vigilia en el monasterio de San Servando]

Pora Toledo   el rrey tornada da,
essa noch Mio Çid   Taio non quiso passar:
«¡Merçed, ya rrey,   sí el Criador vos salve!
Pensad, señor,   de entrar a la çibdad
e yo con los míos   posaré a San Serván;
las mis compañas   esta noche llegarán.
Terné vigilia   en aqueste sancto logar,
cras mañana   entraré a la çibdad
e iré a la cort   enantes de iantar».
Dixo el rrey: «Plazme de veluntad».
El rrey don Alfonso   a Toledo es entrado,
Mio Çid Ruy Díaz   en San Serván posado.
Mandó fazer candelas   e poner en el altar,
sabor á de velar   en essa santidad,
al Criador rrogando   e fablando en poridad.
Entre Minaya   e los buenos que í ha
acordados fueron   quando vino la man.
Matines e prima   dixieron faza'l alba.

137 [El Cid habla a los suyos y se viste para ir a la corte; habiendo entrado allí, declina el honor de sentarse al lado del rey; demanda reparación civil y gana el pleito]

Suelta fue la missa   antes que saliesse el sol
e su ofrenda han fecha   muy buena e conplida.
«Vós, Minaya Albar Fáñez,   el mio braço meior,
vós iredes comigo   e el obispo don Iherónimo
e Pero Vermúez   e aqueste Muño Gustioz
e Martín Antolínez,   el burgalés de pro,
e Albar Albarez   e Albar Salvadórez
e Martín Muñoz,   que en buen punto naçió,
e mio sobrino   Félez Muñoz;
comigo irá Mal Anda,   que es bien sabidor,
e Galind Garçíez,   el bueno d'Aragón;
con éstos cúnplanse çiento   de los buenos que í son.
Velmezes vestidos   por sufrir las guarnizones,

de suso las lorigas   tan blancas commo el sol;
sobre las lorigas   armiños e pelliçones
e, que non parescan las armas,   bien presos los cordones,
so los mantos las espadas   dulçes e taiadores;
d'aquesta guisa   quiero ir a la cort
por demandar mios derechos   e dezir mi rrazón.
Si desobra buscaren   ifantes de Carrión,
dó tales çiento tovier,   bien seré sin pavor».
Respondieron todos: «Nós esso queremos, señor».
Assí commo lo á dicho,   todos adobados son.
Nos' detiene por nada   el que en buen ora naçió:
calças de buen paño   en sus camas metió,
sobr'ellas unos çapatos   que a grant huebra son,
vistió camisa de rrançal   tan blanca como el sol,
con oro e con plata   todas las presas son,
al puño bien están,   ca él se lo mandó;
sobr'ella un brial   primo de çiclatón,
obrado es con oro,   pareçen por ó son;
sobr'esto una piel vermeia,   las bandas d'oro son,
siempre la viste   Mio Çid el Campeador;
una cofia sobre los pelos   d'un escarín de pro,
con oro es obrada,   fecha por rrazón,
que non le contal[l]assen los pelos   al buen Çid Canpeador;
la barba avié luenga   e prísola con el cordón,
por tal lo faze esto   que rrecabdar quiere todo lo suyo;
de suso cubrió un manto,   que es de grant valor.
En él abrién que ver   quantos que í son.
Con aquestos çiento   que adobar mandó
apriessa cavalga,   de San Serván salió;
assí iva Mio Çid   adobado a lla cort.
A la puerta de fuera   descavalga a sabor,
cuerdamientre entra   Mio Çid con todos los sos:
él va en medio   e los çiento aderredor.
Quando lo vieron entrar   al que en buen ora naçió,
levantós' en pie   el buen rrey don Alfonso
e el conde don Anrrich   e el conde don Remont
e desí adelant,   sabet, todos los otros;
a grant ondra lo rreçiben   al que en buen ora naçió.
Nos' quiso levantar   el Crespo de Grañón,

nin todos los del bando   de ifantes de Carrión.
El rrey dixo al Çid: «Venid acá ser, Campeador,
en aqueste escaño   quem'diestes vós en don;
maguer que [a] algunos pesa,   meior sodes que nós».
Essora dixo muchas merçedes   el que Valençia gañó:
«Sed en vuetro escaño   commo rrey e señor,
acá posaré   con todos aquestos míos».
Lo que dixo el Çid   al rrey plogo de coraçón.
En un escaño torniño   essora Mio Çid posó,
los çiento quel' aguardan   posan aderredor.
Catando están a Mio Çid   quantos ha en la cort,
a la barba que avié luenga   e presa con el cordón,
en sos aguisamientos   bien semeia varón,
nol' pueden catar de vergüença   ifantes de Carrión.
Essora se levó en pie   el buen rrey don Alfonso:
«¡Oíd, mesnadas,   sí vos vala el Criador!
Yo, de que fu rrey,   non fiz más de dos cortes,
la una fue en Burgos   e la otra en Carrión;
esta terçera   a Toledo la vin fer oy
por el amor de Mio Çid,   el que en buen ora naçió,
que rreçiba derecho   de ifantes de Carrión.
Grande tuerto le han tenido,   sabémoslo todos nós;
alcaldes sean d'esto   el conde don Anrrich e el conde don Remond
a estos otros condes   que del vando non sodes.
Todos meted í mientes,   ca sodes coñosçedores,
por escoger el derecho,   ca tuerto non mando yo.
D'ella e d'ella part   en paz seamos oy:
juro par Sant Esidro,   el que bolviere mi cort
quitar me á el rreino,   perderá mi amor.
Con el que toviere derecho   yo d'essa parte me só.
Agora demande   Mio Çid el Campeador;
sabremos qué rresponden   ifantes de Carrión».
Mio Çid la mano besó al rrey   e en pie se levantó:
«Mucho vos lo gradesco   commo a rrey e a señor
por quanto esta cort   fiziestes por mi amor.
Esto les demando   a ifantes de Carrión:
por mis fijas quem' dexaron   yo non he desonor,
ca vós las casastes, rrey,   sabredes qué fer oy;
mas quando sacaron mis fijas   de Valençia la mayor,

yo bien los quería d'alma e de coraçón,
diles dos espadas, a Colada e a Tizón,
éstas yo las gané a guisa de varón,
ques' ondrassen con ellas e sirviessen a vós;
quando dexaron mis fijas en el rrobredo de Corpes
comigo non quisieron aver nada e perdieron mi amor;
denme mis espadas quando mios yernos non son».
Atorgan los alcaldes: «Tod esto es rrazón».
Dixo el conde don Garçía: «A esto fablemos nós».
Essora salién aparte iffantes de Carrión
con todos sus parientes e el vando que í son,
apriessa lo ivan trayendo e acuerdan la rrazón:
«Aún grand amor nos faze el Çid Campeador
quando desondra de sus fijas no nos demanda oy,
bien nos abendremos con el rrey don Alfonso.
Démosle sus espadas quando assí finca la boz,
e quando las toviere partir se á la cort;
ya más non avrá derecho de nós el Çid Canpeador».
Con esta fabla tornaron a la cort:
«¡Merçed, ya rrey don Alfonso, sodes nuestro señor!
No lo podemos negar ca dos espadas nos dio,
quando las demanda e d'ellas ha sabor
dárgelas queremos delant estando vós».
Sacaron las espadas Colada e Tizón,
pusiéronlas en mano del rrey so señor,
saca las espadas e rrelumbra toda la cort,
las maçanas e los arriazes todos d'oro son.
Maravíllanse d'ellas todos los omnes buenos de la cort.
Reçibió [el Çid] las espadas, las manos le besó,
tornós' al escaño dón se levantó,
en las manos las tiene e amas las cató,
nos' le pueden camear ca el Çid bien las connosçe,
alegrós' le tod el cuerpo, sonrrisós' de coraçón,
alçava la mano, a la barba se tomó:
«¡Par aquesta barba que nadi non' messó,
assís' irán vengando don Elvira e doña Sol!»
A so sobrino por nómbrel' llamó,
tendió el braço, la espada Tizón le dio:
«Prendetla, sobrino, ca meiora en señor».

A Martín Antolínez,   el burgalés de pro,
tendió el braço,   el espada Coládal' dio:
«Martín Antolínez,   mio vassallo de pro,
prended a Colada,   ganéla de buen señor,
del conde do Remont Verenguel   de Barçilona la mayor.
Por esso vos la do   que la bien curiedes vós;
sé que si vos acaeçiere......................
con ella ganaredes   grand prez e grand valor».
Besóle la mano,   el espada tomó e rreçibió.
Luego se levantó   Mio Çid el Campeador:
«Grado al Criador   e a vós, rrey señor,
ya pagado só de mis espadas,   de Colada e de Tizón.
Otra rrencura he   de ifantes de Carrión:
quando sacaron de Valençia   mis fijas amas a dos
en oro e en plata   tres mill marcos les di [y]o,
yo faziendo esto,   ellos acabaron lo so;
denme mis averes   quando mios yernos non son».
¡Aquí veriedes quexarse   ifantes de Carrión!
Dize el conde don Remond: «Dezid de sí o de no».
Essora rresponden   ifantes de Carrión:
«Por éssol' diemos sus espadas   al Çid Campeador
que ál no nos demandasse,   que aquí fincó la boz».
Si ploguiere al rrey,   assí dezimos nós:
a lo que demanda el Çid   quel' rrecudades vós».
Dixo el buen rrey: «Assí lo otorgo yo».
Levantós' en pie   el Çid Campeador:
«D'estos averes   que vos di yo
si me los dades,   o dedes [d'ello rraçón]».
Essora salién aparta   ifantes de Carrión,
non acuerdan en conseio   ca los haveres grandes son,
espesos los han   ifantes de Carrión.
Tornan con el conseio   e fablavan a so señor:
«Mucho nos afinca   el que Valençia gañó
quando de nuestros averes   assíl' prende sabor,
pagar le hemos de heredades   en tierras de Carrión».
Dixieron los alcaldes   quando manifestados son:
«Si esso ploguiere al Çid,   no ge lo vedamos nós,
mas en nuestro iuvizio   assí lo mandamos nós
que aquí lo enterguedes   dentro en la cort».

A estas palabras   fabló el rrey don Alfonso:
«Nós bien la sabemos   aquesta rrazón
que derecho demanda   el Çid Campeador.
D'estos tres mill marcos   los dozientos tengo yo,
entr'amos me los dieron   los ifantes de Carrión;
tornárgelos quiero,   ca tan desfechos son,
enterguen a Mio Çid,   el que en buen ora naçió;
quando ellos los an a pechar,   non ge los quiero yo».
Fabló Ferrán Go[n]çález: «Averes monedados non tenemos nós».
Luego rrespondió   el conde don Remond:
«El oro e la plata   espendiésteslo vós,
por juvizio lo damos   ant el rrey don Alfonso:
páguenle en apreçiadura   e préndalo el Campeador».
Ya vieron que es fer   los ifantes de Carrión:
veriedes aduzir   tanto cavallo corredor,
tanta gruessa mula,   tanto palafré de sazón,
tanta buena espada   con toda guarnizón;
rrecibiólo Mio Çid   commo apreçiaron en la cort.
Sobre los dozientos marcos   que tenié el rrey Alfonso,
pagaron los ifantes   al que en buen ora nasco,
enpréstanles de lo ageno,   que non les cumple lo suyo,
mal escapan iogados,   sabed, d'esta rrazón.

138 [El Cid demanda justicia por razón de mayor deshonra]

Estas apreçiaduras   Mio Çid presas las ha,
sos omnes las tienen   e d'ellas pensarán,
mas quando esto ovo acabado   pensaron luego d'ál:
«¡Merçed, ya rrey señor,   por amor de caridad!
La rrencura mayor   non se me puede olbidar.
Oídme toda la cort   e pésevos de mio mal:
de los ifantes de Carrión,   quem' desondraron tan mal,
a menos de rriebtos   no los puedo dexar.

139 [El Cid pronuncia la acusación solemne de menos valer contra los infantes]

»Dezid, ¿qué vos mereçí,   ifantes [de Carrión],
en juego o en vero   o en alguna rrazón?
Aquí lo meioraré   a juvizio de la cort.
¿A quém' descubriestes   las telas del coraçón?
A la salida de Valençia   mis fijas vos di yo
con muy grand ondra   e averes a nombre;
quando las non queriedes,   ya canes traidores,
¿por qué las sacávades   de Valençia sus honores?
¿A qué las firiestes   a çinchas e a espolones?
Solas las dexastes   en el rrobredo de Corpes
a las bestias fieras   e a las aves del mont;
por quanto les fiziestes   menos valedes vós.
Si non rrecudedes,   véalo esta cort».

140 [El conde García Ordoñez denigra al Cid; éste le recuerda su propia humillación en Cabra]

El conde don García   en pie se levantava:
«¡Merçed, ya rrey,   el meior de toda España!
Vezós' Mio Çid   a llas cortes pregonadas;
dexóla creçer   e luenga trae la barba,
los unos le han miedo   e los otros espanta.
Los de Carrión   son de natura tal
non ge las devién querer   sus fijas por varraganas,
o ¿quién ge las diera   por pareias o por veladas?
Derecho fizieron   por que las han dexadas.
Quanto él dize   non ge lo preçiamos nada».
Essora el Campeador   prisos' a la barba:
«Grado a Dios   que çielo e tierra manda!
Por esso es lue[n]ga   que a deliçio fue criada;
¿qué avedes vós, conde,   por rretraer la mi barba?
Ca de quando nasco   a deliçio fue criada,
ca non me priso a ella   fijo de mugier nada,
nimbla messó   fijo de moro nin de christiana,
commo yo a vós, conde,   en el castiello de Cabra;
quando pris a Cabra   e a vós por la barba,

non í ovo rrapaz   que non messó su pulgada.
La que yo messé   aún no es eguada».

141 [El infante don Fernando rechaza la inculpación de menos valer]

Ferrán Go[n]çález   en pie se levantó,
a altas vozes   odredes qué fabló:
«Dexássedes vós, Çid,   de aquesta rrazón;
de vuestros averes   de todos pagado sodes.
Non creçiés varaia   entre nós e vós.
De natura somos   de condes de Carrión,
deviemos casar con fijas   de rreyes o de enperadores,
ca non perteneçién   fijas de ifançones.
Por que las dexamos   derecho fiziemos nós;
más nos preçiamos,   sabet, que menos no».

142 [El Cid invita a Pedro Bermúdez de que rete a Fernando]

Mio Çid Ruy Díaz   a Pero Vermúez cata:
«¡Fabla, Pero Mudo,   varón que tanto callas!
Yo las he fijas   e tú primas cormanas;
a mí lo dizen,   a ti dan las oreiadas.
Si yo rrespondier,   tú non entrarás en armas».

143 [Pedro Bermúdez recuerda a Fernando su cobardía en la batalla]

Pero Vermúez   conpeçó de fablar,
detiénes' le la lengua,   non puede delibrar,
mas quando enpieça,   sabed, nol' da vagar:
«¡Dirévos, Çid,   costu[m]bres avedes tales,
siempre en las cortes   'Pero Mudo' me llamades!
Bien lo sabedes   que yo non puedo más;
por lo que yo ovier a fer   por mí non mancará.
Mientes, Ferrando,   de quanto dicho has,
por el Campeador   mucho valiestes más.
Las tus mañas   yo te las sabré contar:

¡miémbrat' quando lidiamos   çerca Valençia la grand!
Pedist las feridas primeras   al Canpeador leal,
vist un moro,   fústel' ensayar,
antes fuxiste   que a [é]l te allegasses.
Si yo non uviás,   el moro te jugara mal;
passé por ti,   con el moro me of de aiuntar,
de los primeros colpes   ofle de arrancar;
did' el cavallo,   tóveldo en poridad,
fasta este día   no lo descubrí a nadi.
Delant Mio Çid e delante todos   ovístete de alabar
que mataras el moro   e que fizieras barnax;
croviérontelo todos,   mas non saben la verdad.
¡E eres fermoso,   mas mal varragán!
Lengua sin manos,   ¿cuémo osas fablar?

144 [Pedro Bermúdez recuerda el episodio del león, y reta a Fernando]

»Di, Fernando,   otorga esta rrazón:
¿non te viene en miente   en Valençia lo del león,
quando durmié Mio Çid   e el león se desató?
E tú, Ferrando,   ¿qué fizist con el pavor?
¡Metístet' tras el escaño   de Mio Çid el Campeador!
Metístet', Ferrando,   por ó menos vales oy.
Nós çercamos el escaño   por curiar nuestro señor,
fasta dó despertó Mio Çid,   el que Valençia gañó;
levantós' del escaño   e fues' pora'l león.
El león premió la cabeça,   a Mio Çid esperó,
dexós' le prender al cuello   e a la rred le metió.
Quando se tornó   el buen Campeador,
a sos vassallos   violos aderredor,
demandó por sus yernos,   ¡ninguno non falló!
Riébtot' el cuerpo   por malo e por traidor,
éstot' lidiaré aquí   ant el rrey don Alfonso
por fijas del Çid,   don Elvira e doña Sol,
por quanto las dexastes   menos valedes vós;
ellas son mugieres   e vós sodes varones,
en todas guisas   más valen que vós.
Quando fuere la lid,   si ploguiere al Criador,

tú lo otorgarás   a guisa de traidor;
de quanto he dicho   verdadero seré yo».
D'aquestos amos   aquí quedó la rrazón.

145 [El infante don Diego se opone a la acusación de menos valer]

Diego Gonçález   odredes lo que dixo:
«De natura somos   de los condes más li[m]pios,
estos casamientos   non fuessen apareçidos,
por consagrar   con Mio Çid don Rodrigo.
Porque dexamos sus fijas   aún no nos rrepentimos,
mientra que bivan   pueden aver sospiros;
lo que les fiziemos   ser les ha rretraído,
esto lidiaré   a tod el más ardido,
que porque las dexamos   ondrados somos nós».

146 [Martín Antolínez reta a Diego]

Martín Antolínez   en pie se levantava:
«¡Calla, alevoso,   boca sin verdad!
Lo del león   non se te deve olbidar,
saliste por la puerta,   metístet' al corral,
fústed' meter   tras la viga lagar,
¡más non vestist   el manto nin el brial!
Yo llo lidiaré,   non passará por ál,
fijas del Çid   porque las vós dexastes;
en todas guisas, sabed   que más valen que vós.
Al partir de la lid   por tu boca lo dirás
que eres traidor   e mintist de quanto dicho has».
D'estos amos   la rrazón fincó.

147 [El infante don Asur González entra en la corte]

Assur Gonçález   entrava por el palaçio,
manto armiño   e un brial rrastrando,
vermeio viene,   ca era almorzado,

en lo que fabló   avié poco rrecabdo:

148 [Asur insulta al Cid]

«Ya varones,   ¿quién vio nunca tan mal?
¿Quiénes nos darié nuevas   de Mio Çid el de Bivar?
¡Fuesse a Río d'Ovirna   los molinos picar
e prender maquilas,   como lo suele far!
¿Quil' darié   con los de Carrión a casar?»

149 [Muño Gustioz reta a Asur; el rey accede a los duelos; llegan mensajeros de los infantes de Navarra y Aragón a pedir la mano de las hijas del Çid para sus señores; Alvar Fáñez reta a los Vanigómez, y Gómez Peláez le replica, pero el rey prohibe este duelo y fija plazo a los que retaron antes]

Essora Muño Gustioz   en pie se levantó:
«¡Calla, alevoso,   malo e traidor!
Antes almuerzas   que vayas a oraçión,
a los que das paz   fártaslos aderredor.
Non dizes verdad   [a] amigo ni a señor,
falso a todos   e más al Criador;
en tu amistad   non quiero aver rraçión.
Fazer te lo [é] dezir   que tal eres qual digo yo».
Dixo el rrey Alfonso: «Calle ya esta rrazón.
Los que an rrebtado   lidiarán, ¡sín' salvo Dios!»
Assí commo acaban   esta rrazón,
afé dos cavalleros   entraron por la cort,
al uno dizen Oiarra   e al otro Yéñego Siménez,
el uno es [del] ifante de Navarra   e el otro [del] ifante de Aragón.
Besan las manos   al rrey don Alfonso,
piden sus fijas   a Mio Çid el Campeador
por ser rreínas   de Navarra e de Aragón
e que ge las diessen   a ondra e a bendiçión.
A esto callaron   e ascuchó toda la cort.
Levantós' en pie   Mio Çid el Campeador:
«¡Merçed, rrey Alfonso,   vós sodes mio señor!
Esto gradesco yo   al Criador,

quando me las demandan   de Navarra y de Aragón.
Vós las casastes antes,   ca yo non,
afé mis fijas,   en vuestras manos son;
sin vuestro mandado   nada non feré yo».
Levantós' el rrey,   fizo callar la cort:
«Ruégovos, Çid,   caboso Campeador,
que plega a vós,   e atorgar lo he yo,
este casamiento   oy se otorgue en esta cort,
ca creçe vos í ondra   e tierra e onor».
Levantós' Mio Çid,   al rrey las manos le besó:
«Quando a vós plaze,   otórgolo yo, señor».
Essora dixo el rrey: «¡Dios vos dé dén buen galardón!
A vós, Oiarra,   e a vós, Yéñego Ximénez,
este casamiento   otórgovosle yo
de fijas de Mio Çid,   don Elvira e doña Sol,
pora los ifantes   de Navarra y de Aragón,
que vos las den   a ondra e a bendiçión».
Levantós' en pie   Oiarra e Iñego Ximénez,
besaron las manos   del rrey don Alfonso
e después de Mio Çid   el Campeador,
metieron las fes   e los omenaies dados son
que cuemo es dicho   assí sea, o meior.
A muchos plaze   de tod esta cort,
mas non plaze   a los ifantes de Carrión.
Minaya Alba[r] Fáñez   en pie se levantó:
«¡Merçed vos pido   commo a rrey e a señor
e que non pese esto   al Çid Campeador:
bien vos di vagar   en toda esta cort,
dezir querría   yaquanto de lo mío».
Dixo el rrey: «Plázme de coraçón;
dezid, Minaya,   lo que oviéredes sabor».
«Yo vos rruego   que me oyades toda la cort,
ca grand rrencura he   de ifantes de Carrión.
Yo les di mis primas   por mandado del rrey Alfonso,
ellos las prisieron   a ondra e a bendiçión;
grandes averes les dio   Mio Çid Campeador,
ellos las han dexadas   a pesar de nós.
Riébtoles los cuerpos   por malos e por traidores.
De natura sodes   de los de Vanigómez

onde salién condes   de prez e de valor;
mas bien sabemos   las mañas que ellos han.
Esto gradesco yo   al Criador
quando piden mis primas   don Elvira e doña Sol
los ifantes de Navarra   e de Aragón.
Antes las aviedes pareias   pora en braços las tener,
agora besaredes sus manos   e llamar las hedes señoras,
aver las hedes a servir,   mas que vos pese a vós.
¡Grado a Dios del çielo   e [a] aquel rrey don Alfonso
assíl' creçe la ondra   a Mio Çid el Campeador!
En todas guisas   tales sodes quales digo yo:
si ay qui rresponda   o dize de no,
yo só Albar Fáñez   pora tod el meior».
Gómez Peláyet   en pie se levantó:
«¿Qué val, Minaya,   toda essa rrazón?
Ca en esta cort   afarto[s] ha pora vós
e qui ál quisiesse   serié su ocasión
Si Dios quisiere   que d'ésta bien salgamos nós,
despúes veredes   qué dixiestes o qué no».
Dixo el rrey: «Fine esta rrazón,
non diga ninguno   d'ella más una entençión.
Cras sea la lid,   quando saliere el sol,
d'estos tres por tres   que rrebtaron en la cort».
Luego fablaron   ifantes de Carrión:
«Dadnos, rrey, plazo,   ca cras ser non puede,
armas e cavallos tienen   los del Canpeador,
nós antes abremos a ir   a tierras de Carrión».
Fabló el rrey   contra'l Campeador:
«Sea esta lid   ó mandáredes vós».
En essora dixo Mio Çid: «No lo faré, señor;
más quiero a Valençia   que tierras de Carrión».
En essora dixo el rrey: «A osadas, Campeador.
Dadme vuestros cavalleros   con todas vuestras guarnizones,
vayan comigo,   yo seré el curiador,
yo vos lo sobrelievo   commo a buen vassallo faze señor
que non prendan fuerça   de conde nin de ifançón.
Aquí les pongo plazo   de dentro en mi cort,
a cabo de tres semanas   en begas de Carrión
que fagan esta lid   delant estando yo:

quien non viniere al plazo   pierda la rrazón,
desí sea vencido   e escape por traidor».
Prisieron el juizio   ifantes de Carrión.
Mio Çid al rrey   las manos le besó
e dixo: «Plazme, [señor].
Estos mis tres cavalleros   en vuestra mano son,
d'aquí vos los acomiendo   como a rrey e a señor;
ellos son adobados   pora cumplir todo lo so,
¡ondrados me los enbiad a Valençia,   por amor del Criador!»
Essora rrepuso el rrey: «¡Assí lo mande Dios!»
Allí se tollió el capiello   el Çid Campeador,
la cofia de rrançal,   que blanca era commo el sol,
e soltava la barba   e sacóla del cordón.
Nos' fartan de catarle   quantos ha en la cort;
adeliñó a él el conde don Anrrich   e el conde don Remond.
Abraçólos tan bien   e rruégalos de coraçón
que prendan de sus averes   quanto ovieren sabor.
A éssos e a los otros   que de buena parte son,
a todos los rrogava   assí commo han sabor,
tales í á que prenden,   tales í á que non.
Los dozientos marcos   al rrey los soltó,
de lo ál tanto priso   quant ovo sabor.
«Merçed vos pido, rrey,   por amor del Criador!
Quando todas estas nuevas   assí puestas son,
beso vuestras manos   con vuestra graçia, señor,
e irme quiero pora Valençia,   con afán la gané yo».

[Laguna de 50 versos aproximadamente (falta un folio)]

150 [Alfonso rehúsa aceptar Bavieca como regalo, y el Cid sale en dirección a Valencia; los duelos tienen lugar en Carrión; Pedro Bermúdez vence a Fernando]

El rrey alçó la mano,   la cara se sanctigó:
«¡Yo lo juro par Sant Esidro   el de León
que en todas nuestras tierras   non ha tan buen varón!»
Mio Çid en el cavallo   adelant se llegó,
fue besar la mano   a Alfonso so señor;
«Mandástesme mover   a Bavieca el corredor,

en moros ni en christianos   otro tal non ha oy,
y[o] vos le do en don,   mandédesle tomar, señor».
Essora dixo el rrey: «D'esto non he sabor;
si a vós le tolliés   el cavallo no havrié tan bue[n] señor.
Mas atal cavallo cum ést   pora tal commo vós
pora arrancar moros del canpo   e ser segudador,
quien vos lo toller quisiere   nol' vala el Criador,
ca por vós e por el cavallo   ondrados somo[s] nós».
Essora se espidieron   e luegos' partió la cort.
El Campeador a los que han lidiar   tan bien los castigó:
«Ya Martín Antolínez   e vós, Pero Vermúez e Muño Gustioz,
firmes sed en campo   a guisa de varones;
buenos mandados me vayan   a Valençia de vós».
Dixo Martín Antolínez: «¿Por qué lo dezides, señor?
Preso avemos el debdo   e a passar es por nós,
podedes oír de muertos,   ca de vencidos no».
Alegre fue d'aquesto   el que en buen ora naçió,
espidiós' de todos   los que sos amigos son;
Mio Çid pora Valençia   e el rrey pora Carrión.
Las tres semanas de plazo   todas complidas son.
Félos al plazo   los del Campeador,
cunplir quieren el debdo   que les mandó so señor,
ellos son en p[o]der   del rrey don Alfonso el de León;
dos días atendieron   a ifantes de Carrión.
Mucho vienen bien adobados   de cavallos e de guarnizones
e todos sus parientes   con ellos son,
que si los pudiessen apartar   a los del Campeador
que los matassen en campo   por desondra de so señor.
El cometer fue malo,   que lo ál nos' enpeçó,
ca grand miedo ovieron   a Alfonso el de León.
De noche belaron las armas   e rrogaron al Criador.
Troçida es la noche,   ya quiebran los albores,
muchos se juntaron   de buenos rricos omnes
por ver esta lid,   ca avién ende sabor;
demás sobre todos   í es el rrey don Alfonso
por querer el derecho   e non consentir el tuerto.
Yas' metién en armas   los del buen Campeador,
todos tres se acuerdan,   ca son de un señor.
En otro logar se arman   los ifantes de Carrión,

sediélos castigando   el conde Garçí Ordóñez:
andidieron en pleito,   dixiéronlo al rrey Alfonso,
que non fuessen en la batalla   las espadas taiadores Colada e Tizón,
que non lidiassen con ellas   los del Canpeador,
mucho eran rrepentidos los ifantes   por quanto dadas son,
dixiérongelo al rrey,   mas non ge lo conloyó:
«Non sacastes ninguna   quando oviemos la cort;
si buenas las tenedes,   pro abrán a vós,
otrossí farán   a los del Canpeador.
Levad e salid al campo,   ifantes de Carrión,
huebos vos es que lidiedes   a guisa de varones,
que nada non mancará   por los del Campeador.
Si del campo bien salides,   gran ondra avredes vós,
e si fuére[de]s vençidos,   non rrebtedes a nós,
ca todos lo saben   que lo buscastes vós».
Ya se van rrepintiendo   ifantes de Carrión,
de lo que avién fecho   mucho rrepisos son;
no lo querrién aver fecho   por quanto ha en Carrión.
Todos tres son armados   los del Campeador,
ívalos ver   el rrey don Alfonso;
dixieron   los del Campeador:
«Besámosvos las manos   commo a rrey e a señor
que fiel seades oy   d'ellos e de nós;
a derecho nos valed,   a ningún tuerto no.
Aquí tienen su vando   los ifantes de Carrión,
non sabemos   qués' comidrán ellos o qué non;
en vuestra mano   nos metió nuestro señor:
¡tenendos a derecho,   por amor del Criador!»
Essora dixo el rrey: «¡D'alma e de coraçón!»
Adúzenles los cavallos   buenos e corredores,
santiguaron las siellas   e cavalgan a vigor,
los escudos a los cuellos   que bien blocados son,
e[n] mano prenden las astas   de los fierros taiadores,
estas tres lanças   traen seños pendones,
e derredor d'ellos   muchos buenos varones.
Ya salieron al campo   dó eran los moiones.
Todos tres con acordados   los del Campeador
que cada uno d'ellos   bien fos ferir el so.
Févos de la otra part   los ifantes de Carrión,

muy bien aconpañados,   ca muchos parientes son.
El rrey dioles fieles   por dezir el derecho e ál non,
que non varagen con ellos   de sí o de non.
Dó sedién en el campo   fabló el rrey don Alfonso:
«Oíd qué vos digo,   ifantes de Carrión:
esta lid en Toledo la fiziérades,   mas non quisiestes vós.
Estos tres cavalleros   de Mio Çid el Campeador
yo los adux a salvo   a tierras de Carrión;
aved vuestro derecho,   tuerto non querades vós,
ca qui tuerto quisiere fazer,   mal ge lo vedaré yo,
en todo mio rreino   non avrá buena sabor».
Ya les va pesando   a los ifantes de Carrión.
Los fieles e el rrey   enseñaron los moiones,
librávanse del campo   todos aderredor;
bien ge lo demostraron   a todos seis cómmo son,
que por í serié vençido   qui saliesse del moión.
Todas las yentes   es conbraron aderredor,
más de seis astas de lanças   que non llegassen al moión.
Sorteávanles el campo,   ya les partién el sol,
salién los fieles de medio,   ellos cara por cara son,
desí vinién los de Mio Çid   a los ifantes de Carrión
e llos ifantes de Carrión   a los del Campeador,
cada uno d'ellos   mientes tiene al so.
Abraçan los escudos   delant los coraçones,
abaxan las lanças   abueltas con los pendones,
enclinavan las caras   sobre los arzones,
batién los cavallos   con los espolones,
tembrar querié la tierra   do[n]d eran movedores.
Cada uno d'ellos   mientes tiene al so,
todos tres por tres   ya juntados son;
cuédanse que essora cadrán muertos   los que están aderredor.
Pero Vermúez,   el que antes rrebtó,
con Ferrá[n] Gonçález   de cara se juntó,
firiénse en los escudos   sin todo pavor,
Ferrán Go[n]çález   a Pero Vermúez el escúdol' passó,
prísol' en vazío,   en carne nol' tomó,
bien en dos logares   el astil le quebró.
Firme estido Pero Vermúez,   por esso nos' encamó,
un colpe rreçibiera   mas otro firió:

quebrantó la b[l]oca del escudo,   apart ge la echó,
passógelo todo,   que nada nol' valió,
metiól' la lança por los pechos,   que nada nol' valió.
Tres dobles de loriga tenié Fernando,   aquéstol' prestó,
las dos le desmanchan   e la terçera fincó:
el belmez con la camisa   e con la guarnizón
de dentro en la carne   una mano ge la metió,
por la boca afuera   la sángrel' salió,
quebráronle las çinchas,   ninguna nol' ovo pro,
por la copla del cavallo   en tierra lo echó.
Assí lo tenién las yentes   que mal ferido es de muert.
Él dexó la lança   e al espada mano metió,
quando lo vio Ferrán Go[n]çález   conuvo a Tizón,
antes que el colpe esperasse   dixo: «Vençudo só».
Atorgárongelo los fieles,   Pero Vermúez le dexó.

151 [Martín Antolínez vence a Diego]

Martín Antolínez e Diego Gonçález   firiéronse de las lanças,
tales fueron los colpes   que les quebraron amas.
Martín Antolínez   mano metió al espada,
rrelumbra tod el campo,   tanto es linpia e clara;
diol' un colpe,   de traviéssol' tomava,
el casco de somo   apart ge lo echava,
las moncluras del yelmo   todas ge las cortava,
allá levó el almófar,   fata la cofia llegava,
la cofia e el almófar   todo ge lo levava,
rráxol' los pelos de la cabeça   bien a la carne llegava,
lo uno cayó en el campo   e lo ál suso fincava.
Quando este colpe á ferido   Colada la preçiada,
vio Diego Gonçález   que no escaparié con el alma,
bolvió la rrienda al cavallo   por tornasse de cara.
Essora Martín Antolínez   rreçibiol' con el espada,
un cólpel' dio de llano,   con lo agudo nol' tomava.
Diago [Go]nçález espada tiene en mano   mas no la ensayava,
essora el ifante   tan grandes vozes dava:
«¡Valme, Dios, glorioso señor,   e cúriam' d'este espada!»
El cavallo asorrienda   e mesurándol' del espada

sacól' del moión;   Martín Antolínez en el campo fincava.
Essora dixo el rrey: «Venid vós a mi compaña,
por quanto avedes fecho   vençida avedes esta batalla».
Otórgangelo los fieles   que dize verdadera palabra.

152 [Muño Gustioz vence a Asur González y los del Cid vuelven a Valencia; segundos matrimonios de las hijas; muerte del Cid]

Los dos han arrancado,   dirévos de Muño Gustioz,
con Assur Gonçález   cómmo se adobó.
Firiénse en los escudos   unos tan grandes colpes;
Assur Gonçález,   furçudo e de valor,
firió en el escudo   a don Muño Gustioz,
tras el escudo   falsóge la guarnizón,
en vazío fue la lança   ca en carne nol' tomó.
Este colpe fecho,   otro dio Muño Gustioz,
tras el escudo   falsóge la guarnizón:
por medio de la bloca   el escúdol' quebrantó,
nol' pudo guarir,   falsóge la guarnizón;
apart le priso,   que non cab el coraçón,
metiól' por la carne adentro   la lança con el pendón,
de la otra part   una braça ge la echó;
con él dio una tuerta,   de la siella lo encamó,
al tirar de la lança   en tierra lo echó,
vermeio salió el astil   e la lança e el pendón.
Todos se cuedan   que ferido es de muert.
La lança rrecombró   e sobr'él se paró,
dixo Gonçalo Assúrez: «¡Nol' firgades, por Dios!»
Vençudo es el campo   quando esto se acabó,
dixieron los fieles: «Esto oímos nós».
Mandó librar el canpo   el buen rrey don Alfonso,
las armas que í rrastaron   él se las tomó.
Por ondrados se parten   los del buen Campeador,
vençieron esta lid,   grado al Criador.
Grandes son los pesares   por tierras de Carrión.
El rrey a los de Mio Çid   de noche los enbió
que no les diessen salto   nin oviessen pavor.
A guisa de menbrados   andan días e noches,

félos en Valençia   con Mio Çid el Campeador;
por malos los dexaron   a los ifantes de Carrión,
conplido han el debdo   que les mandó so señor,
alegre fue d'aquesto   Mio Çid el Campeador.
Grant es la biltança   de ifantes de Carrión:
qui buena dueña escarneçe   e la dexa después
atal le contesca   o siquier peor.
Dexémosnos de pleitos   de ifantes de Carrión,
de lo que an preso   mucho an mal sabor;
fablémosnos d'aqueste   que en buen ora naçió.
Grandes son los gozos   en Valençia la mayor
porque tan ondrados fueron   los del Canpeador.
Prisos' a la barba   Ruy Díaz so señor:
«¡Grado al Rey del çielo,   mis fijas vengadas son!
Agora las ayan quitas   heredades de Carrión.
Sin vergüença las casaré   o a qui pese o a qui non».
Andidieron en pleitos   los de Navarra e de Aragón,
ovieron su aiunta   con Alfonso el de León,
fizieron sus casamientos   con don Elvira e con doña Sol.
Los primeros fueron grandes,   mas aquéstos son miiores,
a mayor ondra las casa   que lo que primero fue.
¡Ved quál ondra creçe   al que en buen ora naçió
quando señoras son sus fijas   de Navarra y de Aragón!
Oy los rreyes d'España   sos parientes son,
a todos alcança ondra   por el que en buen ora naçió.
Passado es d'este sieglo   el día de cinquaesma;
....   ¡de Christus aya perdón!
¡Assí fagamos nós todos   iustos e peccadores!
Éstas son las nuevas   de Mio Çid el Canpeador,
en este logar   se acaba esta rrazón.

[Explicit]

Quien escrivió este libro, ¡dél' Dios paraíso, amen!
Per Abbat le escrivió en el mes de mayo
en era de mill i C.C. xL.v. años   [el (el) rromanz
[E]s leído, datnos del vino; si non tenedes dineros, echad
[Al]lá unos peños, que bien vos lo dar(ar)án sobr' el(l)os.]

CALILA E DIMNA[1]

CAPÍTULO VII. [*Del galápago et del ximio*]

Dixo el rey al filósofo: —Ya oí este enxemplo. Dame agora enxemplo del que alcança la cosa con grant trabajo et grant lazería,[2] et desque[3] la ha, desampárala et déxala perder.

Dixo el filósofo: —Más ligera cosa es recabdar la cosa que guardarla. Et quien esto faze acontesçerle ha lo que acaesçió al galápago, que quiso matar al ximio, et desque lo tovo en su poder, desamparólo.

Dixo el rey: —¿Et cómmo fue eso?

Dixo el filósofo: —Dizen que una compaña de ximios avía un rey que dezían que avía nombre Tadis. Et envegeçió et enflaquesçió, et alçóse en el reino otro ximio que era mançebo. Et dixo a los ximios: —Éste es ya muy viejo et non ay en él pro[4] ninguna, et non puede mantener el regno nin es para ello. Echadlo del reino et fazed a mí reinar, ca[5] yo manterné[6] bien a vos et a vuestros pueblos.

Et los ximios acordáronse con él en esto, et echaron al viejo et fizieron reinar al mançebo. Et fuese el viejo a la ribera de la mar, et llegó a una figuera[7] que ý[8] estava, et començó a coger de los figos, et caíansele de las manos uno en pos de otro. Así que un día acaesçió que se le cayó un figo de la mano, et tomólo un galápago que ende[9] estava, et comióselo. Et el ximio, commo es desvergonçado, ovo sabor de echarle los figos en el agua, et començó el galápago

---

[1] Regularizamos *m* antes de *p* y *b*.

[2] pena, sufrimiento.

[3] desde que.

[4] provecho.

[5] porque, que.

[6] mantendré.

[7] higuera; su fruto es el higo.

[8] allí.

[9] por allí; significa también "por ello".

de comerlos, et non dubdava que el ximio gelos[10] echava a sabiendas. Et salió
a él, et abraçáronse uno con otro, et estovieron amos[11] desta guisa[12] un tiempo,
que el galápago non tornó a su compaña, nin otrosí[13] el ximio se partía dél.

Desí[14] la muger del galápago fue[15] muy triste por la tardança de su marido, et quexóse a una su comadre; et díxole la comadre: —Non te acuites,[16] que
me dixeron que tu marido está en la ribera de la mar et que ha por amigo un
ximio; et están ambos comiendo et solazándose. Et por esto tardó tanto que non
veno,[17] et non te pese dello et olvídalo tú así commo él te olvida a ti. Pero si
pudieres guisar[18] cómmo mates al ximio, fazlo, ca si el ximio muere, luego se
vená[19] tu marido para ti et fincará[20] contigo.

Et la muger del galápago estava triste et llorava, et non comía; et dexóse
mal caer, atanto que enflaquesçió de mala manera. Desí dixo el galápago al
ximio: —Yo me quiero ir a mi casa et a mi compaña, que he mucho tardado et
he morado aquí mucho.

Et fuese para su posada, et falló a su muger en mal estado, et díxole: —Hermana, ¿cómmo te va, et por qué eres tan desfecha?

Et ella non le recudió.[21] Et desí preguntóle de cabo[22] et respondióle su
comadre por ella: —Tu muger está muy mal, et la melezina[23] que le podría pres-

---

[10]se los.

[11]ambos.

[12]forma, manera.

[13]significa "también, además"; aquí tiene la significación de "tampoco".

[14]después.

[15]estaba.

[16]no te preocupes.

[17]vino.

[18]preparar, pergeñar.

[19]vendrá.

[20]permanecerá, se quedará.

[21]respondió.

[22]de nuevo.

[23]medicina.

tar[24] non la puede aver; et su enfermedad es muy grave, et non ha cosa más fuerte que la enfermedat et non aver melezina.

Et dixo el galápago: —Pues dime tú qué melezina es, et por aventura fallarla[25] he.

Et dixo la comadre: —Nós[26] conosçemos esta enfermedat, et non ha otra melezina sinon coraçón de ximio.

Et dixo el galápago: —Ésta es muy cara cosa de aver, et ¿dónde podría yo aver coraçón de ximio, si non fuese el coraçón de mi amigo? Et en fazer traición a mi amigo por amor de mi muger non he ninguna escusación, ca el debdo[27] qu'el omne ha con la muger es muy grande, et aprovéchase el omne della en muchas guisas. Et yo dévola más amar et non dexarla perder.

Desí madrugó et fuese allá con grant pesar. Et començó de pensar et dezir en su coraçón: —Querer matar los amigos por amor de una muger non es de las obras que a Dios plaze.

Et fuese con este ardid fasta que llegó al ximio et saludólo. Et dixo el ximio: —¿Qué te tovo de me non ver toda esta sazón?

Dixo el galápago: —Non se me tovo de te venir ver, con quanto deseo he de ti, sinon por vergüença de ti, que tan poco te gualardoné[28] el bien que me feziste; ca, maguer que[29] yo sé que tú non quieres gualardón del bien que me feziste, téngome por adebdado[30] de te lo gualardonar; ca la tu costumbre es de los buenos, que fazen bien a sus amigos et que muestran en ello su bien fazer.

Dixo el ximio: —Non digas así, que tú as fecho amas estas cosas a mí; que tú començaste a fazer por que só[31] adebdado de te lo gualardonar: lo uno porque tú veniste primeramente a demandarme amor; lo otro porque yo era estraño

---

[24]aprovechar, ser útil.

[25]hallarla.

[26]nosotras.

[27]parentesco.

[28]agradecí, galardoné.

[29]a pesar de que, aunque.

[30]adeudado.

[31]estoy.

en esta tierra, et aseguraste et feziste grant gasajado[32] comigo[33] por que perdí cuita et cuidado.

Dixo el galápago: —Tress cosas son por que acaesçe el amor entre los amigos: la una es fiarse unos de otros; la otra es commer en uno; la otra es conosçer sus parientes et su lugar. Et desto non ovo entre nos nada et querría que fuese.

Dixo el ximio al galápago: —El omne deve solamente trabajarse de aver algo por sí mesmo, que en conosçer la compaña del otro non le ha pro; ca el que juega en somo[34] del mástel[35] cata[36] et vee muchas cosas más que los ojos non verían en los parientes. Otrosí del commer que dizes, las bestias se ayuntan a commer en los establos et a bever, et non han amor en uno. Otrosí ir ver las posadas, los ladrones se entran en las posadas et non han amor por ende.

Dixo el galápago: —Por buena fe dizes verdad, que el amigo non quiere ál[37] de su amigo sinon su salud et su amor. Ca el que quiere amor de los omes por su pro con derecha nesçesidat se avrá de enojar dellos, así commo el bezerro que, si acuita la vaca mamándola, fázele ella mal, et alo de ferir con su cuerno, et sangriéntalo. Et lo que yo dixe non lo dixe sinon por ser sabidor de tu bondad et de tus buenas costumbres; et más quiero que me vayas ver en mi posada, que es en una isla donde ay muchos frutales et muchos buenos árboles, et saben muy bien. Et resçibe mi ruego.

Et el ximio, en que oyó dezir de la fruta, ovo[38] sabor della, et prísole[39] grant cobdiçia, et dixo: —¿Cómmo podré yo pasar esta mar tan grande?

Et dixo el galápago: —Cavalga sobre mi espinazo et levarte[40] he allá.

Et saltó él en somo del galápago, et nadó el galápago con él fasta que fue bien dentro. Et començó de pensar en su coraçón la traiçión et la desconoçen-

---

[32]agasajo.

[33]conmigo.

[34]encima.

[35]mástil.

[36]mira.

[37]otra cosa.

[38]tuvo.

[39]prendióle, le vino.

[40]llevarte.

cia[41] que quería fazer, et dixo: —Muy fea cosa es ésta, et non meresçen las mugeres que por ellas sea fecha traiçión; ca deve omne fiar muy poco por ellas. Et dizen que el oro non se prueva sinon en el fuego, et la fieldad[42] del omne en dar et en tomar, et la fuerça de la bestia con la carga, et las mugeres non ay cosa por que se conoscan.

Et quando vio el ximio que el galápago se detenía, sospechó et dixo: —Non só seguro que el galápago non se ha mudado del amor et de la amistad que me avía, et quiéreme mal fazer. Ca non es ninguna cosa que más liviana nin más mudable sea que el coraçón del omne. Et dizen que el omne entendido non se le encubre lo que tiene en su coraçón su compaña, et sus fijos, et sus amigos, en toda cosa et en toda catadura, et cada palabra, et al levantar et al asentar, et en cada estado; ca todas estas cosas testiguan[43] lo que yaze en los coraçones.

Et començó a dezir al galápago: —Amigo, ¿qué has que estás triste, et qué te tiene de andar?

Dixo el galápago: —Estó triste porque irás a mi posada et non la fallarás así commo yo querría, ca mi muger está doliente.

Dixo el ximio: —Non estés triste, mas busca físicos[44] para ella; ca guaresçerá[45] et sanará.

Dixo el galápago: —Dízenme los físicos que non ha otra melezina por que se pueda melezinar sinon coraçón de ximio.

Et pesó mucho al ximio desto, et pensó en sí diziendo: —¿Cómmo me ha metido la cobdiçia en mal lugar, seyendo[46] yo tan viejo? ¡O, qué tamaña verdad dixo el que dixo: —El que se tiene por pagado et por abondado con lo que le viene bive salvo et seguro. Et el goloso cobdiçioso siempre bive en cuita et en tristeza et en lazerío!; mas agora me es a mí menester mi seso[47] et buscar carrera cómmo salga deste lazo en que caí.

Et dixo al galápago: —Amigo, deves saber que el leal amigo non deve encubrir a su amigo su buen castigo nin su pro, maguer que le faga dapño. Et si

---

[41]ingratitud.
[42]fidelidad, lealtad.
[43]atestiguan.
[44]médicos.
[45]curará.
[46]siendo.
[47]sentido, entendimiento.

yo esto oviera sabido, traxiera comigo mi coraçón, ca lo dexé allá do estava, et diératelo por que melezinaras tu muger con él.

Et dixo el galápago: —¿Et non lo traes contigo? ¿Et cómmo lo dexaste allá?

Dixo el ximio: —Avemos por ley todos los ximios que, quando alguno sale de su posada, que dexe ý su coraçón. Empero si tú quisieres, traértelo he yo del lugar do es,[48] si me tornares allá.

Et fue alegre el galápago porque tan de grado le dava su coraçón, et tornóse con él a la ribera. Et saltó el ximio en tierra, et subióse luego en el árbol, et esperólo el galápago. Et quando vido que se tardava, llamólo et díxole: —Toma tu coraçón et vente para mí, ca mucho nos detardamos.[49]

Dixo el ximio: —Veo que cuidas que só tal commo el asno, que dezía el lobo çerval que non tenía coraçón nin orejas.

Et dixo el galápago: —¿Et cómmo fue eso?

El asno sin coraçón y sin orejas

Et dixo el ximio: —Dizen que un león criava en un lugar, et estava en él un lobo que comía su relieve.[50] Et ensarneçió el león tanto, que fue muy flaco et muy atribulado, et non podía venar. Et dixo el lobo çerval: —Señor, tu estado es ya mudado et non puedes ya venar. Esto ¿por qué es?

Dixo el león: —Por esta sarna que vees, et non ha otra melezina sinon orejas et coraçón de asno.

Dixo el lobo çerval: —Yo sé un lugar donde ay un asno de un curador[51] que trae sobre él los lienços a un plado[52] aquí çerca de nos. Et desque lo descarga, déxalo en el plado. Et fío por Dios que te lo traeré, et tomarás sus orejas et su coraçón.

Dixo el león: —Fazlo si pudieres, ca mi melezina et mi salud es eso.

Et fuese el lobo çerval, et llegó al asno et díxole: —¿De qué estás tan magro et de qué tienes estas mataduras en las cuestas?[53]

---

[48]donde está.

[49]demoramos.

[50]residuos, sobras.

[51]cuidador o limpiador de paños.

[52]prado.

[53]costillas.

Dixo el asno: —Este curador falso me lo faze, que se sirve de mí continuamente, et me mengua la çevada.

Dixo el lobo çerval: —Yo te enseñaré un lugar muy viçioso[54] et muy apartado do nunca andovo omne; et ay unas asnas las más fermosas que nunca omne vido, et han menester maslos.[55]

Dixo el asno: —Pues vayamos allá, que si por ál yo non lo fiziese sinon por la cobdiçia del tu amor, esto me faría allá ir contigo.

Et fuéronse amos al león, et saltó el león en el asno detrás por lo tener, et salióse le el asno de entre las manos et fuese, et tornóse a su lugar.

Dixo el lobo çerval al león: —Si a sabiendas dexaste el asno, ¿por qué me feziste trabajar en lo buscar? Et si la flaqueza te lo fizo dexar, que lo non pudiste tener, esto es aún peor.

Et sopo el león que, si dixese que a sabiendas lo dexara, que sería tenido por nesçio, et si dixese que lo non pudiera tener, que lo ternían[56] por flaco et por cansado. Dixo al lobo: —Si me tú tornares acá al asno, dezirte he esto que me preguntas.

Dixo el lobo: —Tengo que el asno está escarmentado, et non querrá venir otra vez; empero iré a él de cabo, si lo pudiere engañar para lo traer acá.

Et fuese para el asno, et el asno, quando lo vido, et díxole: —¿Qué fue la traición que me quesiste fazer?

Dixo el lobo çerval: —Quísete bien fazer, et non fueste para ello. Et lo que saltó en ti non era sinon una de las asnas que te dixe; et commo vido asno non sopo en qué manera jugar contigo. Et si tú quedo estovieras un poco, diuso[57] se te metiera.

Quando el asno oyó dezir de las asnas, moviósele su sabor, et fuese con el lobo çerval al león, et saltó el león en él, et prísolo et matólo. Desí dixo el león al lobo çerval: —Yo quiérome bañar. Desí comeré las orejas et el coraçón, et de lo ál faré sacrefiçio, que así me dixeron los físicos. Pues guarda tú el asno; desí venirme he para ti.

Et después que se fue el león, tomó el lobo çerval las orejas et el coraçón del asno, et comiólo a fuzia[58] que, quando el león esto viese, que non comería

---

[54]deleitoso, placentero.

[55]machos.

[56]tendrían.

[57]debajo.

[58]confianza.

nada de lo que fincava[59] porque lo ternía por agüero. Et desque fue tornado el león, díxole: —¿Dó es el coraçón et las orejas del asno?

Dixo él: —¿Non entendiste tú que el asno non tenía coraçón nin orejas?

Dixo él: —Nunca mayor maravilla vi que esta que tú dizes.

Dixo el lobo çerval: —Señor, non te maravilles, mas piensa que, si el coraçón et las orejas oviera, non tornara a ti la segunda vez, aviéndole fecho lo que le feziste.

Et yo dixe este enxemplo por que sepas que non só yo tal, mas engañásteme con tu traiçión por me matar. Et estorçí[60] por mi seso de la locura en que era caído.

Dixo el galápago: —Verdad dizes, ca el sesudo es de poca palabra et de grant fecho, et conosçe las obras antes que se meta a ellas, et estuerçe de las cuitas por su seso et por su arte, así commo el omne que cae en tierra con su fuerça et con ella mesma se levanta.

Este es el enxemplo del omne que busca la cosa, et desque la ha recabdado,[61] dale de mano[62] et déxala perder.

CAPÍTULO VIII. [*Del religioso et del can et del culebro*]

Dixo el rey al filósofo: —Yo oí este enxemplo et entendílo. Pues dame agora enxemplo del omne que faze las cosas sin alvedrío et sin pensamiento.

Dixo el filósofo: —El que non faze sus cosas de vagar[63] siempre se arrepiente, et esto semeja al enxemplo del religioso et del can et del culebro.

Dixo el rey: —¿Et cómmo fue eso?

Dixo el filósofo: —Dizen que en tierra de Jorgen avía un religioso et avía su muger. Et estovo ella que se non empreñó[64] un tiempo; desí empreñóse, et fue su marido muy gozoso et díxole: —¡Alégrate, ca fío por Dios que parirás fijo

---

[59]quedaba.

[60]me salvé.

[61]conseguido.

[62]la suelta.

[63]despacio, lentamente.

[64]se preñó, no quedó embarazada.

varón, complido de sus miembros con que nos alegremos et de que nos aprove-chemos! Et quiérole buscar ama que lo críe et buen nombre que le ponga.

Et dixo la muger: —¿Quién te pone en fablar en lo que non sabes si será o non? Calla et sei pagado con lo que Dios te diere, que el omne entendido non asma[65] las cosas non çiertas, nin judga las aventuras; ca el querer et el asmar en solo Dios es. Et sepas que quien quiere contrastar las aventuras, et judgar las cosas antes que sean, acaesçerle ha lo que acaesçió al religioso que vertió la miel et la manteca sobre su cabeça.

Dixo el marido: —¿Cómmo fue eso?

El sueño del religioso

Dixo la muger: —Dizen que un religioso avía cada día limosna de casa de un mercador rico: pan et miel et manteca et otras cosas de comer. Et comía el pan et los otros comeres,[66] et guardava la miel et la manteca en una jarra. Et colgóla a la cabeçera de su cama, tanto que se finchó[67] la jarra. Et acaesçió que encaresçió la miel et la manteca. Et estando una vegada[68] asentado en su cama, començó a fablar entre sí, et dixo así: —Venderé lo que está en esta jarra por tantos maravedís, et compraré por ellos diez cabras, et empreñarse an, et parirán a cabo de çinco meses.

Et fizo cuenta desta guisa, et falló que fasta çinco años montavan bien quatroçientas cabras. Desí dixo: —Venderlas he, et compraré por lo que valieren çient vacas, por cada quatro cabras una vaca; et avré simiente et sembraré con los bueyes, et aprovecharme he de los bezerros et de las fembras et de la leche. Et antes de los çinco años pasados avré dellas et de la leche et de la criança algo grande. Et labraré muy nobles casas, et compraré esclavos et esclavas. Et esto fecho, casarme he con una muger muy fermosa, et de grant linaje et noble; et empreñarse a de un fijo varón complido de sus miembros; et ponerle he muy buen nombre, et enseñarle he buenas costumbres, et castigarlo[69] he de los casti-

---

[65]piensa.

[66]comida.

[67]hinchó.

[68]vez.

[69]adiestrarlo convenientemente.

gos de los reyes et de los sabios. Et si el castigo et el enseñamiento non resçibiere, ferirlo he con esta vara que tengo en la mano muy mal.

Et alçó la mano et la vara, en diziendo esto, et dio con ella en la jarra que tenía a la cabeçera de la cama, et quebróse, et derramóse la miel et la manteca sobre su cabeça.

Et tú, omne bueno, non quieras fablar nin asmar lo que non sabes qué será.

Desí parió la muger un fijo, et fueron muy gozosos con él. Et acaesçió un día que se fue la madre a recabdar lo que avía menester, et dixo al marido: —Guarda tu fijo fasta que yo torne.

Et fuese ella et estovo él ý un poco, et antojósele de ir a alguna cosa que ovo menester que non podía escusar, et fuese dende et non dexó quien guardase el niño sinon un can que avía criado en su casa. Et el can guardólo quanto pudo, ca era bien nodrido.[70] Et avía en la casa una cueva de un culebro muy grande negro. Et salió et veno[71] para matar al niño; et el can, quando lo vido, saltó en él et matólo et ensangrentóse todo dél. Et tornóse el religioso de su mandado, et en llegando a la puerta, salióle a resçebir el can con grant gozo, mostrándole lo que fiziera. Et él, quando vido el can todo ensangrentado, non dubdó que avía muerto al niño, et non se sufrió fasta que lo viese, et dio tal golpe al can fasta que lo mató et lo aquedó,[72] et non lo deviera fazer.

Et después entró, et falló al niño bivo et sano et al culebro muerto et despedaçado, et entendió que lo avía muerto el can. Començóse a mesar,[73] et a llorar, et a carpirse,[74] et a dezir: —¡Mandase Dios que este niño non fuese nasçido, et yo non oviese fecho este pecado et esta traiçión!

Et estando en esto entró su muger et fallólo llorando. Et díxole: —¿Por qué lloras? ¿Et qué es este culebro que veo despedaçado et este can muerto?

Et él fízogelo saber todo cómmo acaesçiera, et díxole la muger: —Este es el fruto del apresuramiento, et del que non comide[75] la cosa antes que la faga, et que sea bien çierto della: arrepentirse quando non le tiene pro.

---

[70]educado, acostumbrado.

[71]vino.

[72]dejó sin sentido.

[73]arrancar los cabellos.

[74]lacerarse, arañarse.

[75]medita.

Calila e Dimna. Edición de Juan Manuel Cacho Blecua y María Jesús Lacarra. Madrid: Editorial Castalia, 1984.

GONZALO DE BERCEO (1196?-1264?)

Los Milagros de Nuestra Señora

"El romero engañado por el enemigo malo"[1]

Sennores[2] e amigos,   por Dios e caridat,
oíd otro miraclo,[3]   fermoso por verdat;

---

[1]en la mayoría de las ediciones "El romero de Santiago".

[2]Debe tenerse en cuenta que Berceo usa el dialecto riojano del siglo XIII. Algunas características son: a) la forma verbal *-ié* en el imperfecto de los verbos con infinitivos en *-er*, *-ir*, salvo en la primera persona; b) la forma verbal en *-ié* también vale para los condicionales; c) formas derivadas del latín *sedere* toman el valor de *estar* con uso frecuente del apócope: *sedié*, *diz*; d) algunas palabras que hoy son monosilábicas eran en su época bisílabas; e) el dialecto riojano tiende a conservar la *-i* final larga del latín vulgar, razón por la cual encontramos formas como *esti*, *essi*, *-sti*, *-i* (forma verbal de la primera persona de los pretéritos irregulares y los imperativos con *-i* final larga); f) la grafía *-nn-* se convierte modernamente en *-ñ-*, salvo la contracción riojana *enna* (en la) que se conserva por mucho tiempo; g) hay conservación de la *-d-* intervocálica (*veden* por *ven*), con excepciones en las que desaparece (*suores* por *sudores*); h) las *-t* finales luego serán *-d* (*cibdat*, *verdat* harán *ciudad*, *verdad*); i) hay formas pronominales como *ielo* o *gelo* (se lo) típicas del castellano; j) la forma *qui* es habitual por *que* cuando se trata de un sujeto con antecedente personal; k) el diminutivo se hace en general con *-iella*; l) la vocal *o* breve del latín diptongará en *-ue*; m) el grupo *-mn-* se conserva en Berceo aunque en castellano derivará a *-mbr-*; n) Berceo utilizará muchos cultismos; ñ) hay que tener en cuenta grupos como *pl*, *cl* que deben hoy leerse como *ll*, o el grupo *-bd-* que modernamente reconocemos en *-ud-* (*cibd*at hace ciu*d*ad); o) la conjunción *y* aparece en los textos como *e*; p) la *f* devino posteriormente en muchos casos *h*; q) muchas veces, especialmente en el pretérito perfecto simple, el grupo *-ss-* se transformó en *j* o bien en *y*; r) finalmente la *z* se escribe actualmente *c*.

[3]milagro.

Sant Ugo[4] lo escripso,[5]   de Grunniego[6] abbat,
que cuntió[7] a un monge   de su socïedat.[8]

Un fraire de su casa,   Guiralt era clamado,
ante que fuesse monge   era non bien senado:[9]
facié a las debeces[10]   follía[11] e peccado,
como omne soltero   que non es apremiado.

Vino'l en corazón   do se sedié un día
al apóstol de Espanna   de ir en romería;
aguisó su facienda,[12]   buscó su compannía,
destajaron el término   cómo fuessen su vía.[13]

Quando a essir ovieron[14]   fizo una nemiga:[15]
en logar de vigilia   yogó[16] con su amiga.
Non tomó penitencia   como la ley prediga,
metióse al camino   con su mala hortiga.

Pocco avié andado   aún de la carrera,

---

[4]San Hugo (1024-1109) fue el sexto abad de Cluny, cargo que ocupó desde 1049 hasta su muerte.

[5]lo escribió.

[6]La abadía de Cluny está en el departamento de Saone-et-Loire, cerca de Mâcon, Francia.

[7]aconteció.

[8]orden religiosa.

[9]sensato.

[10]a veces.

[11]locura.

[12]puso en orden sus cosas.

[13]determinaron al fin cuál fuese su camino.

[14]cuando iban a salir.

[15]enemiga, en el sentido de mala acción.

[16]yació, en el sentido de que tuvo relaciones sexuales.

avés[17] podrié seer   la jornada tercera,
ovo un encontrado[18]   cabo[19] una carrera,
mostrávase por bueno,   en berdat no lo era.

El dïablo antigo   siempre fo traïdor,
es de toda nemiga   maestro sabidor;
semeja a las vezes   ángel del Crïador
e es dïablo fino,   de mal sosacador.

Transformóse el falso   en ángel verdadero,
paróseli delante   en medio un sendero:
«Bien seas tú venido   —díssoli al romero—
seméjasme cossiella   simple como cordero.

Essisti de tu casa   por venir a la mía;
quando essir quisisti   fizist una follía:
cuidas sin penitencia   complir tal romería;
non te lo gradirá[20]   esto Sancta María».

«¿Quién sodes[21] vos, sennor?»   díssoli el romero;
Recudió'l:[22] «Yo so Jácobo,   fijo de Zebedeo;[23]
sépaslo bien, amigo,   andas en devaneo,
semeja que non aves   de salvarte deseo».

Disso Guirald: «Sennor,   pues vos ¿qué me mandades?
Complirlo quiero todo,   quequier[24] que me digades,
ca veo lo que fizi,   grandes iniquitades,

---

[17]apenas.

[18]tuvo un encuentro.

[19]junto a.

[20]agradecerá.

[21]eres.

[22]respondióle.

[23]Se refiere a Santiago, hijo de Zebedeo, según *Mateo*, 5.21.

[24]fuere lo que fuere, sea lo que sea.

non prisi[25] el castigo   que diçen los abbades».

Disso el falso Jácob: «Esti es el judicio:
que te cortes los miembros   que facen el fornicio;
dessent[26] que te degüelles: farás a Dios servicio,
que de tu carne misma   li farás sacrificio».

Crediólo el astroso,[27]   locco e desessado,
sacó su cuchellijo   que tenié amolado;
cortó sus genitales,   el fol malventurado:
dessende degollóse,   murió descomulgado.

Quando los companneros   que con elli isieron
plegaron a Guiraldo   e tal lo vidieron,
fueron en fiera cuita   en qual nunqua sovieron;
esto cómo avino   asmar[28] no lo pudieron.

Vidién que de ladrones   non era degollado,
ca no'l tollieran nada   ni'l avién ren[29] robado;
non era de ninguno   omne desafïado,
non sabién de quál guisa   fuera ocasionado.[30]

Fussieron luego todos   e fueron derramados,
teniénse[31] d'esta muerte   que serién sospechados;
porque[32] ellos non eran   enna cosa culpados,
que serién por ventura   presos e achacados.[33]

---

[25]cumplí.

[26]después.

[27]le creyó el infeliz.

[28]imaginar.

[29]nada.

[30]causado.

[31]pensaban.

[32]aunque.

[33]acusados.

El que dio el consejo   con sus atenedores,[34]
los grandes e los chicos,   menudos e mayores,
travaron[35] de la alma   los falsos traïdores,
levávanla al fuego,   a los malos suores.

Ellos que la levavan   non de buena manera,
víolo Sanctïago   cuyo romeo[36] era;
issiólis a grand priessa   luego a la carrera,
paróselis delante   enna az[37] delantera.

«Dessad—disso—maliellos   la preda[38] que levades,
nos vos yaz tan en salvo   como vos lo cuidades;
tenedla a derecho,   fuerza no li fagades,
creo que non podredes,   maguer[39] que lo querades».

Recudióli un dïablo,   paróseli refacio:[40]
«Yago,[41] ¿quiéreste fer   de todos nos escarnio?
¿A la razón derecha   quieres venir contrario?
¡Traes mala cubierta   so el escapulario![42]

Guirald fizo nemiga,   matóse con su mano,
deve seer judgado   por de Judas ermano;[43]
es por todas las guisas   nuestro parroquïano;

---

[34]adherentes, secuaces.

[35]aprehendieron, agarraron.

[36]romero.

[37]fila, faz.

[38]presa.

[39]aunque.

[40]reacio.

[41]Santiago.

[42]traes mala intención bajo la apariencia de piedad. El escapulario es un delantal que opera como sobrecubierta del hábito para protegerlo durante las horas de trabajo.

[43]era fórmula para condenar a alguien compararlo con Judas Iscariote.

¡Non quieras contra nos,   Yago, seer villano!»[44]

Díssoli Sanctïago: «¡Don traïdor palavrero!
Non vos puet vuestra parla   valer un mal dinero;
trayendo la mi voz   como falsso vozero,[45]
disti consejo malo,   matest al mi romero.

Si tú no li dissiesses   que Sanctïago eras,
tú no li demostrasses   sennal de mis veneras,[46]
non dannarié su cuerpo   con sus mismes tiseras,
nin yazdrié como yaze   fuera por las carreras.

Prisi muy grand superbia[47]   de la vuestra partida,
tengo que la mi forma   es de vos escarnida,
matastes mi romeo   con mentira sabida,
demás veo agora   la alma maltraída.

Seedme a judicio   de la Virgo María,
yo a ella me clamo   en esta pleitesía;
otra guisa de vos   yo non me quitaría,
ca veo que traedes   muy grand alevosía».

Propusieron sus vozes[48] ante la Glorïosa;
fo bien de cada parte   afincada[49] la cosa;
entendió las razones   la reína preciosa,
terminó la varaja[50]   de manera sabrosa:

«El enganno que priso,   pro li devié tener,

---

[44]ruin.

[45]falso representante.

[46]El símbolo del peregrino a Santiago de Compostela era la concha de la venera, molusco muy común en los mares de Galicia.

[47]"tomé con gran soberbia", en el sentido de tomarlo como una ofensa.

[48]sus argumentos.

[49]planteada.

[50]exposición de dos litigantes ante el juez.

elli a Sanctïago   cuidó obedecer,
ca tenié que por esso   podrié salvo seer;
más el engannador   lo devié padeçer».

Disso: «Yo esto mando   e dólo por sentencia:
la alma sobre quien   avedes la entencia,[51]
que torne en el cuerpo,   faga su penitencia,
desend qual mereciere,   avrá tal audïencia».[52]

Valió esta sentencia,   fue de Dios otorgada,
fue la alma mesquina   en el cuerpo tornada,
que[53] pesó al dïablo,   a toda su mesnada,
a tornar fo la alma   a la vieja posada.

Levantóse el cuerpo   que yazié trastornado,
alimpiava su cara   Guirald el degollado;
estido un ratiello   como qui descordado,[54]
como omne que duerme   e despierta irado.[55]

La plaga que oviera   de la degolladura
abés parecié d'ella   la sobresanadura;
perdió él la dolor   e toda la cochura,[56]
todos dizién: «Est omne   fue de buena ventura».

Era de lo ál todo,   sano e mejorado,
fuera de un filiello[57]   que tenié travesado;
mas lo de la natura   quanto que fo cortado,
non li creció un punto,   fincó en su estado.

---

[51]alegación.

[52]volverá a ser juzgado de la misma manera.

[53]aunque.

[54]desconcertado.

[55]airado, enojado.

[56]escozor.

[57]salvo un hilito.

De todo era sano,   todo bien encorado,[58]
pora verter su agua   fincóli[59] el forado;[60]
requirió su repuesto,   lo que trayé trossado,
pensó de ir su vía   alegre e pagado.

Rendió gracias a Dios   e a Sancta María,
e al sancto apóstolo   do va la romería;
cueitóse de andar,[61]   trobó la compannía,
avién esti miraclo   por solaz cada día.

Sonó por Compostela   esta grand maravilla,
viniénlo a veer   todos los de la villa;
dicién: «Esta tal cosa,   deviemos escrivilla;
los que son por venir,   plazrális[62] de oílla».

Quando fo en su tierra,   la carrera complida,
e udieron la cosa   que avié contecida,
tenié grandes clamores,   era la gent movida
por veer esti Lázaro   dado de muert a vida.

Metió en su facienda   esti romeo mientes,
cómo lo quitó Dios   de maleítos[63] dientes;
desemparó el mundo,   amigos e parientes,
metióse en Grunniego,   vistió pannos punientes.[64]

Don Ugo, omne bueno,   de Grunniego abbat,
varón religïoso,   de muy grand sanctidat,
contava est miraclo   que cuntió en verdat,
metiólo en escripto,   fizo grand onestat.

---

[58]cicatrizado.

[59]le quedó.

[60]agujero.

[61]se apresuró.

[62]les placerá.

[63]malditos.

[64]penitentes.

Guirad finó en orden   vida buena faciendo,
en dichos e en fechos   al Criador sirviendo,
en bien perseverando,   del mal se repindiendo,
el enemigo malo   non se fo d'él ridiendo.
De quanto que peccara,   dio a Dios buen emiendo.[65]

"El novio y la virgin"

Enna villa de Pisa,[66]   cibdat bien cabdalera,[67]
en puerto de mar yaze   rica de grand manera,
avié y un calonge[68]   de buena alcavera,[69]
dizién Sant Cassïán   ond el calonge era.

Como fizieron otros   que de suso contamos,
que de Sancta María   fueron sos capellanos,
ésti amóla mucho,   más que muchos christianos,
e faziéli servicio   de piedes e de manos.

Non avié essi tiempo   uso la clerecía
dezir ningunas oras   a tí, Virgo María,
pero elli diziélas   siempre e cada día,
avié en la Gloriosa   sabor e alegría.

Avién los sos parientes[70]   esti fijo sennero,
quando ellos finassen   era buen eredero;
dessávanli de mueble[71]   assaz rico cellero,[72]

---

[65]Este verso no aparece en todos los manuscritos.

[66]se trata de San Casiano de Pisa.

[67]principal.

[68]canónigo.

[69]estirpe, linaje, buena familia.

[70]padres.

[71]bienes muebles.

[72]despensa, conjunto de bienes.

tenié buen casamiento,[73]   assaz cobdiziadero.

El padre e la madre   quando fueron finados,
vinieron los parientes   tristes e desarrados:
diziénli que fiziesse   algunos engendrados,[74]
que non fincassen[75] yermos   logares tan preciados.

Cambióse del propósito,   del que ante tenié,
moviólo la ley del sieglo,   dixo que lo farié;
buscáronli esposa   qual a él convenié,
destajaron el día   que las bodas farié.

Quando vino el día   de las bodas correr,[76]
iva con sos parientes   la esposa prender;
tan bien en la Gloriosa   non podié entender,[77]
como lo solié ante   otro tiempo fazer.

Yendo por la carrera   a complir el so depuerto,[78]
membró' l de la Gloriosa,   que li yazié en tuerto,[79]
tóvose por errado   e tóvose por muerto,
asmó bien esta cosa   que' l istrié[80] a mal puerto.

Asmando esta cosa   de corazón cambiado,
halló una eglesia,   lugar a Dios sagrado,
dessó las otras yentes   fuera del portegado,[81]

---

[73]dote.

[74]hijos.

[75]quedasen.

[76]celebrar.

[77]no podía pensar en ella tanto como antes. La expresión "entender en" también significa "amar".

[78]placer, solaz.

[79]expresión probablemente sinónima de "tener tuerto" con el sentido de ofender o agraviar.

[80]saldría.

[81]pórtico de una iglesia.

entró fer oración el novio refrescado.

Entró en la eglesia al cabero[82] rencón,
inclinó los enojos fazié su oración,
vínole la Gloriosa, plena de bendición,
como qui sannosamientre,[83] dissoli tal razón:

«Don fol[84] malastrugado,[85] torpe e enloquido,
¿en qué roídos[86] andas? ¿en qué eres caído?
Semejas ervolado,[87] que as yervas bevido,
o que eres del blago de Sant Martín tannido[88].

Assaz eras varón bien casado comigo,
yo mucho te quería como a buen amigo;
mas tú andas buscando mejor de pan de trigo,[89]
non valdrás más por esso quanto vale un figo.

Si tú a mi quisieres escuchar e creer,
de la vida primera non te querrás toller:
a mí non dessarás por con otra tener,[90]
si non, avrás la lenna a cuestas a traer».

Issió de la eglesia el novio maestrado,[91]
todos avién querella que avié tardado,

---

[82]muy apartado, último.

[83]con saña.

[84]loco.

[85]malaventurado.

[86]ruidos, problemas, litigios, pleito o discordia.

[87]hechizado con hierbas.

[88]San Martín es el santo patrón de los taberneros y los borrachos, de modo que la expresión "tocado por el báculo de San Martín" significa aquí "estar ebrio".

[89]La expresión significa "lo mejor de lo mejor".

[90]para irte con otra.

[91]aleccionado.

fueron cabadelante[92]   recabdar su mandado,
fo todo el negocio   aína recabdado.

Fizieron ricas bodas,   la esposa ganada,
ca serié lo ál fonta[93]   si fuesse desdennada;
era con esti novio   la novia bien pagada,
mas non entendié ella   do yazié la celada.

Supo bien encobrirse   el de suso[94] varón,
la lengua poridat[95]   tovo al corazón;
ridié[96] e deportava   todo bien por razón,
mas aviélo turrado[97]   mucho la visïón.

Ovieron ricas bodas   e muy grand alegría,
nunqua mayor siquiere   ovieron en un día;
mas echó la redmanga[98]   por ý Sancta María
e fizo en sequero   una grand pesquería.

Quando veno la noch,   la ora que dormiessen,
fizieron a los novios   lecho en que yoguiessen;
ante que entre sí   ningún solaz oviessen,
los brazos de la novia   non tenién qué prisiessen.

Issióseli de manos,   fússoli[99] el marido,
nunqua saber podieron   omnes dó fo caído,
sópolo la Gloriosa   tener bien escondido,
no lo consintió ella   que fuesse corrompido.

---

[92]continuaron, siguieron con las bodas.

[93]afrenta o ultraje.

[94]susodicho, ya mencionado.

[95]secreto.

[96]reía.

[97]turbado, confundido.

[98]red de los pescadores.

[99]se le fue.

Dessó mugier fermosa   e muy grand posesión,
lo que farién bien poccos   de los que oï son;
nunqua lo entendieron   do cadió, o do non:
qui por Dios tanto faze,   aya su bendición.

Creemos e asmamos   que esti buen varón
buscó algún lugar   de grand religïón,
y sovo escondido   faciendo oración,
por ond ganó la alma   de Dios buen gualardón.

Bien devemos creer   que la Madre gloriosa,
porque fizo est omne   esta tamanna cosa,
no lo oblidarié,   como es pïadosa,
bien allá lo farié   posar do ella posa.

"El judezno"[100]

Enna villa de Borges[101]   una cibdat estranna,[102]
cuntió en essi tiempo   una buena hazanna;
sonada es en Francia,   si faz[103] en Alemanna,
bien es de los miraclos   semejant e calanna.[104]

Un monge la escripso,   omne bien verdadero,
de Sant Miguel era   de la Clusa[105] claustero,[106]
era en essi tiempo   en Borges ostalero,[107]

---

[100]en otras ediciones "El niño judío".

[101]Bourges, departamento de Cher, a unos doscientos kilómetros al sur de París, Francia.

[102]extranjera.

[103]así también.

[104]igual, semejante.

[105]probable referencia a San Michele de la Clusa, Susa, Piamonte.

[106]monje, el que vive en el claustro.

[107]encargado de la hospedería del monasterio.

Peidro era su nomme,   fo[108] ende bien certero.

Tenié en essa villa,   ca era menester,
un clérigo escuela   de cantar e leer;
tenié muchos crïados   a letras aprender,
fijos de bonos omnes   que querién más valer.

Venié un judezno,   natural del logar,
por savor de los ninnos,   por con ellos jogar;
acogiénlo los otros,   no li fazién pesar,
avién con él todos   savor de deportar.

En el día de Pascua,   domingo grand mannana,
quando van Corpus Dómini[109]   prender la yent christiana,
priso'l al judezno   de comulgar grand gana,
comulgó con los otros   el cordero sin lana.

Mientre que comulgavan   a muy grand presura
el ninno judezno   alzó la catadura,[110]
vío sobre'l altar   una bella figura,
una fermosa duenna   con genta creatura.[111]

Vío que esta duenna   que posada[112] estava,
a grandes e a chicos   ella los comulgava;
pagóse d'ella mucho,   quando más la catava
de la su fermosura   más se enamorava.

Issió de la eglesia   alegre e pagado,
fue luego a su casa   como era vezado,[113]
menazólo el padre   porque avié tardado,

---

[108]fue.
[109]forma latina para indicar la Comunión.
[110]rostro, semblante.
[111]con gentil criatura. Se refiere al Niño Jesús.
[112]tranquila, reposada.
[113]como estaba acostumbrado.

que mereciente era   de seer fostigado.[114]

«Padre—dixo el ninno—   non vos negaré nada,
ca con los christianiellos   fui grand madurgada;[115]
con ellos odí missa   ricamientre cantada,
e comulgué con ellos   de la ostia sagrada».

Pesóli esto mucho   al malaventurado,
como si lo toviesse   muerto o degollado;
non sabié con grand ira   qué fer el dïablado,
fazié figuras malas   como demonïado.

Avié dentro en casa   esti can traïdor
un forno grand e fiero   que fazié grand pavor;
fízolo encender   el locco peccador,
de guisa que echava   sovejo grand calor.

Priso esti ninnuelo   el falso descreído,
asín como estava,   calzado e vestido,
dio con él en el fuego   bravament encendido:
¡mal venga a tal padre   que tal faze a fijo!

Metió la madre vozes   e grandes carpellidas,[116]
tenié con sus onçejas[117]   las massiellas[118] rompidas,
ovo muchas de yentes   en un rato venidas,
de tan fiera quessa   estavan estordidas.[119]

El fuego porque[120] bravo   fue de grand cosiment,[121]

---

[114]hostigado, azotado.

[115]muy de madrugada.

[116]arañazos.

[117]uñas.

[118]mejillas.

[119]aturdidas.

[120]aunque.

[121]piedad, misericordia, compasión.

no li nuzió nin punto,   mostróli buen talent;
el ninnuelo del fuego   estorció bien gent,[122]
fizo una grand miraclo   el Rey omnipotent.

Yazié en paz el ninno   en media la fornaz,[123]
no brazos de su madre   non yazrié más en paz,
non preciava el fuego   más que a un rapaz,
ca'l fazié la Gloriosa   companna e solaz.

Issió de la foguera   sin toda lissïón,
non sintió calentura   más que otra sazón;
non priso nulla tacha,[124]   nulla tribulación,
ca pusiera en elli   Dios la su bendición.

Preguntáronli todos,   judíos e christianos
cómo podió venzer   fuegos tan sobranzanos,[125]
quando él non mandava   los piedes ni las manos
quí lo cabtenié[126] entro,   fiziésselos certanos.[127]

Recudiólis el ninno   palavra sennalada:
«La duenna que estava   enna siella orada[128]
con su fijo en brazos   sobre'l altar posada,
éssa me defendié   que non sintié nada».

Entendieron que era   Sancta María ésta,
que lo defendió ella   de tan fiera tempesta;
cantaron grandes laudes,   fizieron rica festa,
metieron esti miraclo   entre la otra gesta.

---

[122]se libró sano y salvo.

[123]horno.

[124]falta o defecto.

[125]soberanos, excesivos.

[126]mantenía.

[127]los hiciese seguros.

[128]dorada.

Prisieron al judío,   al falsso desleal,
al que a su fijuelo   fiziera tan grand mal,
legáronli las manos   con un fuerte dogal,
dieron con elli entro   en el fuego cabdal.[129]

Quanto contarié omne   poccos de pipïones,[130]
en tanto fo tornado   cenisa e carbones,
non dizién por su alma   salmos nin oraciones,
más dizién denosteos[131]   e grandes maldiziones.

Diziénli mal oficio,   faciénli mala ofrenda
dizién por «Pater noster»,   «Qual fizo, atal prenda».[132]
De la comunicanda[133]   Domni Dios nos defenda,
pora'l dïablo sea   tan maleíta renda.[134]

Tal es Sancta María   que es de gracia plena,
por servicio da Gloria,   por deservicio pena;
a los bonos da trigo,   a los malos avena,
los unos van en Gloria,   los otros en cadena.

Qui servicio li faze   es de buena ventura,
qui'l fizo deservicio   nació en ora dura,
los unos ganan gracia   e los otros rencura,[135]
a bonos e a malos   so fecho los mestura.

Los que tuerto li tienen   o que la desirvieron,
d'ella mercet ganaron   si bien gela pidieron;

---

[129]caudal, abundante.

[130]moneda de poco valor. En menos tiempo que un hombre cuenta monedas de poco valor, es decir, muy rápidamente.

[131]denuestos, injurias.

[132]el que las hizo, que las pague.

[133]comunión.

[134]maldita renta, mal pago.

[135]rencor, pena, aflicción.

nunca repoyó[136] ella   a los que la quisieron,
ni lis dio en refierta[137]   el mal que li fizieron.

Por provar esta cosa   que dicha vos avemos,
digamos un exiemplo   fermoso que leemos;
quando fuere contado   mejor lo creeremos,
de buscarli pesar   más nos aguardaremos.[138]

Milagros de Nuestra Señora. Edición de Michael Gerli. Madrid: Ediciones Cátedra, 1985.

---

[136]repudió, rechazó.

[137]echó en cara.

[138]nos guardaremos, nos abstendremos.

AUTO DE LOS REYES MAGOS

ESCENA PRIMERA

Gaspar (*Solo*). Dios criador, ¡cuál maravila!,[1]
no sé cuál es achesta strela.[2]
Agora primas[3] la e veída;[4]
poco timpo[5] a que es nacida.
¿Nacido es el criador
que es de las gentes senior?
Non es verdad, non sé qué digo,
todo esto non vale uno figo;[6]
otra nocte me lo cataré;[7]
si es vertad,[8] bine[9] lo sabré... (*Pausa.*)
¿Bine es vertad lo que yo digo?
En todo, en todo lo prohío.[10]
¿Non pudet[11] seer otra señal?[12]

---

[1]Reemplazamos *u* por *v* o *b*, *i* por *y* o *j*, *q* por *c*, según corrresponda; sustituimos *nn* por *ñ*.

[2]aquella estrella.

[3]por primera vez.

[4]he visto.

[5]tiempo.

[6]no vale nada.

[7]lo consideraré.

[8]verdad.

[9]bien.

[10]insisto.

[11]puede.

[12]señal.

Achesto es y non es ál;[13]
nacido es Dios, por ver, de fembra
in acheste mes de december.
Alá[14] iré ó que fure,[15] aoralo[16] e,
por Dios de todos lo terné.[17]

ESCENA SEGUNDA

Baltasar (*Solo*). Esta strela non sé dónd vinet,[18]
quín[19] la trae o quín la tine.[20]
¿Por qué es achesta señal?
En mos[21] días [n]on vi atal.[22]
Certas[23] nacido es en tirra[24]
aquel qui en pace[25] y en guer[r]a
senior ha a seer da oriente
de todos hata[26] in occidente.
Por tres noches me lo veré
y más de vero[27] lo sabré... (*Pausa.*)

---

[13]otra cosa.

[14]allá.

[15]adonde fuere.

[16]adorarlo.

[17]tendré.

[18]de dónde viene.

[19]quién.

[20]tiene.

[21]mis.

[22]tal.

[23]ciertamente.

[24]tierra.

[25]paz.

[26]hasta.

[27]de verdad.

¿En todo, en todo es nacido?
Non sé si algo e veído.

Iré, lo aoraré,
y pregaré[28] y rogaré.

ESCENA TERCERA

Melchior (*Solo*). ¡Val,[29] Criador! ¿Atal facinda[30]
fu[31] nunquas alguandre[32] falada[33]
o en escriptura trubada?[34]
Tal strela non es in celo,[35]
desto só yo bono strelero;[36]
bine lo veo sines[37] escarno[38]
que uno omne[39] es nacido de carne,
que es senior de todo el mundo,
así cumo[40] el cilo[41] es redondo.
De todas gentes senior será

---

[28]rezaré.

[29]vale.

[30]cosa.

[31]fue.

[32]jamás.

[33]hallada.

[34]cantada, compuesta o versificada.

[35]cielo.

[36]astrólogo.

[37]sin.

[38]escarnio.

[39]hombre; también aparece en el texto "homne".

[40]como.

[41]cielo, universo.

y todo seglo[42] jugará.[43]

¿Es? ¿Non es?

Cudo[44] que verdad es.

Veerlo e otra vegada,[45]

si es vertad o si es nada... (*Pausa.*)

Nacido es el Criador

de todas las gentes mayor;

bine lo [v]eo que es verdad;

iré alá, por caridad.

ESCENA CUARTA

Gaspar (*A Baltasar*).

¡Dios vos salve, senior! ¿Sodes[46] vos strelero?

Dezidme la verdad, de vos sabelo quiro.[47]

[¿Vedes tal maravila?]

[Nacida] es una strela.

Baltasar.

Nacido es el Criador,

que de las gentes es senior

Iré, lo aoraré.

Gaspar.

Yo otrosí[48] rogarlo e.

Melchior (*A los otros dos*).

Seniores, ¿a cuál tirra, ó que[redes] andar?

¿Queredes ir conmigo al Criador rogar?

¿avédeslo[49] veído? Yo lo vo [aor]ar.

---

[42]mundo.

[43]juzgará.

[44]creo.

[45]vez.

[46]sois.

[47]quiero.

[48]también.

[49]lo habéis.

Gaspar.	Nos imos[50] otrosí, sil[51] podremos falar.
	Andemos tras el strela, veremos el logar.
Melchior.	¿Cúmo podremos probar si es homne mortal,
	o si es rey de terra, o si celestrial?
Baltasar.	¿Queredes bine saber cúmo lo sabremos?
	Oro, mira y acenso[52] a él ofreçremos;
	si fure rey de terra, el oro querrá;
	si fure omne mortal, la mira tomará;
	si rey celestrial, estos dos dexará,
	tomará el encenso quel[53] pertenecerá.
Gaspar y Melchior.	
	Andemos y así la fagamos.

ESCENA QUINTA

Los tres reyes (*A Herodes.*)	
	¡Sálvete el Criador, Dios te curie[54] de mal!
	Un poco te dizeremos, non te queremos ál.
	¡Dios te dé longa vita[55] y curie de mal!
	Imos in romería aquel rey adorar
	que es nacido in tirra; nol[56] podemos fallar.
Herodes.	¿Qué decides, ó ides?[57] ¿A quín ides buscar?
	¿De cuál terra venides, ó queredes andar?
	Decidme vostros nombres, no m'los querades celar.[58]
Gaspar.	A mí dizen Gaspar,

---

[50]vamos.

[51]si le.

[52]mirra e incienso.

[53]que le.

[54]guarde.

[55]larga vida.

[56]no le.

[57]adónde vais.

[58]ocultar.

	est otro Melchior, ad achest Baltasar.
	Rey, un rey es nacido que es senior de tirra,
	que mandará el seclo en grant pace sines gera.[59]
Herodes.	¿Es así por vertad?
Gaspar.	Sí, rey, por caridad.

Herodes.	¿Y cúmo lo sabedes?
	¿Ya provado lo avedes?
Gaspar.	Rey, vertad te dizremos,
	que provado lo avemos.
Melchior.	Esto es grand maravila:
	un strela es nacida.
Baltasar.	Señal face que es nacido
	y in carne humana venido.
Herodes.	¿Cuánto y a que la vistes
	y que la percibistis?
Gaspar.	Tredze[60] días a,
	y mais non averá,
	que la avemos veída
	y bine percibida.
Herodes.	Pus[61] andad y buscad
	y a él adorad
	y por aquí tornad.
	Yo alá iré
	y adoralo e.

ESCENA SEXTA

Herodes (*Solo*).	¡Quín vio numquas tal mal,
	sobre rey otro tal!
	¡Aún no só yo morto

---

[59]guerra.

[60]trece.

[61]pues.

ni so la terra pusto![62]
¿Rey otro sobre mí?
¡Numquas atal non vi!
El seglo va a çaga,[63]
ya non sé qué me faga;
por vertad no lo creo
ata[64] que yo lo veo.
Venga mio mayor do[ma]
qui míos averes toma. (*Sale el mayordomo.*)
Idme por míos abades
y por mis podestades
y por míos escribanos
y por meos gramatgos[65]
y por míos streleros
y por míos retóricos.
Dezirm'an la vertad, si yace in escripto,
o si lo saben elos o si lo an sabido.

ESCENA SEPTIMA

(*Salen los sabios de la corte.*)

Los sabios. Rey, ¿qué te plaze? Henos venidos.
Herodes. ¿Y traedes vostros escriptos?
Los sabios. Rey, sí, traemos
los mejores que nos avemos.
Herodes. Pus catad,
dezidme la vertad,
si es aquel omne nacido
que estos tres rees m'an dicho.
Di, rabí, la vertad, si tú lo as sabido.
El rabí. Por veras vo[s] lo digo

---

[62]puesto.
[63]para atrás.
[64]hasta.
[65]gramáticos.

que no lo [fallo] escripto.

Otro rabí (*Al primero.*)

¡Hamihalá,[66] cúmo eres enartado![67]
¿Por qué eres rabí clamado?[68]
Non entendes las profecías,
las que nos dixo Jeremías.
¡Par mi ley, nos somos erados![69]
¿Por qué non somos acordados?
¿Por qué non dezimos vertad?

Rabí primero. Yo non la sé, par caridad.

Rabí segundo. Porque no la avemos usada
ni en nostras bocas es falada.

---

[66]Hay diversas interpretaciones sobre esta palabra. Puede ser el nombre del rabí, o bien ser la frase árabe que significa "Dios es mi protector". La referencia a Alá por parte del rabí no es inverosímil, especialmente si se tiene en cuenta que el árabe era la lengua de cultura de los judíos españoles en la Edad Media.

[67]engañado.

[68]llamado.

[69]no estamos errados.

LIBRO DE APOLONIO[1]

En el nombre de Dios e de Santa María,
si ellos me guiassen estudiar querría[2]
conponer hun[3] romançe[4] de nueva maestría[5]
del buen Rey Apolonio e de su cortesía.

El rey Apolonio, de Tiro natural,
que por las aventuras visco[6] grant tenporal.[7]
Cómmo perdió la fija e la muger capdal.[8]
Cómo las cobró amas,[9] ca les fue muy leyal.[10]

*ANTIOQUIA. Apolonio de Tiro acude a la corte de Antioco para resolver el
enigma que le permita casarse con la hija del rey.* [estrofas 3-28]

En el rey Antioco vos quiero començar
que pobló Antiocha en el puerto de la mar;

---

[1]Usamos *e* para la conjunción copulativa y reemplazamos *u* con *v* cuando
corresponde. Asimismo, dejamos las variaciones ortográficas que registra la
edición: *m* o *n* antes de *p* o *b*, el uso de *ç* o *c* como en "çiudat" o "ciudat", y
otros más: cómmo/cómo, omne/homne, etc. Nótese que el nombre del rey Archi-
tartes aparece también como Archistrastes.

[2]querría esforzarme en.

[3]un; la *h* expletiva es influencia del aragonés.

[4]poema no latino.

[5]Se refiere al mester de clerecía.

[6]vivió.

[7]mucho tiempo.

[8]legítima, legal.

[9]ambas.

[10]leal.

del su nombre mismo físola titolar.
Si estonçe fuesse[11] muerto nol' deviera pesar:

ca[12] muriósele la muger con qui casado era,
dexóle huna fija genta[13] de grant manera;
nol' sabìan[14] en el mundo de beltat conpanyera,[15]
non sabían en su cuerpo sennyal reprendedera.[16]

Muchos fijos de reyes la vinieron pedir,
mas non pudo en ella ninguno abenir.[17]
Ovo[18] en este comedio[19] tal cosa ha contir,[20]
que es para en conçejo[21] vergüença de deçir.

El pecado, que nunca en paz suele seyer,[22]
tanto pudo, el malo, bolver e rebolver
que fiço ha Antiocho en ella entender[23]
tanto que se querìa por su amor perder.

Ovo a lo peyor la cosa ha venir,
que ovo ssu voluntat en ella ha conplir;
pero sin grado lo hovo ella de consentir,

---

[11]hubiese.

[12]porque.

[13]gentil.

[14]El acento grave aparece en los imperfectos y futuros hipotéticos de indicativo, pero no cuando son primera persona.

[15]compañera; de aquí en adelante obsérvese el grupo "ny" como "ñ".

[16]defecto reprensible.

[17]conseguir.

[18]hubo.

[19]suceso.

[20]ocurrir, acontecer.

[21]en público.

[22]estar.

[23]enamorarse de ella.

que veydìa[24] que tal cosa non era de sofrir.

La duenya por este fecho fue tan envergonçada
que por tal que muriese non querìa comer nada;
mas huna ama viega[25] que la ovo criada
fíçol'[26] creyer que non era culpada.

——«Fija, dixo, si vergüença o quebranto prisiestes,[27]
non avedes[28] culpa, que vós más non pudiestes;[29]
esto que vós veyedes[30] en ventura lo oviestes.[31]
Allegratvos,[32] senyora, que vós más non pudiestes.

Demás yo vos conseio, e vós creyer me lo devedes,
al rey vuestro padre vós non lo enfamedes;[33]
maguer[34] grant es la pérdida, más val[35] que lo calledes
que al rey e a vós en mal preçio echedes».

——«Ama, dixo la duenya, jamás, por mal pecado,
non deve, de mí, padre seyer clamado.
Por llamarme él fija téngolo por pesado;[36]
es el nombre derechero[37] en amos enfogado.[38]

---

[24]veía.

[25]vieja.

[26]le hizo.

[27]tomases.

[28]tengáis.

[29]pudisteis.

[30]veis.

[31]tuvisteis.

[32]alegraos.

[33]difaméis.

[34]aunque.

[35]más vale.

[36]me pesa, me apesadumbra.

[37]merecedor, acreedor, digno de.

Mas quando ál[39] non puedo, desque[40] só[41] violada,
prendré[42] vuestro conseio, la mi nodriçia ondrada,[43]
mas bien veo que fuy de Dios desemparada;
a derechas[44] m'en tengo de vós aconseiada».

Bien ssé que tanto fue ell enemigo[45] en el rey encarnado
que non avìa el poder de veyer el pecado;
mantenìa mala vyda, era de Dios ayrado,
ca non le façìa serviçio don' fuese su pagado.[46]

Por fincar[47] con su fija, escusar[48] casamiento,
que pudiesse con ella conplir su mal taliento,[49]
ovo a ssosacar[50] un mal ssosacamiento;
mostrógelo[51] el diablo, un bestión mascoriento.[52]

Por fincar sin vergüença, que no fuese reptado,[53]
façìa huna demanda e un argumente çerrado:[54]

---

[38]ahogado.

[39]otra cosa.

[40]desde que.

[41]soy.

[42]tomaré.

[43]nodriza honrada.

[44]rectamente, justamente.

[45]el demonio.

[46]por el que Dios estuviese satisfecho de él.

[47]quedarse, seguir.

[48]evitar.

[49]talante, voluntad, gusto.

[50]urdir, tramar un ardid.

[51]se lo mostró.

[52]una bestia tiznada, encubierta.

[53]vituperado.

[54]un enigma intrincado, difícil.

al que lo adevinase que ge la darìa de grado,
el que no lo adevinase serìa descabeçado.

Avìan muchos por aquesto las cabezas cortadas;
sedìan,[55] sobre las puertas, de las almenas colgadas.
Las nuevas de la duenya por mal fueron sonadas,[56]
a mucho buen donçel avìan caras costadas.[57]

«La verdura del ramo escome[58] la raýz,
de carne de mi madre engruesso mi serviz».[59]
El que adevinase este vieso qué ditz,[60]
ésse avrìa la fija del rey emperadriz.

El rey Apolonio, que en Tiro regnava,
oyó daquesta duenya qu' en grant preçio andava;
querìa casar con ella, qua[61] mucho la amava;
la hora del pedir,[62] veyer non la cuydava.

Vino ha Antiocha, entró en el reyal,[63]
saluó[64] al rey Antiocho e a la corte general;
demandóle la fija por su muger capdal,
que la metrié,[65] en arras, en Tiro la cibdat.

La corte de Antiocha, firme de grant vertut,

---

[55]estaban.

[56]difundidas.

[57]a muchos buenos donceles les había costado caro.

[58]devora.

[59]cerviz.

[60]qué dice este verso.

[61]porque.

[62]la hora de pedirla.

[63]recinto.

[64]saludó.

[65]daría.

todos ovieron duelo de la su iuventut.
Diçìan que non se supo guardar de mal englut,[66]
por mala de nigromançia perdió buena salut.

Luego de la primera,[67] demetió[68] su raçón
——toda la corte escuchava, tenìa buena saçón——.[69]
Púsol' el rey la sua proposiçión:
que le darìa la cabeça o la osoluçión.[70]

Como era Apolonio de letras profundado,[71]
por solver argumentos era bien dotrinado;
entendió la fallença[72] e el suçio pecado
como si lo oviese por su ojo provado.[73]

Avìa grant repintençia[74] porque era hí[75] venido,
entendió bien que era en fallença caýdo:
mas, por tal que non fuese por bavieca[76] tenido,
dio a la pregunta buen responso conplido.

Dixo: ——«Non debes, rey, tal cosa demanar,[77]
que a todos aduze[78] vergüença e pesar.
Esto, si la verdat non quisieres negar,

---

[66]engrudo, trampa malvada.

[67]en seguida.

[68]expuso.

[69]tenía buena disposición.

[70]solución.

[71]muy versado.

[72]equívoco, ardid.

[73]comprobado por sus propios ojos.

[74]arrepentimiento.

[75]allí.

[76]necio.

[77]demandar, preguntar.

[78]trae.

entre tú e tu fija sse deve terminar:[79]

tú eres la raýz, tu fija el çimal;[80]
tú pereçes por ella, por pecado mortal,
ca la fija ereda la depda[81] carnal,
la qual tú e su madre aviedes cominal».[82]

Fue de la profeçía el rey muy mal pagado;
lo que sienpre buscava ya lo havìa fallado.
Metiólo en locura muebda del pecado,[83]
aguisóle,[84] en cabo,[85] cómo fuesse mal porfaçado.[86]

Maguer por encobrir la ssu inyquitat,
dixol' a Apolonio quel' dixera falsedat,
que non lo querrìa fer[87] por nenguna eredat.[88]
Pero todos asmavan[89] que dixera verdat.

Díxol' que metrìa la cabeça ha perder,
que la adevinança non podrìa asolver:
aún treýnta días le quiso anyader,
que, por mengua de plaço, non pudiese cayer.

---

[79]concluir.

[80]la cima.

[81]deuda.

[82]teníais en común.

[83]la fuerza del pecado.

[84]dispúsole

[85]al fin.

[86]deshonrado, afrentado.

[87]ver.

[88]heredad.

[89]pensaban.

*TIRO. Apolonio, que ha descubierto el incesto de Antioco, vuelve a su reino,
pero, frustrado, embarca a la ventura y llega a Tarso.* [estrofas 29-35]

Non quiso Apolonio en la vylla quedar:
tenìa que la tardança podìa en mal finar.[90]
Triste e desmarrido[91] pensó de naveyar;[92]
fasta que fue en Tiro él non sse dio bagar.[93]

E el pueblo fue alegre quando vieron su senyor,
todos lo querién veyer, que havién d' él ssabor;[94]
rendìan grandes e chicos graçias al Criador,
la villa e los pueblos todos en derredor.

Ençerróse Apolonio en sus cámaras privadas,
do tenié sus escritos e sus estorias notadas.
Rezó sus argumentos las fazanyas passadas,
caldeas e latines tres o quatro vegadas.[95]

En cabo, otra cosa non pudo entender
que al rey Antioco pudiese responder.
Çerró sus argumentos, dexóse de leyer,
en laçerio[96] sin fruto non quiso contender.[97]

Pero mucho tenìa que era mal fallido[98]
en non ganar la duenya e ssalir tan escarnido.[99]

---

[90]terminar mal.

[91]medroso, desanimado, temeroso.

[92]se dispuso a navegar.

[93]descanso.

[94]que tenían gusto de ello.

[95]veces.

[96]labor, trabajo penoso.

[97]insistir.

[98]se había equivocado.

[99]escarnecido.

Quanto más comida[100] quél' avìa conteçido,
tanto más se tenìa por peyor confondido.

Dixo que non podìa la vergüença durar,[101]
más querìa yr perdersse ó la ventura mudar.
De pan e de tresoro[102] mandó mucho cargar,
metióse en aventuras por las ondas del mar.

Pocos levó[103] conssigo, que no lo entendiessen,[104]
fuera ssus criaçones[105] otros no lo sopieron.
Navearon apriessa, buenos vientos ovieron,
arribaron en Tarsso, término hí prisieron.[106]

*ANTIOQUIA. El rey Antioco decide matar a Apolonio. Se lo encarga a Taliarco,
quien le informa de la ausencia de Apolonio. Antioco no se aplaca por ello.*
[estrofas 36-40]

En el rey Antioco vos queremos tornar,
non nos deviemos ende[107] tan aýna[108] quitar.[109]
Avìa de Apolonio yra e grant pesar,
querrìalo de grado,[110] ssi lo pudiese, matar.

---

[100]reflexionaba.

[101]resistir.

[102]dinero.

[103]llevó.

[104]Por razones de rima hay que suponer "entendieron".

[105]criados.

[106]terminaron allí el viaje.

[107]por eso.

[108]tan pronto.

[109]separar.

[110]con gusto.

Clamó[111] a Taliarco que era su privado,
el que de sus conseios era bien segurado;
avìanlo en su casa, de pequenyo, criado;
acomendól' que fuese recapdar[112] hun mandado.

Dixo el rey: ——«Bien sepas, el mìo leyal amigo,
que non dirýa ha otrie esto que a ti digo:
que só de Apolonio capital enemigo;
quiero fablar, por esto, mi conseio contigo.

De lo que yo façía él me á descubierto,
numca me fabló ombre ninguno tan en cierto,
mas, si me lo defiende poblado nin yermo,
tenerme ýa por nada más que un seco ensierto.[113]

Yo te daré tresoros quantos tú quisieres;
da contigo en Tiro quanto tú más pudieres.
Por gladio[114] o por yerbas si matarlo pudieres,
desde aquí te prometo qual cosa tú quisieres».

PENTAPOLIS. Encuentro con el pescador. [estrofas 121-143]

Estava en tal guisa[115] su ventura reptando,[116]
vertiendo de los ojos, su cuyta rencurando,[117]
vio hun omne bueno que andava pescando,
cabo de[118] huna pinaça[119] sus redes adobando.

---

[111]llamó.

[112]cumplir, realizar.

[113]injerto.

[114]espada.

[115]forma.

[116]recriminando a su destino.

[117]penas lamentando.

[118]junto a.

El rey, con gran vergüença porque tan pobre era,
fue contra'l[120] pescador, sallóle a la carrera.[121]
—«Dios te salve», le dixo, luego de la primera.
El pescador le respuso de sabrosa manera.

—«Amigo, dixo el rey, tú lo puedes veyer,
pobre só e mesquino, non trayo nuyll aver.[122]
Sí Dios te benediga, que te caya en plaçer[123]
que entiendas mi cuyta e que la quieras saber.

Tal pobre qual tú veyes, desnudo e lazdrado,[124]
rey só de buen regno richo e abondado,
de la ciudat de Tiro, do era mucho amado.
Diziénme Apolonio por nombre senyalado.

Bivía en mi reyno viçioso[125] e onrrado,
non sabía de cuyta, bivýa bien folgado,
teníame por torpe e por menoscabado
porque por muchas tierras non avìa andado.

Fuy a Antiocha casamiento buscar;
non recabé[126] la duenya, óveme de tornar.
Si con esso fincase quito[127] en mìo logar,
non avrié de mí fecho tal escarnio la mar.

---

[119]un tipo de embarcación.

[120]hacia el.

[121]camino.

[122]ningún bien.

[123]que te caiga en gusto.

[124]lacerado.

[125]con holgura.

[126]conseguí.

[127]quedase absuelto, libre.

Furtéme[128] de mis parientes e fize muy gran locura,
metíme en las naves con huna noche escura.
Ovyemos buenos vientos, guiónos la ventura,
arribamos en Tarsso, tierra dulçe e segura.

Trobamos[129] buenas gentes llenas de caridat,
fazién contra nós toda umilitat.
Quando dende nos partiemos, por dezirte verdat,
todos fazién gran duelo de toda voluntat.

Quando en la mar entramos, fazié tiempo pagado;[130]
luego que fuemos dentro, el mar fue conturbado.
Quanto nunca[131] traýa allá lo he dexado;
tal pobre qual tú veyes abez[132] só escapado.

Mis vasallos, que eran comigo desterrados,
averes que traýa, tresoros tan granados,
palafrés[133] e mulas, cavallos tan preçiados;
todo lo he perdido por mis malos pecados.

Sábelo Dios del çielo que en esto non miento,
mas non muere el omne por gran aquexamiento
—si yo yogués'[134] con ellos avría gran plazimiento—
sino quando viene el día del pasamiento.[135]

Mas quando dios me quiso a esto aduzir,
que las limosnas aya sin grado a pedir,
ruégote que, si puedas ha buena fin venir,

---

[128]hurtéme, alejéme.

[129]hallamos, encontramos.

[130]calmado.

[131]todo lo que.

[132]apenas.

[133]palafrenes.

[134]estuviese.

[135]de la muerte.

que me des algún conseio por ó pueda bevir».

Calló el rey en esto e fabló el pescador;
recudiol'[136] como omne que havìa d' él grant dolor.
——«Rey, dixo el omne bueno, desto ssó sabidor:
en gran cuyta te veyes, non podriés en mayor.

El estado deste mundo siempre así andido,[137]
cada día sse camia,[138] nunca quedo estido;[139]
en toller[140] e en dar es todo su sentido,
vestir al despoiado[141] e despoiar al vestido.

Los que las aventuras quisieron ensayar,
a las vezes perder, a las vezes ganar,
por muchas de maneras ovieron de pasar,
quequier que les abenga[142] anlo de endurar.[143]

Nunqua sabrién los omnes qué eran aventuras
si non provassen pérdidas ho muchas majaduras;[144]
quando an passado por muelles[145] e por duras,
después sse tornan maestros e cren las escripturas.

El que poder ovo de pobre te tornar
puédete, si quisiere, de pobreza sacar.

---

[136]le respondió.

[137]anduvo.

[138]cambia.

[139]permanece.

[140]en quitar.

[141]despojado.

[142]sobrevenga.

[143]soportar.

[144]castigos, amarguras.

[145]blandas.

Non te querrìan las fadas, rey, desmanparar;[146]
puedes, en poca d' ora,[147] todo tu bien cobrar.[148]

Pero tanto te ruego, sey oy mi conbidado;
de lo que yo hoviere servirte he de buen grado.
Un vestido he sólo, fflaco e muy delgado;
partirlo he contigo e tente por mí pagado».

Fendió[149] su vestido luego con su espada,
dio al Rey el medio e levólo a su posada.
Diol' qual çena pudo, non le ascondió nada,
avìa meior çenada en alguna vegada.

Otro día manyana,[150] quando fue levantado,[151]
gradeçió al omne bueno mucho el ospedado.
Premetiol' que si nunca[152] cobrasse su estado:
——«El servicio en duplo te será gualardonado.[153]

Asme fecho, huéspet, grant piedat,
mas ruégote encara,[154] por Dios e tu bondat,
quen[155] muestres la vía por hò[156] vaya a la çiudat».
Respúsole el omne bueno de buena voluntat.

El pescador le dixo: ——«Senyor, bien es que vayas,

---

[146]desamparar.

[147]en poco tiempo.

[148]recobrar.

[149]cortó.

[150]a la mañana siguiente.

[151]se levantó.

[152]si alguna vez.

[153]remunerado, recompensado.

[154]todavía.

[155]que me.

[156]por dónde.

algunos buenos omnes te darán de sus sayas.[157]
Si conseio[158] non tomas qual tú menester ayas,
por quanto yo hovyere tú lazerio non ayas».

El benedito huéspet metiólo en la carrera,
demostróle la vía, ca bien açerqua hera,[159]
llególo a la puerta que falló más primera,
posósse con vergüenza fuera a la carrera.

PENTAPOLIS. Juego de la pelota. El rey Architrastres juega con Apolonio y le invita a comer. [estrofas 144-161]

Aún por venir era la ora de yantar,[160]
salliénse los donzelles fuera a deportar;
comenzaron luego la pellota jugar,
que solìan ha esse tiempo esse juego jugar.

Metióse Apolonio, maguer mal adobado,
con ellos al trebeio,[161] su manto afiblado.[162]
Abinié[163] en el juego, fazié tan aguisado
como si fuesse de pequenyo hí[164] criado.

Fazìala yr derecha quando le dava del palo;
quando la reçibié nol' sallìa de la mano;
era en el depuerto[165] sabidor e liviano.

---

[157]túnicas, ropas.

[158]remedio.

[159]que estaba muy cerca.

[160]almorzar.

[161]a la bulla, al juego.

[162]abrochado.

[163]tenía éxito en.

[164]allí.

[165]deporte.

Entendrié quien se quiere[166] que non era villano.

El rey Architartres, cuerpo de buenas manyas,
salliése ha deportar con sus buenas companyas.
Todos trayén consigo sus vergas e sus canyas,
eguales e bien fechas, derechas e estranyas.[167]

Tovo mientes ha todos, cada huno cómo jugava,
cómo ferié la pella[168] o cómmo la recobrava;
vio en la rota,[169] que espessa[170] andava,
que toda la meioría[171] el pobre la levava.

Del su continiente ovo grant pagamiento,
porque toda su cosa levava con buen tiento.
Semeiól' omne bueno, de buen entendimienṿ;
de deportar con éll tomó grant taliento.

Mandó posar los otros, quedar toda la rota;
mandó que les dexassen a amos la pellota.
El capdiello[172] de Tiro, con su mesquindat toda,
bien se alimpiava[173] los oios de la gota.[174]

Ovo grant pagamiento Architrastes del juego;
que grant omne era entendiógelo luego.
Dixo al pelegrino: —«Amigo, yo te ruego
que yantes hoy comigo, non busques otro fuego».

---

[166]cualquiera notaría.

[167]extrañas.

[168]cómo daba la bola.

[169]rotación, turno de la partida.

[170]concurrida.

[171]la ventaja.

[172]caudillo.

[173]limpiaba.

[174]gotas del sudor o lágrimas de emoción por su suerte en el juego, a pesar de su desgracia.

Non quiso Apolonio atorgar[175] el pedido,
ca non dixo nada, de vergüença perdido.
Todos lo combidavan, maguer mal vestido,
ca bien entendién todos dónde era estorçido.[176]

Vino, en este comedio, la hora de yantar;
ovo en la villa el rey a entrar.
Derramaron[177] todos, cada huno por su lugar;
los hunos a los otros non se querién esperar.

Apolonio de miedo de la corte enojar,
que[178] non tenié vestido ni adobo[179] de prestar,[180]
non quiso de vergüença al palaçio entrar.
Tornóse[181] de la puerta, comenzó de llorar.

El rey non tovo mientes fasta que fue entrado;
luego lo vio menos[182] quanto[183] fue assentado.
Llamó a un escudero, que era su privado,
preguntol' por tal omne que dó era parado.

Salló ell escudero fuera, vio cómo seýa,
tornó al Rey e dixo que vergüença avìa,
ca peligró en la mar, perdió quanto traýa,
con mengua de vestido entrar non s' en trevìa.[184]

---

[175]otorgar, acceder al.

[176]afligido.

[177]se dispersaron.

[178]porque.

[179]atuendo.

[180]de valía.

[181]apartóse.

[182]lo echó de menos.

[183]en cuanto.

[184]se atrevía.

Mandól' el Rey vestir, luego, de panyos honrrados,
los meiores que fueron en su casa trobados;
mandó que lo metiessen suso[185] a los sobrados,[186]
do los otros donzelles estavan asentados.

Dixo el rey: ——«Amigo, tú escoie tu logar,
tú sabes tu fazienda, con quién deves posar;
tú cata tu mesura[187] como deves catar,
ca non te connyosçemos, e podriemos errar».

Apolonio non quiso con ninguno posar,[188]
mandósse, en su cabo,[189] hun escanyo poner,
de derecho[190] del rey non se quiso toller.[191]
Mandól' luego el rey quel' diessen a comer.

Todos por el palaçio comién a grant poder,[192]
andavan los servientes cada huno con su mester.
Non podié Apolonio las lágrimas tener,[193]
los conduchos[194] quel' davan non los podié prender.[195]

Entendiólo el rey, començóle de fablar:
——«Amigo, diz, mal fazes, non te deviés quexar,
sol' que tú quisieres la cara alegrar
Dios te darìa conseio, non se podrié tardar».

---

[185]arriba.

[186]plataforma sobre la que se hallaba la mesa del rey.

[187]considera tu dignidad.

[188]la rima exigiría 'yazer'.

[189]a solas.

[190]perpendicularmente.

[191]apartar.

[192]copiosamente.

[193]retener.

[194]alimentos.

[195]tomar, comer.

MITILENE. Tarsiana intenta, por todos los medios, alegrar a su padre. Serie de adivinanzas. Apolonio acaba irritándose y, en las quejas de la juglaresa, reconoce a su hija. [estrofas 525-547]

——«Amiga, dixo, deves de mí seyer pagada,
de quanto tú pidiste, bien te he abondada;
et te quiero aún anyader en soldada;
vete luego tu vía, más non me digas nada.

Más por ninguna cosa non te lo ssofriría
querriésme, bien lo veyo, tornar en alegría.
Ternyélo[196] a escarnio toda mi compannya;
demás, de mi palabra, por ren[197] non me toldría».[198]

Nunqua tanto le pudo dezir nin predicar
que en otra leticia[199] le pudiesse tornar.
Con grant cuyta que ovo non sopo qué asmar,
fuele amos los braços al cuello a echar.

Óvosse ya con esto el rey de enssannyar,
ovo con fellonía el braço a tornar;
óvole huna ferida en el rostro a dar,
tanto que las narizes le ovo ensangrentar.

La duenya fue yrada, començó de llorar,
començó sus rencuras todas ha ementar.[200]
Bien querrié Antinágora grant aver a dar
que non fuesse entrado en aquella yantar.

---

[196]tendríalo.
[197]por nada.
[198]apartaría.
[199]alegría.
[200]recordar, evocar.

Dizìa: ——«¡Ay, mesquina, en mal ora fuy nada![201]
Siempre fue mi ventura de andar aontada;[202]
por las tierras agenas ando mal sorostrada;[203]
por bien e por serviçio prendo mala soldada.

¡Ay, madre Luçiana, ssi mal fado oviste
a tu fija Tarssiana meior non lo diste;
peligreste sobre mar et de parto moriste,
ante quen pariesses afogarme deviste!

Mi padre Apolonyo non te pudo prestar,[204]
a fonssario[205] ssagrado non te pudo levar;
en ataúd muy rico echóte en la mar,
non sabemos del cuerpo dó pudo arribar.

A mí tovo a vida por tanto pesar tomar;
diome a Dionisa de Tarsso a criar;
por derecha enbidia quísome fer matar.
Si estonçe fuesse muerta non me deviera pesar.

Ove, por mis pecados, la muerte ha escusar;
los que me acorrieron[206] non me quisieron dexar,
vendiéronme a omne que non es de prestar,[207]
que me quiso ell alma e el cuerpo danyar.

Por la graçia del çielo, que me quiso valler,[208]
non me pudo ninguno fasta aquí vençer;
diéronme omnes buenos tanto de su aver,

---

[201] nací.

[202] avergonzada.

[203] afrentada.

[204] prestar ayuda.

[205] sepultura.

[206] ayudaron, salvaron.

[207] no es de fiar, es indigno.

[208] ayudar.

por que pague mi amo de todo mìo loguer.[209]

Entre las otras cuytas ésta m' es la peyor:
a omne que buscava serviçio e amor,
áme aontada a tan gran desonor.
Devrìa tan gran sobervia pesar al Criador.

¡Ay, rey Apolonyo, de ventura pesada,[210]
si ssopieses de tu fija tan mal es aontada,
pesar avriés e duelo, e serìa bien vengada;
mas cuydo que non bives, onde[211] non ssó yo buscada!

De padre nin de madre, por mìos graves pecados,
non sabré el çiminterio[212] do fueron ssoterrados;[213]
tráyenme como a bestia ssienpre por los mercados,
de peyores de mí faziendo sus mandados».[214]

Reviscó[215] Apolonyo, plógol' de coraçón,
entendió las palabras vinién por razón.
Tornóse contra ella, demandól' si mientié o non,
preguntól' por paraula de grado[216] el varon:

«Duenya, sí Dios te dexe al tu padre veyer,
perdóname el fecho, dart' é de mìo aver;
erré con fellonía, puédeslo bien creyer,
ca nunqua fiz tal yerro nin lo cuydé fazer.

---

[209]paga por servicios sexuales.

[210]grave, penosa.

[211]por ende, por lo cual.

[212]cementerio.

[213]sepultados, enterrados.

[214]haciendo favores a gentes peores que yo.

[215]revivió.

[216]disculpándose.

Demás, si me dixiesses, qua puédete menbrar[217]
el nombre del ama que te ssolié criar,
podriémosnos por ventura amos alegrar,
io podría la fija, tú el padre cobrar».

Perdonólo la duenya, perdió el mal taliento,
dio a la demanda leyal recudimiento:
——«La ama, diçe, de que siempre menguada me siento,
dixéronle Licórides, sepades que non vos miento».

Vio bien Apolonyo que andava carrera,[218]
entendió bien senes[219] falla que la su fija era;
salló fuera del lecho luego de la primera
diziendo: ——«¡Valme, Dios, que eres vertut vera!».

Prísola en sus braços con muy grant alegría,
diziendo: ——«Ay, mi fija, que yo por vós muría,
agora he perdido la cuyta que avía.
Fija, non amanesçió para mí tan buen día.

Nunqua este día no lo cuydé veyer,
nunqua en los mìos braços yo vos cuydé tener.
Ove por vós tristiçia, agora he plaçer;
siempre avré por ello a Dios que gradeçer».

Començó a llamar: ——«¡Venit los mìos vasallos;
sano es Apolonyo, ferit palmas[220] e cantos;
echat las corberturas,[221] corret vuestros cavallos,
alçat tablados muchos, penssat de quebrantarlos!

¡Penssat cómo fagades fiesta grant e complida;

---

[217]remembrar, recordar.

[218]que estaba en buen camino.

[219]sin.

[220]haced palmas, aplaudid.

[221]mantos que cubrían los caballos en las fiestas.

cobrada he la fija que havía perdida;
buena fue la tempesta, de Dios fue prometida,
por onde nós oviemos a fer esta venida!»

Apolonio y Luciana vuelven a Tiro. Muerte de Apolonio. Reflexiones finales.
[estrofas 651-656]

Muerto es Apolonyo, nós a morir avemos,
por quanto nós amamos la fin non olvidemos.
Qual aquí fiziéremos, allá tal reçibremos;
allá hiremos todos, nunqua aquá saldremos.

Lo que aquí dexamos, otrie lo logrará;
lo que nós escusáremos por nós non lo dará;
lo que por nos fiziéremos esso nos huviará[222]
qua lo que fará otro tarde nos prestará.[223]

Lo que por nuestras almas dar non enduramos,
bien lo querrán alçar los que bivos dexamos;
nós por los que sson muertos raçiones damos,
non darán más por nós desque muertos seyamos.

Los homnes con enbidia perdemos los sentidos,
echamos el bienfecho,[224] tras cuestas,[225] en olvidos,
guardamos para otrie, non nos serán gradidos;
ell aver avrá otrie, nós hiremos escarnidos.

Destaiemos palabra, razón non allongemos,[226]
pocos serán los días que aquí moraremos.
Quando d' aquí saldremos ¿qué vestido levaremos

---

[222]ayudará.
[223]aprovechará.
[224]la buena obra.
[225]a la espalda.
[226]prolonguemos.

si non el convivio de Dios, de aquell en que creyemos?

El Sennyor que los vientos e la mar ha por mandar,
Él nos dé la ssu graçia e Él nos denye[227] guiar;
Él nos dexe tales cosas comedir e obrar
que por la ssu merçed podamos escapar.[228]

El que hoviere sseso responda e diga: Amen.
   Amen Deus.

Libro de Apolonio. Edición, introducción y notas de Carmen Monedero. Madrid: Editorial Castalia, 1987.

---

[227]se digne.
[228]salvarnos.

LA DANÇA GENERAL DE LA MUERTE[1]

Prólogo en la trasladaçión

Aquí comiença la dança general, en la qual tracta cómo la muerte dize [e] avisa a todas las criaturas que paren mientes en la breviedad de su vida e que della mayor cabdal non sea fecho que ella meresçe. E asymesmo les dize e requiere que vean e oyan bien lo que los sabios pedricadores[2] les dizen e amonestan de cada día dándoles bueno e sano consejo que pugniin[3] en fazer buenas obras, porque ayan complido perdón de sus pecados; e luego syguiente[4] mostrando por espiriençia[5] lo que dize, llama e requiere a todos los estados del mundo que vengan de su buen grado o contra su voluntad.

Començando, dize ansý[6]:

I: **Dize la muerte**

Io so la muerte çierta a todas criaturas
que son y serán en el mundo durante,[7]
demando y digo: o omne, ¿por qué curas

---

[1]Reproducimos el manuscrito único de El Escorial, según la edición de José M. Solà-Solé (Barcelona: Puvill-Editor, 1981); a las pocas enmiendas realizadas por Solà-Solé, aquí agregamos la regularización de la *u* cuando corresponde a la actual *v*, y viceversa, modernizamos *m* antes de *b* y *p* y convertimos el grupo *nn* en *ñ*, cuando corresponde.

[2]predicadores.

[3]luchen.

[4]a continuación.

[5]experiencia.

[6]así.

[7]participio presente de *durar* con el sentido de 'mientras dure'; es muy usado el participio presente de los verbos en el texto de la *Dança*, muchas veces por razón de la rima.

de vida tan breve en punto pansante?[8]
Pues non ay tan fuerte nin rezio gigante,
que deste mi arco se puede amparar,
conviene que mueras, quando lo tirar[9]
con esta mi frecha[10] cruel traspasante.

II

¿Qué locura es ésta tan magnifiesta
que piensas tú, omne, que el otro morrá[11]
e tú quedarás por ser bien compuesta
la tu complisyón[12] e que durará?
Non eres çïerto, sy en punto verná[13]
sobre ty a dessora[14] alguna corrupçión
de landre[15] o carbonco,[16] o tal ymplisión[17]
porque el tu vil cuerpo se dessatará.

III

¿O piensas por ser mancebo valiente
o niño de días que a lueñe[18] estaré,

---

[8]que pasa en punto, en un momento.

[9]cuando yo lo tire.

[10]flecha.

[11]morirá.

[12]complexión.

[13]vendrá.

[14]de repente.

[15]tumor.

[16]carbunclo.

[17]hinchazón.

[18]lejos.

e fasta[19] que liegues[20] a viejo impotente
[en] la mi venida me detardaré?
Avísate bien que yo llegaré
a ty a desora; que non he cuydado
que tú seas mançebo o viejo cansado,
que, qual te fallare,[21] tal te levaré.[22]

IV

La plática[23] muestra seer pura verdad
aquesto que digo, syn otra fallençia.[24]
La santa escriptura con çertenidad
da sobre todo su firme senteçia,
a todos diziendo: fazed penitençia,
que a morir avedes, non sabedes quándo;
synon ved el frayre que está pedricando;
mirad lo que dize de su grand sabiençia.

V: **Dize el pedricador**

Señores honrrados, la santa escriptura
demuestra e dize que todo omne nado[25]
gostará[26] la muerte, maguer[27] sea dura,

---

[19]hasta.

[20]llegues; es una forma vacilante en el texto de la *Dança*.

[21]como te hallare.

[22]llevaré.

[23]práctica.

[24]error, engaño, falsedad.

[25]En el manuscrito figura *nasçido*, pero la edición de 1520 repone *nado* para sostener la rima.

[26]gustará.

[27]aunque.

ca²⁸ traxo al mundo un solo bocado;
ca papa o rey o obispo sagrado,
cardenal o duque e conde exçelente,
e emperador con toda su gente
que son en el mundo, de morir han forçado.

BUENO E SANO CONSEJO

VI

Señores, punad en fazer buenas obras;
non vos confiedes²⁹ en altos estados,
que non vos valdrán thesoros nin doblas
a la muerte que tiene sus lazos parados.³⁰
Gemid vuestras culpas, dezid los pecados
en quanto podades con sastisfaçión,
sy aver queredes complido perdón
de Aquél que perdona los yerros pasados.

VII

Fazed lo que digo, non vos detardedes,
que ya la muerte encomiença a hordenar³¹
una dança esquiva,³² de que non podedes
por cosa ninguna, que sea, escapar.
A la qüal dize que quiere levar
a todos nosotros, lançando sus redes;
abrid las orejas, que agora oyredes
de su charambela un triste cantar.

---

²⁸porque.

²⁹confiéis.

³⁰echados.

³¹instituir, fundar.

³²siniestra, dañosa, horrible.

VIII: **Dize la muerte**

A la dança mortal venit los nasçidos
que en el mundo soes de qualquiera estado.
El que non quisiere, a fuerça e amidos[33]
fazerle he venir muy toste priado.[34]
Pues que ya el frayre vos ha pedricado
que todos vayáes a fazer penitençia,
el que non quisiere poner diligençia,
per mí[35] non püede ser más esperado.

IX: **Primeramente llama a su dança a dos donzellas**

Esta mi dança traxe de presente[36]
estas dos donzellas que vedes fermosas.
Ellas viniëron de muy mala mente[37]
oýr mis cançiones, que son dolorosas.
Mas non les valdrán flores e rosas
nin las composturas[38] que poner solían;
de mí, sy pudiesen, partir se querrían;
mas non puede ser, que son mis esposas.

X

A éstas e a todos por las aposturas[39]
daré fealdad, la vida partida,[40]

---

[33]contra la voluntad.

[34]pronto.

[35]por mí.

[36]al presente, ahora.

[37]a desgano.

[38]adornos.

[39]aliños, adornos.

[40]perdida la vida.

e desnudedad[41] por las vestiduras,
por syempre jamás muy triste aborrida.[42]
E por los palaçios daré por medida
sepulcros escuros de dentro fedientes,[43]
e por los manjares gusanos royentes,
que coman de dentro su carne podrida.

XI

E porque el santo padre es muy alto señor,
que en todo el mundo non ay su par,
e desta my dança será guiador,
desnude su capa, comiençe a sotar.[44]
Non es ya tiempo de perdones dar,
nin de çelebrar en grande aparato,
que yo le daré en breve mal rato.
Dançad, padre santo, syn más detardar.

XII: **Dize el Padre Santo**

¡Ay de mí, triste, qué cosa tan fuerte!
¡Ay! Oi que tractava tan grand perlazía,[45]
aver de pasar agora la muerte
en non me valer lo que dar solía.
Benefiçios e honrras e grand señoría
tove en el mundo, pensando vevir,
pues de tí, müerte, non puedo fuýr.[46]
¡Valme Ihesucristo e la Virgen María!

---

[41]desnudez.

[42]aborrecida.

[43]malolientes.

[44]saltar.

[45]prelacía, dignidad u oficio de prelado.

[46]huir.

XIII: **Dize la muerte**

Non vos enojedes, señor padre santo,
de andar en mi dança que tengo ordenada,
non vos valdrá el bermejo manto;
de lo que fezistes abredes soldada.[47]
Non vos aprovecha echar la cruzada,
proveer de obispados nin dar beneficios.
Aquí moriredes syn fer[48] más bolliçios.[49]
Dançad, imperante, con cara pagada.[50]

XIV: **Dize el emperador**

¿Qué cosa es ésta, que a tan syn pavor
me lleva a su dança a fuerça syn grado?[51]
Creo que es la muerte, que non ha dolor
de omne, que sea grande o cuytado.[52]
¿Non ay ningund rey nin duque esforçado,
que della me pueda agora defender?
¡Acorredme todos! Mas non puede ser,
que ya tengo della todo el seso turbado.

XV: **Dize la muerte**

Emperador muy grande, en el mundo potente,
non vos cuytedes,[53] ca non es tiempo tal
que librar vos pueda imperio nin gente,

---

[47]pago.

[48]hacer.

[49]bullicio, alboroto.

[50]con buena cara.

[51]sin voluntad, a disgusto.

[52]pobre.

[53]no os preocupéis.

oro nin plata nin otro metal.
Aquí perderedes el vuestro cabdal
que athesorastes con grand tyranía,
faziendo batallas de noche e de día;
morid, non curedes;[54] venga el cardenal.

XVI: **Dize el cardenal**

Ay Madre de Dios, nunca pensé ver
tal dança como ésta a que me fazen ýr,
querriá, sy pudiese, la muerte estorçer;[55]
non sé dónde vaya; comienço a thremir.[56]
Syempre trabajé[57] noctar[58] y escrevir
por dar benefiçios a los mis criados;
agora mis miembros son todos torvados,[59]
que pierdo la vista e non puedo oýr.

XVII: **Dize la muerte**

Reverendo padre, bien vos avisé
que aquí abriádes por fuerça a llegar
en esta mi dança, en que vos faré[60]
agora aýna[61] un poco sudar.
Pensastes el mundo por vos trastornar,
por llegar a papa e ser soberano;

---

[54]no os preocupéis.

[55]evitar.

[56]temblar.

[57]con sentido de *esforzarse*.

[58]anotar.

[59]turbados.

[60]haré.

[61]ahora mismo.

mas non lo seredes[62] aqueste verano.
Vos, rey poderoso, venit a dançar.

XVIII: **Dize el rey**

¡Valía, valía,[63] los mis cavalleros!
Yo non querría ýr a tan baxa dança.
Llegadvos[64] [agora][65] con los ballesteros;
hamparadme todos por fuerça de lança.
Mas, ¿qué es aquesto que veo en balança,[66]
acortarse mi vida e perder los sentidos?
El cor[67] se me quexa con grandes gemidos;
adiós mis vasallos, que muerte me trança.

XIX: **Dize la muerte**

Rey fuerte tirano, que syempre robastes
todo vuestro reyno o fenchistes el arca,
de fazer justiçia muy poco curastes,
segunt es notorio por vuestra comarca.
Venit para mí, que yo so monarca
que prenderé a vos e a otro más alto;
llegat[68] a la dança cortés[69] en un salto;
en pos de vos venga luego el patriarca.

---

[62]seréis.

[63]socorro, socorro.

[64]llegaos.

[65]agregado en la edición de 1520, seguramente por razones de metro.

[66]expresión que significa "estar en peligro de perder un puesto, carecer de seguridad". Hay que recordar que la balanza fue también símbolo de la muerte.

[67]En el manuscrito figura *coraçón*, pero la edición de 1520, seguramente para mantener la medida del verso, enmienda con *cor*.

[68]uníos.

[69]adverbio, es decir, cortésmente.

XX: **Dize el patriarca**

Yo nunca pensé venir a tal punto,
nin estar en dança tan syn piadad;[70]
ya me van privando, segunt que barrunto,[71]
de benefiçios e de dignidad.
¡Oh omne mesquino, que en gran çeguedad,
andove en el mundo, non parando mientes
cómo la muerte con sus duros dientes
roba a todo omne de qualquier hedad!

XXI: **Dize la muerte**

Señor patriarcas,[72] yo nunca robé
en alguna parte cosa que non deva;
de matar a todos costumbre lo he;
de escapar alguno de mí non se atreva.
Esto vos ganó vuestra madre Eva,
por querer gostar fructa devedada.[73]
Poned en recabdo[74] vuestra cruz dorada;
sýgase con vos el duque, antes que más beva.

XXII: **Dize el duque**

¡O qué malas nuevas son éstas syn falla,[75]
que agora me trahen, que vaya a tal juego!
Yo teniá pensado de fazer batalla;

---

[70]piedad.

[71]conjeturo.

[72]La *s* no indica plural, sino probable analogía con otros nombres propios tales como Barrabás, Nicolás, etc.

[73]prohibida.

[74]recaudo.

[75]sin duda.

espérame un poco, muerte, yo te ruego.
Sy non te detienes, miedo he que luego
me prendas o me mates. Abré de dexar
todos mis deleytes, ca non puedo estar[76]
que mi alma escape de aquel otro fuego.

XXIII: **Dize la muerte**

Duque poderoso, ardit[77] e baliente,
non es ya tiempo de dar dilaçiones.
Andad en la dança con buen continente;[78]
dexad a los otros vuestras guarniçiones.
Jamás non podredes çebar los alcones,
hordenar las justas nin fazer torneos;
aquí abrán fýn los vuestros deseos.
Venit, arçobispo, dexat los sermones.

XXIV: **Dize el arçobispo**

Ay muerte cruel, ¿qué te meresçí
o por qué me llievas tan arrebatado?
Viviendo en deleytes nunca te temí;
fiando en la vida quedé engañado.
Mas sy yo bien rijera[79] mi arçobispado,
de tý non oviera tan fuerte temor;
mas syempre del mundo fuý amador;
bien sé que el infierno tengo aparejado.

---

[76]no puedo evitar.

[77]audaz.

[78]semblante.

[79]hubiera regido.

XXV: **Dize la muerte**

Señor arçobispo, pues tan mal registres
vuestros subdíctos e clerezía,
gostad amargura por lo que comistes,
manjares diversos con grand golosýa.
Estar non podredes en Santa María
con palio romano en pontifical.
Venit a mi dança, pues soes mortal.
Pase el condestable por otra tal vía.

XXVI: **Dize el condestable**

Yo vý muchas danças de lindas[80] donzellas,
de dueñas fermosas de alto linaje;
mas, segunt me paresçe, no es ésta dellas,
ca el thañedor trahe feo visaje.
Venid, camarero, dezid a mi paje
que tráyga el cavallo, que quiero fuýr,
que ésta es la dança que dizen morir;
sy della escapo, thener me han por saje.

XXVII: **Dize la muerte**

Fuýr non conviene al que ha de estar quedo.
Estad,[81] condestable, dexat el cavallo;
andad en la dança alegre, muy ledo,
syn fazer rüýdo, ca yo bien me callo.
Mas verdad vos digo que al cantar del gallo
seredes tornado de otra figura;
allí perderedes vuestra fermosura.
Venit vos, obispo, a ser mi vasallo.

---

[80]nobles.

[81]detente.

XXVIII: **Dize el obispo**

Mys manos aprieto, de mis ojos lloro,
¿por qué soi venido a tanta tristura?
Yo era abastado de plata y de oro,
de nobles palaçios e mucha folgura.
Agora la muerte con su mano dura
tráheme en su dança medrosa sobejo.[82]
Parientes, amigos, ponedme consejo,[83]
que pueda salir de tal angostura.

XXIX: **Dize la muerte**

Obispo sagrado,[84] que fuestes pastor
de ánimas muchas, por vuestro pecado
a juýzio yredes ante el redenptor
e daredes cuenta de vuestro obispado.
Syempre anduvistes de gentes cargado
en corte de rey e fuera de yglesia;
mas yo sorziré la vuestra pelleja.[85]
Venit, cavallero, que estades armado.

XXX: **Dize el cavallero**

A mí non paresçe ser cosa guisada[86]
que dexe mis armas e vaya dançar
a tal dança negra, de llanto poblada,
que contra los vivos quesiste hordenar.
Segunt estas nuevas, conviene dexar

---

[82]muy medrosa.

[83]equivale a "dar consejo".

[84]consagrado.

[85]daré latigazos sobre vuestro pellejo.

[86]justa, razonable.

merçedes e tierras que gané del rey;
pero a la fýn syn dubda non sey[87]
quál es la carrera que abré de levar.

XXXI: **Dize la muerte**

Cavallero noble, ardit e ligero,
fazed buen semblante en vuestra persona,
non es aquí tiempo de contar dinero;
oýd mi cançión por qué modo cantona.[88]
Aquí vos faré correr la athaona[89]
e después veredes cómo ponen freno
a los de la banda, que roban lo ageno.
Dançad, abad gordo, con vuestra corona.

XXXII: **Dize el abad**

Maguer provechoso so a los relijosos,
de tal dança, amigos, yo non me contento.
En mi çelda avía manjares sabrosos;
de ýr non curava comer a convento.
Darme hedes sygnado como[90] non consyento
de andar en ella, ca he grand resçelo
e, sy tengo tiempo, provoco e apelo;
mas non puede ser, que ya desatiento.

---

[87]no sé.

[88]a qué lado se inclina.

[89]os haré pasar por la rueda del molino, os trituraré.

[90]que.

XXXIII: **Dize la muerte**

Don abad bendicto, folgado,[91] viçioso,
que poco curastes de vestir çeliçio,[92]
abraçadme agora; seredes mi esposo,
pues que deseastes plazeres e viçio.
Ca yo so bien presta a vuestro serviçio,
abedme por vuestra, quitad de vos saña,
que mucho me plaze con vuestra compaña.
E vos, escudero, venit al ofiçio.

XXXIV: **Dize el escudero**

Dueñas e donzellas, abed de mí duelo;
que fázenme por fuerça dexar los amores.
Echóme la muerte su sotil anzuelo;
fázenme dançar dança de dolores.
Non thrahen por çierto fyrmalles[93] nin flores
los que en ella dançan, mas grand fealdad.
¡Ay de mí, cuytado, que en grand vanidad
andove en el mundo, sirviendo señores!

XXXV: **Dize la muerte**

Escudero polido, de amor sirviente,
dexad los amores de toda persona;
venit, ved mi dança e cómo se adona,[94]
e a los que dançan acompañaredes.
Myrad su fygura: tal vos tornaredes,
que vuestras amadas non vos querrán veer;

---

[91]descansado, ocioso.

[92]cilicio.

[93]Se refiere a unas joyas en forma de broche.

[94]se adorna, se engalana.

abed buen conorte,[95] que asý ha de ser.
Venit vos, deán, non vos corroçedes.[96]

XXXVI: **Dize el deán**

¿Qués aquesto que yo de mi seso salgo?
Pensé de füýr e non fallo carrera.[97]
Grand renta tenía e buen deanazgo
e mucho trigo en la mi panera.
Allende[98] de aquesto, estava en espera
de ser proveýdo de algund obispado;
agora la muerte envióme mandado;
mala señal veo, pues fazen la çera.[99]

XXXVII: **Dize la muerte**

Don rico avariento, deán muy hufano,[100]
que vuestros dineros trocastes en oro;
a pobres e a viudas çerrastes la mano[101]
e mal despendistes[102] el vuestro thesoro.
Non quiero que estedes ya más en el coro;
salid luego fuera syn otra pereza;
yo vos mostraré venir a pobreza.
Venit, mercadero, a la dança del lloro.

---

[95]tened mejor ánimo.

[96]no os enojéis.

[97]no hallo el camino.

[98]además.

[99]Es una expresión que se refiere a la costumbre de cubrir con cera los cadáveres o bien significa que se hace de una persona lo que se quiere.

[100]ufano, arrogante, engreído.

[101]expresión que significa "cerrar el puño", ser miserable, tacaño.

[102]derrochasteis.

XXXVIII: **Dize el mercadero**

¿A quién dexaré todas mis riquezas
e mercadurías que traygo en la mar?
Con muchos traspasos[103] e más sotilezas
gané lo que tengo en cada lugar.
Agora la muerte vínome llamar.
¿Qué será de mí? Non sé qué me faga.
¡O muerte, tu sierra a mí es gran plaga![104]
Adiós, mercaderos, que voyme a fynar.

XXXIX: **Dize la muerte**

De oy más non curedes de pasar en Flandes;
estad aquí quedo[105] e yredes ver
la tienda que traygo de buvas[106] y landres;
de graçia las do,[107] non las quiero vender.
Una sola dellas vos fará caer
de palmas en tierra[108] dentro en mi botica;
e en ella entraredes, maguer sea chica.
E vos, arçediano, venid al tañer.

XL: **Dize el arçediano**

¡O mundo vil, malo e fallesçedero,
cómo me engañaste con tu promisyón![109]

---

[103]astucias, ardides.

[104]llaga, herida.

[105]tranquilo.

[106]tumor venéreo en la ingle.

[107]doy.

[108]Probablemente se refiere a la posición corporal de los caídos muertos, con las palmas de la mano tocando el suelo.

[109]promesa.

Prometísteme vida; de tý non la espero,
syempre mentiste en toda sazón.[110]
Faga, quien quisiere, la vesytaçión[111]
de mi arçedianazgo por que trabajé.
¡Ay de mí, cuytado, grand cargo[112] tomé!
Agora lo syento que fasta aquí non.

XLI: **Dize la muerte**

Arçediano amigo, quitad el bonete;[113]
venit a la dança suave e onesto,
ca quien en el mundo sus amores mete,
él mesmo le faze venir a todo esto.
Vuestra dignidad, segunt dize el testo,[114]
es cura de ánimas e daredes cuenta;
sy mal las registes, abredes afruenta.
Dançad, abogado, dexad el dijesto.[115]

XLII: **Dize el abogado**

¿Qué fue ora,[116] mesquino, de quanto aprendý,
de mi saber todo e mi libelar?[117]
Quando estar[118] pensé, entonçe caý;
cegóme la muerte, non puedo estudiar.

---

[110]ocasión, época.

[111]visita.

[112]responsabilidad.

[113]Se refiere a la gorra de cuatro picos que usan los eclesiásticos, colegiales y graduados.

[114]texto.

[115]colección de decisiones del derecho.

[116]ahora.

[117]componer libelos, pero con sentido negativo, es decir, infamar.

[118]estar firme.

Resçelo he grande de ýr al lugar
do non me valdrá libelo nin fuero,
peores amigos que syn lengua muero;[119]
abarcóme[120] la muerte, non puedo fablar.

XLIII: **Dize la muerte**

Don falso abogado, prevalicador,[121]
que de amas las partes levastes salario,
véngasevos miente cómo syn temor
volvistes la foja[122] por otro contrario.
El Chino[123] e el Bartolo[124] e el Coletario[125]
non vos librarán de mi poder mero;[126]
aquí pagaredes como buen romero.
E vos, canonígo, dexad el breviario.

XLIV: **Dize el canónigo**

Vege agora, muerte, non quiero ýr contigo;
déxame ýr al coro ganar la raçión;[127]
non quiero tu dança nin ser tu amigo;
en folgura vivo, non he turbaçión.
Aún este otro día obe promisyón

---

[119]muero sin dar las últimas disposiciones.

[120]abrazóme.

[121]prevaricador.

[122]hoja; el término antiguo se usa a veces en textos jurídicos actuales.

[123]comentarios del Código de Justiniano del famoso jurista Cino de Pistoia (c. 1270-1336).

[124]comentarios del *Corpus iuris* de Bártolo de Sassferrato (1314-57).

[125]libro de cánones atribuido a San Isidoro.

[126]puro, total, absoluto.

[127]a ganar la raçión; se refiere a la prebenda que se daba al canónigo por su servicio en el coro.

desta calongía, que me dio el perlado;
desto que tengo soy bien pagado;[128]
vaya quien quisiere a tu vocaçión.[129]

XLV: **Dize la muerte**

Canónigo amigo, non es el camino
ése que pensades; dad acá la mano.
El sobrepeliz delgado de lino
quitadlo de vos e yrés más liviano.
Darvos he un consejo, que vos será sano:
tornadvos a Dios e fazed penitençia,
ca sobre vos çierto es dada sentençia.
Llegad acá, físico, que estades ufano.

XLVI: **Dize el físico**

Myntióme syn dubda el Fýn de Abiçena,[130]
que me prometió muy luengo vevir,
rygiéndome bien a yantar y çena,
dexando el bever después de dormir.
Con esta esperança pensé conquerir
dineros e plata, enfermos curando,
mas agora veo que me va llevando
la muerte consygo; conviene sofrir.

XLVII: **Dize la muerte**

Pensastees vos, físico, que por Galeno

---

[128]contento, satisfecho.

[129]llamamiento, convocatoria.

[130]Arte de Avicena; se refiere sin duda a *El cánon de medicina* de Ibn Sîna (980-1037), utilizado en las Universidades.

o don Ypocrás[131] con sus inforismos[132]
seriádes librado de comer del feno,[133]
que otros gostaron de más sologismos;[134]
non vos valdrá fazer gargarismos,
componer xaropes[135] nin tener diecta;[136]
non sé sy lo oýstes: yo so la que aprieta.
Venid vos, don cura, dexad los bautismos.

XLVIII: **Dize el cura**

Non quiero exebçiones nin conjugaçiones;[137]
con mis perrochianos quiero ýr folgar;
ellos me dan pollos e [assás de] lechones
e muchas obladas[138] con el pie de altar.
Locura sería mis diesmos dexar
e ýr a tu dança de que non se parte;
pero a la fýn non sé por quál arte
desta tu dança pudiese escapar.

XLIX: **Dize la muerte**

Ya non es tiempo de yazer al sol,
con los perrochianos beviendo del vino;

---

[131]Hipócrates.

[132]argumentos, ideas.

[133]morirse prontamente, como el heno que se seca en forma muy rápida.

[134]silogismo.

[135]jarabes.

[136]dieta.

[137]excepciones ni conjugaciones; se refiere al aprendizaje del latín que hacían los sacerdotes para uso en los oficios religiosos.

[138]cosas ofrecidas; se refiere a las ofrendas (pan o roscas) que se llevaba a la iglesia y se ponía al pie de los altares por los difuntos.

yo vos mostraré un remifasol,[139]
que agora compuse de canto muy fýno.
Tal como a vos quiero aver por bezino,
que muchas ánimas tovistes en gremio;[140]
segunt las registes abredes el premio.
Dançe el labrador, que viene del molino.

L: **Dize el labrador**

¿Cómo conviene dançar al villano
que nunca la mano sacó de la reja?
Buscad, sy te plaze, quien dançe liviano;
déxame, muerte, con otro trebeja.[141]
Ca yo como toçino e a vezes ovejas,
e es mi ofiçio trabajo e afán,
arando las tierras para sembrar pan,
por ende non curo de oýr tu conseia.

LI: **Dize la muerte**

Sy vuestro trabajo fue syempre syn arte,[142]
non faziendo surco en la tierra agena,
en la gloria eternal abredes grand parte,
e por el contrario sufriredes pena.
Pero con todo eso poned la melena;[143]
allegadvos a mí, yo vos uñiré;[144]
lo que a otros fize a vos lo faré.

---

[139]sinónimo de 'canto'.

[140]regazo.

[141]jugar, divertirse.

[142]artimaña, engaño.

[143]almohadilla o piel que se sujeta a los cuernos del buey para que no le lastime el yugo; aquí se refiere al propio labrador.

[144]uncir.

E vos, monje negro, tomad buen estrena.[145]

LII: **Dize el monje**

Loor e alabança sea para siempre
al alto señor, que con piadad
me lieva a su santo reyno, a donde contemple
por syempre jamás la su magestad.
De cárçel escura vengo a claridad,
donde abré alegría syn otra tristura;
por poco trabajo abré grand folgura.
Muerte, ¡non me espanto de tu fealdad!

LIII: **Dize la muerte**

Sy la regla santa del monje bendicto
guardastes del todo syn otro deseo,
syn dubda tend que soes escripto
en libro de vida, segunt que yo creo.
Pero sy fezistes lo que fazer veo
a otros que handan fuera de la regla,
vida vos darán, que sea más negra.
Dançad, usurero, dexad el correo.[146]

LIV: **Dize el usurero**

Non quiero tu dança nin tu canto negro,
mas quiero, prestando, doblar mi moneda:
con pocos dineros que me dio mi suegro,

---

[145]regalo.
[146]bolsa de dinero.

otras obras fago, que non fizo Beda.[147]
Cada año los doblo; demás está queda
la prenda en mi casa, que está por el todo.
Allego riquezas y hyaziendo de cobdo;[148]
por ende tu dança a mí non es leda.[149]

LV: **Dize la muerte**

Traydor usurario, de mala conçençia,[150]
agora veredes lo que fazer süelo:
en fuego ynfernal syn más detenençia
porné[151] la vuestra alma cubierta de duelo.
Allá estaredes do[152] está vuestro ahuelo,[153]
que quiso usar segund vos usastes.
Por poca ganançia mal syglo[154] ganastes.
E vos, frayre menor,[155] venit a señuello.

LVI: **Dize el frayre**

Dançar non conviene a maestro famoso,
segunt que yo so en la religyón.
Maguer mendigante vivo viçioso

---

[147]alusión al "venerable" Beda (673-735), monje benedictino que fundó y fue abad de los monasterios de San Pedro de Wearmouth y San Pedro de Jarrow, en Inglaterra, escritor muy fecundeo y doctor de la Iglesia.

[148]codo; la frase *yaciendo de codo* indica una postura corporal para el descanso, pero también puede referirse a la tacañería.

[149]alegre.

[150]conciencia.

[151]pondré.

[152]donde.

[153]abuelo.

[154]se refiere al infierno.

[155]frailes franciscanos.

e muchos desean oýr mi sermón.
Dezídesme agora que vaya a tal son;
dançar non querría sy me das lugar.
¡Ay de mí, cuytado, que abré a dexar
las honrras e grado, que quiera o que non!

LVII: **Dize la muerte**

Maestro famoso, sotil e capaz,
que en todas las artes fuestes sabidor,
non vos acuytedes;[156] limpiad vuestra faz,
que a pasar abredes por este dolor.
Yo vos levaré ante un sabidor
que sabe las artes syn ningunt defecto;
sabredes leer por otro decrepto.
Portero de maça,[157] venid al tenor.

LVIII: **Dize el portero**

¡Ay del rey, barones acorredme agora!
Llévame syn grado esta muerte brava;
non me guardé della, tomóme a dessora;
a puerta del rey guardando estava.
Oy en este día al conde esperava
que me diese algo porque le dý la puerta;[158]
guarde quien quisyere o fýnquese[159] abierta,
que ya la mi guarda non vale una fava.[160]

---

[156]aflijáis.

[157]Los maceros eran los que llevaban las insignias delante de los reyes o gobernadores.

[158]le abrí la puerta, le dí paso.

[159]quédese.

[160]no vale un haba; frase hecha, por razones de rima, sobre la popular "non vale un figo".

LIX: **Dize la muerte**

Dexad essas vozes, llegadvos corriendo,
que non es ya tiempo de estar en la vela;
las vuestras baratas[161] yo bien las entiendo
e vuestra cobdiçia por qué modo suena.
Çerrades la puerta demás cuando yela[162]
al omne mesquino[163] que vien a librar;[164]
lo que dél levastes abrés a pagar.
E vos, hermitaño, salid de la çelda.

LX: **Dize el hermitaño**

La muerte reçelo, maguer que so viejo;
señor Iesuchristo, a tý me encomiendo;
de los que te sirven, tú eres espejo;
pues yo te serví, la tu gloria atiendo.[165]
Sabes que sufrí lazería,[166] viviendo
en este disierto en contemplaçión,
de noche e de día faziendo oraçión,
e por más abstinençia las yervas comiendo.

LXI: **Dize la muerte**

Fazes grand cordura; llamarte ha el Señor
que con diligençia pugnastes servir;
sy bien le servistes, abredes honor
en su santo reyno do abés a venir;

---

[161]ganancia fraudulenta.

[162]hiela.

[163]pobre, indigente.

[164]a tratar algún pleito con la autoridad.

[165]esperar.

[166]trabajos penosos, pobreza.

pero con todo esto abredes a ýr
en esta mi dança con vuestra barvaça.[167]
De matar a todos aquesta es mi caça.
Dançad, contador, después de dormir.

LXII: **Dize el contador**

¿Quién podriá pensar que tan syn disanto[168]
abía a dexar mi contaduría?
Llegué a la muerte e vi desbarato[169]
que faziá en los omnes con grand osadía.
Allý perderé toda mi valía,
aberes y joyas y mi grand poder;
faza libramientos de oy más quien quisier,
ca çercan dolores el ánima mía.

LXIII: **Dize la muerte**

Contador amigo, sy bien vos catades[170]
cómo por favor e a vezes por don[171]
librastes las cuentas, razón es que ayades
dolor e quebranto por tal occasyón.
Cuento[172] de alguarismo[173] nin su divisyón
non vos ternán pro,[174] e yredes comigo.
Andad acá luego, asý vos lo digo.
E vos, diacóno, venid a lecçión.

---

[167]aumentativo de barba.

[168]sin descanso.

[169]confusión.

[170]consideráis.

[171]dádiva, soborno.

[172]cálculo.

[173]guarismo o algoritmo.

[174]de nada os valdrán.

LXIV: **Dize el diácono**

Non veo que tienes gesto de lector,
tú que me convidas que vaya a leer;
non vy en Salamanca maestro nin doctor,
que tal gesto tenga nin tal paresçer.
Bien sé que con arte me quieres fazer
que vaya a tu dança para me matar;
sy esto asý es, venga administrar[175]
otro por mí, que yo vome a caer.

LXV: **Dize la muerte**

Maravíllome mucho de vos, clerizón,
pues que bien sabedes que es mi doctrina
matar a todos por justa razón,
e vos esquivades oýr mi bozina.
Yo vos vestiré almática[176] fina,
labrada de pino en que ministredes;[177]
fasta que vos llamen[178] en ella yredes.
Venga el que recabda, e dançe aýna.[179]

LXVI: **Dize el recabdador**

Azás he que faga en recabdar
lo que por el rey me fue encomendado;
por ende non puedo nin dovo dançar
en esta tu dança, que non he acostrumbrado.

---

[175]Se refiere a administrar los sacramentos.

[176]vestidura eclesiástica de los diáconos.

[177]referencia al ataúd, indudablemente barato.

[178]hasta que os llamen al juicio final.

[179]pronto.

Quiero yr agora apriessa priado[180]
por unos dineros que me han prometido,
ca he esperado e el plazo es venido;
mas veo el camino del todo çerrado.

LXVII: **Dize la muerte**

Andad acá luego syn más detardar;
pagad los cohechos que abés levado,
pues que vuestra vida fue en trabajar
cómo robariédes al omne cuytado.
Darvos he un poyo[181] en que estéys asentado
e fagades las rentas, que tenga dos pasos;[182]
allí darés cuenta de vuestros traspasos.
Venid, subdiácono, alegre e pagado.

LXVIII: **Dize el subdiácono**

Non he menester de ýr a trocar,[183]
como fazen éssos que traes a tu mando;
antes de Evangelio me quiero tornar[184]
estas quatro témporas[185] que se van llegando.
En lugar de canto veo que, llorando,
andan todos éssos; non fallan abrigo.
Non quiero tu dança, asý te lo digo,
mas quiero pasar el salterio[186] rezando.

---

[180]muy aprisa.

[181]banco de piedra u otro material construido junto a la puerta principal de la casa.

[182]Se refiere a la medida del poyo, aquí con el sentido de tumba estrecha.

[183]cambiar.

[184]ordenar.

[185]días de ayuno.

[186]libro del coro, con todos los salmos.

LXIX: **Dize la muerte**

Mucho es superfluo el vuestro alegar;
por ende dexad aquessos sermones;
non tenés manera de andar a dançar,
nin comer obladas çerca los tizones.
Non yredes más en las proçisyones,
do dávades bozes muy altas en grito,
como por enero fazía el cabrito.[187]
Venit, sacristán, dexad las razones.

LXX: **Dize el sacristán**

Muerte, yo te ruego que ayas piadad
de mí, que so moço [e] de pocos días;
non conosçí a Dios con mi moçedad,
nin quise tomar nin syguir sus vías.
Fía de mí, amiga, como de otros fías,
por que satisfaga del mal que he fecho,
a tý non se pierde jamás tu derecho,
ca yo yré, sy tú por mí envías.

LXXI: **Dize la muerte**

Don sacristanejo de mala picaña,
ya non tenés tiempo de saltar paredes
nin de andar de noche con los de la caña,[188]
faziendo las obras, que vos bien sabedes.
Andar a rondar vos ya non podredes,
nin presentar joyas a vuestra señora;
sy bien vos quïere, quítevos agora.

---

[187]alusión al refrán que habla de los gatos en celo.

[188]alusión al juego de cañas en el que los corredores, sobre sus caballos, se embestían y peleaban, o bien al juego de gente noble en que, por medio de flautas, se daban sonatas a las damas.

Venit vos, rabí, acá meldaredes.[189]

LXXII: **Dize el rabí**

E Elohým e Dios de Habrahán,[190]
que [me] prometiste la redepçión,
non sé qué me faga con tan grand afán:
mándadme que dançe; non entiendo el son.
Non ha omne en el mundo de quantos y son,
que pueda füýr de su mandamiento;
veladme, dayanes,[191] que mi entendimiento
se pierde del todo con gran afliçión.

LXXIII: **Dize la muerte**

Don rabí barbudo, que syempre estudiastes
en el Talmud e en los sus doctores,
e de la verdad jamás non curastes,
por lo qual abredes penas e dolores.
Llegadvos acá con los dançadores
e diredes por canto vuestra berahá;[192]
darvos han posada con rabí Açá.[193]
Venit, alfaquí, dexad los sabores.

---

[189]enseñar y leer los libros sagrados.

[190]Abrahán.

[191]jueces, defensores.

[192]término relacionado con el hebreo *berahá(h)*, que se podría entender como desafuero.

[193]nombre propio.

LXXIV: **Dize el alfaquí**

¡Sý[194] Alaha[195] me vala! Es fuerte cosa
esto que me mandas agora fazer;
yo tengo muger discreta, graçiosa,
de que he gazajado[196] e assás plazer.
Todo quanto tengo quiero perder;
déxame con ella solamente estar;
de que fuere viejo, mándame levar
e a ella conmigo, sy a tý pluguiere.

LXXV: **Dize la muerte**

Venit vos, amigo, dexat el rallán,[197]
ca [en] el gameño[198] [y] pedricaredes;
a los veynte e siete[199] vuestro capellán[200]
nin vuestra camisa non la vestiredes.
En Meca nin en laýda[201] y non estaredes,
comiendo buñuelos en alegría;
busque otro alfaquí vuestra morería.
Passad vos, santero, veré qué diredes.

---

[194]así.

[195]Alah.

[196]agasajado.

[197]hablar mucho.

[198]infierno.

[199]Más que a la edad del alfaquí, parece ser una probable alusión a la ascensión de Mahoma a los cielos, festividad que se celebra el 27 del séptimo mes del calendario musulmán.

[200]manto morisco.

[201]gran fiesta o pascua de los carneros.

LXXVI: **Dize el santero**

Por çierto más quiero mi hermita servir
que non ýr allá do tú me dizes;
tengo buena vida, aunque ando a pedir,
e como a las vezes[202] pollos e perdizes.
Sé tomar al tiempo bien las codornizes
e tengo en mi huerto assás de repollos.
Vete, que non quiero tu gato[203] con pollos;
a Dios me encomiendo y a señor San Helizes.[204]

LXXVII: **Dize la muerte**

Non vos vale nada vuestro reçelar;
andad acá luego vos, don taleguero,[205]
que non quesistes la hermita adobar;
fezistes alcuza[206] de vuestro guarguero.[207]
Non vesitaredes[208] la bota de cuero,[209]
con que a menudo soliádes bever;
çurrón nin talega non podrés traer,
nin pedir gallofas[210] como de primero.[211]

---

[202]algunas veces, en alguna ocasión.

[203]trampa, engaño, como cuando se dice "dar gato por liebre", dar una cosa por otra.

[204]San Félix, santo benedictino aragonés.

[205]de talega o talegua, que era una bolsa ancha que servía para trasladar cosas.

[206]aceitera.

[207]gargero.

[208]visitaréis.

[209]recipiente de cuero donde se lleva el vino.

[210]mendrugos o pan que se daba como limosna.

[211]antes.

LXXVIII: **Lo que dize la muerte a los que no nombro**

A todos los que aquí non he nombrado,
de qüalquier ley e estado o condyçión,
les mando que vengan muy toste priado
a entrar en mi dança syn escusaçión.
Non resçibiré jamás exebçión,[212]
nin otro libelo nin declinatoria;[213]
los que bien fizieron, abrán syempre gloria;
los quel contrario, abrán danpnaçión.[214]

LXXIX: **Dizen los que han de pasar por la muerte**

Pues que asý es, que a morir abemos
de nesçesidad,[215] syn otro remedio,
con pura conçiençia todos trabajemos
en servir a Dios syn otro comedio.[216]
Ca El es prinçipio, fyn e el medio,
por do, sy le plaze, abremos folgura,
aunque la muerte con dança muy dura
nos meta en su corro[217] en qualquier comedio.[218]

---

[212]excepción.

[213]La muerte rehúsa cualquier tipo de réplica, sea en el orden del pleito (libelo) o en cuanto a su fuero o jurisdicción (declinatoria).

[214]daño.

[215]necesariamente.

[216]de inmediato.

[217]danza circular.

[218]en cualquier instante.

ALFONSO X, EL SABIO (1221-84)

Cantigas de Santa María[1]

Cantiga 16. Esta é como Santa Maria converteu un cavaleiro namorado, que ss'
ouver' a desasperar porque non podia aver sa amiga

Quen dona fremosa e bõa quiser amar,
am' a Groriosa e non poderá errar.

E desta razon vos quer' eu agora dizer
fremoso miragre, que foi en França fazer
a Madre de Deus, que non quiso leixar perder
un namorado que ss' ouver' a desasperar,
Quen dona fremosa e bõa quiser amar...

Este namorado foi cavaleiro de gran
prez d' armas, e mui fremos' e apost' e muy fran;
mas tal amor ouv' a hũa dona, que de pran
cuidou a morrer por ela ou sandeu tornar.
Quen dona fremosa e bõa quiser amar...

E pola aver fazia e que vos direi:
non leixava guerra nen lide nen bon tornei,
u se non provasse tan ben, que conde nen rey
polo que fazia o non ouvess' a preçar.
Quen dona fremosa e bõa quiser amar...

E, con tod' aquesto, dava seu aver tan ben
e tan francamente, que lle non ficava ren;

---

[1]Para los textos, seguimos la edición de Walter Mettmann (Madrid: Editorial
Castalia, 1986); asimismo, utilizamos esta edición para la traducción castellana
de las Cantigas XVI y XVII. Para la traducción del resto de las cantigas, seguimos la edición de José Filgueira Valverde (Madrid: Editorial Castalia, 1985).

mas quando dizia aa dona que o sen
perdia por ela, non llo queri' ascoitar.
Quen dona fremosa a bõa quiser amar...

Macar o cavaleir' assi despreçar se viu
da que el amava, e seu desamor sentiu,
pero, con tod' esto, o coraçon non partiu
de querer seu ben e de o mais d' al cobiiçar.
Quen dona fremosa e bõa quiser amar...

Mas con coita grande que tiia no coraçon,
com' ome fora de seu siso, se foi enton
a un sant' abade e disse-ll' en confisson
que a Deus rogasse que lla fezesse gãar.
Quen dona fremosa e bõa quiser amar...

O sant' abade, que o cavaleiro sandeu
vyu con amores, atan toste ss' apercebeu
que pelo dem' era; e poren se trameteu
de buscar carreira pera o ende tirar.
Quen dona fremosa e bõa quiser amar...

E poren lle disse: «Amigo, creed' a mi,
se esta dona vos queredes, fazed' assi:
a Santa Maria a pedide des aqui,
que é poderosa e vo-la poderá dar.
Quen dona fremosa e bõa quiser amar...

E a maneyra en que lla devedes pedir
é que duzentas vezes digades, sen mentir,
'Ave Maria', d' oj' a un ano, sen falir,
cada dia, en gẽollos ant' o seu altar».
Quen dona fremosa e bõa quiser amar...

O cavaleiro fez todo quanto ll' el mandou
e tod' ess' ano sas Aves-Marias rezou,
senon poucos dias que na cima en leixou
con coita das gentes que yan con el falar.
Quen dona fremosa e bõa quiser amar...

Mas o cavaleiro tant' avia gran sabor
de comprir o ano, ciudand' aver sa sennor,
que en un' ermida da Madre do Salvador
foi conprir aquelo que fora ant' obridar.
Quen dona fremosa e bõa quiser amar...

E u el estava en aqueste preit' atal,
monstrand' a Santa Maria ssa coit' e seu mal,
pareceu-lle log' a Reinna esperital,
tan fremos' e crara que a non pod' el catar;
Quen dona fremosa e bõa quiser amar...

E disse-ll' assi: «Toll' as mãos dante ta faz
e para-mi mentes, ca eu non tenno anfaz;
de mi e da outra dona, a que te mais praz
filla qual quiseres, segundo teu semellar».
Quen dona fremosa e bõa quiser amar...

O cavaleiro disse: «Sennor, Madre de Deus,
tu es a mais fremosa cousa que estes meus
ollos nunca viron; poren seja eu dos teus
servos que tu amas, e quer' a outra leixar».
Quen dona fremosa e bõa quiser amar...

E enton lle disse a Sennor do mui bon prez:
«Se me por amiga queres aver, mais rafez,
tanto que est' ano rezes por mi outra vez
quanto pola outra antano fuste rezar».
Quen dona fremosa e bõa quiser amar...

Poi-la Groriosa o cavaleiro por seu
fillou, des ali rezou el, e non lle foi greu,
quanto lle mandara ela; e, com' oý eu,
na cima do ano foy-o consigo levar.
Quen dona fremosa e bõa quiser amar...

[Esta estoria es de cómo en tierra de Françia, seyendo[2] un cavallero enamorado de una dueña o seyendo[3] fermoso e apuesto e franco e en grant prez de armas, que por los amores de aquella dueña nunca dexava guerra nin lid nin torneos, donde él fuese cierto que ella lo sabíe, que se non provase. E en tal manera lo ayudava Dios que sienpre levava la onrra en todas las faziendas en que entrase e por lo quel fazía los reyes, e condes e los otros grandes señores fazíanle mucha onrra e loávanle la proeza de sus armas. E el cavallero partía todo lo suyo a los que dél lo avían menester, e seyendo afincado en sus amores, cató[4] manera por do a esta dueña podiese fablar. E desque ovo a aver fabla con ella, díxole qu' él su amor era tan grande quel avía que perdíe el seso por ella, e que, pues la asý amava, que le pedíe en merçed que lo oviese ella por suyo e para su serviçio. E la dueña, seyendo de buen seso e muger que amava servir a Dios, non quiso escuchar la razón del cavallero; e él, como despreçiado della e en grant pesar porque la dueña nol fablara, con gran cuyta que tenía en su coraçón por los amores que de la dueña avía, fue a un omne bueno, abad, e contóle en confesión este dolor que avíe; e afincóle quel abad que rogase a Dios que aquella dueña que la oviese en su poder. E el santo abad, entendiendo la sandez del cavallero, pensó que estos amores que venían de parte del diablo, e pensándolos quitar, díxole que tornase a él, e que él le diríe lo que avía a fazer. E el cavallero tornó a él otro día, e el abad díxole:

—«Amigo, sy vós esta dueña cobrar querés, non ay quien vos la de synón la que es Señora de todas las dueñas que es Santa María. E vós, de cada día, dezid antel su altar fasta un año dozentas Ave Marías. E a este plazo, yo vos aseguro que cobredes la dueña e que vos sea tollido esta cuyta que avedes».

E el cavallero, tomando el consejo del abad, puñó con grand devoçión de fazer sus Ave Marías ante la imagen de Santa María. E quando ovo a ser çerca del año por dezir sus Ave Marías con grant devoçión, fuese a una hermita e antel altar de Santa María fizo su oraçión. E, en aquella ora, paresçióle la Virgen Santa María tan fermosa e tan clara quel non la podía catar.

E él, con verguença de la petiçión, puso las manos ante la faz, e la imagen díxole:

—«Tira las manos de ante la faz e para mientes que yo non tengo antifaz; de mí o de la otra dueña a que a ty mas plaz; toma qual quesieres segunt a tu semejar».

E el cavallero le dixo:

—«Señora Madre de Dios, tú eres la más fermosa cosa que estos mis ojos nunca vieron. Por ende, Señora, plegue a ty de me tomar por tu siervo ca yo a ti quiero servir e amar e dexar la otra».

E entonçe le dixo la señora de grant prez:

—«Sy tú por tu amiga me quesieres aver, reza por mí este año otra vez cuanto por la otra antaño oviste a rezar».

E pues que la Gloriosa al cavallero por suyo tomó, non quiso que se perdiese e a la su santa gloria lo llevó.

E por este miraglo que asy acaesçió, a loor de Santa María, se fizo esta cantiga que dize asy:

Quien dueña fermosa e buena quisier amar,
ame a la Gloriosa e non podrá errar.]

---

[2]estando.

[3]siendo.

[4]pensó.

Cantiga 46. Esta é como a omagen de Santa Maria, que un mouro guardava en sa casa onrradamente, deitou leite das tetas

Porque ajan de seer
seus miragres mais sabudos
da Virgen, deles fazer
vai ant'omees descreudos.

E dest' avēo assi
como vos quero contar
dun mouro, com' aprendi,
que con ost' en Ultramar
grande foi, segund' oý,
por crischãos guerrejar
        e roubar,
que non eran percebudos.
Porque ajan de seer...

Aquel mouro astragou
as terras u pod' entrar,
e todo quanto robou
feze-o sigo levar;
e mui ledo sse tornou
a ssa terra, e juntar
        foi e dar
os roubos que ouv' avudos.
Porque ajan de seer...

Daquel aver que partiu
foi en pera ssi fillar
hũa omagen que vyu
da Virgen que non á par;
e pois la muito cousyu,
feze-a logo alçar
        e guardar
en panos d' ouro teçudos.
Porque ajan de seer...

E ameude veer

a ya muit' e catar;
pois fillava-ss' a dizer
ontre ssi e rezõar
que non podia creer
que Deus quisess' encarnar
    nen tomar
carn' en moller. «E perdudos
Porque ajan de seer...

Son quantos lo creer van,
diss' el, ca non poss' osmar
que quisesse tal afan
prender Deus nen ss' abaxar,
que el que éste tan gran
se foss' en corp' ensserrar
    nen andar
ontre poboos mĩudos,
Porque ajan de seer...

Como dizen que andou
pera o mundo salvar;
mas se de quant' el mostrou
foss' a mi que quer mostrar,
faria-me logo sou
crishão, sen detardar,
    e crismar
con estes mouros barvudos».
Porque ajan de seer...

Adur pod' esta razon
toda o mour' encimar,
quand' à omagen enton
viu duas tetas a par,
de viva carn' e d' al non,
que foron logo mãar
    e deitar
leite come per canudos.
Porque ajan de seer...

Quand' esto viu, sen mentir,
começou muit' a chorar,
e un crerigo viir
fez, que o foi batiçar;
e pois desto, sen falir,
os seus crischãos tornar
            fez, e ar
outros bẽes connosçudos.
Porque ajan de seer...

[Esta es cómo la imagen de Santa María, que un moro guardaba con honra, en su casa, echó leche
por sus pechos

R.[5]—*Por que sean más conocidos sus milagros, la Virgen hace algunos ante hombres descreídos.*

Y de esto sucedió, así como voy a contaros y tal como lo aprendí, que un moro que con gran
hueste, en Ultramar, fue a guerrear con los cristianos y a robar a los desprevenidos. // Aquel moro
hizo estragos en las tierras en las que pudo entrar, y cuanto robó se lo llevó consigo, y muy satisfecho se fue a su tierra, a reunir y dar los robos que había hecho. // De aquel haber que repartió, se
quedó para sí con una imagen que vio de la Virgen sin par, y, después de examinarla mucho, la hizo
recoger y guardar, en paños tejidos de oro. // E iba, a menudo, a verla y, entre sí, se decía y razonaba
que no podía creer que Dios quisiese encarnar ni tomar carne de mujer. «Y perdidos // están cuantos
vayan a creerlo—decía él—porque no se me alcanza que tal trabajo se quisiese tomar Dios, ni que se
humillase, siendo tan grande para encerrarse en un cuerpo y sudar entre la gente baja, // como dicen
que anduvo para salvar al mundo; pero, si de cuanto Él mostró, quisiese venir a demostrármelo, yo
me haría cristiano pronto y sin tardanza, y recibiría el crisma, con estos moros barbudos». // Mal
pudo el moro dar cima a estos razonamientos, cuando vio entonces los dos pechos de la imagen, a
par, de viva carne, y no de otra cosa, que manaron y echaron presto leche, como por cañutos. //
Cuando tal vio, sin mentir, se echó a llorar, hizo venir a un clérigo que lo bautizó y, después de esto,
sin falta, hizo que los suyos se hiciesen cristianos y además hizo otras obras buenas, conocidas.]

Cantiga 64. Como a moller que o marido leixara en comenda a Santa Maria no
podo a çapata que lle dera seu entendedor meter no pee nen descalça-la

Quen mui ben quiser o que ama guardar,
a Santa Maria o dev' a encomendar.

---

[5]La edición no aclara el sentido de la R.; se supone que significa "resumen".

E dest' un miragre, de que fiz cobras e son,
vos direi mui grande, que mostrou en Aragon
Santa Maria, que a moller dun infançon
guardou de tal guisa, por que non podess' errar.
Quen mui ben quiser o que ama guardar...

Esta dona, per quant' eu dela oý dizer,
aposta e ninna foi, e de bon parecer;
e por aquesto a foi o infançon prender
por moller, e foi-a pera sa casa levar.
Quen mui ben quiser o que ama guardar...

Aquel infançon un mui gran tenp' assi morou
con aquela dona; mais pois s' ir dali cuidou
por hũa carta de seu sennor que lle chegou,
que avia guerra e que o foss' ajudar.
Quen mui ben quiser o que ama guardar...

Ante que movesse, diss-ll' assi sa moller:
«Sennor, pois vos ides, fazede, se vos prouguer,
que m' encomendedes a alguen, ca m' é mester
que me guarde e que me sábia ben consellar».
Quen mui ben quiser o que ama guardar...

E o infançon lle respondeu enton assi:
«Muito me praz ora daquesto que vos oý;
mais ena ygreja mannãa seremos y,
e enton vos direi a quen vos cuid' a leixar».
Quen mui ben quiser o que ama guardar...

Outro dia foron ambos a missa oyr,
e pois foi dita, u se lle quis el espedir,
chorand' enton ela lle começou a pedir
que lle désse guarda por que ouvess' a catar.
Quen mui ben quiser o que ama guardar...

E ar ele, chorando muito dos ollos seus,
mostrou-ll' a omagen da Virgen, Madre de Deus,
e disse-ll': «Amiga, nunca os pecados meus

sejan perdõados, se vos a outri vou dar
Quen mui ben quiser o que ama guardar...

Senon a esta, que é Sennor Espirital,
que vos pode ben guardar de posfaz e de mal;
e porende a ela rog' eu, que pod' e val,
que mi vos guarde e leix' a min cedo tornar».
Quen mui ben quiser o que ama guardar...

Foi-ss' o cavaleiro logo dali. Mas, que fez
o diabr' arteiro por lle toller seu bon prez
e aquela dona? Tant' andou daquela vez
que un cavaleiro fezo dela namorar.
Quen mui ben quiser o que ama guardar...

E con seus amores a poucas tornou sandeu;
e porend' hũa sa covilleira cometeu
que lle fosse bõa, e tanto lle prometeu
que por força fez que fosse con ela falar.
Quen mui ben quiser o que ama guardar...

E disse-ll' assi: «Ide falar con mia sennor
e dizede-lle como moiro por seu amor;
e macar vejades que lle desto grave for,
non leixedes vos poren muito d' aficar».
Quen mui ben quiser o que ama guardar...

A moller respos: «Aquesto de grado farei,
e que a ajades quant' eu poder punnarei;
mas de vossas dõas me dad', e eu llas darei,
e quiçay per esto a poderei enganar».
Quen mui ben quiser o que ama guardar...

Diss' o cavaleir': «Esto farei de bon talan».
Log' ũas çapatas lle deu de bon cordovan;
mais a dona a trouxe peor que a un can
e disse que per ren non llas queria fillar.
Quen mui ben quiser o que ama guardar...

Mais aquela vella, com' era moller mui vil
e d' alcayotaria sabedor e sotil,
por que a dona as çapatas fillasse, mil
razões lle disse, trões que llas fez tomar.
Quen mui ben quiser o que ama guardar...

Mais a mesquinna, que cuidava que era ben,
fillou logo as çapatas, e fez y mal sen;
ca u quis calça-la hua delas, ja per ren
fazer nono pode, nena do pee sacar.
Quen mui ben quiser o que ama guardar...

E assi esteve un ano e ben un mes,
que a çapata ao pee assi se ll' apres
que, macar de toller-lla provaron dous nen tres,
nunca lla poderon daquel pee descalçar.
Quen mui ben quiser o que ama guardar...

E depos aquest' a poucos dias recodiu
seu marid' a ela, e tan fremosa a viu
que a logo quis; mas ela non llo consentiu
ata que todo seu feito ll' ouve a contar.
Quen mui ben quiser o que ama guardar...

O cavaleiro disse: «Dona, desto me praz,
e sobr' esto nunca averemos senon paz,
ca sei que Santa Mari', en que todo ben jaz,
vos guardou». E a çapata lle foi en tirar.
Quen mui ben quiser o que ama guardar...

[[E]sta es de cómo la mujer que el marido había dejado encomendada a Santa María no pudo, [al] calzarse el zapato que le diera su enamorado, ni meterlo en el pie ni descalzárselo

R.—*Quien bien quiera guardar lo que ama, debe encomendarlo a Santa María.*

Y de esto os diré un milagro muy grande, del que hice las coplas y el son; fue mostrado en Aragón, por Santa María, que guardó a la mujer de un infanzón de tal manera que no pudiese errar. // Esta dueña, por cuanto de ella oí decir, era muy joven, apuesta y de buen parecer, y, por esto, fue a tomarla por mujer el infanzón y la llevó para su casa. // Aquel infanzón moró así mucho tiempo con aquella dueña, pero después tuvo que irse de allí porque le llegó una carta de su señor, diciéndole que había guerra y que fuese en su ayuda. // Antes de que partiese le dijo así su mujer:

—«Señor, pues os vais, conviene, si os place, que me encomendéis a alguien, porque es menester que me guarde y me sepa aconsejar». //

El infanzón le respondió entonces así:

—«Mucho me place esto que ahora os oigo, pero mañana iremos a la iglesia y entonces os diré a quién he de dejar para que os cuide». //

Al otro día, fueron ambos a oír su misa y, cuando fue dicha, al quererse él despedir, ella llorando comenzó a pedirle que le diese guarda que hubiese de vigilarla. // Entonces él, con llanto en los ojos, le señaló la imagen de la Virgen y le dijo:

—«Amiga, nunca mis pecados me sean perdonados, si a otro voy a entregaros // sino a ésta que es Señora Espiritual, y que os puede guardar de mal y de afrenta, y por ello le ruego a Ella, que puede y vale, que os guarde y que me deje pronto volver». //

Fuese el caballero luego de allí. Pero ¿qué hizo el diablo artero por quitarle su buen nombre a aquella dueña? Tanto anduvo aquella vez que hizo que un caballero se enamorase de ella. // Y, con sus amores, a poco lo enloquece, y para ello se lo encomendó a una alcahueta que se lo hiciese fácil y tanto le prometió que, por fuerza, hizo que fuese a hablar con ella. // Y dijo así:

—«Id a hablar con mi señora y decidle que muero por su amor; y, aunque veáis que esto le sea ingrato, no dejéis vos de apremiarla mucho». //

La mujer respondió:

—«Esto haré de buena gana, y tened por seguro que cuando pudiere lucharé por ello; dadme vos vuestros dones y yo se los daré a ella y quizá con esto pueda engañarla». // Dijo el caballero:

—«Esto haré de buena gana».

Luego le dio unos zapatos de buen cordobán; pero la dueña la trató peor que a un perro y dijo que por nada quisiera cogérselos. // Pero aquella vieja, que era mujer muy vil y de alcahuetería sabedora y sutil, para que la dueña le tomase los zapatos le dio mil razones, hasta que se los hizo coger. // La mezquina, que creía que estaba bien hacerlo, cogió luego los zapatos, con mal juicio, porque quiso calzarse uno de ellos y, por más que hizo, ya no pudo ni sacárselo del pie. // Y así estuvo un año y un mes, porque el zapato se pegó al pie, de forma que, aunque lo intentaron, ni dos ni tres lograron descalzar el pie aquél. // Y, después, a los pocos días, retornó el marido de ella, y tan hermosa la vio, que luego deseó gozarla; pero ella no se lo consintió hasta que le hubo contado todo lo que había sucedido. // Y el caballero le dijo:

—«Dueña, esto me place y sobre esto nunca habrá más que paz entre nosotros, porque sé que os guardó Santa María, en quien se halla todo bien».

Y fue a sacarle el zapato.]

Cantiga 79. Como Santa Maria tornou a menia que era garrida, corda, e levó-a sigo a parayso

Ay, Santa Maria,
quen se per vos guya
quit' é de folia
e senpre faz ben.

Porend' un miragre vos direi fremoso
que fezo a Madre do Rey grorioso,
e de o oyr seer-vos-á saboroso,
    e prazer-mi-á en.
    Ay, Santa Maria...

Aquesto foi feito por hũa menynna
que chamavan Musa, que mui fremosinna
era e aposta, mas garridelinna
    e de pouco sen.
    Ay, Santa Maria...

E esto fazendo, a mui Groriosa
pareçeu-ll' en sonnos, sobejo fremosa,
con muitas meninnas de maravillosa
    beldad'; e poren
    Ay, Santa Maria...

Quisera-se Musa ir con elas logo.
Mas Santa Maria lle diss': «Eu te rogo
que, sse mig' ir queres, leixes ris' e jogo,
    orgull' e desden.
    Ay, Santa Maria...

E se esto fazes, d' oj' a trinta dias
seerás comig' entr'estas conpannias
de moças que vees, que non son sandias,
    ca lles non conven».
    Ay, Santa Maria...

Atant' ouve Musa sabor das conpannas
que en vision vira, que leixou sas mannas
e fillou log' outras, daquelas estrannas,
    e non quis al ren.
    Ay, Santa Maria...

O padr' e a madre, quand' aquesto viron,
preguntaron Musa; e poys que ll' oyron
contar o que vira, merçee pediron

à que non manten.
Ay, Santa Maria...

A vint' e seis dias tal fever aguda
fillou log' a Musa, que jouve tenduda;
e Santa Maria ll' ouv' apareçuda,
          que lle disse: «Ven,
          Ay, Santa Maria...

Ven pora mi toste». Respos-lle: «De grado».
E quando o prazo dos dias chegado
foi, seu espirito ouve Deus levado
          u dos outros ten
          Ay, Santa Maria...

Santos. E poren seja de nos rogado
que eno juyzo, u verrá irado,
que nos ache quitos d' err' e de pecado;
          e dized': «amen».
          Ay, Santa Maria...

[Esta es cómo Santa María volvió cuerda a una niña que era ligerilla, y se la llevó consigo al paraíso

R.—*Ay, Santa María, quien se guía por Vos está libre de locura y siempre obra bien.*

Por ello os diré un hermoso milagro que hizo la Madre del Rey glorioso, y ha de seros sabroso de oír y a mí me dará placer el contároslo. // Esto fue hecho en favor de una chiquilla que se llamaba Musa, que era muy bonita y apuesta, pero ligerilla y de poco juicio. // Y siendo así, la muy Gloriosa se le apareció en sueños, extraordinariamente hermosa, con muchas niñas de maravillosa beldad, y al verlas // quisiera Musa irse con ellas en seguida. Pero Santa María le dijo:
    —«Te ruego que, si quieres venirte conmigo dejes risa y juego, orgullo y desdén. // Y si esto haces, de hoy en treinta días estarás conmigo, entre estas compañías de mozas que ves, que no son alocadas, porque no les conviene». //
    Tanto gusto tomó Musa a las compañeras que había visto en la visión, que dejó sus costumbres y tomó otras, y no quiso otra cosa. // El padre y la madre, cuando tal vieron, interrogaron a Musa, y cuando le oyeron contar lo que había visto, pidieron merced a la que nos mantiene. // A los veintiséis días, tal fiebre aguda le dio luego a Musa, que yacía tendida; y Santa María se le apareció y le dijo:
    —«Ven, // vente a mí presto».
    Respondió ella:

—«De grado».

Y cuando fue llegado el plazo de los días, su espíritu se lo llevó Dios, a donde tiene los otros // santos. Y por tanto sea rogado por nosotros que en el día del juicio, en que vendrá airado, que nos halle sin yerro y sin pecado. Y decid «Amén».]

DON JUAN MANUEL (1282-1348)

El conde Lucanor o Libro de los enxiemplos del conde Lucanor et de Patronio[1]

EXEMPLO VII.[2] De lo que contesçió a una muger quel dizién Doña Truhaña

Otra vez fablava el conde Lucanor con Patronio en esta guisa:[3]

—Patronio, un omne[4] me dixo una razón et amostróme la manera cómmo podría seer. Et bien vos digo que tantas maneras de aprovechamiento ha en ella que, si Dios quiere que se faga assí commo me él dixo, que sería mucho mi pro:[5] ca tantas cosas son que nasçen las unas de las otras, que al cabo es muy grant fecho además.

Et contó a Patronio la manera cómmo podría seer. Desque[6] Patronio entendió aquellas razones, respondió al conde de esta manera:

—Señor conde Lucanor, siempre oý dezir que era buen seso[7] atenerse omne a las cosas çiertas et non a las [vanas] fuzas,[8] ca muchas vezes a los que se atienen a las fuzas, contésçeles lo que contesçió a doña Truana.

Et el conde preguntó cómmo fuera aquello.

---

[1]Regularizamos *m* antes de *b* y *p*.

[2]Cada uno de los exemplos termina con la frase "Et la ystoria deste exiemplo es ésta que se sigue", con la cual se introduce al siguiente relato y se da unidad a la obra.

[3]manera, forma.

[4]hombre.

[5]provecho, ventaja.

[6]después que, desde que, una vez que.

[7]sentido, entendimiento, consejo.

[8]esperanzas.

—Señor conde—dixo Patronio—, una muger fue que avié[9] nombre doña Truana et era asaz más pobre que rica, et un día yva al mercado et levava[10] una olla de miel en la cabeça. Et yendo por el camino, començó a cuydar[11] que vendría[12] aquella olla de miel et que compraría una partida de huevos, et de aquellos huevos nazçirían gallinas et depués, de aquellos dineros que valdrían, compraría ovejas, et assí [fue] comprando de las ganançias que faría, que fallóse por más rica que ninguna de sus vezinas.

Et con aquella riqueza que ella cuydava que avía, asmó[13] cómmo casaría sus fijos et sus fijas, et cómmo yría aguardada[14] por la calle con yernos et con nueras et cómmo dizían por ella cómmo fuera de buena ventura en llegar a tan grant riqueza, seyendo[15] tan pobre commo solía seer.

Et pensando en esto començó a reyr con grand plazer que avía de la su buena andança,[16] et, en riendo, dio con la mano en su fruente,[17] et entonçe cayol la olla de la miel en tierra, et quebróse. Quando vio la olla quebrada, començó a fazer muy grant duelo, toviendo[18] que avía perdido todo lo que cuydava que avría si la olla non le quebrara. Et porque puso todo su pensamiento por fuza vana, non se fizo al cabo nada de lo que ella cuydava.

Et vós, señor conde, si queredes que lo que vos dixieren et lo que vós cuydardes sea todo cosa çierta, cred et cuydat siempre todas cosas tales que sean aguisadas[19] et non fuzas dubdosas et vanas. Et si las quisierdes provar, guardatvos que non aventuredes, nin pongades de lo vuestro cosa de que vos sintades por fiuza de la pro de lo que non sodes[20] çierto.

---

[9]tenía.

[10]llevaba.

[11]pensar.

[12]vendería.

[13]pensó, estimó.

[14]acompañada.

[15]siendo.

[16]buena fortuna.

[17]frente.

[18]teniendo.

[19]convenientes, advertidas.

[20]sois.

Al conde plogo de lo que Patronio le dixo, et fízolo assí et fallóse ende bien.

Et porque don Iohan se pagó deste exiemplo, fízolo poner en este libro et fizo estos viessos:[21]

A las cosas çiertas vos comendat[22]
et las fuyzas vanas dexat.

EXEMPLO XI. De lo que contesçió a un Deán de Sanctiago con Don Yllán, el grand maestro de Toledo

Otro día fablava el conde Lucanor con Patronio, et contával su fazienda[23] en esta guisa:

—Patronio, un omne vino a me rogar quel ayudasse en un fecho que avía mester mi ayuda, et prometióme que faría por mí todas las cosas que fuessen mi pro et mi onra. Et yo començel a ayudar quanto pude en aquel fecho. Et ante que [el] pleito fuesse acabado, teniendo él que ya el su pleito era librado,[24] acaesçió una cosa en que cumplía que la fiziesse por mí, et roguel que la fiziesse et él púsome escusa. Et despúes acaesçió otra cosa que pudiera fazer por mí, et púsome escusa commo a la otra; et esto me fizo en todo lo quel rogué quél fiziesse por mí. Et aquel fecho porque él me rogó, no es aún librado, nin se librará si yo non quisiere. Et por la fiuza[25] que yo he en vós et en el vuestro entendimiento, ruégovos que me conseiedes[26] lo que faga en esto.

—Señor conde—dixo Patronio—, para que vós fagades en esto lo que vós devedes, mucho querría que sopiésedes lo que contesçió a un deán de Sanctiago con don Yllán, el grand maestro que morava en Toledo.

Et el conde le preguntó cómmo fuera aquello.

---

[21]versos.

[22]encomendad.

[23]asunto, negocio.

[24]despachado, arreglado.

[25]confianza.

[26]aconsejéis.

—Señor conde—dixo Patronio—, en Sanctiago avía un deán que avía muy grant talante de saber el arte de la nigromançia,[27] et oyó dezir que don Yllán de Toledo[28] sabía ende más que ninguno que fuesse en aquella sazón; et por ende vínose para Toledo para aprender de aquella sçiençia. Et el día que llegó a Toledo adereçó[29] luego a casa de don Yllán et fallólo que estava lleyendo en una cámara muy apartada; et luego que legó[30] a él, reçibiólo muy bien et díxol que non quería quel dixiesse ninguna cosa de lo porque venía[31] fasta que oviese comido. Et pensó[32] muy bien dél et fízol dar muy buenas posadas,[33] et todo lo que ovo mester, et diol a entender quel plazía mucho con su venida.

Et después que ovieron comido, apartósse con él, et contol la razón porque allí viniera, et rogol muy affincadamente[34] quel mostrasse aquella sçiençia que él avía muy grant talante de aprender. Et don Yllán díxol que él era deán et omne de grand guisa[35] et que podía llegar a grand estado—et los omnes que grant estado tienen, de que todo lo suyo an librado a su voluntad, olbidan mucho aýna[36] lo que otrie[37] a fecho por ellos—et él que se reçelava que de que él oviesse aprendido dél aquello que él quería saber, que no le faría tanto bien commo él le prometía. Et el deán le prometió et le asseguró que de qualquier vien que él oviesse, que nunca faría sinon lo que él mandasse.

Et en estas fablas estudieron[38] desque ovieron yantado hasta que fue ora de çena. De que su pleito fue bien assossegado[39] entre ellos, dixo don Yllán al deán que aquella sçiençia non se podía aprender sinon en lugar mucho apartado et que luego essa noche le quería amostrar do avían de estar fasta que oviese

---

[27]magia negra, arte para adivinar el futuro.

[28]ciudad famosa por sus nigromantes.

[29]se dirigió.

[30]llegó.

[31]por la que venía.

[32]cuidó.

[33]aposentos.

[34]afligidamente.

[35]condición.

[36]muy pronto, muy rápidamente.

[37]otro.

[38]estuvieron.

[39]pactado.

aprendido aquello que él quería saber. Et tomol por la mano et levol[40] a una cámara. Et en apartándose de la otra gente, llamó a una mançeba de su casa et díxol que toviesse perdizes para que çenassen esa noche, mas que non las pusiessen a assar fasta que él gelo[41] mandasse.

Et desque esto ovo dicho, llamó al deán; et entraron entramos[42] por una escalera de piedra muy bien labrada et fueron descendiendo por ella muy grand pieça,[43] en guisa[44] que paresçía que estavan tan vaxos que passava el río de Tajo por çima[45] dellos. Et desque fueron en cabo[46] del escalera, fallaron una possada muy buena, et una cámara mucho apuesta[47] que ý avía, ó[48] estavan los libros et el estudio en que avían de leer. De que se assentaron, estavan parando mientes[49] en quáles libros avían de començar. Et estando ellos en esto, entraron dos omnes por la puerta et diéronle una carta quel enviava el arçobispo, su tío, en quel fazía saber que estava muy mal doliente et quel enviava rogar que sil[50] quería veer vivo, que se fuesse luego para él. Al deán pesó mucho con estas nuebas: lo uno por la dolençia de su tío, et lo al[51] porque reçeló que avía de dexar su estudio que avía començado. Pero puso en su coraçón de non dexar aquel estudio tan aýna, et fizo sus cartas de repuesta et enviólas al arçobispo su tío.

Et dende a tres o quatro días llegaron otros omnes a pie que trayan otras cartas al deán en quel fazían saber que el arçobispo era finado, et que estavan todos los de la eglesia en su eslecçión[52] et que fiavan por la merçed de Dios

---

[40]llevóle.

[41]se lo.

[42]juntos.

[43]rato.

[44]de forma tal.

[45]encima.

[46]al final.

[47]adornada.

[48]donde.

[49]considerando.

[50]si le.

[51]y lo otro.

[52]elección.

que eslerían[53] a él, et por esta razón que non se quexasse[54] de yr a lla eglesia, ca mejor era para él en quel eslecyessen seyendo[55] en otra parte que non estando en la eglesia.

Et dende a cabo de siete o de ocho días, vinieron dos escuderos muy bien vestidos et muy bien aparejados, et quando llegaron a él, vesáronle la mano et mostráronle las cartas en cómmo le avían esleýdo por arçobispo. Quando don Yllán esto oyó, fue al electo et díxol cómmo gradesçía mucho a Dios porque estas buenas nuebas le llegaran a su casa, et pues Dios tanto bien le fiziera, quel pedía por merçed que el deanadgo que fincava vagado[56] que lo diesse a un su fijo. Et el electo díxol quel rogava quel quisiesse consentir que aquel deanadgo que lo oviesse un su hermano; mas que él le faría bien en guisa que él fuesse pagado, et quel rogava que fuesse con l'[57] para Sanctiago et que levasse aquel su fijo. Don Yllán dixo que lo faría.

Fuéronse para Sanctiago. Quando ý llegaron, fueron muy bien reçebidos et mucho onradamente. Et desque moraron ý un tiempo, un día llegaron al arçobispo mandaderos[58] del Papa con sus cartas en cómol dava el obispado de Tolosa, et quel dava gracia que pudiesse dar el arçobispado a qui[59] quisiesse. Quando don Yllán oyó esto, retrayéndol[60] mucho affincadamente lo que con él avía passado, pidiol merçed quel diesse a su fijo; et el arçobispo le rogó que consentiesse que lo oviesse un su tío, hermano de su padre. Et don Yllán dixo que bien entendié quel fazía gran tuerto,[61] pero que esto que lo consintía en tal que[62] fuesse seguro que gelo emendaría adelante.[63] Et el [arz]obispo le prometió en toda

---

[53]elegirían.

[54]preocupase.

[55]estando.

[56]deneazgo que quedaba vacante.

[57]con él.

[58]enviados.

[59]quien.

[60]reprochándole.

[61]entuerto, daño, injusticia.

[62]con tal que.

[63]en el futuro.

guisa[64] que lo faría assí, et rogol que fuessen con él a Tolosa et que levasse su fijo.

Et desque llegaron a Tolosa, fueron muy bien reçebidos de condes et de quantos omnes buenos[65] avía en la tierra.[66] Et desque ovieron ý morado fasta dos años, llegaron los mandaderos del Papa con sus cartas en cómmo le fazía el Papa cardenal et quel fazía gracia que diesse el obispado de Tolosa a qui quisiesse. Entonçe fue a él don Yllán et díxol que, pues tantas vezes le avía fallesçido[67] de lo que con él pusiera,[68] que ya que non avía logar del poner escusa ninguna que non diesse algunas de aquellas dignidades a su fijo. Et el cardenal rogol quel consentiese que oviesse aquel obispado un su tío, hermano de su madre, que era omne bueno ançiano; mas que, pues él cardenal era, que se fuese con él para la Corte, que asaz avía en qué le fazer bien. Et don Yllán quexóse ende mucho, pero consintió en lo que el cardenal quiso, [et] fuesse con él para la Corte.

Et desque ý llegaron, fueron bien reçebidos de los cardenales et de quantos en la Corte eran et moraron ý muy grand tiempo. Et don Yllán affincando[69] cada día al cardenal quel fiziesse alguna gracia a su fijo, et él poníal sus escusas.

Et estando assí en la Corte, finó el Papa; et todos [los] cardenales esleyeron aquel cardenal por Papa. Entonçe fue a él don Yllán et díxol que ya non podía poner escusa de non complir lo quel avía prometido. El Papa le dixo que non lo affincasse tanto, que siempre avría lugar en quel fiziesse merçed segund fuesse razón. Et don Yllán se començó a quexar mucho, retrayéndol quantas cosas le prometiera et que nunca le avía complido ninguna, et diziéndol que aquello reçelava en la primera vegada[70] que con él fablara, et pues aquel estado era llegado et nol[71] cumplía lo quel prometiera, que ya non le fincava logar en que atendiesse[72] dél bien ninguno. Deste aquexamiento se quexó mucho el Papa et

---

[64]de todas maneras.

[65]nobles.

[66]región.

[67]fallado, incumplido.

[68]acordara, conviniera.

[69]insistiendo.

[70]vez.

[71]no le.

[72]esperase.

començol a maltraer[73] diziéndol que si más le affincasse, quel faría echar en una cárçel, que era ereje et encantador, que bien sabía que non avía otra vida nin otro offiçio en Toledo, do él morava, sinon bivir por aquella arte de nigromançia.

Desque don Yllán vio quánto mal le gualardonava[74] el Papa lo que por él avía fecho, espedióse[75] dél, et solamente nol[76] quiso dar el Papa que comiese por el camino. Entonçe don Yllán dixo al Papa que pues al[77] non tenía de comer, que se avría de tornar a las perdizes que mandara assar aquella noche, et llamó a la muger et díxol que assasse las perdizes.

Quanto esto dixo don Yllán, fallóse el Papa en Toledo, deán de Sanctiago, commo lo era quando ý bino, et tan grand fue la vergüença que ovo, que non sopo quél dezir. Et don Yllán díxol que fuesse en buena ventura et que assaz avía provado lo que tenía en él, et que ternía[78] por muy mal empleado si comiesse su parte de las perdizes.

Et vós, señor conde Lucanor, pues veedes que tanto fazedes por aquel omne que vos demanda ayuda et non vos da ende meiores gracias, tengo que non avedes[79] por qué trabajar nin aventurarvos mucho por llegarlo a logar[80] que vos dé tal galardón como el deán dio a don Yllán.

El conde tovo esto por buen consejo, et fízolo assí, et fallóse ende bien.

Et porque entendió don Iohan que era éste muy buen exiemplo, fízolo poner en este libro et fizo estos viessos que dizen assí:

Al que mucho ayudares et non te lo conosçiere,[81]
menos ayuda abrás, desque en grand onra subiere.

---

[73]maltratar.

[74]agradecía.

[75]despidióse.

[76]ni siquiera.

[77]otra cosa.

[78]tendría.

[79]no tenéis.

[80]ponerlo en situación.

[81]reconociere, agradeciere.

EXEMPLO XXVII. De lo que contesçió a un emperador et a Don Alvar Háñez Minaya[82] con sus mugeres

Fablava el conde Lucanor con Patronio, su consegero, un día et díxole assí:

—Patronio, dos hermanos que yo he son casados entramos et biven cada uno dellos muy de[s]bariadamente[83] el uno del otro; ca el uno ama tanto aquella dueña con qui es casado, que abés[84] podemos guisar con él que se parta un día del lugar onde ella es, et non faz cosa del mundo sinon lo que ella quiere, et si ante non gelo pregunta. Et el otro, en ninguna guisa non podemos con él que un día la quiera veer de los ojos, nin entrar en casa do ella sea. Et porque yo he grand pesar desto, ruégovos que me digades alguna manera porque podamos ý poner consejo.

—Señor conde Lucanor—dixo Patronio—, segund esto que vós dezides, entramos vuestros hermanos andan muy errados en sus faziendas; ca el uno nin el otro non devían mostrar tan grand amor nin tan grand desamor commo muestran a aquellas dueñas con qui ellos son casados; mas commo quier que lo ellos yerran, por aventura es por las maneras que an aquellas sus mugeres; et por ende querría que sopiésedes lo que contesçió al emperador Fradrique[85] et a don Alvar Fáñez Minaya con sus mugeres.

El conde le preguntó cómmo fuera aquello.

—Señor conde Lucanor—dixo Patronio—, porque estos exiemplos son dos et non vos los podría entramos dezir en uno, contarvos he[86] primero lo que contesçió al emperador Fradrique, et después contarvos he lo que contesçió a don Alvar Fáñez.

---

[82]Notable caballero de la corte de Alfonso VI, fue gobernador de Toledo de 1109 a 1114, año en que murió. Fue sobrino del Cid y casóse con la segunda hija de Pero Anzúrez (que tenía un hijo y cuatro hijas), llamada Emilia o Mencía.

[83]diferentemente, contrariamente.

[84]apenas.

[85]probablemente Federico I Barbarroja, Duque de Suabia (1150-1190), ascendiente de don Juan Manuel, o bien Federico II, emperador de Alemania y rey de Sicilia (1197-1250).

[86]os contaré.

—Señor conde, el emperador Fradrique casó con una donzella de muy alta sangre, segund le pertenesçía;[87] mas de tanto,[88] non le acaesçió bien, que non sopo ante que casasse con aquélla las maneras que avía.

Et despúes que fueron casados, commoquier que ella era muy buena dueña et muy guardada en l' su cuerpo, començó a seer la más brava[89] et la más fuerte[90] et la más rebessada[91] cosa del mundo. Assí que, si el emperador quería comer, ella dizía que quería ayunar; et si el emperador quería dormir, queriese ella levantar; et si el emperador querié bien alguno, luego ella lo desamava.[92] ¿Qué vos diré más? Todas las cosas del mundo en que el emperador tomava plazer, en todas dava ella a entender que tomava pesar, et de todo lo que el emperador fazía, de todo fazía ella el contrario siempre.

Et desque el emperador sufrió esto un tiempo, et vio que por ninguna guisa non la podía sacar desta entençión por cosa que él nin otros le dixiessen, nin por ruegos, nin por amenazas, nin por buen talante, nin por malo quel mostrasse, et vio que sin el pesar et la vida enoiosa que avía de sofryr quel era tan grand daño para su fazienda et para las sus gentes, que non podía ý poner conseio; et de esto vio, fuesse paral Papa et contol la su fazienda, también de la vida que passava, commo del grand daño que binía a él et a toda la tierra por las maneras que avía la emperadriz; et quisiera muy de grado, si podría seer, que los partiesse[93] el Papa. Mas vio que segund la ley de los christianos non se podían partir, et [que] en ninguna manera non podían bevir en uno[94] por las malas maneras que la emperadriz avía, et sabía el Papa que esto era assí.

Et desque otro cobro[95] no podieron fallar, dixo el Papa al emperador que este fecho que lo acomendava[96] él al entendimiento et a la sotileza del emperador, ca él non podía dar penitençia ante que el pecado fuesse fecho.

---

[87]según correspondía a su rango.

[88]pero con todo.

[89]irascible, de mal genio.

[90]terrible.

[91]indomable.

[92]aborrecía.

[93]separase, divorciase.

[94]juntos.

[95]medio, solución.

[96]encomendaba.

Et el emperador partióse del Papa et fuesse para su casa, et trabaió por quantas maneras pudo, por falagos et por amenazas et por conseios et por desengaños et por quantas maneras él et todos los que con él bivían pudieron asmar[97] para la sacar de aquella mala entençión, mas todo esto non tobo ý pro, que quanto más le dizían que se partiesse de aquella manera, tanto más fazía ella cada día todo lo revesado.[98]

Et de que el emperador vio que por ninguna guisa esto non se podía endereçar, díxol un día que él quería yr a la caça de los çiervos et que levaría una partida de aquella yerva que ponen en las saetas con que matan los çiervos, et que dexaría lo al para otra vegada, quando quisiesse yr a caça, et que se guardasse que por cosa del mundo non pusiesse de aquella yerba en sarna, nin en postiella,[99] nin en lugar donde saliesse sangre; ca aquella yerva era tan fuerte, que non avía en el mundo cosa viva que non matasse. Et tomó de otro ungüento muy bueno et muy aprovechoso para qualquier llaga et el emperador untósse con él antella en algunos lugares que non estavan sanos. Et ella et quantos ý estavan vieron que guaresçía[100] luego con ello. Et díxole que si le fuesse mester, que de aquél pusiesse en qualquier llaga que oviesse. Et esto le dixo ante pieça[101] de omnes et de mugeres. Et de que esto ovo dicho, tomó aquella yerva que avía menester para matar los çiervos et fuesse a su caça, assí como avía dicho.

Et luego que el emperador fue ydo, començó ella a ensañarse et a embraveçer, et començó a dezir:

—¡Veed el falso del emperador, lo que me fue dezir! Porque él sabe que la sarna que yo he non es de tal manera commo la suya, díxome que me untasse con aquel ungüento que se él untó, porque sabe que non podría guaresçer con él, mas de aquel otro ungüento bueno con que él sabe que guarescría, dixo que non tomasse dél en guisa ninguna; mas por le fazer pesar, yo me untaré con él, et quando él viniere, fallarme ha sana. Et so çierta que en ninguna cosa non le podría fazer mayor pesar, et por esto lo faré.

Los cavalleros et las dueñas que con ella estavan travaron[102] mucho con ella que lo non fiziesse, et començáronle a pedir merçed, muy fieramente lloran-

---

[97]imaginar.

[98]lo contrario.

[99]pústula.

[100]curaba.

[101]cantidad.

[102]discutieron.

do, que se guardasse de lo fazer, ca çierta fuesse, si lo fiziesse, que luego sería muerta.

Et por todo esto non lo quiso dexar. Et tomó la yerva et untó con ella las llagas. Et a poco rato començol a tomar la rabia de la muerte, et ella repintiérase[103] si pudiera, mas ya non era tiempo en que se pudiesse fazer. Et murió por la manera que avía porfiosa et a su daño.

Mas a don Alvar Háñez contesçió el contrario destol, et porque lo sepades todo commo fue, contarvos he cómmo acaesçió.

Don Alvar Háñez era muy buen omne et muy onrado et pobló[104] a Yxcar,[105] et morava ý. Et el conde don Pero Ançúrez pobló a Cuéllar,[106] et morava en ella. Et el conde don Pero Ançúrez avía tres fijas.

Et un día, estando sin sospecha ninguna,[107] entró don Alvar Háñez por la puerta; et al conde don Pero Ançúrez plógol mucho con él. Et desque ovieron comido, preguntol que por qué vinía tan sin sospecha. Et don Alvar Háñez díxol que vinía por demandar una de sus fijas para con que casase,[108] mas que quería que gelas mostrasse todas tres et quel dexasse fablar con cada una dellas, et después que escogería quál quisiesse. Et el conde, veyendo quel fazía Dios mucho bien en ello, dixo quel plazía mucho de fazer quanto don Alvar Háñez le dizía.

Et don Alvar Háñez apartósse con la fija mayor et díxol que, si a ella ploguiesse, que quería casar con ella, pero ante que fablasse más en el pleito, quel quería contar algo de su fazienda. Que sopiesse, lo primero, que él non era muy mançebo et que por las muchas feridas que oviera en las lides que se acertara,[109] quel e[n]flaqueçiera[110] tanto la cabeça que por poco vino que viviesse, quel fazié perder luego el entendimiento; et de que estava fuera de su seso, que se asañava tan fuerte que non catava lo que dizía; et que a las vegadas firía a los omnes en tal guisa, que se repentía mucho después que tornaba a su entendimiento; et aun, quando se echava a dormir, desque yazía en la cama, que fazía ý

---

[103]se arrepintiera.

[104]repobló.

[105]Iscar, en la provincia de Valladolid.

[106]en la provincia de Segovia, muy cerca de Iscar.

[107]inesperadamente.

[108]para casarse con una de ellas.

[109]en las que participara, en las que estuviera presente.

[110]debilitara.

muchas cosas que non empeçería nin migaja[111] si más limpias fuessen. Et destas cosas le dixo tantas, que toda muger quel entendimiento non oviesse muy maduro, se podría tener dél por non muy bien casada.

Et de que esto le ovo dicho, respondiol la fija del conde que este casamiento non estava en ella, sinon en su padre et en su madre.

Et con tanto,[112] partiósse de don Alvar Háñez et fuesse para su padre.

Et de que el padre et la madre le preguntaron qué era su voluntad de fazer, porque ella non fue de muy buen entendimiento commo le era mester, dixo a su padre et a su madre que tales cosas le dixiera don Alvar Háñez, que ante quería seer muerta que casar con él.

Et el conde non lo quiso dezir esto a don Alvar Háñez, mas díxol que su fija que non avía entonçe voluntad de casar.

Et fabló don Alvar Háñez con la fija mediana; et passaron entre él et ella bien assí commo con el hermana mayor.[113]

Et después fabló con el hermana menor et díxol todas aquellas cosas que dixiera a las otras sus hermanas.

Et ella respondiol que gradesçía mucho a Dios en que don Alvar Háñez quería casar con ella; et en lo quel dizía quel fazía mal el vino, que si, por aventura, alguna vez le cumpliesse[114] por alguna cosa de estar apartado de las gentes por aquello quel dizía o por al, que ello lo encubriría mejor que ninguna otra persona del mundo; et a lo que dizía que él era viejo, que quanto por esto non partiría[115] ella el casamiento, que cumplíale[116] a ella del casamiento et bien et la onra que avía de ser casada con don Alvar Háñez; et de lo que dizía que era muy sañudo et que firía a las gentes, que quanto por esto, non fazía fuerça, ca nunca ella le faría por que la firiesse, et si lo fiziesse, que lo sabría muy bien soffrir.

Et a todas las cosas que don Alvar Háñez le dixo, a todas le sopo tan bien responder, que don Alvar Háñez fue muy pagado, et gradesçió mucho a Dios porque fallara muger de tan buen entendimiento.

---

[111]pizca.

[112]con eso.

[113]En la Edad Media los adjetivos terminados en -or llevaban concordancia masculina, de ahí que aquí se diga "*el* hermana *mayor*".

[114]conviniese.

[115]renunciaría.

[116]le compensaba.

Et dixo al conde don Pero Ançúrez [que] con aquella quería casar. Al conde plogo mucho ende. Et fizieron ende sus vodas luego. Et fuesse con su muger luego en buena ventura. Et esta dueña avía nombre doña Vascuñana.

Et después que don Alvar Háñez levó a su muger a su casa, fue ella tan buena dueña et tan cuerda, que don Alvar Háñez se tovo por bien casado della et tenía por razón que se fiziesse todo lo que ella querié.

Et esto fazía él por dos razones: la primera, porquel fizo Dios a ella tanto bien, que tanto amava a don Alvar Háñez et tanto presçiava él su entendimiento, que todo lo que don Alvar Háñez dizía et fazía, que todo tenía ella verdaderamente que era lo mejor; et plazíale mucho de quanto dizía et de quanto fazía, et nunca en toda su vida contralló[117] cosa que entendiesse que a él plazía. Et non entendades que fazía esto por le lisoniar,[118] nin por le falagar, mas fazíalo por[que] verdaderamente creýa, et era su entençión, que todo lo que don Alvar Háñez quería et dizía et fazía, que [en] ninguna guisa non podría seer yerro, nin lo podría otro ninguno mejorar. Et lo uno por esto, que era el mayor bien que podría seer, et lo al porque ella era de tan buen entendimiento et de tan buenas obras, que siempre acertava en lo meior. Et por estas cosas amávala et preçiávala tanto don Alvar Háñez que tenía por razón de fazer todo lo que ella querié, ca siempre ella quería et le conseiava lo que era su pro et su onra. Et nunca tovo mientes por talante,[119] nin por voluntad que oviesse de ninguna cosa, que fiziesse don Alvar Háñez, sinon lo que a él más le pertenesçía, et que era más su onra et su pro.

Et acaesçió que, una vez, seyendo don Alvar Háñez en su casa, que vino a él un so sobrino que vivía en casa del rey, et plógol mucho a don Alvar Háñez con él. Et desque ovo morado con don Alvar Háñez algunos días, díxol un día que era muy buen omne et muy complido[120] et que non podía poner en él ninguna tacha sino una. Et don Alvar Háñez preguntol que quál era. Et el sobrino díxol que non fallava tacha quel poner sinon que fazía mucho por su muger et la apoderava[121] mucho en toda su fazienda. Et don Alvar Háñez respondiol que, a esto, que dende a pocos días le daría ende la repuesta.

---

[117]contrarió.

[118]lisonjear.

[119]genio, voluntad.

[120]perfecto.

[121]le daba poder.

Et ante que don Alvar Háñez viesse a doña Vascuñana, cavalgó et fuesse a otro lugar et andudo allá algunos días et levó allá aquel su sobrino consigo. Et después envió por doña Vascuñana, et guisó assí don Alvar Háñez que se encontraron en el camino, pero que non fablaron ningunas razones entre sí, nin ovo tiempo aunque lo quisiessen fazer.

Et don Alvar Háñez fuesse adelante, et yba con él su sobrino. Et doña Vascuñana vinía [en pos dellos]. Et desque ovieron andado assí una pieça[122] don Alvar Háñez et su sobrino, fallaron una pieça de vacas. Et don Alvar Háñez començó a dezir:

— ¿Viestes, sobrino, qué fermosas yeguas ha en esta nuestra tierra?

Quando su sobrino esto oyó, maravillóse ende mucho, et cuydó que gelo dizía por trebejo[123] et díxol que cómmo dizía tal cosa, que non eran sinon vacas.

Et don Alvar Háñez se començó mucho de maravillar et dezirle que reçelava que avía perdido el seso, ca bien beyé que aquéllas, yeguas eran.

Et de que el sobrino vio que don Alvar Háñez porfiava tanto sobresto, et que lo dizía a todo su seso, fincó mucho espantado et cuydó que don Alvar Háñez avía perdido el entendimiento.

Et don Alvar Háñez estido[124] tanto adrede en aquella porfía, fasta que asomó doña Vascuñana que vinía por el camino. Et de que don Alvar Háñez la vio, dixo a su sobrino:

—Ea, don sobrino, fe aquí a doña Vascuñana que nos partirá nuestra contienda.

Al sobrino plogo desto mucho; et desque doña Vascuñana llegó, díxol su cuñado:[125]

—Señora, don Alvar Háñez et yo estamos en contienda, ca él dize por unas vacas, que son yeguas, et yo digo que son vacas; et tanto avemos porfiado, que él me tiene por loco, et yo tengo que él non está bien en su seso. Et vós, señora, departidnos agora esta contienda.

Et quando doña Vascuñana esto vio, commo quier que ella tenía que aquéllas eran vacas, pero pues su cuñado le dixo que dizía don Alvar Háñez que eran yeguas, tovo verdaderamente ella, con todo su entendimiento, que ellos erravan,

---

[122]un rato.

[123]burla.

[124]estuvo.

[125]Aquí indica parentesco por afinidad.

que las non conosçían, mas que don Alvar Háñez non erraría en ninguna manera en las conosçer; et pues dizía que eran yeguas, que en toda guisa del mundo, que yeguas eran et non vacas.

Et començó a dezir al cuñado et a quantos ý estavan:

—Por Dios, cuñado, pésame mucho desto que dezides, et sabe Dios que quisiera que con mayor seso et con mayor pro nos viniéssedes agora de casa del rey, do tanto avedes morado; ca[126] bien veedes vós que muy grand mengua de entendimiento et de vista es tener que las yeguas que son vacas.

Et començol a mostrar, también por las colores, commo por las façiones, commo por otras cosas muchas, que eran yeguas, et non vacas, et que era verdat lo que don Alvar Háñez dizía, que en ninguna manera el entendimiento et la palabra de don Alvar Háñez que nunca podría errar. Et tanto le afirmó esto, que ya el cuñado et todos los otros començaron a dubdar que ellos erravan, et que don Alvar Háñez dizía verdat, que las que ellos tenían por vacas, que eran yeguas. Et de que esto fue fecho, fuéronse don Alvar Háñez et su sobrino adelante et fallaron una grand pieça de yeguas.

Et don Alvar Háñez dixo a su sobrino:

—¡Ahá, sobrino! Estas son las vacas, que non las que vos dizíades ante, que dizía yo que eran yeguas.

Quando el sobrino esto oyó, dixo a su tío:

—Por Dios, don Alvar Háñez, si vos verdat dezides, el diablo me traxo a mí a esta tierra; ca çiertamente, si éstas son vacas, perdido he yo el entendimiento, ca, en toda guisa del mundo, éstas, yeguas son, et non vacas.

Don Alvar Háñez començó a porfiar muy fieramente que eran vacas. Et tanto duró esta porfía, fasta que llegó doña Vascuñana. Et desque ella llegó et le contaron lo que dizía don Alvar Háñez et dizía su sobrino, maguer a ella paresçía que el sobrino dizía verdat, non pudo creer por ninguna guisa que don Alvar Háñez pudiesse errar, nin que pudiesse seer verdat al, sinon lo que él dizía. Et començó a catar razones para provar que era verdat lo que dizía don Alvar Háñez, et tantas razones et tan buenas dixo, que su cuñado et todos los otros tovieron que el su entendimiento, et la su vista, errava; mas lo que don Alvar Háñez dezía, que era verdad. Et aquesto fincó[127] assí.

Et fuéronse don Alvar Háñez et su sobrino adelante et andudieron tanto, fasta que llegaron a un río en que avía pieça de molinos. Et dando del agua a las vestias en el río, començó a dezir don Alvar Háñez que aquel río que corría

---

[126]porque.
[127]quedó.

contra la parte onde nasçía, et aquellos molinos, que del otra parte les vinía el agua.

Et el sobrino de don Alvar Háñez se tovo por perdido quando esto le oyó; ca tovo que, assí commo errara en l' conosçimiento de las vacas et de las yeguas, que assí errava agora en cuydar que aquel río vinía al revés de commo dizía don Alvar Háñez. Pero porfiaron tanto sobresto, fasta que doña Vascuñana llegó.

Et desquel dixieron esta porfía en que estava don Alvar Háñez et su sobrino, pero que a ella paresçía que el sobrino dizía verdat, non creó al su entendimiento et tovo que era verdat lo que don Alvar Háñez dizía. Et por tantas maneras sopo ayudar a la su razón, que su cuñado et quantos lo oyeron, creyeron todos que aquella era la verdat.

Et daquel día acá, fincó por fazaña[128] que si el marido dize que corre el río contra ar[r]iba, que la buena muger lo deve crer et deve dezir que es verdat.

Et desque el sobrino de don Alvar Háñez vio que por todas estas razones que doña Vascuñana dizía se provava que era verdat lo que dizía don Alvar Háñez, et que errava él en non conosçer las cosas assí commo eran, tóvose por muy ma[l]trecho, cuydando que avía perdido el entendimiento.

Et de que andudieron assí una grand pieça por el camino, et don Alvar Háñez vio que su sobrino yva muy triste et en grand cuydado, díxole assí:

—Sobrino, agora vos he dado la repuesta a lo que en l' otro día me dixiestes que me davan las gentes por grand tacha porque tanto fazía por doña Vascuñana, mi muger; ca bien cred que todo esto que vós et yo avemos passado oy, todo lo fize porque entendiéssedes quién es ella, et que lo que yo por ella fago, que lo fago con razón; ca bien creed que entendía yo que las primeras vacas que nós fallamos, et que dizía yo que eran yeguas, que vacas eran, assí como vós dizíades. Et desque doña Vascuñana llegó et vos oyó que yo dizía que eran yeguas, bien çierto so que entendía que vós dizíades verdat; mas que fió ella tanto en l' mio entendimiento, que tien que, por cosa del mundo, non podría errar, tovo que vós et ella errávades en non lo conosçer cómmo era. Et por ende dixo tantas razones et tan buenas, que fizo entender a vós, et a quantos allí estavan, que lo que yo dizía era verdat; et esso mismo fizo después en lo de las yeguas et del río. Et bien vos digo verdat: que del día que comigo casó, que nunca un día le bi fazer nin dezir cosa en que yo pudiesse entender que quería nin tomava plazer, sinon en aquello que yo quis;[129] nin le vi tomar enojo de ninguna cosa que fiziesse. Et siempre [tiene] verdaderamente en su talante que qualquier cosa que

---

[128]sentencia, refrán.
[129]quisiese.

yo faga, que aquello es lo mejor; et lo que ella a de fazer de suyo o le yo acomiendo que faga, sábelo muy bien fazer, et siempre lo faze guardando toda mi
onra et mi pro et queriendo que entiendan las gentes que yo so el señor, et que
la mi voluntad et la mi onra se cumpla; et non quiere para sí otra pro, nin otra
fama de todo el fecho, sinon que sepan que es mi pro, et tome yo plazer en ello.
Et tengo que si un moro de allende el mar esto fiziesse, quel devía yo mucho
amar et presçiar yo et fazer yo mucho por el su consejo, et demás seyendo ella
tal et yo seer casado con ella et seyendo ella tal et de tal linaje de que me tengo
por muy bien casado. Et agora, sobrino, vos he dado repuesta a la tacha que el
otro día me dixiestes que avía.

Quando el sobrino de don Alvar Háñez oyó estas razones, plógol ende
mucho, et entendió que, pues doña Vascuñana tal era et avía tal entendimiento
et tal entención, que fazía muy grand derecho don Alvar Háñez de la amar et fiar
en ella et fazer por ella quanto fazía et aun muy más, si más fiziesse.

Et assí fueron muy contrarios la muger del emperador et la muger de don
Alvar Háñez.

Et, señor conde Lucanor, si vuestros hermanos son tan desvariados, que el
uno faze todo quanto su muger quiere et el otro todo lo contrario, por aventura
esto es [por]que sus mugeres fazen tal vida con ellos como fazía la emperadriz
et doña Vascuñana. Et si ellas tales son, non devedes maravillarvos nin poner
culpa a vuestros hermanos; mas si ellas non son tan buenas nin tan revesadas
como estas dos de que vos he fablado, sin dubda vuestros hermanos non podrían
seer sin grand culpa; ca commo quier que aquel vuestro hermano que faze mucho
por su muger, faze bien, entendet que este bien, que se deve fazer con razón et
non más; ca si el omne, por aver grand amor a su muger, quiere estar con ella
tanto porque dexe de yr a los lugares o a los fechos en que puede fazer su pro
et su onra, faze muy grand yerro; nin si por le fazer plazer nin complir su talante
dexa nada de lo que pertenesçe a su estado, nin a su onra, faze muy desaguisado;
mas guardando estas cosas, todo buen talante et toda fiança que el marido pueda
mostrar a su muger, todo le es fazedero et todo lo deve fazer et le paresçe muy
bien que lo faga. Et otrosí, deve mucho guardar que por lo que a él mucho non
cumple, nin le faze gran mengua, que non le faga enojo nin pesar et señaladamente en ninguna guisa cosa que puede aver pecado, ca desto vienen muchos
daños: lo uno, la maldad et el pecado que omne faze, lo al, que por fazerle
emienda et plazer porque pierda aquel enojo et avrá a fazer cosas que se le
tornarán en daño de la fama et de la fazienda. Otrosí, el que por su fuerte ventura tal muger oviere commo la emperatriz, pues al comienço non pudo o no sopo
ý poner consejo en ello non ay sinon pasar su ventura commo Dios gelo quisiere
aderesçar; pero sabed que para lo uno et para lo otro cumple mucho que para el

primero día que el omne casa, dé a entender a su muger que él es el señor de todo, et quel faga entender la vida que an de pasar en uno.

Et vos, señor conde, al mi cuydar, parando mientes a estas cosas, pod[r]edes consejar a vuestros hermanos en quál manera vivan con sus mugeres.

Al conde plogo mucho destas cosas que Patronio le dixo, et tovo que dezía verdat et muy buen seso.

Et entendiendo don Juan que estos enxemplos eran buenos, fízolos poner en este libro, et fizo estos versos que dizen así:

En el prim[er]o día que omne casare deve mostrar
qué vida a de fazer o cómmo a de pasar.

EXEMPLO XXIX. De lo que contesçió a un raposo que se echó en la calle et se fizo muerto

Otra vez fablava el conde Lucanor con Patronio, su consegero, et díxole así:

—Patronio, un mio pariente bive en una tierra do non ha tanto poder que pueda estrañar[130] quantas escatimas[131] le fazen, et los que han poder en la tierra quer[r]ían muy de grado que fiziesse él alguna cosa porque oviessen achaque para seer contra él. Et aquel mio pariente tiene quel es muy grave cosa de soffrir aquellas terrerías[132] quel fazen, et quer[r]ía aventurarlo todo ante que soffrir tanto pesar de cada día. Et porque yo quer[r]ía que él acertasse en lo mejor, ruégovos que me digades en qué manera lo conseje porque passe lo mejor que pudiere en aquella tierra.

—Señor conde Lucanor—dixo Patronio—, para que vós le podades conseiar en esto, plazerme ýa que sopiéssedes lo que contesçió una vez a un raposo que se fezo[133] muerto.

El conde le preguntó cómmo fuera aquello.

—Señor conde—dixo Patronio—, un raposo entró una noche en un corral do avía gallinas; et andando en roýdo con[134] las gallinas, quando él cuydó que se

---

[130]evitar, alejar.

[131]insultos, afrentas.

[132]amenazas.

[133]hizo.

[134]entretenido con, alborotado con.

podría yr, era ya de día et las gentes andavan ya todos por las calles. Et desque él vio que non se podía asconder, salió escondidamente a la calle, et tendiósse assí commo si fuesse muerto.

Quando las gentes lo vieron, cuydaron que era muerto, et non cató ninguno por él.

A cabo de una pieça passó por ý un omne, et dixo que los cabellos de la fruente del raposo que eran buenos para poner en la fruente de los moços pequeños[135] porque non le[s] aoien.[136] Et trasquiló con unas tiseras[137] de los cabellos de la fruente del raposo.

Después vino otro, et dixo esso mismo de los cabellos del lomo; et otro, de la yjadas. Et tantos dixieron esto fasta que lo trasquilaron todo. Et por todo esto, nunca se movió el raposo, porque entendía que aquellos cabellos non le fazían daño en los perder.

Después vino otro et dixo que la uña del polgar del raposo que era buena para guaresçer de los panarizos;[138] et sacógela. Et el raposo non se movió.

Et después vino otro que dixo que el diente del raposo era bueno para el dolor de los dientes; et sacógelo. Et el raposo non se movió.

Et después, a cabo de otra pieça, vino otro que dixo que el coraçón era bueno paral dolor del coraçón, et metió mano a un cochiello[139] para sacarle el coraçón. Et el raposo vio quel querían sacar el coraçón et que si gelo sacassen, non era cosa que se pudiesse cobrar, et que la vida era perdida, et tovo que era meior de se aventurar a quequier[140] quel pudiesse venir, que soffrir cosa porque se perdiesse todo. Et aventuróse et puñó[141] en guaresçer[142] et escapó muy bien.

Et vós, señor conde, conseiad a aquel vuestro pariente que si Dios le echó en tierra do non puede estrañar lo quel fazen commo él querría o commo le cumplía, que en quanto las cosas quel fizieren fueren atales que se puedan soffrir

---

[135]niños.

[136]aojen; se refiere al mal de ojo.

[137]tijeras.

[138]panadizos = inflamación o tumor en las puntas de los dedos.

[139]cuchillo.

[140]cualquier cosa.

[141]luchó.

[142]salvarse.

sin grand daño et si[n] grand mengua, que dé a entender que se non siente dello et que les dé passada;[143] ca en quanto da omne a entender que se non tiene por maltrecho de lo que contra él an fecho, non está tan envergonçado; mas desque da a entender que se tiene por maltrecho de lo que ha reçebido, si dende adelante non faze todo lo que deve por non fincar menguado, non está tan bien commo ante. Et por ende, a las cosas passaderas, pues non se pueden estrañar commo deven, es mejor de les dar passada, mas si llegare el fecho a alguna cosa que sea grand daño o grand mengua, entonçe se aventure et non le sufra, ca mejor es la pérdida o la muerte, defendiendo omne su derecho et su onra et su estado, que bevir passando en estas cosas mal [et] desonradamente.

El conde tovo éste por buen conseio.

Et don Iohan fízolo escrivir en este libro et fizo estos viessos que dizen assí:

Sufre las cosas en quanto divieres,
estraña las otras en quanto pudieres.

EXEMPLO XXXII. De lo que contesçio a un rey con los burladores que fizieron el paño

Fablava otra vez el conde Lucanor con Patronio, su conseiero, et dizíale:

—Patronio, un omne vino a mí et díxome muy grand fecho et dame a entender que sería muy grand mi pro; pero dízeme que lo non sepa omne del mundo por mucho que yo en él fíe; et tanto me encaresçe que guarde esta poridat,[144] fasta que dize que si a omne del mundo lo digo, que toda mi fazienda et aun la mi vida es en grand periglo.[145] Et porque yo sé que omne non vos podría dezir cosa que vós non entendades, si se dize por vien o por algún engaño, ruégovos que me digades lo que vos paresçe en esto.

—Señor conde Lucanor—dixo Patronio—, para que vós entendades, al mío cuydar, lo que vos más cumple de fazer en esto, plazerme ýa que sopiésedes lo que contesçió a un rey con tres omnes burladores que vinieron a él.

El conde le preguntó cómmo fuera aquello.

---

[143]tolere.

[144]secreto.

[145]peligro.

—Señor conde—dixo Patronio—, tres omnes burladores vinieron a un rey et dixiéronle que eran muy buenos maestros de fazer paños, et señaladamente que fazían un paño que todo omne que fuesse [fijo] daquel padre que todos dizían, que vería el paño; mas el que non fuesse fijo daquel padre que él tenía a que las gentes dizían, que non podría ver el paño.

Al rey plogo desto mucho, teniendo que por aquel paño podría saber quáles omnes de su regno eran fijos de aquellos que devían seer sus padres o quáles non, et que por esta manera podría acresçentar mucho lo suyo; ca los moros non heredan cosa de su padre si non son verdaderamente sus fijos. Et para esto mandóles dar un palaçio en que fiziessen aquel paño.

Et ellos dixiéronle que porque viesse que non le querían engañar, que les mandasse çerrar[146] en aquel palaçio fasta que el paño fuesse fecho. Desto plogo mucho al rey. Et desque ovieron tomado para fazer el paño mucho oro et plata et seda et muy grand aver, para que lo fiziesse[n], entraron en aquel palaçio, et çerráronlos ý.

Et ellos pusieron sus telares et davan a entender que todo el día texían en l' paño. Et a cabo de algunos días, fue el uno dellos dezir al rey que el paño era començado et que era la más fermosa cosa del mundo; et díxol a qué figuras et a qué labores lo començaban de fazer et que, si fuesse la su merçet, que lo fuesse ver et que non entrasse con él omne del mundo. Desto plogo al rey mucho.

Et el rey, queriendo provar[147] aquello ante en otro,[148] envió un su camarero que lo viesse, pero non le aperçibió quel desengañasse.

Et desque el camarero vio los maestros et lo que dizían, non se atrevió a dezir que non lo viera. Quando tornó al rey, dixo que viera el paño. Et después envió otro, et díxol esso mismo. Et desque todos los que el rey envió le dixieron que vieran el paño, fue el rey a lo veer.

Et quando entró en el palaçio et vio los maestros que estavan texiendo et dizían: «Esto es tal labor, et esto es tal ystoria, et esto es tal figura, et esto es tal color», et conçertavan[149] todos en una cosa, et ellos non texían ninguna cosa, quando el rey vio que ellos non texían et dizían de qué manera era el paño, et él, que non lo veý et que lo avían visto los otros, tóvose por muerto, ca tovo que porque non era fijo del rey que él tenía por su padre, que por esso non podía ver

---

[146]encerrar.

[147]comprobar.

[148]antes por medio de otro.

[149]concordaban.

el paño, et reçeló que si dixiesse que lo non veýa, que perdería el regno. Et por ende [començó] a loar mucho el [paño] et aprendió muy bien la manera commo dizían aquellos maestros que el paño era fecho.

Et desque fue en su casa con las gentes, començó a dezir maravillas de quánto bueno et quánto maravilloso era aquel paño, et dizía las figuras et las cosas que avía en el paño, pero que él estava con muy mala sospecha.

A cabo de dos o de tres días, mandó a su alguazil que fuesse veer aquel paño. Et el rey contol las marabillas et estrañezas que viera en aquel paño. El alguazil fue allá.

Et desque entró et vio los maestros que texían et dizían las figuras et las cosas que avía en el paño et oyó al rey cómmo lo avía visto, et que él non lo veýa, tovo que porque non era fijo daquel padre que él cuydava, que por eso non lo veýa, et tovo que si gelo sopiessen, que perdería toda su onra. Et por ende, començó a loar el paño tanto commo el rey o más.

Et desque tornó al rey et le dixo que viera el paño et que era la más noble[150] et la más apuesta cosa del mundo, tóvose el rey aún más por mal andante, pensando que, pues el alguazil viera el paño et él non lo viera, que ya non avía dubda que él non era fijo del rey que él cuydava. Et por ende, començó más de loar et de firmar[151] más la vondad et la nobleza del paño et de los maestros que tal cosa sabían fazer.

Et otro día, envió el rey otro su privado et conteçiol commo al rey et a los otros. ¿Qué vos diré más? Desta guisa, et por este reçelo, fueron engañados el rey et quantos fueron en su tierra, ca ninguno non osava dezir que non veyé el paño.

Et assí passó este pleito, fasta que vino una grand fiesta. Et dixieron todos al rey que vistiesse aquellos paños para la fiesta.

Et los maestros traxiéronlos embueltos en muy buenas sávanas, et dieron a entender que desbo[l]vían el paño et preguntaron al rey qué quería que taiassen[152] de aquel paño. Et el rey dixo quáles vestiduras quería. Et ellos davan a entender que taiavan et que medían el talle que avían de aver las vestiduras, et después que las coserían.

---

[150]notable.

[151]afirmar.

[152]cortasen.

Quando vino el día de la fiesta, vinieron los maestros al rey, con sus paños taiados et cosidos, et fiziéronle entender quel vistían et quel allanavan[153] los paños. Et assí lo fizieron fasta que el rey tovo que era vestido, ca él non se atrevía a dezir que él non veýa el paño.

Et desque fue vestido tan bien commo avedes oýdo, cavalgó para andar por la villa; mas de tanto[154] le avino bien,[155] que era verano.

Et desque las gentes lo vieron assí venir et sabían que el que non veýa aquel paño que non era fijo daquel padre que cuydava, [cuydava] cada uno que los otros lo veýan et que pues él non lo veýa, que si lo dixiesse, que sería perdido et desonrado. Et por esto fincó aquella poridat guardada, que non se atrevié ninguno a lo descubrir, fasta que un negro, que guardava el cavallo del rey et que non avía que pudiesse perder, llegó al rey et díxol:

—Señor, a mí non me empeçe que me tengades por fijo de aquel padre que yo digo, nin de otro, et por ende, dígovos que yo so çiego, o vós desnuyo[156] ydes.[157]

El rey le començó a maltraer diziendo que porque non era fijo daquel padre que él cuydava, que por esso non veýa los sus paños.

Desque el negro esto dixo, otro que lo oyó dixo esso mismo, et assí lo fueron diziendo fasta que el rey et todos los otros perdieron el reçelo de conosçer la verdat et entendieron el engaño que los burladores avían fecho. Et quando los fueron buscar, non los fallaron, ca se fueran con lo que avían levado del rey por el engaño que avedes oýdo.

Et vós, señor conde Lucanor, pues aquel omne vos dize que non sepa ninguno de los en que vós fiades nada de lo que él vos dize, çierto seed que vos cuyda engañar, ca bien devedes entender que non ha él razon de querer más vuestra pro, que non ha convusco tanto debdo commo todos los que combusco biven, que an muchos debdos et bien fechos de vos, porque deven querer vuestra pro et vuestro serviçio.

El conde tovo éste por buen conseio et fízolo assí et fallóse ende bien.

Et veyendo don Iohan que éste era buen exiemplo, fízolo escrivir en este livro, et fezo estos viessos que dizen assí:

---

[153]estiraban, arreglaban.

[154]sin embargo.

[155]le vino bien, tuvo suerte.

[156]desnudo.

[157]vais.

Quien te conseia encobrir de tus amigos,
sabe que más te quiere engañar que dos figos.

El conde Lucanor. Edición de José Manuel Blecua. 4a ed. Madrid: Editorial Castalia, 1982.

JUAN RUIZ, ARCIPRESTE DE HITA

Libro de buen amor[1]

Aquí dize de cómo el Açipreste rogó a Dios que le diese graçia que podiese fazer este libro [estrofas 11-19]

Dios Padre e Dios Fijo e Dios Spíritu Santo,
el que nasçió de Virgen, esfuérçenos de tanto[2]
que sienpre lo loemos en prosa e en canto;
sea de nuestras almas cobertura e manto.

El que fizo el çielo, la tierra e la mar,
Él me done su graçia e me quiera alunbrar,
que pueda de cantares un librete rimar,
que los que lo oyeren puedan solaz tomar.

Tú, Señor e Dios mío que el omne formeste,[3]
enforma[4] e ayuda a mí, el tu açipreste,
que pueda fazer libro de buen amor aqueste,
que los cuerpos alegre e a las almas preste.[5]

Si queredes, señores, oír un buen solaz,
escuchad el romanze,[6] sosegadvos en paz;
non vos diré mentira en quanto en él yaz,
ca por todo el mundo se usa e se faz.

E porque mejor sea de todos escuchado,

---

[1] Seguimos la edición de Jacques Joset (Madrid: Taurus, 1990). En algunos casos proponemos mínimos cambios de algunos signos expresivos (guiones o comillas dobles y simples) que, nos parece, facilitan la compresión del texto. Nótese que Arcipreste figura muchas veces como Açipreste.

[2] nos dé el ánimo en tanto.

[3] creaste.

[4] enseña.

[5] aproveche.

[6] obra en lengua vulgar.

228

fablarvos é por trobas e por cuento rimado:
es un dezir fermoso e saber sin pecado,
razón[7] más plazentera, fablar más apostado.[8]

Non tengades que es libro de neçio devaneo,
nin creades que es chufa[9] algo que en él leo:
ca, segund buen dinero yaze en vil correo,[10]
ansí en feo libro está saber non feo.

El axenuz,[11] de fuera más negro es que caldera;
es de dentro muy blanco más que la peñavera;[12]
blanca farina está so negra cobertera,[13]
açúcar dulçe e blanco está en vil cañavera.[14]

So la espina está la rosa, noble flor,
en fea letra está saber de gran dotor;
como so mala capa yaze buen bevedor,
ansí so mal tabardo[15] está el buen amor.

E porque de todo bien es comienço e raíz
la Virgen Santa María, por ende yo, Juan Ruiz,
Açipreste de Fita, d'ella primero fiz
cantar de los sus gozos siete, que ansí diz:

Gozos de Santa María [estrofas 20-32]

¡O María!,
luz del día,
tú me guía

---

[7]discurso.

[8]adornado.

[9]broma, burla.

[10]bolsa de cuero.

[11]planta llamada "arañuela", que tiene frutos negros.

[12]piel de marta cebellina o de armiño que servía como forro de vestido.

[13]cubierta, tapadera.

[14]caña.

[15]casacón de paño tosco que se usa para abrigarse y defenderse de los temporales.

toda vía.

Gáname gracia e bendiçión,
de Jesú consolaçión,
que pueda con devoçión
cantar de tu alegría.

El primer gozo que s'lea:
en çibdad de Galilea,
Nazaret creo que sea,
oviste mensajería[16]

del ángel que a ti vino,
Grabrïel santo e dino;
tróxote[17] mensaj divino,
díxote: «Ave María».

Tú, desque el mandado oíste,
omilmente[18] lo resçebiste,
luego virgen conçebiste
al fijo que Dios enbía.

En Belem acaesçió
el segundo cuando nasçió,
e sin dolor aparesçió
de ti, Virgen, el Mexía.

El terçero cuentan las Leyes
quando venieron los reyes
e adoraron al que veyes
en tu braço do yazía.

Ofreçiól mirra Gaspar,
Melchior fue ençienso dar,
oro ofreçió Baltasar
al que Dios e omne seía.

Alegría quarta e buena
fue quando la Madalena
te dixo gozo sin pena,

---

[16]mensaje.

[17]trájote. Hay en los manuscritos vacilación entre las formas trox-, trax- y trux-.

[18]humildemente.

que el tu fijo vevía.[19]
    El quinto plazer oviste[20]
quando al tu fijo viste
sobir[21] al çielo e diste
gracias a Dios ó[22] subía.
    Madre, el tu gozo sesto:
quando en los disçípulos, presto,
fue Spíritu Santo puesto
en tu santa conpañía.
    Del setento, Madre santa,
la Iglesia toda canta:
sobiste con gloria tanta
al çielo quanta ý[23] avía.
    Reinas con tu fijo quisto,[24]
nuestro Señor Jhesú Cristo;
por ti sea de nós visto
en la gloria sin fallía.[25]

Aquí dize de cómo segund natura los omnes e las otras animalias quieren aver conpañía con las fenbras [estrofas 71-76]

    Como dize Aristótiles, cosa es verdadera,
el mundo por dos cosas trabaja:[26] la primera,
por aver mantenencia; la otra cosa era
por aver juntamiento con fenbra[27] plazentera.

---

[19]vivía.

[20]tuviste.

[21]subir.

[22]donde.

[23]allí.

[24]querido.

[25]sin falta.

[26]se esfuerza.

[27]hembra.

Si lo dixiese de mío,[28] sería de culpar;
dízelo grand filósofo, non só[29] yo de rebtar:[30]
de lo que dize el sabio non devemos dubdar,
ca por obra se prueva el sabio e su fablar.

Que diz verdat el sabio claramente se prueva:
omnes, aves, animalias, toda bestia de cueva
quieren segund natura conpaña sienpre nüeva,
e quanto más el omne que toda cosa que s' mueva.

Digo muy más el omne que toda creatura:
todas a tienpo çierto se juntan con natura;
el omne de mal seso todo tienpo, sin mesura,
cada[31] que puede, quiere fazer esta locura.

El fuego sienpre quiere estar en la çeniza,
comoquier que más arde quanto más se atiza;
el omne quando peca bien vee que desliza,
mas non se parte ende ca natura lo enriza.[32]

E yo, como só omne como otro, pecador,
ove de las mugeres a las vezes grand amor;
provar omne las cosas non es por ende peor,
e saber bien e mal, e usar lo mejor.

*Aquí fabla de la constelaçión e de la planeta en que los omnes nasçen, e del
juizio que los çinco sabios naturales dieron en el nasçemiento del fijo del rey
Alcarez* [esrofas 123-127, 151-165]

Los antiguos astrólogos dizen en la çïençia
de la astrología, una buena sabiençia:[33]
qu'el omne, quando nasçe, luego en su naçençia,[34]

---

[28]como algo mío.

[29]soy.

[30]reprender.

[31]cada vez.

[32]azuza.

[33]una sentencia sabia.

[34]en el mismo día de su nacimiento.

el signo[35] en que nasçe le juzgan por sentençia.

    Esto diz Tolomeo e dízelo Platón,[36]
otros muchos maestros en este acuerdo son:
qual es el asçendente e la costellaçión
del que nasçe, tal es su fado[37] e su don.

    Muchos ay que trabajan sienpre por clerezía,
desprende[n] grandes tienpos,[38] espienden grant quantía;[39]
en cabo[40] saben poco, que su fado les guía:
non pueden desmentir a la astrología.

    Otros entran en orden por salvar las sus almas,
otros toman esfuerço en querer usar armas,
otros sirven señores con las sus manos amas,[41]
pero muchos de aquestos dan en tierra de palmas.[42]

    Non acaban en orden nin son más cavalleros,
nin an merçed de señores nin an de sus dineros;
porque puede ser esto, creo ser verdaderos,
segund natural curso, los dichos estrelleros.[43]
[...]

    Non sé astrología nin só ende[44] maestro,
nin sé astralabio[45] más que buey de cabestro;
mas porque cada día veo pasar esto,
por aqueso lo digo; otrosí[46] veo aquesto:
    muchos nasçen en Venus, que lo más de su vida

---

[35]signo astrológico.

[36]Se acostumbraba a citar a Tolomeo y Platón como astrólogos.

[37]hado, destino.

[38]aprenden durante largo tiempo.

[39]gastan gran cantidad de dinero.

[40]al final.

[41]ambas.

[42]caen al suelo.

[43]astrólogos.

[44]por ende, en consecuencia, por lo tanto.

[45]astrolabio; en este verso algunos reponen la contracción "del astralabio".

[46]además.

es amar las mugeres, nunca se les olvida;
trabajan e afanan mucho, sin medida,
e los más non recabdan[47] la cosa más querida.

En este signo atal creo que yo nasçí:
sienpre puné en[48] servir dueñas que conosçí;
el bien que me feçieron non lo desgradesçí:
a muchas serví mucho que nada non acabesçí.[49]

Comoquier que he provado mi signo ser atal
(en servir a las dueñas punar e non en ál)[50]
pero, aunque omne no goste[51] la pera del peral,
en estar a la sonbra es plazer comunal.[52]

Muchas noblezas[53] á el que a las dueñas sirve:
loçano, fablador, en ser franco se abive;[54]
en servir a las dueñas el bueno non se esquive,
que si mucho trabaja, en mucho plazer bive:

el amor faz sotil al omne que es rudo,
fázele fablar fermoso al que antes es mudo,
al omne que es covarde fázelo muy atrevudo,[55]
al perezoso faze ser presto e agudo,

al mançebo mantiene mucho en mançebez
e al viejo faz perder [muy] mucho la vejez,
faze blanco e fermoso del negro como pez,
lo que non vale una nuez amor le da gran prez.[56]

El que es enamorado, por muy feo que sea,
otrosí su amiga, maguer que sea muy fea,

---

[47]consiguen.

[48]traté de.

[49]logré.

[50]y no en otra cosa.

[51]guste.

[52]común, de todos.

[53]cualidades.

[54]se anime.

[55]atrevido.

[56]precio, valor.

el uno e el otro non á cosa que vea
que tan bien le paresca nin que tanto desea.

El bavieca,[57] el torpe, el neçio [e] el pobre
a su amiga bueno paresçe e rico onbre,
más noble que los otros; por ende todo onbre
como un amor pierde, luego otro cobre.[58]

Ca puesto que su signo sea de tal natura
como es este mío, dize una escritura
que «buen esfuerço vençe a la mala ventura»,
e a toda pera dura grand tienpo la madura.

Una tacha le fallo al amor poderoso,
la qual a vós, dueñas, yo descobrir non oso;
mas, por que no me tengades por dezidor medroso,
es ésta: que el amor sienpre fabla mentiroso.

Ca segund vos é dicho en la otra conseja,
lo que en sí es torpe con amor bien semeja,
tiene por noble cosa lo que non vale una arveja:
lo que semeja non es,[59] oya[60] bien tu oreja:

si las mançanas sienpre oviesen tal sabor
de dentro, qual de fuera dan vista e color,
non avrié de las plantas fruta de tal valor;
mas ante pudren que otra, pero[61] dan buen olor.

Bien atal es amor, que da palabra llena,[62]
toda cosa que dice paresçe mucho buena:
non es todo cantar quanto ruïdo suena;
por vos descobrir esto, dueña[s], non aya pena.

Diz: «Por las verdades se pierden los amigos,
e por las non dezir se fazen desamigos».[63]

---

[57]bobo.

[58]conquiste.

[59]no es lo que parece.

[60]oiga.

[61]aunque.

[62]que promete todo.

[63]enemigos.

Ansí entendet sano[64] los proverbios antigos,
e nunca vos creades loores de enemigos.

*De cómo el Amor vino al Arçipreste e de la pelea que con él ovo el dicho Arçi-
preste* [estrofas 181-188]

Diré vos la pelea que una noche me vino,
pensando en mi ventura, sañudo[65] e non con vino:
un omne grande, fermoso, mesurado, a mí vino;
yo le pregunté quién era; dixo: «Amor, tu vezino».[66]
Con saña que tenía, fuilo a denostar;
díxel: «Si Amor eres, non puedes aquí estar:
eres mentiroso falso en muchos enartar;[67]
salvar non puedes uno, puedes çient mil matar.
Con engaños e lisonjas e sotiles mentiras,
enpoçonas[68] las lenguas, enervolas tus viras;[69]
al que mejor te sirve, a él fieres quanto tiras,
párteslo del amiga el omne que aíras.[70]
Traes enloqueçidos muchos con tu saber,
fázeslos perder el sueño, el comer y el bever,
fazes a muchos omnes tanto se atrever[71]
en ti, fasta que el cuerpo e el alma van perder.
Non tienes regla çierta nin tienes en ti tiento:
a las vegadas[72] prendes con grand arrevatamiento,

---

[64]bien.

[65]encolerizado, irritado.

[66]Se refiere probablemente al dicho "Mal vecino es el amor y donde no lo
hay es peor".

[67]engañar.

[68]emponzoñas, envenenas.

[69]envenenas las flechas.

[70]haces caer en desgracia.

[71]confiar.

[72]a veces.

a vezes poco a poco con maestrías[73] çiento:
de quanto yo te digo, tú sabes que non miento.

    Desque los omnes prendes, non das por ellos nada,
tráeslos de oy en cras[74] en vida muy penada,
fazes, al que te cree, lazar[75] en tu mesnada,[76]
e, por plazer poquillo, andar luenga jornada.

    Eres tan enconado que, do fieres de golpe,
no lo sana mengía,[77] enplasto nin xarope;[78]
non sé fuerte nin reçio, que contigo tope,
que non l'debatas[79] luego, por muchos que se enforçe.[80]

    De cómo enflaquezes las gentes e las dañas,
muchos libros ay d'esto, de cómo las engañas
con tus muchos doñeos[81] e con tus malas mañas;
sienpre tiras la fuerça, dízenlo en fazañas:[82]
[...]

Aquí fabla de la respuesta que Don Amor dio al Arçipreste [estrofas 423-456, 558-575]

    El Amor, con mesura, diome respueta luego;
diz: "Açipreste, sañudo non seyas, yo te ruego,
non digas mal de Amor en verdat nin en juego,
que a las vezes poca agua faze abaxar gran fuego.

    Por poco maldezir se pierde grand amor,

---

[73]astucias, trampas.

[74]indefinidamente.

[75]también "lazrar" = sufrir, padecer.

[76]ejército.

[77]medicina.

[78]jarabe.

[79]derribes.

[80]se esfuerce.

[81]cortejos.

[82]cuentos, anécdotas.

de pequeña pelea nasçe muy grand rencor,
por mala dicha[83] pierde vassallo su señor;
la buena fabla sienpre faz de bueno mejor.

   Escucha la mesura, pues dixiste baldón:[84]
non deve amenaçar el que atiende[85] perdón;
do bien eres oído, escucha mi razón:
si mis castigos fazes, non te dirá muger non.

   Si tú fasta agora cosa non recabdeste[86]
de dueñas[87] e de otras[88] que dizes que ameste,
tórnate a tu culpa, pues por ti lo erreste,[89]
porque a mí non veniste nin viste nin proveste.[90]

   Quisiste ser maestro ante que disçípulo ser,
e non sabes la manera como es de aprender;
oy'e leye[91] mis castigos[92] e sábelos bien fazer:
recabdarás la dueña e sabrás otras traer.

   Para todas mugeres tu amor non conviene:
non quieras amar dueñas que a ti non aviene:[93]
es un amor baldío, de grand locura viene,
sienpre será mesquino quien amor vano tiene.

   Si leyeres Ovidio,[94] el que fue mi crïado,
en él fallarás fablas[95] que l'ove yo mostrado,

---

[83]malas palabras.

[84]insulto.

[85]espera.

[86]nada lograste.

[87]damas.

[88]probablemente villanas o serranas.

[89]asume tu propia culpa, pues los errores son sólo tuyos.

[90]pusiste a prueba, probaste.

[91]oye y estudia.

[92]consejos, advertencias.

[93]conviene.

[94]Publio Ovidio Naso, poeta latino (43 a.C.-16 d.C.), conocido por obras como las *Metamorfosis* y, en la alusión aquí, *Arte del amor*.

[95]sentencias.

muchas buenas maneras[96] para enamorado:
Pánfilo e Nasón[97] yo los ove castigado.

Si quisieres amar dueñas o otra qualquier muger,
muchas cosas avrás primero a aprender;
para que ella te quiera en amor acoger,
sabe primeramente la muger escoger.

Cata muger fermosa, donosa e loçana,
que non sea muy luenga nin otrosí[98] enana;
si podieres non quieras amar muger villana,
que de amor non sabe, es como baüsana.[99]

Busca muger de talla, de cabeça pequeña;
cabellos amarillos, non sean de alheña;[100]
las çejas apartadas, luengas, altas, en peña;
ancheta de caderas; ésta es talla de dueña.

Ojos grandes, someros, pintados, reluzientes,
e de luengas pestañas, bien claras, paresçientes;
las orejas pequeñas, delgadas; páral mientes
si á el cuello alto: atal quieren las gentes.

La nariz afilada, los dientes menudillos,
eguales, e bien blancos, poquillo apartadillos;
las enzías bermejas; los dientes agudillos;
los labros[101] de la boca bermejos, angostillos.

La su boca pequeña, así de buena guisa;
la su faz sea blanca, sin pelos, clara e lisa;
puna de aver muger que la vea sin camisa,
que la talla del cuerpo te dirá: 'Esto aguisa'.

La muger que enbïares de ti sea parienta,
que bien leal te sea, non sea su servienta;

---

[96]comportamientos.

[97]Pareciera que Juan Ruiz identifica a Pánfilo, protagonista del *Pamphilus de amore* con Ovidio, cuyo cognomen era Nasón, dándolo a éste último como coautor de la historia que sirve de base para las estrofas 580 a 891.

[98]ni tampoco.

[99]espantapájaros.

[100]sustancia usada para teñir cabellos.

[101]labios.

non lo sepa la dueña, porque la otra non mienta:
non puede ser quien mal casa, que non se arrepienta.
    Puña,[102] en quanto puedas, que la tu mensajera
sea bien razonada, sotil e costumera,[103]
sepa mentir fermoso e siga la carrera,
ca más fierbe[104] la olla con la su cobertera.[105]
    Si parienta no tienes atal, toma [unas] viejas
que andan las iglesias e saben las callejas:
grandes cuentas al cuello, saben muchas consejas,
con lágrimas de Moisén[106] escantan las orejas.
    Son grandes maestras aquestas pavïotas:[107]
andan por todo el mundo, por plaças e [por] cotas;[108]
a Dios alçan las cuentas, querellando sus coitas:
¡ay, quánto mal saben estas viejas arlotas![109]
    Toma de unas viejas que se fazen erveras,[110]
andan de casa en casa e llámanse parteras;
con polvos e afeites e con alcoholeras
echan la moça en ojo[111] e çiegan bien de veras.
    E busca mensajera de unas negras pecas,[112]
que usan mucho fraires, monjas e beatas:
son mucho andariegas, meresçen las çapatas;[113]
estas trotaconventos fazen muchas baratas.

---

[102]como *puna*, trata.

[103]Probablemente signifique lenta, pausada o bien ejercitada, diestra.

[104]hierve.

[105]tapa.

[106]una especie de piedras que, al chocarse unas con otras, producirían un sonido capaz de hechizar o encantar a las dueñas.

[107]engañadoras.

[108]cotarros.

[109]bribonas.

[110]vendedoras de hierbas.

[111]juego con hacer mal de ojo y afeitar con polvos o maquillar.

[112]probable error; algunos sustituyen por "patas", que significa "tocas".

[113]zapatos de mujer o bien calzas.

Do estas mugeres usan mucho se alegrar,[114]
pocas mugeres pueden d'ellas se despagar;[115]
porque[116] a ti non mientan sábelas falagar,
ca tal escanto[117] usan que saben bien çegar.

De aquestas viejas todas, ésta es la mejor;
ruégal que te non mienta, muéstral buen amor,
que mucha mala bestia vende buen corredor
e mucha mala ropa cubre buen cobertor.[118]

Si dexier que la dueña non tiene onbros muy grandes,
nin los braços delgados, tú luego le demandes
si á los pechos chicos; si dize sí, demandes
contra[119] la fegura toda, porque más çierto andes.

Si diz que los sobacos tiene un poco mojados
e que á chicas piernas e luengos los costados,
ancheta de caderas, pies chicos, socavados,[120]
tal muger non la fallan en todos los mercados.

En la cama muy loca, en [la] casa muy cuerda:
non olvides tal dueña, mas d'ella te acuerda.
Esto que te castigo con Ovidio concuerda,
e para aquésta cata[121] la fina avancuerda.[122]

Tres cosas non te oso agora descobrir,
son tachas encobiertas, de mucho maldezir:
pocas son las mugeres que d'ellas pueden salir;[123]

---

[114]Puede significar "puesto que estas mujeres acostumbran a alegrar mucho" o bien "donde estas mujeres suelen estar, uno se alegra mucho".

[115]no estar contentas.

[116]para que.

[117]encanto.

[118]alusión a la alcahueta como cortina o paño que cubre las actividades amorosas de las prostitutas ('mala ropa').

[119]acerca de.

[120]de planta arqueada.

[121]considera.

[122]apodo para la alcahueta, refiriéndose a la cuerda que se echa por delante para tirar de un animal.

[123]librarse.

si las yo dexiese començarién a reír.

Guarte[124] que non sea bellosa ni barbuda:
¡atal media pecada[125] el huerco[126] la saguda![127]
Si á la mano chica, delgada, boz aguda,
atal muger, si puedes, de buen seso la muda.[128]

En fin de las razones, fazle una pregunta:
si es muger alegre, de amor se repunta;[129]
si á süeras[130] frías, si damanda quanto barrunta,[131]
al omne si dize sí, a tal muger te ayunta.

Atal es de servir e atal es de amar:
es muy más plazentera que otras en doñear;
si tal saber podieres e la quesieres cobrar,
faz mucho por servirla en dezir e en obrar.

De tus joyas fermosas cada que dar podieres;
quando dar non quesieres o quando non tovieres,
promete e manda mucho maguer non gelo[132] dieres:
luego estará afuziada,[133] far[á] lo que quisieres.
[452][134]

Gradésçegelo mucho lo que por ti feziere,
póngelo en mayor preçio de quanto ello valiere;

---

[124]guárdate.

[125]diabla.

[126]infierno.

[127]sacuda.

[128]cambias.

[129]presume.

[130]sudaderas.

[131]Verso sumamente oscuro, ha tenido varias enmiendas y provocado muchas discusiones académicas. *Sueras* es la parte de la montura donde cabalgan las señoras; no se sabe si *demanda* es imperativo o indicativo.

[132]aunque no se lo.

[133]confiada, asegurada.

[134]Esta estrofa corresponde a la 611; en uno de los manuscritos aparece aquí por probable error del copista.

non le seas refertero[135] en lo que te pediere,
nin seas porfïoso contra lo que te dixiere.

    Requiere a menudo a la que bien quisieres,
non ayas miedo d'ella quando tienpo tovieres,
vergüença non te enbargue do con ella estodieres,[136]
perezoso non seas adó buena azina[137] vieres.

    Quando la mujer vee al perezoso covardo,
dize luego entre dientes: "¡Oxte![138] tomaré mi dardo".
Con muger non enpereçes, nin te enbuelvas en tabardo:
del vestido más chico sea tu ardit alardo.

    Son en la gran pereza miedo e covardía,
torpedat e vileza, suziedat e astrosía:
por pereza perdieron muchos conpaña mía,
por pereza se pierde muger de gran valía.
[...]

    Non seas maldeziente[139] nin seas enbidioso;
a la muger que es cuerda non le seas çeloso:
si algo no l'provares, no l'seas despechoso;[140]
non seas de su algo pedidor codiçioso.

    Ante ella non alabes otra de paresçer,[141]
ca en punto la farás luego entristeçer:
cuidará que a la otra querrias ante vençer,
poderte ia tal achaque[142] tu pleito enpeesçer.[143]

    De otra muger no le digas, mas a ella alaba:
el trebejo[144] [la] dueña non lo quiere en otra aljaba;[145]

---

[135]regateador.

[136]estuvieres.

[137]ocasión amorosa.

[138]grito para espantar las gallinas.

[139]maldiciente.

[140]rencoroso.

[141]de buen parecer.

[142]acusación, pretexto.

[143]impedir, perjudicar.

[144]juego, pieza de ajedrez.

razón de fermosura en ella la alaba:
quien contra esto faze tarde o non recabda.

Non le seas mintroso, seyle muy verdadero;
quando juegas con ella, non seas tú parlero;
do te fablare de amor, sey[le] tú plazentero,
ca el que calla e aprende, éste es manzellero.[146]

Ante otros de açerca tú mucho non la cates,
non le fagas señales: a ti mismo non mates,[147]
ca muchos lo entie[n]den que lo provaron antes;
de lexos algarea[148] quedo,[149] non te arrebates.

Sey como la paloma, linpio e mesurado;
sey como el pavón, loçano, sosegado;
sey cuerdo e non sañudo, nin triste nin irado:
en esto se esmera el que es enamorado.

De una cosa te guarda quando amares alguna:
non te sepa que amas otra muger ninguna,
si non, todo tu afán es sonbra de luna,
e es como quien sienbra en río o en laguna.

Piensa si consintirá[150] tu cavallo tal freno,
que tu entendedera amase a frey Moreno;[151]
pues piensa por ti mesmo e cata bien tu seno,
e por tu coraçón judgarás el ajeno.

Sobre todas las cosas fabla de su bondat;
non te alabes d'ella, que es gran torpedat:
muchos pierden la dueña por dezir neçedat,
quequier que[152] por ti faga tenlo en poridat.[153]

---

[145]bolsa.

[146]eficaz, acertador.

[147]perjudiques.

[148]ataca.

[149]tranquilo.

[150]consentirá.

[151]probablemente personaje folclórico o de un cuento popular.

[152]cualquier cosa que.

[153]secreto.

Si mucho le ençelares,[154] mucho fará por ti;
do fallé poridat, de grado departí;
con omne mesturero[155] nunca me entremetí,
a muchos de las dueñas por esto los partí.

Como tiene tu estómago en sí mucha vïanda,
tenga la poridat, que es mucho más blanda;
Catón,[156] sabio romano, en su libro lo manda,
diz que la poridat en buen amigo anda.

Travando con sus dientes descúbrese la çarça,
échanla de la uerta, de viñas e de haça;[157]
alçando el su grant cuello, descúbrese la garça:
buen callar çient sueldos val en toda plaça.

A muchos faze mal el omne mesturero,
a muchos desayuda e a sí de primero:
resçelan d'él las dueñas e danle por fazañero;[158]
por mala dicha de uno pierde todo el tablero.

Por un mur[159] muy pequeño que poco queso preso,[160]
dizen luego: 'Los mures an comido el queso'.
¡Sea él malandante,[161] sea él malapreso,[162]
quien a sí e a muchos estorva con mal seso!

De tres cosas que pidas a muger falaguera,[163]
darte á la segunda si le guardas la primera;
si las dos bien guardares, tuya es la terçera:
non pierdas a la dueña por tu lengua parlera.

---

[154]ocultares, guardares el secreto.

[155]chismoso, calumniador.

[156]filósofo romano (234-149 a.C.), conocido por la austeridad de sus principios.

[157]campo cultivado.

[158]escandaloso.

[159]ratón.

[160]priso = cogió, tomó.

[161]desventurado, desdichado.

[162]desdichado.

[163]cariñosa, mimosa.

cras[164] te dará la puerta quien te oy çierra el postigo;
la que te oy desama cras te querrá amigo:
faz consejo de amigo e fuye loor de enemigo.
 Mucho más te diría si podiese aquí estar,
mas tengo por el mundo otros muchos de pagar;
pésales por mi tardança, a mí pesa del vagar:
castígate castigando e sabrás a otros castigar».
 Yo, Johan Ruiz, el sobredicho açipreste de Hita,
pero que mi coraçón de trobar non se quita,
nunca fallé tal dueña como a vós Amor pinta,
nin creo que la falle en toda esta cohita.[165]

Aquí dize de cómo fue fablar con Doña Endrina el Arçipreste [estrofas 653-744,
755-764, 782-870][166]

 ¡Ay, Dios, e quán fermosa viene Doña Endrina por la plaça!
¡Qué talle, qué donaire, qué alto cuello de garça!
¡Qué cabellos, qué boquilla, qué color, qué buenandanza!
Con saetas de amor fiere quando los sus ojos alça.
 Pero, tal lugar non era para fablar en amores;[167]
a mí luego me venieron muchos miedos e tenblores:
los mis pies e las mis manos non eran de sí señores,
perdí seso, perdí fuerça, mudáronse mis colores.
 Unas palabras tenía pensadas por le dezir,
el miedo de las conpañas me façían ál departir;
apenas me conosçía nin sabía por dó ir:
con mi voluntat mis dichos non se podían seguir.
 Fablar con muger en plaça es cosa muy descobierta:

---

 [164]mañana.

 [165]manzana de casas, barrio.

 [166]Nótese que para el copista que puso los epígrafes, el protagonista sigue siendo el arcipreste y no un don Melón diferente del yo narrador.

 [167]hablar de amor.

a bezes mal perro atado tras mala puerta abierta;[168]
bueno es jugar fermoso,[169] echar alguna cobierta;[170]
ado es lugar seguro, es bien fablar cosa çierta.

«Señora, la mi sobrina, que en Toledo seía,[171]
se vos encomienda mucho, mil saludes[172] vos enbía;
si oviés lugar e tienpo por quanto de vós oía,
deséavos mucho ver e conosçervos querría.

Querían allá mis parientes casarme en esta sazón
con una donzella muy rica, fija de Don Pepïón;[173]
a todos di por respuesta que la non quería, non:
de aquella seria mi cuerpo que tiene mi coraçón».

Abaxé más la palabra, díxel que en juego fablava
porque toda aquella gente de la plaça nos mirava;
desque vi que eran idos, que omne aý non fincava,[174]
començél dezir mi quexa del amor que me afincava.[175]

....
....[176]

otro non sepa la fabla, d'esto jura fagamos:
do se çelan los amigos, son más fïeles entramos.

«En el mundo non es cosa que yo ame a par de[177] vós;
tienpo es ya pasado, de los años más de dos,
que por vuestro amor me pena: ámovos más que a Dios;
non oso poner persona que lo fable entre nós.

Con la grant pena que paso vengo a vos dezir mi quexa:

---

[168]alusión al refrán que dice "Dios te guarde de perro atado y de hombre determinado".

[169]hablar o hacer un discurso donoso.

[170]encubrir algo o decir algo fingido.

[171]estaba.

[172]saludos.

[173]Pepión es una moneda de poco valor.

[174]se quedaba.

[175]tenía profundamente clavado en el corazón.

[176]Estos versos faltan en todos los manuscritos.

[177]tanto como.

vuestro amor e deseo, que me afinca e me aquexa,
no s'me tira,[178] no s'me parte, non me suelta, non me dexa;
tanto [más] me da la muerte quanto más se me alexa.

Reçelo é que non me oídes esto que vos é fablado:
fablar mucho con el sordo es mal seso e mal recabdo;
cre[e]t que vos amo tanto que non é mayor cuidado:
esto sobre todas cosas me traye más afincado.

Señora, yo non me atrevo de dezirvos más razones
fasta que me respondades a estos pocos sermones;
dezitme vuestro talante,[179] veremos los coraçones».
Ella dixo: «Vuestros dichos non los preçio dos piñones.

Bien así engañan muchos a otras muchas Endrinas:
el omne tan engañoso así engaña a sus vezinas;
non cuidedes que só loca por oír vuestras parlinas;
buscat a quien engañedes con vuestras falsas espinas».

Yo le dixe: «¡Ya sañuda, anden fermosos trebejos![180]
Son los dedos en las manos, pero, non todos parejos;
todos los omnes non somos de unos fechos nin consejos:
la peña[181] tien blanco e prieto, pero, todos son conejos.

A las vegadas lastan[182] justos por pecadores,
a muchos enpeesçen los ajenos errores,
faz mal culpa de malo a buenos e a mejores;
deven tener la pena a los sus fazedores.

El yerro que otro fizo, a mí non faga mal;
avet por bien que vos fable allí so aquel portal:
non vos vean aquí todos los que andan por la cal;[183]
aquí vos fablé uno, allí vos fablaré ál».

Paso a paso Doña Endrina so el portal es entrada,
bien loçana e orgullosa, bien mansa e sosegada,
los ojos baxo por tierra, en el poyo asentada;

---

[178]no se aparta de mí.

[179]parecer, deseo, voluntad.

[180]juegos astutos.

[181]manto forrado de piel.

[182]pagan.

[183]calle.

yo torné en la mi fabla que tenía començada:

«Escúcheme, señora, la vuestra cortesía,
un poquillo que vos diga la muerte mía:
cuidades que vos fablo en engaño e en folía,[184]
e non sé qué me faga contra vuestra porfía.

A Dios juro, señora, para[185] aquesta tierra,
que quanto vos é dicho de la verdat non yerra;[186]
estades enfrïada más que nief[187] de la sierra,
e sodes atán moça que esto me atierra.

Fablo en aventura[188] con la vuestra moçedat,
cuidades que vos fablo lisonja e vanidat;
non me puedo entender en vuestra chica edat:
querriedes jugar la pella[189] más que estar en poridat.[190]

Pero[191] sea más noble[192] para plazentería[193]
e para estos juegos edat [d]e mançebía,
la vegedat[194] en seso[195] lieva la mejoría:
a entender las cosas el grand tienpo la guía.

Todas las cosas faze el grand uso entender,
el arte e el uso muestra todo el saber;
sin el uso e arte ya se va pereçer:
do se usan los omnes puédense conoçer.

Id e venit a la fabla otro día, por mesura,
pues que oy non me creedes o non es mi ventura;

---

[184]locura.

[185]por.

[186]no se aparta de la verdad.

[187]nieve.

[188]con riesgo, en vano.

[189]pelota.

[190]en secreto, a solas.

[191]aunque.

[192]adecuado.

[193]placer.

[194]vejez.

[195]entendimiento.

it e venid a la fabla: esa creençia atán dura,[196]
usando oír mi pena, entendredes mi quexura.

Otorgatme, ya señora, aquesto de buena miente,[197]
que vengades otro día a la fabla solamiente:
yo pensaré en la fabla e sabré vuestro talente;
ál non oso demandar, vós venid seguramiente.

Por la fabla se conosçen los más de los coraçones:
yo entenderé de vós algo, e oiredes vós mis razones;
it e venit a la fabla, que mugeres e varones
por las palabras se conosçen, e son amigos e conpañones.

Pero que omne non coma nin comiençe la mançana,
es la color e la vista alegría palançiana:[198]
es la fabla e la vista de la dueña tan loçana
al omne conorte grande e plazentería bien sana».

Esto dixo Doña Endrina, esta dueña de prestar:[199]
«Onra es e non deshonra en cuerdamiente fablar:
las dueñas e [las] mugeres deven su repuesta[200] dar
a qualquier que las fablare o con ellas razonare.

Quanto esto vos otorgo, a vós o a otro qualquier;
fablat vos, salva mi onra, quanto fablar vos quisiere;
de palabras en juego dirélas si las oyere:[201]
non vos consintré engaño cada que lo entendiere.

Estar sola con vós solo, eso yo non lo faría,
non deve muger estar sola en tal conpañía:
naçe dende mala fama, mi desonra sería;
ante testigos que veyan, fablarvos é algund día».

«Señora, por la mesura que agora prometedes,
non sé graçias que lo valan quantas vos mereçedes:
a la merçed, que agora de palabra me fazedes,
egualar non se podrían ningunas otras merçedes.

---

[196]esa opinión tan desfavorable.

[197]de buena voluntad, benévolamente.

[198]exquisita, excelente.

[199]de valor, excelente.

[200]respuesta.

[201]si me decís burlas, burlas contestaré.

Pero, fio de Dios que aún tienpo verná
que quál es el buen amigo por las obras pareçerá;
querría fablar, non oso: tengo que vos pesará».
Ella dixo: «Pues dezildo e veré qué tal será».

"Señora, que m'prometades, de lo que de amor queremos,
que, si ovier'logar e tienpo, quando en uno[202] estemos,
segund que lo yo deseo, vós e yo nos abraçemos:
para vós, non pido mucho, ca con esto pasaremos».

Esto dixo Doña Endrina: «Es cosa muy provada
que por sus besos la dueña finca muy engañada:
ençendemiento grande pone el abraçar al amada,
toda muger es vençida desque esta joya es dada.

Esto yo non vos otorgo, salvo la fabla, de mano;[203]
mi madre verná de misa, quiérome ir de aquí tenprano:
non sospeche contra mí que ando con seso vano;
tienpo verná que podremos fablarnos este verano».

Fuése mi señora de la fabla su vía;
desque yo fue[204] naçido, nunca vi mejor día,
solaz tan plazentero e tan grande alegría:
quisom' Dios bien guiar e la ventura mía.

Cuidados muchos me quexan,[205] a que non fallo consejo:
si mucho uso la dueña con palabras de trebejo,
puede ser tanta la fama que saliría a conçejo:[206]
así perdería la dueña, que será pesar sobejo.

Si la non sigo, non uso, el amor se perderá;
si veye que la olvido, ella otro amará:
el amor con uso creçe, desusando menguará;
do la muger olvidares, ella te olvidará.

Do añadieres la leña creçe sin dubda el fuego;
si la leña se tirare, el fuego menguará luego:
el amor e bienquerençia creçe con usar juego;

---

[202]juntos.

[203]de momento.

[204]fui.

[205]apremian.

[206]se haría pública.

si la muger olvidares, poco preçiará tu ruego.

Cuidados tan departidos[207] créçenme de cada parte,
con pensamientos contrarios el mi coraçón se parte,
e a la mi mucha cuita non sé consejo nin arte:
el amor, do está firme, todos los miedos departe.[208]

Muchas vezes la Ventura, con su fuerza e poder,
a muchos omnes non dexa su propósito fazer:
por esto anda el mundo en levantar e en caer;
Dios e el trabajo grande pueden los fados vençer.

Ayuda la Ventura al que bien quiere guiar,
e a muchos es contraria, puédelos mal estorvar;
el trabajo e el fado suélense aconpañar,
pero, sin Dios todo esto non puede aprovechar.

Pues que sin Dios no m'puede prestar cosa que sea,
Él guíe la mi obra, Él mi trabajo provea,
porque el mi coraçón vea lo que desea:
el que «amen» dixiere, lo que cobdiçia vea.

Hermano nin sobrino non quiero por ayuda:
quando aquel fuego viene, todo coraçón muda;
uno a otro non guarda lealtad nin la cuda:[209]
amigança, debdo e sangre, la muger lo muda.[210]

El cuerdo con buen seso pensar deve las cosas:
escoja las mejores e dexe las dañosas;
para mensajería personas sospechosas
nunca son a los omnes buenas nin provechosas.

Busqué trotaconventos qual me mandó el Amor,
de todas las maestras escogí la mejor;
Dios e la mi ventura que me fue guiador,
acerté en la tienda del sabio corredor.

Fallé una tal vieja qual avía mester,
artera e maestra e de mucho saber;
Doña Venus por Pánfilo non pudo más fazer

---

[207]opuestos.

[208]aleja.

[209]cuida.

[210]cambia.

de quanto fizo aquésta por me fazer plazer.

Era vieja buhona[211] d'éstas que venden joyas:
éstas echan el laço, éstas cavan las foyas;[212]
non ay tales maestras como estas viejas troyas,[213]
éstas dan la maçada: si as orejas, oyas.

Como lo an de uso estas tales buhonas,
andan de casa en casa vendiendo muchas donas;[214]
non se reguardan d'ellas,[215] están con las personas,[216]
fazen con mucho viento andar las atahonas.

Desque fue en mi casa esta vieja sabida,[217]
díxele: «Madre señora, tan bien seades venida:
en vuestras manos pongo mi salud e mi vida;
si vós non me acorredes,[218] mi vida es perdida.

Oí dezir de vós sienpre mucho bien e aguisado,[219]
de quántos bienes fazedes al que a vós viene coitado;
cómo á bien e ayuda quien de vós es ayudado;
por la vuestra buena fama yo é por vós enbïado.

Quiero yo fablar convusco[220] bien en como penitençia:
toda cosa que vos diga, oídla en paçïencia;
sinon vós, otro non sepa mi quexa e mi dolençia».
Diz la vieja: «Pues dezidlo, e aved en mí creencia.[221]

Comigo seguramente vuestro coraçón fablad,
faré por vós quanto pueda, guardarvos é lealtat:
ofiçio de correderas es de mucha poridat,

---

[211]buhonera.

[212]hoyos que sirven de trampas.

[213]palabra despectiva de sentido incierto.

[214]dones, regalos.

[215]recelar de, desconfiar de ellas.

[216]frecuentan a las personas de alta condición social.

[217]astuta.

[218]socorreis.

[219]razonable.

[220]con vos.

[221]tened confianza en mí.

más encubiertas encobrimos que mesón de vezindat.

Si a quantas d'esta villa nós vendemos las alfajas
sopiesen unos de otros, muchas serían las barajas;
muchas bodas ayuntamos, que vienen a repantajas,[222]
muchos panderos vendemos, que non suenan las sonajas».

Yo le dixe: «Amo una dueña sobre quantas yo vi;
ella si me non engaña, paresçe que ama a mí;
por escusar mil peligros fasta oy lo encubrí:
toda cosa d'este mundo temo mucho e temí.

De pequeña cosa nasçe fama en la vezindat;
desque nasçe, tarde muere, maguer non sea verdat,
sienpre cada día cresçe con enbidia e falsedat:
poca cosa le enpeçe al mesquino en mesquindat.

Aquí es bien mi vezina; ruégovos que allá vayades,
e fablad entre nós amos lo mejor que entendades;
encobrid aqueste pleito lo más mucho que podades,
açertad el fecho todo pues vierdes las voluntades».

Dixo: «Yo iré a su casa de esta vuestra vezina,
e le faré tal escanto, e le daré tal atalvina,[223]
por que esa vuestra llaga sane por mi melezina.
Dezidme quin es la dueña». Yo le dixe: «¡Ay, Doña Endrina!»

Díxome que esta dueña era bien su conosçienta;[224]
yo le dixe: «Por Dios, amiga, guardatvos de sobervienta».[225]
Ella diz: «Pues fue casada, creed que se non arrepienta,
que non ay mula de alvarda que la troxa[226] non consienta.

La çera que es mucho dura e mucho brozna e elada,
desque ya entre las manos una vez está maznada,[227]
despúes con el poco fuego çient vezes será doblada:
doblarse á toda dueña que sea bien escantada.

---

[222]arrepentimiento.

[223]talvinas = especie de gachas que servían de filtro amoroso.

[224]conocida.

[225]sorpresa.

[226]carga que se lleva a cuestas de una persona o animal.

[227]amasada, ablandada.

Miénbrese[228] vos, buen amigo, de lo que dezir se suele,
que çivera en molino quien ante viene ante muele;
mensaje que mucho tarda a muchos omnes desmuele:[229]
el omne aperçebido[230] nunca tanto se duele.

Amigo, non vos durmades, que la dueña que dezides
otro quiere casar con ella, pide lo que vós pedides:
es omne de buen linaje, viene donde[231] vós venides;
vayan ante vuestros ruegos que los ajenos conbides.

Yo lo trayo estorvado por quanto non lo afinco,
ca es omne muy escaso pero que[232] es muy rico:
mandóme[233] por vestüario una piel e un pellico,
diómelo tan bien parado, que nin es grande nin chico.

El presente que s'da luego, si es grande de valor,
quebranta leyes e fueros e es del derecho señor:
a muchos es grand ayuda, a muchos estorvador;
tienpo ay que aprovecha e tienpo ay que faz peor.

Esta dueña que dezides, mucho es en mi poder:
si non por mí, non la puede omne del mundo aver;
yo sé toda su fazienda,[234] e quanto á de fazer
por mi consejo lo faze más que non por su querer.

Non vos diré mis razones, que asaz vos é fablado:
de aqueste ofiçio bivo, non é de otro coidado;
muchas vezes é tristeza del lazerio ya pasado,
porque non me es gradesçido, nin me es gualardonado.

Si me diéredes ayuda de que passe un poquillo,
a esta dueña e a otras moçetas[235] de cuello alvillo,
yo faré con mi escanto que s' vengan paso a pasillo,
en aqueste mi farnero las traeré al sarçillo».

---

[228]recordad.

[229]muele mucho, abate, quebranta.

[230]preparado, adiestrado.

[231]de donde.

[232]aunque.

[233]me prometió.

[234]sus asuntos, sus negocios.

[235]mocitas.

Yo le dixe: «Madre señora, yo vos quiero bien pagar,
el mi algo e mi casa, a todo vuestro mandar:
de mano[236] tomad pellote[237] e id, no l' dedes vagar;
pero, ante que vayades, quiérovos yo castigar.

Todo el vuestro cuidado sea en aqueste fecho,
trabajat en tal manera porque ayades provecho:
de todo vuestro trabajo avredes ayuda e pecho;[238]
pensat bien lo que fablardes con seso e con derecho.

Del comienço fasta el cabo pensat bien lo que l' digades,
fablad tanto[239] e tal cosa que non vos arrepintades;
en la fin está la onra e desonra, bien creades:
do bien acaba la cosa, allí son todas bondades.

Mejor cosa es al omne, al cuerdo e al entendudo,[240]
callar do non le empeçe e tiénenle por sesudo,[241]
que fablar lo que no l'cunple por que sea arrepentudo:
o piensa bien lo que fablas, o calla, fazte mudo».

La buhona con farnero va tañiendo cascaveles,
meneando de[242] sus joyas, sortijas con alheleles;[243]
dezía: «Por fazalejas,[244] conprad aquestos manteles».
Vídola Doña Endrina, dixo: «Entrad, non reçeledes».

Entró la vieja en casa, díxole: «Señora fija,
para esa mano bendicha quered esta sortija;
si vós non me descobrierdes, dezirvos é una pastija[245]
que pensé aquesta noche»: poco a poco la aguija.

«Fija, sienpre estades en casa ençerrada,

---

[236]en el acto.

[237]abrigo, especie de manto.

[238]tributo, pago.

[239]sólo, a penas.

[240]entendido.

[241]de buen seso, inteligente.

[242]meneando, zarandeando.

[243]alfileres.

[244]toallas.

[245]patraña = cuento, refrán popular.

sola envejeçedes; quered alguna vegada
salir e andar en plaça: la vuestra beldat loada
entre aquestas paredes non vos prestará nada.

En aquesta villa mora muy fermosa mançebía,
mançebillos apostados e de mucha loçanía;
en todas buenas costunbres creçen de cada día:
nunca veer pudo omne atán buena conpañía.

Muy bien me resçiben todos con aquesta pobredat;
el mejor e el más noble de linaje e de beldat
es Don Melón de la Uerta, mançebillo de verdat:
a todos los otros sobra en fermosura e bondat.

Todos cuantos en su tienpo en esta tierra nasçieron,
en riquezas e en costunbres tanto como él non creçieron:
con los locos fazes'loco, los cuerdos d'él bien dixieron;
manso más que un cordero, nunca pelear lo vieron.

El sabio vençer al loco con seso non es tan poco:
con los cuerdos estar cuerdo, con los locos estar loco;
el cuerdo non enloqueçe por fablar al roçapoco:[246]
yo lo pienso en mi pandero muchas vezes que lo toco.

Mançebillo en la villa atal non se fallará:
non estraga lo que gana, mas antes lo guardará;
creo bien que tal fijo al padre semejará:
en el bezerrillo vey omne el buey que fará.

El fijo como el padre muchas vezes aprueva:
en semejar al padre non es cosa tan nueva;
el coraçón del omne por la obra se prueva:
grand amor e grand saña non puede ser que no s'mueva.

Omne es de buena vida e es bien acostumbrado:
creo que casaría él convusco de buen grado;
si vós lo bien supiésedes quál es e quán preçiado,
vós querríades a éste que yo vos é fablado.

A veçes luenga fabla tiene chico provecho:
'quien mucho fablar yerra', dízelo el derecho;
a vezes cosa chica faze muy grand despecho
e de comienço chico viene granado fecho.

A vezes pequeña fabla bien dicha e chico ruego

---

[246]persona frívola, haragán.

obra mucho en los fechos, a vezes recabda luego:
de chica çentella nasçe grant llama e grant fuego,
e vienen grandes peleas a vezes de chico juego.

Siempre fue mi costunbre e los mis pensamientos
levantar yo de mío e mover casamientos,
fablar como en juego tales somovimientos,
fasta que yo entienda e vea los talentos.

Agora, señora fija, dezit vuestro coraçón,
esto que vos é fablado si vos plaze o si non;
guardar vos é poridat, çelaré vuestra raçón,
sin miedo fablad conmigo todas quantas cosas son».

Repondióle la dueña con mesura e bien:
«Buena muger, dezidme quál es ése o quién,
que vós tanto loades, e quántos bienes tien;
yo pensaré en ello, si para mí convién».

Dixo Trotaconventos: «¿Quién es, fija señora?
Es aparado[247] bueno que Dios vos traxo agora,
mançebillo guisado;[248] en vuestro barrio mora:
Don Melón de la Uerta, queredlo en buen ora.

Creedme, fija señora, que, quantos vos demandaron,
a par d'este mançebillo ningunos non allegaron;
el día que vós nasçistes fadas alvas[249] vos fadaron,
que para ese buen donaire atal cosa vos guardaron».

Dixo Doña Endrina: «Callad ese pedricar,
que ya ese parlero[250] me coidó engañar:
muchas otras vegadas me vino a retentar,[251]
mas de mí él nin vós non vos podredes alabar.

La muger que vos cree las mentiras parlando,[252]
e cree a los omnes con amores jurando,

---

[247]regalo.

[248]ordenado, bien dispuesto.

[249]hados favorables.

[250]hablador.

[251]tentar con insistencia.

[252]hablando mucho y sin contenido.

sus manos se contuerçe, del coraçón travando,[253]
mal se lava la cara con lágrimas llorando.

Déxame de tus roídos,[254] que yo tengo otros coidados
de muchos que me tienen los mis algos forçados;[255]
non me viene en miente d'esos malos recabdos,
nin te cunple agora dezirme esos mandados».

"A la fe[256]—dixo la vieja—desque vos veen biuda,
sola, sin conpañero, non sodes tan temida:
es la biuda tan sola más que vaca corrida;
por ende aquel buen omne vos ternía defendida.

Este vos tiraría todos esos pelmazos,[257]
de pleitos e de afruentas,[258] de vergüenças e de plazos;
muchos dizen que coidan parar vos tales lazos,
fasta que non vos dexen en las puertas llumazos.[259]
[...]

Mas éste vos defendrá de toda esta contienda:
sabe de muchos pleitos e sabe de leyenda,[260]
ayuda e defiende a quien se le encomienda;
si él non vos defiende, no sé quién vos defienda».

Començó su escanto la vieja coïtral:[261]
«Quando el que buen siglo aya seía en este portal,
dava sonbra a las casas e reluzié la cal;
mas do non mora omne, la casa poco val.

Así estades, fija, biuda y mançebilla,
sola e sin conpañero como la tortolilla:
d'eso creo que estades amariella e magrilla:
que do son todas mugeres, nunca mengua renzilla.

_____

[253]agarrando.

[254]ruido, palabras vanas.

[255]que quieren quitarme los bienes a la fuerza.

[256]en verdad.

[257]te quitaría de encima todas esas molestias.

[258]afrentas.

[259]goznes o bisagras.

[260]sabe leer, sabe de leyes.

[261]decrépita.

Dios bendixo la casa do el buen omne cría:[262]
siempre an gasajado,[263] plazer e alegría;
por ende tal mançebillo para vós lo querría,
ante de muchos días veriedes mejoría».

Respondióle la dueña, diz: "Non me estaria bien
casar ante del año, que a bivda non convién,
fasta que pase el año de los lutos que tien,
casarse, ca el luto con esta carga vien.

Si yo ante casase, sería enfamada,[264]
perdería la manda[265] que a mí es mandada;
del segundo marido non sería tan onrada:
ternié que non podría sofrir grand tenporada».

«Fija—dixo la vieja—el año ya es pasado;
tomad aqueste marido por omne e por velado;
andémoslo, fablémoslo, tengámoslo çelado:
hado bueno que vos tienen vuestras fadas fadado.

¿Qué provecho vos tien vestir ese negro paño,
andar envergonçada e con mucho sosaño?[266]
Señora, dexar duelo e fazet cabo de año:[267]
nunca la golondrina mejor consejó ogaño.

Xergas por mal señor, burel[268] por mal marido,
a cavalleros e a dueñas es provecho[so] vestido,
mas dévenlo traer poco e fazer chico roído:
grand plazer e chico duelo es de todo omne querido».

Respondió Doña Endrina: «Dexat, non osaría
fazer lo que me dezides nin lo que él querría;
non me digas agora más d'esa ledanía,[269]

---

[262]vive.

[263]agasajo.

[264]difamada.

[265]herencia, legado.

[266]reprimenda.

[267]oficio de difuntos que se celebra al año de la muerte del marido, luego del cual puede la viuda volver a casarse.

[268]xergas y burel: paños de luto.

[269]letanía, súplica.

non me afinques tanto luego el primero día».

[...]

«Fijo, el mejor cobro de quantos vós avedes
es olvidar la cosa que aver non podedes:
lo que non puede ser nunca lo porfïedes,
lo que fazer se puede, por ello trabajedes».

«¡Ay de mí! ¡Con qué cobro tan malo me venistes!
¡Qué nuevas atán malas, tan tristes me troxistes!
¡Ay vieja mata-amigos, para qué me lo dixistes!
Tanto bien non me faredes quanto mal me fezistes.

¡Ay viejas pitofleras,[270] malapresas[271] seades!
El mundo revolviendo, a todos engañades:
mintiendo, aponiendo,[272] deziendo vanidades,
a los nesçios fazedes las mentiras verdades.

¡Ay! que todos mis mienbros comiençan a tremer;[273]
mi fuerça e mi seso e todo mi saber,
mi salud e mi vida e todo mi entender,
por esperança vana todo se va a perder.

¡Ay, coraçón quexoso, cosa desaguisada![274]
¿Por qué matas el cuerpo do tienes tu morada?
¿Por qué amas la dueña que non te preçia nada?
Coraçón, por tu culpa bivrás vida penada.

Coraçón, que quisiste ser preso e tomado
de dueña que te tiene por demás olvidado,
posístete en presión[275] e sospiros e cuidado:
penarás, ¡ay!, coraçón tan olvidado, penado.

¡Ay, ojos, los mis ojos! ¿Por qué vos fustes poner
en dueña que non vos quiere nin catar nin ver?
Ojos, por vuestra vista vos quesistes perder:
paneredes, mis ojos, penar e amortesçer.

---

[270]chismosa, chocarrera.

[271]malandante.

[272]acusando.

[273]temblar.

[274]insensata.

[275]prisión, cárcel.

¡Ay, lengua sin ventura! ¿Por qué queredes dezir,
por qué quieres fablar, por qué quieres departir
con dueña que te non quiere nin escuchar nin oír?
¡Ay, cuerpo tan penado, cómo te vas a morir!

Mugeres alevosas, de coraçón traidor,
que non avedes miedo, mesura nin pavor
de mudar do queredes el vuestro falso amor:
¡ay, muertas vos veades de tal ravia e dolor!

Pues que la mi señora con otro fuer casada,
la vida d'este mundo, yo non la preçio nada;
mi vida e mi muerte ésta es, señalada;
pues que aver non la puedo, mi muerte es llegada».

Diz: «Loco, ¿qué avedes que tanto vos quexades?
Por ese quexo²⁷⁶ vano nada non ganades;
tenprad²⁷⁷ con el buen seso el pesar que ayades,
alinpiat vuestras lágrimas, pensad qué fagades.

Grandes artes demuestra el mucho menester;
pensando, los peligros podedes estorçer,²⁷⁸
quiçá el grand trabajo puéde vos acorrer:
Dios e el uso grande fazen los fados bolver».

Yo le dixe: «¿Quál arte, quál trabajo, quál sentido,
sanará golpe tan grand, de tal dolor venido?
Pues a la mi señora cras le darán marido,
toda la mi esperança pereçe e yo só perdido.

Fasta que su marido pueble el çementerio,
non casaría conmigo, ca serié adulterio;
a nada es tornado todo el mi laçerio:
veo el daño grande e, demás, el haçerio».²⁷⁹

Dixo la buena vieja: «En ora muy chiquilla
sana dolor muy grand e sale grand postilla;²⁸⁰
después de muchas lluvias viene la buena orilla,

---

²⁷⁶queja.

²⁷⁷templad.

²⁷⁸salvar.

²⁷⁹vergüenza, reproche.

²⁸⁰enfermedad.

en pos[281] los grandes nublos, grand sol e grant sonbrilla.

Viene salud e vida después de grand dolençia,
vienen muchos plazeres después de grant tristençia;[282]
conortad vos,[283] amigo, tened buena creençia:
çerca son grandes gozos de la vuestra querençia.

Doña Endrina es vuestra e fará mi mandado:
non quiere ella casarse con otro omne nado,[284]
todo el su deseo en vos está firmado;
si mucho la amades, más vos tiene amado».

«Señora madre vieja, ¿qué me dezides agora?
Fazedes como madre quando el moçuelo[285] llora,
que le dize falagos porque calle esa ora:[286]
por eso me dezides que es mía mi señora.

Ansí fazedes, madre, vós a mí por ventura,
porque pierda tristeza, dolor e amargura,
porque tome conorte e porque aya folgura:
¿dezídesme joguetes o fabládesme en cordura?»[287]

«Conteçe—diz la vieja—ansí al amador
como al ave que sale de uñas del astor:[288]
en todo logar tiene[289] que está el caçador
que la quiere levar; sienpre tiene temor.

Creed que verdat digo e ansí lo fallaredes;
si verdat me dixistes e amor le avedes,
ella verdat me dixo, quiere lo que vós queredes;
perdet esa tristeza, que vós lo provaredes.[290]

---

[281]detrás de.

[282]tristeza.

[283]consoláos.

[284]nacido.

[285]niño.

[286]en el acto.

[287]me hablais en serio.

[288]garras del azor.

[289]cree.

[290]comprobaréis.

La fin muchas de vezes[291] non puede recudir
con el comienço suyo, nin se puede seguir:
el curso de los fados non puede omne dezir:
sólo Dios e non otro sabe qué es por venir.

Estorva grandes fechos pequeña ocasión,
desesperar[292] el omne es perder coraçón;[293]
el gran trabajo cunple quantos deseos son,
muchas vezes allega riquezas a montón.

Todo nuestro trabajo e nuestra esperança
está en aventura e está en balança;[294]
por buen comienço espera omne la buena andança;
a vezes viene la cosa, pero faga tardança».[295]

«Madre, ¿vós non podedes conosçer o asmar[296]
si me ama la dueña o si me querrá amar?
Que quien amores tiene non los puede çelar
en gestos o en sospiros o en color o en fablar».

«Amigo—diz la vieja—en la dueña lo veo
que vos quiere e vos ama e tiene de vós deseo:
quando de vós le fablo e a ella oteo,
todo se le demuda el color e el aseo.

Yo a las de vegadas mucho cansada callo,
ella me diz que fable, que non quiera dexallo;
fago que non me acuerdo, ella va començallo,
óyeme dulçemente, muchas señales fallo.

En el mi cuello echa los sus braços entramos,
ansí una grand pieça[297] en uno nos estamos,
sienpre de vós dezimos, en ál nunca fablamos;
quando alguno viene, otra razón mudamos.

Los labros de la boca tiénblanle un poquillo,

---

[291]muchas veces.

[292]desesperarse.

[293]perder ánimos.

[294]en peligro.

[295]aunque tarde.

[296]adivinar.

[297]rato.

el color se le muda bermejo e amarillo,
el coraçón le salta ansí, a menudillo:
apriétame mis dedos con los suyos, quedillo.

Cada que vuestro nonbre yo le estó deziendo,
otéame e sospira e está comediendo,[298]
aviva más el ojo e está toda bulliendo:
paresçe que convusco non se estaria dormiendo.

En otras cosas muchas entiendo esta trama:[299]
ella non me lo niega, ante diz que vos ama;
si por vós non menguare, abaxarse á la rama
e verná Doña Endrina, si la vieja la llama».

«Señora madre vieja, la mi plazentería,
por vós mi esperança siente ya mejoría,
por la vuestra ayuda creçe mi alegría:
non cansedes vós, madre, seguilda[300] toda vía.

Tira muchos provechos a vezes la pereza,
a muchos aprovecha un ardit sotileza;
conplid vuestro trabajo e acabad la nobleza:[301]
perderla por tardança serié grand avoleza».[302]

«Amigo, segund creo, por mí avredes conorte,
por mí verná la dueña andar al estricote;[303]
mas yo de vos non tengo sinon este pellote:
si buen manjar queredes, pagad bien el escote.[304]

A vezes non façemos todo lo que dezimos,
e quanto prometemos, quizá non lo conplimos:
al mandar somos largos e al dar escasos primos;
por vanas promisiones trabajamos e servimos».

«Madre, vós non temades que en mentira vos ande,
ca engañar al pobre es pecado muy grande;

---

[298]reflexionando, cavilando.

[299]enredo amoroso.

[300]seguidla, perseguidla.

[301]trabajo, hazaña.

[302]vileza.

[303]arrastrándose.

[304]gasto de cada comensal como parte en una comida.

non vos engañaría, nin Dios nunca lo mande:
si vos yo engañare, él a mí lo demande.

En lo que nós fablamos fiuza[305] dever avemos:
en la firme palabra es la fe que tenemos;
si en algo menguamos de lo que prometemos,
es vergüença e mengua, si conplir lo podemos».

«Eso—dixo la vieja—bien se dize fermoso,
mas el pueblo pequeño sienpre está temeroso
que será soberviado[306] del rico poderoso:
por chica razón pierde el pobre e el coitoso.[307]

El derecho del pobre piérdese muy aína:[308]
al pobre e al menguado e a la pobre mesquina,
el rico los quebranta, sobervia los enclina:[309]
non son ende más preçïados que la seca sardina.

En toda parte anda poca fe e grand fallía,[310]
encúbrese en cabo con mucha artería;
non á el aventura[311] contra el fado valía:
a las vezes espanta la mar e faz buen día.

Lo que me prometistes, póngolo en aventura,
lo que yo vos prometí, tomad e aved folgura:
quiérome ir a la dueña, rogarle he por mesura
que venga a mi posada a vos fablar segura.

Si por aventura yo solos vos podiés juntar,
ruégovos que seades omne do fuer lugar;[312]
el su coraçón d'ella non sabe mal amar:
dar vos á chica ora lo que queredes far».

Fuese a casa de la dueña, dixo: «¿Quién mora aquí?»
Respondióle la madre: «¿Quién es que llama ý?»

---

[305]confianza.

[306]atropellado, abrumado.

[307]desdichado.

[308]en seguida.

[309]inclina, humilla.

[310]falsedad.

[311]Probablemente tenga el sentido de "esfuerzo".

[312]cuando haya oportunidad.

«Señora Doña Rama, yo (¡que por mi mal vos ví,
que las mis fadas negras[313] non se parten de mí!)».
   Díxole Doña Rama: «¿Cómo vienes amiga?»
«¿Cómo vengo, señora? Non sé cómo lo diga:
corrida e amarga,[314] que me diz toda enemiga[315]
uno, non sé quién es, mayor que aquella viga.

   Andame todo el día como a çierva corriendo,
como el diablo al rico omne ansí me anda seguiendo,
que l' lieve la sortija, que traía vendiendo:
está lleno de doblas,[316] fascas que[317] non lo entiendo».
   Desque oyó aquesto la renzellosa[318] vieja,
dexóla con la fija e fuése a la calleja;
començó la buhona dezir otra conseja:
a la razón primera tornóle la pelleja.[319]
   Diz: «Ya levase el uerco[320] a la vieja riñosa,
que por ella convusco fablar omne no osa.
¿Pues qué, fija señora? ¿Cómo está nuestra cosa?
Véovos bien loçana, bien gordilla e fermosa».
   Preguntóle la dueña: «Pues, ¿qué nuevas de aquél?»
Diz la vieja: «¿Qué nuevas? ¿Qué sé yo qué es d'él?
Mesquino e magrillo, non ay más carne en él
que en pollo envernizo[321] después de Sant Miguel.[322]
   El grand fuego non puede encobrir la su llama,
nin el grande amor non puede encobrir lo que ama;

---

[313]malos hados.

[314]amargada.

[315]toda clase de iniquidades.

[316]monedas de oro, pero también mentiras o contradicciones.

[317]como que.

[318]rencillosa.

[319]cambió radicalmente.

[320]infierno.

[321]pollo flaco, nacido en invierno cuando hay poco alimento.

[322]La fiesta de San Miguel se celebra el 29 de setiembre, cuando comienza
el otoño.

ya la vuestra manera entiéndela mi alma,
mi coraçón con dolor sus lágrimas derrama;

 porque veo e conosco en vós cada vegada
que sodes de aquel omne locamente amada:
su color amarillo, la su faz demudada,
en todos los sus fechos vos trahe antojada.[323]

 E vós d'él non avedes nin coita[324] nin enbargo,[325]
dezídesme 'non' sienpre, maguera vos encargo[326]
con tantas de mesuras[327] de aquel omne tan largo,[328]
que lo traedes muerto, perdido e amargo.[329]

 Si anda o si queda, en vós está pensando:
los ojos façia a tierra, non queda sospirando,
apretando sus manos, en su cabo fablando:
¡Raviosa vos veades! ¡Doledvos! ¿Fasta quándo...?

 El mesquino sienpre anda con aquesta tristeza:
¡Par Dios![330] ¡Mal día él vido la vuestra grand dureza!
De noche e de día trabaja sin pereza,
mas non le aprovecha arte nin sotileza.

 De tierra mucho dura fruta non sale buena:
¿quién, sinon el mesquino, sienbra en el arena?
Saca gualardón poco, grand trabajo e grand pena:
anda devaneando el pez con la ballena.

 Primero por la talla él fue de vós pagado,
después con vuestra fabla fue mucho enamorado:
por aquestas dos cosas fue mucho engañado;
de lo que l' prometistes non es cosa[331] guardado.

 Desque con él fablastes, más muerto lo traedes;

---

[323]os trae ante los ojos.

[324]cuita.

[325]pena.

[326]insisto.

[327]con tantas muestras de cortesía.

[328]generoso.

[329]amargado.

[330]¡Por Dios!

[331]nada.

pero que aun vós callades, tan bien como él ardedes:
descobrid vuestra llaga, si non ansí morredes:
el fuego encobierto vos mata e penaredes.

Dezidme de todo en todo bien vuestra voluntad:
¿quál es vuestro talante? Dezidme la verdat;
o bien bien lo fagamos o bien bien lo dexat,
que venir cada día non serié poridat».

«El grand amor me mata; el su fuego parejo,
pero quanto me fuerça, aprémiame sobejo;
el miedo e la vergüença defiéndeme el trebejo:
a la mi quexa grande non le fallo consejo».

«Fija, perdet el miedo que s' toma sin razón:
en casarvos en uno aquí non ay traïçión;
éste es su deseo, tal es su coraçón,
de casarse convusco a ley e a bendiçión.

Entiendo su grand coita en más de mil maneras;
dize a mí llorando palabras manzelleras:
«Doña Endrina me mata, e non sus conpañeras;
ella sanarme puede e non las cantaderas».[332]

Desque veo sus lágrimas, e quán bien lo departe,[333]
con pïedat e coita yo lloro por que l' farte;[334]
pero, en mi talante alégrome en parte,
ca veo que vos ama e vos quiere sin arte.[335]

En todo paro mientes más de quánto coidades,
e veo que entramos por egual vos amades;
con el ençendimiento morides e penades:
pues que el amor lo quiere, ¿por qué non vos juntades?»

«Lo que tú me demandas, yo aquello cobdiçio,
si mi madre que[si]ese otorgar el ofiçio;[336]

---

[332]cantantes; probablemente se refiere a los poderes curativos de la música y de los juglares.

[333]dice, expresa.

[334]para darle satisfacción.

[335]sin engaño.

[336]dar la autorización, el consentimiento.

más que[337] nós ál queramos por vos fazer serviçio,
tal lugar non avremos para plazer e viçio:
    que yo mucho faría por mi amor de Fita,
mas guárdame mi madre, de mí nunca se quita».
Dixo Trotaconventos: «¡A la vieja pepita[338]
ya la cruz la levase con el agua bendita!
    El amor engeñoso quiebra caustras[339] e puertas,
vençe a todas guardas e tiénelas por muertas,
dexa el miedo vano e sospechas non çiertas:
las fuertes çerraduras le paresçen abiertas».
    Dixo Doña Endrina a la mi vieja paga:[340]
«Mi coraçón te é dicho, mi deseo e mi llaga;
pues mi voluntad vees, conséjame qué faga:
por me dar tu consejo vergüença en ti non yaga».
    Es maldat e falsía las mugeres engañar,
grand pecado e desonra en las ansí dañar».
«Vergüença que fagades, yo la é de çelar:
mis fechos e la fama, esto me faz dubdar.
    Mas el que contra mí por acusarme venga,
tómeme por palabra, a la peor se atenga;
faga quanto podiere, a osadas[341] se tenga:
o callará vençido o váyase por Menga.[342]
    Véngase qualsequier[343] comigo a departir,
todo lo peor diga que podiere dezir,
que aquel buen mançebo, dulçe amor e sin fallir,
él será en nuestra ayuda, que lo fará desdezir.
    La fama non sonará, que yo la guardaré bien;
el mormullo e el roído, que lo digan non ay quien;

---

[337]por más que.

[338]Probablemente se refiere a la enfermedad de las gallinas.

[339]claustra, claustro.

[340]pagada, contenta.

[341]sin miedo, osadamente.

[342]váyase al diablo.

[343]cualquiera.

sin vergüença es el fecho, pues tantas carreras[344] tien:
maravíllome, señora, esto por qué se detién».

«¡Ay Dios!—dixo la dueña—el coraçón del amador,
¡en quántas priesas[345] se buelve con miedo e con temor!
Acá e allá lo trexna[346] el su quexoso amor,
e de los muchos peligros non sabe quál es mayor.

Dos penas desacordadas cánsanme noche e día:
lo que el amor desea, mi coraçón lo querría;
grand temor gelo defiende,[347] que mesturada[348] sería;
¡quál coraçón tan seguido,[349] de tanto non cansaría!

Non sabe qué se faga, sienpre anda descaminado;
ruega, e rogando creçe la llaga de amor penado;
con el mi amor quexoso fasta aquí é porfïado:
mi porfía él la vençe, es más fuerte apoderado.[350]

Con aquestos pensamientos traeme muy quebrantada:
su porfía e su grand quexa ya me trahe muy cansada;
alégrome con mi tristeza, lasa mas enamorada:
más quiero morir su muerte que bevir vida penada».

«Quanto más malas palabras omne dize e las entiende,
tanto más en la pelea se abiva e contiende;
quantas más dulçes palabras la dueña de amor atiende,
atanto más Doña Venus la enflama e la ençiende.

E pues que vós non podedes amatar[351] la vuestra llama,
façed bien su mandado del amor, que vos ama;
fija, la vuestra porfía a vós mata e derrama,
los plazeres de la vida perdedes si non se atama.[352]

Vós de noche e de día lo vedes, bien vos digo,

---

[344]salidas.

[345]aprietos.

[346]arrastra.

[347]prohibe.

[348]criticada.

[349]perseguido.

[350]poderoso.

[351]apagar.

[352]se acaba.

en el vuestro coraçón al omne vuestro amigo;
él a vós ansí vos trae en su coraçón consigo:
acabad vuestros deseos, mátanvos como enemigo.

Tan bien a vós como a él este coidado vos atierra:
vuestras fazes[353] e vuestros ojos andan en color de tierra;
darvos á muerte a entramos la tardança e la desyerra:[354]
quien non cree los mis dichos, más lo falle e más lo yerra.

Mas çierto, fija señora, yo creo que vos cuidades
olvidar o escusar[355] aquello que más amades;
esto vos no lo pensedes, nin coidedes nin creades
que si non la muerte sola non parte las voluntades.

Verdat es que los plazeres conortan a las de vezes,
por ende, fija señora, id a mi casa a vezes:
jugaremos a la pella e a otros juegos raezes,[356]
jugaredes e folgaredes e darvos é ¡ay, qué nuezes!

Nunca está mi tienda sin fruta a[357] las loçanas:
muchas peras e duraznos, ¡qué çidras e qué mançanas!
¡Qué castañas, qué piñones e qué muchas avellanas!
Las que vós querades mucho, éstas vos serán más sanas.

Desde aquí a la mi tienda non ay sino una pasada,[358]
en pellote vos iredes como por vuestra morada;
todo es aquí un barrio e vezindat poblada:
poco a poco nos iremos jugando sin reguarda.[359]

Id vós tan seguramente conmigo a la mi tienda,
como a vuestra casa, a tomar buena merienda;
nunca Dios lo quiera, fija, que de allí nasca contienda:
iremos calla callando,[360] que otro non nos lo entienda».

---

[353]caras.

[354]ir descaminado, errado.

[355]evitar.

[356]baratos.

[357]para.

[358]un paso.

[359]resguardo.

[360]calladamente.

Los omnes, muchas vegadas, con el grand afincamiento,[361]
otorgan lo que non deven, mudan su entendimiento;
quando es fecho el daño, viene el arrepentimiento:
çiega la muger seguida, non tiene seso nin tiento.

Muger e liebre seguida, mucho corrida, conquista,
pierde el entendimiento, çiega e pierde la vista:
non vee redes nin lazos, en los ojos tiene arista;[362]
andan por escarneçerla, coida que es amada e quista.

Otorgóle Doña Endrina de ir con ella fablar,
a tomar de la su fruta e a la pella jugar:
«Señora—dixo la vieja—cras avremos buen vagar,
yo me verné para vós, quando viere que ay logar».

Vínome Trotaconventos alegre con el mandado:
«Amigo—diz—¿cómo estades? Id perdiendo coidado:
encantador malo saca la culebra del forado;
cras verná fablar convusco, yo lo dexo recabdado.[363]

Bien sé que diz verdat vuestro proverbio chico,
que el romero fito[364] sienpre saca çatico;[365]
sed cras omne en todo, non vos tengan por tenico:[366]
fablad, mas recabdat quando ý yo non finco.[367]

Catad con enperezedes, menbratvos de la fablilla:[368]
quando te dan la cabrilla, acorre con la soguilla;
recabdat lo que queredes, non vos tengan por çestilla,[369]
que más val vergüença en faz que en coraçón manzilla».

---

[361]ahinco.

[362]brizna de paja.

[363]lo tengo logrado.

[364]insistente.

[365]pedacito (de pan).

[366]palabra de sentido oscuro; probablemente pueda tomársela por "fraudulento" o "necio".

[367]hablad, pero lograd el propósito cuando yo no esté allí.

[368]dicho.

[369]torpe.

De cómo Doña Endrina fue a casa de la vieja e el Arçipreste acabó lo que quiso
[estrofas 871-891]

Despúes fue de Santiago[370] otro día seguiente:
a ora de mediodía, quando yanta[371] la gente,
vino Doña Endrina con la mi vieja sabiente,[372]
entró con ella en casa bien sosegadamente.

Como la mi vejezuela me avía aperçebido,[373]
non me detove mucho, para allá fui luego ido;
fallé la puerta çerrada, mas la vieja bien me vido:
«¡Yuy![374]—diz—¿qué es aquello, que faz aquel roído?

¿Es omne o es viento? Creo que es omne, non miento;
¡vedes, vedes, cómo otea el pecado carboniento![375]
¿Es aquél? ¿Non es aquél? El me semeja, yo l' siento:
¡a la fe, que es Don Melón! Yo l' conosco, yo lo viento.[376]

Aquélla es la su cara e su ojo de bezerro.
¡catat, catat cómo assecha! Barrúntanos como perro;
allí raviaría agora, que non pued' tirar el fierro:[377]
mas quebrantaria las puertas, menéalas[378] como cencerro.

Cierto aquí quiere entrar; mas ¿por qué yo non le fablo?
¡Don Melón, tiradvos dende! ¿Tróxovos ý el dïablo?
¡Non quebrantedes mis puertas!, que del abad de Sant Pablo[379]
las ove ganado: non posistes aý un clavo.

Yo vos abriré la puerta, ¡esperat, non la quebredes!,

---

[370]La fiesta de Santiago es el 25 de julio.

[371]come, almuerza.

[372]astuta.

[373]avisado, enseñado.

[374]exclamación popular, preferentemente usada por mujeres.

[375]el diablo negro como carbón.

[376]olfateo.

[377]sacar el cerrojo.

[378]menéalas.

[379]probable alusión maliciosa a un superior de un monasterio de predicadores dominicos de San Pablo.

e con bien e con sosiego dezid si algo queredes;
luego vos id de mi puerta, non nos alhaonedes:[380]
entrad mucho en buen ora; yo veré lo que faredes».

«¡Señora Doña Endrina! ¡Vós, la mi enamorada!
¡Vieja! ¿Por esto teníades a mí la puerta çerrada?
¡Tan buen día es oy éste que fallé atal çelada!
Dios e mi buena ventura me la tovieron guardada».

....[381]

«Quando yo salí de casa, pues que veyades las redes,
¿por qué fincávades con él sola entre estas paredes?
A mí non rebtedes,[382] fija, que vós lo meresçedes;
el mejor cobro que tenedes: vuestro mal que lo calledes.

Menos de mal será que esto poco çeledes,
que non que vos descobrades e ansí vos pregonedes:
casamiento que vos venga, por eso no l' perderedes;
mejor me paresçe esto que non que vos enfamedes.

E pues que vós dezides que es el daño fecho,
defiéndavos e ayúdevos a tuerto e a derecho;
fija, a daño fecho aved ruego e pecho:
¡callad! Guardat la fama, non salga de so techo:[383]

si non parlas' la picaça más que la codorniz,
non la colgarién en plaça, nin reirién de lo que diz:
castigad vos, ya amiga, de otra tal contraíz,[384]
que todos los omnes fazen como Don Melón Ortiz».

Doña Endrina le dixo: «¡Ay, viejas tan perdidas!,
a las mugeres traedes engañadas, vendidas:
ayer mil cobros me davas, mil artes e mil salidas;
oy, que só escarnida, todas me son fallidas.

Si las aves lo podiesen bien saber e entender
quántos laços les paran, non las podrían prender:

---

[380]palabra de sentido oscuro; se puede interpretar como "no os turbéis", o bien "no nos molestéis".

[381]pasaje faltante en los manuscritos.

[382]no me culpéis, no me echéis en cara.

[383]no salga de esta casa.

[384]frase de sentido oscuro.

quando el lazo veen, ya las lievan a vender;
mueren por el poco çevo, non se pueden defender.

Sí, los peçes de las aguas, quando veen el anzuelo,
ya el pescador los tiene e los trae por el suelo;
la muger vee su daño, quando ya finca con duelo:[385]
non la quieren los parientes, padre, madre nin avuelo.

El que la á desonrada déxala, non la mantiene:
vase perder por el mundo, pues otro cobro non tiene,
pierde el cuerpo e el alma: a muchos esto aviene;
pues yo non é otro cobro, así fazer me conviene».

Está en los antiguos seso e sabiençia,
es en el mundo tienpo el saber e la çiençia;
la mi vieja maestra ovo ya conçiencia
e dio en este pleito una buena sentençia:

«El cuerdo gravemente non se deve quexar,
quando el quexamiento[386] non le puede pro tornar:
lo que nunca se puede reparar ni emendar,
dévelo cuerdamente sofrir e endurar.[387]

A las grandes dolençias, a las desaventuras,
a los acaesçimientos, a los yerros de locuras,
deve buscar consejo, melezinas e curas:
el sabidor se prueba en coitas e en presuras.[388]

La ira, la discordia a los amigos mal faz,
pone sospechas malas en el cuerpo do yaz:
aved entre vós amos concordia e paz,
el pesar e la saña tornadlo en buen solaz.

Pues que por mí dezides que el daño es venido,
por mí quiero que sea el vuestro bien avido:
vos se[e]d muger suya e él vuestro marido;
todo vuestro deseo es bien por mí conplido».

Doña Endrina e Don Melón en uno casados son:
alégranse las conpañas en las bodas con razón;

---

[385]cuando ya queda con su dolor.

[386]queja.

[387]padecer, soportar.

[388]aprietos, angustias.

si villanía é dicho, aya de vós perdón,
que lo feo de la estoria dize Pánfilo e Nasón.

De cómo el Arçipreste fue a provar la sierra e de lo que le contesçió con la
serrana [estrofas 950-958]

Provar todas las cosas el Apóstol lo manda:
fui a provar la sierra e fiz loca demanda;
luego perdí la mula, non fallava vïanda:
quien más de pan de trigo busca, sin seso anda.
El mes era de março, día de Sant Meder,[389]
pasada de Loçoya[390] fui camino prender;
de nieve e de granizo non ove do me asconder:[391]
quien busca lo que non pierde, lo que tien' deve perder.
En çima d'este puerto vime en grant rebata:[392]
fallé la vaqueriza çerca de una mata;
preguntéle quién era; respondióme: «¡La Chata!
Yo só la Chata rezia que a los omnes ata.
Yo guardo el portadgo[393] e el peaje cojo:
el que de grado me paga non le fago enojo,
el que non quiere pagar, priado[394] lo despojo;
págame, si non verás cómo trillan[395] rastrojo».[396]
Detóvome[397] el camino, como era estrecho;
una vereda angosta, harruqueros[398] la avian fecho;

---

[389]La fiesta de San Emeterio es el 3 de marzo.

[390]puerto del Guadarrama entre Alcalá y Segovia.

[391]no tenía dónde esconderme.

[392]aprieto.

[393]portazgo.

[394]al instante.

[395]despojan.

[396]campo que ha de ser trillado, desembarazado del residuo de paja.

[397]detúvome el camino, me cortó el camino.

[398]arrieros.

desque me vi en coita, arrezido, maltrecho,
«Amiga—dix—amidos[399] faze el can barvecho.

Déxame passar, amiga, darte é joyas de sierra;
si quieres, dime quáles usan en esta tierra,
ca, segund es la fabla, quien pregunta non yerra;
e, por Dios, dame posada, que el frío me atierra».

Respondióme la Chata: «Quien pide non escoge;
prométeme quequiera[400] e faz que non me enoje;
non temas, si m' das algo, que la nieve mucho te moje;
conséjote que te abengas antes que te despoje».

Como dize la vieja, quando beve su madexa:[401]
«Comadre, quien más non puede, amidos morir se dexa»,
yo, desque me vi con miedo, con frío e con quexa,
mandéle[402] prancha[403] con broncha[404] e con çorrón[405] de coneja.

Echóme a su pescueço por las buenas respuestas,
e a mí non me pesó porque me llevó a cuestas:
escusóme de passar los arroyos e cuestas;
fiz de lo que ý passó las coplas deyuso puestas.

Cántica de serrana [estrofas 859-971]

Passando una mañana
el puerto de Malangosto,[406]
salteóme una serrana
a la asomada del rostro:

---

[399]de mala gana.

[400]cualquier cosa.

[401]cuando chupa el hilo, al hilar.

[402]prometíle.

[403]palabra de sentido oscuro; probablemente se refiera a una especie de prenda o lámina que se lleva colgada del cuello.

[404]broche.

[405]zurrón.

[406]puerto del Guadarrama entre Lozoya, Segovia y Sotosalbos.

«Fademaja[407]—diz—¿dónde andas?
¿Qué buscas o qué demandas
por aqueste puerto angosto?»
    Dixle yo a la pregunta:
«Vóme fazia Sotosalvos».[408]
Diz: «El pecado te barrunta[409]
en fablar verbos[410] tan bravos,
que por esta encontrada,[411]
que yo tengo guardada,
non pasan los omnes salvos».
    Paróseme en el sendero
la gaha,[412] roín [e] heda:[413]
«A la he[414]—diz—escudero,[415]
aquí estaré yo queda
fasta que algo me prometas;
por mucho que te arremetas,
non pasarás la vereda».
    Díxele yo: «Por Dios, vaquera,
non me estorves mi jornada:
tuelte[416] e dame carrera,
que non trax[417] para ti nada».
Ella diz: «Dende te torna,[418]

---

[407]desdichado.

[408]aldea del Guadarrama en la ladera frente a Segovia, cerca de La Granja.

[409]el diablo te sigue de cerca, olfateando.

[410]palabras.

[411]encrucijada, cruce, lugar de paso.

[412]leprosa, deforme.

[413]ruín y fea.

[414]a la fe, en verdad.

[415]Se llama así a toda persona que no va a caballo, para indicar que no es un caballero.

[416]quítate.

[417]traje.

[418]vuélvete desde aquí.

por Somosierra[419] trastorna,[420]
ca no avrás aquí passada».
    La Chata endïablada,
¡que Sant Illán[421] la cofonda!,[422]
arrojóme la cayada
e rodeóme la fonda,[423]
enaventóme el pedrero:[424]
«Par el Padre verdadero,
tu m' pagarás oy la ronda».[425]
    Fazié nieve e granizava;
díxome la Chata luego,
fascas que[426] me amenazava:
«Págam', si non verás juego».[427]
Díxel yo: «Par Dios, fermosa,
dezirvos é una cosa:
más querría estar al fuego».
    Diz: «Yo te levaré a casa,
e mostrarte[428] é el camino,
fazerte é fuego e brasa,
darte é del pan e del vino;
¡alaúd!,[429] prométeme algo
e tenerte é por fidalgo;
¡buena mañana te vino!»
    Yo, con miedo e arrezido,

---

[419]puerto del Guadarrama en la carretera Madrid-Burgos.

[420]vuelve.

[421]san Julián, santo protector de los caminantes.

[422]confunda.

[423]honda.

[424]me arrojó la piedra que tenía en la honda.

[425]el tributo.

[426]como que, casi.

[427]verás lo que hago contigo.

[428]mostrarte, señalarte.

[429]con amor, con cortesía.

prometil una garnacha[430]
a mandél para el vestido
una broncha e una prancha;
ella diz; «D'oy más, amigo,
anda acá, tréte conmigo,
non ayas miedo al escacha».[431]

    Tomóm' rezio por la mano,
en su pescueço me puso
como a çurrón liviano
e levóm' la cuesta ayuso:[432]
«Hadeduro,[433] non te espantes,
que bien te daré qué yantes,
como es de sierra uso».

    Púsome mucho aína
en una venta con su enhoto;[434]
diome foguera de enzina,
mucho gaçapo de soto,
buenas perdizes asadas,
fogaças mal amassadas
e buena carne de choto;

    de buen vino un quartero,[435]
manteca de vacas mucha,
mucho queso assadero,[436]
leche, natas e una trucha;
dize luego: «Hadeduro,
comamos d'este pan duro,
después faremos la lucha».[437]

    Desque fui un poco estando,

---

[430]vestidura antigua de paños.

[431]escarcha.

[432]cuesta abajo.

[433]miserable.

[434]comodidad.

[435]cuartillo, medida para líquidos.

[436]para asar.

[437]acto sexual.

fuime desatiriziendo;[438]
como me iva calentando,
ansí me iva sonriendo;
oteóme la pastora,
diz: «Ya conpañón, agora
creo que vo entendiendo».
    La vaqueriza traviessa
diz[e]: «Luchemos[439] un rato;
liévate dende apriesa,[440]
desbuélvete de aqués hato».[441]
Por la muñeca me priso,[442]
ove a fazer quanto quiso:
creo que fiz buen barato.[443]

De lo que contesçió al Arçipreste con la serrana e de las figuras d'ella [estrofas 1006-1020]

    Sienpre á mala manera la sierra e la altura:
si nieva o si yela, nunca da calentura;
bien en çima del puerto, fazía orilla dura,[444]
viento con grand elada, roçío con grand frïura.[445]
    Como omne non siente tanto frío si corre,
corrí la cuesta ayuso, ca diz:[446] «Quien da a la torre,

---

[438]dejando de estar arrecido.

[439]hagamos el amor.

[440]levántate de ahí, rápido.

[441]desnúdate.

[442]cogió, tomó.

[443]creo que salí bien del negocio, que hice buen papel; también como salir del mal paso a bajo precio.

[444]mal tiempo.

[445]rocío helado, escarcha.

[446]como quien dice.

antes diçe[447] la piedra que sale el alhorre»;[448]
yo dixe: «Só perdido, si Dios non me acorre».

Nunca desque nasçí pasé tan grand peligro
de frío; al pie del puerto falléme con vestiglo,[449]
la más grande fantasma que vi en este siglo:[450]
yeguariza, trefuda,[451] talla de mal çeñiglo.[452]

Con la coita del frío, de aquella grand elada,
roguél que me quisiese ese día dar posada;
díxome que l' plazía si l' fuese bien pagada:
tóvelo a Dios en merçed[453] e levóme a la Tablada.[454]

Sus miembros e su talla non son para callar,
ca bien creed que era grand yegua cavallar;
quien con ella luchase non se podria bien fallar:
si ella non quisiese, non la podria aballar.[455]

En el Apocalipsi Sant Joan Evangelista
non vido tal figura nin de tan mala vista;
a grand hato[456] daría lucha e grand conquista:
non sé de quál dïablo es tal fantasma quista.[457]

Avía la cabeça mucho grand[e], sin guisa,[458]
cabellos chicos, negros, más que corneja lisa,

---

[447]desciende.

[448]el halcón. La idea aquí es "antes cae la piedra que se acaba de lanzar que el halcón que allí estaba", como indicando que en una situación peligrosa, conviene apartarse.

[449]monstruo fantástico horrible.

[450]mundo.

[451]robusta, musculosa.

[452]planta con aspecto ceniciento de las hojas, de ahí lo de la serrana como sucia, llena de polvo.

[453]en agradecimiento.

[454]puerto del Guadarrama.

[455]abatir, derribar.

[456]rebaño.

[457]querida.

[458]sin forma, desproporcionada.

ojos fondos,[459] bermejos, poco e mal devisa:[460]
mayor es que de osa la patada do pisa;
    las orejas mayores que de añal[461] burrico,
el su pescueço negro, ancho, velloso, chico,
las narizes muy gordas, luengas, de çarapico;[462]
beveria en pocos días caudal de buhón[463] rico;
    su boca de alana, grandes rostros[464] e gordos,
dientes anchos e luengos, asnudos e moxmordos,[465]
los sobreçejas anchas e más negras que tordos:
¡los que quieren casarse, aquí non sean sordos!
    Mayores que las mías tiene sus prietas barvas;
yo non vi en ella ál, mas si tú en ella escarvas,
creo que fallarás de las chufetas darvas;[466]
valdríasete más trillar en las tus parvas.
    Mas, en verdat sí, bien vi fasta la rodilla:
los huesos mucho grandes, la çanca non chiquilla,
de las cabras de fuego[467] una grand manadilla,
sus tovillos mayores que de una añal novilla.
    Más ancha que mi mano tiene la su muñeca,
vellosa, pelos grandes, pero, non mucho seca,
boz gorda e gangoza, a todo omne enteca,[468]
tardía,[469] como ronca, desdonada[470] e hueca.
    El su dedo chiquillo mayor es que mi pulgar:

---

[459]hundidos.

[460]divisa, ve.

[461]de un año.

[462]*zarapito*, ave de laguna de pico largo y encorvado.

[463]charca, pero también mercader.

[464]hocicos.

[465]amontonados malamente.

[466]frase de sentido oscuro.

[467]vejiguillas o verrugas que se forman por acercar las piernas al brasero.

[468]desagradable.

[469]lenta.

[470]sin dones, sin gracia.

piensa de los mayores si te podrías pagar;
si ella algund día te quisiese espulgar,
bien sentiria tu cabeça que son viga[s] de lagar.

  Por el su garnacho tenía [las] tetas colgadas,
dávanle a la çinta pues que[471] estavan dobladas,
ca estando senzillas darl' ién so las ijadas:
a todo son de çítola[472] andarian sin ser mostradas.[473]

  Costillas mucho grandes en su negro costado,
unas tres vezes contélas estando arredrado;[474]
dígote que non vi más ni te será más contado,
ca moço mesturero non es bueno para mandado.

De cómo el Arçipreste llamó a su vieja, que le catase algu[n]d cobro [estrofas
1315-1320]

  Día de Quasimodo,[475] iglesias e altares
vi llenos de alegrías, de bodas e cantares:
todos avién grand fiesta, fazién grandes yantares;
andan de boda en boda clérigos e juglares.

  Los que ante eran solos, desque son casados,
veíalos de dueñas estar aconpañados;
pensé cómo oviese de tales gasajados,
ca omne que es solo sienpre [á en] pienso cuidados.[476]

  Fiz llamar Trotaconventos, la mi vieja sabida;[477]
presta e plazentera, de grado fue venida;
roguél que me catase alguna tal garrida,
ca solo, sin conpaña, era penada vida.

  Díxome que conosçía una biuda loçana,

---

[471]porque.

[472]cítara.

[473]bailarían sin que nadie les enseñase.

[474]apartado.

[475]domingo siguiente a Pascua de Resurrección.

[476]tiene pensamientos molestos.

[477]astuta.

muy rica e bien moça e con mucha ufana:[478]
diz: «Açipreste, amad ésta; yo iré allá mañana
e si ésta recabdamos,[479] nuestra obra non es vana».

    Con la mi vejezuela enbïele ya qué,[480]
con ello[481] estas cantigas que vos aquí robré;[482]
ella non la erró e yo non le pequé:[483]
si poco ende trabajé, muy poco ende saqué.

    Assaz fizo mi vieja quanto ella fazer pudo,
mas non pudo trabar, atar nin dar nudo:
tornó a mí muy triste e con coraçón agudo,[484]
diz: «Do non te quieren mucho, non vayas a menudo».

De las figuras del Arçipreste [estrofas 1485-1489]

    «Señora—diz la vieja—yo l' veo a menudo:
el cuerpo á bien largo, mienbros grandes, trefudo,
la cabeça non chica, velloso, pescoçudo,
el cuello non muy luengo, cabelprieto,[485] orejudo,

    las cejas apartadas, prietas[486] como carbón,
el su andar enfiesto,[487] bien como de pavón,
el paso sosegado e de buena razón;[488]
la su nariz es luenga: esto le desconpón;

---

[478]ufanía, orgullo.

[479]conseguimos.

[480]algo.

[481]junto con ello, además.

[482]rubriqué, firmé.

[483]verso de sentido dudoso, podría leérselo como "ni la vieja la ofendió ni yo cometí pecado con ella".

[484]compungido, dolorido.

[485]de pelo negro.

[486]negras.

[487]enhiesto, erguido.

[488]proporcionado.

las encías bermejas e la fabla tunbal,[489]
la boca non pequeña, labros al comunal,[490]
más gordos que delgados, bermejos como coral,
las espaldas bien grandes, las muñecas atal.

    Los ojos á pequeños, es un poquillo baço;[491]
los pechos delanteros,[492] bien trefudo el braço,
bien conplidas las piernas; el pie, chico pedaço:
señora, d'él non vi más, por su amor vos abraço.

    Es ligero, valiente, bien mançebo de días,[493]
sabe los instrumentos e todas juglerías,
doñeador[494] alegre, ¡par las çapatas mías!:[495]
tal omne como éste no es en todas erías».[496]

De cómo morió Trotaconventos e de cómo el Arçipreste faze su planto denos-
tando e maldiziendo la muerte [estrofas 1520-1575]

    ¡Ay Muerte!, ¡muerta seas, muerta e malandante!
Mataste a mi vieja, ¡matasses a mí antes!
Enemiga del mundo, que non as semejante,
de tu memoria amarga non es que[497] non se espante.

    Muerte, al que tú fieres, liévastelo de belmez,[498]
al bueno e al malo, al rico e al refez,[499]

---

[489]grave.

[490]regulares.

[491]moreno.

[492]salientes.

[493]joven.

[494]cortejador.

[495]fórmula de juramento usada por todas las clases sociales.

[496]en todas partes.

[497]no hay quien.

[498]armadura.

[499]vil.

a todos los egualas[500] e lievas por un prez,
por papas e por reyes non das una vil nuez.

No catas señorío, debdo[501] nin amistad,
con todo el mundo tienes cotiana[502] enamistad;
non ay en ti mesura, amor nin pïadad,
sinon dolor, tristeza, pena e gran crüeldad.

Non puede foir omne de ti nin se asconder,
nunca fue quien contigo podiese bien contender;
la tu venida triste non se puede entender,
desque vienes non quieres a omne atender.

Dexas el cuerpo yermo[503] a gusanos en fuesa,[504]
al alma que lo puebla liévastela de priesa;
non es el omne çierto de tu carrera aviesa.[505]
¡De fablar en ti, Muerte, espanto me atraviesa!

Eres en tal manera del mundo aborrida[506]
que, por bien que[507] lo amen al omne en la vida,
en punto que[508] tú vienes, con tu mala venida
todos fuyen d'él luego como de res podrida.

Los que l'aman e quieren en vida su conpaña
aborrésçenlo muerto como a cosa estraña;
parientes e amigos, todos le tienen saña,
todos fuyen d'él luego como si fuese araña.

De padres e de madres los fijos tan queridos,
amigos de amigas deseados e servidos,
de mugeres leales los sus buenos maridos,
desque tu vienes, Muerte, luego son aborridos.

Fazes al mucho rico yazer en grand pobreza;

---

[500]igualas.

[501]deudo.

[502]cotidiana.

[503]despoblado, estéril.

[504]huesa.

[505]torcida.

[506]aborrecida.

[507]por más que.

[508]en el momento preciso en que.

non tiene una meaja[509] de toda su riqueza;
el que bivo es bueno e con mucha nobleza,
vil fediondo es muerto, aborrida vileza.

No á en el mundo libro nin escrito nin carta,
omne sabio nin neçio que de ti bien departa;
en el mundo non á cosa que con bien de ti se parta,
salvo el cuervo negro, que de ti, Muerte, se farta.

Cada día le dizes que tú le fartarás;
el omne non es çierto quándo e quál matarás:
el que bien far podiese, oy le valdría más,
que non atender[510] a ti nin a tu amigo cras cras.

Señores, non querades ser amigos del cuervo,
temed sus amenazas, non fagades su ruego;
el bien que far podieres, fazedlo luego luego:
tened que[511] cras[512] morredes, ca la vida es juego.

La salud e la vida muy aína se muda:
en un punto se pierde, quando omne non cuda;[513]
el bien que farás cras, palabra es desnuda:
vestidla con la obra ante que Muerte acuda.

Quien en mal juego porfía, más pierde que non cobra;
coida echar su suerte, echa mala çoçobra:
amigos, aperçebidvos e fazed buena obra;
que, desque viene la muerte, a toda cosa sobra.

Muchos cuidan ganar quando dizen: «¡A todo!»:[514]
viene un mal azar, trae dados en rodo;[515]
llega[516] el omne tesoros por lograrlos,[517] apodo;[518]

---

[509]moneda de escaso valor.

[510]esperar.

[511]creed que.

[512]mañana.

[513]cuida.

[514]anuncio del jugador que va a copar la banca.

[515]hacer rodar, poner en movimiento.

[516]allega.

[517]disfrutarlos.

viene la muerte luego e déxalo con lodo.

Pierde luego la fabla e el entendimiento:
de sus muchos tesoros e de su allegamiento:
non puede levar nada nin fazer testamento:
los averes llegados derrámalos mal viento.

Desque los sus parientes la su muerte varruntan,
por lo heredar todo a menudo se ayuntan;
quando por su dolencia al físico preguntan,
si dize que sanará, todos gelo repuntan.[519]

Los que son más propincos,[520] hermanos e hermanas,
non coidan ver la ora que tangan[521] las canpanas;
más preçian la erençia çercanos e çercanas
que non el parentesco nin a las barvas canas.

Desque l' sale el alma al rico pecador,
déxanlo en tierra solo, todos an d'él pavor;
roban todos el algo, primero lo mejor:
el que lieva lo menos tiénese por peor.

Mucho fazen que luego lo vayan a soterrar,[522]
témense que las arcas les an de desferrar:[523]
por oír luenga misa non lo quieren errar;
de todos sus tesoros danle chico axuar.[524]

Non dan por Dios a pobres nin cantan sacrifiçios[525]
nin dizen oraçiones nin cunplen los ofiçios;[526]
lo más que sienpre fazen los herederos noviçios
es dar bozes al sordo, mas non otros serviçios.

---

[518]por interés.

[519]se disgustan, se lo repudian.

[520]próximos, cercanos.

[521]tañen.

[522]enterrar.

[523]descerrajar.

[524]menaje, conjunto de los muebles de la casa.

[525]Se refiere a los sacrificios en la misa.

[526]oficios religiosos.

Entiérranlo de grado e, desque a graçias van,[527]
amidos,[528] tarde o nunca en misa por él están;
por lo que ellos andavan ya fallado lo an:
ellos lievan el algo, el alma lieva Satán.

Si dexa muger moça, rica e paresçiente,[529]
ante de misa dicha otros la an en miente:[530]
o casa con más rico o con moço valiente,
muda el trentanario,[531] del duelo poco se siente.

Allegó el mesquino e non sopo para quién,
e maguer cada día esto ansí avien,
non á omne que faga su testamento bien,
fasta que ya por ojo[532] la muerte vee que vien.

Muerte, por más dezirte a mi coraçón fuerço:
nunca das a los omnes conorte[533] nin esfuerço,[534]
si non, desque es muerto, que lo coma el escuerço;[535]
en ti tienes la tacha que tiene el mestuerço:[536]

faze doler la cabeça al que lo mucho coma;
otrosí tu mal maço,[537] en punto que assoma,
en la cabeça fiere, a todo fuerte doma:
non le valen mengías[538] desque tu ravia le toma.

---

[527]Se refiere a la comida de acción de gracias después del entierro.

[528]de mala gana.

[529]de buen parecer.

[530]la tienen en mente.

[531]cambia el treintanario, es decir, treinta misas llamadas gregorianas por haber sido instituidas por el papa Gregorio VII.

[532]claramente.

[533]consuelo.

[534]ánimo.

[535]sapo; se refiere a la creencia de que los sapos o escuerzos comían los cadáveres.

[536]nastuerzo o mastuerzo, tipo de planta cuyos parásitos producían una enfermedad del hígado que se manifestaba con dolores de cabeza.

[537]mazo.

[538]medicinas.

Los ojos tan fermosos póneslos en el techo,
çiégaslos en un punto, non an en sí provecho;
enmudeçes la fabla, fazes huerco del pecho:
en ti es todo mal, rencura e despecho.

El oír e el oler, el tañer e el gustar,
todos los çinco sesos[539] tú los vienes gastar;
non ay omne que te sepa del todo denostar
quanto eres denostada do uvias acostar.[540]

Tiras[541] toda Vergüença, desfeas Fermosura,
desadonas[542] la Gracia, denuestas la Mesura,
enflaquesçes la Fuerça, enloquesçes Cordura,
lo dulçe fazes fiel[543] con tu mucha amargura.

Despreçias Loçanía, el oro escureçes,
desfazes la Fechura, Alegría entristezes,
manzillas la Linpieza, Cortesía envileçes:
Muerte, matas la Vida, al Amor aborreçes.

Non plazes a ninguno, a ti con todos plaze:
con quien mata e muere e con quien fiere e malfaze;
toda cosa bien fecha tu maço la desfaze,
non á cosa que nasca que tu red non enlaze.

Enemiga del bien e del mal amador,[544]
natura as de gota, del mal e de dolor;
al lugar do más sigues, aquél va muy peor,
do tú tarde requieres,[545] aquél está mejor.

Tu morada por sienpre es infierno profundo,
tú eres mal primero e él es el segundo;
pueblas mala morada e despueblas el mundo,
dizes a cada uno: «Yo sola a todos hundo».

Muerte, por ti es fecho el lugar infernal,

---

[539]sentidos.

[540]adonde te acercas.

[541]quitas, apartas.

[542]quitar el donaire.

[543]hiel.

[544]amadora; aquí el femenino termina en -or.

[545]visitas.

ca, beviendo[546] omne sienpre en mundo terrenal,
non avrié de ti miedo nin de tu mal hostal,
non temerié tu venida la carne umanal.

Tú yermas los poblados, pueblas los çiminterios,
refazes los fosarios,[547] destruyes los imperios;
por tu miedo los santos fizieron los salterios;
sinon Dios, todos temen tus penas e tus lazerios.

Tú despoblaste, Muerte, al çielo e sus sillas,
los que eran linpieça, fezístelos manzillas,
feçiste de los ángeles dïablos e renzillas:
escotan[548] tu manjar a dobladas e senzillas.[549]

El Señor que te fizo, tú a éste mateste,
Jesucristo Dios e omne tú aquéste peneste:
al que teme el çielo e la tierra, a éste
tú le posiste miedo e tú lo demudeste.[550]

El infierno lo teme e tú non lo temiste,
temióte la su carne, grand miedo le posiste;
la su humanidat por tu miedo fue triste,
le deidat no te temió, entonçe non la viste.

No l' cataste ni l' viste, viote Él, bien te cató;
la su muerte muy cruel a ti mucho espantó;
el infierno e a los suyos e a ti mal quebrantó:
tú l' mataste una ora, Él por sienpre te mató.

Quando te quebrantó, entonçe lo conoçiste:
si ante lo espantaste, mayor miedo presiste,
si tú a él penaste, mil tanto pena oviste;
dionos vida moriendo al que tú muerte diste.

A santos que tenías en tu mala morada
por la muerte de Cristos les fue la vida dada;
fue por su santa muerte tu casa despoblada,
querias la poblar matándol: por su muerte fue yermada.

---

[546]viviendo.

[547]osario, cementerio.

[548]pagan.

[549]tipos de monedas.

[550]cambiaste.

Sacó de las tus penas a nuestro padre Adán,
a Eva nuestra madre, a sus fijos, Sed[551] e Can,
a Jafet,[552] a patriarcas, al bueno de Abrahán,
a Isac e a Jacob, non te dexó a Dan,[553]

a Sant Juan el Bautista, con muchos patrïarcas,
que los teniés en penas, en las tus malas arcas,
al santo de Moisén que tenías en tus barcas,
profetas e otros santos muchos, que tú abarcas.

Yo dezir non sabría quáles eran tenidos,
quántos en tu infierno estavan apremidos;[554]
a todos los sacó como santos escogidos,
mas contigo dexó los tus malos perdidos.

A los suyos levólos con Él a Paraíso,
do an vida veyendo más gloria quien más quiso;
Él nos lieve consigo, que por nós muerte priso,[555]
guárdenos de tu casa, non fagas de nós riso.[556]

A los perdidos malos que dexó en tu poder,
en fuego infernal los fazes tú arder,
en penas perdurables los fazes ençender,
para sienpre jamás non los as de perder.

Dios quiera defendernos de la tu çalagarda,[557]
Aquél nos guarde de ti, que de ti non se guarda,
ca por mucho que bivamos e por mucho que se tarda,
avenirá tu rabia que a todo el mundo escarda.

Tanto eres en ti, Muerte, sin bien e atal,
que dezir non se puede el diezmo[558] de tu mal;
a Dios me acomiendo, que yo non fallo ál[559]

---

[551]Probablemente se refiera a Set, el último hijo de Adán.

[552]Cam y Jafet son hijos de Noé.

[553]hijo de Jacob.

[554]oprimidos.

[555]tomó.

[556]no te burles de nosotros.

[557]emboscada.

[558]la décima parte.

[559]no hallo otra cosa.

que defenderme pueda de tu venida mortal.
    Muerte desmesurada, ¡matases a ti sola!
¿Qué oviste conmigo? ¿Mi leal vieja, dóla?[560]
Tú me la mataste, Muerte; Jescristo conpróla
por la su santa sangre, por ella perdonóla.
    ¡Ay! Mi Trotaconventos, ¡mi leal verdadera!,
muchos te siguian biva; muerta, yazes señera.
¿Adó te me an levado? Non sé cosa çertera:
nunca torna con nuevas quien anda esta carrera.
    Cierto, en Paraíso estás tú assentada,
con los mártires deves estar aconpañada:
sienpre en el mundo fuste por Dios martirïada;[561]
¡quién te me rebató,[562] vieja por mi lazrada?[563]
    A Dios merçed le pido que te dé la su gloria,
que más leal trotera nunca fue en memoria;
fazerte é un pitafio[564] escrito con estoria:
pues que a ti non viere, veré tu triste estoria.
    Daré por ti limosna e faré oraçión,
faré cantar las misas e daré oblaçión;
la mi Trotaconventos, ¡Dios te dé redençión!,
¡el que salvó el mundo, Él te dé salvaçión!
    Dueñas, non me retebdes[565] ni me digades moçuelo,
que si a vós sirviera, vós avriades d'ella duelo:
llorariedes por ella, por su sotil anzuelo,
que quantas seguía, todas ivan por el suelo.
    Alta muger nin baxa, ençerrada ni ascondida,
non se le detenía do fazia debatida;[566]

---

[560]dónde está.

[561]martirizada.

[562]arrebató.

[563]atormentada.

[564]epitafio.

[565]reprendáis.

[566]frase de la cetrería, para indicar que el halcón o milano se abate sobre su presa.

non sé omne nin dueña que tal oviés perdida,[567]
que non tomáse tristeza e pesar sin medida.

Fízele un pitafio pequeño, con dolor:
la tristeza me fizo ser rudo trobador;
todos los que l' oyerdes, por Dios nuestro Señor,
la oraçión fagades por la vieja de amor:

El petafio de la sepultura de Urraca [estrofas 1576-1578]

«Urraca só que yago so esta sepultura;
en quanto fui al mundo, ove viçio e soltura;
con buena razón muchos casé, non quis boltura:[568]
caí en una ora so tierra, del altura.

Prendióme sin sospecha la muerte en sus redes;
parientes e amigos, aquí non me acorredes:
obrad bien en la vida, a Dios non lo erredes,[569]
que bien como yo morí, así todos morredes.

El que aquí llegare, ¡sí Dios le bendiga
e sí l' dé Dios buen amor e plazer de amiga!,
que por mí, pecador,[570] un pater nóster diga;
si dezir non l' quisiere, a muerta non maldiga».

De Don Furón, moço del Arçipreste [estrofas 1618-1625]

Salida de febrero e entrada de março,
el pecado, que sienpre de todo mal es maço,[571]
traía de abades lleno el su regaço,
otrosí de mugeres fazié mucho retaço.[572]

---

[567]que hubiese perdido una tal vieja como Trotaconventos.

[568]calumnias.

[569]ofendáis.

[570]pecadora; otra vez con femenino en -*or*.

[571]Se refiere a la persona que hace daño.

[572]destrozo, estrago.

Pues que ya non tenía mensajera fïel,
tomé por mandadero un rapaz[573] traïnel:[574]
Hurón[575] avía por nonbre, apostado[576] donçel;
si non por quatorze cosas nunca vi mejor que él:
    era mintroso, bebdo,[577] ladrón e mesturero,[578]
tahúr, peleador, goloso, refertero,[579]
reñidor e adevino, suzio e agorero,
nesçio e pereçoso: tal es mi escudero.
    Dos días en la semana era grand ayunador:
quando non tenié qué comer, ayunava el pecador,
quando ál non podié ál fazer, ayunava con dolor:
sienpre aquestos dos días ayunava mi andador.
    Pero, sí diz la fabla[580] que suelen retraer,[581]
que «más val con mal asno el omne contender
que solo e cargado faz a cuestas traer»:
puslo por mensajero con el grand menester.
    Díxele: «Hurón amigo, búscame nueva funda».
«A la fe—diz—buscaré aunque el mundo se funda,
e yo vos la traeré sin mucha varahunda,
que a las vezes mal perro roye buena coyunda».
    Él sabié leer tarde, poco e por mal cabo;[582]

---

[573]ladrón.

[574]palabra de sentido oscuro, probable cruce semántico entre "cordón que servía de calzador" y mensajero.

[575]nombre que refiere al hurón, animal que se mete en las madrigueras y trae la caza a su amo. También se refiere al órgano sexual masculino, según el refrán que dice "A hurón cansado, madriguera nueva".

[576]apuesto.

[577]ebrio.

[578]chismoso.

[579]regateador.

[580]dicho.

[581]citar.

[582]de mala manera.

dixo: «Dadme un cantar e veredes que recabdo;[583]
e, señor, vós veredes, maguer que non me alabo,
que si lo yo comienço, que le daré buen cabo».[584]
  Dil aquestos cantares al que dé Dios mal fado;[585]
ívaselos deziendo por todo el mercado;
díxol Doña Fulana: «¡Tírate allá,[586] pecado!,
que a mí non te enbía nin quiero tu mandado».

Libro de buen amor. Edición, introducción y notas de Alberto Blecua. Barcelona: Planeta, 1983.

---

[583]logro.

[584]dar buen fin.

[585]mal hado, mala suerte.

[586]¡apártate!

ÍÑIGO LÓPEZ DE MENDOZA, MARQUÉS DE SANTILLANA (1398-1458)

Serranillas

"La vaquera de Morana"

En toda la Sumontaña,[1]
de Tramoz a Veratón,[2]
non vi tan gentil serrana.

Partiendo de Conejares,[3]
allá suso[4] en la montaña,
çerca de la travessaña,[5]
camino de Trasovares,[6]
encontré moça loçana
poco más acá de Añón,[7]
riberas d'una fontana.[8]

Traía saya apretada
muy bien fecha en la çintura;
a guisa de Estremadura,

---

[1]Somontano, se trata del Alto Aragón, cercano a los Pirineos; también se llaman así las tierras del Moncayo en donde se ubica la acción.

[2]dos localidades a los lados del Moncayo, Tramoz hacia Zaragoza, y Beratón hacia Soria.

[3]parte del municipio de Muro de Agreda.

[4]en lo alto, arriba.

[5]puerto, también puede significar "camino a través".

[6]pueblo zaragozano.

[7]pueblo zaragozano.

[8]fuente.

çinta e collera labrada.[9]
Dixe: «Dios te salve, hermana;
aunque vengas d'Aragón,
d'esta serás castellana».[10]

Respondióme: «Cavallero,
non penséis que me tenedes,
ca primero provaredes
este mi dardo pedrero;[11]
ca después d'esta semana
fago bodas con Antón,
vaquerizo de Morana».[12]

"Yllana, la serrana de Loçoyuela"

Después que nasçí,
non vi tal serrana
como esta mañana.

Allá a la vegüela[13]
a Mata el Espino,[14]
en esse camino
que va a Loçoyuela,[15]
de guisa la vi
que me fizo gana
la fruta temprana.

---

[9]cuello bordado.

[10]ahora te haré prisionera de Castilla.

[11]arma rústica, especie de lanza con punta de piedra pulida.

[12]lugar entre Añón y Beratón.

[13]sendero, camino estrecho.

[14]probablemente Mataelpino, localidad ubicada en la Sierra de Guadarrama.

[15]hoy Lozoyuela, localidad que poseía el Marqués en la sierra madrileña.

Garnacha[16] traía
de color, presada[17]
con broncha[18] dorada
que bien reluzía.
A ella bolví
e dixe: «Serrana,
¿si sois vos Yllana?»

«Sí, soy, cavallero,
si por mí lo havedes,
dezid qué queredes,
fablad verdadero».
Respondíle assí:
«Yo juro a Sant'Ana
que non soys villana».

"La moçuela de Bores"

Moçuela de Bores,[19]
allá do La Lama,[20]
pusom'en amores.

Cuidé qu'olvidado
amor me tenía,
como quien s'avía
grand tiempo dexado
de tales dolores
que más que la llama
queman, amadores.

---

[16]ropa de abrigo.

[17]atada.

[18]broche.

[19]lugar en la comarca de Liébana, en Santander.

[20]lugar de Liébana, Santander.

Mas vi la fermosa
de buen continente,
la cara plaziente,
fresca como rosa,
de tales colores
qual nunca vi dama,
nin otra, señores.

Por lo qual: «Señora»,
le dixe, «en verdad
la vuestra beldad
saldrá desd'agora
dentr'estos alcores,
pues meresçe fama
de grandes loores».

Dixo: «Cavallero,
tiradvos afuera;
dexad la vaquera
passar all otero;
ca dos labradores
me piden de Frama,[21]
entrambos pastores».

«Señora, pastor
seré, si querredes:
mandarme podedes
commo a servidor;
mayores dulçores
será a mí la brama[22]
que oyr ruyseñores».

Assí concluymos
el nuestro proçesso,
sin fazer excesso,

---

[21]lugar en Liébana, Santander.

[22]sonidos que emiten algunos animales en época de celo.

e nos avenimos.
E fueron las flores
de cabe Espinama[23]
los encubridores.

"La vaquera de la Finojosa"

Moça tan fermosa
non vi en la frontera,[24]
como'una vaquera
de la Finojosa.[25]

Faziendo la vía
del Calatraveño[26]
a Santa María,[27]
vençido del sueño,
por tierra fraguosa
perdí la carrera,[28]
do vi la vaquera
de la Finojosa.

En un verde prado
de rosas e flores,
guardando ganado
con otros pastores,
la vi tan graçiosa
que apenas creyera
que fuesse vaquera
de la Finojosa.

---

[23] otro lugar en Santander.

[24] Se trata de la frontera andaluza con la tierra de moros, cerca de Córdoba.

[25] Hinojosa del Duque, localidad al norte de Sierra Morena.

[26] paso de Sierra Morena entre Alcaracejos y Espiel, en Córdoba.

[27] localidad en la provincia de Córdoba.

[28] camino.

Non creo las rosas
de la primavera
sean tan fermosas
nin de tal manera.
Fablando sin glosa,[29]
si antes supiera
de aquella vaquera
de la Finojosa,

non tanto mirara
su mucha beldad,
porque me dexara
en mi libertad.
Mas dixe: «Donosa
(por saber quién era),
¿dónde es la vaquera
de la Finojosa?»

Bien commo riendo,
dixo: «Bien vengades,
que ya bien entiendo
lo que demandades:
non es desseosa
de amar, nin lo espera,
aquessa vaquera
de la Finojosa».

"Villancico que fizo el Marqués de Santillana a tres fijas suyas"

Por una gentil floresta
de lindas flores e rosas,
vide tres damas fermosas
que d'amores han requesta.
Yo, con voluntad muy presta,
me llegué a conoscellas.

---

[29]hablando sin rebuscamiento, sin demasiada retórica.

Començó la una dellas
esta canción tan honesta:
Aguardan a mí;
nunca tales guardas vi.[30]

Por mirar su fermosura
destas tres gentiles damas,
yo cobríme con las ramas,
metíme so la verdura.
La otra con gran tristeza
començó de suspirar
e dezir este cantar
con muy honesta mesura:
La niña que los amores ha,
sola ¿cómo dormirá?

Por no les fazer turbança
no quise ir más adelante
a las que con ordenança
cantavan tan consonante.
La otra con buen semblante
dixo: «Señoras d'estado,
pues las dos avéis cantado,
a mí conviene que cante:
Dexaldo al villano pene:
véngueme Dios d'ele».

Desque uvieron cantado
estas señoras que digo,
yo salí desconsolado,
como hombre sin abrigo.
Ellas dixeron: «Amigo,
non soys vos el que buscamos,
mas cantad, pues que cantamos».
Dixe este cantar antiguo:
Sospirando yva la niña

---

[30]Aguardan y guardas hacen un juego de palabras entre esperar y vigilar.

e non por mí,
que yo bien ge lo entendí.

Sonetos fechos al itálico modo

IV

Sitio de amor con grand artillería
me veo en torno e con poder inmenso,
e jamás cessan de noche e de día,
nin el ánimo mío está suspenso[31]

de sus conbates con tanta porfía
que ya me sobran,[32] maguer me deffenso.[33]
Pues ¿qué farás?, ¡o triste vida mía!,
ca non lo alcanço por mucho que pienso.

La corpórea fuerça de Sansón,[34]
nin de David[35] el grand amor divino,
el seso nin saber de Salomón,[36]

nin Hércules[37] se falla tanto digno
que resistir podiessen tal prisión;
assí que a deffensar me fallo indigno.

---

[31]libre.

[32]supera, vence.

[33]a pesar de que me defiendo.

[34]personaje bíblico, célebre por su fuerza y por su amor a Dalila.

[35]rey de Israel, venció a los filisteos y fundó la ciudad de Jerusalem.

[36]hijo y sucesor de David, de legendaria sabiduría, fue autor del *Cantar de los cantares.*

[37]hijo de Júpiter y Alcmena, fue célebre por su fuerza.

VI

El agua blanda en la peña dura
faze por curso de tiempo señal,
e la rueda rodante la ventura[38]
trasmuda o troca del geno humanal.[39]

Pazes he visto aprés[40] grand rotura,
atarde tura el bien nin faz'el mal;[41]
mas la mi pena jamás ha folgura
nin punto çessa[42] mi langor[43] mortal.

Por ventura dirás, ýdola mía,
que a ti non plaze del mi perdimiento,
antes[44] repruevas mi loca porfía.

Di, ¿qué faremos al ordenamiento
de Amor, que priva toda señoría,
e rige e manda nuestro entendimiento?

VIII

¡O dulçe esguarde,[45] vida e honor mía,
segunda Helena,[46] templo de beldad,

---

[38]Se refiere a la rueda de la Fortuna.

[39]género humano.

[40]después de.

[41]ni el bien ni el mal duran mucho tiempo.

[42]no cesa ni un punto.

[43]languidez.

[44]más bien.

[45]mirada.

[46]mujer de Menelao; su belleza causó la guerra de Troya.

so[47] cuya mano, mando e señoría
es el arbitrio mío e voluntad!

Yo soy tu prisionero, e sin porfía[48]
fueste[49] señora de mi libertad;
e non te pienses fuyga[50] tu valía,
nin me desplega[51] tal captividad.

Verdad sea que Amor gasta e dirruye[52]
la mis entrañas con fuego amoroso,
e la mi pena jamás diminuye;

nin punto fuelgo[53] nin soy en reposo,
mas bivo alegre con quien me destruye;
siento que muero e non soy quexoso.

IX

Non es el rayo del Febo[54] luziente,
nin los filos de Arabia más fermosos
que los vuestros cabellos luminosos,
nin gemma de topaza[55] tan fulgente.

Eran ligados de un verdor plaziente
e flores de jazmín que los ornava,
e su perfecta belleza mostrava

---

[47]bajo.

[48]sin disputa.

[49]fuiste.

[50]huya, decrezca

[51]se me extienda, se me haga claro lo que estaba oscuro.

[52]derruye, derriba.

[53]huelgo, descanso.

[54]el sol.

[55]topacio.

qual biva flamma[56] o estrella d'Oriente.

Loó mi lengua, maguer sea indigna,
aquel buen punto que primero vi
la vuestra ymagen e forma divina,

tal commo perla e claro rubí,
e vuestra vista társica[57] e benigna,
a cuyo esguarde e merçed me di.

XVII

Non en palabras los ánimos gentiles,
non en menazas[58] ni'n semblantes fieros
se muestran altos, fuertes e viriles,
bravos, audaçes, duros, temederos.

Sean los actos non punto civiles,[59]
mas virtüosos e de cavalleros,
e dexemos las armas femeniles,
abominables a todos guerreros.

Si los Sçipiones[60] e Deçios[61] lidiaron
por el bien de la patria, çiertamente
non es en dubda, maguer que callaron,

---

[56]llama.

[57]ojos verdes.

[58]amenazas.

[59]serviles, viles, opuesto a nobles.

[60]Se refiere a Escipión el Africano, vencedor de Aníbal en la batalla de Zama y a Escipión Emiliano, que terminó la guerra con Numancia en 133.

[61]Se refiere a los Decios, padre e hijo, que murieron heróicamente combatiendo contra los enemigos de Roma.

o si Metello[62] se mostró valiente;
pues loaremos los que bien obraron
e dexaremos el fablar nuziente.[63]

XVIII

Oy, ¿qué diré de ti, triste emispherio?
¡o patria mía! ca veo del todo
yr todas cosas ultra el recto modo,[64]
donde se espera inmenso lazerio.[65]

Tu gloria e laude[66] tornó[67] vituperio
e la tu clara fama en escureza.[68]
Por çierto, España, muerta es tu nobleza,
e tus loores tornados haçerio.[69]

¿Dó es la fe? ¿Dó es la caridad?
¿Dó es la esperança?[70] Ca por cierto ausentes
son de las tus regiones e partidas.

¿Dó es justicia, temperança, egualdad,
prudencia e fortaleza?[71] ¿Son presentes?

---

[62]Probablemente se refiera al tribuno Lucio Cecilio Metelo que impidió la entrada de César al templo de Saturno, cuando éste quería apoderarse del erario público.

[63]dañoso.

[64]ir todo por el camino equivocado.

[65]lástimas, desastres, miserias.

[66]alabanza.

[67]se tornó en, se transformó en.

[68]oscuridad.

[69]angustia, pena.

[70]Fe, caridad y esperanza son las tres virtudes teologales.

[71]Justicia, temperanza, prudencia y fortaleza son las cuatro virtudes cardinales.

XIX

Lexos de vos e çerca de cuydado,
pobre de gozo e rico de tristeza,
fallido de reposo e abastado
de mortal pena, congoxa e graveza;

desnudo de esperança e abrigado
de inmensa cuyta, e visto aspereza.
La vida me fuye, mal mi grado,
e muerte me persigue sin pereza.

Nin son bastantes a satisfazer
la sed ardiente de mi grand desseo
Tajo al presente, nin me socorrer

la enferma Guadiana,[73] nin lo creo;
sólo Guadalquivir[74] tiene poder
de me guarir e sólo aquél desseo.

XX

Doradas ondas del famoso río[75]
que baña en torno la noble çibdad,[76]
do es aquella, cuyo más que mío
soy e possee la mi voluntad;

pues qu'en el vuestro lago e poderío
es la mi barca veloçe, cuytad[77]

---

[73]probable alusión al hecho de que este río corre en forma subterránea.

[74]río Guadalquivir.

[75]Guadalquivir.

[76]probable alusión a Sevilla.

[77]daos prisa.

con todas fuerças e curso radío[78]
e presentadme a la su beldad.

Non vos impida dubda nin temor
de daño mío, ca yo non lo espero;
y si viniere, venga toda suerte,

e si muriere, muera por mi amor.
Murió Leandro en el mar por Hero,[79]
partido es dulçe al afflicto muerte.

XXII

Nos es a nos de limitar el año,
el mes, nin la semana, nin el día,
la hora, el punto; sea tal engaño
lexos de nos e fuyga toda vía.

Quando menos dubdamos nuestro daño,
la grand baylessa de nuestra baylía,
corta la tela del humanal paño;[80]
non suenan trompas nin nos desafía.

Pues non sirvamos a quien non devemos,
nin es servida con mill servidores;
naturaleza, si bien lo entendemos,

de poco es farta nin procura honores.
Jove[81] se sirva e a Çeres[82] dexemos,

---

[78]errante.

[79]Leandro, queriendo reunirse con su amada Hero, muere ahogado al intentar cruzar a nado el Helesponto.

[80]Se refiere a la muerte, a la que llama alcadessa (baylessa) de nuestra vida (baylía), que corta el hilo de la vida en el momento menos esperado.

[81]Júpiter.

nin piense alguno servir dos señores.

Comiença el prohemio e carta quel marqués de Santillana enbió al condestable de Portugal con las obras suyas[83]

Al yllustre señor don Pedro, muy magnífico Condestable de Portogal,[84] el Marqués de Santillana, Conde del Real, etc., salud, paz e devida recomendaçión.

En estos días passados, Alvar Gonçales de Alcántara, familiar e servidor de la casa del señor Infante don Pedro, muy ínclito Duque de Coimbra, vuestro padre, de parte vuestra, señor, me rogó que los dezires e canciones mías enbiase a la vuestra magnifiçençia. En verdad, señor, en otros fechos de mayor inportancia, aunque a mí más trabajosos, quisiera yo complazer a la vuestra nobleza; porque estas obras—o a lo menos las más dellas—no son de tales materias, ni asy bien formadas e artizadas,[85] que de memorable registro dignas parescan. Porque, señor, asy commo el Apóstol dize: «Cum essem paruulus cogitabam ut paruulus, loquebar ut paruulus».[86] Ca estas tales cosas alegres e jocosas andan e concurren con el tiempo de la nueva edad de juventud, es a saber: con el vestir, con el justar, con el dançar e con otros tales cortesanos exerçiçios. E asy, señor, muchas cosas plazen agora a vos que ya no plazen o no deven plazer a mí. Pero, muy virtuoso señor, protestando que la voluntad mía sea e fuesse no otra de la que

---

[82]diosa de la agricultura.

[83]Esta edición—como otras muchas recientes—sigue el texto preparado por Angel Gómez Moreno; sin embargo, hemos regularizado el uso de *u* cuando equivale a *v* y de *i* cuando equivale a *j*. No regularizamos otras grafías (como por ejemplo en *asy/assí/así*, o bien *onbre/honbre*, o *hedad/edad*) para dejar constancia de la inestabilidad ortográfica del texto. Asimismo, hemos suprimido las divisiones didácticas y los correspondientes subtítulos establecidos por Gómez Moreno.

[84]Pedro de Portugal (1429-1466), hijo de don Pedro, infante de Portugal, y nieto del rey Juan I, llegó a ser Condestable de Portugal y Rey de Aragón; se lo recuerda por haber introducido la moda de escribir en castellano en Portugal.

[85]elaboradas con arte.

[86]San Pablo, Epístola a los Corintios, 13, 11, cita aproximada, ya que el texto completo versa: «Cum essem parvulus, loquebam ut parvulus, sapiebam ut parvulus, cogitabam ut parvulus»: «Cuando yo era niño, hablaba como niño, pensaba como niño, juzgaba como niño».

digo, porque la vuestra sin inpedimento aya lugar e vuestro mandado se faga, de unas e otras partes, e por los libros e cançioneros agenos, fize buscar e escrevir—por orden segund que las yo fize—las que en este pequeño volumen vos enbío.

Mas commo quiera que de tanta insufiçiençia estas obretas mías, que vos, señor, demandades, sean, o por ventura más de quanto las yo estimo o reputo, vos quiero çertificar me plaze mucho que, todas cosas que entren o anden so esta regla de poetal canto, vos plegan;[87] de lo cual me fazen çierto asy vuestras graçiosas demandas, como algunas gentiles cosas de tales que yo he visto conpuestas de la vuestra prudençia. Commo es çierto este sea un zelo çeleste, una affecçión divina, un insaçiable çibo[88] del ánimo; el cual, asy commo la materia busca la forma e lo inperfecto la perfecçión, nunca esta sçiençia de poesía e gaya sçiençia buscaron nin se fallaron synon en los ánimos gentiles, claros ingenios e elevados spíritus.

¿E qué cosa es la *poesía*—que en el nuestro vulgar gaya sçiençia llamamos—syno un fingimiento[89] de cosas útyles, cubiertas o veladas con muy fermosa cobertura, conpuestas, distinguidas e scandidas por cierto cuento, peso e medida? E çiertamente, muy virtuoso señor, yerran aquellos que pensar quieren o dezir que solamente las tales cosas consistan e tiendan a cosas vanas e lasçivas: que, bien commo los fructíferos huertos habundan e dan convenientes fructos para todos los tienpos del año, assy los hombres bien nasçidos e doctos, a quien estas sçiençias de arriba son infusas, usan de aquellas e del tal exerçiçio segund las hedades. E sy por ventura las sçiençias son desseables, asy commo Tulio[90] quiere, ¿quál de todas es más prestante, más noble e más digna del honbre, o quál más extensa a todas espeçies de humanidad? Ca, las escuridades e çerramientos dellas ¿quién las abre?, ¿quién las esclaresçe?, ¿quién las demuestra e faze patentes syno la eloquençia dulçe e fermosa fabla, sea metro, sea prosa?

Quánta más sea la exçelençia e prerrogativa de los rimos e metros que de la soluta prosa,[91] syno solamente a aquellos[92] que de las porfías injustas se cuydan adquirir sobervios honores, manifiesta cosa es. E, asy, faziendo la vía de

---

[87]plazcan.

[88]alimento.

[89]componer, composición.

[90]Marco Tulio Cicerón (106-43 a.C.), célebre orador romano.

[91]prosa libre, sin sujetarse a ritmos y rimas fijos.

[92]con la excepción de aquéllos.

los stoycos—los quales con grand diligençia inquirieron el orígine e causas de las cosas—me esfuerço a dezir el metro ser antes en tienpo e de mayor perfecçión e más auctoridad que la soluta prosa.

Ysidoro Cartaginés, santo Arçobispo yspalensy,[93] asy lo aprueva e testifyca, e quiere que el primero que fizo rimos o canto en metro aya sido Moysén,[94] ca en metro cantó e profetizó la venida del Mexías;[95] e, despúes dél, Josué en loor del vençimiento de Gabaón.[96] David cantó en metro la victoria de los filisteos e la restituçión del archa del Testamento e todos los çinco libros del *Salterio*. E aun por tanto los hebraycos osan afirmar que nosotros no asy bien commo ellos podemos sentyr el gusto de la su dulçeza. E Salamón[97] metrificados fizo los sus *Proverbios*, e çiertas cosas de Job son escriptas en rimo; en espeçial, las palabras de conorte[98] que sus amigos le respondían a sus vexaçiones.

De los griegos quieren sean los primeros Achatesio Millesio[99] e, aprés[100] dél, Feróçides Siro[101] e Homero,[102] no obstante que Dante soberano poeta lo llama. De los latinos Enio[103] fue el primero, ya sea que Virgilio quieran que de la lengua latina en metro aya tenido e tenga la monarchía; y aun asy plaze a Dante, allí donde dize en nonbre de Sordello Mantuano:

«O gloria del latyn solo per chui

---

[93]San Isidoro de Sevilla (560-636), sabio prelado medieval que organizó la iglesia en España y que escribió sus famosas *Etimologías*.

[94]Moisés.

[95]Mesías.

[96]ciudad de Palestina al noroeste de Jerusalén; Josué venció a los habitantes de Canaán, aliados con los guerreros de Gabaón.

[97]Salomón.

[98]consuelo.

[99]Hecateo de Mileto, historiador y geógrafo de Jonia, que vivió en el siglo IV a.C. Más que poeta era cronista, pero la información que maneja Santillana procede de San Isidoro.

[100]después de.

[101]Ferécides de Sira, que vivió en el siglo VI a.C., escribió una *Teogonía* pero no en verso, como dice Santillana, sino en prosa.

[102]autor al que se atribuye la *Ilíada* y la *Odisea*.

[103]Quinto Enio (239-169 a.C.), poeta latino, autor de un poema titulado *Annales*, en el que narra la historia de Roma.

mostro cho que potea la lingua nostra,

o preçio eterno del llocho ove yo fuy».[104]

E así, concluyo ca esta sçiençia, por tal, es açepta prinçipalmente a Dios, e después a todo linage e espeçie de gentes. Afírmalo Casiodoro[105] en el libro *De varias causas*, diziendo: todo resplendor de eloquençia e todo modo o manera de poesía o poetal locuçión e fabla, toda variedad de honesto fablar hovo e hovieron començamiento de las *Divinas Escripturas*. Esta en los deíficos templos se canta, e en las cortes ed palaçios imperiales e reales graçiosa e alegremente es resçebida. Las plaças, las lonjas, las fiestas, los conbites opulentos sin ella asy commo sordos e en silencio se fallan.

¿E qué son o quáles aquellas cosas donde—oso dezir—esta arte asy commo neçessaria no intervenga e no sirva? En metro las *epithalamias*—que son cantares que en loor de los novios en las bodas se cantan—son conpuestos; e, de unos en otros grados, aun a los pastores en çierta manera sirven, e son aquellos dictados a que los poetas *bucólicos* llamaron. En otros tiempos, a las çenizas e defunsiones de los muertos, metros elegíacos se cantavan, e aún agora en algunas partes dura, los quales son llamados endechas; en esta forma Iheremías[106] cantó la destruyçión de Jherusalem. Gayo Çésar,[107] Octaviano Augusto,[108] Tiberio[109] e Tito,[110] enperadores, maravillosamente metrificaron e les plugo toda manera de metro.

Más dexemos ya las estorias antiguas por allegarnos más açerca de los nuestros tienpos. El Rey Roberto de Nápol,[111] claro e virtuoso prínçipe, tanto

---

[104]texto alterado de *Purgatorio*, VII, 16-18.

[105](480?-570/575?), autor muy difundido en la Edad Media.

[106]Jeremías.

[107]Cayo Julio César (100?-44 a.C.), insigne dictador, gran orador y general romano.

[108]César Octavio (63 a.C.-14 d.C.), primer emperador romano.

[109]segundo emperador romano (14-37).

[110]hijo de Vespasiano y emperador desde el 79 al 81.

[111]Roberto el Prudente, rey de Nápoles y duque de Calabria (1278-1343), era amigo de Petrarca y de otros humanistas, y contaba con una de las mejores bibliotecas de su época.

esta sçiençia le plugo que, commo en esta misma sazón miçer Françisco Petrarca,[112] poeta laureado, floresçiese, es çierto grand tienpo lo tuvo consigo en el Castil Novo de Nápol, con quien él muy a menudo confería e platicava destas artes, en tal manera que mucho fue avido por açepto a él e grand privado suyo; e allí se dize aver él fecho muchas de sus obras, asy latynas commo vulgares, e entre las otras el libro de *Rerum memorandarum* e las sus églogas e muchos sonetos, en espeçial aquel que fizo a la muerte deste mismo rey, que comiença:
«Roto e l'alta columpna e el verde lauro», etc.[113]

Iohán Bocaçio,[114] poeta exçellente e orador insigne, afirma el Rey Iohán de Chipre[115] averse dado más a los estudios desta graçiosa sçiençia que a ningunas otras; e asy paresçe que lo muestra en la entrada prohemial del su libro de la *Genealogía o linage de los dioses gentyles*, fablando con el Señor de Parma, mensaiero o enbaxador suyo.

Cómmo pues o por quál manera, señor muy virtuoso, estas sçiençias ayan primeramente venido en mano de los romançistas o vulgares, creo sería difíçil inquisiçión e una trabajosa pesquisa. Pero, dexadas agora las regiones, tierras e comarcas más longínicas[116] e más separadas de nos, no es de dubdar que universalmente en todas de siempre estas sçiençias se ayan acostumbrado e acostumbran, e aun en muchas dellas en estos tres grados, e a saber: sublime, mediocre e ínfymo. Sublime se podría dezir por aquellos que las sus obras escrivieron en lengua griega e latyna, digo metrificando. Mediocre usaron aquellos que en vulgar escrivieron, asy commo Guido Janunçello, boloñés,[117] e Arnaldo Daniel, proençal.[118] E commo quier que destos yo no he visto obra alguna, pero quie-

---

[112](1304-1374), gran poeta del humanismo italiano, autor de un *Cancionero* en el que canta a su amada Laura *in vita* e *in morte*.

[113]famoso soneto de Petrarca en el que lamenta dos muertes, la de Laura y la del cardenal Colonna.

[114]Juan Boccaccio (1313-1375), poeta italiano, autor del *Decamerón*.

[115]Puede tratarse de Juan de Brienne (1148-1237), emperador romano de Oriente que protegía a sabios y poetas; o bien se trata de un error, y se refiere a Hugo IV de Lusignano, rey de Chipre y de Jerusalén, muerto en 1359.

[116]lejano, distante.

[117]Guido Guinicelli (1230-1275/6), poeta italiano.

[118]Arnaut Daniel (n. 1150?), nacido en Ribérac (Dordogne), escribió una serie de poemas muy herméticos entre 1180 y 1200.

ren algunos aver ellos sido los primeros que escrivieron terçio rimo[119] e aun
sonetos en romançe; e asy commo dize el philósofo, de los primeros primera es
la especulaçión. Infimos son aquellos que syn ningund orden, regla nin cuento
fazen estos romançes e cantares de que las gentes de baxa e servil condiçión se
alegran. Después de Guido e Arnaldo Daniel, Dante escrivió en terçio rimo
elegantemente las sus tres comedias: *Infierno, Purgatorio e Parayso*;[120] miçer
Françisco Petrarcha, sus *Triunphos*; Checo D'Ascholi,[121] el libro *De proprieta-
tibus rerum* e Iohán Bocaçio el libro de Ninfal[122] se intitula, aunque ayuntó a
él prosas de grande eloquençia a la manera del *Boeçio consolatorio*.[123] Estos
e muchos otros escrivieron en otra forma de metros en lengua ytálica que *sonetos*
e *cançiones morales* se llaman.

Estendiéronse—creo—de aquellas tierras e comarcas de los lemosines estas
artes a los gállicos e a esta postrimera e oççidental parte, que es la nuestra España, donde asaz prudente e fermosamente se han usado.

Los gállicos e françeses escrivieron en diversas maneras rimos[124] e versos,
que en el cuento de los pies[125] o bordones discrepan pero el peso,[126] cuento
de las sylabas del terçio rimo e de los sonetos e de las cançiones morales yguales
son de las baladas; aunque en algunas, asy de las unas commo de las otras, ay
algunos pies truncados[127] que nosotros llamamos medios pies, e los lemosís,
françeses, e aun catalanes, bioques.[128]

---

[119]Se trata de la conocida como *terza rima*, forma del serventesio hecha con
terzine de rimas encadenadas, y que fuera utilizada por Dante en su *Divina
Comedia*.

[120]partes en que se divide la *Divina Comedia* de Dante.

[121]Francesco Stàbili, llamado Cecco D'Ascoli (1269-1327), escritor de un
tratado de astrología, con fama de mago y muerto en la hoguera.

[122]Se refiere al libro de Boccaccio (1313-1375), titulado *L'Ameto o commedia
delle ninfe fiorentine*.

[123]Refiérese a la obra de Boecio titulada *De consolatio Philosophiae*, de gran
difusión en la Edad Media.

[124]poesía entera como entidad rítmica.

[125]versos.

[126]Probablemente se refiere al acento métrico.

[127]pies quebrados.

[128]El bioc es el verso corto que se usa para cerrar un composición escrita en
versos más extensos.

Dentre estos uvo onbres muy doctos e señalados en estas artes; ca maestre Johan de Loris fizo el *Roman de la Rosa*, «donde—commo ellos dizen—el arte de amor es tota inclosa»; e acabólo maestre Johán Copinete, natural de la villa de Mun.[129] Michaute[130] escrivió asy mismo un grand libro de baladas, cançiones, rondeles, lays e virolays,[131] e asonó muchos dellos. Miçer Otho de Grandson,[132] cavallero estrenuo e muy virtuoso, se uvo[133] alta e dulçemente en esta arte. Maestre Alen Charretiel,[134] muy claro poeta moderno e secretario deste Rey don Luys de Françia,[135] en grand elegançia conpuso e cantó en metro e escrivió el *Debate de las quatro damas*, *La Bella Dama san mersi*, el *Revelle matin*, *La Grand pastora*, *El Breviario de nobles* e *El Ospital de amores*; por çierto, cosas asaz fermosas e plazientes de oyr.

Los ytálicos prefiero yo—so emienda de quien más sabrá—a los françeses, solamente ca las sus obras se muestran de más altos ingenios e adórnanlas e conpónenlas de fermosas e peregrinas ystorias; e a los françeses de los ytálicos en el guardar del arte: de lo qual los ytálicos, synon solamente en el peso e consonar, no se fazen mençión alguna. Ponen sones asy mismo a las sus obras e cántanlas por dulçes e diversas maneras; e tanto han familiar, açepta e por manos la música que paresçe que entrellos ayan nasçido aquellos grandes philósofos Orfeo,[136] Pitágoras[137] e Enpédocles,[138] los quales—asy commo algunos descriven—non solamente las yras de los onbres, mas aun a las furias infernales con las sonorosas melodías e dulçes modulaçiones de los sus cantos aplacavan. E ¿quién dubda que, asy commo las verdes fojas en el tienpo de la primavera guarnesçen e aconpañan los desnudos árboles, las dulçes bozes e fermosos sones

---

[129]Guillaume de Lorris escribió la primera parte del *Roman de la Rose* y Jean Clopinel, de Meung-sur-Loire, lo completó; ambos escribieron sus obras alrededor de 1250 y 1277, respectivamente.

[130]Guillaume de Machaut o Machault (1300-1377?), poeta galante y moralizador.

[131]palabras de orígen francés o provenzal, de poco uso en castellano.

[132]poeta y diplomático suizo-francés; murió en 1397.

[133]se manifestó.

[134]Alain Chartier (1385-1433), escritor y diplomático francés.

[135]Probablemente se refiere al joven Luis, posteriormente Luis XI.

[136]costumbre medieval de incluir este personaje mitológico entre los filósofos.

[137]filósofo y matemático del siglo VI a.C.

[138]filósofo y médico de Agrigento del siglo V a.C.

no apuesten e aconpañen todo rimo, todo metro, todo verso, sea de cualquier arte, peso e medida?

Los catalanes, valençianos e aun algunos del Reyno de Aragón fueron e son grandes ofiçiales desta arte. Escrivieron primeramente en *novas rimadas*,[139] que son pies o bordones largos de sylabas, e algunos consonavan e otros non. Después desto usaron el dezir en coplas de diez sylabas, a la manera de los lemosís. Uvo entre ellos de señalados onbres, asy en las invençiones commo en el metrificar: Guillén de Beruedá,[140] generoso e noble cavallero, e Pao de Benbibre[141] adquirieron entrestos grand fama. Mosén Pero March, el Viejo,[142] valiente e honorable cavallero, fizo asaz gentiles cosas e, entre las otras, escrivió proverbios de grand moralidad. En estos nuestros tienpos floresçió mosén Jorde de Sant Jorde,[143] cavallero prudente, el qual çiertamente conpuso asaz fermosas cosas, las quales él mesmo asonava[144] ca fue músico exçellente; fizo entre otras una canción de oppósitos que comiença:

«Tos jons aprench e desaprench ensems».

Fizo la *Passión de amor*,[145] en la qual copiló muchas buenas canciones antiguas, asy destos que ya dixe commo de otros. Mosén Febrer[146] fizo obras nobles, e algunos afirman aya traydo el Dante de lengua florentina en catalán, no menguando punto en la orden del metrificar e consonar. Mosén Ausias March,[147] el qual aún bive, es grand trobador e omne de asaz elevado spíritu.

---

[139]narraciones contadas en poemas con rimas emparejadas y muchas veces con proyección didáctica.

[140]Guillem de Bergedà o Guillén de Bargadá (1143?-1192/6?), trovador catalán, autor de poemas violentos, insultantes y obscenos, de gran lirismo.

[141]Pau de Bellviure, que vivió en la segunda mitad del siglo XIV y primera del XV.

[142]Pere March, señor de Beniarjó (1338?-1413), trovador valenciano apodado el Viejo, para no confundirlo con su nieto del mismo nombre.

[143]Jordi de san Jordi, trovador valenciano que murió alrededor de los años 1423-1425.

[144]le ponía música.

[145]Obra cuyo título latino completo es *Passio amoris secundum Ovidium*, poema influenciado por la primera parte del *Roman de la Rose*.

[146]Andreu Febrer (1375/80?-1400?), trovador catalán que tradujo la *Divina Comedia* respetando metro y estrofa.

[147](1397-1459), trovador valenciano.

Entre nosotros usóse primeramente el metro en asaz formas; asy commo el *Libro de Alexandre, Los votos del Pavón* e aun el *Libro del Arçipreste de Hita*; e aun desta guisa escrivió Pero López de Ayala, el Viejo, un libro que fizo de las *maneras del palaçio* e llamaron los *Rimos*.[148]

E después fallaron esta arte que mayor se llama e el arte común—creo—en los Reynos de Gallizia e de Portogal, donde no es de dubdar quel exerçiçio destas sçiençias más que en ningunas otras regiones e provinçias de la España se acostumbró en tanto grado que non ha mucho tienpo qualesquier dezidores e trobadores destas partes, agora fuessen castellanos, andaluzes o de la Estremadura, todas sus obras conponían en lengua gallega o portuguesa; e aun destos es çierto resçebimos los nombres del arte, asy commo: *maestría mayor e menor*,[149] *encadenados*,[150] lexaprén[151] e *manzobe*.[152]

Acuérdome, señor muy magnífico, syendo yo en hedad no provecta, mas asaz pequeño moço, en poder de mi avuela doña Mençia de Çisneros, entre otros libros, aver visto un grand volumen de cantigas, serranas e dezires portugueses e gallegos; de los quales, toda la mayor parte era del Rey don Donís de Portogal[153]—creo, señor, sea vuestro visahuelo—, cuyas obras, aquellos que las leyan, looavan de invençiones sotiles e de graçiosas e dulçes palabras. Avía otras de Iohán Suares de Pavía,[154] el qual se dize aver muerto en Galizia por amores de una infanta de Portogal, e de otro, Fernand Gonçales de Senabria.[155] Después dellos vinieron Vasco Peres de Camoes[156] e Fernand Casquiçio[157] e aquel gran-

---

[148]Se refiere al *Rimado del Palacio*.

[149]En la maestría mayor, las rimas usadas en la primera estrofa se repiten en la siguiente; en la maestría menor, varían en cada una de ellas.

[150]En los versos encadenados cada verso comienza con la palabra en que termina el anterior.

[151]El verso que termina la estrofa, inicia luego la estrofa siguiente.

[152]repetición de palabras de una misma raíz léxica en rimas diferentes.

[153]Dionís de Portugal (1265-1325).

[154]Johan Soarez de Pavha.

[155]probablemente Fernán Gonzálvez de Seabra.

[156]probablemente Vasco Pérez Pardal.

[157]probablemente Fernán 'Esquyo o Esqueo.

de enamorado Maçías,[158] del qual no se fallan syno quatro cançiones, pero çiertamente amorosas e de muy fermosas sentençias, conviene a saber:

«Cativo de miña tristura»,

«Amor cruel e brioso»,

«Señora, en quien fiança» e

«Provey de buscar mesura».[159]

En este Reyno de Castilla dixo bien el Rey don Alfonso el Sabio,[160] e yo vi quien vio dezires suyos, e aun se dize que metrificava altamente en lengua latina. Vinieron después destos don Iohán de la Çerda[161] e Pero Gonçales de Mendoça,[162] mi abuelo; fizo buenas cançiones, e entre otras:

«Pero te sirvo sin arte»,

e otra a las monias de la Çaydía, quando el Rey don Pedro tenía el sitio contra Valençia; comiença:

«A las riberas de un río».

Usó una manera de dezir cantares así commo çénicos plautinos e terençianos, tan bien en estrinbotes commo en serranas. Concurrió en estos tienpos un judío que se llamó Rabí Santó;[163] escrivió muy buenas cosas, e entre las otras *Proverbios morales*, en verdat de asaz comendables sentençias. Púselo en cuento[164] de tan nobles gentes por grand trobador, que asy commo él dize en uno de sus proverbios:

«No vale el açor menos

por nasçer en vil nío,

ni los exemplos buenos

por los dezir judío».

Alfonso Gonçales de Castro, natural desde villa de Guadalaiara, dixo asaz bien e fizo estas cançiones:

«Con tan alto poderío» e

«Vedes que descortesía».

---

[158]gallego, tuvo fama por la leyenda de amor que lo rodeó, murió alrededor de 1367 y 1384.

[159]Estos poemas se pueden leer en el *Cancionero de Baena*.

[160]Alfonso X (1221-1284).

[161]probablemente Iñigo de la Cerca o don Juan de la Cerda.

[162]Pedro González de Mendoza (1340-1385).

[163]rabí Sem Tob de Carrión, que vivió a mediados del siglo XIV.

[164]en la cuenta, en la lista.

Despúes destos, en tienpo del Rey don Iohán, fue el Arçediano de Toro; este fizo:

«Crueldad e trocamento»

e otra cançión que dizen:

«De quien cuydo e cuydé».

E Garçi Ferrandes de Gerena.

Desdel tienpo del Rey don Enrrique, de gloriosa memoria, padre del Rey nuestro señor, e fasta estos nuestros tienpos, se començó a elevar más esta sçiençia e con mayor elegançia, e ha avido onbres muy doctos en esta arte, principalmente Alfonso Alvares de Yliescas,[165] grand dezidor, del qual se podría dezir aquello que, en loor de Ovidio, un grand estoriador descrive, conviene a saber: que todos sus motes e palabras eran metro. Fizo tantas canciones e dezires que sería bien largo e difuso nuestro proçesso sy por extenso, aun solamente los prinçipios dellas, a rrencontar se oviesen. E asy por esto, commo por ser tanto conosçidas e esparzidas a todas partes sus obras, passaremos a miçer Françisco Inperial,[166] al qual yo no llamaría dezidor o trobador mas poeta, commo sea çierto que, sy alguno en estas partes del occaso meresçió premio de aquella triunphal e láurea guirlanda, loando a todos los otros, éste fue. Fizo al nasçimiento del Rey, nuestro señor, aquel dezir famoso:

«En dos seteçientos»

e muy muchas otras cosas graçiosas e loables.

Fernand Sanches Calavera,[167] comendador de la Orden de Calatrava, conpuso asaz buenos dezires. Don Pero Vélez de Guevara,[168] mi tío, graçioso e noble cavallero, asy mesmo escrivió gentiles dezires e canciones.

Fernand Peres de Guzmán,[169] mi tío, cavallero docto en toda buena doctrina, ha compuesto muchas cosas metrificadas, y entre las otras aquel epitafio de la sepultura de mi señor el Almirante don Diego Furtado,[170] que comiença:

---

[165] Alfonso Álvarez, cuyas composiciones se escribieron aproximadamente entre 1369 y 1423, nació en Villasandino, cercano a Illescas, y fue uno de los más fecundos trovadores.

[166] poeta que florece en la primera década del siglo XV.

[167] Fernán Sánchez de Calavera, murió alrededor de 1443.

[168] Aparece con varias poesía en el *Cancionero de Baena*.

[169] Fernán Pérez de Guzmán (1377/9?-1460?).

[170] don Diego Hurtado de Mendoza (1365-1404), padre de Santillana, uno de los nobles más ricos e influyentes en la corte de Enrique III de Castilla.

«Honbre que vienes aquí de presente».

Fizo muchos otros dezires e cantigas de amores, e aun agora bien poco tienpo ha, escrivió proverbios de grandes sentençias y otra obra asaz util e bien compuesta de *Las quatro virtudes cardinales*.

Al muy magnífico Duque don Fadrique, mi señor e mi hermano,[171] plugo mucho esta sçiençia, e fizo asaz gentiles cançiones e dezires; e tenía en su casa grandes trobadores, especialmente a Fernad Rodríguez Portocarrero e Johán de Gayoso e Alfonso de Moraña.[172] Ferrand Manuel de Lando,[173] honorable cavallero, escrivió muchas buenas cosas de poesía; ymitó más que ninguno otro a miçer Francisco Inperial; fizo de buenas cançiones en loor de Nuestra Señora; fizo asy mismo algunas invectivas contra Alfonso Alvarez de dyversas materias y bien hordenadas.

Los que después dellos en estos nuestros tienpos han escripto o escriven, çesso de los nombrar, porque de todos me tengo por dicho que vos, muy noble señor, ayades notiçia e conosçimiento. E non vos maravilledes, señor, sy en este prohemio aya tan extensa e largamente enarrado estos tanto antiguos e después nuestros auctores e algunos dezires e cançiones dellos, commo paresca aver proçedido de una manera de ocçiosidat, lo qual de todo punto deniegan no menos ya la hedad mía que la turbaçión de los tienpos. Pero es asy que, commo en la nueva edad me pluguiesen, fallélos agora, quando me paresçió ser neçessarios. Ca asy commo Oraçio poeta dize:

«Quem noua concepit olla seruabit odorem».[174]

Pero de todos estos, muy magnífico señor, asy ytálicos commo proençales, lemosís, catalanes, castellanos, portugueses e gallegos, e aun de qualesquier otras nasçiones, se adelantaron e antepusieron los gállicos, çesalpinos e de la provinçia de Equitania en solepnizar e dar honor a estas artes. La forma e manera cómmo, dexo agora de recontar, por quanto ya en el prólogo de los mis *Proverbios* se ha mençionado.

Por las quales cosas e aun por otras muchas—que por mí, e más por quien más supiesse, se podrían ampliar e dezir—podrá sentyr e conosçer la vuestra magnifiçençia en quánta reputaçión, extima e comendaçión estas sçiençias averse deven; e quánto vos, señor muy virtuoso, devedes extymar que aquellas dueñas,

---

[171]En realidad era su cuñado.

[172]No hay muchas noticias de estos poetas.

[173]Se conservan 31 poemas en el *Cancionero de Baena*.

[174]Horacio, *Epístola* I,2,69, cita aproximada.

que en torno de la fuente de Elicón inçessantemente dançan,[175] en tan nueva edad, no inméritamente, a la su conpañía vos ayan resçebido. Por tanto, señor, quanto yo puedo, exorto e amonesto a la vuestra magnifiçençia que, asy en la inquisiçión de los fermosos poemas commo en la polida horden e regla de aquellos, en tanto que Cloto filare la estanbre,[176] vuestro muy elevado sentido e pluma no çessen; por tal que, quando Antropos cortare la tela,[177] no menos délficos que marçiales honores e glorias obtengades.[178]

---

[175]Se refiere a las musas en el Helicón.

[176]en tanto que la parca Cloto siga hilando el hilo de la vida.

[177]Se refiere a la parca Atropos, que corta el hilo o tela de la vida.

[178]Se refiere a la fama literaria y a la militar, dando lugar a la idea de "las armas y las letras".

ROMANCERO VIEJO[1]

"Romance nuevamente rehecho de la fatal desenvoltura de la Cava Florinda"

De una torre de palacio
se salió por un postigo
la Cava[2] con sus doncellas,
con gran fiesta y regocijo.
Metiéronse en un jardín,
cerca de un espeso ombrío
de jazmines y arrayanes,
de pámpanos y racimos.
Junto a una fuente que vierte
por seis caños de oro fino
cristal y perlas sonoras
entre espadañas y lirios,
reposaron las doncellas
buscando solaz y alivio
al fuego de mocedad
y a los ardores de estío.

---

[1]Seguimos en general la edición preparada por Luis Santullano, *Romancero español* (Madrid: Aguilar, 1946). Hemos cotejado con *Flor nueva de romances viejos* (Madrid: Espasa-Calpe, 1938), editada por Ramón Menéndez Pidal, y la más reciente editada por María Cruz García de Enterría, *Romancero viejo (Antología)* (Madrid: Editorial Castalia, 1987). Asimismo, hemos preferido la versión del "Romance de Rodrigo y la Cava Florinda" y la del "Romance de Gerineldo" que figuran en *Flor nueva*, a la vez que hemos tomado de esa colección los siguientes romances, que no figuran en la edición de Santullano: "Romance de Bernal Francés", "Romance del prisionero", "La misa de amor", "Romance del enamorado y la muerte" y el "Romance del amor más poderoso que la muerte".

[2]La leyenda se refiere a las relaciones entre Rodrigo, el último de los reyes godos, y la Cava, hija del Conde Julián; el nombre de Cava, Alacaba, vendrá del árabe y significa "prostituta".

Daban al agua sus brazos,
y tentada de su frío,
fue la Cava la primera
que desnudó sus vestidos.
En la sombreada alberca
su cuerpo brilla tan lindo
que al de todas la demás
como sol ha escurecido.
Pensó la Cava estar sola;
pero la ventura quiso
que entre unas espesas yedras
la miraba el rey Rodrigo.
Puso la ocasión el fuego
en el corazón altivo,
y amor, batiendo sus alas,
abrasóle de improviso.
De la pérdida de España
fue aquí funesto principio:
una mujer sin ventura
y un hombre de amor rendido.
Florinda perdió su flor,
el rey padeció el castigo;
ella dice que hubo fuerza,
él que gusto consentido.
Si dicen quién de los dos
la mayor culpa ha tenido,
digan los hombres: la Cava,
y las mujeres: Rodrigo.

"Cómo se perdió España por causa del Rey don Rodrigo"

I

Los vientos eran contrarios,
la luna estaba crecida,
los peces daban gemidos
por el mal tiempo que hacía,
cuando el rey don Rodrigo

junto a la Cava dormía,
dentro de una rica tienda
de oro bien guarnecida.
Trescientas cuerdas de plata
que la tienda sostenían,
dentro había cien doncellas
vestidas a maravilla;
las cincuenta están tañendo
con muy extraña armonía;
las cincuenta están cantando
con muy dulce melodía.
　　Allí hablara una doncella
que Fortuna se decía:
—Si duermes, rey don Rodrigo,
despierta por cortesía,
y verás tus malos hados,
tu peor postrimería,
y verás tus gentes muertas
y tu batalla rompida,
y tus villas y ciudades
destruidas en un día.
Tus castillos, fortalezas,
otro señor los regía.
Si me pides[3] quién lo ha hecho,
yo muy bien te lo diría:
ese conde don Julián,
por amores de su hija,
porque se la deshonraste,
y más de ella no tenía.
Juramento viene echando
que te ha de costar la vida.
　　Despertó muy congojado
con aquella voz que oía;
con cara triste y penosa
de esta suerte respondía:

---

[3]preguntas.

—Mercedes[4] a ti, Fortuna,
de esta tu mansajería.

Estando en esto allegó
uno que nuevas traía:
cómo el conde don Julián
las tierras le destruía.
Apriesa pide el caballo
y al encuentro le salía;
los enemigos son tantos,
que esfuerzo no le valía;
que capitanes y gentes
huía el que más podía.

II

Las huestes de don Rodrigo
desmayaban y huían,
cuando en la octava batalla
sus enemigos vencían.
Rodrigo deja sus tiendas
y del real se salía;
solo va el desventurado,
que no lleva compañía,
el caballo, de cansado,
ya mudar no se podía,
camina por donde quiere,
que no le estorba la vía.
El rey va tan desmayado
que sentido no tenía;
muerto va de sed y hambre
que de verle era mancilla,[5]
iba tan tinto de sangre
que una brasa parecía.
Las armas lleva abolladas,

---

[4]gracias.
[5]lástima.

que eran de gran pedrería,
la espada lleva hecha sierra
de los golpes que tenía,
el almete,[6] de abollado,
en la cabeza se le hundía,
la cara lleva hinchada
del trabajo que sufría.
Subióse encima de un cerro,
el más alto que veía;
desde allí mira su gente
cómo iba de vencida;
de allí mira sus banderas
y estandartes que tenía,
cómo están todos pisados
que la tierra los cubría;
mira por los capitanes
que ninguno parecía;
mira el campo tinto en sangre,
la cual arroyos corría.
El triste, de ver aquesto,
gran mancilla en sí tenía;
llorando de los sus ojos
de esta manera decía:
—Ayer era rey de España,
hoy no lo soy de una villa;
ayer villas y castillos,
hoy ninguno poseía;
ayer tenía criados
y gente que me servía,
hoy no tengo una almena
que pueda decir que es mía.
¡Desdichada fue la hora,
desdichado fue aquel día
en que nací y heredé
la tan grande señoría,
pues lo había de perder

---

[6]pieza de la armadura que cubría la cabeza.

todo junto y en un día!
¡Oh muerte!, ¿por qué no vienes
y llevas esta alma mía
de aqueste cuerpo mezquino,
pues se te agradecería?

"Casamiento de doña Lambra con don Rodrigo de Lara"

Ya se salen de Castilla
castellanos con gran saña;
van a desterrar los moros
a la vieja Calatrava;
derribaron tres pedazos
por partes de Guadiana;
por el uno salen moros,
que ningún vagar[7] se daban;
por unas sierras arriba
grandes alaridos daban,
renegando de Mahoma
y de su secta malvada.
¡Cuán bien pelea Rodrigo
de una lanza y adarga!
Ganó un escaño tornido[8]
con una tienda romana.
Al conde Fernán González
se la envía presentada,
que le trate casamiento
con la linda doña Lambra.
Concertadas son las bodas,
¡ay, Dios!, en hora menguada;[9]
a doña Lambra la linda
con don Rodrigo de Lara.

---

[7]pausa.
[8]un banco torneado.
[9]en mala hora, hora fatal.

En bodas y tornabodas[10]
se pasan siete semanas.
Las bodas fueron muy buenas
y las tornabodas malas;
las bodas fueron en Burgos,
las tornabodas en Salas.
Tanta viene de la gente,
no caben en las posadas,
y faltaban por venir
los siete infantes de Lara.
¡Helos, helos[11] por do asoman
con su compañía honrada!
Sálelos a recibir
la su madre doña Sancha:
—Bien vengades, los mis hijos,
buena sea vuestra llegada;
allá iréis a posar, hijos,
a barrios de Cantarranas;
hallaréis las mesas puestas,
viandas aparejadas,
y después que hayáis comido
ninguno salga a la plaza,
porque son las gentes muchas,
siempre trabaréis palabras.
       Doña Lambra con fantasía
grandes tablados[12] armara.
Allí salió un caballero
de los de Córdoba la llana,
caballero en un caballo,
y en la su mano una vara;
arremete su caballo,
al tablado la tirara,
diciendo: —Amad, señoras,

---

[10]fiestas posteriores a la boda.

[11]aquí están, mirad.

[12]deporte medieval consistente en un armazón colocado en lo alto, sobre el que los caballeros arrojaban sus lanzas hasta derribarlo.

cada cual como es amada,
que más vale un caballero
de los de Córdoba la llana,
más vale que cuatro ni cinco
de los de la flor de Lara.
    Doña Lambra, que lo oyera,
dello mucho se holgara:
—¡Oh, maldita sea la dama
que su cuerpo te negaba!,
que si yo casada no fuera
el mío yo te entregara.
    Allí habló doña Sancha,
esta respuesta le daba:
—Calléis, Alambra, calléis,
no digáis tales palabras,
que si lo saben mis hijos
habrá grandes barragadas.[13]
—Callad vos, que a vos os cumple,
que tenéis por qué callar,
que paristeis siete hijos,
como puerca en cenagal.[14]
    Oído lo ha un caballero,
que es ayo de los infantes.
Llorando de los sus ojos
con gran angustia y pesar,
se fue para los palacios,
do los infantes estaban:
unos juegan a los dados,
otros las tablas[15] jugaban,
si no fuera Gonzalillo,
que arrimado se estaba;
cuando le vido llorar,
una pregunta le daba,

---

[13]proezas exageradas a efectos de la competencia.

[14]Es un motivo folklórico considerar que el parto múltiple se debía a la infidelidad de la esposa.

[15]juego de damas o ajedrez.

comenzóle a preguntar:
—¿Qué es aquesto, el ayo mío,
quién vos quisiera enojar?
Quien a vos os hizo enojo
cúmplele de se guardar.
    Metiéranse en una sala,
todo se lo fue a contar.
Manda ensillar su caballo,
empiézase de armar.
Después que estuvo armado
aprisa fue a cabalgar,
sálese de los palacios
y vase para la plaza.
En llegando a los tablados
pedido había una vara;
arremetió su caballo,
al tablado la tiraba,
diciendo: —Amad, lindas damas,
cada cual como es amada,
que más vale un caballero
de los de la flor de Lara
que veinte ni treinta hombres
de los de Córdoba la llana.
    Doña Lambra, que esto oyera,
de sus cabellos tiraba,
llorando de los sus ojos
se saliera de la plaza,
fuérase a los palacios
donde don Rodrigo estaba;
en entrando por las puertas,
estas querellas le daba:
—Quéjome a vos, don Rodrigo,
que me puedo bien quejar;
los hijos de vuestra hermana
mal abaldonado[16] me han:

---

[16]afrentado, injuriado.

que me cortarían las haldas[17]
por vergonzoso lugar,[18]
me pornían[19] rueca en cinta
y me la harían hilar,[20]
y dicen, si algo les digo,
que luego me harían matar;
si desto no me dais venganza,
mora me quiero tornar,
a ese moro Almazor
me iré a querellar.
—Callades vos, mi señora,
no queráis hablar lo tal,
que una tela tengo urdida,
otra entiendo de ordenar
que nascidos y por nascer
tuviesen bien que contar.
    Fuese para los palacios,
donde el buen conde está;
en entrando por las puertas,
estas palabras fue a hablar:
—Si matásemos, buen conde,
los hijos de nuestra hermana,
mandaréis a Castilla vieja
y aun los barrios de Salas;
donde hablaremos nosotros
y nuestras personas valdrán.[21]
    Cuando aquesto oyó el buen conde,
comenzóse a santiguar:
—Eso que dices, Rodrigo,
díceslo por me tentar,

---

[17]faldas.

[18]castigo que usualmente se daba a las rameras.

[19]pondrían.

[20]trabajo habitual de las siervas.

[21]Figura así en la edición por la que se cita, con nueve sílabas. Damos aquí otra variante: "í valdrán vuestras palabras"; í = allí.

que quiero más los infantes
que los ojos de mi faz,
que muy buenos fueron ellos
en aquélla de Cascajar,
que si por ellos no fuera
no volviéramos acá.
    Cuando aquello oyó Rodrigo,
luego fuera a cabalgar.
Encontrando ha con Gregorio,
el su honrado capellán,
que por fuerza que por grado
en una iglesia lo hizo entrar;
tomárale una jura
sobre un libro misal,
que lo que allí le dijese,
que nadie no lo sabrá.
Después que hubo jurado,
papel y tinta le da;
escribieron una carta,
de poco bien y mucho mal,
a ese rey Almanzor
con traición y falsedad,
que le envíe siete reyes
a campos de Palomar,
y aquese moro Aliarde
venga por su capitán:
«que los sietes infantes de Lara
te los quiero empresentar».
    En escribiendo la carta
la hizo luego llevar.
Fuérase luego el conde
do los infantes están;
sentados son a la mesa,
comenzaban a yantar:
—Norabuena estéis, sobrinos.
—Vos, tío, muy bien vengáis.
—Oídme ahora, sobrinos,
lo que os quiero contar:
concertado he con los moros,

vuestro padre nos han de dar;
salgamos a recebirlo
a Campos de Palomar,
solos y sin armadura,
armas no hemos de llevar.
     Respondiera Gonzalillo,
el menor í fue a hablar:
—Tengo ya hecha la jura,
sobre un libro misal,
que en bodas ni tornabodas
mis armas no he de dejar,
y para hablar con moros
bien menester nos serán,
que con cristiano ninguno
nunca tienen lealtad.
—Pues yo voy, los mis sobrinos,
y allá os quiero esperar.
     En las sierras de Altamira,
que dicen de Arabiana,
aguardaba don Rodrigo
a los hijos de su hermana.
No se tardan los infantes;
el traidor mal se quejaba,
está haciendo la jura
sobre la cruz de la espada,
que al que detiene los infantes
él le sacaría el alma.
Deteníalos Nuño Salido,
que buen consejo les daba;
ya todos aconsejados,
con ellos él caminaba;
con ellos va la su madre,
la su madre doña Sancha,
llegó con ellos la madre
una muy larga jornada.
Partiéronse los infantes
donde su tío esperaba.
Partióse Nuño Salido
a los agüeros buscar;

después que vio los agüeros
comenzó luego a hablar:
—Yo salí con los infantes,
salimos por nuestro mal;
siete celadas de moros
aguardándonos están.

    Así allegó a la peña
do los infantes están,
tomáralos a su lado,
empezóles de hablar:
—Por Dios os ruego, señores,
que me queráis escuchar,
que ninguno pase el río
ni allá quiera pasar,
que aquel que allá pasare
a Salas no volverá.

    Allí hablara Gonzalo
con ánimo singular,
era menor en los días
y muy fuerte en pelear:
—No digáis eso mi ayo,
que allá hemos de llegar.

    Dio de espuelas al caballo,
el río fuera a pasar;
los hermanos, que lo vieron,
hicieron otro que tal.
Los moros estaban cerca,
sálenlos a saltear.
Los infantes que lo vieron,
empiezan a guerrear,
mas la morisma era tanta
que nos les daban lugar.
Uno a uno, dos a dos,
degollados se los han.
Con la empresa que tenían
para Córdoba se van:
las alegrías que hacen
gran cosa era de mirar.
Alicante con placer

a su tío fue a hablar:
—Norabuena estéis, mi tío.
—Mi sobrino, bien vengáis,
¿cómo os ha ido, sobrino,
con las guerrillas de allá?
—Guerras os parescerían,
que no guerrillas de allá;
por siete cabezas que traigo,
mil me quedaron allá.
    Tomara el rey las cabezas,
al padre las fue a enviar;
está haciendo la jura
por su corona real,
si el viejo no las conoce,
de hacerlo luego matar,
y si él las conocía,
le haría luego soltar.
Toma el viejo las cabezas,
empezara de llorar,
estas palabras diciendo
empezara de hablar:
—No os culpo yo a vosotros,
que érades de poca edad;
mas culpo a Nuño Salido,
que no os supo guardar.

"Cómo vino el Cid a besar las manos del rey, sobre seguro"

    Cabalga Diego Laínez
al buen rey besar la mano;
consigo se los llevaba
los trescientos hijosdalgo.
Entre ellos iba Rodrigo,
el soberbio castellano;
todos cabalgan a mula,
sólo Rodrigo a caballo;
todos visten oro y seda,
Rodrigo va bien armado;

todos espadas ceñidas,
Rodrigo estoque[22] dorado;
todos con sendas varicas,
Rodrigo lanza en la mano;
todos guantes olorosos,
Rodrigo guante mallado;[23]
todos sombreros muy ricos,
Rodrigo casco afilado,
y encima del casco lleva
un bonete colorado.
Andando por un camino,
unos con otros hablando,
allegados son a Burgos;
con el rey se han encontrado.
Los que vienen con el rey
entre sí van razonando;
unos lo dicen de quedo,[24]
otros lo van pregonando:
—Aquí viene entre esta gente
quien mató al conde Lozano.
    Como lo oyera Rodrigo,
en hito los ha mirado:
—Si hay alguno entre vosotros,
su pariente o adeudado,
que le pese de su muerte,
salga luego a demandallo;
yo se lo defenderé,
quiera a pie, quiera a caballo.
    Todos responden a una:
—Demándelo su pecado.
    Todos se apearon juntos
para el rey besar la mano;
Rodrigo se quedó solo
encima de su caballo.

---

[22]espada estrecha y larga con la que sólo se puede herir de punta.

[23]malla de cuero o metal.

[24]en voz baja.

Entonces habló su padre,
bien oiréis lo que ha hablado:
—Apeaos vos, mi hijo,
besaréis al rey la mano,
porque él es vuestro señor,
vos, hijo, sois su vasallo.

    Desque Rodrigo esto oyó,
sintióse más agraviado;
las palabras que responde
son de hombre muy enojado:
—Si otro me lo dijera,
ya me lo hubiera pagado;
mas por mandarlo vos, padre,
yo lo haré de buen grado.

    Ya se apeaba Rodrigo
para al rey besar la mano;
al hincar de la rodilla
el estoque se ha arrancado.
Espantóse de esto el rey,
y dijo como turbado:
—Quítate, Rodrigo, allá,
quítateme allá, diablo,
que tienes el gesto de hombre
y los hechos de león bravo.

    Como Rodrigo esto oyó,
apriesa pide el caballo;
con una voz alterada,
contra el rey así ha hablado:
—Por besar mano de rey
no me tengo por honrado;
porque la besó mi padre
me tengo por afrentado.

    En diciendo estas palabras,
salido se ha del palacio;
consigo se los tornaba
los trescientos hijosdalgo;
si bien vinieron vestidos,
volvieron mejor armados;

y si vinieron en mulas,
todos vuelven en caballos.

"Muéstranse cobardes los condes de Carrión delante de un león escapado de su cadena"

    Acabado de yantar,[25]
la faz en somo[26] la mano,
durmiendo está el señor Cid
en el su precioso escaño;
guardándole están el sueño
sus yernos Diego y Fernando,
y el tartajoso Bermudo
en lides determinado;
fablando están juglerías,
cada cual para hablar paso,
y por soportar la risa
puesta la mano en los labios,
cuando unas voces oyeron
que atronaban el palacio,
diciendo: —¡Guarda[27] el león!
¡Mal muera quien lo ha soltado!
    No se turbó don Bermudo,
empero los dos hermanos
con la cuita del pavor
de la risa se olvidaron,
y esforzándose las voces
en puridad[28] se hablaron,
y aconsejáronse aprisa
que no fuyesen[29] despacio.

---

[25]comer.

[26]encima.

[27]cuidado con.

[28]en secreto.

[29]huyesen.

El menor, Fernán González,
dio principio al fecho malo,
en zaga el Cid se escondió
bajo su escaño agachado.
Diego, el mayor de los dos,
se escondió a trecho más largo
en un lugar tan lijoso,[30]
que no puede ser contado.
Entró gritando el gentío,
y el león entró bramando,
a quien Bermudo atendió
con el estoque en la mano.

     Aquí dio una voz el Cid,
a quien como por milagro
se humilló la bestia fiera,
humildosa y coleando.
Agradecióselo el Cid,
y al cuello le echó los brazos,
y llevólo a la leonera
faciéndole mil falagos.[31]
Aturdido está el gentío
viendo lo tal, no catando[32]
que ambos eran leones,
mas el Cid era más bravo.

     Vuelto pues a la su sala,
alegre y no demudado,
preguntó por sus dos yernos,
su maldad adivinando.
Bermudo le respondió:
—Del uno os daré recaudo,
que aquí se agachó por ver
si el león es fembra o macho.

     Allí entró Martín Peláez,
aquel tímido asturiano,

---

[30]sucio, inmundo.

[31]halagos.

[32]considerando.

diciendo a voces: —Señor,
albricias, ya lo han sacado.
El Cid replicó: —¿A quién?
El respondió: —Al otro hermano,
que se sumió de pavor
do no se sumiera el diablo.
Miradle, señor, do viene,
empero faceos a un lado,
que habéis para estar par d'él,
menester un incensario.
    Desenjaularon al uno,
metieron otro del brazo,
manchados de cosas malas
de boda los ricos paños.
Movido de saña el Cid
a uno y a otro mirando,
reventando por fablar,
y por callar reventando,
al cabo soltó la voz
el soberbio castellano,
y los denuestos les dijo
que vos contaré despacio.

"Presagios"

    Por los campos de Jerez
a caza va el rey don Pedro;[33]
allegóse a una laguna,
allí quiso ver un vuelo.
Vio salir de ella una garza,
remontóle un sacre[34] nuevo,
echóle un neblí[35] preciado,

---

[33]Se refiere al rey don Pedro de Castilla, llamado el Cruel (1350-69).

[34]ave de caza.

[35]ave de presa.

degollado se le ha luego;
a sus pies cayó el neblí,
túvolo por mal agüero.
Sube la garza muy alta,
parece entrar en el cielo.
De hacia Medina Sidonia[36]
vio venir un bulto negro;
cuanto más se le allegaba,
poniéndole va más miedo.
Salió dél[37] un pastorcico,
llorando viene y gimiendo,
con un bastón en sus manos,
los ojos en tierra puestos,
sin bonete su cabeza,
todo vestido de duelo,
descalzo, lleno de espinas.
De traílla trae un perro,
aullidos daba muy tristes,
concertados con su duelo;
sus cabellos va mesando,
la su cara va rompiendo;
el duelo hace tan triste,
que al rey hace poner miedo.
A voces dice: —Castilla,
Castilla, perderte has cedo,
que en ti se vierte la sangre
de tus nobles caballeros;
mátaslos contra justicia,
reclaman a Dios del cielo—.
      Los gritos daba muy altos,
todos se espantan de vello.
Su cara lleva de sangre,
allegóse al rey don Pedro;
dijo: —Rey, lo que te digo,
sin duda te verná presto;

---

[36]municipio de la provincia de Cádiz.

[37]de él, es decir, del bulto negro.

serás muy acalumniado
y serás por armas muerto.
Quieres mal a doña Blanca,
a Dios ensañas por ello;
perderás por ello el reino.
Si quieres volver con ella,
darte ha Dios un heredero—.
   El rey fue mucho turbado,
mandó el pastor fuese preso;
mandó hacer gran pesquisa
si la reina fuera en esto.
El pastor se les soltara,
nadie sabe qué se ha hecho.
Mandó matar a la reina
ese día a un caballero,
pareciéndole acababa
con su muerte el mal agüero.

"Romance del rey de Aragón"

   Miraba de Campo-Viejo
el rey de Aragón[38] un día,
miraba la mar de España
cómo menguaba y crecía;
miraba naos y galeras,
unas van y otras venían:
una venían de armada,
otras de mercadería;
unas van la vía de Flandes,
otras la de Lombardía.
Esas que vienen de guerra
¡oh cuán bien le parecían!
Miraba la gran ciudad

---

[38]Alfonso V de Aragón, llamado el Magnánimo, fue rey de Cataluña, Valencia y Sicilia; tardó muchos años (1420 a 1442) en conquistar el reino de Nápoles.

que Nápoles se decía;
miraba los tres castillos
que la gran ciudad tenía:
Castel Novo y Capuana,
Santelmo, que relucía,
aqueste relumbra entre ellos
como el sol de mediodía.
Lloraba de los sus ojos,
de la su boca decía:
—¡Oh ciudad, cuánto me cuestas
por la gran desdicha mía!
Cuéstasme duques y condes,
hombres de muy gran valía;
cuéstasme un tal hermano,[39]
que por hijo le tenía;
de esotra gente menuda
cuento ni par[40] no tenía;
cuéstasme veinte y dos años,
los mejores de mi vida;
que en ti me nacieran barbas,
y en ti las encanecía.

"Romance de Abenámar"

—¡Abenámar, Abenámar,[41]
moro de la morería,
el día que tu naciste
grandes señales había!
Estaba la mar en calma,
la luna estaba crecida:
moro que en tal signo nace,

---

[39]Pedro de Aragón, que murió en 1438.

[40]incontable e inigualable.

[41]Yusuf Ibn-Alahmar gobernó Granada entre 1431-32 como vasallo del rey Juan II de Castilla.

no debe decir mentira.
Allí respondiera el moro,
bien oiréis lo que decía:
—Yo te la diré, señor,
aunque me cueste la vida,
porque soy hijo de un moro
y una cristiana cautiva;
siendo yo niño y muchacho
mi madre me lo decía:
que mentira no dijese,
que era grande villanía:
por tanto pregunta, rey,
que la verdad te diría.
—Yo te agradezco, Abenámar,
aquesa tu cortesía.
¿Qué castillos son aquéllos?
¡Altos son y relucían!
—El Alhambra[42] era, señor,
y la otra la mezquita;
los otros los Alixares,[43]
labrados a maravilla.
El moro que los labraba
cien doblas[44] ganaba al día,
y el día que no los labra
otras tantas se perdía.
El otro es Generalife,[45]
huerta que par no tenía;
el otro Torres Bermejas,[46]
castillo de gran valía.
Allí habló el rey don Juan,
bien oiréis lo que decía:

---

[42]fortaleza-palacio árabe de Granada.

[43]casa de recreo que los reyes moros tenían sobre el río Genil.

[44]monedas de oro.

[45]palacio de los reyes moros de Granada, con bellos jardines.

[46]torres que defienden la fortaleza de la Alhambra por la ladera sur.

—Si tu quisieses, Granada,
contigo me casaría;
daréte en arras[47] y dote[48]
a Córdoba y a Sevilla.
—Casada soy, rey don Juan,
casada soy, que no viuda;
el moro que a mí me tiene
muy grande bien me quería.

"Romance del rey moro que perdió a Alhama"

Paseábase el rey moro
por la ciudad de Granada;
cartas le fueron venidas
cómo Alhama era ganada;[49]
las cartas echó en el fuego,
y al mensajero matara.
Echó mano a sus cabellos,
y las sus barbas mesaba;[50]
apeóse de una mula
y en un caballo cabalga.
Mandó tocar sus trompetas,
sus añafiles[51] de plata,
porque le oyesen los moros
que andaban por el arada.[52]
Cuatro a cuatro, cinco a cinco,
juntado se ha gran batalla.

---

[47]monedas que el marido da a la esposa en señal de que cumplirá su promesa de bodas.

[48]hacienda que lleva la mujer consigo al casarse.

[49]En 1482 Rodrigo Ponce de León conquistó Alhama, ciudad al sudoeste de Granada.

[50]tirar o arrancar los pelos de la barba.

[51]trompetas rectas moriscas.

[52]tierra labrada con arados.

Allí habló un moro viejo,
que era alguacil de Granada:
—¿A qué nos llamaste, rey,
a qué fue nuestra llamada?
—Para que sepáis, amigos,
la gran pérdida de Alhama.
—Bien se te emplea, señor,
señor, bien se te empleaba,
por matar los Bencerrajes,
que eran la flor de Granada;
acogiste los judíos
de Córdoba la nombrada;
degollaste un caballero,
persona muy estimada;
muchos se te despidieron
por tu condición trocada.[53]
—¡Ay, si os pluguiese, mis moros,
que fuésemos a cobralla!
—Mas si, rey, a Alhama has de ir,
deja buen cobro[54] a Granada,
y para Alhama cobrar
menester es grande armada,
que caballero está en ella
que sabrá muy bien guardalla.
—¿Quién es este caballero
que tanta honra ganara?
—Don Rodrigo es de León,
marqués de Cádiz se llama;
otro es Martín Galindo,
que primero echó el escala.
       Luego se van para Alhama,
que de ellos no se da nada;
combátenla prestamente,
ella está bien defensada.[55]

---

[53]cambiada, torcida, aviesa.

[54]guardia, protección.

[55]defendida.

De que el rey no pudo más,
triste se volvió a Granada.

"Romance de Gerineldo"

—Gerineldo, Gerineldo,
paje del rey más querido,
¡quién te tuviera esta noche
en mi jardín florecido!
¡Válgame Dios, Gerineldo,
cuerpo que tienes tan lindo!
—Como soy vuestro criado,
señora, burláis conmigo.
—No me burlo, Gerineldo,
que de veras te lo digo.
—¿Y cuándo, señora mía,
cumpliréis lo prometido?
—Entre las doce y la una,
que el rey estará dormido.
Media noche ya es pasada,
Gerineldo no ha venido.
—¡Oh malhaya, Gerineldo,
quien amor puso contigo!
—Abráisme, la mi señora,
abráisme, cuerpo garrido.[56]
—¿Quién a mi estancia se atreve?
¿Quién llama así a mi postigo?
—No os turbéis, señora mía,
que soy vuestro dulce amigo.
Tomáralo por la mano
y en el lecho lo ha metido.
Entre juegos y deleites
la noche se les ha ido,
y allá hacia el amanecer
los dos se duermen vencidos.

---

[56]hermoso.

Despertado había el rey
de un sueño despavorido:
«O me roban a la infanta
o traicionan el castillo».
Aprisa llama a su paje
pidiéndole los vestidos:
    —¡Gerineldo, Gerineldo,
el mi paje más querido!
    Tres veces le había llamado,
ninguna le ha respondido.
Puso la espada en la cinta,
adonde la infanta ha ido;
vio a su hija, vio a su paje
como mujer y marido.
«¿Mataré yo a Gerineldo,
a quien crié desde niño?
Pues si matare a la infanta
mi reino queda perdido.
Pondré mi espada por medio,
que me sirva de testigo».
Y salióse hacia el jardín
sin ser de nadie sentido.
    Rebullíase la infanta
tres horas ya el sol salido;
con el frior de la espada
la dama se ha estremecido.
    —Levántate, Gerineldo,
levántate, dueño mío:
la espada del rey mi padre
entre los dos ha dormido.
    —¿Y adónde iré, mi señora,
que del rey no sea visto?
    —Vete por ese jardín
cogiendo rosas y lirios;
pesares que te vinieren
yo los partiré contigo.
    —¿Dónde vienes, Gerineldo,
tan mustio y descolorido?
    —Vengo del jardín, buen rey,

por ver cómo ha florecido;
la fragancia de una rosa
la color me ha desvaído.
    —De esa rosa que has cortado
mi espada será testigo.
    —Matadme, señor, matadme,
bien lo tengo merecido.
    Ellos en estas razones,
la infanta a su padre vino:
    —Rey y señor, no le mates
más dámelo por marido;
o si lo quieres matar
la muerte será conmigo.

"Romance del infante Troco"

    En el tiempo que Mercurio[57]
en occidente reinaba,
hubo en Venus[58] su mujer
un hijo que tanto amaba.
Púsole por nombre Troco,
porque muy bien le cuadraba;
criáronsele las diosas
en la montaña Troyana.[59]
Era tal su hermosura,
que una estrella semejaba.
Deseando ver el mundo,
sus amas desamparaba.
Andando de tierra en tierra
hallóse do no pensaba,
en una gran pradería
de arrayanes bien poblada,

---

[57]personaje mitológico, hijo de Júpiter; dios de la elocuencia y el comercio.

[58]diosa de la belleza, la procreación, el amor y la navegación.

[59]de Troya, antigua ciudad de Asia Menor.

en medio de una laguna
toda de flores cercada.
Es posada de una diosa
que Salmancia se llamaba,
diosa de la hermosura,
sobre todas muy nombrada.
El oficio de esta diosa
era holgarse en su posada,
peinar sus lindos cabellos,
componer su linda cara.
No va con sus compañeras,
no va con ellas a caza;
no toma el arco en la mano
ni los tiros del aljaba,
ni el sabueso de traílla,
ni en lo tal se ejercitaba.
Ella desque vido a Troco
quedó de amor llagada,
que ni pudo detenerse
ni quiso verse librada.
Mirando su hermosura
de esta manera le habla:
—Eres, mancebo, tan lindo,
de hermosura tan sobrada,
que no sé determinarme
si eres dios o cosa humana;
si eres dios, eres Cupido,
el que de amores nos llaga;
si eres hombres, ¡cuán dichosa
fue aquella que te engendrara!
Y si hermana alguna tienes,
de hermosura es muy dotada.
Mi señor, si eres casado,
hurto quiero que se haga;
y si casado no eres
yo seré tuya de gana.
    El Troco, como es mancebo,
de vergüenza no hablaba;
ella cautiva de amores

de su cuello le abrazaba.
El Troco le dice así,
de esta manera le hablaba:
—Si no estáis, señora, queda,
dejaré vuestra posada.

"Romance de la gentil dama y el rústico pastor"

Estábase la gentil dama
paseando en su vergel,
los pies tenía descalzos,
que era maravilla ver;
desde lejos me llamara,
no le quise responder.
Respondíle con gran saña:
—¿Qué mandáis, gentil mujer?
Con una voz amorosa
comenzó de responder:
—Ven acá, el pastorcico,
si quieres tomar placer;
siesta es de mediodía,
que ya es hora de comer;
si querrás tomar posada,
todo es a tu placer.
—Que no era tiempo, señora,
que me haya de detener,
que tengo mujer e hijos,
y casa de mantener,
y mi ganado en la sierra,
que se me iba a perder,
y aquellos que me lo guardan
no tenían qué comer.
—Vete con Dios, pastorcillo,
no te sabes entender,
hermosuras de mi cuerpo
yo te las hiciera ver:
delgadica en la cintura,
blanca soy como el papel,

la color tengo mezclada
como rosa en el rosel,[60]
el cuello tengo de garza,
los ojos de esparver,[61]
las teticas agudicas
que el brial quieren romper,
pues lo que tengo encubierto
maravilla es de lo ver.
—Ni aunque más tengáis, señora,
no me puedo detener.

"Romance de Bernal Francés"[62]

—Sola me estoy en mi cama
namorando[63] mi cojín;
¿quién será ese caballero
que a mi puerta dice «Abrid»?
—Soy Bernal Francés, señora,
el que te suele servir
de noche para la cama,
de día para el jardín.
    Alzó sábanas de holanda,[64]
cubrióse de un mantellín;[65]
tomó candil de oro en mano
y la puerta bajó a abrir.
Al entreabrir de la puerta
él dio un soplo en el candil.
    —¡Válgame Nuestra Señora!

---

[60]rosal.

[61]gavilán.

[62]Se supone que se trata de un personaje histórico, capitán de la guerra de Granada.

[63]enamorando.

[64]sábanas tejidas con hilo fino de Holanda.

[65]tela con la que la mujer se cubría la cabeza al salir de la casa.

¡Válgame el señor san Gil!
Quien apagó mi candela
puede apagar mi vivir.

   —No te espantes, Catalina,
ni me quieras descubrir,
que a un hombre he muerto en la calle,
la justicia va tras mí.

   Le ha cogido de la mano
y le ha entrado al camarín.
Sentóle en silla de plata
con respaldo de marfil;
bañóle todo su cuerpo
con agua de toronjil;
hízole cama de rosa,
cabecera de alhelí.

   —¿Qué tienes, Bernal Francés,
que estás triste a par de mí?
¿Tienes miedo a la justicia?
No entrará aquí el alguacil.
¿Tienes miedo a mis criados?
Están al mejor dormir.

   —No temo yo a la justicia,
que la busco para mí,
ni menos temo criados
que duermen su buen dormir.

   —¿Qué tienes, Bernal Francés?
¡No solías ser así!
¿Otro amor dejaste en Francia?
¿O te han dicho mal de mí?

   —No dejo amores en Francia,
que otro amor nunca serví.

   —Si temes a mi marido,
muy lejos está de aquí.

   —Lo muy lejos se hace cerca
para quien quiere venir,
y tu marido, señora,
lo tienes a par de ti.
Por regalo de mi vuelta
te he de dar rico vestir:

vestido de fina grana
forrado de carmesí,
y gargantilla encarnada
como en damas nunca vi:
gargantilla de mi espada
que tu cuello va a ceñir.
Nuevas irán al francés
que arrastre luto por ti.

"Romance del prisionero"

Que por mayo era, por mayo
cuando hace la calor,
cuando los trigos encañan
y están los campos en flor,
cuando canta la calandria
y responde el ruiseñor,
cuando los enamorados
van a servir al amor;
sino yo, triste, cuitado,
que vivo en esta prisión,
que ni sé cuándo es de día
ni cuándo las noches son,
sino por una avecilla
que me cantaba al albor.
Matómela un ballestero;
déle Dios mal galardón.

"Romance de fonte-frida"

Fonte-frida, fonte-frida,
fonte-frida y con amor,
do todas las avecicas
van tomar consolación,
sino es la tortolica
que está viuda y con dolor.

Por allí fuera a pasar
el traidor del ruiseñor;
las palabras que le dice
llenas son de traición:
　　—Si tú quisieres, señora,
yo sería tu servidor.
　　—Vete de ahí, enemigo,
malo, falso, engañador,
que ni poso en ramo verde,
ni en prado que tenga flor;
que si el agua hallo clara,
turbia la bebiera yo;
que no quiero haber marido,
porque hijos no haya, no;
no quiero placer con ellos,
ni menos consolación.
¡Déjame, triste enemigo,
malo, falso, mal traidor;
que no quiero ser tu amiga
ni casar contigo, no!

"Romance del conde Arnaldos"

　　¡Quién hubiese tal ventura
sobre las aguas del mar,
como hubo el conde Arnaldos
la mañana de San Juan!
Como un falcón en la mano
la caza iba a cazar;
vio venir una galera
que a tierra quiere llegar.
Las velas traía de seda,
la ejarcia[66] de un cendal;[67]
marinero que la manda

---

[66]jarcia, aparejo y cabos de los buques.

[67]tela muy delgada y sutil de seda o lino.

diciendo viene un cantar
que la mar facía en calma,
los vientos hace amainar;
los peces que andan nel hondo,[68]
arriba los hace andar;
las aves que andan volando,
nel mástel[69] la faz posar.
Allí fabló el conde Arnaldos,
bien oiréis lo que dirá:
—Por Dios te ruego, marinero,
dígasme ora ese cantar.
    Respondióle el marinero,
tal respuesta le fue a dar:
—Yo no digo esta canción
sino a quien conmigo va.

"El enamorado y la Muerte"

    Un sueño soñaba anoche,
soñito[70] del alma mía,
soñaba con mis amores
que en mis brazos los tenía.
Vi entrar señora tan blanca
muy más que la nieve fría.
—¿Por dónde has entrado, amor?
¿Cómo has entrado, mi vida?
Las puertas están cerradas,
ventanas y celosías.
—No soy el amor, amante;
la muerte que Dios te envía.
—¡Oh muerte tan rigurosa!
Déjame vivir un día.

---

[68]en lo hondo.

[69]en el mástil.

[70]diminutivo de "sueño".

—Un día no puede ser,
un hora tienes de vida.

    Muy de prisa se calzaba,
más de prisa se vestía;
ya se va para la calle
en donde su amor vivía.

    —¡Abreme la puerta, blanca,
ábreme la puerta, niña!
—¿Cómo te podré yo abrir
si la ocasión no es venida?
Mi padre no fue a palacio;
mi madre no está dormida.
—Si no me abres esta noche
ya no me abrirás, querida.
La muerte me está buscando,
junto a ti vida sería.
—Vete bajo la ventana,
donde labraba y cosía,
te echaré cordón de seda,
para que subas arriba,
y si el cordón no alcanzare
mis trenzas añadiría.

    La fina seda se rompe;
la muerte que allí venía:
—Vamos, el enamorado,
¡la hora ya está cumplida!

"La misa de amor"

    Mañanita de San Juan,
mañanita de primor,
cuando damas y galanes
van a oír misa mayor.
Allá va la mi señora,
entre todas la mejor;
viste saya sobre saya,
mantellín de tornasol,
camisa de oro y perlas

bordada en el cabezón.[71]
En la su boca muy linda
lleva un poco de dulzor,
en la su cara tan blanca,
un poquito de arrebol,[72]
y en los sus ojuelos garzos
lleva un poco de alcohol;[73]
así entraba por la iglesia
relumbrando como el sol.
Las damas mueren de envidia,
y los galanes de amor.
El que cantaba en el coro,
en el credo se perdió;
el abad que dice misa,
ha trocado la lición;[74]
monacillos[75] que le ayudan,
no aciertan responder, non,
por decir amén, amén,
decían amor, amor.

"Amor más poderoso que la muerte"

Conde niño por amores
es niño y pasó la mar;
va a dar agua a su caballo
la mañana de San Juan.
Mientras el caballo bebe,
él canta dulce cantar;
todas las aves del cielo

---

[71]cuello de la camisa.

[72]color encarnado para disimular la palidez del rostro.

[73]polvo muy fino de antimonio usado por las mujeres para ennegrecer las pestañas.

[74]lección, en el sentido de cantos de misa.

[75]monaguillos.

se paraban a escuchar,
caminante que camina
olvida su caminar,
navegante que navega
la nave vuelve hacia allá.
    La reina estaba labrando,
la hija durmiendo está:
—Levantaos, Albaniña,
de vuestro dulce folgar,
sentiréis cantar hermoso
la sirenita del mar.
—No es la sirenita, madre,
la de tan bello cantar,
si no es el conde Niño
que por mí quiere finar.
¡Quién le pudiese valer[76]
en su tan triste penar!
—Si por tus amores pena,
¡oh, malhaya su cantar!
y porque nunca los goce,
yo le mandaré matar.
—Si le manda matar, madre,
juntos nos han de enterrar.
    El murió a la medianoche,
ella a los gallos cantar;
a ella, como hija de reyes,
la entierran en el altar;
a él, como hijo de conde,
unos pasos más atrás.
Della nació un rosal blanco,
d'él nació un espino albar;
crece el uno, crece el otro,
los dos se van a juntar;
las ramitas que se alcanzan
fuertes abrazos se dan,
y las que no se alcanzaban

---

[76]amparar, proteger, consolar.

no dejan de suspirar.
    La reina, llena de envidia,
ambos los mandó cortar,
el galán que los cortaba
no cesaba de llorar.
Della naciera una garza,
d'él un fuerte gavilán,
juntos vuelan por el cielo,
juntos vuelan par a par.

"Levantóse la casada"

    Levantóse la casada
una mañana al jardín,
dicen que a gozar el fresco:
«¡más le valiera dormir!»
Esperando a su galán
a sueño breve y sutil,
le ha dado amor mala noche:
«¡más le valiera dormir!»
Sobre la madeja bella
que al amor revuelve en sí
sale arrojando una toca:
«¡más le valiera dormir!»
Gorguera saca de negro,
turquesado el faldellín,[77]
y a medio vestir la ropa:
«¡más le valiera dormir!»
A la salida del huerto
torcido se le ha un chapín,[78]
de que quedó lastimada:
«¡más le valiera dormir!»
Pasado más adelante
al coger un alhelí,

---

[77]falda corta.
[78]sandalia de corcho forrada de cuero.

le picó el dedo una abeja:
«¡más le valiera dormir!»
Con tanto azar no descansa;
sale, enamorada al fin,
buscando a aquel que bien ama:
«¡más le valiera dormir!»
Aquí mira, aquí se para;
nada halla aquí ni allí,
hasta ver lo que no quiso:
«¡más le valiera dormir!»
A su amante halla muerto,
y al marido junto a sí,
que remató entrambas vidas:
«¡más le valiera dormir!»

JORGE MANRIQUE (1440?-79)

Coplas a la muerte de don Rodrigo Manrique

Coplas que hizo don Jorge Manrique a la muerte del maestre de Santiago, don Rodrigo Manrique, su padre.

1

Recuerde[1] el alma dormida,
avive el seso y despierte,
contemplando
cómo se pasa la vida,
cómo se viene la muerte
tan callando;
cuán presto[2] se va el placer,
cómo, después de acordado,
da dolor;
cómo, a nuestro parecer,
cualquiera[3] tiempo pasado
fue mejor.

2

Y pues vemos lo presente
cómo en un punto se es ido
y acabado,
si juzgamos sabiamente,
daremos lo no venido

---

[1]despierte.

[2]pronto.

[3]cualquier.

por pasado.
No se engañe nadie, no,
pensando que ha de durar
lo que espera,
más que duró lo que vio,
porque todo ha de pasar
por tal manera.

3

Nuestras vidas son los ríos
que van a dar en la mar
que es el morir:
allí van los señoríos
derechos a se acabar[4]
y consumir;
allí los ríos caudales,
allí los otros, medianos
y más chicos,
allegados son iguales
los que viven por sus manos
y los ricos.

4

Dejo las invocaciones
de los famosos poetas
y oradores;
no curo de sus ficciones,
que traen yerbas secretas[5]
sus sabores.
A Aquél solo me encomiendo,
Aquél solo invoco yo,

---

[4]acabarse.

[5]venenosas.

de verdad,
que en este mundo viviendo
el mundo no conoció
su deidad.

5

Este mundo es el camino
para el otro, que es morada
sin pesar;
mas cumple tener buen tino
para andar esta jornada
sin errar.
Partimos cuando nacemos,
andamos mientras vivimos,
y llegamos
al tiempo que fenecemos;
así que, cuando morimos,
descansamos.

6

Este mundo bueno fue
si bien usáremos de él
como debemos,
porque, según nuestra fe,
es para ganar aquél
que atendemos.[6]
Y aun el hijo de Dios,
para subirnos al cielo,
descendió
a nacer acá entre nos[7]
y vivir en este suelo

---

[6]que esperamos.

[7]nosotros.

do murió.

7

Ved de cuán poco valor
son las cosas tras que andamos
y corremos,
que, en este mundo traidor,
aun primero que muramos
las perdemos:
de ellas deshace la edad,
de ellas casos desastrados
que acaecen,
de ellas, por su calidad,
en los más altos estados
desfallecen.

8

Decidme, la hermosura,
la gentil frescura y tez
de la cara,
la color y la blancura
cuando viene la vejez,
¿cuál se para?
Las mañas y ligereza
y la fuerza corporal
de juventud,
todo se torna graveza[8]
cuando llega al arrabal
de senectud.

---

[8]pesadez, molestia.

9

Pues la sangre de los godos,
el linaje y la nobleza
tan crecida,
¡por cuántas vías y modos
se sume su gran alteza
en esta vida!:
unos, por poco valer,
por cuan bajos y abatidos
que los tienen;
otros que, por no tener,
con oficios no debidos
se mantienen.

10

Los estados y riqueza
que nos dejan a deshora
¿quién lo duda?
No les pidamos firmeza,
pues que son de una señora
que se muda;[9]
que bienes son de Fortuna
que revuelve con su rueda
presurosa,
la cual no puede ser una,
ni estar estable ni queda
en una cosa.

11

Pero digo que acompañen

---

[9]Se refiere a la Fortuna, generalmente representada con una rueda con la que cambia el destino de los bienes y de los hombres.

y lleguen hasta la huesa[10]
con su dueño:
por eso no nos engañen,
pues se va la vida apriesa[11]
como sueño.
Y los deleites de acá
son, en que nos deleitamos,
temporales,
y los tormentos de allá,
que por ellos esperamos,
eternales.

12

Los placeres y dulzores
de esta vida trabajada
que tenemos,
¿qué son sino corredores[12]
y la muerte, la celada
en que caemos?
No mirando a nuestro daño,
corremos a rienda suelta
sin parar;
desque[13] vemos el engaño
y queremos dar la vuelta,
no hay lugar.

13

Si fuese en nuestro poder

---

[10]fosa.

[11]aprisa.

[12]soldados que se envian para descubrir, reconocer y explorar la campaña.

[13]después.

tornar la cara hermosa
corporal,
como podemos hacer
el ánima gloriosa
angelical,
¡qué diligencia tan viva
tuviéramos toda hora,
y tan presta,
en componer[14] la cativa,[15]
dejándonos la señora
descompuesta![16]

14

Esos reyes poderosos
que vemos por escrituras
ya pasadas,
con casos tristes, llorosos,
fueron sus buenas venturas
trastornadas.
Así que no hay cosa fuerte,
que a papas y emperadores
y perlados,[17]
así los trata la muerte
como a los pobres pastores
de ganados.

15

Dejemos a los troyanos

---

[14]ataviar.

[15]sierva.

[16]mal aliñada.

[17]prelados.

que sus males no los vimos
ni sus glorias;
dejemos a los romanos,
aunque oímos y leímos
sus historias.
No curemos[18] de saber
lo de aquel siglo pasado
qué fue de ello;
vengamos a lo de ayer,
que también es olvidado
como aquello.

16

¿Qué se hizo el rey don Juan?[19]
Los infantes de Aragón,[20]
¿qué se hicieron?
¿Qué fue de tanto galán?
¿Qué fue de tanta invención[21]
como trujieron?[22]
Las justas y los torneos,
paramentos,[23] bordaduras
y cimeras,[24]

---

[18]no nos ocupemos.

[19]Se refiere a Juan II de Castilla, en cuyo reinado se impusieron los protocolos sociales de la cortesía.

[20]Son los hijos de don Fernando el de Antequera, rey de Aragón, que compartieron con Juan II la turbulenta época de cambios sociales y artísticos en las que también vivió don Rodrigo Manrique.

[21]innovación, palabra clave de una época de grandes transformaciones culturales.

[22]trajeron.

[23]adornos con los que se cubrían los caballos.

[24]ornamento en la parte superior del morrión, como penachos con plumas y representaciones simbólicas de divisas.

¿fueron sino devaneos?
¿Qué fueron sino verduras
de las eras?[25]

17

¿Qué se hicieron las damas,
sus tocados, sus vestidos,
sus olores?[26]
¿Qué se hicieron las llamas
de los fuegos encendidos
de amadores?
¿Qué se hizo aquel trovar,
las músicas acordadas
que tañían?
¿Qué se hizo aquel danzar,
aquellas ropas chapadas[27]
que traían?

18

Pues el otro, su heredero,
don Enrique,[28] ¡qué poderes
alcanzaba!,

---

[25]El sentido literal se refiere a "cuadros de hortaliza", pero podría también remitir a una imagen de origen bíblico; según el crítico R. Sánchez Ferlosio, se refiere al "brote espontáneo de los escasos granos de cereal que, tras el levantamiento de la parva, han quedado adheridos a la tierra y que una tormenta de agosto ha hecho germinar, pero que, por lo avanzado de la estación, jamás llegarán a hacer espiga ni a engranar, y morirán, por tanto, sin dar fruto, sin posteridad alguna".

[26]perfumes.

[27]ropas bordadas, o chapadas, en oro.

[28]Enrique IV (1424-1474), hijo y heredero de Juan II.

¡cuán blando, cuán halaguero[29]
el mundo con sus placeres
se le daba!
Mas veréis, ¡cuán enemigo,
cuán contrario, cuán cruel
se le mostró!;
habiéndole sido amigo,
¡cuán poco duró con él
lo que le dio!

19

Las dádivas desmedidas,
los edificios reales
llenos de oro,
las vajillas tan febridas,[30]
los enriques[31] y reales
del tesoro,[32]
los jaeces y caballos
de su gente, y atavíos
tan sobrados,
¿dónde iremos a buscallos?[33]
¿Qué fueron sino rocíos
de los prados?

---

[29]halagüeño.

[30]labradas.

[31]moneda de oro que hizo acuñar Enrique IV de Castilla.

[32]Se refiere a la inflación que empobreció a varios reyes, especialmente a Enrique IV que inició su reinado en la opulencia pero lentamente fue liquidando la reserva del tesoro real.

[33]buscarlos.

20

Pues su hermano, el inocente[34]
que, en su vida, sucesor
se llamó,
¡qué corte tan excelente
tuvo y cuánto gran señor
que le siguió!
Mas, como fuese mortal,
metióle la muerte luego
en su fragua.
¡Oh, juïcio divinal,
cuando más ardía el fuego
echaste agua!

21

Pues aquel gran Condestable,[35]
maestre que conocimos
tan privado,
no cumple que de él se hable,
sino solo que lo vimos
degollado.
Sus infinitos tesoros
sus villas y sus lugares,
su mandar,
¿qué le fueron sino lloros?

---

[34]En estas coplas se hace mención a personajes que tuvieron muerte prematura y que contrastan con don Rodrigo Manrique. Se refiere aquí al hermanastro de Enrique IV, el príncipe don Alfonso, a quien los nobles, entre los que estaba don Rodrigo Manrique, proclamaron rey cuando éste contaba sólo con once años, de ahí el uso del adjetivo *inocente*.

[35]Don Alvaro de Luna, Condestable de Castilla y Maestre de Santiago, cuyo desmesurado poder como privado de Juan II y su posterior caída, adquirieron carácter de paradigma. Fue decapitado en 1453 en Valladolid, y su cuerpo y cabeza fueron expuestos en la plaza mayor durante varios días.

¿Fuéronle sino pesares
al dejar?

22

Pues los otros dos hermanos,[36]
maestres tan prosperados
como reyes,
que a los grandes y medianos
trujeron tan sojuzgados
a sus leyes;
aquella prosperidad
que tan alto fue subida
y ensalzada,
¿qué fue sino claridad
que, estando más encendida,
fue amatada?[37]

23

Tantos duques excelentes,
tantos marqueses y condes,
y barones
como vimos tan potentes,
di, Muerte, ¿dó los escondes
y traspones?
Y las sus claras hazañas
que hicieron en las guerras
y en las paces,
cuando tú, cruda, te ensañas,
con tu fuerza las atierras[38]

---

[36]Juan Pacheco, privado de Enrique IV y muerto en 1474, y don Pedro Girón, Maestre de Calatrava, muerto en 1466.

[37]extinguida.

[38]derribas.

y deshaces.

24

Las huestes innumerables,
los pendones y estandartes
y banderas,
los castillos impugnables,
los muros y baluartes
y barreras,[39]
la cava honda, chapada,
o cualquier otro reparo
¿qué aprovecha?
Que si tú vienes airada,
todo lo pasas de claro
con tu flecha.

25

Aquél de buenos abrigo,
amado por virtuoso
de la gente,
el maestre don Rodrigo
Manrique, tanto famoso
y tan valiente;
sus grandes hechos y claros
no cumple que los alabe
pues los vieron,
ni los quiero hacer caros,
pues el mundo todo sabe
cuáles fueron.

---

[39]fortificación a la manera de trinchera.

26

¡Qué amigo de sus amigos!
¡Qué señor para criados
y parientes!
¡Qué enemigo de enemigos!
¡Qué maestro de esforzados
y valientes!
¡Qué seso para discretos!
¡Qué gracia para donosos!
¡Qué razón!
¡Qué benigno a los sujetos,[40]
y a los bravos y dañosos,
un león!

27

En ventura, Octaviano;[41]
Julio César,[42] en vencer
y batallar;
en la virtud, Africano;[43]
Aníbal,[44] en el saber
y trabajar;
en la bondad, un Trajano;[45]
Tito,[46] en liberalidad
con alegría;

---

[40]sometidos.

[41]Augusto (63 a.C.-14 d.C.), emperador de Roma.

[42](100-44 a.C.) célebre general romano.

[43]Escipión Africano (234-183 a C.), guerreó en España durante la segunda guerra púnica y fue vencedor de Aníbal en Zama.

[44] o Haníbal (247-183 a.C.), famoso general cartaginés.

[45](53-117 a.C.), emperador romano nacido en Itálica (España).

[46]hijo de Vespasiano, emperador desde el 79 al 81.

en su brazo, Aureliano;[47]
Marco Atilio,[48] en la verdad
que prometía.

28

Antonio Pio,[49] en clemencia;
Marco Aurelio,[50] en igualdad
del semblante;
Adrïano,[51] en elocuencia;
Teodosio,[52] en humanidad
y buen talante;
Aurelio Alexandre[53] fue,
en disciplina y rigor
de la guerra;
un Costantino,[54] en la fe,
Camilo,[55] en el gran amor
de su tierra.

---

[47]emperador romano, que reinó desde 270 a 276.

[48]cónsul que intervino en las guerras púnicas y que en la tradición antigua se representa como arquetipo de lealtad inquebrantable a un juramento, pues, para no faltar a su palabra, regresó a Cartago y afrontó la muerte.

[49]Antonino Pío, emperador romano, reinó entre 138 y 161.

[50]el más virtuoso de los emperadores romanos, reinó de 161 a 180.

[51]emperador romano entre 117 y 138, hijo adoptivo y sucesor de Trajano, fomentó la industria, las letras y las artes.

[52]Teodosio el Grande, emperador romano entre 379 y 395, aceleró el triunfo del cristianismo sobre los paganos.

[53]emperador romano.

[54]Constantino el Grande (274-337), trasladó la capital del imperio a Bizancio y promovió el cristianismo como religión oficial.

[55]tribuno y dictador romano, muerto en 366 a. J.

29

No dejó grandes tesoros,
ni alcanzó grandes riquezas
ni vajillas,
mas hizo guerra a los moros
ganando sus fortalezas
y sus villas.
Y en las lides que venció,
muchos moros y caballos
se perdieron,
y en este oficio ganó
las rentas y los vasallos
que le dieron.

30

Pues por su honra y estado,
en otros tiempos pasados,
¿cómo se hubo?[56]
Quedando desamparado,
con hermanos y criados
se sostuvo.
Después que hechos famosos
hizo en esta dicha guerra
que hacía,
hizo tratos tan honrosos
que le dieron aun más tierra
que tenía.

31

Estas sus viejas historias

---

[56]Probablemente se refiere a dos confiscaciones de bienes que don Rodrigo Manrique tuvo cuando se enfrentaba a Alvaro de Luna.

que con su brazo pintó
en juventud,
con otras nuevas victorias
ahora las renovó
en senectud.[57]
Por su gran habilidad,
por méritos y ancianía
bien gastada,
alcanzó la dignidad
de la gran caballería
de la Espada.[58]

32

Y sus villas y sus tierras,
ocupadas de tiranos
las halló,
más por cercos y por guerras,
y por fuerza de sus manos
las cobró.
Pues nuestro Rey natural,[59]
si de las obras que obró
fue servido,
dígalo el de Portugal,
y en Castilla quien siguió
su partido.[60]

---

[57]Se refiere a los triunfos de Ocaña y Uclés que don Rodrigo tuvo en su vejez y poco antes de morir.

[58]Don Rodrigo Manrique fue elegido Maestre de Santiago en 1474. La insignia de la Orden era una cruz roja en forma de espada.

[59]Se refiere a Fernando el Católico.

[60]Don Rodrigo Manrique había intervenido militarmente para impedir la ayuda de varios nobles a Alfonso V de Portugal cuando éste entró en Castilla para reclamar los derechos al trono de doña Juana, «la Beltraneja».

33

Después de puesta la vida
tantas veces por su ley
al tablero,
después de tan bien servida
la corona de su Rey
verdadero,
después de tanta hazaña
a que no puede bastar
cuenta cierta,
en la su villa de Ocaña
vino la Muerte a llamar
a su puerta

34

Habla la Muerte con el Maestre

diciendo: «Buen caballero,
dejad el mundo engañoso
y su halago,
vuestro corazón de acero
muestre su esfuerzo famoso
en este trago;
y pues de vida y salud
hiciste tan poca cuenta
por la fama,
esforzad vuestra virtud
para sufrir esta afruenta[61]
que os llama.

---

[61]afrenta.

35

»No se os haga tan amarga
la batalla temerosa
que esperáis,
pues otra vida más larga
de fama tan gloriosa
acá dejáis.
Aunque esta vida de honor
tampoco no es eternal
ni verdadera,
mas con todo es muy mejor
que la otra temporal,
perecedera.

36

»El vivir que es perdurable
no se gana con estados
mundanales,
ni con vida deleitable
en que moran los pecados
infernales.
Mas los buenos religiosos
gánanlo con oraciones
y con lloros;
los caballeros famosos,
con trabajos y aflicciones
contra moros.

37

»Y pues vos, claro varón,
tanta sangre derramastes
de paganos,
esperad el galardón
que en este mundo ganastes

por las manos;
y con esta confianza,
y con la fe tan entera
que tenéis,
partid con buena esperanza,
que esta otra vida tercera
ganaréis».

38

Responde el Maestre

«No gastemos tiempo ya
en esta vida mezquina
por tal modo,
que mi voluntad está
conforme con la divina
para todo;
y consiento en mi morir
con voluntad placentera,
clara y pura,
que querer hombre vivir,
cuando Dios quiere que muera,
es locura.

39

Oración

»Tú, que por nuestra maldad
tomaste forma servil
y bajo nombre;
Tú, que a tu divinidad
juntaste cosa tan vil
como el hombre;
Tú, que tan grandes tormentos
sufriste sin resistencia

en tu persona;
no por mis merecimientos,
mas por tu sola clemencia
me perdona».[62]

40

Cabo

Así, con tal entender,
todos sentidos humanos
conservados,
cercado de su mujer,
y de hijos, y hermanos,
y criados,
dio el alma a quien gela[63] dio,
el cual la ponga en el cielo
en su gloria.
Y aunque la vida perdió,
nos dejó harto consuelo
su memoria.

Poesía amorosa

Preguntas

I

Entre dos fuegos lanzado,
donde amor es repartido,
del uno soy encendido,
del otro cerca quemado.
Y no sé yo bien pensar,

---

[62]perdonas.

[63]se la.

cuál será mejor hacer:
dejarme más encender
o acabarme de quemar.
Decid, ¿qué debo tomar?

II

Porque me hiere un dolor
quiero saber de vos, cierto,
cuando matastes Amor,
si lo dejastes bien muerto.
O si había más amores
para dar pena y cuidado.
O si ha resucitado.
Porque, según mis dolores,
Amor me los ha causado.

Esparzas

I

Yo callé, males sufriendo,
y sufrí, penas callando,
padecí, no mereciendo,
y merecí, padeciendo,
los bienes que no demando.
Si el esfuerzo que he tenido
para callar y sufrir
tuviera para decir,
no sintiera mi vivir
los dolores que ha sentido.

II

Mi temor ha sido tal
que me ha tornado judío,

por esto el esfuerzo mío
manda que traiga señal.
Pues viendo cuán poco gano
viviendo en ley que no es buena,
osando os decir mi pena
me quiero tornar cristiano.

Canciones

I

Cada vez que mi memoria
vuestra beldad representa,
mi penar se torna gloria,
mis servicios, en victoria,
mi morir, vida contenta.

Y queda mi corazón
bien satisfecho en serviros;
el pago de sus suspiros
halo por buen galardón.
Porque, vista la memoria
en que a vos os representa,
su penar se torna gloria,
sus servicios, en victoria,
su morir, vida contenta.

II

Quien no estuviere en presencia
no tenga fe en confianza,
pues son olvido y mudanza
las condiciones de ausencia.

Quien quisiere ser amado
trabaja por ser presente,
que cuan presto fuere ausente

tan presto será olvidado.
Y pierda toda esperanza
quien no estuviere en presencia,
pues son olvido y mudanza
las condiciones de ausencia.

III

Con tantos males guerreo,
en tantos bienes me vi,
que, de verme cual me veo,
ya no sé qué fue de mí.

Mis glorias murieron luego,
mis males resucitaron,
Fortuna encendió tal fuego
do mis glorias se quemaron.
Dejó tan vivo el deseo
memoria de lo que vi,
que, de verme cual me veo,
ya no sé qué fue de mí.

IV

Yo soy quien libre me vi,
yo, quien pudiera olvidaros;
yo soy el que, por amaros,
estoy, desque[64] os conocí,
«sin Dios, y sin vos, y mí».

Sin Dios, porque en vos adoro,
sin vos, pues no me queréis;
pues sin mí ya está de coro,[65]

---

[64]desde que.

[65]de puro sabido.

que vos sois quien me tenéis.
Así que triste nací,
pues que pudiera olvidaros.
Yo sé el que, por amaros,
estoy, desque os conocí,
«sin Dios, y sin vos, y mí».

Coplas

I

Es amor fuerza tan fuerte
que fuerza toda razón,
una fuerza de tal suerte
que todo seso[66] convierte,
con su fuerza, en afición.
Una porfía forzosa
que no se puede vencer,
cuya fuerza porfïosa,
hacemos más poderosa
queriéndonos defender.

Es placer en que hay dolores,
dolor en que hay alegría,
un pesar en que hay dulzores,
un esfuerzo en que hay temores,
temor en que hay osadía.
Un placer en que hay enojos,
una gloria en que hay pasión,
una fe en que hay antojos,
fuerza que hacen los ojos
al seso y al corazón.

Es una catividad[67]

---

[66]discreción, cordura, juicio.
[67]cárcel.

sin parecer las prisiones,[68]
un robo de libertad,
un forzar de voluntad,
donde no valen razones.
Una sospecha celosa
causada por el querer,
una rabia deseosa
que no sabe qué es la cosa
que desea tanto ver.

Es un modo de locura
por las mudanzas[69] que hace:
una vez pone tristura,
otra vez causa folgura,[70]
como lo quiere y le place.
Un deseo que el ausente
trabaja bien y fatiga,
un recelo que al presente
hace callar lo que siente,
teniendo pena que diga.

Cabo

Todas estas propiedades
tiene el verdadero amor.
El falso, mil falsedades,
mil mentiras, mil maldades,
como fingido traidor.
El toque[71] para tocar
cuál amor es bien forjado
es sufrir el desamar,
que no puede comportar
el falso sobredorado.[72]

---

[68]sin que se vean los grilletes.

[69]cambios afectivos.

[70]sosiego.

[71]método de examinar los metales para saber su calidad y quilates.

[72]falso metal, dorado solo por encima.

ANTONIO DE NEBRIJA (1444?-1522)

Gramática de la lengua castellana

"Prólogo"

A la muy alta y así esclarecida princesa doña Isabel, la tercera de este nombre, reina y señora natural de España y las islas de nuestro mar. Comienza la gramática que nuevamente hizo el maestro Antonio de Lebrixa[1] sobre la lengua castellana. Y pone primero el prólogo. Léelo en buen hora.

Cuando bien conmigo pienso, muy esclarecida Reina, y pongo delante los ojos el antigüedad de todas las cosas que para nuestra recordación y memoria quedaron escritas, una cosa hallo y saco por conclusión muy cierta: que siempre la lengua fue compañera del imperio; y de tal manera lo siguió, que juntamente comenzaron, crecieron y florecieron, y después junta fue la caída de entrambos. Y dejadas ahora las cosas muy antiguas de que apenas tenemos una imagen y sombra de la verdad, cuales son las de los asirios, indos, sicionios y egipcios, en los cuales se podría muy bien probar lo que digo, vengo a las más frescas, y aquellas especialmente de que tenemos mayor certidumbre, y primero a las de los judíos. Cosa es que muy ligeramente se puede averiguar que la lengua hebraica tuvo su niñez, en la cual apenas pudo hablar. Y llamo yo ahora su primera niñez todo aquel tiempo que los judíos estuvieron en tierra de Egipto. Porque es cosa verdadera o muy cerca de la verdad, que los patriarcas hablarían en aquella lengua que trajo Abraham de tierra de los caldeos, hasta que descendieron en Egipto, y que allí perderían algo de aquélla y mezclarían algo de la egipcia. Mas después que salieron de Egipto y comenzaron a hacer por sí mismos cuerpo de gente, poco a poco apartarían su lengua, cogida, cuanto yo pienso, de la caldea y de la egipcia, y de la que ellos ternían comunicada entre sí, por ser apartados en religión de los bárbaros en cuya tierra moraban. Así que comenzó a florecer

---

[1]El autor nació en la antigua Nebrissa Veneria, llamada hoy Lebrija, en la provincia de Sevilla.

la lengua hebraica en el tiempo de Moisén,[2] el cual, después de enseñado en la filosofía y letras de los sabios de Egipto, y mereció hablar con Dios, y comunicar las cosas de su pueblo, fue el primero que osó escribir las antigüedades de los judíos y dar comienzo a la lengua hebraica. La cual, de allí en adelante, sin ninguna contención, nunca estuvo tan empinada cuanto en la edad de Salomón, el cual se interpreta pacífico, porque en su tiempo, con la monarquía floreció la paz, criadora de todas las buenas artes y honestas. Mas después que se comenzó a desmembrar el reino de los judíos, juntamente se comenzó a perder la lengua, hasta que vino al estado en que ahora la vemos, tan perdida que, de cuantos judíos hoy viven, ninguno sabe dar más razón de la lengua de su ley, que de cómo perdieron su reino, y del Ungido que en vano esperan.

Tuvo eso mismo la lengua griega su niñez, y comenzó a mostrar sus fuerzas poco antes de la guerra de Troya, al tiempo que florecieron en la música y poesía Orfeo,[3] Lino,[4] Muséo,[5] Amphión,[6] y poco después de Troya destruida, Homero[7] y Hesíodo.[8] Y así creció aquella lengua hasta la monarquía del gran Alejandro,[9] en cuyo tiempo fue aquella muchedumbre de poetas, oradores y filósofos, que pusieron el colmo, no solamente a la lengua, mas aún a todas las otras artes y ciencias. Mas después que se comenzaron a desatar los reinos y repúblicas de Grecia, y los romanos se hicieron señores de ella, luego juntamente comenzó a desvanecerse la lengua griega y a esforzarse la latina. De la cual otro tanto podemos decir: que fue su niñez con el nacimiento y población de Roma, y comenzó a florecer casi quinientos años después que fue edificada, al tiempo que Livio

---

[2]Moisés.

[3]personaje mitológico; hijo de Eagro, rey de Tracia y de la musa Calíope (para otros autores hijo de Apolo y Clío), se lo reconoce por ser un músico famoso, cuyas melodías afectaban el ritmo de la naturaleza.

[4]poeta legendario que hace vivir la mitología en tiempos de Orfeo.

[5]referencia desconocida.

[6]príncipe tebano que edificó las murallas de Tebas al son de su lira.

[7]Homero, célebre poeta griego, considerado el autor de la *Ilíada* y la *Odisea*.

[8]Hesíodo, poeta griego del siglo IX o VIII a.C., autor de poesías de carácter religioso, didáctico y moral: *Los Trabajos y los días*, *La Teogonía*, etc.

[9]Alejandro Magno (356-323 a.C.), rey de Macedonia, hijo de Filipo y de Olimpias, y educado por Aristóteles.

Andrónico[10] publicó primeramente su obra en versos latinos. Y así creció hasta la monarquía de Augusto César,[11] debajo del cual, como dice el Apóstol, 'vino el cumplimiento del tiempo en que envió Dios a su Unigénito Hijo';[12] y nació el Salvador del mundo, en aquella paz de que habían hablado los profetas y fue significada en Salomón, de la cual en su nacimiento los ángeles cantan: 'Gloria en las alturas a Dios, y en la tierra paz a los hombres de buena voluntad'.[13] Entonces fue aquella multitud de poetas y oradores que enviaron a nuestros siglos la copia y deleites de la lengua latina: Tulio,[14] César,[15] Lucrecio,[16] Virgilio,[17] Horacio,[18] Ovidio,[19] Livio,[20] y todos los otros que después se siguieron hasta los tiempos de Antonino Pío.[21] De allí, comenzando a declinar el imperio de los romanos, juntamente comenzó a caducar la lengua latina, hasta que vino el estado en que la recibimos de nuestros padres, cierto tal que cotejada con la de aquellos tiempos, poco más tiene que hacer con ella que con la arábiga. Lo que dijimos de la lengua hebraica, griega y latina, podemos muy más claramente mostrar en la castellana; que tuvo su niñez en el tiempo de los jueces y reyes de Castilla y de León, y comenzó a mostrar sus fuerzas en tiempo del muy esclare-

---

[10]el más antiguo dramático de origen griego, que vivió alrededor del siglo III a.C. Había sido esclavo latino y representaba el mismo sus comedias.

[11]César Octavio (63 a.C.-14 d.C.), emperador romano conocido como Augusto.

[12]Galileo 4,4.

[13]Lucas 2,14.

[14]Marco Tulio Cicerón (106-43 a.C), orador romano.

[15]Julio César (100-44 a.C), general romano, uno de los más notables capitanes de la antigüedad, paradigma, junto con Alejandro Magno, de guerrero y civilizador.

[16](96?-53 a.C.), poeta latino, autor de *De la naturaleza de las cosas*.

[17](70-19 aC.), poeta latino, autor de la *Eneida*, las *Geórgicas* y las *Bucólicas*.

[18]Quinto Horacio Flaco (65-8 a.C.), poeta latino, autor de *Odas*, *Epístolas*, *Sátiras* y un famoso *Arte poética*.

[19]Plubio Ovidio Naso (43 a.C.-16 d.C.), poeta latino, autor de las *Metamorfosis*.

[20]Tito Livio (59 a.C.-19 d.C.), historiador latino, autor de una historia romana titulada *Décadas*.

[21]emperador romano que reinó con justicia y moderación entre 138 y 161.

cido y digno de toda la eternidad el Rey don Alonso el Sabio,[22] por cuyo mandado se escribieron las *Siete Partidas*, la *General Historia*, y fueron trasladados
muchos libros de latín y arábigo en nuestra lengua castellana; la cual se extendió
después hasta Aragón y Navarra, y de allí a Italia, siguiendo la compañía de los
infantes que enviamos a imperar en aquellos reinos. Y así creció hasta la monarquía y paz de que gozamos, primeramente por la bondad y providencia divina;
después, por la industria, trabajo y diligencia de vuestra real Majestad; en la
fortuna y buena dicha de la cual los miembros y pedazos de España, que estaban
por muchas partes derramados, se redujeron y ayuntaron en un cuerpo y unidad
de Reino, la forma y trabazón del cual, así está ordenada, que muchos siglos,
injuria y tiempos no la podrán romper ni desatar. Así que, después de repurgada
la cristiana religión, por la cual somos amigos de Dios, o reconciliados con Él;
después de los enemigos de nuestra fe vencidos por guerra y fuerza de armas, de
donde los nuestros recibían tantos daños y temían muchos mayores; después de
la justicia y ejecución de las leyes que nos ayuntan y hacen vivir igualmente en
esta gran compañía, que llamamos reino y república de Castilla; no queda ya otra
cosa sino que florezcan las artes de la paz. Entre las primeras, es aquélla que nos
enseña la lengua, la cual nos aparta de todos los otros animales y es propia del
hombre, y en orden, la primera después de la contemplación, que es oficio propio
del entendimiento. Ésta hasta nuestra edad anduvo suelta y fuera de regla, y a
esta causa ha recibido en pocos siglos muchas mudanzas; porque si la queremos
cotejar con la de hoy a quinientos años, hallaremos tanta diferencia y diversidad
cuanta puede ser mayor entre dos lenguas. Y porque mi pensamiento y gana
siempre fue engrandecer las cosas de nuestra nación, y dar a los hombres de mi
lengua obras en que mejor puedan emplear su ocio, que ahora lo gastan leyendo
novelas o historias envueltas en mil mentiras y errores, acordé ante todas las
otras cosas reducir en artificio este nuestro lenguaje castellano, para que lo que
ahora y de aquí adelante en él se escribiere pueda quedar en un tenor, y exten-
derse en toda la duración de los tiempos que están por venir, como vemos que
se ha hecho en la lengua griega y latina, las cuales por haber estado debajo de
arte, aunque sobre ellas han pasado muchos siglos, todavía quedan en una uniformidad.

Porque si otro tanto en nuestra lengua no se hace como en aquéllas, en vano
vuestros cronistas e historiadores escriben y encomiendan a inmortalidad la
memoria de vuestros loables hechos, y nosotros tentamos de pasar en castellano
las cosas peregrinas y extrañas, pues que aqueste no puede ser sino negocio de

---

[22]Alfonso X el Sabio.

pocos años. Y será necesaria una de dos cosas: o que la memoria de vuestras hazañas perezca con la lengua; o que ande peregrinando por las naciones extranjeras, pues que no tiene propia casa en que pueda morar. En la zanja de la cual yo quise echar la primera piedra, y hacer en nuestra lengua lo que Zenodoto[23] en la griega y Crates[24] en la latina; los cuales, aun que fueron vencidos de los que después de ellos escribieron, a lo menos fue aquella su gloria, y será nuestra, que fuimos los primeros inventores de obra tan necesaria. Lo cual hicimos en el tiempo más oportuno que nunca fue hasta aquí, por estar ya nuestra lengua tanto en la cumbre, que más se puede temer el descendimiento de ella que esperar la subida. Y seguirse a otro no menor provecho que aqueste a los hombres de nuestra lengua que querrán estudiar la gramática del latín; porque después que sintieren bien el arte del castellano, lo cual no será muy difícil, porque es sobre la lengua que ya ellos sienten, cuando pasaren al latín no habrá cosa tan oscura que no se les haga muy ligera, mayormente entreviniendo aquel *Arte de la Gramática* que me mandó hacer vuestra Alteza, contraponiendo línea por línea el romance al latín; por la cual forma de enseñar no sería maravilla saber la gramática latina, no digo yo en pocos meses, más aún en pocos días, y mucho mejor que hasta aquí se deprendía[25] en muchos años. El tercero provecho de este mi trabajo puede ser aquel que, cuando en Salamanca di la muestra de aquesta obra a vuestra real Majestad, y me preguntó que para qué podía aprovechar, el muy reverendo padre Obispo de Avila me arrebató la respuesta; y, respondiendo por mí, dijo que después que vuestra Alteza metiese debajo de su yugo muchos pueblos bárbaros y naciones de peregrinas lenguas, y con el vencimiento aquellos ternían[26] necesidad de recibir las leyes que el vencedor pone al vencido, y con ellas nuestra lengua, entonces, por esta mi *Arte*, podrían venir en el conocimiento de ella, como ahora nosotros deprendemos el arte de la gramática latina para deprender el latín. Y cierto así es que no solamente los enemigos de nuestra fe, que tienen ya necesidad de saber el lenguaje castellano, mas los vizcaínos, navarros, franceses, italianos, y todos los otros que tienen algún trato y conversación en España y necesidad de nuestra lengua, si no vienen desde niños a la deprender por uso, podrán la más aina saber por esta mi obra. La cual, con aquella vergüenza, acatamiento y temor, quise dedicar a vuestra real Majestad, que Marco Va-

---

[23]referencia deconocida.

[24]filósofo griego perteneciente a la escuela cínica, discípulo de Diógenes.

[25]aprendía.

[26]tendrían.

rrón[27] intituló a Marco Tulio[28] sus *Orígenes de la Lengua Latina*; que Grilo[29] intituló a Plubio Virgilio[30] poeta, sus *Libros del Acento*; que Dámaso[31] papa a san Jerónimo; que Paulo Orosio[32] a san Agustín[33] sus *Libros de Historias*; que otros muchos autores, los cuales enderezaron sus trabajos y velas a personas muy más enseñadas en aquello de que escribían, no para enseñarles alguna cosa que ellos no supiesen, mas por testificar el ánimo y voluntad que cerca de ellos tenían, y porque del autoridad de aquéllos se consiguiese algún favor a sus obras. Y así, después que yo deliberé, con gran peligro de aquella opinión que muchos de mí tienen, sacar la novedad de esta mi obra de la sombra y tinieblas escolásticas a la luz de vuestra corte, a ninguno más justamente pude consagrar este mi trabajo que a aquella en cuya mano y poder, no menos está el momento de la lengua que el arbitrio de todas nuestras cosas.

---

[27](116-27 a.C), poeta y polígrafo latino.

[28]Marco Tulio Cicerón, ver nota 14.

[29]Grillio fue un gramático que debió vivir hacia fines del siglo IV.

[30]ver nota 17.

[31]No se conoce ninguna obra que San Dámaso haya dedicado a San Jerónimo, pero sí se sabe que éste último le dedicó a aquél su traducción del Antiguo Testamento. Si bien el texto impreso de la *Gramática* afirma el hecho, es probable que sea un error de los tipógrafos.

[32]Pablo Orosio, historiador y teólogo español del siglo V, discípulo de San Agustín y autor de una *Historia* contra los paganos.

[33]San Agustín (354-430), el más célebre de los Padres de la Iglesia latina, autor de *La Ciudad de Dios* y de las *Confesiones*.

JUAN DEL ENCINA (1468?-1529/30)

Representación ante el esclarecido príncipe don Juan
o Triunfo del amor

Representación por Juan del Encina ante el muy esclarecido y muy ilustre príncipe don Juan, nuestro soberano señor. Introdúcense dos pastores, Bras y Juanillo, y con ellos un escudero que a las voces de otro pastor, Pelayo llamado, sobrevinieron; el cual de las doradas frechas[1] del Amor mal herido, se quejaba, al cual andando por dehesa vedada con sus frechas y arco, de su gran poder ufanándose, el sobredicho pastor había querido prendar.

Amor.   Ninguno tenga osadía
        de tomar fuerzas conmigo,
        si no quiere estar consigo
        cada día,
        en revuelta y en porfía.
        ¿Quién podrá de mi poder
        defender
        su libertad y albedrío,
        pues puede mi poderío
        herir, matar y prender?

        Prende mi hierba do llega,
        y en llegando al corazón
        la vista de la razón
        luego ciega.
        Mi guerra nunca sosiega,
        mis artes, fuerzas y mañas,
        y mis sañas,
        mis bravezas, mis enojos,
        cuando encaran a los ojos

---

[1] flechas.

398

luego enclavan las entrañas.

Mis saetas lastimeras
hacen siempre tiros francos
en los hitos y en los blancos,
muy certeras,
muy penosas, muy ligeras.
Soy muy certero en tirar
y en bolar,
más que nadie nunca fue.
Afición, querer y fe,
ponerlo puedo y quitar.

Yo pongo y quito esperanza,
yo quito y pongo cadena,
yo doy gloria, yo doy pena
sin holganza;
yo firmeza, yo mudanza,
yo deleites y tristuras
y amarguras,
sospechas, celos, recelos;
yo consuelo, desconsuelos,
yo ventura, desventuras.

Doy dichosa y triste suerte,
doy trabajo y doy descanso.
Yo soy fiero, yo soy manso,
yo soy fuerte;
yo doy vida, yo doy muerte,
y cebo los corazones
de pasiones,
de suspiros y cuidados.
Yo sostengo los penados
esperando galardones.

Hago de mis serviciales
los groseros ser pulidos,
los pulidos más lucidos
y especiales;

los escasos, liberales.
Hago de los aldeanos
cortesanos,
y a los simples ser discretos,
y a los discretos perfetos,[2]
y a los grandes, muy humanos.

Y a los más y más potentes
hago ser más sojuzgados,
y a los más acobardados
ser valientes;
y a los mudos, elocuentes,
y a los más botos y rudos
ser agudos.
Mi poder hace y deshace;
hago más, cuando me place:
los elocuentes ser mudos.

Hago de dos voluntades
una misma voluntad;
renuevo con novedad
las edades,
y ajeno[3] las libertades.
Si quiero, pongo en concordia
y en discordia;
mando lo bueno y lo malo,
yo tengo el mando y el palo;
crüeldad, misericordia.

Doy favor y disfavor
a quien yo quiero, y me pago
con castigo, con halago,
con dolor.
Doy esfuerzo, doy temor.
Yo soy dulce y amargoso,

---

[2]perfectos.
[3]enajeno.

lastimoso;
y acarreo pensamientos,
doy placeres, doy tormentos.
Soy en todo poderoso.

Puedo tanto cuanto quiero,
no tengo par ni segundo.
Tengo casi todo el mundo
por entero
por vasallo y prisionero:
príncipes y emperadores,
y señores,
perlados[4] y no perlados.
Tengo de todos estados,
hasta los brutos pastores.

Pelayo. ¡Ah, garzón[5] del bel mirar!
¿quién te mandó ser osado
por aquí, que es devedado,[6]
de cazar
sin licencia demandar?

Amor. Modorro, bruto pastor,
labrador,
simple, de poco saber,
no me debes conocer.

Pelayo. ¿Tú, quién sos?

Amor.   Yo soy Amor.

Pelayo. ¿Amor que muerdes, o qué?
¿O, soncas,[7] eres mortaja?[8]

---

[4]prelados.

[5]mozo.

[6]prohibido.

[7]en verdad, por cierto.

[8]mortal.

¡No te deslindo migaja![9]
Juraré
que tú sos quien yo no sé.

Amor.   Pues calla, que tú sabrás
y verás
en aqueste día de hoy
enteramente quién soy,
y aunque no te alabarás.

Pelayo.   ¿Amenázasme, zagal,
o qué es eso que departes?
Si presumes con tus artes,
¡juro a tal
que quizás que por tu mal...!

Amor.   ¡Calla, rústico grosero,
ovejero!
No te quieras igualar,
que en la tierra y en el mar
hago todo cuanto quiero.

Pelayo.   Tomas, tómaste comigo,
medrarás, yo te seguro.

Amor.   Eres un zafio maduro.

Pelayo.   ¡Digo, digo,
soncas, que yo no soy higo!

Amor.   Eres triste lacerado,
tan cuitado,
que por tu poco valer
más te querría perder
que tenerte a mi mandado.

Pelayo.   ¡Harto mal y mal sería,
el mayor que nunca hu,[10]
cuando me tuvieses tú
sólo un día,

---

[9]no te entiendo nada.
[10]hubo.

	a tu mandar y porfía!
Amor.	Pues ten por cierto de mí
	desde aquí.
	Si te acontece otra tal
	yo haré que por tu mal
	quede memoria de ti.

Pelayo. Tú, ¿qué me puedes hacer?
Haz todo lo que pudieres,
que según lo que dijeres,
a mi ver,
así te han de responder.

Amor. ¿Aún te quieres igualar
y parlar?
Cata,[11] que si más me ensañas
te enclavaré las entrañas
para más te lastimar.

Pelayo. Pues si más yo me embotijo,[12]
¡mal por ti por san Domingo!
¡Guarte,[13] que si me descingo[14]
mi hondijo,[15]
fretirte he en la cholla un guijo![16]
Veamos tú, con tu frecha
muy perhecha,[17]
aunque vengas más perhecho
si tiraras más derecho
o por arte más derecha.

---

[11]considera.

[12]enojo.

[13]guárdate.

[14]desciño.

[15]honda.

[16]te daré en la cabeza con una piedra.

[17]perfecta.

Amor.	Espera, espera, pastor,
	que yo te daré el castigo
	¿por qué te tomas conmigo,
	don traidor,
	sabiendo que soy Amor?
Pelayo.	No daré un maravedí,
	¡juro a mí!
	por ti zagal, ni dos cravos.[18]
	Otros he visto más bravos;
	no me espanto yo de ti.
	Aballa toste,[19] no vagues[20]
	si quieres ir de aquí sano.
Amor.	Pues toma, ahora, villano,
	porque amagues,
	¡pues que tal haces, tal pagues!
Pelayo.	¡Ay, ay, ay, que muerto soy!
	¡Ay, ay, ay!
Amor.	Así, don villano vil,
	porque castiguen cien mil,
	en ti tal castigo doy.
	Quédate ahora, villano,
	en ese suelo tendido,
	de mi mano mal herido,
	señalado,
	para siempre lastimado.
	Yo haré que no fenezca,
	mas que crezca
	tu dolor aunque reclames.
	Yo haré que feo ames
	y hermoso te parezca.
Bras.	¡A, Pelayo! ¿Qué has habido?

---

[18]clavos.

[19]ponte en movimiento inmediatamente.

[20]no vaciles.

Dime, dime, así te goces,
que el reclamo de tus voces
me ha traído.
¿De qué estás amodorrido?
Di, di, di Pelayo, ¿qué has?[21]

Pelayo. ¡Ay, ay, Bras!
¡Muy fuerte mal es el mío!

Bras. ¿Si se te achacó de frío?

Pelayo. De frío no, mas de más.

Bras. Pues dime, dime de qué,
que bien sabes que me dan
tus dolores gran afán.

Pelayo. No podré.

Bras. Sí podrás.

Pelayo. Yo te diré.
Un garzón muy repicado[22]
y arrufado[23]
vino por aquí a tirar;
yo quisiérale prendar
y él hame muy mal tratado.

Bras. ¿Qué te hizo?

Pelayo. ¡Dios te praga![24]
Diome con una saeta
y fízome[25] dentro, secreta,
tan gran llaga,
que ¡mía fe! no sé qué haga.

Bras. ¿Tú no le podías dar
y matar?
¿Más pudo que tú un mozuelo?

---

[21]¿qué tienes?, o bien ¿qué te pasa?

[22]presumido, engreído.

[23]Probablemente signifique "encolerizado" o tal vez "vanidoso".

[24]¡Dios te plazca!

[25]e hízome.

Pelayo.   Ha, caí luego en el suelo,
                  ya que le iba yo a tirar.

Bras.   ¿E por dónde fue?
Pelayo.   No sé,
                  porque así como me dio
                  luego la pata aballó;[26]
                  tal quedé
                  que no vi por dónde fue;
                  presumía tanto, tanto
                  que era encanto.
Bras.   Quisiera que le mataras
                  o que le despepitaras[27]
                  con un canto.
                  ¡Sí, para san Hedro santo!

Pelayo.   Paróse en quintas conmigo,[28]
                  díjome que era el Amor,
                  y dejóme tal dolor,
                  que te digo
                  que mi mal es buen testigo.
Bras.   ¿Con el Amor te tomabas?
                  ¿Por qué dabas
                  coces contra el aguijón?[29]
                  ¿Con tan valiente garzón
                  tú, Pelayo, peleabas?

                  Muestra donde te hirió.
Pelayo.   De dentro tengo mi mal
                  que de fuera no hay señal;
                  que tiró
                  y en el corazón me dio.

---

[26]se apartó del lugar, se marchó.

[27]descalabraras.

[28]ponerse en quintas: hacer contrapunto entre cantores.

[29]¿por qué te obstinabas en hacer frente a una fuerza superior?

	¡Ay, ay, ay, que me desmayo!
Bras.	¿Qué has, Pelayo?

¡Esfuerza, esfuerza, Dios praga!
que también yo de esa llaga
herido el corazón trayo.[30]

	¡Juanillo!
Juanillo.	¿Qué?
Bras.	Muestracá.

Tu barril acá me saca.
Daca toste, da, da, daca.

Juanillo.	Toma allá.
Bras.	¿Tienes agua?
Juanillo.	Soncas ha.
Bras.	Échame una poca aquí.
Juanillo.	Para ahí.
Bras.	Muy poco galisto[31] tienes.

«Jesus autem entransienes»[32]
¡O, malogrado de ti!

¡Malogrado, malogrado!
¡Qué poco que te lograste!
Con mal Amor te tomaste,
¡desdichado!
Yo te doy por perpasado.[33]
¡Cuitado de ti, perdido,
dolorido!

Juanillo.	Otea, Bras.
Bras.	¿Qué me dices?
Juanillo.	Trábale[34] de las narices,

---

[30]traigo.

[31]habilidad.

[32]latín: *Jesus autem transiens per medium illorum ibat*, que aquí el rústico hace significar "Jesús éntrale en las sienes"; indica sorpresa.

[33]pasado por completo, es decir, muerto.

[34]tírale.

veremos si tiene sentido.

Bras.	Pues aún el pulso le bate.
Juanillo.	¿Tú quieres que llame al crego,[35]
	o traya al físico[36] luego,
	que lo cate
	ante que este mal le mate?
Bras.	Todo eso es por demás.
Juanillo.	¿Por qué, Bras?
Bras.	Porque los males de Amor
	que crecen con disfavor
	nunca mejoran jamás.
Juanillo.	Doy a rabia tan gran mal
	que tiene tan mal remedio.
Bras.	Tiene comienzo y no medio
	ni final
	que es un mal muy desigual,[37]
	y en aquestos males tales
	tan mortales,
	más quellotra[38] un palaciego
	que no físico ni crego,
	aunque saben de otros males.
Escudero.	Decidme ahora, pastores,
	¿qué mal tiene este pastor?
Bras.	Tiene, a la mi fe, señor,
	mal de amores,
	de muy chapados[39] dolores.
Escudero.	¿Y burláis o departís?
	¿Qué decís?

---

[35]clérigo.

[36]médico.

[37]desmesurado.

[38]entiende.

[39]gentiles.

Bras.	Digo que no burlo, no, que el Amor lo perhirió.[40]
Escudero.	¿Y amores acá sentís?

Bras.	Sentimos malaventura hartas veces por zagalas. Los latidos de sus galas y hermosura nos encoban en tristura.[41]
Escudero.	Y este triste, sin sentido, tan vencido, tan preso, tan cativado,[42] ¿por qué fue tan desdichado y de tanto mal herido?

Bras.	Mía fe, porque se tomaba con el Amor en porfía.
Escudero.	¿Pensaba que vencería?
Bras.	Sí, pensaba.
Escudero.	¡Mira quién con quién lidiaba!
Bras.	A la fe, digo, señor, salvo honor de vuestra fuerte nobleza, fue gran locura y simpleza enfingir contra el Amor.

Escudero.	Pues aun si tú bien supieses a cuántos de gran valer ha vencido su poder, y lo oyeses, yo juro que más dijeses.
Bras.	Bien sé que al gran poderío de amorío nadie puede resistir,

---

[40]hirió profundamente.

[41]tristeza.

[42]cautivado.

aunque se pase a vivir
a tierra de señorío.

Escudero. ¡O, cuántos grandes señores,
cuántos sabios y discretos
vemos que fueron subjetos
por amores!

Bras. Pues no decís de pastores.

Escudero. Dicen que el sabio varón
Salamón,[43]
de amores vencido fue;
y David por Bersabé,
y por Dalida Sansón.

Bras. Y aun a mí me ha revolcado
el Amor malvado, ciego,
por la sobrina del crego;
y al jurado
Amor le trae acosado.
Y a Pravos trae perdido
y aborrido[44]
por la hija del herrero;
y Santos, el menseguero,
por Beneita anda transido.

Escudero. E aquéste de aqueste suele,
que está más muerto que vivo,
di por quién está cativo
sin consuelo,
que de su dolor me duelo.
¿Por quién sufre tanto mal,
tan mortal?
Dígote que le he manzilla.

Bras. Asmo[45] que por Marinilla,

---

[43]rusticismo: Salamón; más adelante, Dalida = Dalila.

[44]aborrecido.

[45]pienso.

la carilla[46] de Pascual.

Pelayo.	¡Ay, ay, ay, que aquésa es ella!
	Quel Amor cuando me dio,
	llugo,[47] llugo me venció
	a querella.
	¡Quién pudiese ahora vella![48]
Bras.	Pues calla, que si verás.
Pelayo.	Y tú Bras,
	¿llevarme has[49] allá contigo?
Bras.	Yo te llevaré conmigo
	¡desque allá fuere, de hoy más!
	Mas, mal de tales cordojos[50]
	no sé por qué causa sea,
	que es una bissodia[51] fea.
Pelayo.	No con mis ojos.
Bras.	Ora sigue tus antojos,
	que afición es que te ciega.
	Tú sosiega,
	no desmayes con dolores
	que también yo, por amores,
	ando a rabo de borrega.[52]
Pelayo.	¿Quién es aquese señor
	quende[53] está?

---

[46]El término significaba hermana, amiga o compañera.

[47]al punto, inmediatamente.

[48]verla.

[49]me llevarás.

[50]congojas.

[51]transformación popular de la frase latina del padrenuestro *da nobis hodie*, que significa "danos hoy", en Doña Bisodia, es decir, en un ser mítico. En el texto podría entendérsela como "visión".

[52]a rastras.

[53]que ahí.

Bras. No sé su nombre.
Es un galán gentil hombre.

Escudero. ¡Ay, pastor,
he dolor de tu dolor!

Pelayo. Decí, señor nobre[54] y bueno,
pues que peno
y vos sabrés deste mal,
¿es mortal o no es mortal?
¿soy de vida o soy ajeno?

Escudero. Mira bien pastor y cata
que el Amor es de tal suerte,
que de mil males de muerte
que nos trata,
el peor es que no mata.
¡Dios nos guarde de su ira!
Mira, mira
que es Amor tan ciego y fiero
que, como el mal ballestero,
dicen que a los suyos tira.

Pelayo. ¡Tira más recio que un rayo!
Escudero. ¿Cómo te llaman a ti?
Pelayo. Pelayo.
Escudero. ¿Pelayo?
Pelayo. Sí.
Escudero. Di, Pelayo,
¿cómo quedas del desmayo?
Pelayo. Quedo de suspiros ancho.
Tanto ensancho
que cuido de reventar.
Bras. Deja, déjalos votar,
no se te cuajen el pancho.

Escudero. Y nosotros, suspirando,
desvelamos nuestra pena,

---

[54]noble.

y tenémosla por buena,
deseando
servir y morir amando;
que no puede ser más gloria
ni victoria,
por servicio de las damas,
que dejar vivas las famas
en la fe de su memoria.

Bras.   ¡Mía fe! Nosotros acá
harto nos despepitamos;[55]
mas no nos requebrajamos[56]
como allá,
que la fe de dentro está.

Escudero.   Cierto, dentro está la fe,
bien lo sé;
mas nuestros requiebros son
las muestras del corazón,
que no son a sin porqué.
Fin

Bras.   Ahotas[57] que yo cantase
por tu prazer, con Juanillo,
de amores un cantarcillo
si hallase
otro que nos ayudase.

Pelayo.   Canta Bras, yo te lo ruego
por san Pego.

Escudero.   Y cantad, cantad, pastores
que para cantar de amores
ayudaros he yo luego.

Obras completas. Edición de Ana María Rambaldo. Madrid: Espasa-Calpe, 1983.

---

[55]fatigamos.

[56]deshacerse de amor, hacer requiebros.

[57]por cierto, a la verdad.

FERNANDO DE ROJAS (1475?-1541)

La Celestina

Síguese la comedia o tragicomedia de Calisto y Melibea, compuesta en reprehensión de los locos enamorados, que, vencidos en su desordenado apetito, a sus amigas llaman y dicen ser su Dios. Asimismo hecha en aviso de los engaños de las alcahuetas y malos y lisonjeros sirvientes.

Argumento [general]: **Calisto** fue de noble linaje, de claro ingenio, de gentil disposición, de linda crianza, dotado de muchas gracias, de estado mediano. Fue preso en el amor de **Melibea**, mujer moza, muy generosa, de alta y serenísima sangre, sublimada[1] en próspero estado, una sola heredera a su padre **Pleberio**, y de su madre **Alisa** muy amada. Por solicitud del pungido[2] **Calisto**, vencido el casto propósito de ella, enterviniendo[3] **Celestina**, mala y astuta mujer, con dos sirvientes del vencido **Calisto**, engañados y por ésta tornados desleales, presa su fidelidad con anzuelo de codicia y de deleite, vinieron los amantes y los que les ministraron,[4] en amargo y desastrado fin. Para comienzo de lo cual dispuso el[5] adversa fortuna lugar oportuno, donde a la presencia de **Calisto** se presentó la deseada **Melibea**.

Argumento del primer auto de esta comedia: Entrando **Calisto** en una huerta en pos de un halcón suyo, halló ahí a **Melibea**, de cuyo amor preso, comenzóle de hablar; de la cual rigorosamente[6] despedido, fue para su casa muy sangustiado. Habló con un criado suyo llamado **Sempronio**, el cual, después de muchas razones, le enderezó a una vieja llamada **Celestina**, en cuya casa tenía el mismo

---

[1]elevada.

[2]punzado o herido por el amor.

[3]interviniendo.

[4]sirvieron.

[5]la.

[6]rigurosamente.

criado una enamorada llamada **Elicia**. La cual, viniendo **Sempronio** a casa de **Celestina** con el negocio de su amo, tenía a otro consigo, llamado **Crito**, al cual escondieron. Entretanto que **Sempronio** está negociando con **Celestina**, **Calisto** está razonando con otro su criado, por nombre **Pármeno**; el cual razonamiento dura hasta que llega **Sempronio** y **Celestina** a casa de **Calisto**. **Pármeno** fue conocido de **Celestina**, la cual mucho le dice de los hechos y conocimientos de su madre, induciéndole amor y concordia de **Sempronio**.

Calisto.—En esto veo, Melibea, la grandeza de Dios.

Melibea.—¿En qué, Calisto?

Calisto.—En dar poder a natura que de tan perfecta hermosura te dotase, y hacer a mí inmérito[7] tanta merced que verte alcanzase, y en tan conveniente lugar, que mi secreto dolor manifestarte pudiese. Sin duda, incomparablemente es mayor tal galardón que el servicio, sacrificio, devoción y obras pías, que por este lugar alcanzar yo tengo a Dios ofrecido, ni otro poder mi voluntad humana puede cumplir. ¿Quién vido en esta vida cuerpo glorificado de ningún hombre, como agora el mío? Por cierto, los gloriosos santos, que se deleitan en la visión divina, no gozan más que yo agora en el acatamiento[8] tuyo. Mas ¡oh triste! que en esto diferimos: que ellos puramente se glorifican sin temor de caer de tal bienaventuranza, y yo, mixto,[9] me alegro con recelo del esquivo tormento, que tu ausencia me ha de causar.

Melibea.—¿Por gran premio tienes éste, Calisto?

Calisto.—Téngolo por tanto, en verdad, que, si Dios me diese en el cielo la silla sobre sus santos, no lo ternía[10] por tanta felicidad.

Melibea.—Pues aun más igual galardón te daré yo, si perseveras.

Calisto.—¡Oh bienaventuradas orejas mías, que indignamente tan gran palabra habéis oído!

Melibea.—Más desaventuradas de que me acabes de oír, porque la paga será tan fiera cual la merece tu loco atrevimiento; y el intento de tus palabras, Calisto, ha sido como de ingenio de tal hombre como tú, haber de salir para se perder en la virtud de tal mujer como yo. Vete, vete de ahí, torpe, que no puede mi paciencia tolerar que haya subido en corazón humano conmigo el ilícito amor comunicar su deleite!

---

[7]indigno, inmerecido.

[8]trato.

[9]compuesto de carne y espíritu.

[10]tendría.

Calisto.—Iré como aquel contra quien solamente la adversa fortuna pone su estudio[11] con odio cruel.

Calisto.—¡Sempronio, Sempronio, Sempronio! ¿Dónde está este maldito?

Sempronio.—Aquí estoy, señor, curando[12] de estos caballos.

Calisto.—Pues, ¿cómo sales de la sala?

Sempronio.—Abatióse el gerifalte[13] y vínele a enderezar en el alcándara.[14]

Calisto.—¡Así los diablos te ganen! Así por infortunio arrebatado perezcas o perpetuo intolerable tormento consigas, el cual en grado incomparablemente a la penosa y desastrada muerte, que espero, traspasa. ¡Anda, anda, malvado, abre la cámara y endereza la cama!

Sempronio.—Señor, luego hecho es.

Calisto.—Cierra la ventana y deja la tiniebla acompañar al triste y al desdichado la ceguedad. Mis pensamientos tristes no son dignos de luz. ¡Oh bienaventurada muerte aquella que deseada a los afligidos viene! ¡Oh si viniésedes agora, Crato y Galieno,[15] médicos, sentiríades mi mal! ¡Oh piedad Celeuco,[16] inspira en el Plebérico corazón, porque sin esperanza de salud no envíe el espíritu perdido con el desastrado Píramo y de la desdichada Tisbe![17]

Sempronio.—¿Qué cosa es?

Calisto.—¡Vete de ahí! No me hables; si no, quizá ante del tiempo de mi rabiosa muerte, mis manos causarán tu arrebatado fin.

Sempronio.—Iré, pues solo quieres padecer tu mal.

Calisto.—¡Ve con el diablo!

Sempronio.—No creo, según pienso, ir conmigo el que contigo queda. ¡Oh desventura, oh súbito mal! ¿Cuál fue tan contrario acontecimiento, que así tan presto robó el alegría de este hombre, y lo que peor es, junto con ella el seso?

---

[11]empeño, afán.

[12]cuidando.

[13]ave de caza.

[14]percha en la que suelen estar el halcón y otras aves de altanería.

[15]Nada se conoce de Crato, pero Galeno es uno de los más célebres médicos griegos.

[16]probable errata por "celestial".

[17]amantes mitológicos. Al ver la túnica ensangrentada por un león, Píramo, creyendo a su amada muerta, se suicida. Tisbe, al encontrar a su amante muerto, también se mata.

¿Dejarle he solo o entraré allá? Si le dejo, matarse ha; si entro allá, matarme ha. Quédese; no me curo;[18] más vale que muera aquél, a quien es enojosa la vida, que no yo, que huelgo con ella. Aunque por ál[19] no desease vivir, sino por ver a mi Elicia, me debría guardar de peligros. Pero, si se mata sin otro testigo, yo quedo obligado a dar cuenta de su vida; quiero entrar. Mas, puesto que entre, no quiere consolación ni consejo; asaz es señal mortal no querer sanar. Con todo, quiérole dejar un poco desbrave,[20] madure; que oído he decir que es peligro abrir o apremiar las postemas duras,[21] porque más se enconan. Esté un poco; dejemos llorar al que dolor tiene, que las lágrimas y sospiros muchos desenconan el corazón dolorido. Y aún, si delante me tiene, más conmigo se encenderá, que el sol más arde donde puede reverberar. La vista, a quien objeto no se antepone, cansa; y cuando aquél es cerca, agúzase. Por eso quiérome sufrir un poco; si entretanto se matare, muera; quizá con algo me quedaré que otro no lo sabe, con que mude el pelo malo,[22] aunque malo es esperar salud en muerte ajena. Y quizá me engaña el diablo, y si muere matarme han e irán allá la soga y el calderón.[23] Por otra parte, dicen los sabios que es grande descanso a los afligidos tener con quien puedan sus cuitas llorar, y que la llaga interior más empece.[24] Pues en estos extremos, en que estoy perplejo, lo más sano es entrar y sufrirle y consolarle, porque si posible es sanar sin arte ni aparejo, más ligero es guarecer[25] por arte y por cura.

Calisto.—¡Sempronio!

Sempronio.—¿Señor?

Calisto.—Dame acá el laúd.

Sempronio.—Señor, vesle aquí.

Calisto.—¿Cuál dolor puede ser tal que se iguale con mi mal?

Sempronio.—Destemplado está ese laúd.

Calisto.—¿Cómo templará el destemplado? ¿Cómo sentirá el armonía aquel que consigo está tan discorde; aquel en quien la voluntad a la razón no obedece;

---

[18]preocupo.

[19]otra cosa.

[20]se desahogue.

[21]apretar los abscesos supurados.

[22]mejore el estado.

[23]cuando se ha perdido una cosa, echar a perder el resto.

[24]daña.

[25]curar.

quien tiene dentro del pecho aguijones, paz, guerra, tregua, amor, enemistad, injurias, pecados, sospechas, todo a una causa? Pero tañe, y canta la más triste canción que sepas.

Sempronio.— *Mira Nero de Tarpeia*
a Roma cómo se ardía:
gritos dan niños y viejos
y él de nada se dolía.

Calisto.—Mayor es mi fuego, y menor la piedad de quien yo agora digo.

Sempronio.—(No me engaño yo, que loco está este mi amo.)

Calisto.—¿Qué estás murmurando, Sempronio?

Sempronio.—No digo nada.

Calisto.—Di lo que dices, no temas.

Sempronio.—Digo que ¿cómo puede ser mayor el fuego que atormenta a un vivo, que el que quemó tal ciudad y tanta multitud de gente?

Calisto.—¿Cómo? Yo te lo diré. Mayor es la llama que dura ochenta años que la que en un día pasa, y mayor la que mata un ánima que la que quemó cien mil cuerpos. Como de la apariencia a la existencia, como de lo vivo a lo pintado, como de la sombra a lo real, tanta diferencia hay del fuego, que dices, al que me quema. Por cierto, si el de purgatorio es tal, más querría que mi espíritu fuese con los de los brutos animales, que por medio de aquél ir a la gloria de los santos.

Sempronio.—(Algo es lo que digo; a más ha de ir este hecho; no basta loco, sino hereje.)

Calisto.—¿No te digo que hables alto, cuando hablares? ¿Qué dices?

Sempronio.—Digo que nunca Dios quiera tal; que es especie de herejía lo que ahora dijiste.

Calisto.—¿Por qué?

Sempronio.—Porque lo que dices contradice la cristiana religión.

Calisto.—¿Qué a mí?

Sempronio.—¿Tú no eres cristiano?

Calisto.—¿Yo? Melibeo soy y a Melibea adoro y en Melibea creo y a Melibea amo.

Sempronio.—Tú te lo dirás. Como Melibea es grande, no cabe en el corazón de mi amo, que por la boca le sale a borbollones. No es más menester; bien sé de qué pie coxqueas;[26] yo te sanaré.

Calisto.—Increíble cosa prometes.

---

[26]cojeas.

Sempronio.—Antes fácil; que el comienzo de la salud es conocer hombre la dolencia del enfermo.

Calisto.—¿Cuál consejo puede regir lo que en sí no tiene orden ni consejo?

Sempronio.—(¡Ha, ha, ha! ¿Este es el fuego de Calisto; éstas son sus congojas? ¡Como si solamente el amor contra él asestara sus tiros! ¡Oh soberano Dios, cuán altos son tus misterios; cuánta premia[27] pusiste en el amor, que es necesaria turbación en el amante! Su límite pusiste por maravilla. Parece al amante que atrás queda; todos pasan, todos rompen, pungidos y esgarrochados[28] como ligeros toros; sin freno saltan por las barreras. Mandaste al hombre por la mujer dejar el padre y la madre; agora no sólo aquello, mas a ti y a tu ley desamparan, como agora Calisto. Del cual no me maravillo, pues los sabios, los santos, los profetas por él te olvidaron.)

Calisto.—¡Sempronio!

Sempronio.—¡Señor!

Calisto.—No me dejes.

Sempronio.—(De otro temple está esta gaita.)[29]

Calisto.—¿Qué te parece de mi mal?

Sempronio.—Que amas a Melibea.

Calisto.—¿Y no otra cosa?

Sempronio.—Harto mal es tener la voluntad en un solo lugar cativa.[30]

Calisto.—Poco sabes de firmeza.

Sempronio.—La perseverancia en el mal no es constancia; mas dureza o pertinacia la llaman en mi tierra. Vosotros los filósofos de Cupido llamalda[31] como quisiéredes.

Calisto.—Torpe cosa es mentir el que enseña a otro, pues que tú te precias de loar a tu amiga Elicia.

Sempronio.—Haz tú lo que bien digo y no lo que mal hago.

Calisto.—¿Qué me repruebas?

Sempronio.—Que sometes la dignidad del hombre a la imperfección de la flaca mujer.

Calisto.—¿Mujer? ¡Oh grosero! ¡Dios, dios!

---

[27]apremio, fuerza.

[28]punzados y picados por garrochas, como los toros de lidia.

[29]de otro talante está ahora Calisto.

[30]cautiva.

[31]llamadla.

Sempronio.—¿Y así lo crees? ¿O burlas?

Calisto.—¿Que burlo? Por Dios la creo, por Dios la confieso y no creo que hay otro soberano en el cielo; aunque entre nosotros mora.

Sempronio.—(¡Ha, ha, ha! ¿Oíste qué blasfemia? ¿Viste qué ceguedad?)

Calisto.—¿De qué te ríes?

Sempronio.—Ríome, que no pensaba que había peor invención de pecado que en Sodoma.

Calisto.—¿Cómo?

Sempronio.—Porque aquéllos procuraron abominable uso de los ángeles no conocidos y tú con él, que confiesas ser Dios.

Calisto.—¡Maldito seas! Que hecho me has reír, lo que no pensé ogaño.

Sempronio.—Pues ¿qué? ¿Toda tu vida habías de llorar?

Calisto.—Sí.

Sempronio.—¿Por qué?

Calisto.—Porque amo a aquella, ante quien tan indigno me hallo, que no la espero alcanzar.

Sempronio.—(¡Oh pusilánimo, oh hideputa! ¡Qué Nembrot,[32] qué magno Alejandre,[33] los cuales no sólo del señorío del mundo, mas del cielo se juzgaron ser dignos!)

Calisto.—No te oí bien eso que dijiste. Torna, dilo, no procedas.

Sempronio.—Dije que tú, que tienes más corazón que Nembrot ni Alejandre, desesperas de alcanzar una mujer, muchas de las cuales en grandes estados constituidas se sometieron a los pechos y resollos[34] de viles acemileros y otras a brutos animales. ¿No has leído de Pasife[35] con el toro, de Minerva[36] con el can?

Calisto.—No lo creo; hablillas son.

---

[32]Nembrod, rey bíblico de Babilonia, cuyo nombre es sinónimo de cazador infatigable.

[33]Alejandro Magno.

[34]resuellos, alientos.

[35]Pasifae, hija legendaria del Sol. Irritada Venus por el adulterio de la diosa con Marte, hizo que Pasifae se enamorara de un enorme toro del cual concibió al Minotauro.

[36]errata del autor; seguramente se refiere a Minerva con Vulcano.

Sempronio.—Lo de tu abuela con el ximio[37] ¿hablilla fue? Testigo es el cuchillo de tu abuelo.

Calisto.—¡Maldito sea este necio; y qué porradas[38] dice!

Sempronio.—¿Escocióte? Lee los historiales, estudia a los filósofos, mira los poetas. Llenos están los libros de sus viles y malos ejemplos y de las caídas que llevaron los que en algo, como tú, las reputaron. Oye a Salomón do dice que las mujeres y el vino hacen a los hombres renegar. Conséjate con Séneca y verás en qué las tiene. Escucha al Aristóteles, mira a Bernardo.[39] Gentiles, judíos, cristianos, moros, todos en esta concordia están. Pero lo dicho, y lo que de ellas dijere, no te contezca error de tomarlo en común; que muchas hobo[40] y hay santas y virtuosas y notables, cuya resplandiente corona quita el general vituperio. Pero de estas otras, ¿quién te contaría sus mentiras, sus tráfagos, sus cambios, su liviandad, sus lagrimillas, sus alteraciones, sus osadías? Que todo lo que piensan, osan sin deliberar. ¿Sus disimulaciones, su lengua, su engaño, su olvido, su desamor, su ingratitud, su inconstancia, su testimoniar, su negar, su revolver, su presunción, su vanagloria, su abatimiento, su locura, su desdén, su soberbia, su sujeción, su parlería,[41] su golosina, su lujuria y suciedad, su miedo, su atrevimiento, sus hechicerías, sus embaimientos,[42] sus escarnios, su deslenguamiento, su desvergüenza, su alcahuetería? Considera ¡qué sesito está debajo de aquellas grandes y delgadas tocas, qué pensamientos so aquellas gorgueras,[43] so aquel fausto, so aquellas largas y autorizantes ropas, qué imperfección, qué albañares[44] debajo de templos pintados! Por ellas es dicho: arma del diablo, cabeza de pecado, destrucción de paraíso. ¿No has rezado en la festividad de San Juan, do dice: «Las mujeres y el vino hacen los hombres renegar»; do dice: «Esta es la mujer, antigua malicia que a Adán echó de los deleites de paraíso. Esta el linaje humano metió en el infierno; a ésta menospreció Elías profeta», etc.?

Calisto.—Di, pues, ese Adán, ese Salomón, ese David, ese Aristóteles, ese Virgilio, esos que dicen, ¿cómo se sometieron a ellas? ¿Soy más que ellos?

---

[37]simio, mono.

[38]necedades.

[39]Se refiere a San Bernardo de Claraval, que vivió en el siglo XII.

[40]hubo.

[41]habladurías.

[42]embaucamientos.

[43]adorno de lienzo plegado que se ponía alrededor del cuello.

[44]albañales, cloacas.

Sempronio.—A los que las vencieron querría que remedases, que no a los que de ellas fueron vencidos. Huye de sus engaños. Sabes que hacen cosas, que es difícil entenderlas. No tienen modo, no razón, no intención. Por rigor encomienzan el ofrecimiento, que de sí quieren hacer. A los que meten por los agujeros denuestan en la calle; convidan, despiden, llaman, niegan, señalan amor, pronuncian enemiga, ensáñanse presto, apacíguanse luego; quieren que adevinen lo que quieren. ¡Oh qué plaga, oh qué enojo, oh qué hastío es conferir[45] con ellas, más de aquel breve tiempo, que aparejadas son a deleite!

Calisto.—¿Ves? Mientras más me dices y más inconvenientes me pones, más la quiero. No sé qué se es.

Sempronio.—No es este juicio para mozos, según veo, que no se saben a razón someter, no se saben administrar. Miserable cosa es pensar ser maestro el que nunca fue discípulo.

Calisto.—¿Y tú, qué sabes? ¿Quién te mostró esto?

Sempronio.—¿Quién? Ellas; que desque se descubren, así pierden la vergüenza, que todo esto y aún más a los hombres manifiestan. Ponte pues en la medida de honra, piensa ser más digno de lo que te reputas. Que cierto, peor extremo es dejarse hombre caer de su merecimiento, que ponerse en más alto lugar que debe.

Calisto.—Pues, ¿quién yo para eso?

Sempronio.—¿Quién? Lo primero eres hombre y de claro ingenio. Y más, a quien la natura dotó de los mejores bienes que tuvo, conviene a saber: hermosura, gracia, grandeza de miembros, fuerza, ligereza. Y allende[46] de esto, fortuna medianamente[47] partió contigo lo suyo en tal cantidad, que los bienes que tienes de dentro con los de fuera resplandecen. Porque sin los bienes de fuera, de los cuales la fortuna es señora, a ninguno acaece en esta vida ser bienaventurado; y más, a constelación[48] de todos eres amado.

Calisto.—Pero no de Melibea; y en todo lo que me has gloriado, Sempronio, sin proporción ni comparación se aventaja Melibea. Miras la nobleza y antigüedad de su linaje, el grandísimo patrimonio, el excelentísimo ingenio, las resplandecientes virtudes, la altitud e inefable gracia, la soberana hermosura, de la cual te ruego me dejes hablar un poco, porque haya algún refrigerio. Y lo que te

---

[45]conferenciar, tratar.

[46]además.

[47]proporcionadamente.

[48]por disposición de las estrellas.

dijere será de lo descubierto; que, si de lo oculto yo hablarte supiera, no nos fuera necesario altercar tan miserablemente estas razones.

Sempronio.—(¡Qué mentiras, y qué locuras dirá agora este cativo[49] de mi amo!)

Calisto.—¿Cómo es eso?

Sempronio.—Dije que digas, que muy gran placer habré de lo oír. (¡Así te medre Dios,[50] como me será agradable ese sermón!)

Calisto.—¿Qué?

Sempronio.—Que así me medre Dios, como me será gracioso de oír.

Calisto.—Pues, porque hayas placer, yo lo figuraré por partes mucho por extenso.

Sempronio.—(¡Duelos tenemos! Esto es tras lo que yo andaba. De pasarse habrá ya esta oportunidad.)

Calisto.—Comienzo por los cabellos. ¿Ves tú las madejas del oro delgado, que hilan en Arabia? Más lindos son y no resplandecen menos; su longura hasta el postrero asiento de sus pies; después crinados[51] y atados con la delgada cuerda, como ella se los pone, no ha más menester para convertir los hombres en piedras.

Sempronio.—(¡Más en asnos!)

Calisto.—¿Qué dices?

Sempronio.—Dije que esos tales no serían cerdas de asno.

Calisto.—¡Ved qué torpe y qué comparación!

Sempronio.—(¿Tú cuerdo?)

Calisto.—Los ojos verdes, rasgados; las pestañas luengas; las cejas delgadas y alzadas; la nariz mediana; la boca pequeña; los dientes menudos y blancos; los labrios[52] colorados y grosezuelos; el torno del rostro poco más luego que redondo; el pecho alto; la redondeza y forma de las pequeñas tetas, ¿quién te la podría figurar? Que se despereza el hombre cuando las mira. La tez lisa, lustrosa; el cuero suyo escurece[53] la nieve; la color mezclada, cual ella la escogió para sí.

Sempronio.—(¡En sus trece está este necio!)

---

[49]cautivo, infeliz, desgraciado.

[50]así te ayude Dios.

[51]muy largos.

[52]labios.

[53]oscurece.

Calisto.—Las manos pequeñas en mediana manera, de dulce carne acompañadas; los dedos luengos; las uñas en ellos, largas y coloradas, que parecen rubíes entre perlas. Aquella proporción que ver yo pude, no sin duda, por el bulto de fuerza, juzgo incomparablemente ser mejor que la de Paris juzgó entre las tres Deesas.[54]

Sempronio.—¿Has dicho?

Calisto.—Cuan brevemente pude.

Sempronio.—Puesto que sea todo eso verdad, por ser tú hombre eres más digno.

Calisto.—¿En qué?

Sempronio.—En que ella es imperfecta, por el cual defecto desea y apetece a ti y a otro menor que tú. ¿No has leído el filósofo, do dice: «Así como la materia apetece a la forma, así la mujer al varón»?

Calisto.—Oh triste, ¿y cuándo veré yo eso entre mí y Melibea?

Sempronio.—Posible es; y aún que la aborrezcas, cuanto agora la amas, podrá ser, alcanzándola y viéndola con otros ojos, libres del engaño en que agora estás.

Calisto.—¿Con qué ojos?

Sempronio.—Con ojos claros.

Calisto.—Y agora, ¿con qué la veo?

Sempronio.—Con ojos de alinde,[55] con que lo poco parece mucho y lo pequeño grande. Y porque no te desesperes, yo quiero tomar esta empresa de cumplir tu deseo.

Calisto.—¡Oh, Dios te dé lo que deseas! ¡Qué glorioso me es oírte, aunque no espero que lo has de hacer!

Sempronio.—Antes lo haré cierto.

Calisto.—Dios te consuele. El jubón de brocado[56] que ayer vestí, Sempronio, vístelo tú.

Sempronio.—Prospérete Dios por éste (y por muchos más, que me darás. De la burla yo me llevo lo mejor. Con todo, si de estos aguijones me da, traérgela[57] he hasta la cama. ¡Bueno ando! Hácelo esto, que me dio mi amo; que, sin merced, imposible es obrarse bien ninguna cosa).

---

[54]Paris tuvo que ser árbitro en el juicio de las tres Gracias (Juno, Minerva y Venus), para decidir quién era la más hermosa. Se decidió por Venus.

[55]de aumento.

[56]seda tejida de oro y plata.

[57]traérsela.

Calisto.—No seas agora negligente.

Sempronio.—No lo seas tú, que imposible es hacer siervo diligente el amo perezoso.

Calisto.—¿Cómo has pensado de hacer esta piedad?

Sempronio.—Yo te lo diré. Días ha grandes[58] que conozco en fin de esta vecindad una vieja barbuda que se dice Celestina, hechicera, astuta, sagaz en cuantas maldades hay; entiendo que pasan de cinco mil virgos los que se han hecho y deshecho por su autoridad en esta ciudad. A las duras peñas promoverá y provocará la lujuria si quiere.

Calisto.—¿Podríala yo hablar?

Sempronio.—Yo te la traeré hasta acá; por eso aparéjate, séle gracioso, séle franco; estudia, mientras voy yo, a le decir tu pena tan bien como ella te dará el remedio.

Calisto.—¿Y tardas?

Sempronio.—Ya voy; quede Dios contigo.

Calisto.—Y contigo vaya. ¡Oh todopoderoso, perdurable Dios! Tú que guías los perdidos y los reyes orientales por el estrella precedente a Belén trujiste, y en su patria los redujiste,[59] húmilmente[60] te ruego que guíes a mi Sempronio, en manera que convierta mi pena y tristeza en gozo, y yo, indigno, merezca venir en el deseado fin.

[...]

Sempronio.—¡Oh madre mía! Todas cosas dejadas aparte, solamente sé atenta e imagina en lo que te dijere y no derrames tu pensamiento en muchas partes, que quien junto en diversos lugares le pone, en ninguno lo tiene; sino por caso determina lo cierto. Y quiero que sepas de mí lo que no has oído, y es que jamás pude, después que mi fe contigo puse, desear bien de que no te cupiese parte.

Celestina.—Parta Dios, hijo, de lo suyo contigo, que no sin causa lo hará, siquiera porque has piedad de esta pecadora de vieja. Pero dí, no te detengas, que la amistad, entre ti y mí se afirma, no ha menester preámbulos ni correlarios[61] ni aparejos para ganar voluntad. Abrevia y ven al hecho, que vanamente se dice por muchas palabras lo que por pocas se puede entender.

---

[58]hace mucho tiempo.

[59]hiciste volver.

[60]humildemente.

[61]corolarios.

Sempronio.—Así es. Calisto arde en amores de Melibea. De ti y de mí tiene necesidad. Pues juntos nos ha menester, juntos nos aprovechemos; que conocer el tiempo y usar el hombre de la oportunidad hace los hombres prósperos.

Celestina.—Bien has dicho, al cabo estoy; basta para mí mecer[62] el ojo. Digo que me alegro de estas nuevas, como los cirujanos de los descalabrados. Y como aquellos dañan en los principios las llagas y en carecen el prometimiento de la salud, así entiendo ya hacer a Calisto. Alargarle he la certenidad[63] del remedio, porque, como dicen, el esperanza luenga aflige el corazón; y cuanto él la perdiere, tanto gela promete. ¡Bien me entiendes!

Sempronio.—Callemos, que a la puerta estamos y, como dicen, las paredes han oídos.

[...]

Calisto.—Duda traigo, madre, según mis infortunios, de hallarte viva. Pero más es maravilla, según el deseo, de cómo llego vivo. Recibe la dádiva pobre de aquel que con ella la vida te ofrece.

Celestina.—Como en el oro muy fino, labrado por la mano del sotil artífice, la obra sobrepuja a la materia, así se aventaja a tu magnífico dar la gracia y forma de tu dulce liberalidad. Y, sin duda, la presta dádiva su efecto ha doblado, porque la que tarda, el prometimiento muestra negar y arrepentirse del don prometido.

Pármeno.—(¿Qué le dio, Sempronio?

Sempronio.—Cient monedas de oro.

Pármeno.—¡Hi, hi, hi!

Sempronio.—¿Habló contigo la madre?

Pármeno.—Calla, que sí.

Sempronio.—¿Pues cómo estamos?

Pármeno.—Como quisieres; aunque estoy espantado.

Sempronio.—Pues calla, que yo te haré espantar dos tanto.

Pármeno.—¡Oh Dios! No hay pestilencia más eficaz que el enemigo de casa para empecer.)

Calisto.—Ve agora, madre, y consuela tu casa; y después ven y consuela la mía, y luego.[64]

Celestina.—Quede Dios contigo.

Calisto.—Y El te me guarde.

---

[62]mover.

[63]certidumbre, seguridad.

[64]y hazlo pronto.

Argumento del segundo auto: Partida **Celestina** de **Calisto** para su casa, queda **Calisto** hablando con **Sempronio**, criado suyo; al cual, como quien en alguna esperanza puesto está, todo aguijar le parece tardanza. Envía de sí a **Sempronio** a solicitar a **Celestina** para el concebido negocio; quedan entretanto **Calisto** y **Pármeno** juntos razonando.

Argumento del tercer auto: **Sempronio** vase a casa de **Celestina**, a la cual reprende por la tardanza; pónense a buscar qué manera tomen en el negocio de **Calisto** con **Melibea**. En fin sobreviene **Elicia**. Vase **Celestina** a casa de **Pleberio**; queda **Sempronio** y **Elicia** en casa.

Argumento del cuarto auto: **Celestina**, andando por el camino, habla consigo misma hasta llegar a la puerta de **Pleberio**, onde[65] halló a **Lucrecia**, criada de **Pleberio**. Pónese con ella en razones. Sentidas por **Alisa**, madre de **Melibea**, y sabido que es **Celestina**, hácela entrar en casa. Viene un mensajero a llamar a **Alisa**. Vase. Queda **Celestina** en casa de **Melibea** y le descubre la causa de su venida.

Celestina.—Agora que voy sola, quiero mirar bien lo que Sempronio ha temido de este mi camino. Porque aquellas cosas, que bien no son pensadas, aunque algunas veces hayan buen fin, comúnmente crían desvariados efectos. Así que la mucha especulación nunca carece de buen fruto. Que, aunque yo he disimulado con él, podría ser que, si me sintiesen en estos pasos de parte de Melibea, que no pagase con pena, que menor fuese que la vida, o muy amenguada quedase, cuando matar no me quisiesen, manteándome o azotándome cruelmente. Pues amargas cient monedas serían éstas. ¡Ay cuitada de mí! ¡En qué lazo me he metido! Que por me mostrar solícita y esforzada pongo mi persona al tablero.[66] ¿Qué haré, cuitada, mezquina de mí, que ni el salir afuera es provechoso ni la perseverancia carece de peligro? ¿Pues iré o tornarme he? ¡Oh dudosa y dura perplejidad; no sé cuál escoja por más sano! ¡En el osar, manifiesto peligro; en la cobardía, denostada pérdida! ¿Adónde irá el buey que no are?[67] Cada camino descubre sus dañosos y hondos barrancos. Si con el hurto soy tomada,

---

[65]donde.

[66]pongo mi vida en juego, en peligro.

[67]Refrán cuya respuesta es "a la carnicería", con lo que se indica que en todos los oficios hay trabajos que sufrir.

nunca de muerta o encorozada[68] falto, a bien librar. Si no voy, ¿qué dirá Sempronio? Que todas éstas eran mis fuerzas, saber y esfuerzo, ardid y ofrecimiento, astucia y solicitud. Y su amo Calisto ¿qué dirá?, ¿qué hará?, ¿qué pensará?, sino que hay nuevo engaño en mis pisadas y que yo he descubierto la celada, por haber más provecho de esta otra parte, como sofística prevaricadora. O si no se le ofrece pensamiento tan odioso, dará voces como loco. Diráme en mi cara denuestos rabiosos. Proporná[69] mil inconvenientes, que mi deliberación presta le puso, diciendo: «Tú, puta vieja, ¿por qué acrecentaste mis pasiones con tus promesas? Alcahueta falsa, para todo el mundo tienes pies, para mí lengua; para todos obra, para mí palabras; para todos remedio, para mí tiniebla. Pues, vieja traidora, ¿por qué te me ofreciste? Que tu ofrecimiento me puso esperanza; la esperanza dilató mi muerte, sostuvo mi vivir, púsome título de hombre alegre. Pues no habiendo efecto, ni tú carecerás de pena ni yo de triste desesperación». ¡Pues triste yo! ¡Mal acá, mal acullá: pena en ambas partes! Cuando a los extremos falta del medio, arrimarse el hombre al más sano, es discreción. Más quiero ofender a Pleberio, que enojar a Calisto. Ir quiero. Que mayor es la vergüenza de quedar por cobarde, que la pena, cumpliendo como osada lo que prometí, pues jamás al esfuerzo desayudó la fortuna. Ya veo su puerta. En mayores afrentas me he visto. ¡Esfuerza, esfuerza, Celestina! ¡No desmayes! Que nunca faltan rogadores para mitigar las penas. Todos los agüeros se aderezan favorables o yo no sé nada de esta arte. Cuatro hombres, que he topado, a los tres llaman Juanes[70] y los dos son cornudos. La primera palabra que oí por la calle, fue de achaque de amores. Nunca he tropezado como otras veces. Las piedras parece que se apartan y me hacen lugar que pase. Ni me estorban las haldas[71] ni siento cansancio en andar. Todos me saludan. Ni perro me ha ladrado ni ave negra he visto, tordo ni cuervo ni otras nocturnas. Y lo mejor de todo es que veo a Lucrecia a la puerta de Melibea. Prima es de Elicia; no me será contraria.

Lucrecia.—¿Quién es esta vieja, que viene haldeando?[72]

Celestina.—Paz sea en esta casa.

Lucrecia.—Celestina, madre, seas bienvenida. ¿Cuál Dios te trajo por estos barrios no acostumbrados?

---

[68]castigada a llevar coroza o gorro puntiagudo.

[69]propondrá.

[70]son afortunados; Celestina toma esto como buen augurio.

[71]faldas.

[72]moviendo las faldas.

Celestina.—Hija, mi amor, deseo de todos vosotros, traerte encomiendas[73] de Elicia y aun ver a tus señoras, vieja y moza. Que después que me mudé al otro barrio, no han sido de mí visitadas.

Lucrecia.—¿A[74] eso sólo saliste de tu casa? Maravíllome de ti, que no es ésa tu costumbre ni sueles dar paso sin provecho.

Celestina.—¿Más provecho quieres, boba, que cumplir hombre sus deseos? Y también, como a las viejas nunca nos fallecen[75] necesidades, mayormente a mí, que tengo de mantener hijas ajenas, ando a vender un poco de hilado.

Lucrecia.—¡Algo es lo que yo digo! En mi seso estoy, que nunca metes aguja sin sacar reja.[76] Pero mi señora la vieja urdió una tela: tiene necesidad de ello, tú de venderlo. Entra y espera aquí, que no os desavenireis.

Alisa.—¿Con quién hablas, Lucrecia?

Lucrecia.—Señora, con aquella vieja de la cuchillada,[77] que solía vivir aquí en las tenerías, a la cuesta del río.

Alisa.—Agora la conozco menos. Si tú me das a entender lo incógnito por lo menos conocido, es coger agua en cesto.[78]

Lucrecia.—¡Jesú, señora! más conocida es esta vieja que la ruda. No sé cómo no tienes memoria de la que empicotaron[79] por hechicera, que vendía las mozas a los abades y descasaba mil casados.

Alisa.—¿Qué oficio tiene? Quizá por aquí la conoceré mejor.

Lucrecia.—Señora, perfuma tocas, hace solimán, y otros treinta oficios. Conoce mucho en hierbas, cura niños y aun algunos la llaman «la vieja lapidaria».[80]

Alisa.—Todo eso dicho no me la da a conocer; dime su nombre, si le sabes.

Lucrecia.—¿Si le sé, señora? No hay niño ni viejo en toda la ciudad que no le sepa; ¿habíale yo de ignorar?

Alisa.—¿Pues por qué no le dices?

Lucrecia.—¡He vergüenza!

---

[73]saludos, recuerdos.

[74]para eso.

[75]faltan.

[76]siempre das poco para sacar mucho.

[77]cicatriz.

[78]trabajo perdido.

[79]pusieron en la picota para vergüenza pública.

[80]que conoce las virtudes mágicas de las piedras.

Alisa.—Anda, boba, dile. No me indignes con tu tardanza.

Lucrecia.—Celestina, hablando con reverencia, es su nombre.

Alisa.—¡Hi, hi, hi! ¡Mala landre te mate, si de risa puede estar, viendo el desamor que debes de tener a esa vieja, que su nombre has vergüenza nombrar! Ya me voy recordando de ella. ¡Una buena pieza! No me digas más. Algo me verná a pedir. Di que suba.

Lucrecia.—Sube, tía.

Celestina.—Señora buena, la gracia de Dios sea contigo y con la noble hija. Mis pasiones y enfermedades han impedido mi visitar tu casa, como era razón; mas Dios conoce mis limpias entrañas, mi verdadero amor, que la distancia de las moradas no despega el amor de los corazones. Así que lo que mucho deseé, la necesidad me lo ha hecho cumplir. Con mis fortunas adversas otras, me sobrevino mengua de dinero. No supe mejor remedio que vender un poco de hilado, que para unas toquillas tenía allegado. Supe de tu criada que tenías de ello necesidad. Aunque pobre y no de la merced de Dios, veslo aquí, si de ello y de mí te quieres servir.

Alisa.—Vecina honrada, tu razón y ofrecimiento me mueven a compasión y tanto, que quisiera cierto más hallarme en tiempo de poder cumplir tu falta, que menguar tu tela. Lo dicho te agradezco. Si el hilado es tal, serte ha bien pagado.

Celestina.—¿Tal señora? Tal sea mi vida y mi vejez y la de quien parte quisiere de mi jura. Delgado como el pelo de la cabeza, igual, recio como cuerdas de vihuela, blanco como el copo de la nieve, hilado todo por estos pulgares, aspado y aderezado. Veslo aquí en madejitas. Tres monedas me deban ayer por la onza, así goce de esta alma pecadora.

Alisa.—Hija Melibea, quédese esta mujer honrada contigo, que ya me parece que es tarde para ir a visitar a mi hermana, su mujer de Cremes, que desde ayer no la he visto, y también que viene su paje a llamarme, que se le arreció desde un rato acá el mal.

Celestina.—(Por aquí anda el diablo aparejando oportunidad, arreciando el mal a la otra. ¡Ea, buen amigo, tener recio! Agora es mi tiempo o nunca. No la dejes, llévamela de aquí a quien digo).

Alisa.—¿Qué dices, amiga?

Celestina.—Señora, que maldito sea el diablo y mi pecado, porque en tal tiempo hobo de crecer el mal de tu hermana, que no habrá para nuestro negocio oportunidad. ¿Y qué mal es el suyo?

Alisa.—Dolor de costado y tal que, según del mozo supe que quedaba, temo no sea mortal. Ruega tú, vecina, por amor mío, en tus devociones por su salud a Dios.

Celestina.—Yo te prometo, señora, en yendo de aquí, me vaya por esos monesterios, donde tengo frailes devotos míos, y les dé el mismo cargo, que tú me das. Y demás de esto, ante que me desayune, dé cuatro vueltas a mis cuentas.[81]

Alisa.—Pues, Melibea, contenta a la vecina en todo lo que razón fuere darle por el hilado. Y tú, madre, perdóname, que otro día se verná en qué más nos veamos.

Celestina.—Señora, el perdón sobraría donde el yerro falta. De Dios seas perdonada, que buena compañía me queda. Dios la deje gozar su noble juventud y florida mocedad, que es el tiempo en que más placeres y mayores deleites se alcanzarán. Que, a la mi fe, la vejez no es sino mesón de enfermedades, posada de pensamientos, amiga de rencillas, congoja continua, llaga incurable, mancilla de lo pasado, pena de lo presente, cuidado triste de lo porvenir, vecina de la muerte, choza sin rama, que se llueve por cada parte, cayado de mimbre, que con poca carga se doblega.

Melibea.—¿Por qué dices, madre, tanto mal de lo que todo el mundo con tanta eficacia gozar y ver desea?

Celestina.—Desean harto mal para sí, desean harto trabajo. Desean llegar allá, porque llegando viven y el vivir es dulce y viviendo envejecen. Así que el niño desea ser mozo y el mozo viejo y el viejo, más; aunque con dolor. Todo por vivir. Porque como dicen: «viva la gallina con su pepita».[82] Pero ¿quién te podría contar, señora, sus daños, sus inconvenientes, sus fatigas, sus cuidados, sus enfermedades, su frío, su calor, su descontentamiento, su rencilla, su pesadumbre, aquel arrugar de cara, aquel mudar de cabellos su primera y fresca color, aquel poco oír, aquel debilitado ver, puestos los ojos a la sombra, aquel hundimiento de boca, aquel caer de dientes, aquel carecer de fuerza, aquel flaco andar, aquel espacioso[83] comer? Pues ¡ay, ay, señora!, si lo dicho viene acompañado de pobreza, allí verá callar todos los otros trabajos, cuando sobre la gana y falta la provisión; ¡qué jamás sentí peor ahíto, que de hambre!

Melibea.—Bien conozco que hablar de la feria, según te va en ella: así que otra canción dirán los ricos.

---

[81] del rosario.

[82] tumorcillo que le sale a la gallina debajo de la lengua, y que no dejándole comer le causa la muerte.

[83] lento.

Celestina.—Señora, hija, a cada cabo hay tres leguas de mal quebranto.[84] A los ricos se les va la bienaventuranza, la gloria y descanso por otros albañares de asechanzas, que no se parecen, ladrillados[85] por encima con lisonjas. Aquel es rico que está bien con Dios. Más segura cosa es ser menospreciado que temido. Mejor sueño duerme el pobre, que no el que tiene de guardar con solicitud lo que con trabajo ganó y con dolor ha de dejar. Mi amigo no será simulado y el del rico sí. Yo soy querida por mi persona; el rico por su hacienda. Nunca oye verdad, todos le hablan lisonjas a sabor de su paladar, todos le han envidia. Apenas hallarás un rico, que no confiese que le sería mejor estar en mediano estado o en honesta pobreza. Las riquezas no hacen rico, mas ocupado; no hacen señor, mas mayordomo. Más son los poseídos de las riquezas que no los que las poseen. A muchos trajo la muerte, a todos quita el placer y a las buenas costumbres ninguna cosa es más contraria. ¿No oíste decir: «durmieron su sueño los varones de las riquezas y ninguna cosa hallaron en sus manos?» Cada rico tiene una docena de hijos y nietos, que no rezan otra oración, no otra petición, sino rogar a dios que le saque de en medio de ellos; no ve la hora que tener a él so la tierra y lo suyo entre sus manos y darle a poca costa su morada para siempre.

Melibea.—Madre, pues que así es, gran pena ternás por la edad que perdiste. ¿Querrías volver a la primera?

Celestina.—Loco es, señora, el caminante que, enojado del trabajo del día, quisiese volver de comienzo la jornada para tornar otra vez aquel lugar. Que todas aquellas cosas, cuya posesión no es agradable, más vale poseellas,[86] que esperallas. Porque más cerca está el fin de ellas, cuanto más andado del comienzo. No hay cosa más dulce ni graciosa al muy cansado que el mesón. Así que, aunque la mocedad sea alegre, el verdadero viejo no la desea. Porque el que de razón y seso carece, casi otra cosa no ama, sino lo que perdió.

Melibea.—Siquiera por vivir más, es bueno desear lo que digo.

Celestina.—Tan presto, señora, se va el cordero como el carnero. Ninguno es tan viejo, que no pueda vivir un año, ni tan mozo, que hoy no pudiese morir. Así que en esto poca ventaja nos lleváis.

Melibea.—Espantada me tienes con lo que has hablado. Indicio me dan tus razones que te haya visto otro tiempo. Dime, madre, ¿eres tú Celestina, la que solía morar a las tenerías, cabe el río?

Celestina.—Señora, hasta que Dios quiera.

---

[84]En cualquier estado hay desventuras.

[85]cubiertos.

[86]poseerlas.

Melibea.—Vieja te has parado. Bien dicen que los días no se van en balde. Así goce de mí, no te conociera, sino por esa señaleja de la cara. Figúraseme que eras hermosa. Otra pareces, muy mudada estás.

Lucrecia.—(¡Hi, hi, hi! ¡Mudada está el diablo! ¡Hermosa era con aquel su Dios os salve, que traviesa[87] la media cara!)

Melibea.—¿Qué hablas, loca? ¿Qué es lo que dices? ¿De qué te ríes?

Lucrecia.—De cómo no conocías a la madre en tan poco tiempo en la filosomía[88] de la cara.

Melibea.—No es tan poco tiempo dos años; y más que la tiene arrugada.

Celestina.—Señora, ten tú el tiempo que no ande; terné yo mi forma, que no se mude. ¿No has leído que dice: «verná el día que en el espejo no te conozcas?» Pero también yo encanecí temprano y parezco de doblada edad. Que así goce de esta alma pecadora y tú de ese cuerpo gracioso, que de cuatro hijas que parió mi madre, yo fui la menor. Mira cómo no soy vieja, como me juzgan.

Melibea.—Celestina, amiga, yo he holgado mucho en verte y conocerte. También hasme dado placer con tus razones. Toma tu dinero y vete con Dios, que me parece que no debes haber comido.

Celestina.—¡Oh angélica imagen! ¡Oh perla preciosa, y cómo te lo dices! Gozo me toma en verte hablar. ¿Y no sabes que por la divina boca fue dicho, contra aquel infernal tentador, «que no de sólo pan viviremos»? Pues así es, que no el sólo comer mantiene. Mayormente a mí, que me suele estar uno o dos días negociando encomiendas ajenas ayuna, salvo hacer por los buenos, morir por ellos. Esto tuve siempre, querer más trabajar sirviendo a otros, que holgar contentando a mí. Pues, si tú me das licencia, diréte la necesitada causa de mi venida, que es otra que la que hasta agora has oído y tal, que todos perderíamos en me tornar en balde sin que la sepas.

Melibea.—Di, madre, todas tus necesidades, que si yo las pudiere remediar, de muy buen grado lo haré por el pasado conocimiento y vecindad, que pone obligación a los buenos.

Celestina.—¿Mías, señora? Antes ajenas, como tengo dicho; que las mías de mi puerta adentro me las paso, sin que las sienta la tierra, comiendo cuando puedo, bebiendo cuando lo tengo. Que con mi pobreza jamás me faltó, a Dios gracias, una blanca para pan y un cuarto para vino, después que enviudé; que antes no tenía yo cuidado de lo buscar, que sobrado estaba un cuero en mi casa y uno lleno y otro vacío. Jamás me acosté sin comer una tostada en vino y dos

---

[87]atraviesa.

[88]fisonomía.

docenas de sorbos, por amor de la madre,[89] tras cada sopa. Agora, como todo cuelga de mí, en un jarrillo mal pegado me lo traen, que no cabe dos azumbres. Seis veces al día tengo de salir por mi pecado, con mis canas acuestas, a le henchir a la taberna. Mas no muera yo de muerte, hasta que me vea con un cuero o tinajica de mis puertas adentro. Que en mi ánima no hay otra provisión, que como dicen: «pan y vino anda camino, que no mozo garrido». Así que donde no hay varón, todo bien fallece; «con mal está el huso, cuando la barba no anda de suso».[90] Ha venido esto, señora, por lo que decía de las ajenas necesidades y no mías.

Melibea.—Pido lo que querrás, sea para quien fuere.

Celestina.—¡Doncella graciosa y de alto linaje! Tu suave habla y alegre gesto, junto con el aparejo[91] de liberalidad, que muestras con esta pobre vieja, me dan osadía a te lo decir. Yo dejo un enfermo a la muerte, que con sola una palabra de tu noble boca salida, que le lleve metida en mi seno, tiene por fe que sanará, según la mucha devoción tiene en tu gentileza.

Melibea.—Vieja honrada, no te entiendo, si más no declaras tu demanda. Por una parte me alteras y provocas a enojo; por otra me mueves a compasión. No te sabría volver respuesta conveniente, según lo poco que he sentido de tu habla. Que yo soy dichosa, si de mi palabra hay necesidad para salud de algún cristiano. Porque hacer beneficio es semejar a Dios, y más, que el que hace beneficio, le recibe, cuando es a persona que le merece, y el que puede sanar al que padece, no lo haciendo, le mata. Así que no ceses tu petición por empacho ni temor.

Celestina.—El temor perdí mirando, señora, tu beldad. Que no puedo creer que en balde pintase Dios unos gestos más perfectos que otros, más dotados de gracias, más hermosas facciones, sino para hacerlos almacén de virtudes, de misericordia, de compasión, ministros de sus mercedes y dádivas, como a ti. Y pues como todos seamos humanos, nacidos para morir, y sea cierto que no se puede decir nacido el que para sí solo nació. Porque sería semejante a los brutos animales, en los cuales aun hay algunos piadosos, como se dice del unicornio, que se humilla a cualquiera doncella. El perro con todo su ímpetu y braveza, cuando viene a morder, si se le echan en el suelo, no hace mal; esto de piedad. ¿Pues las aves? Ninguna cosa el gallo come que no participe y llame las gallinas a comer de ello. El pelícano rompe el pecho por dar a sus hijos a comer de sus

---

[89]por causa de la matriz.

[90]refrán que subraya la necesidad de que la mujer tenga un hombre.

[91]disposición.

entrañas. Las cigüeñas mantienen otro tanto tiempo a sus padres viejos en el nido, cuando ellos les dieron cebo siendo pollitos. Pues tal conocimiento dio la natura a los animales y aves, ¿por qué los hombres habemos de ser más crueles? ¿Por qué no daremos parte de nuestras gracias y personas a los próximos, mayormente, cuando están envueltos en secretas enfermedades y tales que, donde está la melecina,[92] salió la causa de la enfermedad?

Melibea.—Por Dios, que sin más dilatar me digas quién es ese doliente, que de mal tan perplejo se siente, que su pasión y remedio salen de una misma fuente.

Celestina.—Bien ternás, señora, noticia en esta ciudad de un caballero mancebo, gentilhombre de clara sangre, que llaman Calisto.

Melibea.—¡Ya, ya, ya! Buena vieja, no me digas más, no pases adelante. ¿Ese es el doliente por quién has hecho tantas premisas en tu demanda, por quién has venido a buscar la muerte para ti, por quién has dado tan dañosos pasos, desvergonzada barbuda? ¿Qué siente ese perdido, que con tanta pasión vienes? De locura será su mal. ¿Qué te parece? ¡Si me hallaras sin sospecha de ese loco, con qué palabras me entrabas! No se dice en vano que el más empecible miembro del mal hombre o mujer es la lengua. ¡Quemada seas, alcahueta falsa, hechicera enemiga de honestad, causadora de secretos yerros! ¡Jesú, Jesú! ¡Quítamela, Lucrecia, de delante, que me fino,[93] que no me ha dejado gota de sangre en el cuerpo! Bien se lo merece esto y más, quien a estas tales da oídos. Por cierto, si no mirase a mi honestidad, y por no publicar su osadía de ese atrevido, yo te hiciera, malvada, que tu razón y vida acabaran a un tiempo.

Celestina.—(¡En hora mala acá vine, si me falta mi conjuro! ¡Ea pues! Bien sé a quién digo. ¡Ce, hermano, que se va todo a perder!)

Melibea.—¿Aun hablas entre dientes delante mí, para acrecentar mi enojo y doblar tu pena? ¿Querrías condenar mi honestidad por dar vida a un loco? ¿Dejar a mí triste por alegrar a él y llevar tú el provecho de mi perdición, el galardón de mi yerro? ¿Perder y destruir la casa y honra de mi padre por ganar la de una vieja maldita como tú? ¿Piensas que no tengo sentidas tus pisadas y entendido tu dañado mensaje? Pues yo te certifico que las albricias, que de aquí saques, no sean sino estorbarte de más ofender a Dios, dando fin a tus días. Respóndeme, traidora, ¿cómo osaste tanto hacer?

Celestina.—Tu temor, señora, tiene ocupada mi desculpa. Mi inocencia me da osadía, tu presencia me turba en verla irada, y lo que más siento y me pena

---

[92]medicina.

[93]me muero.

es recibir enojo sin razón ninguna. Por Dios, señora, que me dejes concluir mi dicho, que ni él quedará culpado ni yo condenada. Y verás cómo es todo más servicio de Dios, que pasos deshonestos; más para dar salud al enfermo, que para dañar la fama al médico. Si pensara, señora, que tan de ligero habías de conjeturar de lo pasado nocibles sospechas, no bastara tu licencia para me dar osadía a hablar en cosa que a Calisto ni a otro hombre tocase.

Melibea.—¡Jesú! No oida yo mentar más ese loco, saltaparedes, fantasma de noche, luego como cigüeña, figura de paramento[94] malpintado; sino, aquí me caeré muerta. ¡Este es el que el otro día me vido y comenzó a desvariar conmigo en razones, haciendo mucho del galán! Dirásle, buena vieja, que, si pensó que ya era todo suyo y quedaba por él el campo, porque holgué más de consentir sus necedades, que castigar su yerro, quise más dejarle por loco, que publicar su grande atrevimiento. Pues avísale que se aparte de este propósito y serle ha sano; si no, podrá ser que no haya comprado tan cara habla en su vida. Pues sabe que no es vencido, sino el que se cree serlo, y yo quedé bien segura y él ufano. De los locos es estimar a todos los otros de su calidad. Y tú tornaste con su misma razón; que respuesta de mí otra no habrás ni la esperes. Que por demás es ruego a quien no puede haber misericordia. Y da gracias a Dios, pues tan libre vas de esta feria. Bien me habían dicho quién tú eras y avisado de tus propiedades, aunque agora no te conocía.

Celestina.—(¡Más fuerte estaba Troya y aun otras más bravas he yo amansado! Ninguna tempestad mucho dura.)

Melibea.—¿Qué dices, enemiga? Habla, que te pueda oír. ¿Tienes desculpa alguna para satisfacer mi enojo y excusar tu yerro y osadía?

Celestina.—Mientras viviere tu ira, más dañará mi descargo. Que estás muy rigurosa y no me maravillo; que la sangre nueva poco calor ha menester para hervir.

Melibea.—¿Poco calor? Poco lo puedes llamar, pues quedaste tú viva y yo quejosa sobre tan gran atrevimiento. ¿Qué palabras podías tú querer para ese tal hombre, que a mí bien me estuviese? Responde, pues dices que no has concluido, y ¡quizá pagarás lo pasado!

Celestina.—Una oración, señora, que le dijeron que sabías de Santa Apolonia[95] para el dolor de las muelas. Asimismo tu cordón, que es fama que ha tocado todas las reliquias que hay en Roma y Jerusalén. Aquel caballero, que dije, pena y muere de ellas. Esta fue mi venida. Pero, pues en mi dicha estaba

---

[94]colgadura.

[95]patrona del mal de muelas.

tu airada respuesta, padézcase él su dolor, en pago de buscar tan desdichada mensajera. Que, pues en tu mucha virtud me faltó piedad, también me faltará agua, si a la mar me enviara. Pero ya sabes que el deleite de la venganza dura un momento y el de la misericordia para siempre.

Melibea.—Si eso querías, ¿por qué luego no me lo expresaste? ¿Por qué me lo dijiste por tales palabras?

Celestina.—Señora, porque mi limpio motivo me hizo creer que, aunque en otras cualesquier lo propusiera, no se había de sospechar mal. Que, si faltó el debido preámbulo, fue porque la verdad no es necesario abundar de muchas colores. Compasión de su dolor, confianza de tu magnificencia ahogaron en mi boca al principio la expresión de la causa. Y pues conoces, señora, que el dolor turba, la turbación desmanda y altera la lengua, la cual había de estar siempre atada con el seso, ¡por Dios, que no me culpes! Y si él otro yerro ha hecho, no redunde en mi daño, pues no tengo otra culpa, sino ser mensajera del culpado. No quiebre la soga por lo más delgado. No semejes la telaraña, que no muestra su fuerza sino contra los flacos animales. No paguen justos por pecadores. Imita la divina justicia, que dijo: «el ánima que pecare, aquella misma muera»; a la humana, que jamás condena al padre por el delito del hijo ni al hijo por el del padre. Ni es, señora, razón que su atrevimiento acarree mi perdición. Aunque, según su merecimiento, no ternía en mucho que fuese él el delincuente, y yo la condenada. Que no es otro mi oficio, sino servir a los semejantes: de esto vivo y de esto me arreo.[96] Nunca fue mi voluntad enojar a unos por agradar a otros, aunque hayan dicho a tu merced en mi ausencia otra cosa. Al fin, señora, a la firme verdad el viento del vulgo no la empece. Una sola soy en este limpio trato. En toda la ciudad pocos tengo descontentos. Con todos cumplo, los que algo me mandan, como si tuviese veinte pies y otras tantas manos.

Melibea.—No me maravillo, que un solo maestro de vicios dicen que basta para corromper un gran pueblo. Por cierto, tantos y tales loores me han dicho de tus falsas mañas, que no sé si crea que pedías oración.

Celestina.—Nunca yo la rece y si la rezare no sea oída, si otra cosa de mí se saque, aunque mil tormentos me diesen.

Melibea.—Mi pasada alteración me impide a reír de tu desculpa. Que bien sé que ni juramento ni tormento te hará decir verdad, que no es en tu mano.

Celestina.—Eres mi señora. Téngote de callar, hete yo de servir, hasme tú de mandar. Tu mala palabra será víspera de una saya.

Melibea.—Bien la has merecido.

---

[96]de esto visto y de esto como.

Celestina.—Si no la he ganado con la lengua, no la he perdido con la intención.

Melibea.—Tanto afirmas tu ignorancia, que haces creer lo que puede ser. Quiero pues en tu dudosa desculpa tener la sentencia en peso y no disponer de tu demanda al sabor de ligera interpretación. No tengas en mucho ni te maravilles de mi pasado sentimiento, porque concurrieron dos cosas en tu habla, que cualquiera de ellas era bastante para me sacar de seso: nombrarme ese tu caballero, que conmigo se atrevió a hablar, y también pedirme palabra sin más causa, que no se podía sospechar sino daño para mi honra. Pero pues todo viene de buena parte, de lo pasado haya perdón. Que en alguna manera es aliviado mi corazón, viendo que es obra pía y santa sanar los apasionados y enfermos.

Celestina.—¡Y tal enfermo, señora! Por Dios, si bien le conocieses, no le juzgases por el que has dicho y mostrado con tu ira. En Dios y en mi alma, no tiene hiel; gracias, dos mil; en franqueza, Alejandre; en esfuerzo, Héctor;[97] gesto, de un rey; gracioso, alegre; jamás reina en él tristeza. De noble sangre, como sabes; gran justador, pues verle armado, un sant Jorge. Fuerza y esfuerzo, no tuvo Hércules tanta. La presencia y facciones, disposición, desenvoltura, otra lengua había menester para las contar. Todo junto semeja ángel del cielo. Por fe tengo que no era tan hermoso aquel gentil Narciso, que se enamoró de su propia figura, cuando se vido en las aguas de la fuente. Agora, señora, tiénele derribado una sola muela, que jamás cesa de quejar.

Melibea.—¿Y qué tanto tiempo ha?

Celestina.—Podrá ser, señora, de veinte y tres años; que aquí está Celestina, que le vido nacer y le tomó a los pies de su madre.

Melibea.—Ni te pregunto eso ni tengo necesidad de saber su edad; sino qué tanto ha que tiene el mal.

Celestina.—Señora, ocho días. Que parece que ha un año en su flaqueza. Y el mayor remedio que tiene es tomar una vihuela y tañe tantas canciones y tan lastimeras, que no creo que fueron otras las que compuso aquel emperador y gran músico Adriano,[98] de la partida del ánima, por sufrir sin desmayo la ya vecina muerte. Que aunque yo sé poco de música, parece que hace aquella vihuela hablar. Pues, si acaso canta, de mejor gana se paran las aves a le oír, que no aquel antico, de quien se dice que movía los árboles y piedras con su canto;

---

[97]el más valiente de los jefes troyanos, hijo de Príamo y esposo de Andrómaca. Mató a Patroclo y fue muerto a su vez por Aquiles.

[98]emperador romano, nacido en el año 76 d.C. y que reinó desde 117 a 138. Favoreció la industria, las artes y las letras y reformó la administración.

siendo éste nacido no alabaran a Orfeo. Mira, señora, si una pobre vieja como yo, si se hallará dichosa en dar la vida a quien tales gracias tiene. Ninguna mujer le ve, que no alabe a Dios, que así le pintó. Pues, si le habla acaso, no es más señora de sí, de lo que él ordena. Y pues tanta razón tengo, juzga, señora, por bueno mi propósito, mis pasos saludables y vacíos de sospecha.

Melibea.—¡Oh cuánto me pesa con la falta de mi paciencia! Porque siendo él ignorante y tú inocente, habéis padecido las alteraciones de mi airada lengua. Pero la mucha razón me relieva de culpa, la cual tu habla sospechosa causó. En pago de tu buen sufrimiento, quiero cumplir tu demanda y darte luego mi cordón. Y porque para escribir la oración no habrá tiempo sin que venga mi madre, si esto no bastare, ven mañana por ella muy secretamente.

Lucrecia.—(¡Ya, ya, perdida es mi ama! ¡Secretamente quiere que venga Celestina! Fraude hay; ¡más le querrá dar, que lo dicho!)

Melibea.—¿Qué dices, Lucrecia?

Lucrecia.—Señora, que basta lo dicho; que es tarde.

Melibea.—Pues, madre, no le des parte de lo que pasó a ese caballero, porque no me tenga por cruel o arrebatada o deshonesta.

Lucrecia.—(No miento yo, que mal va este hecho.)

Celestina.—Mucho me maravillo, señora Melibea, de la duda que tienes de mi secreto. No temas, que todo lo sé sufrir y encubrir. Que bien veo que tu mucha sospecha echó, como suele, mis razones a la más triste parte. Yo voy con tu cordón tan alegre, que se me figura que está diciéndole allá su corazón la merced que nos hiciste y que le tengo de hallar aliviado.

Melibea.—Más haré por tu doliente, si menester fuere, en pago de lo sufrido.

Celestina.—(Más será menester y más harás y aunque no se te agradezca.)

Melibea.—¿Qué dices, madre, de agradecer?

Celestina.—Digo, señora, que todos lo agradecemos y serviremos, y todos quedamos obligados. Que la paga más cierta es, cuando más la tienen de cumplir.

Lucrecia.—(¡Trastrócame esas palabras!)

Celestina.—¡Hija Lucrecia! ¡Ce! Irás a casa y darte he una lejía, con que pares[99] esos cabellos más que el oro. No lo digas a tu señora. Y aun darte he unos polvos para quitarte ese olor de la boca, que te huele un poco, que en el reino no lo sabe hacer otra sino yo, y no hay cosa que peor en la mujer parezca.

Lucrecia.—¡Oh, Dios te dé buena vejez, que más necesidad tenía de todo eso que de comer!

---

[99]con que tiñas.

Celestina.—¿Pues, por qué murmuras contra mí, loquilla? Calla, que no sabes si me habrás menester en cosa de más importancia. No provoques a ira tu señora, más de lo que ella ha estado. Déjame ir en paz.)

Melibea.—¿Qué le dices, madre?

Celestina.—Señora, acá nos entendemos.

Melibea.—Dímelo, que me enojo cuando yo presente se habla cosa de que no haya parte.

Celestina.—Señora, que te acuerde la oración, para que la mandes escribir y que aprenda de mí a tener mesura en el tiempo de tu ira, en la cual yo usé lo que se dice: «que del airado es de apartar por poco tiempo, del enemigo por mucho». Pues tú, señora, tenías ira con lo que sospechaste de mis palabras, no enemistad. Porque, aunque fueran las que tú pensabas, en sí no eran malas; que cada día hay hombres penados por mujeres y mujeres por hombres, y esto obra la natura, y la natura ordenóla Dios, y Dios no hizo cosa mala. Y así quedaba mi demanda, como quiera que fuese, en sí loable, pues de tal tronco procede, y yo libre de pena. Más razones de éstas te diría, sino porque la prolijidad es enojosa al que oye y dañosa al que habla.

Melibea.—En todo has tenido buen tiento, así en poco hablar en mi enojo, como con el mucho sufrir.

Celestina.—Señora, sufríte con temor, porque te airaste con razón. Porque con la ira morando poder,[100] no es sino rayo. Y por esto pasé tu rigurosa habla hasta que tu almacén hobiese gastado.

Melibea.—En cargo te es[101] ese caballero.

Celestina.—Señora, más merece. Y si algo con mi ruego para él he alcanzado, con la tardanza lo he dañado. Yo me parto para él, si licencia me das.

Melibea.—Mientra más aína la hobieras pedido, más de grado la hobieras recaudado. Vé con Dios, que ni tu mensaje me ha traído provecho ni de tu ida me puede venir daño.

Argumento del quinto auto: Despedida **Celestina** de **Melibea**, va por la calle hablando consigo misma entre dientes. Llegada a su casa, halló a **Sempronio** que la aguardaba. Ambos van hablando hasta llegar a casa de **Calisto** y, vistos por **Pármeno**, cuéntalo a **Calisto** su amo, el cual le mandó abrir la puerta.

---

[100]la ira aposentada en persona poderosa.

[101]muy agradecido te está.

Argumento del sexto auto: Entrada **Celestina** en casa de **Calisto**, con grande afición y deseo **Calisto** le pregunta de lo que le ha acontecido con **Melibea**. Mientras ellos están hablando, **Pármeno**, oyendo hablar a **Celestina**, de su parte contra **Sempronio**, a cada razón le pone un mote, reprendiéndolo **Sempronio**. En fin, la vieja **Celestina** le descubre todo lo negociado y un cordón de **Melibea**. Y, despedida de **Calisto**, vase para su casa y con ella **Pármeno**.

Argumento del séptimo auto: **Celestina** habla con **Pármeno**, induciéndole a concordia y amistad de **Sempronio**. Tráele **Pármeno** a memoria la promesa que le hiciera, de le hacer haber a **Areúsa**, que él mucho amaba. Vánse a casa de **Areúsa**. Queda ahí la noche **Pármeno**. **Celestina** va para su casa. Llaman a la puerta. **Elicia** le viene a abrir, increpándole su tardanza.

Argumento del octavo auto: La mañana viene. Despierta **Pármeno**. Despedido de **Areúsa**, va para casa de **Calisto** su señor. Halló a la puerta a **Sempronio**. Conciertan su amistad. Van juntos a la cámara de **Calisto**. Hállanle hablando consigo mismo. Levantado, va a la iglesia.

Argumento del noveno auto: **Sempronio** y **Pármeno** van a casa de **Celestina**, entre sí hablando. Llegados allá, hallan a **Elicia** y **Areúsa**. Pónense a comer y entre comer riñe **Elicia** con **Sempronio**. Levántase de la mesa. Tórnanla apaciguar. Estando ellos todos entre sí razonando, viene **Lucrecia**, criada de **Melibea**, a llamar a **Celestina** que vaya a estar con **Melibea**.

Argumento del décimo auto: Mientra andan **Celestina** y **Lucrecia** por el camino, está hablando **Melibea** consigo misma. Llegan a la puerta. Entra **Lucrecia** primero. Hace entrar a **Celestina**. **Melibea**, después de muchas razones, descubre a **Celestina** arder en amor de **Calisto**. Ven venir a **Alisa**, madre de **Melibea**. Despídense de en uno. Pregunta **Alisa** a **Melibea**, su hija, de los negocios de **Celestina**, defendióle su mucha conversación.

     Melibea.—¡Oh lastimada de mí! ¡Oh mal proveída doncella! ¿Y no me fuera mejor conceder su petición y demanda ayer a Celestina, cuando de parte de aquel señor, cuya vista me cativó, me fue rogado, y contentarle a él y sanar a mí, que no venir por fuerza a descubrir mi llaga, cuando no me sea agradecido, cuando ya, desconfiando de mi buena respuesta, haya puesto sus ojos en amor de otra? ¡Cuánta más ventaja toviera mi prometimiento rogado, que mi ofrecimiento forzoso! ¡Oh mi fiel criada Lucrecia!, ¿qué dirás de mí; qué pensarás de mi seso, cuando me veas publicar lo que a ti jamás he querido descubrir? ¡Cómo te espantarás del rompimiento de mi honestidad y vergüenza, que siempre como encerrada doncella acostumbré tener! No sé si habrás barruntado de dónde proceda mi dolor. ¡Oh, si ya vinieses con aquella medianera de mi salud! ¡Oh soberano Dios; a ti, que todos los atribulados llaman, los apasionados piden remedio, los llagados medicina; a ti, que los cielos, mar y tierra con los infernales centros obedecen; a ti, el cual todos las cosas a los hombres sojuzgaste, humildemente suplico: des a mi herido corazón sufrimiento y paciencia, con que terrible pasión pueda disimular! No se desdore aquella hoja de castidad que tengo asentada sobre este amoroso deseo, publicando ser otro mi dolor, que no el que me atormenta. Pero, ¿cómo lo podré hacer, lastimándome tan cruelmente el ponzoñoso bocado, que la vista de su presencia de aquel caballero me dio? ¡Oh género femíneo,[102] encogido y frágile! ¿Por qué no fue también a las hembras concedido poder descubrir su congojoso y ardiente amor, como a los varones? Que ni Calisto viviera quejoso ni yo penada.

Lucrecia.—Tía, detente un poquito cabe esta puerta. Entraré a ver con quién está hablando mi señora. Entra, entra, que consigo lo ha.

Melibea.—Lucrecia, echa esa antepuerta.[103] ¡Oh vieja sabia y honrada, tú seas bienvenida! ¿Qué te parece, cómo ha quesido[104] mi dicha y la fortuna ha rodeado que yo tuviese de tu saber necesidad, para que tan presto me hobieses de pagar en la misma moneda el beneficio que por ti me fue demandado para ese gentilhombre que curabas con la virtud de mi cordón?

Celestina.—¿Qué es, señora, tu mal, que así muestra las señas de su tormento en las coloradas colores de tu gesto?

Melibea.—Madre mía, que comen este corazón serpientes dentro de mi cuerpo.

Celestina.—(Bien está. Así lo quería yo. Tú me pagarás, doña loca, la sobra[105] de tu ira.)

Melibea.—¿Qué dices? ¿Has sentido en verme alguna causa, donde mi mal proceda?

Celestina.—No me has, señora, declarado la calidad del mal. ¿Quieres que adevine la causa? Lo que yo digo es que recibo mucha pena de ver triste tu graciosa presencia.

---

[102]femenino.

[103]tapizo, cortina que cubre la puerta.

[104]querido.

[105]exceso.

Melibea.—Vieja honrada, alégramela, que grandes nuevas me han dado de tu saber.

Celestina.—Señora, el sabidor sólo es Dios; pero, como para salud y remedio de las enfermedades fueron repartidas las gracias en las gentes de hallar las melecinas, de ellas por experiencia, de ellas por arte, de ellas por natural instinto, alguna partecica alcanzó a esta pobre vieja, de la cual al presente podrás ser servida.

Melibea.—¡Oh qué gracioso y agradable me es oírte! Saludable es al enfermo la alegre cara del que le visita. Paréceme que veo mi corazón entre tus manos hecho pedazos. El cual, si tú quisieses, con muy poco trabajo juntarías con la virtud de tu lengua; no de otra manera que, cuando vio en sueños aquel grande Alejandre, rey de Macedonia, en la boca del dragón la saludable raíz con que sanó a su criado Tolomeo del bocado de la víbora. Pues, por amor de Dios, te despojes para más diligente entender en mi mal y me des algún remedio.

Celestina.—Gran parte de la salud es desearla, por lo cual creo menos peligroso ser tu dolor. Pero para yo dar, mediante Dios, congrua y saludable melecina, es necesario saber de ti tres cosas. La primera, a qué parte de tu cuerpo más declina[106] y aqueja el sentimiento. Otra, si es nuevamente por ti sentido, porque más presto se curan las tiernas enfermedades en sus principios, que cuando han hecho curso en la perseveración de su oficio; mejor se doman los animales en su primera edad, que cuando ya es su cuero endurecido, para venir mansos a la melena;[107] mejor crecen las plantas, que tiernas y nuevas se trasponen, que las que fructificando ya se mudan; muy mejor se despide el nuevo pecado, que aquel que por costumbre antigua cometemos cada día. La tercera, si procedió de algún cruel pensamiento, que asentó en aquel lugar. Y esto sabido, verás obrar mi cura. Por ende, cumple que al médico, como al confesor, se hable de toda verdad abiertamente.

Melibea.—Amiga Celestina, mujer bien sabia y maestra grande, mucho has abierto el camino por donde mi mal te pueda especificar. Por cierto, tú lo pides como mujer bien experta en curar tales enfermedades. Mi mal es de corazón, la izquierda teta es su aposentamiento, tiende sus rayos a todas partes. Lo segundo, es nuevamente nacido en mi cuerpo; que no pensé jamás que podía dolor privar el seso, como éste hace. Túrbame la cara, quítame el comer, no puedo dormir, ningún género de risa querría ver. La causa o pensamiento, que es la final cosa

---

[106]se inclina.

[107]almohadilla que se pone a los bueyes en la frente para que nos les roce la cuerda con que se les sujeta al yugo.

por ti preguntada de mi mal, ésta no sabré decirte, porque ni muerte de deudo, ni pérdida de temporales bienes ni sobresalto de visión ni sueño desvariado ni otra cosa puedo sentir que fuese, salvo la alteración que tú me causaste con la demanda que sospeché de parte de aquel caballero Calisto, cuando me pediste la oración.

Celestina.—¿Cómo, señora, tan mal hombre es aquél? ¿Tan mal nombre es el suyo, que en sólo ser nombrado trae consigo ponzoña su sonido? No creas que sea ésa la causa de tu sentimiento, antes otra que yo barrunto. Y pues que así es, si tú licencia me das, yo, señora, te la diré.

Melibea.—¿Cómo, Celestina? ¿Qué es ese nuevo salario que pides? ¿De licencia tienes tú necesidad para me dar la salud? ¿Cuál médico jamás pidió tal seguro para curar al paciente? Di, di, que siempre la tienes de mí, tal que mi honra no dañes con tus palabras.

Celestina.—Véote, señora, por una parte quejar el dolor, por otra, temer la melecina. Tu temor me pone miedo; el miedo, silencio; el silencio, tregua entre tu llaga y mi melecina. Así que será causa que ni tu dolor cese ni mi venida aproveche.

Melibea.—Cuanto más dilatas la cura, tanto más me acrecientas y multiplicas la pena y pasión. ¡Oh, tus melecinas son de polvos de infamia y licor de corrupción, conficcionados[108] con otro más crudo dolor que el que de parte del paciente se siente, o no es ninguno tu saber! Porque si lo uno o lo otro no te impidiese, cualquier remedio otro darías sin temor, pues te pido le muestres, quedando libre mi honra.

Celestina.—Señora, no tengas por nuevo ser más fuerte de sufrir al herido la ardiente trementina y los ásperos puntos que lastiman lo llagado, doblan la pasión, que no la primera lisión,[109] que dió sobre sano. Pues si tú quieres ser sana y que te descubra la punta de mi sotil aguja sin temor, haz para tus manos y pies una ligadura de sosiego, para tus ojos una cobertura de piedad, para tu lengua un freno de silencio, para tus oídos unos algodones de sufrimiento y paciencia, y verás obrar a la antigua maestra de estas llagas.

Melibea.—¡Oh cómo me muero con tu dilatar! Di, por Dios, lo que quisieres; haz lo que supieres, que no podrá ser tu remedio tan áspero que iguale con mi pena y tormento. Agora toque en mi honra, agora dañe mi fama, agora lastime mi cuerpo; aunque sea romper mis carnes para sacar mi dolorido corazón, te doy mi fe ser segura y, si siento alivio, bien galardonada.

---

[108]confeccionados.

[109]lesión.

Lucrecia.—(El seso tiene perdido mi señora. Gran mal es éste. Cautivádola ha esta hechicera.)

Celestina.—(Nunca me ha de faltar un diablo acá y acullá; escapóme Dios de Pármeno, topóme con Lucrecia.)

Melibea.—¿Qué dices, amada maestra? ¿Qué te hablaba esa moza?

Celestina.—No le oí nada. Pero diga lo que dijere, sabe que no hay cosa más contraria en las grandes curas delante los animosos zurujanos,[110] que los flacos corazones, los cuales con su gran lástima, con sus dolorosas hablas, con sus sentibles meneos, ponen temor al enfermo, hacen que desconfíe de la salud, y al médico enojan y turban, y la turbación altera la mano, rige sin orden la aguja. Por donde se puede conocer claro que es muy necesario para tu salud que no esté persona delante, y así que la debes mandar salir. Y tú, hija Lucrecia, perdona.

Melibea.—Salte fuera presto.

Lucrecia.—(¡Ya, ya; todo es perdido!) Ya me salgo, señora.

Celestina.—También me da osadía tu gran pena, como ver que con tu sospecha has ya tragado alguna parte de mi cura; pero todavía es necesario traer más clara melecina y más saludable descanso de casa de aquel caballero Calisto.

Melibea.—Calla, por Dios, madre. No traigas de su casa cosa para mi provecho, ni le nombres aquí.

Celestina.—Sufre, señora, con paciencia, que es el primer punto y principal. No se quiebre; si no, todo nuestro trabajo es perdido. Tu llaga es grande, tiene necesidad de áspera cura. Y lo duro con duro se ablanda más eficazmente. Y dicen los sabios que la cura del lastimero médico deja mayor señal y que nunca peligro sin peligro se vence. Ten paciencia, que pocas veces lo molesto sin molestia se cura. Y un clavo con otro se expele y un dolor con otro. No concibas odio ni desamor ni consientas a tu lengua decir mal de persona tan virtuosa como Calisto, que si conocido fuese...

Melibea.—¡Oh, por Dios, que me matas! ¿Y no te tengo dicho que no me alabes ese hombre ni me le nombres en bueno ni en malo?

Celestina.—Señora, éste es otro y segundo punto, el cual si tú con tu mal sufrimiento no consientes, poco aprovechará mi venida, y si, como prometiste, lo sufres, tú quedarás sana y sin deuda, y Calisto sin queja y pagado.[111] Primero te avisé de mi cura y de esta invisible aguja, que sin llegar a ti, sientes en sólo mentarla en mi boca.

---

[110]cirujanos.

[111]satisfecho.

Melibea.—Tantas veces me nombrarás ese tu caballero, que ni mi promesa baste ni la fe que te di a sufrir tus dichos. ¿De qué ha de quedar pagado? ¿Qué le debo yo a él? ¿Qué le soy en cargo?[112] ¿Qué ha hecho por mí? ¿Qué necesario es él aquí para el propósito de mi mal? Más agradable me sería que rasgases mis carnes y sacases mi corazón, que no traer esas palabras aquí.

Celestina.—Sin te romper las vestiduras se lanzó en tu pecho el amor; no rasgaré yo tus carnes para le curar.

Melibea.—¿Cómo dices que llaman a este mi dolor, que así se ha enseñoreado en lo mejor de mi cuerpo?

Celestina.—Amor dulce.

Melibea.—Esto me declara qué es, que en sólo oírlo me alegro.

Celestina.—Es un fuego escondido, una agradable llaga, un sabroso veneno, una dulce amargura, una delectable dolencia, un alegre tormento, una dulce y fiera herida, una blanda muerte.

Melibea.—¡Ay, mezquina de mí! Que si verdad es tu relación, dudosa será mi salud. Porque, según la contrariedad que esos nombres entre sí muestran, lo que al uno fuere provechoso acarreará al otro más pasión.

Celestina.—No desconfíe, señora, tu noble juventud de salud. Que, cuando el alto Dios da la llaga, tras ella envía el remedio. Mayormente que sé yo al mundo nacida una flor que de todo esto te delibre.

Melibea.—¿Cómo se llama?

Celestina.—No te lo oso decir.

Melibea.—Dí, no temas.

Celestina.—Calisto... ¡Oh, por Dios, señora Melibea! ¿Qué poco esfuerzo es éste; qué descaecimiento?[113] ¡Oh mezquina yo! ¡Alza la cabeza! ¡Oh malaventurada vieja! ¡En esto han de parar mis pasos! Si muere, matarme han; aunque viva, seré sentida, que ya no podrá sufrirse de no publicar su mal y mi cura. Señora mía, Melibea, ángel mío, ¿qué has sentido? ¿Qué es de tu habla graciosa; qué es de tu color alegre? Abre tus claros ojos. ¡Lucrecia, Lucrecia, entra presto acá, verás amortecida[114] a tu señora entre mis manos! Baja presto por un jarro de agua.

Melibea.—Paso, paso, que yo me esforzaré. No escandalices la casa.

Celestina.—¡Oh cuitada de mí! No te descaezcas, señora; háblame como sueles.

---

[112]en deuda.

[113]desmayo.

[114]como muerta, desmayada.

Melibea.—Y muy mejor. Calla, no me fatigues.

Celestina.—¿Pues qué me mandas que haga, perla preciosa? ¿Qué ha sido este tu sentimiento? Creo que se van quebrando mis puntos.

Melibea.—Quebróse mi honestidad, quebróse mi empacho, aflojó mi mucha vergüenza; y, como muy naturales, como muy domésticos, no pudieron tan livianamente despedirse de mi cara, que no llevasen consigo su color por algún poco de espacio, mi fuerza, mi lengua y gran parte de mi sentido. ¡Oh, pues ya, mi nueva maestra, mi fiel secretaria,[115] lo que tú tan abiertamente conoces, en vano trabajo por te lo encubrir! Muchos y muchos días son pasados que ese noble caballero me habló en amor. Tanto me fue entonces su habla enojosa, cuanto, después que tú me le tornaste a nombrar, alegre. Cerrado han tus puntos mi llaga, venida soy en tu querer. En mi cordón le llevaste envuelta la posesión de mi libertad. Su dolor de muelas era mi mayor tormento, su pena era la mayor mía. Alabo y loo tu buen sufrimiento, tu cuerda osadía, tu liberal trabajo, tus solícitos y fieles pasos, tu agradable habla, tu buen saber, tu demasiada solicitud, tu provechosa importunidad. Mucho te debe ese señor, y más yo, que jamás pudieron mis reproches aflacar tu esfuerzo y perseverar, confiando en tu mucha astucia. Antes, como fiel servidora, cuando más denostada, más diligente; cuando más disfavor, más esfuerzo; cuando peor respuesta, mejor cara; cuando yo más airada, tú más humilde. Pospuesto todo el temor, has sacado de mi pecho lo que jamás a ti ni a otro pensé descubrir.

Celestina.—Amiga y señora mía, no te maravilles, porque estos fines, con efecto, me dan osadía a sufrir los ásperos y escrupulosos desvíos de las encerradas doncellas como tú. Verdad es que ante que me determinase, así por el camino, como en tu casa, estuve en grandes dudas si te descubriría mi petición. Visto el gran poder de tu padre, temía; mirando la gentileza de Calisto, osaba; vista tu discreción, me recelaba; mirando tu virtud y humanidad, me esforzaba. En lo uno hallaba el miedo y en lo otro la seguridad. Y pues así, señora, has querido descubrir la gran merced, que nos has hecho, declara tu voluntad, echa tus secretos en mi regazo, pon en mis manos el concierto de este concierto. Yo daré forma como tu deseo y el de Calisto sean en breve cumplidos.

Melibea.—¡Oh mi Calisto y mi señor! ¡Mi dulce y suave alegría! Si tu corazón siente lo que agora el mío, maravillada estoy cómo la ausencia te consiente vivir. ¡Oh mi madre y mis señora, haz de manera como luego le pueda ver, si mi vida quieres!

Celestina.—Ver y hablar.

---

[115]depositaria de mis secretos.

Melibea.—¿Hablar? Es imposible.

Celestina.—Ninguna cosa, a los hombres que quieren hacerla, es imposible.

Melibea.—Dime cómo.

Celestina.—Yo lo tengo pensado, yo te lo diré, por entre las puertas de tu casa.

Melibea.—¿Cuándo?

Celestina.—Esta noche.

Melibea.—Gloriosa me serás, si lo ordenas. Di a qué hora.

Celestina.—A las doce.

Melibea.—Pues ve, mi señora, mi leal amiga, y habla con aquel señor, y que venga muy paso y de allí se dará concierto, según su voluntad, a la hora que las ordenado.

Celestina.—Adiós, que viene hacia acá tu madre.

Melibea.—Amiga Lucrecia, mi leal criada y fiel secretaria, ya has visto como no ha sido más en mi mano. Cautivóme el amor de aquel caballero. Ruégote, por Dios, se cubra con secreto sello, porque yo goce de tan suave amor. Tú serás de mí tenida en aquel grado que merece tu fiel servicio.

Lucrecia.—Señora, mucho antes de agora tengo sentida tu llaga y callado tu deseo. Hame fuertemente dolido tu perdición. Cuanto más tú me querías encubrir y celar el fuego que te quemaba, tanto más sus llamas se manifestaban en la color de tu cara, en el poco sosiego del corazón, en el meneo de tus miembros, en comer sin gana, en el no dormir. Así que contino se te caían, como de entre las manos, señales muy claras de pena. Pero como en los tiempos que la voluntad reina en los señores o desmedido apetito, cumple a los servidores obedecer con diligencia corporal y no con artificiales consejos de lengua, sufría con pena, callaba con temor, encubría con fieldad;[116] de manera que fuera mejor el áspero consejo que la blanda lisonja. Pero pues ya no tiene tu merced otro medio, sino morir o amar, mucha razón es que se escoja por mejor aquello que en sí lo es.

Alisa.—¿En qué andad acá, vecina, cada día?

Celestina.—Señora, faltó ayer un poco de hilado al peso y vínelo a cumplir, porque di mi palabra y, traído, voyme. Quede Dios contigo.

Alisa.—Y contigo vaya.

Alisa.—Hija Melibea, ¿qué quería la vieja?

Melibea.—Señora, venderme un poquito de solimán.

---

[116]fidelidad.

Alisa.—Eso creo yo más que lo que la vieja ruin dijo. Pensó que recibiría yo pena de ello y mintióme. Guárdate hija, de ella, que es gran traidora. Que el sotil ladrón siempre rodea las ricas moradas. Sabe ésta con sus traiciones, con sus falsas mercadurías, mudar los propósitos castos. Daña la fama. A tres veces que entra en una casa, engendra sospecha.

Lucrecia.—(Tarde acuerda nuestra ama.)

Alisa.—Por amor mío, hija, que si acá tornare sin verla yo, que no hayas por bien su venida ni la recibas con placer. Halle en ti honestidad en tu respuesta y jamás volverá. Que la verdadera virtud más se teme que espada.

Melibea.—¿De ésas es? ¡Nunca más! Bien huelgo, señora, de ser avisada, por saber de quién me tengo que guardar.

Argumento del onceno auto: Despedida **Celestina** de **Melibea**, va por la calle sola hablando. Ve a **Sempronio** y a **Pármeno** que van a la Magdalena por su señor. **Sempronio** habla con **Calisto**. Sobreviene **Celestina**. Van a casa de **Calisto**. Declárale **Celestina** su mensaje y negocio recaudado con **Melibea**. Mientras ellos en estas razones están, **Pármeno** y **Sempronio** entre sí hablan. Despídese **Celestina** de **Calisto**, va para su casa, llama a la puerta. **Elicia** le viene a abrir. Cenan y vanse a dormir.

Argumento del doceno auto: Llegando la media noche, **Calisto**, **Sempronio** y **Pármeno**, armados, van para casa de **Melibea**. **Lucrecia** y **Melibea** están cabe la puerta, aguardando a **Calisto**. Viene Calisto. Háblale primero **Lucrecia**. Llama a **Melibea**. Apártase **Lucrecia**. Háblanse por entre puertas **Melibea** y **Calisto**. **Pármeno** y **Sempronio** en su cabo, departen. Oyen gentes por la calle. Apercíbense para huir. Despídese Calisto de **Melibea**, dejando concertada la tornada para la noche siguiente. **Pleberio**, al son del ruido que había en la calle, despierta; llama a su mujer, **Alisa**. Preguntan a **Melibea** quién da patadas en su cámara. Responde **Melibea** a su padre, **Pleberio**, fingiendo que tenía sed. **Calisto** con sus criados va para su casa hablando. Echase a dormir. **Pármeno** y **Sempronio** van a casa de **Celestina**. Demandan su parte de la ganancia. Disimula **Celestina**. Vienen a reñir. Echanle mano a **Celestina**; mátanla. Da voces **Elicia**. Viene la justicia y préndelos a ambos.

Argumento del treceno auto: Despertado **Calisto** de dormir, está hablando consigo mismo. Dende a un poco está llamando a **Tristán** y a otros sus criados. Torna a dormir **Calisto**. Pónese **Tristán** a la puerta. Viene **Socia** llorando. Preguntado de **Tristán**, **Socia** cuéntale la muerte de **Sempronio** y **Pármeno**. Van a decir las nuevas a **Calisto**, el cual sabiendo la verdad hace gran lamentación.

Argumento del catorceno auto: Está **Melibea**, muy afligida, hablando con **Lucrecia**, sobre la tardanza de **Calisto**, el cual se había hecho voto de venir en aquella noche a visitalla, lo cual cumplió, y con él vinieron **Socia** y **Tristán**. Y después que cumplió su voluntad, volvieron todos a la posada. Y **Calisto** se retrae en su palacio y quéjase por haber estado tan poca cuantidad de tiempo con **Melibea**, y ruega a Febo que cierre sus rayos, por haber de restaurar su deseo.

Argumento del decimoquinto auto: **Areúsa** dice palabras injuriosas a un rufián llamado **Centurio**, el cual se despide de ella por la venida de **Elicia**, la cual cuenta a **Areúsa** las muertes que sobre los amores de **Calisto** y **Melibea** se habían ordenado, y conciertan **Areúsa** y **Elicia** que **Centurio** haya de vengar las muertes de los tres en los dos enamorados. En fin, despídese **Elicia** de **Areúsa**, no consintiendo en lo que le ruega, por no perder el buen tiempo que se daba, estando en su asueta[117] casa.

Argumento del decimosexto auto: Pensando **Pleberio** y **Alisa** tener su hija **Melibea** el don de la virginidad conservado, lo cual, según ha parecido, está en contrario, y están razonando sobre el casamiento de **Melibea**; y en tan gran cuantidad le dan pena las palabras que de sus padres oye, que envía a **Lucrecia** para que sea causa de su silencio en aquel propósito.

Argumento del decimoséptimo auto: **Elicia**, careciendo de la castimonia[118] de Penélope, determina de despedir el pesar y luto que por causa de los muertos trae, alabando el consejo de **Areúsa** en este propósito; la cual va a casa de **Areúsa**, adonde viene **Socia**; al cual **Areúsa**, con palabras fictas[119] saca todo el secreto que está entre **Calisto** y **Melibea**.

Argumento del decimoctavo auto: **Elicia** determina de hacer las amistades entre **Areúsa** y **Centurio** por precepto de **Areúsa**; y vanse a casa de **Centurio**, onde ellas le ruegan que haya de vengar las muertes en **Calisto** y **Melibea**; el cual lo prometió delante de ellas. Y como sea natural a éstos no hacer lo que prometen, escúsase como en el proceso parece.

---

[117]acostumbrada.

[118]castidad.

[119]engañosas, falsas.

Argumento del decimonono auto: Yendo **Calisto** con **Socia** y **Tristán** al huerto de **Pleberio** a visitar a **Melibea**, que lo estaba esperando, y con ella **Lucrecia**, cuenta **Socia** lo que le acontenció con **Areúsa**. Estando **Calisto** dentro del huerto con **Melibea**, viene **Traso** y otros, por mandado de **Centurio**, a cumplir lo que había prometido a **Areúsa** y a **Elicia**. A los cuales sale **Socia**; y oyendo **Calisto** desde el huerto, donde estaba **Melibea**, el ruido que traían, quiso salir fuera; la cual salida fue causa que sus días pereciesen, porque los tales este don reciben por galardón y por esto han de saber desamar los amadores.

Argumento del veinteno auto: **Lucrecia** llama a la puerta de la cámara de **Pleberio**. Pregúntale **Pleberio** lo que quiere. **Lucrecia** le da priesa que vaya a ver a su hija **Melibea**. Levantado **Pleberio**, va a la cámara de **Melibea**. Consuélala, preguntándole qué mal tiene. Finge **Melibea** dolor del corazón. Envía **Melibea** a su padre por algunos instrumentos músicos. Sube ella y **Lucrecia** en una torre. Envía de sí a **Lucrecia**. Cierra tras ella la puerta. Llégase su padre al pie de la torre. Descúbrele **Melibea** todo el negocio que había pasado. En fin, déjase caer de la torre abajo.

[...]

    Pleberio.—Hija mía, Melibea, ¿qué haces sola? ¿Qué es tu voluntad decirme? ¿Quieres que suba allá?

    Melibea.—Padre mío, no pugnes ni trabajes por venir adonde yo estoy, que estorbarás la presente habla que quiero hacer. Lastimado serás brevemente con la muerte de tu única hija. Mi fin es llegado, llegado es mi descanso y tu pasión, llegado es mi alivio y tu pena, llegada es mi acompañada hora y tu tiempo de soledad. No habrás, honrado padre, menester instrumentos para aplacar mi dolor, sino campanas para sepultar mi cuerpo. Si me escuchas sin lágrimas, oirás la causa desesperada de mi forzada y alegre partida. No la interrumpas con lloro ni palabras; si no, quedarás más quejoso en no saber por qué me mato, que doloroso por verme muerta. Ninguna cosa me preguntes ni respondas, más de lo que de mi grado decirte quisiere. Porque, cuando el corazón está embargado de pasión, están cerrados los oídos al consejo y en tal tiempo las fructuosas palabras, en lugar de amansar, acrecientan la saña. Oye, padre viejo, mis últimas palabras y, si como yo espero, las recibes, no culparás mi yerro. Bien ves y oyes este triste y doloroso sentimiento que toda la ciudad hace. Bien oyes este clamor de campanas, este alarido de gentes, este aullido de canes, este grande estrépito de armas. De todo esto fui yo la causa. Yo cubrí de luto y jergas[120] en este día casi la

---

[120]telas que se llevaban en señal de luto.

mayor parte de la ciudadana caballería, yo dejé hoy muchos sirvientes descubiertos de señor, yo quité muchas raciones y limosnas a pobres y envergonzantes,[121] yo fui ocasión que los muertos tuviesen compañía del más acabado hombre que en gracias nació, yo quité a los vivos el dechado de gentileza, de invenciones galanas, de atavíos y bordaduras, de habla, de andar, de cortesía, de virtud; yo fui causa que la tierra goce sin tiempo el más noble cuerpo y más fresca juventud, que al mundo era en nuestra edad criada. Y porque estarás espantado con el son de mis no acostumbrados delitos, te quiero más aclarar el hecho. Muchos días son pasados, padre mío, que penaba por mi amor un caballero, que se llamaba Calisto, el cual tú bien conociste. Conociste asimismo sus padres y claro linaje; sus virtudes y bondad a todos eran manifiestas. Era su pena de amor y tan poco el lugar para hablarme, que descubrió su pasión a una astuta y sagaz mujer, que llamaban Celestina. La cual, de su parte venida a mí, sacó mi secreto amor de mi pecho. Descubrí a ella lo que a mi querida madre encubría. Tuvo manera como ganó mi querer, ordenó cómo su deseo y el mío hobiesen efecto. Si él mucho me amaba, no vivía engañado. Concertó el triste concierto de la dulce y desdichada ejecución de su voluntad. Vencida de su amor, dile entrada en tu casa. Quebrantó con escalas las paredes de tu huerto, quebrantó mi propósito. Perdí mi virginidad; del cual deleitoso yerro de amor gozamos casi un mes. Y como esta pasada noche viniese, según era acostumbrado, a la vuelta de su venida, como de la fortuna mudable estuviese dispuesto y ordenado, según su desordenada costumbre, como las paredes eran altas, la noche escura, la escala delgada, los sirvientes que traía no diestros en aquel género de servicio y él bajaba presuroso a ver un ruido que con sus criados sonaba en la calle, con el gran ímpetu que llevaba, no vido bien los pasos, puso el pie en vacío y cayó. De la triste caída sus más escondidos sesos quedaron repartidos por las piedras y paredes. Cortaron las hadas sus hilos, cortáronle sin confesión su vida, cortaron mi esperanza, cortaron mi gloria, cortaron mi compañía. Pues, ¿qué crueldad sería, padre mío, muriendo él despeñado, que viviese yo penada? Su muerte convida a la mía, convídame y fuerza que sea presto, sin dilación; muéstrame que ha de ser despeñada por seguille en todo. No digan por mí: «a muertos y a idos...».[122] Y así contentarle he en la muerte, pues no tuve tiempo en la vida. ¡Oh mi amor y señor Calisto! Espérame, ya voy; detente, si me esperas; no me incuses[123] la tardanza que hago, dando esta última cuenta a mi viejo padre,

---

[121]personas que piden limosna con disimulo y encubiertas.

[122]el dicho es 'a muertos y a idos, pocos amigos'.

[123]reproches.

pues le debo mucho más. ¡Oh padre mío muy amado! Ruégote, si amor en esta pasada y penosa vida me has tenido, que sean juntas nuestras sepulturas; juntas nos hagan nuestras obsequias.[124] Algunas consolatorias palabras te diría antes de mi agradable fin, colegidas[125] y sacadas de aquellos antiguos libros que tú, por más aclarar mi ingenio, me mandabas leer; sino que ya la dañada memoria con la gran turbación me las ha perdido y aun porque veo tus lágrimas mal sufridas descender por tu arrugada faz. Salúdame a mi cara y amada madre; sepa de ti largamente la triste razón porque muero. ¡Gran placer llevo de no la ver presente! Toma, padre viejo, los dones de tu vejez, que en largos días largas se sufren tristezas. Recibe las arras de tu senectud antigua, recibe allá tu amada hija. Gran dolor llevo de mí, mayor de ti, muy mayor de mi vieja madre. Dios quede contigo y con ella. A él ofrezco mi alma. Pon tú en cobro este cuerpo que allá baja.

Argumento del veinte y uno auto: **Pleberio**, tornado a su cámara con grandísimo llanto, pregúntale **Alisa** su mujer la causa de tan súbito mal. Cuéntale la muerte de su hija **Melibea**, mostrándole el cuerpo de ella todo hecho pedazos; y haciendo su planto concluye.

Alisa.—¿Qué es esto, señor Pleberio? ¿Por qué son tus fuertes alaridos? Sin seso estaba adormida del pesar que hobe cuando oí decir que sentía dolor nuestra hija; agora, oyendo tus gemidos, tus voces tan altas, tus quejas no acostumbradas, tu llanto y congoja de tanto sentimiento, en tal manera penetraron mis entrañas, en tal manera traspasaron mi corazón, así avivaron mis turbados sentidos, que el ya recibido pesar alancé[126] de mí. Un dolor sacó otro, un sentimiento otro. Dime la causa de tus quejas. ¿Por qué maldices tu honrada vejez? ¿Por qué pides la muerte? ¿Por qué arrancas tus blancos cabellos? ¿Por qué hieres tu honrada cara? ¿Es algún mal de Melibea? Por Dios, que me lo digas, porque si ella pena, no quiero yo vivir.

Pleberio.—¡Ay, ay, noble mujer! Nuestro gozo en el pozo. Nuestro bien todo es perdido. ¡No queramos más vivir! Y porque el incogitado dolor te dé más pena, todo junto sin pensarlo, porque más presto vayas al sepulcro, porque no llore yo solo la pérdida dolorida de entrambos, ves allí a la que tú pariste y yo engendré, hecha pedazos. La causa supe de ella; más la he sabido por extenso

---

[124]exequias.

[125]extraídas.

[126]alejé.

de esta su triste sirvienta. Ayúdame a llorar nuestra llagada postrimería. ¡Oh gentes que venís a mi dolor! ¡Oh amigos y señores ayudadme a sentir mi pena! ¡Oh mi hija y mi bien todo! crueldad sería que viva yo sobre ti. Más dignos eran mis sesenta años de la sepultura, que tus veinte. Turbóse la orden del morir con la tristeza que te aquejaba. ¡Oh mis canas, salidas para haber pesar! Mejor gozara de vosotras la tierra de aquellos rubios cabellos que presentes veo. Fuertes días me sobran para vivir; quejarme he de la muerte, incusarle he su dilación, cuanto tiempo me dejare solo después de ti. Fálteme la vida, pues me faltó tu agradable compañía. ¡Oh mujer mía! Levántate de sobre ella y, si alguna vida te queda, gástala conmigo en tristes gemidos, en quebrantamiento y sospirar. Y si por caso tu espíritu reposa con el suyo, si ya has dejado esta vida de dolor, ¿por qué quisiste que lo pase yo todo? En esto tenéis ventaja las hembras a los varones, que puede un gran dolor sacaros del mundo sin lo sentir o a lo menos perdéis el sentido, que es parte de descanso. ¡Oh duro corazón de padre! ¿cómo no te quiebras de dolor, que ya quedas sin tu amada heredera? ¿Para quién edifiqué torres; para quién adquirí honras; para quién planté árboles; para quién fabriqué navíos? ¡Oh tierra dura!, ¿cómo me sostienes? ¿Adónde hallará abrigo mi desconsolada vejez? ¡Oh fortuna variable, ministra y mayordoma de los temporales bienes!, ¿por qué no ejecutaste tu cruel ira, tus mudables ondas, en aquello que a ti es sujeto?; ¿por qué no destruiste mi patrimonio; por qué no quemaste mi morada; por qué no asolaste mis grandes heredamientos? Dejárasme aquella florida planta, en quien tú poder no tenías; diérasme, fortuna fluctuosa, triste la mocedad con vejez alegre; no pervertieras la orden. Mejor sufriera persecuciones de tus engaños en la recia y robusta edad, que no en la flaca postrimería. ¡Oh vida de congojas llena, de miserias acompañada; oh mundo, mundo! Muchos mucho de ti dijeron, muchos en tus cualidades metieron la mano, a diversas cosas por oídas te compararon; yo por triste experiencia lo contaré, como a quien las ventas y compras de tu engañosa feria no prósperamente sucedieron, como aquel que mucho ha hasta agora callado sus falsas propiedades, por no encender con odio tu ira, porque no se secase sin tiempo esta flor que este día echaste de tu poder. Pues agora, sin temor, como quien no tiene qué perder, como aquel a quien tu compañía es ya enojosa, como caminante pobre, que sin temor de los crueles salteadores va cantando en alta voz. Yo pensaba en mi más tierna edad que eras y eran tus hechos regidos por alguna orden; agora, visto el pro y la contra de tus bienandanzas, me pareces un laberinto de errores, un desierto espantable, una morada de fieras, juego de hombres que andan en corro, laguna llena de cieno, región llena de espinas, monte alto, campo pedregoso, prado lleno de serpientes, huerto florido y sin fruto, fuente de cuidados, río de lágrimas, mar de miserias, trabajo sin provecho, dulce ponzoña, vana esperanza, falsa alegría, verdadero dolor. Cébasnos, mundo falso, con el manjar de tus deleites; al mejor sabor nos descubres el anzuelo; no lo podemos huir, que nos tiene ya cazadas las voluntades. Prometes mucho, nada no cumples; échanos de ti, porque no te podamos pedir que mantengas tus vanos prometimientos. Corremos por los prados de tus viciosos vicios, muy descuidados, a rienda suelta; descúbresnos la celada, cuando ya no hay lugar de volver. Muchos te dejaron con temor de tu arrebato dejar; bienaventurados se llamarán, cuando vean el galardón que a este triste viejo has dado en pago de tan largo servicio. Quiébrasnos el ojo y úntasnos con consuelos el caxco. Haces mal a todos, porque ningún triste se halle solo en ninguna adversidad, diciendo que es alivio a los míseros, como yo, tener compañeros en la pena. Pues desconsolado viejo, ¡qué solo estoy! Yo fui lastimado sin haber igual compañero de semejante dolor; aunque más en mi fatigada memoria revuelvo presentes y pasados. Que sin aquella severidad y paciencia de Paulo Emilio[127] me viniere a consolar con pérdida de dos hijos muertos en siete días, diciendo que su animosidad obró que consolase él al pueblo romano y no el pueblo a él, no me satisface, que otros dos le quedaban dados en adopción. ¿Qué compañía me ternán en mi dolor aquel Pericles,[128] capitán ateniense, ni el fuerte Xenofón,[129] pues sus pérdidas fueron de hijos ausentes de sus tierras? Ni fue mucho no mudar su frente y tenerla serena, y el otro responder al mensajero, que las tristes albricias de la muerte de su hijo le venía a pedir, que no recibiese él pena, que él no sentía pesar. Que todo esto bien diferente es a mi mal. Pues menos podrás decir, mundo lleno de males, que fuimos semejantes en pérdida aquel Anaxágoras[130] e yo, que seamos iguales en sentir, y que responda yo, muerta mi amada hija, lo que él a su único hijo, que dijo: «Como yo fuese mortal sabía que había de morir el que yo engendraba». Porque mi Melibea mató a sí misma de su voluntad, a mis ojos, con la gran fatiga de amor que le aquejaba; el otro matáronle en muy lícita batalla. ¡Oh incomparable pérdida; oh lastimado viejo! que cuanto más busco consuelos, menos razón hallo para me consolar. Que si el profeta y rey David al hijo que enfermo lloraba, muerto no quiso llorar, diciendo que era casi locura llorar lo irrecuperable, quedábanle otros muchos con que soldase su llaga; y yo no lloro triste a ella muerta, pero[131] la

---

[127]cónsul romano del siglo III a.C.

[128]siglo V a.C., constructor del Partenón.

[129]Jenofonte, historiador griego del siglo IV a.C.

[130]filósofo griego del siglo V a.C.

[131]sino.

causa desastrada de su morir. Agora perderé contigo, mi desdichada hija, los miedos y temores que cada día me espavorecían;[132] sola tu muerte es la que a mí me hace seguro de sospecha. ¿Qué haré cuando entre en tu cámara y retraimiento y la halle sola? ¿Qué haré de que no me respondas, si te llamo? ¿Quién me podrá cubrir la falta que tú me haces? Ninguno perdió lo que yo el día de hoy, aunque algo conforme parecía la fuerte animosidad de Lambas de Auria,[133] duque de los atenienses, que a su hijo herido con sus brazos desde la nao echó en la mar. Porque todas éstas son muertes que, si roban la vida, es forzado de cumplir con la fama. Pero ¿quién forzó a mi hija a morir, sino la fuerte fuerza del amor? Pues, mundo halaguero, ¿qué remedio das a mi fatigada vejez? ¿Cómo me mandas quedar en ti, conociendo tus falsías, tus lazos, tus cadenas y redes, con que pescas nuestras flacas voluntades? ¿A dó me pones mi hija? ¿Quién acompañará mi desacompañada morada? ¿Quién terná en regalos mis años, que caducan? ¡Oh amor, amor, que no pensé que tenías fuerza ni poder de matar a tus sujetos! Herida fue de ti mi juventud, por medio de tus brasas pasé. ¿Cómo me soltaste, para me dar la paga de la huida en mi vejez? Bien pensé que de tus lazos me había librado, cuando los cuarenta años toqué, cuando fui contento con mi conyugal compañera, cuando me vi con el fruto que me cortaste el día de hoy. No pensé que tomabas en los hijos la venganza de los padres. Ni sé si hieres con hierro, ni si quemas con fuego. Sana dejas la ropa; lastimas el corazón. Haces que feo amen y hermoso les parezca. ¿Quién te dio tanto poder? ¿Quién te puso nombre que no te conviene? si amor fueses, amarías a tus sirvientes; si los amases, no les darías pena. Si alegres viviesen, no se matarían, como agora mi amada hija. ¿En qué pararon tus sirvientes y sus ministros? La falsa alcahueta Celestina murió a manos de los más fieles compañeros que ella para tu servicio emponzoñado jamás halló. Ellos murieron degollados; Calisto, despeñado. Mi triste hija quiso tomar la misma muerte por seguirle. Esto toda causas. Dulce nombre te dieron; amargos hechos haces. No das iguales galardones. Inicua es la ley, que a todos igual no es. Alegra tu sonido; entristece tu trato. Bienaventurados los que no conociste o de los que no te curaste. Dios te llamaron otros, no sé con qué error de su sentido traídos. Cata[134] que Dios mata los que crió; tú matas los que te siguen. Enemigo de toda razón, a los que menos te sirven das mayores dones, hasta tenerlos metidos en tu congojosa danza. Enemigo de amigos, amigo de enemigos, ¿por qué te riges sin orden ni concierto? Ciego te

---

[132]atemorizaban.

[133]fue duque de los genoveses.

[134]considera, piensa.

pintan, pobre y mozo. Pónente un arco en la mano, con que tires a tiento; más ciegos son tus ministros, que jamás sienten ni ven el desabrido galardón que sacan de tu servicio. Tu fuego es de ardiente rayo, que jamás hace señal do llega. La leña, que gasta tu llama, son almas y vidas de humanas criaturas, las cuales son tantas, que de quien comenzar pueda, apenas me ocurre. No sólo de cristianos, mas de gentiles y judíos y todo en pago de buenos servicios. ¿Qué me dirás de aquel Macías de nuestro tiempo, cómo acabó amando, cuyo triste fin tú fuiste la causa? ¿Qué hizo por ti Paris? ¿Qué Elena?[135] ¿Qué hizo Hipermestra?[136] ¿Qué Egisto?[137] Todo el mundo lo sabe. Pues a Safo,[138] Ariadna,[139] Leandro,[140] ¿qué pago les diste? Hasta David y Salomón no quisiste dejar sin pena. Por tu amistad Sansón pagó lo que mereció, por creerse de quien tú le forzaste a darle fe. Otros muchos, que callo, porque tengo harto que contar en mi mal. Del mundo me quejo, porque en sí me crió; porque no me dando vida, no engendrara en él a Melibea; no nacida, no amara; no amando, cesara mi quejosa y desconsolada postrimería. ¡Oh mi compañera buena, oh mi hija despedazada! ¿Por qué no quisiste que estorbase tu muerte? ¿Por qué no hobiste lástima de tu querida y amada madre? ¿Por qué te mostraste tan cruel con tu viejo padre? ¿Por qué me dejaste, cuando yo te había de dejar? ¿Por qué me dejaste penado? ¿Por qué me dejaste triste y solo in *hac lachrymarum valle*?[141]

---

[135]Paris y Helena de Troya, personajes de la Ilíada de Homero.

[136]según la mitología griega, una de las cincuenta hijas de Dánao de Argos que, contra lo ordenado por su padre, no mató a su marido Linceo.

[137]amante de Clitemnestra, mató a Agamenón.

[138]poetisa griega del siglo VI a.C., se suicidó por amor de Faón.

[139]hija mitológica del rey Minos y Pasifae, se enamoró de Teseo quien, con la ayuda de la joven, escapó del Laberinto de Creta.

[140]según la leyenda, pasaba todas las noches a nada el Helesponto para visitar a su amada Hero; una noche se ahogó y ella se arrojó desde la torre.

[141]*este valle de lágrimas.*

La Celestina. Edición de Bruno Damiani. Potomac, Md.: Scripta Humanistica, 1991.

GARCILASO DE LA VEGA (1501?-36)

"Égloga I"

Al Virrey de Nápoles[1]

Personas: Salicio, Nemoroso

1

El dulce lamentar de dos pastores,
Salicio juntamente y Nemoroso,
he de cantar, sus quejas imitando;
cuyas ovejas al cantar sabroso
estaban muy atentas, los amores,
de pacer olvidadas, escuchando.
    Tú, que ganaste obrando
    un nombre en todo el mundo
    y un grado sin segundo,
agora estés atento sólo y dado
al ínclito gobierno del estado
albano,[2] agora vuelto a la otra parte,
    resplandeciente, armado,
representando en tierra el fiero Marte;[3]

2

agora, de cuidados enojosos
y de negocios libre, por ventura

---

[1]Don Pedro de Toledo, virrey de Nápoles, era tío del duque de Alba.
[2]reino de Nápoles, cuyo virrey era de la casa de Alba.
[3]dios de la guerra.

andes a caza, el monte fatigando
en ardiente ginete[4] que apresura
el curso tras los ciervos temerosos,
que en vano su morir van dilatando:
    espera, que en tornando
    a ser restitüido
    al ocio ya perdido,
luego verás ejercitar mi pluma
por la infinita, innumerable suma
de tus virtudes y famosas obras,
    antes que me consuma,
faltando a ti, que a todo el mundo sobras.[5]

3

En tanto que este tiempo que adevino
viene a sacarme de la deuda un día
que se debe a tu fama y a tu gloria
(que es deuda general, no sólo mía,
mas de cualquier ingenio peregrino
que celebra lo digno de memoria),
    el árbol de victoria[6]
    que ciñe estrechamente
    tu glorïosa frente
dé lugar a la hiedra[7] que se planta
debajo de tu sombra y se levanta
poco a poco, arrimada a tus loores;
    y en cuanto esto se canta,
escucha tú el cantar de mis pastores.

---

[4]caballo ligero.

[5]superas.

[6]el laurel, con el que se acostumbraba a coronar a los héroes de guerra.

[7]símbolo de la humildad del poeta pastoril.

4

Saliendo de las ondas encendido,
rayaba de los montes el altura
el sol, cuando Salicio, recostado
al pie de una alta haya, en la verdura
por donde una agua clara con sonido
atravesaba el fresco y verde prado,
    él, con canto acordado
    al rumor que sonaba
    del agua que pasaba,
se quejaba tan dulce y blandamente
como si no estuviera de allí ausente
la que de su dolor culpa tenía,
    y así como presente,
razonando con ella, le decía:

5

Salicio

¡Oh más dura que mármol a mis quejas
y al encendido fuego en que me quemo
más helada que nieve, Galatea!
Estoy muriendo, y aun la vida temo;
témola con razón, pues tú me dejas,
que no hay sin ti el vivir para qué sea.
    Vergüenza he que me vea
    ninguno en tal estado,
    de ti desamparado,
y de mí mismo yo me corro agora.
¿De un alma te desdeñas ser señora
donde siempre moraste, no pudiendo
    de ella salir un hora?
Salid sin duelo,[8] lágrimas, corriendo.

---

[8]sin dolor, sin lástima.

6

El sol tiende los rayos de su lumbre
por montes y por valles, despertando
las aves y animales y la gente:
cuál por el aire claro va volando,
cuál por el verde valle o alta cumbre
paciendo va segura y libremente,
     cuál con el sol presente
     va de nuevo al oficio
     y al usado[9] ejercicio
do su natura o menester le inclina;
siempre está en llanto esta ánima mezquina,
cuando la sombra el mundo va cubriendo,
     o la luz se avecina.
Salid sin duelo, lágrimas, corriendo.

7

Y tú, de esta mi vida ya olvidada,
sin mostrar un pequeño sentimiento
de que por ti Salicio triste muera,
dejas llevar, desconocida,[10] al viento
el amor y la fe que ser guardada
eternamente solo a mí debiera.
     ¡Oh Dios!, ¿por qué siquiera,
     pues ves desde tu altura
     esta falsa perjura
causar la muerte de un estrecho amigo,
no recibe del cielo algún castigo?
Si en pago del amor yo estoy muriendo,
     ¿qué hará el enemigo?
Salid sin duelo, lágrimas, corriendo.

---

[9]usual.

[10]desagradecida.

8

Por ti el silencio de la selva umbrosa,
por ti la esquividad y apartamiento
del solitario monte me agradaba;
por ti la verde hierba, el fresco viento,
el blanco lirio y colorada rosa
y dulce primavera deseaba.
    ¡Ay, cuánto me engañaba!
    ¡Ay, cuán diferente era
    y cuán de otra manera
lo que en tu falso pecho se escondía!
Bien claro con su voz me lo decía
la siniestra corneja,[11] repitiendo
    la desventura mía.
Salid sin duelo, lágrimas, corriendo.

9

¡Cuántas veces, durmiendo en la floresta,
reputándolo yo por desvarío,
vi mi mal entre sueños, desdichado!
Soñaba que en el tiempo del estío
llevaba, por pasar allí la siesta,
a abrevar en el Tajo[12] mi ganado;
    y después de llegado,
    sin saber de cuál arte,
    por desusada parte
y por nuevo camino el agua se iba;
ardiendo yo con la calor estiva,
el curso enajenado iba siguiendo
    del agua fugitiva.
Salid sin duelo, lágrimas, corriendo.

---

[11]el mal agüero presagiado por la corneja volando por el lado izquierdo.

[12]río toledano.

10

Tu dulce habla ¿en cúya oreja suena?
Tus claros ojos ¿a quién los volviste?
¿Por quién tan sin respeto me trocaste?
Tu quebrantada fe ¿dó la pusiste?
¿Cuál es el cuello que como en cadena
de tus hermosos brazos añudaste?
    No hay corazón que baste,
    aunque fuese de piedra,
    viendo mi amada hiedra
de mí arrancada, en otro muro asida,
y mi parra en otro olmo entretejida,
que no se esté con llanto deshaciendo
    hasta acabar la vida.
Salid sin duelo, lágrimas, corriendo.

11

¿Qué no se esperará de aquí adelante,
por difícil que sea y por incierto,
o qué discordia no será juntada?[13]
Y juntamente ¿qué terná[14] por cierto,
o qué de hoy más no temerá el amante,
siendo a todo materia[15] por ti dada?
    Cuando tú enajenada
    de mi cuidado fuiste,
    notable causa diste,
y ejemplo a todos cuantos cubre el cielo,
que el más seguro tema con recelo
perder lo que estuviere poseyendo.
    Salid fuera sin duelo,
salid sin duelo, lágrimas, corriendo.

---

[13]reconciliada.

[14]tendrá.

[15]motivo.

12

Materia diste al mundo de esperanza
de alcanzar lo imposible y no pensado
y de hacer juntar lo diferente,
dando a quien diste el corazón malvado,
quitándolo de mí con tal mudanza
que siempre sonará de gente en gente.
      La cordera paciente
      con el lobo hambriento
      hará su ajuntamiento,[16]
y con las simples aves sin rüido
harán las bravas sierpes ya su nido,
que mayor diferencia comprehendo
      de ti al que has escogido.
Salid sin duelo, lágrimas, corriendo.

13

Siempre de nueva leche en el verano
y en el invierno abundo;[17] en mi majada
la manteca y el queso está sobrado.
De mi cantar, pues, yo te via[18] agradada
tanto que no pudiera el mantüano
Títero[19] ser de ti más alabado.
      No soy, pues, bien mirado,
      tan disforme ni feo,
      que aun agora me veo
en esta agua que corre clara y pura,
y cierto no trocara mi figura

---

[16]derivado de "ajuntarse".

[17]tengo abundancia.

[18]veía.

[19]Virgilio, célebre poeta latino, nacido en Mantua, relacionado aquí con Títiro, pastor que protagoniza su primera *Bucólica*.

con ese que de mí se está reyendo;[20]
   ¡trocara mi ventura!
Salid sin duelo, lágrimas, corriendo.

14

¿Cómo te vine en tanto menosprecio?
¿Cómo te fui tan presto aborrecible?
¿Cómo te faltó en mí el conocimiento?
Si no tuvieras condición[21] terrible,
siempre fuera tenido de ti en precio
y no viera este triste apartamiento.
   ¿No sabes que sin cuento
   buscan en el estío
   mis ovejas el frío
de la sierra de Cuenca, y el gobierno[22]
del abrigado Estremo[23] en el invierno?
Mas ¡qué vale el tener,[24] si derritiendo
   me estoy en llanto eterno!
Salid sin duelo, lágrimas, corriendo.

15

Con mi llorar las piedras enternecen
su natural dureza y la quebrantan;
los árboles parece que se inclinan;
las aves que me escuchan, cuando cantan,
con diferente voz se condolecen
y mi morir cantando me adevinan;

---

[20]riendo.

[21]carácter.

[22]mantenimiento, sustento.

[23]Extremadura.

[24]ser rico.

las fieras que reclinan
su cuerpo fatigado
dejan el sosegado
sueño por escuchar mi llanto triste;
tú sola contra mí te endureciste,
los ojos aun siquiera no volviendo
a los que tú hiciste
salir, sin duelo, lágrimas, corriendo.

16

Mas ya que a socorrerme aquí no vienes,
no dejes el lugar que tanto amaste,
que bien podrás venir de mí segura.
Yo dejaré el lugar do me dejaste;
ven si por solo aquesto te detienes.
Ves aquí un prado lleno de verdura,
ves aquí una espesura,
ves aquí un agua clara,
en otro tiempo cara,
a quien de ti con lágrimas me quejo;
quizá aquí hallarás, pues yo me alejo,
al que todo mi bien quitar me puede,
que pues el bien le dejo,
no es mucho que el lugar también le quede.

17

Aquí dio fin a su cantar Salicio,
y sospirando[25] en el postrero acento,
soltó de llanto una profunda vena;
queriendo el monte al grave sentimiento
de aquel dolor en algo ser propicio,
con la pesada voz retumba y suena;

---

[25]suspirando.

la blanda Filomena,[26]
casi como dolida
y a compasión movida,
dulcemente responde al son lloroso.
Lo que cantó tras esto Nemoroso,
decildo vos, Pïérides,[27] que tanto
   no puedo yo ni oso,
que siento enflaquecer mi débil canto.

18

Nemoroso

Corrientes aguas puras, cristalinas,
árboles que os estáis mirando en ellas,
verde prado de fresca sombra lleno,
aves que aquí sembráis vuestras querellas,
hiedra que por los árboles caminas,
torciendo el paso por su verde seno:
   yo me vi tan ajeno
   del grave mal que siento
   que de puro contento
con vuestra soledad me recreaba,
donde con dulce sueño reposaba,
o con el pensamiento discurría
   por donde no hallaba
sino memorias llenas de alegría;

19

y en este mismo valle, donde agora
me entristezco y me canso en el reposo,
estuve ya contento y descansado.

---

[26]mujer convertida en ruiseñor, cuyo canto es muy suave.

[27]decidlo vosotras, Musas.

¡Oh bien caduco, vano y presuroso!
Acuérdome, durmiendo aquí algún hora,
que, despertando, a Elisa vi a mi lado.
    ¡Oh miserable hado!
    ¡Oh tela delicada,[28]
    antes de tiempo dada
a los agudos filos de la muerte!
Más convenible[29] fuera aquesta suerte
a los cansados años de mi vida,
    que es más que el hierro fuerte,
pues no la ha quebrantado tu partida.

20

¿Dó están agora aquellos claros ojos
que llevaban tras sí, como colgada,
mi alma, doquier que ellos se volvían?
¿Dó está la blanca mano delicada,
llena de vencimientos y despojos
que de mí mis sentidos le ofrecían?
    Los cabellos que vían
    con gran desprecio al oro
    como a menor tesoro
¿adónde están, adónde el blanco pecho?
¿Dó la columna que el dorado techo[30]
con proporción graciosa sostenía?
Aquesto todo agora ya se encierra,
    por desventura mía,
en la escura,[31] desierta y dura tierra.

---

[28]Refiérese a la hebra o trama tejida por una Parca y cortada por otra, para representar metafóricamente la vida y la muerte.

[29]conveniente.

[30]Refiérese al cuello y la cabeza.

[31]oscura.

21

¿Quién me dijera, Elisa, vida mía,
cuando en aqueste valle al fresco viento
andábamos cogiendo tiernas flores,
que habia[32] de ver, con largo apartamiento,
venir el triste y solitario día
que diese amargo fin a mis amores?
    El cielo en mis dolores
      cargó la mano tanto
      que a sempiterno llanto
y a triste soledad me ha condenado;
y lo que siento más es verme atado
a la pesada vida y enojosa,
    solo, desamparado,
ciego, sin lumbre en cárcel tenebrosa.

22

Después que nos dejaste, nunca pace
en hartura el ganado ya, ni acude
el campo al labrador con mano llena;
no hay bien que en mal no se convierta y mude.
La mala hierba al trigo ahoga, y nace
en lugar suyo la infelice[33] avena;
    la tierra, que de buena
      gana nos producía
      flores con que solía
quitar en solo vellas[34] mil enojos,
produce agora en cambio estos abrojos,
ya de rigor de espinas intratable.
    Yo hago con mis ojos

---

[32]sin acento por razones métricas.

[33]infeliz.

[34]verlas.

crecer, lloviendo,[35] el fruto miserable.

23

Como al partir del sol la sombra crece,
y en cayendo su rayo, se levanta
la negra escuridad que el mundo cubre,
de do viene el temor que nos espanta
y la medrosa forma en que se ofrece
aquella[36] que la noche nos encubre
      hasta que el sol descubre
      su luz pura y hermosa:
      tal es la tenebrosa
noche de tu partir en que he quedado
de sombra y de temor atormentado,
hasta que muerte el tiempo determine
      que a ver el deseado
sol de tu clara vista me encamine.

24

Cual[37] suele el ruiseñor con triste canto
quejarse, entre las hojas escondido,
del duro labrador que cautamente
le despojó su caro y dulce nido
de los tiernos hijuelos entretanto
que del amado ramo estaba ausente,
      y aquel dolor que siente,
      con diferencia tanta
      por la dulce garganta
despide que a su canto el aire suena,
y la callada noche no refrena

---

[35]metafóricamente "llorando".

[36]aquella otra forma.

[37]así como.

su lamentable oficio y sus querellas,
    trayendo de su pena
el cielo por testigo y las estrellas;

25

de esta manera suelto yo la rienda
a mi dolor y ansí[38] me quejo en vano
de la dureza de la muerte airada:
ella en mi corazón metió la mano
y de allí me llevó mi dulce prenda,
que aquél era su nido y su morada.
    ¡Ay, muerte arrebatada,
    por ti me estoy quejando
    al cielo y enojando
con importuno llanto al mundo todo!
El desigual dolor no sufre modo;
no me podrán quitar el dolorido
    sentir si ya del todo
primero no me quitan el sentido.

26

Tengo una parte aquí de tus cabellos,
Elisa, envueltos en un blanco paño,
que nunca de mi seno se me apartan;
descójolos,[39] y de un dolor tamaño
enternecer me siento que sobre ellos
nunca mis ojos de llorar se hartan.
    Sin que de allí se partan,
    con sospiros callientes,
    más que la llama ardientes,

---

[38]así.

[39]los despliego.

los enjugo del llanto, y de consuno[40]
casi los paso y cuento uno a uno;
juntándolos, con un cordón los ato.
    Tras esto el importuno
dolor me deja descansar un rato.

27

Mas luego a la memoria se me ofrece
aquella noche tenebrosa, escura,
que siempre aflige esta ánima mezquina
con la memoria de mi desventura:
verte presente agora me parece
en aquel duro trance de Lucina;[41]
    y aquella voz divina,
    con cuyo son y acentos
    a los airados vientos
pudieran amansar, que agora es muda,
me parece que oigo, que a la cruda,
inexorable diosa demandabas
    en aquel paso ayuda;
y tú, rústica diosa,[42] ¿dónde estabas?

28

¿Ibate tanto[43] en perseguir las fieras?
¿Ibate tanto en un pastor dormido?[44]
¿Cosa[45] pudo bastar a tal crüeza[46]

---

[40]conjuntamente.

[41]diosa del parto.

[42]Se refiere a Diana, diosa cazadora.

[43]tanto te importaba.

[44]Endimión, de quien Diana se había enamorado.

[45]qué.

que, comovida a compasión, oído
a los votos y lágrimas no dieras,
por no ver hecha tierra[47] tal belleza,
    o no ver la tristeza
    en que tu Nemoroso
    queda, que su reposo
era seguir tu oficio, persiguiendo
las fieras por los montes y ofreciendo
a tus sagradas aras los despojos?
    ¡Y tú, ingrata, riendo
dejas morir mi bien ante mis ojos!

29

Divina Elisa, pues agora el cielo
con inmortales pies pisas y mides,
y su mudanza ves, estando queda,[48]
¿por qué de mí te olvidas y no pides
que se apresure el tiempo en que este velo
rompa del cuerpo y verme libre pueda,
    y en la tercera rueda,[49]
    contigo mano a mano,
    busquemos otro llano,
busquemos otros montes y otros ríos,
otros valles floridos y sombríos
donde descanse y siempre pueda verte
    ante los ojos míos,
sin miedo y sobresalto de perderte?

---

[46]crueldad.

[47]por no ver destruída.

[48]quieta.

[49]Se refiere a la tercera esfera, es decir, al cielo de Venus, diosa del amor.

30

Nunca pusieran fin al triste lloro
los pastores, ni fueran acabadas
las canciones que solo el monte oía,
si mirando las nubes coloradas,
al tramontar del sol bordadas de oro,
no vieran que era ya pasado el día;
     la sombra se veía
     venir corriendo apriesa[50]
     ya por la falda espesa
del altísimo monte, y recordando[51]
ambos como de sueño, y acabando
el fugitivo sol, de luz escaso,
     su ganado llevando,
se fueron recogiendo paso a paso.

Sonetos

V

Escrito está en mi alma vuestro gesto[52]
y cuanto yo escribir de vos deseo:
vos sola lo escribistes; yo lo leo
tan solo que aun de vos me guardo en esto.

En esto estoy y estaré siempre puesto,[53]
que aunque no cabe en mí cuanto en vos veo,
de tanto bien lo que no entiendo creo,
tomando ya la fe por presupuesto.

---

[50]aprisa.

[51]despertando.

[52]rostro.

[53]dedicado a.

Yo no nací sino para quereros;
mi alma os ha cortado a su medida;
por hábito del alma misma os quiero;

cuanto tengo confieso yo deberos;
por vos nací, por vos tengo la vida,
por vos he de morir, y por vos muero.

VIII

De aquella vista[54] pura y excelente
salen espirtus[55] vivos y encendidos,
y siendo por mis ojos recebidos,[56]
me pasan hasta donde el mal se siente;

éntranse en el camino fácilmente
por do los mios, de tal calor movidos,
salen fuera de mí como perdidos,
llamados de aquel[57] bien que está presente.

Ausente, en la memoria la imagino;
mis espirtus, pensando que la vían,
se mueven y se encienden sin medida;

mas no hallando fácil el camino,
que los suyos entrando derretían,
revientan por salir do no hay salida.

---

[54]ojos.

[55]Para la ciencia de la época y en función de la tradición platónica del enamoramiento, los rayos visuales eran pequeñísimas partículas o vapores de sangre que salían de los ojos de la amada y penetraban por los ojos del caballero, inflamándole el corazón; esta óptica amorosa se revertía cuando los espirtus salían del enamorado para llegar a la amada.

[56]recibidos.

[57]llamados por aquel.

X

¡Oh dulces prendas[58] por mi mal halladas,
dulces y alegres cuando Dios quería,
juntas estáis en la memoria mía
y con ella en mi muerte conjuradas!

¿Quién me dijera, cuando las pasadas
horas que en tanto bien por vos me vía,
que me habiades[59] de ser en algún día
con tan grave dolor representadas?

Pues en una hora[60] junto me llevastes[61]
todo el bien que por términos[62] me distes,
lleváme[63] junto el mal que me dejastes;

si no, sospecharé que me pusistes
en tantos bienes porque deseastes
verme morir entre memorias tristes.

XI

Hermosas ninfas, que en el rio[64] metidas,
contentas habitáis en las moradas
de relucientes piedras fabricadas
y en columnas de vidrio sostenidas,

agora estéis labrando embebecidas

---

[58]regalos, recuerdos.

[59]habíais; sin acento en el verso por razones métricas.

[60]momento.

[61]quitasteis.

[62]poco a poco.

[63]llevadme.

[64]río; sin acento en el verso por razones métricas.

o tejiendo las telas delicadas,
agora unas con otras apartadas
contándoos los amores y las vidas:

dejad un rato la labor, alzando
vuestras rubias cabezas a mirarme,
y no os detendréis mucho según ando,[65]

que o no podréis de lástima escucharme,
o convertido en agua aquí llorando,
podréis allá despacio consolarme.

XIII

A Dafne ya los brazos le crecían
y en luengos[66] ramos vueltos se mostraban;
en verdes hojas vi que se tornaban
los cabellos que el oro escurecían;

de áspera corteza se cubrían
los tiernos miembros que aun bullendo estaban;
los blancos pies en tierra se hincaban
y en torcidas raíces se volvían.

Aquel que fue la causa de tal daño,[67]
a fuerza de llorar, crecer hacía
este árbol, que con lágrimas regaba.

¡Oh miserable estado, oh mal tamaño,[68]
que con llorarla crezca cada día

---

[65]en virtud de lo mal que me encuentro.

[66]largos.

[67]Se refiere a Apolo que, enamorado de la ninfa Dafne (laurel), la persiguió hasta que ella, implorando protección a los dioses, se metamorfoseó en árbol.

[68]tan grande.

la causa y la razón por que[69] lloraba!

XV[70]

Si quejas y lamentos pueden tanto
que enfrenaron el curso de los ríos
y en los diversos montes y sombríos
los árboles movieron con su canto;

si convertieron a escuchar su llanto
los fieros tigres y peñascos fríos;
si, en fin, con menos casos[71] que los míos
bajaron a los reinos del espanto:

¿por qué no ablandará mi trabajosa
vida, en miseria y lágrimas pasada,
un corazón comigo endurecido?

Con más piedad debria[72] ser escuchada
la voz del que se llora por perdido
que la del que perdió y llora otra cosa.

XXIII

En tanto que de rosa y de azucena
se muestra la color en vuestro gesto,
y que vuestro mirar ardiente, honesto,

---

[69]por la cual.

[70]Se refiere al mito de Orfeo que, con su música, trastornaba el ritmo de la naturaleza y que, para rescatar a su amada Eurídice, descendió al reino de los muertos.

[71]motivos.

[72]debería.

con clara luz la tempestad serena;[73]

y en tanto que el cabello que en la vena[74]
del oro se escogió, con vuelo presto
por el hermoso cuello blanco, enhiesto,
el viento mueve, esparce y desordena:

coged de vuestra alegre primavera
el dulce fruto antes que el tiempo airado
cubra de nieve la hermosa cumbre.

Marchitará la rosa el viento helado,
todo lo mudará la edad ligera[75]
por no hacer mudanza en su costumbre.

XXVII

Amor, amor, un hábito[76] vestí
el cual de vuestro paño fue cortado;
al vestir ancho fue, mas apretado
y estrecho cuando estuvo sobre mí.

Después acá de lo que consentí,
tal arrepentimiento me ha tomado
que pruebo alguna vez, de congojado,
a romper esto en que yo me metí;

mas ¿quién podrá de este hábito librarse,
teniendo tan contraria su natura
que con él ha venido a conformarse?

---

[73]Herrera, en su edición, consigna este verso diferentemente: "enciende el corazón y lo refrena".

[74]filón o venero de oro.

[75]tiempo fugaz.

[76]juego con los sentidos de vestimenta y costumbre.

Si alguna parte queda, por ventura,
de mi razón, por mí no osa mostrarse,
que en tal contradicción no está segura.

XXXVIII

Estoy contino[77] en lágrimas bañado,
rompiendo siempre el aire con sospiros,
y más me duele el no osar deciros
que he llegado por vos a tal estado;

que viéndome do estoy y en lo que he andado
por el camino estrecho de seguiros,
si me quiero tornar para hüiros,
desmayo, viendo atrás lo que he dejado;

y si quiero subir a la alta cumbre,
a cada paso espántanme en la vía
ejemplos tristes de los que han caído;

sobre todo, me falta ya la lumbre
de la esperanza, con que andar solía
por la oscura región de vuestro olvido.

Poesía castellanas completas. Edición, introducción y notas de Elias L. Rivers. 2a ed. Madrid: Castalia, 1981.

---

[77]continuamente.

FRAY LUIS DE LEÓN (1527?-91)

"Vida retirada"

¡Qué descansada vida
la del que huye del mundanal ruïdo,
y sigue la escondida
senda por donde han ido
los pocos sabios que en el mundo han sido!

Que no le enturbia el pecho
de los soberbios grandes el estado,
ni del dorado techo
se admira, fabricado
del sabio moro, en jaspes sustentado.

No cura[1] si la fama
canta con voz su nombre pregonera;
ni cura si encarama[2]
la lengua lisonjera
lo que condena la verdad sincera.

¿Qué presta a mi contento
si soy del vano dedo señalado;
si, en busca de este viento,
ando desalentado,
con ansias vivas y mortal cuidado?

¡Oh campo, oh monte, oh río!
¡Oh secreto[3] seguro deleitoso!

---

[1]cuida, le preocupa.

[2]enaltece, exalta, ensalza.

[3]lugar solitario.

Roto casi el navío,
a vuestro almo[4] reposo
huyo de aqueste mar tempestuoso.[5]

Un no rompido sueño,
un día puro, alegre, libre quiero;
no quiero ver el ceño
vanamente severo
del que la sangre sube o el dinero.

Despiértenme las aves
con su cantar süave no aprendido;
no los cuidados graves
de que es siempre seguido
quien al ajeno arbitrio está atenido.

Vivir quiero conmigo,
gozar quiero del bien que debo al cielo,
a solas, sin testigo,
libre de amor, de celo,
de odio, de esperanzas, de recelo.

Del monte en la ladera
por mi mano plantado tengo un huerto,
que con la primavera
de bella flor cubierto
ya muestra en esperanza el fruto cierto.

Y como codiciosa
de ver y acrecentar su hermosura,
desde la cumbre airosa
una fontana[6] pura
hasta llegar corriendo se apresura.

---

[4]santo, puro, vivificador, benéfico.

[5]correspondería "tempestüoso".

[6]fuente.

Y luego, sosegada,
el paso entre los árboles torciendo,
el suelo de pasada
de verdura vistiendo,
y con diversas flores va esparciendo.

El aire el huerto orea,
y ofrece mil olores al sentido,
los árboles menea
con un manso rüido,
que del oro y del cetro pone olvido.

Ténganse su tesoro
los que de un flaco leño se confían:
no es mío ver el lloro
de los que desconfían
cuando el cierzo[7] y el ábrego[8] porfían.

La combatida antena
cruje, y en ciega noche el claro día
se torna; al cielo suena
confusa vocería,
y la mar enriquecen a porfía.

A mí una pobrecilla
mesa, de amable paz bien abastada[9]
me baste; y la vajilla
de fino oro labrada
sea de quien la mar no teme airada.

Y mientra miserable-
mente se están los otros abrasando
en sed insacïable
del no durable mando,

---

[7]viento frío del norte.

[8]viento cálido del sur.

[9]abastecida.

tendido yo a la sombra esté cantando.

A la sombra tendido,
de yedra y lauro[10] eterno coronado,
puesto el atento oído
al son dulce acordado
del plectro sabiamente meneado.

"A Francisco Salinas, catedrático de música de la Universidad de Salamanca"[11]

El aire se serena
y viste de hermosura y luz no usada,[12]
Salinas, cuando suena
la música extremada[13]
por vuestra sabia mano gobernada.

A cuyo son divino
mi alma, que en olvido está sumida,
torna a cobrar el tino
y memoria perdida
de su origen[14] primera esclarecida.

Y como se conoce,
en suerte y pensamiento se mejora;
el oro desconoce,
que el vulgo ciego adora:
la belleza caduca engañadora.

---

[10]laurel.

[11]Amén de catedrático, fue también maestro y organista de la catedral de Salamanca. Era ciego de nacimiento y amigo de Fray Luis.

[12]poco frecuente.

[13]perfecta, sublime.

[14]como en latín, aquí la palabra es femenina.

Traspasa el aire todo
hasta llegar a la más alta esfera,
y oye allí otro modo
de no perecedera
música, que es de todas la primera.

Ve cómo el gran maestro
a aquesta inmensa cítara aplicado,
con movimiento diestro
produce el son sagrado,
con que este eterno templo es sustentado.

Y como está compuesta
de números concordes, luego envía
consonante respuesta;
y entrambas a porfía
mezclan una dulcísima armonía.

Aquí la alma navega
por un mar de dulzura y, finalmente,
en él ansí se anega,
que ningún accidente
extraño y peregrino oye o siente.

¡Oh desmayo dichoso!
¡Oh muerte que das vida! ¡Oh dulce olvido!
¡Durase en tu reposo,
sin ser restituido
jamás a aqueste bajo y vil sentido!

A aqueste bien os llamo,
gloria del Apolíneo[15] sacro coro,
amigos, a quien[16] amo

---

[15]Apolo, dios de la poesía, la música y las bellas artes, era padre de las musas; en el orfismo, la cítara cósmica era tocada por Apolo, a quien se hacía incluso padre de Pitágoras.

[16]a quienes.

sobre todo tesoro;
que todo lo demás es triste lloro.

¡Oh! suene de contino,
Salinas, vuestro son en mis oídos,
por quien al bien divino
despiertan los sentidos,
quedando a lo demás amortecidos.

"Noche serena"

Cuando contemplo el cielo
de innumerables luces adornado,
y miro hacia el suelo
de noche rodeado
en sueño y en olvido sepultado:

El amor y la pena
despiertan en mi pecho una ansia ardiente;
despiden larga vena
los ojos hechos fuente;
la lengua dice al fin con voz doliente:[17]

«¡Morada de grandeza,
templo de claridad y hermosura!
Mi alma que a tu alteza
nació, ¿qué desventura
la tiene en esta cárcel, baja, oscura?

¿Qué mortal desatino
de la verdad aleja así el sentido,
que de tu bien divino
olvidado, perdido
sigue la vana sombra, el bien fingido?

---

[17]En otras versiones se lee "la lengua dice al fin con voz doliente".

El hombre está entregado
al sueño, de su suerte no cuidando,
y con paso callado
el cielo, vueltas dando,
las horas del vivir le va hurtando.

¡Ay!, ¡despertad, mortales!
Mirad con atención en vuestro daño.
¿Las almas inmortales,
hechas a bien tamaño,
podrán vivir de sombra y solo engaño?

¡Ay!, ¡levantad los ojos
a aquesta celestial eterna esfera!
burlaréis los antojos
de aquesa lisonjera
vida, con cuanto teme y cuanto espera.

¿Es más que un breve[18] punto
el bajo y torpe suelo, comparado
a aqueste gran trasumpto,[19]
do vive mejorado
lo que es, lo que será, lo que ha pasado?

Quien mira el gran concierto
de aquestos resplandores eternales,
su moviento cierto,
sus pasos desiguales,
y en proporción concorde tan iguales:

La luna cómo mueve
la plateada rueda, y va en pos de ella
la luz[20] do el saber llueve,

---

[18]pequeño.

[19]copia, imitación.

[20]Mercurio, dios de la elocuencia y del saber, simbolizado aquí por la luz.

y la graciosa estrella[21]
de amor le sigue reluciente y bella:

Y cómo otro camino
prosigue el sanguinoso[22] Marte airado,
y el Júpiter benino[23]
de bienes mil cercado
serena el cielo con su rayo amado:

Rodéase en la cumbre
Saturno, padre de los siglos de oro;
tras de él la muchedumbre
del reluciente coro[24]
su luz va repartiendo y su tesoro:

¿Quién es el que esto mira
y precia la bajeza de la tierra,
y no gime y suspira
por romper lo que encierra
al alma, y de estos bienes la destierra?

Aquí vive el contento;
aquí reina la paz; aquí, asentado
en rico y alto asiento,
está el Amor sagrado
de honras y deleites rodeado.

Inmensa hermosura
aquí se muestra toda, y resplandece
clarísima luz pura,
que jamás anochece:
eterna primavera aquí florece.

---

[21]Venus.

[22]sanguinario.

[23]benigno.

[24]astros situados más allá de Saturno.

¡Oh campos verdaderos!
¡Oh prados con verdad dulces y amenos!
¡Riquísimos mineros!
¡Oh deleitosos senos!
¡Repuestos[25] valles de mil bienes llenos!»

"Morada del cielo"

Alma región luciente,
prado de bienandanza, que ni al hielo
ni con el rayo ardiente
fallece: fértil suelo,
producidor eterno de consuelo:

De púrpura y de nieve
florida, la cabeza coronado,
a dulces pastos mueve
sin honda ni cayado,
el Buen Pastor en ti su hato amado.

Él va, y en pos dichosas
le siguen sus ovejas, do las pace
con inmortales rosas,
con flor que siempre nace,
y cuanto más se goza más renace.

Ya dentro a la montaña
del alto bien las guía; ya en la vena
del gozo fiel las baña,
y les da mesa llena,
pastor y pasto él solo y suerte buena.

Y de su esfera, cuando
la cumbre toca altísimo subido
el sol, él sesteando

---

[25]abastecidos, bien proveídos.

de su hato ceñido
con dulce son deleita el santo oído.

Toca el rabel sonoro
y el inmortal dulzor al alma pasa
con que envilece el oro,
y ardiendo se traspasa,
y lanza en aquel bien libre de tasa.

¡Oh son! ¡Oh voz! Siquiera
pequeña parte alguna descendiese
en mi sentido, y fuera
de sí el alma pusiese,
y toda en ti, ¡oh Amor!, la convirtiese.

Conocería dónde
sesteas, dulce Esposo; y desatada
de esta prisión, a donde
padece, a tu manada
junta, no ya andara perdida, errada.

"Al salir de la cárcel"

Aquí la envidia y mentira
me tuvieron encerrado:
dichoso el humilde estado
del sabio que se retira
de aqueste mundo malvado;
y con pobre mesa y casa
en el campo deleitoso,
con sólo Dios se compasa,
y a solas su vida pasa,
ni envidiado ni envidioso.

Los cantares de Salomón en octava rima

CAPÍTULO PRIMERO

Esposa.   Béseme con su boca a mí el mi amado.
Son más dulces que el vino tus amores:
tu nombre es suave olor bien derramado,
y no hay olor, que iguale tus olores;
por eso las doncellas te han amado,
conociendo tus gracias y dulzores.
Llévame en pos de ti, y correremos:
no temas, que jamás nos cansaremos.

Mi Rey en su retrete[26] me ha metido,
donde juntos los dos nos holgaremos;
no habrá allí descuido, no habrá olvido;
los tus dulces amores cantaremos.
En ti se ocupará todo sentido,
de ti, por ti, y en ti nos gozaremos:
que siendo sin igual tu hermosura,
a ti solo amará toda dulzura.

Morena soy, mas bella en lo escondido,[27]
oh hijas de Sión,[28] y muy hermosa;
porque allá en lo interior no ha podido
hacerme daño el sol, ni empecer[29] cosa.
A tiendas de Cedar[30] he parecido:
que lo que dentro está, es cosa preciosa,
velo de Salomón,[31] que dentro encierra

---

[26]habitaciones privadas.

[27]interiormente.

[28]hijas de Jerusalén.

[29]dañar, empeorar.

[30]tiendas árabes, especialmente si se tiene en cuenta que así se llamaba el segundo hijo de Ismael.

[31]como la tienda de Salomón, de cuero por fuera y de oro y seda por dentro.

la hermosura y belleza de la tierra.

Mi color natural bien blanco ha sido:
que aquesta tez morena me causara
el sol, que andando al campo me ha herido.
Fuerza de mis hermanos me forzara,
(de aquellos, que la mi madre ha parido)
a que unas viñas suyas yo guardara;
guardé sus viñas con mucho cuidado,
y la mi propia viña no he guardado.

Dime, amor de mi alma, ¿dó apacientas
el tu hermoso ganado, y tu manada?
¿dónde haces la siesta, dónde asientas?
¿dónde tienes tu albergue, y tu majada?
Que no es justo, mi Esposo, que consientas
que entre pastores tantos yo ande errada.
Que en tierra do apacientas mil pastores,
¿cómo podré yo hallar los mis amores?

Esposo.   Si no sabes, bellísima pastora,
el valle, do apaciento el mi ganado,
toma los tus cabritos, y a la hora[32]
seguirán el camino más hollado.
Caminando por él vernás do[33] mora
el tu dulce pastor y desposado.
Allí podrán pacer los tus cabritos
entre los de los otros pastorcitos.

A la yegua de mi carro preciada
pareces en el brío, Esposa mía,
bella, gentil, lozana y bien tallada,
y lleno ese tu rostro de alegría.
Tu mejilla es de perlas arreada,
y el cuello con collar de pedrería;

---

[32]entonces.

[33]vendrás donde.

zarcillos de oro fino te daremos,
y un esmalte de plata les pondremos.

Esposa.   Cuando estaba el Rey mío en su reposo,
mi nardo dio su olor muy más crecido;
manojuelo de mirra es el mi Esposo;
por eso entre mis pechos le he metido:
racimo de Cofer[34] muy oloroso,
que en las viñas de Engaddi[35] se ha cogido.
Para mí quiero yo los sus olores,
pues sé que están en él los mis amores.

Esposo.   ¡Oh cómo eres hermosa, amiga mía!
¡oh cómo eres muy bella y muy graciosa!
Tus ojos de paloma en la alegría.

Esposa.   Oh dulce Esposo mío: Que no hay cosa
que iguale a tu belleza, y gallardía;
ni hay cosa acá en la tierra ansí olorosa.
Nuestro lecho es florido, y la morada,
de cedro y de ciprés está labrada.

CAPÍTULO SEGUNDO

Esposa.   Yo soy rosa del campo muy hermosa,
y azucena del valle muy preciada.

Esposo.   Cual entre las espinas es la rosa,
tal entre las doncellas es mi amada.

Esposa.   Como es ver un manzano, extraña cosa,
entre robles y encinas, estimada;
tal es a mí la vista de mi Esposo,
que entre todos los hijos es gracioso.

---

[34]arbusto aromático parecido al olivo.
[35]ciudad palestina junto al Mar Muerto.

Debajo de su sombra he deseado
sentarme; y me asenté, y ansí he cogido
la hermosa y dulce fruta, que él me ha dado;
la cual por su dulzor bien me ha sabido.
A la casa del vino me ha llevado,
y el su divino amor allí he sentido.
Cercadme de manzanas y de olores,
que herida y muy enferma estoy de amores.

La mano de mi Amor izquierda quiero
para me reclinar, y esto me place.
¡Presto! No se detenga que me muero.
Y con la su derecha que me abrace.

Esposo.   ¡Oh hijas de Sión!: de aquí os requiero
por cabra y corzo, que en el monte pace.
No despertéis mi amada, que ya duerme,
hasta que ella de suyo se recuerde.[36]

Esposa.   Voz de mi amado: vedle cómo viene,
los montes y el collado atravancando:[37]
ninguna sierra o monte le detiene,
las cabras y los corzos semejando;
vedle cómo se allega, y se detiene.
Detrás de mi pared está acechando.
¿No veis cómo se asoma al agujero,
y se quita, y se pone muy ligero?

Hablado me ha el mi amado, y mi querido:
Levántate del lecho, amiga mía;
vente conmigo, que el invierno es ido,
y las flores nos muestran ya alegría.
El campo está muy bello y muy florido,
y el tiempo del podar se descubría;
voz de la tortolilla ha ya sonado,

---

[36]despierte.

[37]atravesando.

despierta con su voz nuestro cuidado.

La higuera muestra ya el fruto sabroso;
las viñas, que florecen, dan su olor;
levántate, que el tiempo es deleitoso,
y ven, paloma mía, ven, mi amor.
Gocemos de este campo tan hermoso;
y en esas peñas de mayor altor,[38]
en unos agujeros escondidos
haremos nuestro albergue y nuestros nidos.

Descúbreme tu vista amable y bella,
muéstrame tus facciones tan hermosas,
suene tu voz süave, hermosa estrella.

Esposa.   Cazadme, dije yo, aquellas raposas,
las raposas pequeñas que gran mella
hacen en la mi viña, las rabiosas.
A todas las matad o haced que huyan,
antes que la mi viña me destruyan.

Mío es mi Esposo, mío y muy amado;
y yo soy toda suya, y él me quiere:
de Aquel, que entre las flores su ganado
apacienta, seré mientras viviere.
Cuando las sombras huyan por el prado,
vernaste,[39] Amor, a mí, si te pluguiere,
como la cabra o corzo bien ligero,
saltando por los montes, que te espero.

CAPÍTULO TERCERO

En mi lecho en las noches he buscado
al que mi alma adora, y no le hallando,

---

[38]altura.

[39]viste.

tornéle a buscar con mayor cuidado.
Y saltando del lecho suspirando,
entré por la ciudad, y he rodeado
las plazas y las calles caminando.
De tanto caminar cansada estaba,
mas nunca pude hallar al que buscaba.

Halláronme las guardas, que rondando
andaban la ciudad en noche oscura;
y yo acerquéme a ellas preguntando,
¿habéis visto al mi amado por ventura?
Y desque[40] un poco de ellas alejando
me voy, hallé el mi amor y mi hermosura:
túvelo yo abrazado y bien asido,
y en casa de mi madre lo he metido.

Oh hijas de Sión, yo os ruego, y pido
por las cabras y el ciervo y el venado,
no hagáis bullicio alguno, ni ruïdo,
porque no despertéis mi dulce amado,
que sobre el lecho mío se ha dormido.
Esperad que él despierte de su grado:
juntaos aquí conmigo, y velaremos,
y este su sueño dulce guardaremos.

Compañeras. ¿Quién es ésta, que sube del desierto
como columna bella y muy hermosa,
que el humo del incienso ha descubierto,
hasta dar en las nubes olorosa?
El cielo de su olor lleno está, cierto.
¡Oh, cómo es la su vista hermosa cosa!
La mirra y los perfumes olorosos
en ella muestran ser muy más preciosos.

Cercad bien con los ojos aquel lecho
del gran Rey Salomón, tan adornado.

---

[40]desde que.

LITERATURA ESPAÑOLA: UNA ANTOLOGÍA

Sesenta fuertes hombres muy de hecho
le tienen todo en torno rodeado:
hombres de gran valor y fuerte pecho,
y en armas cada cual bien enseñado:
todos tienen al lado sus espadas
por temor de las noches, y empuñadas.

Una morada bella ha edificado
para sí Salomón de extraña hechura;
el su monte de Líbano ha cortado,
para de cedro hacer la cobertura;
de plata las columnas ha labrado,
y el techo de oro fino y la moldura,
y el estrado de púrpura adornado,
y en medio de él mi Amor está asentado.

Esposa.   Salid, hijas de Sión, salí[41] a porfía,
veréis a Salomón Rey coronado
con la corona rica, que en el día
de su gozo su madre le había dado,
cuando con regocijo y alegría
conmigo desposó al mi lindo amado.
Salid, veréis la cosa más hermosa,
que el mundo tiene acá, y la más graciosa.

CAPÍTULO CUARTO

Esposo.   ¡Oh cómo eres hermosa, dulce amada!
Y tus ojos tan bellos y graciosos,
como de una paloma muy preciada,
entre esos tus copetes[42] tan hermosos.
Tu cabello parece una manada
de cabras y cabritos, que gozosos

---

[41]salid.
[42]mechones.

del monte Galaad[43] vienen bajando,
el pelo todo liso y relumbrando.

Los tus hermosos dientes parecían
un rebaño de ovejas muy preciado,
las cuales de bañarse ya venían
del río, el vellón viejo trasquilado;
tan blancas, tan parejas que se vían[44]
paciendo por el campo y por el prado.
Estéril entre todas no la había,
dos cordericos cada cual traía.

Hilo de carmesí bello, y polido[45]
son tus labios; y tu hablar gracioso.
Tus mejillas a mí me han parecido
un casco[46] de granada muy hermoso:
y aquese blanco cuello, liso, erguido,
castillo de David fuerte y vistoso:
mil escudos en él están colgados,
las armas de los fuertes y estimados.
Los tus pechos dos blancos cabritillos
parecen, y mellizos, que paciendo
están entre violetas ternecillos,
en medio de las flores rebullendo.
Mientras las sombras de aquellos cerrillos
huyen, y el día viene reluciendo,
voy al Monte de Mirra y al Collado
del incienso a cogerle muy preciado.
Del todo eres hermosa, amiga mía,
no tiene falta alguna tu hermosura:
del Líbano desciende, mi alegría,
y vente para mí; y esa espesura

---

[43]antiguo país en Palestina.

[44]veían.

[45]pulido.

[46]corteza, cáscara.

de Hermón y de Amaná,[47] que te tenía,
dejadla de seguir, que es muy oscura,
donde se crían onzas y leones
en las oscuras cuevas y rincones.

¡El corazón, Esposa, me has robado
en una sola vez que me miraste;
con el sartal del cuello le has atado;
cuán dulce es el amor, con que me amaste!
Más sabroso es que el vino muy preciado.
¡Oh cuán süave olor, que derramaste!
Panal están tus labios destilando,
y en leche y miel tu lengua está nadando.

Tu vestido y arreo tan preciado
en su olor al del Líbano parece.
Eres un huerto hermoso y bien cercado,
que ninguno le daña ni le empece;
fuente sellada, que el que la ha gustado,
en el tu dulce amor luego enternece;
jardín todo plantado de granados
de juncia, mirra y nardos muy preciados.

Donde también el azafrán se cría,
canela y cinamomo muy gracioso,
y toda suavidad de especería;[48]
linálöe con todo lo oloroso.
Fuente eres de los huertos, alma mía,
pozo de vivas aguas muy sabroso,
que del Líbano bajan sosegadas,
y en este pozo están muy reposadas.
Sus, vuela, cierzo; ea, no parezcas,
por mi hermoso huerto, que he temor,
que con tu dura fuerza me le empezcas,
dañándome mis frutos y mi flor.

---

[47]cadena de montañas de Judea.

[48]especias.

Ven, ábrego, que ablandes y enternezcas
mis plantas, y derrames el su olor.

Esposa.   Venga al su huerto y coja sus manzanas,
mi amado, y comerá las muy tempranas.

CAPÍTULO QUINTO

Esposo.   Vine yo ya al mi huerto, hermana Esposa,
y ya cogí mi mirra y mis olores;
comí el panal, y la mi miel sabrosa,
bebí mi vino y leche y mis licores.
Venid, mis compañeros, que no es cosa
que dejéis de gustar tales dulzores.
Bebed hasta embriagaros, que es süave
mi vino; que al que más bebe, más sabe.

Esposa.   Yo duermo, al parecer, muy sin cuidado,
mas el mi corazón está velando.
La voz de mi querido me ha llamado.

Esposo.   «Abreme, amiga mía, que esperando
está a la su paloma éste tu amado:
Abreme, que está el cielo lloviznando.
Mi cabello y cabeza está mojada
de gotas de la noche, y rociada».

Esposa.   Todas mis vestiduras me he quitado,
¿cómo me vestiré, que temo el frío?
Y habiéndome también los pies lavado,
¿cómo me ensuciaré yo, amado mío?
Con su mano mi Esposo había probado
abrirme la mi puerta con gran brío;
por entre los resquicios la ha metido,
y en mí el mi corazón se ha estremecido.

Levantéme yo a abrirle muy ligera,
de mis manos la mirra destilaba;

la mirra, que de mis manos cayera,
mojó la cerradura y el aldaba:
abríle; mas mi Amor ya ido era:
que el alma, cuando abría, me lo daba.
Busquéle, mas hallarle no he podido;
llaméle, mas jamás me ha respondido.

Halláronme las guardas, que en lo escuro
de la noche velaban con cuidado.
Hiriéronme también las que en el muro
velaban, y aun el manto me han quitado.
¡Oh hijas de Sión, de aquí os conjuro,
digáis, si acaso viéredes mi amado,
cuán enferma me tienen sus amores,
cuán triste y cuán amarga, y con dolores!

Compañeras. ¿Qué tal es ése, que tú tanto amaste,
oh hermosa sobre todas las mujeres,
aquél por quien ansí nos conjuraste?
Dinos las señas de él, si las supieres;
que aquel que con tal pena tu buscaste,
hermoso debe ser, pues tú le quieres.

Esposa. Mi amado es blanco, hermoso y colorado:
bandera entre millares ha llevado.

La su cabeza, de oro es acendrado;
son crespos y muy negros sus cabellos;
los ojos de paloma ha mi amado,
grandes, claros, graciosos y muy bellos;
de paloma que en leche se ha bañado;
tan lindos, que basta a herir con ellos;
en lo lleno del rostro están fijados:
del todo son hermosos y acabados.

Son como eras de plantas olorosas
de confección süave sus mejillas;
sus labios son violetas muy hermosas,
que estilan mirra y otras maravillas;

rollos de oro con tarsis muy preciosas
sus manos, cuando él quiere descubrillas;
su vientre blanco, de marfil labrado,
de záfiros muy ricos adornado.

Columnas son de mármol bien fundadas
en basas de oro fino muy polido
sus piernas, fuertes, recias y agraciadas;
y el su semblante grave y muy erguido,
como plantas de cedro, que plantadas
en el Líbano están, me ha parecido;
su paladar manando está dulzura,
y todo él es deseos y hermosura.

Tal es el mi querido, tal mi amado;
tales son sus riquezas, sus haberes:
por este tal os he yo conjurado,
porque en él sólo están los mis placeres.

Compañeras.   ¿Dó fue ese amado tuyo tan preciado,
oh hermosa sobre todas las mujeres?
¿Dinos dó fue? Que todas nos iremos
juntas contigo, y te le buscaremos.

CAPÍTULO SEXTO

Esposa.   Mi amado al huerto suyo ha descendido,
a las eras de plantas olorosas:
su ganado en mi huerto le ha metido,
a apacentarlo allí y a coger rosas.
A sólo aquel mi amado he yo querido,
a mí sola también entre sus cosas:
el mi querido es solo entre pastores,
que el ganado apacienta entre mil flores.

Esposo.   Como Tirsa,[49] mi amada, eres hermosa,
como Jerusalem polida y bella,
como escuadrón de gente eres vistosa,
y fuerte y mil banderas hay en ella.
Vuelve de mí tus ojos, dulce Esposa,
tu vista me hace fuerza[50] sólo en vella.[51]
Tu cabello parece a las manadas
de cabras, que en Galaad salen peinadas.

Una manada, linda mía, de ovejas,
me han tus hermosos dientes parecido,
que trasquiladas ya las lanas viejas,
del río de bañarse han subido
tan blancas, tan lucientes, tan parejas:
cada cual dos corderos ha parido;
tus mejillas un casco de granada
entre esos tus copetes asentada.

Sesenta reinas, todas coronadas,
y ochenta concubinas me servían;
las doncellas no pueden ser contadas,
que número, ni cuento no tenían.
Mas una es mi paloma y, humilladas
todas, a mi perfecta obedecían:
que única a su madre aquésta era,
aquésta sola, que otra no pariera.

Las hijas que la vieron la llamaron
la Bienaventurada y la Dichosa.
Reinas y concubinas la loaron
entre todas por bella y por graciosa;
todos los que la vieron, se admiraron,
diciendo: «¿Quién es ésta tan hermosa,
que como el alba muestra su frescura,

---

[49]Tersa, ciudad de Palestina.

[50]vence.

[51]verla.

y como luna clara su hermosura?»

Como el sol, entre todas se ha escogido,
fuerte como escuadrón muy bien armado.

Esposa.   Al huerto del nogal he descendido,
por ver si daba el fruto muy preciado,
mirando si la viña ha florecido,
y el granado me daba el fruto amado.
No sé cómo me pude ir tan ligera,
que mi alma allá en un punto me pusiera.

Carros de Aminadab[52] muy presurosos
los mis ligeros pasos parecían;
y los que me miraban, deseosos
de verme, «Oh Sulamita,[53] me decían:
Vuelve, vuelve los ojos tan graciosos,
ten tus ligeros pies, que ansí corrían».
Decía Sulamita: «¿qué mirastes,
que como un escuadrón os ordenastes?».

CAPÍTULO SÉPTIMO

Compañeras.   Cuán bellos son tus pasos y el tu andar,
los tus graciosos pies, y ese calzado;
tus muslos una ajorca o un collar,
de manos de maestro bien labrado;
tu ombligo es una taza circular,
llena de un licor dulce muy preciado;
montón de trigo es tu vientre hermoso,
cercado de violetas, y oloroso.

Tus pechos, en belleza y en ternura,
dos cabritos mellizos y graciosos;

---

[52]el demonio.

[53]solimitana, habitante de Jerusalén.

y torre de marfil de gran blancura
tu cuello; y los tus ojos muy hermosos,
estanques de Esebón[54] de agua muy pura,
que en puerta Batrabim[55] están vistosos;
tu nariz una torre preciada
del Líbano a Damasco está encarada.

Tu cabeza al Carmelo[56] levantado
sobre todos los montes parecía;
y el tu cabello rojo y encrespado,
color de fina púrpura tenía.
El Rey en sus regueras está atado,
que desasirse de ellas no podía.
¡Oh cuán hermosa eres y agraciada,
amiga, y en deleites muy preciada!

Una muy bella palma, y muy crecida,
parece tu presencia tan preciada;
de unos racimos dulces muy ceñida,
que son tus lindos pechos, desposada.
Dije: «yo subiré en la palma erguida,
asiré los racimos de la amada»:
racimos de la vid dulces y hermosos
serán tus pechos lindos y graciosos.

Un olor de manzanas parecía
el huelgo de tu boca tan graciosa,
y como suave vino bien olía.
Tu lindo paladar, oh linda Esposa,
cual vino que al amado bien sabía
y a las derechas era dulce cosa;
que despierta los labios ya caídos,
y gobierna la lengua y los sentidos.

---

[54]Hesbón, ciudad cerca del mar Muerto.

[55]referencia bíblica, posiblemente una de las puertas de Jerusalén.

[56]cadena montañosa de Palestina, vinculada al profeta Elías.

Esposa.   Yo soy enteramente de mi Esposo,
y él en mí sus deseos ha empleado.
Ven, pues, amado dulce y muy gracioso;
salgamos por el campo y por el prado,
moremos en las granjas, que es sabroso
lugar para gozar muy sin cuidado;
muy de mañana nos levantaremos,
y juntos por las viñas nos iremos.

Veremos, si la vid ya florecía
y el granado nos muestra ya sus flores,
si el dulce fruto ya se descubría.
Allí te daré yo los mis amores,
la mandrágora allí su olor envía,
y allí las frutas tienen sus dulzores:
que yo todas las frutas, dulce amado,
dentro en mi casa te las he guardado.

CAPÍTULO OCTAVO

Petit incarnationem.[57]

¿Quién como hermano mío te me diese,
que el pecho de mi madre hayas mamado?
Do quiera que hallarte yo pudiese
mil besos, mil abrazos te habría dado,
sin que me despreciase el que me viese,
sabiendo que en un vientre hemos andado:
en casa de mi madre te entraría,
y allí tu dulce amor me enseñaría.

Del vino que adobado yo tenía,
haría que bebieses, que es preciado,
y el mosto de granadas te daría.
La su mano siniestra del mi amado
bajo la mi cabeza la ponía,

----

[57]"Pide la encarnación".

y con la su derecha me ha abrazado.
Oh hijas de Sión, no hagáis ruïdo,
porque mi dulce amor está dormido.

Compañeras. ¿Quién es ésta, que sube recostada
del desierto, y echada la su mano
sobre su amado tiene, y delicada?

Esposa. Allí te desperté so aquel manzano,
adonde te parió tu madre amada;
allí sintió el dolor, que no fue vano.

Esposo. Sobre tu corazón me pon por sello,
amada, y sobre el brazo y en tu cuello.

Como la muerte fuerte es el amor,
duros como el infierno son los celos,
las sus brasas son fuego abrasador,
que son brasas de Dios y de sus cielos.
Muchas aguas no pueden tal ardor
matarle, ni los ríos con sus hielos.
El que este amor alcanza, ha despreciado
cuanto haber este mundo le haya dado.

Esposa. Pequeña es nuestra hermana; aún no tenía
pechos. Mientras le nacen, ¿qué haremos,
cuando se hablare de ella, vida mía?

Esposo. Una pared muy fuerte labraremos,
y un palacio de plata yo le haría;
y las puertas de cedro le pondremos;
y dentro del palacio ella encerrada,
estará muy segura y muy guardada.

Esposa. Yo soy bien fuerte muro, Esposo amado,
y mis pechos son torre bien fundada.

Esposo. Bien segura estará puesta a mi lado.

Esposa. No hay dónde pueda estar mejor guardada:
que luego que a tus ojos he agradado,
quedé yo en paz, temida y acatada.
Y ansí con tal Esposo estoy segura,
que no me enojará de hoy más criatura.

En Bal-Hamón[58] su gran viña tenía
Salomón, entregada a los renteros;
cada cual, por los frutos que cogía,
de plata le traía mil dineros;
más me rentará a mí la viña mía
que me la labraré con mis obreros.

Mil dan a Salomón, y ellos ganaban
doscientos, de los frutos que sacaban.

Esposo. Estando tú en el huerto, amada Esposa,
y nuestros compañeros escuchando,
haz que oya yo tu voz dulce y graciosa
que el tu querido Esposo está llamando.

Esposa. Ven presto, amigo mío, que tu Esposa
te espera; ven corriendo, ven saltando,
como cabras o corzos corredores,
sobre los montes altos y de olores.

Finis hujus operis[59]

Poesías. Edición del padre Angel Custodio Vega. Madrid: Cupsa Editorial, 1976.

---

[58]referencia desconocida.

[59]"Fin de esta obra".

SAN JUAN DE LA CRUZ (1542-91)

Cántico espiritual[1]

"Canciones entre el Alma y el Esposo"

Esposa

1

¿Adónde te escondiste,
Amado, y me dejaste con gemido?
Como el ciervo huiste,
habiéndome herido,
salí tras tí clamando, y eras ido.

---

[1]Seguimos el llamado texto A, que corresponde al manuscrito de Sanlúcar de Barrameda. El texto B, que corresponde al manuscrito de Jaén, agrega una estrofa y cambia la disposición de las estrofas del texto A. La estrofa agregada como número 11* es la siguiente:

> Descubre tu presencia,
> y máteme tu vista y hermosura;
> mira que la dolencia
> de amor, que no se cura
> sino con la presencia y la figura.

De acuerdo a la numeración que colocamos para el texto A, el orden de las estrofas en el texto B resulta ser: 1 a 10, 11*, 11 a 14, 25, 26, 31, 32, 29, 30, 27, 28, 15 a 24, 33 a 39. Hay muy pocas variaciones léxicas. Se han uniformado fluctuaciones ortográficas, expandido las abreviaturas, y se ha regularizado *u* por *v* cuando corresponde.

2

Pastores, los que fuerdes,[2]
allá por las majadas al otero,
si por ventura vierdes,[3]
aquel que yo más quiero,
decilde[4] que adolesco, peno y muero.

3

Buscando mis amores
iré por esos montes y riberas;
ni cogeré las flores,
ni temeré las fieras,
y pasaré los fuertes[5] y fronteras.

Pregunta a las criaturas

4

¡Oh bosques y espesuras,
plantadas por la mano del Amado!
¡Oh prado de verduras,
de flores esmaltado,
decid si por vosotros ha pasado!

---

[2]fuéredes, es decir, fuereis.

[3]viéredes, es decir, viereis.

[4]decidle.

[5]fortalezas.

Respuesta de las criaturas

5

Mil gracias derramando
pasó por estos sotos con presura,[6]
y, yéndolos mirando,
con sola su figura
vestidos los dejó de hermosura.

Esposa

6

¡Ay!, ¿quién podrá sanarme?
Acaba de entregarte ya de vero.[7]
No quieras enviarme
de hoy más ya mensajero,
que no saben decirme lo que quiero.

7

Y todos cuantos vagan
de ti me van mil gracias refiriendo,
y todos más me llagan,
y déjame muriendo
un no sé qué que quedan balbuciendo.

8

Mas ¿cómo perseveras,
¡oh vida!, no viviendo donde vives

---

[6]con rapidez.
[7]de veras.

y haciendo porque mueras
las flechas que recibes
de lo que del Amado en ti concibes?

9

¿Por qué, pues has llagado
aqueste corazón, no le sanaste?
Y, pues me le has robado,
¿por qué así le dejaste
y no tomas el robo que robaste?

10

Apaga mis enojos,
pues que ninguno basta a deshacellos,[8]
y véante mis ojos
pues eres lumbre de ellos,
y sólo para ti quiero tenellos.[9]

11

¡Oh cristalina fuente,
si en esos tus semblantes plateados
formases de repente
los ojos deseados
que tengo en mis entrañas dibujados!

---

[8]deshacerlos.
[9]tenerlos.

12

Apártalos, Amado,
que voy de vuelo.

Esposo

Vuélvete, paloma,
que el ciervo vulnerado[10]
por el otero asoma
al aire de tu vuelo, y fresco toma.

Esposa

13

Mi Amado, las montañas,
los valles solitarios nemorosos,[11]
las ínsulas extrañas,
los ríos sonorosos,[12]
el silbo de los aires amorosos,

14

la noche sosegada
en par de los levantes de la aurora,
la música callada,
la soledad sonora,
la cena que recrea y enamora.

---

[10]herido.

[11]del latín *nemorosus*: lleno de bosque.

[12]sonoros.

15

Nuestro lecho florido,
de cuevas de leones enlazado,
en púrpura tendido,[13]
de paz edificado,
de mil escudos de oro coronado.

16

A zaga[14] de tu huella
las jóvenes discurren[15] el camino
al toque de centella,
al adobado vino;
emisiones[16] de bálsamo divino.

17

En la interior bodega
de mi Amado bebí, y cuando salía
por toda aquesta vega
ya cosa no sabía;
y el ganado perdí que antes seguía.

18

Allí me dio su pecho,
allí me enseñó ciencia muy sabrosa,
y yo le di de hecho

---

[13]embebido.
[14]detrás.
[15]correr de un lado a otro.
[16]efluvios, aromas.

a mí, sin dejar cosa;
allí le prometí de ser su esposa.

19

Mi alma se ha empleado
y todo mi caudal en su servicio.
Ya no guardo ganado,
ni ya tengo otro oficio,
que ya sólo en amar es mi ejercicio.

20

Pues ya si en el ejido[17]
de hoy más no fuere vista ni hallada,
diréis que me he perdido;
que andando enamorada,
me hice perdidiza, y fui ganada.

21

De flores y esmeraldas,
en las frescas mañanas escogidas,
haremos las guirnaldas,
en tu amor florecidas
y en un cabello mío entretejidas.

22

En solo aquel cabello
que en mi cuello volar consideraste,
mirástele en mi cuello,

---

[17]ejido, campo de propiedad comunal para reunir el ganado.

y en él preso quedaste,
y en uno de mis ojos te llagaste.

23

Quando tú me mirabas,
tu[18] gracia en mí tus ojos imprimían;
por eso me adamabas,[19]
y en eso merecían
los míos adorar lo que en ti vían.[20]

24

No quieras despreciarme,
que, si color moreno en mí hallaste,
ya bien puedes mirarme
después que me miraste,
que gracia y hermosura en mí dejaste.

25

Cogednos[21] las raposas,
que está ya florecida nuestra viña,
en tanto que de rosas
hacemos una piña,[22]
y no parezca[23] nadie en la montiña.[24]

---

[18]En algunas versiones se dice *su*.

[19]amabas.

[20]veían.

[21]En el texto B se dice *cazadnos*.

[22]ramo de flores.

[23]aparezca.

[24]montaña.

26

Detente, cierzo[25] muerto.
Ven, austro[26] que recuerdas[27] los amores,
aspira por mi huerto
y corran sus olores,
y pacerá el Amado entre las flores.

Esposo

27

Entrado se ha la esposa
en el ameno huerto deseado,
y a su sabor reposa
el cuello reclinado
sobre los dulces brazos del Amado.

28

Debajo del manzano
allí conmigo fuiste desposada;
allí te di la mano
y fuiste reparada,
donde tu madre fuera violada.

29

A las aves ligeras,
leones, ciervos, gamos saltadores,
montes, valles, riberas,

---

[25]viento frío y seco del norte.

[26]viento caliente del sur.

[27]despiertas.

aguas, aires, ardores,
y miedos de las noches veladores;

30

por las amenas liras
y canto de serenas,[28] os conjuro
que cesen vuestras iras
y no toquéis al muro,
porque la esposa duerma más seguro.

Esposa

31

¡Oh ninfas de Judea!,[29]
en tanto que en las flores y rosales
el ámbar perfumea,
morá[30] en los arrabales
y no queráis tocar nuestros umbrales.

32

Escóndete, carillo,[31]
y mira con tu haz[32] a las montañas,
y no quieras decillo;[33]

---

[28]sirenas.

[29]referencia a las hijas de Jerusalén, invocadas en el *Cantar de los cantares* de Salomón.

[30]morad.

[31]queridito, diminutivo usado en la poesía popular.

[32]faz, rostro.

[33]decirlo.

mas mira las compañas[34]
de la que va por ínsulas extrañas.

Esposo

33

La blanca palomica
al arca con el ramo se ha tornado;[35]
y ya la tortolica
al socio[36] deseado
en las riberas verdes ha hallado.

34

En soledad vivía
y en soledad ha puesto ya su nido,
y en soledad la guía
a solas su querido,
también en soledad de amor herido.

Esposa

35

Gocémonos, Amado,
y vámonos a ver en tu hermosura
al monte o al collado,
do[37] mana el agua pura;

---

[34]compañías.
[35]ha tornado.
[36]compañero.
[37]donde.

entremos más adentro en la espesura.

36

Y luego a las subidas
cavernas de la piedra nos iremos,
que están bien escondidas;
y allí nos entraremos,
y el mosto de granadas gustaremos.

37

Allí me mostrarías
aquello que mi alma pretendía;
y luego me darías
allí, tú, vida mía,
aquello que me diste el otro día.

38

El aspirar del aire,
el canto de la dulce filomena,[38]
el soto y su donaire
en la noche serena,
con llama que consume y no da pena.

39

Que nadie lo miraba,

---

[38]Según el mito griego, Filomena era la hija de Pandión, rey de Atenas, que fue metamorfoseada en golondrina. Para la tradición latina, es la esposa de Tereo convertida en ruiseñor.

Aminadab[39] tampoco parecía;
y el cerco sosegaba,
y la caballería
a vista de las aguas descendía.

"Coplas a lo divino"

Tras de un amoroso lance,
y no de esperanza falto,
volé tan alto, tan alto,
que le di a la caza alcance.

Para que yo alcance diese
a aqueste lance divino,
tanto volar me convino,
que de vista me perdiese;
y con todo, en este trance,
en el vuelo quedé falto;
mas el amor fue tan alto,
que le di a la caza alcance.

Cuando más alto subía
deslumbróseme la vista,
y la más fuerte conquista
en oscuro se hacía;
mas, por ser de amor el lance,
di un ciego y oscuro salto,
y fui tan alto, tan alto,
que le di a la caza alcance.

Cuanto más alto llegaba,
de este lance tan subido,
tanto más bajo y rendido
y abatido me hallaba;
dije: No habrá quien alcance;

---

[39]el demonio, adversario del alma.

y abatíme tanto, tanto,
que fui tan alto, tan alto,
que le di a la caza alcance.

Por una extraña manera
mil vuelos pasé de un vuelo,
porque esperanza de cielo
tanto alcanza cuanto espera;
esperé solo este lance
y en esperar no fui falto,
pues fui tan alto, tan alto,
que le di a la caza alcance.

"Otras canciones a lo divino de Cristo y el alma"

Un pastorcico solo está penado,
ajeno de placer y de contento,
y en su pastora puesto el pensamiento,
y el pecho del amor muy lastimado.

No llora por haberle amor llagado,
que no le pena verse así afligido,
aunque en el corazón está herido;
más llora por pensar que está olvidado.

Que sólo de pensar que está olvidado
de su bella pastora, con gran pena,
se deja maltratar en tierra ajena,
el pecho del amor muy lastimado.

Y dice el pastorcico: ¡Ay, desdichado
de aquel que de mi amor ha hecho ausencia
y no quiere gozar la mi presencia,
y el pecho por su amor muy lastimado!

Y a cabo de un gran rato se ha encumbrado
sobre un árbol, do abrió sus brazos bellos,
y muerto se ha quedado, asido de ellos,

el pecho del amor muy lastimado.

"Cantar del alma que se huelga de conocer a Dios por fe"

¡Qué bien sé yo la fonte[40] que mana y corre,
aunque es de noche!

Aquella eterna fonte está ascondida,[41]
que bien sé yo dó tiene su manida,[42]
aunque es de noche.

[En esta noche oscura de la vida
que bien sé yo por fe la fonte frida,[43]
aunque es de noche.]

Su origen no lo sé, pues no le tiene,
mas sé que todo origen de ella viene,
aunque es de noche.

Sé que no puede ser cosa tan bella
y que cielos y tierra beben de ella,
aunque es de noche.

Bien sé que suelo en ella no se halla
y que ninguno puede vadealla,[44]
aunque es de noche.

Su claridad nunca es oscurecida,
y sé que toda luz de ella es venida,
aunque es de noche.

---

[40]Alterna con fuente en el mismo poema.

[41]escondida.

[42]lugar al que se acogen los animales.

[43]fría.

[44]vadearla.

Sé ser tan caudalosos sus corrientes,[45]
que infiernos, cielo riegan, y las gentes,
aunque es de noche.

El corriente que nace de esta fuente
bien sé que es tan capaz y omnipotente,
aunque es de noche.

El corriente que de estas dos procede,
sé que ninguna de ellas le precede,
aunque es de noche.

[Bien sé que tres en sola una agua viva
residen y una de otra se deriva
aunque es de noche.]

Aquesta eterna fonte está escondida
en este vivo pan por darnos vida,
aunque es de noche.

Aquí se está llamando a las criaturas,
y de esta agua se hartan, aunque a oscuras,
porque es de noche.

Aquesta viva fuente que deseo,
en este pan de vida yo la veo,
aunque [es] de noche.

Poesías. Edición, introducción y notas de Paola Elia. Madrid: Editorial Castalia,
1990.

---

[45]palabra de género masculino, según se constata en los versos siguientes.

GIL VICENTE (1465?-1536?)

Auto pastoril castellano

*Entra primero un pastor inclinado a vida contemplativa, que anda siempre
solitario. Entra otro que le censura esto. Y puesto que la obra en sí misma,
desde ahí en adelante, es muy clara, no es menester más argumento.*

Gil.   Aquí está fuerte majada.
        Quiero repastar[1] aquí,
        mi ganado; veislo allí,
        soncas,[2] 'n aquella abrigada.
        Yo aquí estoy abrigado
        del tempero[3] de Fortuna.
        Añublada[4] está la luna,
        ¡mal pecado!
        Lloverá, soncas, priado.[5]
        Quiero aquí poner mi hato
        que cumpre estar añazeando[6]
        y andarme aquí holgando,
        canticando[7] rato a rato.
        ¡Huzia[8] en Dios! ¡Vendrá el verano
        con sus flores y rosetas!
        Cantaré mil chanzonetas,

---

[1]volver a dar pasto al ganado.

[2]sayagués: ciertamente.

[3]sayagués: clima.

[4]sayagués: nublada.

[5]sayagués: pronto.

[6]cumple estar divirtiéndose.

[7]cantando.

[8]sayagués: confianza.

muy ufano,
si allá llego vivo y sano.
¡Riedro,[9] riedro! ¡Vaya el ceño!
Aborrir[10] quiero el pesar.
Comenzaré de cantar
mientras me debroca[11] el sueño. *(Canta Gil.)*
«Menga Gil me quita el sueño,
que ño[12] duermo». *(Entra Bras.)*

Bras.   Di, Gil Terrón: tú ¿qué has,
que siempre andas apartado?

Gil.   Mi fe, cuido ¡mal pecado!
que ño se te entiende más.
Tú que andas siempre en bodas,
corriendo toros y vacas,
¿qué ganas tú, o qué sacas
de ellas todas?
Asmo,[13] asmo que te enlodas.
Solo quiero canticar,
repastando mis cabritas
por estas sierras benditas.
Ño me acuerdo del lugar,
cuando cara el[14] cielo oteo
y veo tan buena cosa;
ño me parece hermosa,
ñi de aseo,
zagala de cuantas veo.
Andando solo magino
que la soldada que gano
se me pierde de la mano,
soncas, en cualquier camino.

---

[9]sayagués: atrás.

[10]sayagués: dejar, abandonar.

[11]sayagués: inclina, hace caer.

[12]no; característica general del sayagués es la sustitución de *n* por *ñ*.

[13]sayagués: pienso.

[14]al.

'N esta soledad me enseño
que el ganado con que ando
—ño sabré cómo ni cuándo—,
según sueño,
quizá será d'otro dueño.
¿Conociste a Juan Domado,
que era pastor de pastores?
Yo lo vi entre estas flores
con gran hato de ganado,
con su cayado real,
repastando en la frescura
con favor de la Ventura.
Di, zagal,
¿qué se hizo su corral?
Vete tú, Bras, al respingo,
que yo desclucio del torruño.[15]

Bras.   El crego[16] de Bico Nuño
te enseñó eso al domingo.
Anda, anda acompañado,
canta y huelga en las majadas,
que este mundo, Gil, a osadas,
¡mal pecado!
se debroca muy priado.

Gil.   Aunque huyo la compaña,[17]
ño quiero mal a pastor;
mas yo aprisco[18] mejor
apartado en la montaña.
De contino[19] siempre oteo,
ingrillando los oídos[20]
si darán, soncas, gemidos

---

[15]sayagués: renuncio al terruño.

[16]sayagués: clérigo.

[17]compañía.

[18]recoger el ganado.

[19]continuamente.

[20]sayagués: escuchando atentamente.

	de deseo
	los corderos que careo. *(Habla Lucas, otro pastor, a lo lejos.)*
Lucas.	¡Hao carillos![21]
Gil.	¿A quién hablas?
Lucas.	A vosotros digo yo,
	¿si alguno de vos me vio
	perdidas unas dos cabras?
Gil.	Yo ño.
Bras.	Ñi yo.
Lucas.	¡A Dios pliega![22]
Gil.	¿Cómo las perdisti[23]? ¡Di!
Lucas.	Perdiéronse por ahí,
	por la vega,
	o algún me las soniega.[24]
	'N el hato de Bras Picado
	andaba Marta bailando;
	yo estúvela oteando.
	Boca abierto, tresportado,[25]
	y al son batiendo el pie,
	estuve dos horas valientes;
	el ganado entanamientes[26]
	¡a la he![27]
	no sé para dónde fue.
Gil.	Y aun por eso que yo sospecho
	me aparto de saltijones;[28]
	que vanas conversaciones
	no traen ningún provecho.
	Siempre pienso en cosas buenas,

---

[21]sayagués: compañeros.

[22]plazca.

[23]perdiste.

[24]lusismo: hurta.

[25]sayagués: transportado.

[26]sayagués: mientras tanto.

[27]fe.

[28]a saltos desmesurados.

                yo me hablo, yo me digo,
                tengo paz siempre comigo[29]
                sin las penas
                que dan las cosas ajenas.

Lucas.   Ño me quiero estar trastrás;[30]
                ya perdido es lo perdido.
                ¿Qué gano en tomar sentido?
                ¿Qué dices, Gil? ¿Y tú, Bras?

Gil.   Tú muy perezoso estás.
                ¡Busca, busca las cabritas!
                Tras que tienes muy poquitas,
                ño te das
                de perder cada vez más.
                Encomiéndalas a Dios.

Lucas.   ¿Qué podrá eso prestar?

Gil.   Él te las irá buscar,
                que siempre mira por nos.

Lucas.   Si los lobos las comieron,
                ¿hámelas Dios de traer?
                ¡Harto terná[31] que hacer!
                Y si murieron,
                mucho más que yo perdieron.
                Mas quiero llamar, zagales.
                ¡Tengamos todos majada!

Bras.   Sube 'n aquella asomada
                y dales gritos mortales.

Lucas.   Hace escuro.[32] ¿Quién verá?
                Caeré 'n un barrancón.

Gil.   Toma, lleva este tizón.

Lucas.   Dalo acá;
                éste ñunca allá irá. *(Llama Lucas.)*
                ¡Ah, Silvestre! ¡Ah, Vicente!

---

[29]comigo.

[30]el penúltimo, en algunos juegos infantiles.

[31]tendrá.

[32]Está oscuro.

	¡Ah, Pedruelo! ¡Ah, Bastián!
	¡Ah, Jarrete! ¡Ah, Bras Juan!
	¡Ah, Pasival! ¡Oh, Clemente!

Silvestre. *(Lejos.)* ¡Ah, Lucas! ¿Qué ños quieres? Di.

Lucas. Que vengáis acá priado.
Tomaremos gasajado,
que Gil Terrón está aquí
en abrigado
allegre[33] y bien asombrado. *(Vienen los pastores y dice Silvestre:)*

Silvestre. Ora terrible placer
tenéis vosotros acá.

Bras. ¡Sí tenemos, soncas, ha!
Pues, ¿qué habemos[34] de hacer?
Quien el cordojo[35] se dio,
más cordojo se le pega.

Silvestre. Bailemos una borrega.

Bras. Mía fe, ño,
que tú bailas más que yo.

Gil. ¡Juri[36] a ños que estás chapado![37]
¿Qué es esto, Silvestre hermano?

Silvestre. ¿Ño ves que viene el verano
y soy recién desposado?

Gil. *¡Jesus autem intrinsienes!*[38]
¿Quién te trajo al matrimuño[39]?

Silvestre. Mi tío, Valasco Nuño.

Gil. Chapados parientes tienes.
¿Quién es la esposa que hubiste?

---

[33]alegre; otro rasgo general del sayagués es la sustitución de *l* por *ll*.

[34]hemos.

[35]sayagués: aflicción, tristeza.

[36]juro.

[37]sayagués: hermoso, elegante.

[38]exclamación de sorpresa, sin significación precisa.

[39]sayagués: matrimonio.

Silvestre.   Teresuela, mi damada.[40]
Bras.   ¡Dios, que es moza bien chapada!
y aun es de buen natío,[41]
más honrada del lugar.
Gil.   'N eso no hay que dudar,
porque el herrero es su tío,
y el jurado es ahijado
del agüelo[42] de su madre,
y de parte de su padre
es prima de Bras Pelado.
Saquituerto, Rodelludo,
Papiharto y Bodonales
son sus primos caronales[43]
de partes de Brisco Mudo.
Es nieta de Gil Llorente,
sobrina del Crespellón.
Cascaollas Mamilón
pienso que es también pariente,
Mari Roiz la Mamona,
Torebilla del Mendral,
y Teresa la Gabona
su parienta es natural.
Marica de la Remonda,
Espulgazorras cabrera,
y la vieja bendicidera[44]
Rapiarta la redonda,
la Ceñuda, la Plaguenta,
Borracalles, la Negruza,
la partera de Valmuza,
ahotas[45] que es bien parienta.

---

[40]sayagués: amada.

[41]sayagués: nacimiento, linaje.

[42]abuelo.

[43]sayagués: carnales.

[44]curandera, mujer que curaba por medio de oraciones.

[45]sayagués: ciertamente.

Lucas.	¡Dios, que es casta bien honrada
	esa que habés rellatado!
Bras.	Ahora estás bien honrado.
	¿Ño te dan con ella nada?
Silvestre.	Danme una burra preñada,
	un vasar, una espetera,
	una cama de madera.
	La ropa no está hilada.
	Danme la moza vestida
	de hatillos dominguejos,[46]
	con sus manguitos bermejos
	y alfarda[47] muy llocida.[48]
	Danme una puerca parida,
	mas anda muy triste y flaca.
Bras.	¿Ño te quieren dar la vaca?
Silvestre.	Ha tres años que es vendida.
Mateus.	¡Sus, alto, toste priado[49]!
	Respiguemos[50] la majada.
	Viénese la madrugada;
	dejemos el desposado.
Bras.	Démonos a gasajado;
	tomemos todos placer
	que ya ño quiere llover.
Gil.	Ya ño, Dios sea loado.
Lucas.	Tengamos algún remedio:
	que juguemos. ¿Gil Terrón?
Gil.	Juguemos al abejón,[51]

---

[46]domingueros.

[47]paño que cubría el pecho de las mujeres.

[48]sayagués: lucida.

[49]sayagués: inmediatamente.

[50]recojamos.

[51]juego entre tres personas, una de las cuales, puesta en medio con las manos juntas delante de la boca, hace un sonido semejante al del abejón y, entreteniendo a los otros dos, procura darles bofetadas y evitar las de ellos.

	mas tiengo[52] de estar en medio.
Bras.	Tú naciste más templano.
Gil.	¡Ora, sus, sus! Véisme aquí.
	Tú también pásat'allí,
	Bras hermano. Párate ansí.[53]
	Ea, ¡sus!, para la mano.
Bras.	He miedo[54] que me darás.
Gil.	Alza, alza el brazo más.
	¿Tú ño ves cómo está Bras?
	¡Dite una de mal mes!
Bras.	Ah, Dios te pliega comigo.
	Do a rabia la jugada.
	¡Ora vistes qué porrada!
Lucas.	Tú, amigo,
	ya ño consientes castigo.
Bras.	Juguemos a adivinar.
Lucas.	Que me plaz.[55]
Bras.	Di, compañero.
Lucas.	Mas comience Gil primero.
Gil.	Que me plaz de comenzar.
	Comenzad de adivinar.
Lucas.	¿Qué?
Gil.	Sabello has[56] tú muy mal.
	¿Cuál es aquel animal
	que corre y corre y no se ve?
Bras.	Es el pecado mortal.
Mateus.	Mas el viento ¡mal pecado!
	creyo[57] yo que será ése.
Lucas.	¡Que ño es buen juego éste!:
	demos esto por pasado.

---

[52]tengo.

[53]así.

[54]tengo miedo de.

[55]place.

[56]saberlo has, lo sabrás.

[57]creo.

Gil.	Bien será, bía,[58] acostar
	que ya me debroca el sueño.
	Santíguaos del demuño.[59]
Silvestre.	Yo ño me sé santiguar.
Gil.	Decid todos como yo:
	eñ el mes del padre
	eñ el mes del fijo[60]
	—ell otro mes se m'olvidó. *(Duermen y el Angel los llama cantando.)*
Angel.	¡Ah, pastor!
	que es nacido el Redentor.
Gil.	Zagales, llevantar d'ahí,
	que grande ñueva es venida
	que es la virgen parida:
	a los ángeles lo oí.
	¡Oh, qué tónica acordada
	de tan fuertes caramillos!
Bras.	Cata que serían grillos.
Gil.	¡Juri a ños
	que eran ángeles de Dios!
Lucas.	Y nos aquí llevantados,
	¿qué le habemos de hacer?
Gil.	Mi fe, vámoslo a ver.
Bras.	¿Y ansí despelluzados?
Gil.	Pardiez, que es para ñotar,
	pues el rey de los señores
	se sirve de los pastores.
	Ñueva cosa
	es ésta y muy espantosa.
	Id vosotros al llugar
	muy priesto,[61] carillos míos,
	y ño vamos tan vacíos:

---

[58]exclamación.

[59]sayagués: demonio.

[60]hijo.

[61]presto.

traed algo que le dar,
y el rabé[62] de Juan Javato
y la guaita[63] de Pravillos
y todos los caramillos
que hay en el hato
y para el niño un silvato. *(Salen para el pesebre cantando.)*
Aburramos la majada,
y todos con devoción
vamos ver aquel garzón.
Veremos aquel niñito
d'agora[64] recién ñacido.
Asmo que es el prometido,
ñuestro Mexía[65] bendito.
Cantemos a voz en grito:
con hemencia[66] y devoción
veremos aquel garzón. *(Y llegando al pesebre dice Gil:)*

Gil. ¡Dios mantenga a vuestra gloria!
Ya veis que estamos acá
muy allegres, ¡soncas ha!,
de vuestra ñueble vitoria.[67]
A vos, Virgen, digo yo
que el mochacho[68] que hoy nació,
ño entiendo que me entiende,
mas sí que todo comprende
del punto que se engendró.

Lucas. ¡Qué casa tan pobrecita
escogió para ñacer!

Bras. Ya comienza a padecer

---

[62]rabel, instrumento musical de cuerdas y arco.

[63]gaita.

[64]ahora.

[65]Mesías.

[66]vehemencia.

[67]noble victoria.

[68]muchacho.

	dende[69] su niñez bendita.
Silvestre.	De paja es su camacita.
Lucas.	Y establo su posada.
Bras.	Loada sea y adorada
	y bendita
	la su clemencia infinita.
Gil.	Señora, con estos hielos
	el niño se está temblando.
	De frío veo llorando
	el criador de los cielos
	por falta de pañizuelos.[70]
	¡Juri a san!: si tal pensara,
	o por dicha tal supiera,
	un zamarro le trujera
	de una vara
	que ahotas que él callara.
	Ora, vosotros ¿qué hacéis?
	Con muy chapada hemencia
	y con vuestra revelencia[71]
	dalde[72] de eso que traéis.
Silvestre.	Perdonad, Señor, por Dios,
	que, como somos bestiales,
	los presentes no son tales
	como los merecéis vos. *(Cantando y bailando, le ofrecen [los*
	regalos] y a la despedida cantan esta chanzoneta[73]:)
	¡'N orabuena quedes, Menga!
	¡A la fe, que Dios mantenga!
	Zagala santa, bendita,
	graciosa y morenita,
	nuestro ganado visita

---

[69]desde.

[70]pañuelos.

[71]reverencia.

[72]dadle.

[73]composición en verso, de tono festivo.

	que nengún[74] mal no le venga.
	¡'N orabuena quedes, Menga!
	¡A la fe, que Dios mantenga!
Gil.	¿Qué decís de la doncella?
	¿Ño es harto prellocida[75]?
Silvestre.	Nunca otra fue ñacida
	que fuese mujer y estrella
	sino ella.
Gil.	Pues, ¿sabes quién es aquella?

Es la zagala hermosa
que Salamón[76] dice esposa,
cuando canticaba de ella.
Con su voz muy deseosa
en su canticar decía:
«Llevántate, amiga mía,
columba mea fermosa,[77]
amiga mí[a] olorosa:
tu voz suene en mis oídos,
que es muy dulce a mis sentidos,
y tu cara muy preciosa.
Como el lilio[78] plantada,
florecido entre espinos,
como los olores finos
muy suave eres hallada.
Tú eres huerta cerrada
en quien Dios venir desea,
tota pulchra amica mea,[79]
flor de virgindad[80] sagrada».

| **Silvestre.** | ¡Ha, Dios plaga con el roín! |

---

[74]ningún.

[75]sayagués: perlucida, muy brillante.

[76]Salomón.

[77]*Cantar de los cantares* (2, 10): mi hermosa paloma.

[78]lirio.

[79]*Cantar de los cantares* (4, 7): toda tú eres hermosa, amiga mía.

[80]virginidad.

	Mudando vas la peleja:[81]
	¡sabes d'achaque d'igreja[82]!
Gil.	Ahora lo deprendí.
Silvestre.	Con eso hablas llatín
	tan a punto que es placer.
	¡Más lo preciase saber
	que me daren[83] un florín!
Bras.	Di, por vida de tu tío:
	¿tú sabes de perfecías[84]?
Gil.	Sé que dijo Malaquías:[85]
	«Eis,[86] el mi ángel os envío
	con tan fuerte poderío
	que aparejará la carrera
	delante mi haz verdadera
	en el santo templo mío».
	«Tú, Bethlén, pequeña eres
	—diz Miqueas profetando—,
	mas no te catarás cuando
	serás grande en tus poderes,
	cuando sin cuido estuvieres.
	Ternás el señoreador
	d'Israel en tu favor
	para cuanto tú quisieres».
Lucas.	De neñito[87] tan boñito
	hablaban soncas lletrados.
Gil.	Los profetas alumbrados
	no jugaban a otro hito.
	Con muy ahincado espirito[88]

---

[81]pelleja.

[82]iglesia.

[83]lusitanismo: infinitivo conjugado; equivale a «dieran».

[84]profecías.

[85]último de los profetas menores (siglo V a.C.)

[86]lusitanismo; equivale a he aquí.

[87]niñito.

[88]espíritu.

y con gozoso placer,
todos desearan ver
su ñacimiento bendito.
Porque éste es el cordero
qui tolis peccata mundo,[89]
el nuestro Adán segundo
y remedio del primero.
Éste es el hijo heredero
de nuestro eterno Dios,
el cual fue dado a nos
por Mexías verdadero.
Aquel niño es eternal[90];
invisible y vesible,[91]
es mortal y[92] inmortal,
movible e inmovible.
En cuanto Dios invisible,
es en todo al Padre igual,
menor en cuanto humanal,
y esto no es imposible.
Echa el sol su rayo en mayo,
como mil veces verés:
el mismo rayo sol es,
y el sol también es rayo.
Entre ambos visten un sayo
de un envés,
y una cosa misma se es.
Ansí éste descendió
quedando siempre en el padre;
aunque vino a tomar madre,
del padre no s'apartó.

Bras.   ¡Gil Terrón lletrudo[93] está!

---

[89]San Juan (1, 29): que quita el pecado del mundo.
[90]eterno.
[91]visible.
[92]e.
[93]letrado.

	¡Muy hondo te encaramillas[94]!
Gil.	Dios hace estas maravillas.
Bras.	Ya lo veo, ¡soncas ha!
	Quien te viere no dirá
	que naciste en serranía.
Lucas.	Cantemos con alegría;
	que en eso después se hablará. *(Se marchan cantando.)*

Obras dramáticas castellanas. Edición de Thomas R. Hart. Madrid: Espasa-Calpe, 1962.

---

[94]te ensalzas.

JUAN DE VALDÉS (1491-1541)

Diálogo de la lengua

Marcio, Valdés, Coriolano, Pacheco

Introducción

Marcio.—Pues los mozos son idos[1] a comer y nos han dejado solos, antes que venga alguno que nos estorbe, tornemos a hablar en[2] lo que comencé a deciros esta mañana.

Valdés.—No me acuerdo de qué cosa queréis decir.

Marcio.—¿Cómo no? ¿No os acordáis que os dije cómo, de aquello en que habíamos platicado, me era venida a la memoria una honesta curiosidad, en la cual muchos días ha[3] deseo platicar con vos?

Valdés.—Ya me acuerdo; no tenía cosa más olvidada.

Marcio.—Pues nosotros, por obedeceros y serviros, habemos[4] hablado esta mañana en lo que vos habéis querido, y muy cumplidamente os habemos respondido a todo lo que nos habéis preguntado, cosa justa es que, siendo vos tan cortés y bien criado con todo el mundo como todos dicen que sois, lo seáis también con nosotros, holgando que hablemos esta tarde en lo que más nos contentará, respondiéndonos y satisfaziéndonos a las preguntas que os propornemos,[5] como nosotros habemos hecho a las que vos nos habéis propuesto.

Valdés.—Si no adornárades[6] esta vuestra demanda con tanta retórica, liberalmente me ofreciera a obedeceros; agora,[7] viéndoos venir ataviado en vuestra de-

---

[1] se han ido.

[2] hablar de.

[3] hace muchos días.

[4] hemos.

[5] propondremos.

[6] adornarais.

[7] ahora.

manda con tantas razones, sospechando me queréis meter en cualque[8] cosa enojosa, no sé qué responderos, si primero no me decís claramente qué es lo que
queréis de mí.

Marcio.—Lo primero que de vos queremos es que, sin querer saber más,
nos prometáis ser obediente a lo que os demandaremos.

Valdés.—Confiando en vuestra discreción que no querréis de mí cosa que
no sea razonable y honesta, os prometo ser obediente.

Marcio.—No me contento con eso, y quiero que a todos tres nos deis vuestra fe que lo haréis así.

Valdés.—¿A qué propósito me queréis obligar tan estrechamente? ¿Habéisos
por ventura concertado todos tres para el mohino?[9] Ora sus,[10] sea lo que fuere,
digo que os doy mi fe que responderé como mejor supiere a todo lo que esta
tarde me querréis preguntar. ¿Estáis contentos?

Marcio.—Yo por mi parte estoy contentísimo.

Coriolano.— A mí harto me basta.

Pacheco—. Pues para mí no era menester más que la primera promesa.

Valdés—.Sus pues, comenzad a preguntar, que me tenéis confuso hasta saber
qué misterios son estos que queréis entender de mí.

Marcio.—¿Misterios? ¡Y cómo, si bien supiésedes![11]

Valdés.—Sea lo que fuere, acabad ya; por amor de Dios, decidlo.

Marcio.—Soy contento. Bien os debéis acordar cómo, al tiempo que agora
ha dos años partistes[12] de esta tierra para Roma, nos prometistes[13] a todos tres
que conservaríades y entreterníades[14] nuestra amistad, como habéis hecho, con
vuestras continuas cartas. Agora sabed que, después de vos ido, nosotros nos con-
certamos de esta manera, que cualquiera de nosotros que recibiese carta vuestra
la comunicase con los otros, y esto habemos hecho siempre así, y con ello habemos tomado mucho descanso, pasatiempo y placer, porque con la lición[15] refres-
cábamos en nuestros ánimos la memoria del amigo ausente, y con los chistes y

---

[8]alguna, cualquiera.

[9]en el juego, era aquel contra quien iban los demás jugadores.

[10]interjección, ea.

[11]supieseis.

[12]partisteis.

[13]prometisteis.

[14]conservaríais y entretendríais.

[15]lectura.

donaires, de que continuamente vuestras cartas venían adornadas, teníamos de qué reír y con qué holgar, y notando con atención los primores y delicadezas que guardábades y usábades[16] en vuestro escribir castellano, teníamos sobre qué hablar y contender, porque el señor Pacheco, como hombre nacido y criado en España, presumiendo saber la lengua tan bien como otro, y yo como curioso de ella, deseando saberla así bien escribir como[17] la sé hablar, y el señor Coriolano, como buen cortesano, quiriendo[18] del todo entenderla (porque, como veis, ya en Italia así entre damas como entre caballeros se tiene por gentileza y galanía[19] saber hablar castellano), siempre hallábamos algo que notar en vuestras cartas, así en lo que pertenecía a la ortografía, como a los vocablos, como al estilo; y acontecía que, como llegábamos a topar algunas cosas que no habíamos visto usar a otros, a los cuales teníamos por tan bien hablados y bien entendidos en la lengua castellana cuanto a vos, muchas veces veníamos a contender reciamente, cuándo sobre unas cosas y cuándo sobre otras, porque cada uno de nosotros o quería ser maestro o no quería ser discípulo. Agora que os tenemos aquí, donde nos podéis dar razón de lo que así habemos notado en vuestra manera de escribir, os pedimos por merced, nos satisfagáis buenamente a lo que os demandaremos, el señor Pacheco como natural de la lengua, y el señor Coriolano como novicio en ella, y yo como curioso de ella.

Valdés.—Si me dijérades[20] esto antes de comer, pusiéradesme[21] en dubda[22] si lo decíades[23] de verdad o no, pero considerando que es después de comer y creyendo que, con mostraros hombre del palacio,[24] habéis querido celebrar vuestro convite, me resuelvo en no creeros nada de lo que decís, y digo que, si queréis saber algo de mí, debéis dejar los donaires por agora, pues sabéis que, si yo tomo la mano, ganaréis conmigo lo que suele ganar un cosario[25] con otro.

---

[16]guardabais y usabais.

[17]escribir tan bien como.

[18]queriendo.

[19]galantería.

[20]dijerais.

[21]me pusierais.

[22]duda.

[23]decíais.

[24]afecto a donaires y bromas.

[25]corsario.

Coriolano.—Mejor manera de burlar me parece la vuestra, pues quiriendo[26] hacer del juego maña, pensáis libraros de la fe que nos habéis dado; y engañáisos, porque de ninguna manera os la soltaremos[27] si primero no nos respondéis muy entera y cumplidamente a todo lo que os preguntáremos sobre la materia propuesta, en la cual se os ha dicho realmente lo que en vuestra ausencia pasaba y lo que queremos de vos.

Valdés.—¿Queréis que os diga la verdad? Aun con todo eso pienso que me burláis.

Pacheco.—Si no queréis creer a ellos, creedme a mí que todo lo que os dicen es la pura verdad.

Valdés.—Más quisiera que fuera la pura mentira, porque me parece cosa tan fuera de propósito ésta que queréis, que apenas oso creeros.

Marcio.—Maravíllome mucho que os parezca cosa tan extraña el hablar en la lengua que os es natural. Decidme: si las cartas, de que os queremos demandar cuenta,[28] fueran latinas, ¿tuviérades[29] por cosa fuera de propósito que os demandáramos cuenta de ellas?

Valdés.—No, que no la tuviera por tal.

Marcio.—¿Por qué?

Valdés.—Porque he aprendido la lengua latina por arte y libros, y la castellana por uso, de manera que de la latina podría dar cuenta por el arte y por los libros en que la aprendí, y de la castellana no, sino por el uso común de hablar. Por donde tengo razón de juzgar por cosa fuera de propósito que me queráis demandar cuenta de lo que está fuera de toda cuenta.

Marcio.—Si os demandásemos cuenta de lo que otros escriben de otra manera que vos, terníades[30] razón de excusaros, pero, demandándoosla de lo que vos escribís de otra manera que otros, con ninguna razón os podéis excusar.

Valdés.—Cuando bien[31] lo que decís sea así, no dejaré de excusarme, porque me parece cosa fuera de propósito que queráis vosotros agora que perdamos nuestro tiempo hablando en una cosa tan baja y plebeya como es punticos y primorcicos de lengua vulgar, cosa, a mi ver, tan ajena de vuestros ingenios y

---

[26]queriendo.

[27]soltar la fe, dispensar a alguien de cumplir con su palabra.

[28]exigir explicación.

[29]tuvierais.

[30]tendríais.

[31]aunque.

juicios, que por vuestra honra no querría hablar en ella cuando bien a mí me fuese muy sabrosa y apacible.

Marcio.—Pésame oíros decir eso. ¿Cómo? ¿Y paréceos a vos que el Bembo[32] perdió su tiempo en el libro que hizo sobre la lengua toscana?

Valdés.—No soy tan diestro en la lengua toscana que pueda juzgar si lo perdió o lo ganó; séos decir que a muchos he oído decir que fue cosa inútil aquel su trabajo.

Marcio.—Los mesmos[33] que dicen eso, os prometo[34] se aprovechan muchas veces de esa que llaman cosa inútil, y hay muchos que son de contraria opinión, porque admiten y aprueban las razones que él da, por donde prueba que todos los hombres somos más obligados a ilustrar y enriquecer la lengua que nos es natural y que mamamos en las tetas de nuestras madres, que no la que nos es pegadiza y que aprendemos en libros. ¿No habéis leído lo que dice sobre esto?

Valdés.—Sí que lo he leído, pero no me parece todo uno.

Marcio.—¿Cómo no? ¿No tenéis por tan elegante y gentil la lengua castellana como la toscana?

Valdés.—Sí que la tengo, pero también la tengo por más vulgar, porque veo que la toscana está ilustrada y enriquecida por un Boccaccio[35] y un Petrarca,[36] los cuales, siendo buenos letrados, no solamente se preciaron de escribir buenas cosas, pero procuraron escribirlas con estilo muy propio y muy elegante, y como sabéis, la lengua castellana nunca ha tenido quien escriba en ella con tanto cuidado y miramiento cuanto sería menester para que hombre,[37] quiriendo[38] o dar cuenta de lo que escribe diferente de los otros o reformar los abusos que hay hoy en ella, se pudiese aprovechar de su autoridad.

---

[32]Pietro Bembo (1470-1547), humanista italiano, autor de *Prose della volgar lingua* (1525).

[33]mismos.

[34]os aseguro.

[35]Giovanni Boccaccio (1313-75), escritor italiano, autor de *Il Decamerone*.

[36]Francesco Petrarca (1304-74), poeta italiano, autor del *Canzoniere* y los *Triumphi*.

[37]uno.

[38]queriendo.

Marcio.—Cuanto más conocéis eso, tanto más os debríades[39] avergonzar vosotros, que por vuestra negligencia hayáis dejado y dejéis perder una lengua tan noble, tan entera, tan gentil y tan abundante.

Valdés.—Vos tenéis mucha razón, pero eso no toca a mí.

Marcio.—¿Cómo no? ¿Vos no sois castellano?

Valdés.—Sí que lo soy.

Marcio.—Pues ¿por qué esto no toca a vos?

Valdés.—Porque no soy tan letrado ni tan leído en cosas de ciencia cuanto otros castellanos que muy largamente podrían hacer lo que vos queréis.

Marcio.—Pues ellos no lo hacen y a vos no os falta habilidad para poder hacer algo, no os debríades escusar de ello, pues, cuando bien no hiciésedes[40] otra cosa que despertar a otros a hacerlo, haríades[41] harto; cuanto más que aquí no os rogamos que escribáis, sino que habléis, y, como sabréis, palabras y plumas el viento las lleva.

Pacheco.—No os hagáis, por vuestra fe, tanto de rogar en una cosa que tan fácilmente podéis cumplir; cuanto más, habiéndola prometido y no teniendo causa justa con que excusaros, porque la que decís de los autores que os faltan para defenderos, no es bastante, pues sabéis que para la que llamáis ortografía y para los vocablos os podéis servir del autoridad del vocabulario de Antonio de Librixa,[42] y para el estilo, de la del libro de *Amadís de Gaula.*[43]

Valdés.—Sí, por cierto, muy grande es el autoridad[44] de esos dos para hacer fundamento en ella, y muy bien debéis haber mirado el vocabulario de Librixa, pues decís eso.

Pacheco.—¿Cómo?; ¿no os contenta?

Valdés.—¿Por qué queréis que me contente? ¿Vos no veis que aunque Librixa era muy docto en la lengua latina, que esto nadie se lo puede quitar, al fin no se puede negar que era andaluz, y no castellano, y que escribió aquel su vocabulario con tan poco cuidado que parece haberlo escrito por burla? Si ya no

---

[39]deberíades, debríais.

[40]hicieseis.

[41]haríais.

[42]Elio Antonio de Nebrija o Librija (1441-152), autor de la primera *Gramática de la lengua castellana* (1492) y del *Vocabulario español-latino* (1495).

[43]libro de caballerías, publicado por primera vez en 1508.

[44]la autoridad.

queréis decir que hombres invidiosos,[45] por afrentar al autor han gastado[46] el libro.

Pacheco.—En eso yo poco me entiendo. Pero, ¿en qué lo veis?

Valdés.—En que, dejando aparte la ortografía, en la cual muchas veces peca, en la declaración[47] que hace de los vocablos castellanos en los latinos se engaña tantas veces, que sois forzado a creer una de dos cosas, o que no entendía la verdadera sinificación[48] del latín, y ésta es la que yo menos creo, o que no alcanzaba la del castellano, y ésta podría ser, porque él era de Andalucía, donde la lengua no está muy pura.

Pacheco.—Apenas puedo creer eso que me decís, porque a hombres muy señalados en letras he oído decir todo lo contrario.

Valdés.—Si no lo queréis creer, id a mirarlo, y hallaréis que por *aldeano* dice *vicinus*[49]; por *brío* en costumbres, *morositas*[50]; por *cecear* y *ceceoso, balbutire*[51] y *balbus*[52]; por *lozano, lascivus*[53]; por *malherir, deligere*[54]; por *mozo para mandados, amanuensis*[55]; por *mote* o *motete, epigramma*[56]; por *padrino de boda, paranimphus*[57], por *ración de palacio, sportula*[58]; por *sabidor de lo suyo solamente, idiota*[59]; por *villano, castellanus*[60]; y por *rejalgar, aconitum*[61]. No os quiero

---

[45]envidiosos.

[46]estropeado, echado a perder.

[47]definición.

[48]significación, significado.

[49]vecino, cercano.

[50]morosidad, refinamiento.

[51]balbucir, tartamudear.

[52]tartamudo.

[53]lascivo.

[54]elegir, reclutar, separar.

[55]amanuense, escriba.

[56]inscripción, epigrama.

[57]aquel o aquella que acompaña a los que se van a casar.

[58]en la cultura romana, obsequio en especie o en dinero que el patrón concedía diariamente a sus clientes.

[59]ignorante, profano.

[60]habitante de un castillo.

decir más, porque sé que entendéis poco de la lengua latina y porque me parece bastan estos vocablos para que, si los entendéis, creáis que los hombres de letras que decís, no debían tener tantas como vos pensáis o no lo debían haber mirado con tanta atención como yo, y para que veáis que no me puedo defender con el autoridad de Librixa.

Pacheco.—Confieso que tenéis razón.

Valdés.—Es tanta que, si bien la entendiésedes, soy cierto me terníades antes por modesto en el notar poco, que por insolente en el reprehender mucho. Mas quiero que sepáis que aún hay otra cosa por que no estoy bien con Librixa en aquel vocabulario, y es ésta: que parece que no tuvo intento a poner todos los vocablos españoles, como fuera razón que hiciera, sino solamente aquellos para los cuales hallaba vocablos latinos o griegos que los declarasen.

Pacheco.—Abasta[62] lo dicho; yo estaba muy engañado.

Valdés.—Pues cuanto al autor de *Amadís de Gaula*, cuánta autoridad se le deba dar, podéis juzgar por esto que hallaréis, si miráis en ello: que en el estilo peca muchas veces con no sé qué frías afetaciones[63] que le contentan, las cuales creo bien que o se usaban en el tiempo que él escribió, y en tal caso no sería dino[64] de reprehensión,[65] o que quiso acomodar su estilo al tiempo en que dice que aconteció su historia, y esto sería cosa muy fuera de propósito, porque él dice que aquella su historia aconteció poco después de la pasión de nuestro Redentor, y la lengua en que él escribe no se habló en España hasta muchos años después. Esto mesmo se puede decir de los vocablos. Cuanto a la ortografía, no digo nada, porque la culpa se puede atribuir a los impresores y no al autor del libro.

Marcio.—Ora sus, no perdamos tiempo en esto. Si no tenéis libros en caste-llano, con cuya autoridad nos podáis satisfacer a lo que de vuestras cartas os pre-guntaremos, a lo menos satisfacednos con las razones que os mueven a escribir algunas cosas de otra manera que los otros, porque puede ser que éstas sean tales que valgan tanto cuanto pudiera valer el autoridad de los libros; cuanto más que, a mi parecer, para muchas cosas os podréis servir del cuaderno de refranes cas-

---

[61]veneno.

[62]alcanza, es suficiente.

[63]afectaciones

[64]digno.

[65]reprensión.

tellanos que me decís cogistes[66] entre amigos, estando en Roma, por ruego de ciertos gentiles hombres romanos.

Pacheco.—Muy bien habéis dicho, porque en aquellos refranes se vee[67] mucho bien[68] la puridad de la lengua castellana.

Coriolano.—Antes que paséis adelante, es menester que sepa yo qué cosa son refranes.

Valdés.—Son proverbios o adagios.

Coriolano.—¿Y tenéis libro impreso de ellos?

Valdés.—No de todos, pero siendo muchacho me acuerdo haber visto uno de algunos mal glosados.

Coriolano.—¿Son como los latinos y griegos?

Valdés.—No tienen mucha conformidad con ellos, porque los castellanos son tomados de dichos vulgares, los más de ellos nacidos y criados entre viejas tras del fuego hilando sus ruecas, y los griegos y latinos, como sabéis, son nacidos entre personas dotadas y están celebrados en libros de mucha dotrina.[69] Pero, para considerar la propiedad de la lengua castellana, lo mejor que los refranes tienen es ser nacidos en el vulgo.

Pacheco.—Yo os prometo, si no fuese cosa contraria a mi profesión, que me habría, algunos días ha, determinadamente puesto en hacer un libro en la lengua castellana como uno que diz que Erasmo[70] ha hecho en la latina, allegando todos los refranes que hallase y declarándolos lo menos mal que supiese, porque he pensado que en ello haría un señalado servicio a la lengua castellana.

Valdés.—También era Julio César[71] de vuestra profesión, pero no tuvo por cosa contraria a ella con la pluma en la mano escribir de noche lo que con la lanza hacía de día, de manera que la profesión no os excusa. ¿No habéis oído decir que las letras no embotan la lanza?

---

[66]cogisteis.

[67]ve.

[68]muy bien.

[69]doctrina, enseñanza.

[70]Erasmo de Rotterdam (1466?-1536), humanista holandés autor, entre otras obras, de *Adagiorum collectanea* (1500).

[71]Cayo Julio César (*h.* -100 a -44), político, militar e historiador romano, autor de *De Bello Gallico* y *De Bello Civili*.

Pacheco.—Vos decís muy bien, y yo lo conozco. Dadme a mí el sujeto[72] que tuvo César, que escribía lo que él hacía y no lo que otros decían, y entonces veréis si tengo por deshonra escribir, pero, porque parece que escribir semejantes cosas a ésta pertenece más a hombres de haldas[73] que de armas, no me he querido poner en ello.

Valdés.—Pues aunque yo no hago profesión[74] de soldado, pues tampoco soy hombre de haldas, pensad que no os tengo de consentir me moláis aquí preguntándome niñerías de la lengua. Por tanto me resuelvo con vosotros en esto, que, si os contentan las cosas que en mis cartas habéis notado, las toméis y las vendáis por vuestras, que para ello yo os doy licencia, y que, si os parecen mal, las dejéis estar, pues para mí harto me basta haber conocido por vuestras respuestas que habéis entendido lo que he querido decir en mis cartas.

Marcio.—Porque lo que en vuestras cartas habemos notado es de calidad que ni lo podemos tomar por bueno, porque no todos lo aprobamos del todo, ni lo podemos desechar por malo, porque hay cosas que nos satisfacen y hay otras que no entendemos, es menester que en todo caso nos deis cuenta, no solamente de lo que habéis escrito, pero aun de lo que de ello depende o puede depender. Vuestra fe y palabra nos habéis dado, y, aunque no queráis, la habéis de cumplir.

Valdés.—No se haría más en el monte de Torozos[75] o, como acá decís, en el bosque de Bacano, y pues, como dicen en mi tierra, donde fuerza viene, derecho se pierde, yo me determino en obedeceros. Empezad a preguntar, que yo os responderé. Pero, ya que así lo queréis, será bien que todos tres os concertéis en el orden que queréis llevar en vuestras preguntas, porque no os confundáis en ellas. Hacedlo así, y entre tanto me salliré[76] yo al jardín a tomar un poco de aire.

Marcio.—Muy bien decís; en merced os lo tenemos. Andad con Dios, que presto os llamaremos.

Diálogo de la lengua. Ed. Juan M. Lope Blanch. Madrid: Castalia, 1969.

---

[72]asunto.

[73]hombres de faldas, clérigos, letrados.

[74]hacer profesión, ejercitarse en una profesión y preciarse de ello.

[75]en la actual región de Valladolid; lugar frecuentado por ladrones y salteadores de caminos.

[76]saldré.

LOPE DE RUEDA (ca. 1505-65)

Paso quinto: La tierra de jauja

Paso quinto, muy gracioso, en el cual se introducen las personas siguientes, de Lope de Rueda

Honcigera,[1] ladrón
Panarizo,[2] ladrón
Mendrugo, simple

Honcigera.—Anda, anda, hermano Panarizo, no te quedes rezagado, que agora[3] es tiempo de tender nuestras redes, que la burullada[4] está en grandísimo sosiego y pausa, y las sicas[5] descuidadas. ¡Ah, Panarizo!

Panarizo.—¿Qué diablos quieres? ¿Puedes dar mayores voces? ¿Dejásteme empeñado en la taberna y estásme quebrando la cabeza?

Honcigera.—¿Por dos negros[6] dineros que bebimos quedaste empeñado?

Panarizo.—¡Pues si no los tenía!

Honcigera.—Si no los tenías, ¿qué remedio tuviste?

Panarizo.—¿Qué remedio había de tener, sino dejar la espada?

Honcigera.—¿El espada?

Panarizo.—El espada.

Honcigera.—¿Pues el espada habías de dejar sabiendo a lo que vamos?

Panarizo.—Mira, hermano Honcigera, provee que comamos, que yo vengo candido[7] de hambre.

---

[1]de oncejera, vencejo, lazo utilizado por los cazadores para atrapar pájaros.

[2]panadizo.

[3]ahora.

[4]germanía: justicia, tropa de alguaciles.

[5]germanía: bolsas de dinero.

[6]malditos, mugrosos.

[7]consumido.

Honcigera.—Yo, mucho más. Que por eso, hermano Panarizo, estoy aguardando aquí un villano que lleva de comer a su mujer, que la tiene presa, una autenticada cazuela de ciertas viandas. Y contarle hemos[8] de aquellos contecillos de la tierra de Jauja, y él se embebescerá tanto en ello, que podremos bien henchir nuestras panchas.[9]

(*Entra Mendrugo, simple, cantando.*)

Mendrugo.—	Mala noche me distes
	María de Rión
	con el bimbilindrón.
Panarizo.—	¡Hola, ce! ¿Habémonos de oír?
Mendrugo.—	Sí, señor, ya voy acabando, aguarde:
	Mala noche me distes,
	Dios os la dé peor,
	del bin bilindrón, dron, dron.

Honcigera.—¡Hola, compañero!

Mendrugo.—¿Hablan vuesas mercedes conmigo o con ella?

Honcigera.—¿Quién es ella?

Mendrugo.—Una que está así redonda con sus dos asas y abierta por arriba.

Panarizo.—En verdad no hay quien acierte tan extraña pregunta.

Mendrugo.—¿Tiénense por tapados[10] vuesas mercedes?

Panarizo.—Sí, por cierto.

Mendrugo.—Cazuela.

Honcigera.—¿Qué, cazuela lleváis?

Mendrugo.—¡Que no, téngase! ¡Válalos el diabro,[11] qué ligeros son de manos!

Panarizo.—Pues decínos adónde vais.

Mendrugo.—Voy a la cárcel para todo aquello que a vuesas mercedes les cumpliere.

Panarizo.—¿A la cárcel? ¿Y a qué?

Mendrugo.—Tengo, señores, mi mujer presa.

Honcigera.—¿Y por qué?

---

[8]le contaremos.

[9]panzas.

[10]vencidos.

[11]sayagués: os valga el diablo.

Mendrugo.—Por cosas de aire.[12] Dicen malas lenguas que por alcahueta.

Panarizo.—Y decíme: ¿vuestra mujer no tiene ningún favor?

Mendrugo.—Sí, señor, tiene muchos brazos.[13] Y la justicia, que hará lo que fuere de razón. Y agora han ordenado entre todos que, porque mi mujer es mujer de bien y mujer que lo puede llevar, que le den un obispado.[14]

Honcigera.—¡Obispado!

Mendrugo.—Sí, obispado, y an[15] plega a Dios que ella lo sepa bien regir; que, según dicen, ricos quedamos de esta vez. Diga, señor: ¿sabe vuesa merced qué dan en estos obispados?

Panarizo.—¿Sabes qué dan? Mucha miel, mucho zapato viejo, mucha borra[16] y pluma y berenjena.

Mendrugo.—¡Válame Dios! ¿Todo eso dan? Ya deseo vella[17] obispesa.[18]

Honcigera.—¿Para qué?

Mendrugo.—Para ser yo obispeso.

Panarizo.—Mucho mejor sería, si tú lo pudieses acabar, que la hiciesen obispesa de la tierra de Jauja.

Mendrugo.—¡Cómo! ¿Qué tierra es ésa?

Honcigera.—Muy extremada, a do[19] pagan soldada a los hombres por dormir.

Mendrugo.—¡Por su vida!

Panarizo.—Sí, de verdad.

Honcigera.—Ven acá, asiéntate un poco y contarte hemos[20] las maravillas de la tierra de Jauja.

Mendrugo.—¿De dónde, señor?

Panarizo.—De la tierra que azotan los hombres porque trabajan.

---

[12]asuntos sin importancia.

[13]ayuda de personajes eclesiásticos.

[14]condenado por la Inquisición. Los condenados eran paseados en público con un sombrero o gorra de plumas que se parecía, por la forma, al de los obispos.

[15]rusticismo: aun.

[16]poner borra, emplumar en público a las alcahuetas como castigo.

[17]verla.

[18]derivado cómico de obispo.

[19]donde.

[20]te contaremos.

Mendrugo.—¡Oh, qué buena tierra! Cuénteme las maravillas de esa tierra, por vida suya.

Honcigera.—¡Sus! Ven acá, asiéntate aquí en medio de los dos. Mira...

Mendrugo.—Ya miro, señor.

Honcigera.—Mira: en la tierra de Jauja, hay un río de miel; y junto a él, otro de leche; y entre río y río, hay una puente de mantequillas encadenada de requesones, y caen en aquel río de la miel, que no parece sino que están diciendo: "Coméme, coméme".

Mendrugo.—Más, ¡pardiez!, no era de menester a mí convidarme tantas veces.

Panarizo.—¡Escucha aquí, necio!

Mendrugo.—Ya escucho, señor.

Panarizo.—Mira: en la tierra de Jauja, hay unos árboles que los troncos son de tocino.

Mendrugo.—¡Oh, benditos árboles! ¡Dios os bendiga, amén!

Panarizo.—Y las hojas son hojuelas,[21] y el fruto de estos árboles son buñuelos y caen en aquel río de la miel, que ellos mismos están diciendo: "Mascáme, mascáme."

Honcigera.—¡Vuélvete acá!

Mendrugo.—Ya me vuelvo.

Honcigera.—Mira: en la tierra de Jauja, las calles están empedradas con yemas de huevos; y entre yema y yema, un pastel con lonjas de tocino.

Mendrugo.—¿Y asadas?

Honcigera.—Y asadas, que ellas mismas dicen: "Tragadme, tragadme."

Mendrugo.—Ya parece que las trago.

Panarizo.—¡Entiende, bobazo!

Mendrugo.—Diga, que ya entiendo.

Panarizo.—Mira: en la tierra de Jauja, hay unos asadores de trecientos pasos de largo, con muchas gallinas y capones, perdices, conejos, francolines.[22]

Mendrugo.—¡Oh, cómo los como yo ésos!

Panarizo.—Y junto a cada ave, un cochillo,[23] que no es menester más de cortar; que ello mismo dice: "Engollíme, engollíme."[24]

---

[21]hojaldre.

[22]ave poco mayor que la perdiz.

[23]cuchillo.

[24]de engullir.

Mendrugo.—¿Qué? ¿Las aves hablan?

Honcigera.—¡Óyeme!

Mendrugo.—Que ya oigo, pecador de mí; estarme hía[25] todo el día oyendo cosas de comer.

Honcigera.—Mira: en la tierra de Jauja, hay muchas cajas de confitura, mucho calabazate,[26] mucho diacitrón,[27] muchos mazapanes, muchos confites.

Mendrugo.—Dígalo más pausado, señor, eso.

Honcigera.—Hay ragea[28] y unas limetas[29] de vino que él mismo se está diciendo: "Bebéme, coméme, bebéme, coméme."

Panarizo.—¡Ten cuenta!

Mendrugo.—Harta cuenta me tengo yo, señor, que me parece que engulo[30] y bebo.

Panarizo.—Mira: en la tierra de Jauja, hay muchas cazuelas con arroz y huevos y queso.

Mendrugo.—¿Cómo ésta que yo traigo?

Panarizo.—¡Que vienen llenas! ¡Y ofrezco al diablo la cosa que vuelven!

Mendrugo.—¡Válalos el diabro! ¡Dios les guarde! ¿Y qué se han hecho estos mis contadores de la tierra de Jauja? ¡Ofrecidos séais a cincuenta aviones![31] ¿Y qué es de mi cazuela? Juro a mí que ha sido bellaquísimamente hecho. ¡Oh, válalos el de las patas luengas![32] Si había tanto que comer en su tierra, ¿para qué me comían mi cazuela? Pues yo juro a mí, que juro a bueno, que tengo de enviar tras ellos cuatro o cinco dineros de Hermandades para que los traigan a su costa. Pero primero quiero decir a vuesas mercedes lo que me han encomendado.

Fin del paso quinto

---

[25]me estaría.

[26]pedazos de calabaza en conserva.

[27]cubierta de la sidra, confitada.

[28]gragea.

[29]vacijas de vidrio.

[30]de engullir.

[31]germanía: vencejos, lazos.

[32]el diablo.

Pasos. Edición de Fernando González Ollé y Vicente Tusón. Madrid: Cátedra, 1981.

LA VIDA DE LAZARILLO DE TORMES, Y DE SUS FORTUNAS Y ADVERSIDADES

Prólogo

Yo por bien tengo que cosas tan señaladas y por ventura nunca oídas ni vistas vengan a noticia de muchos y no se entierren en la sepultura del olvido, pues podría ser que alguno que las lea halle algo que le agrade, y a los que no ahondaren tanto los deleite. Y a este propósito dice Plinio[1] que no hay libro, por malo que sea, que no tenga alguna cosa buena. Mayormente que los gustos no son todos unos, más lo que uno no come, otro se pierde por ello; y así vemos cosas tenidas en poco de algunos, que de otros no lo son. Y esto para que ninguna cosa se debría[2] romper,[3] ni echar a mal, si muy detestable no fuese, sino que a todos se comunicase, mayormente siendo sin perjuicio y pudiendo sacar de ella algún fruto; porque, si así no fuese, muy pocos escribirían para uno solo, pues no se hace sin trabajo, y quieren, ya que lo pasan, ser recompensados, no con dineros, mas con que vean y lean sus obras, y si hay de qué, se las alaben. Y a este propósito dice Tulio[4]: «La honra cría las artes».

¿Quién piensa que el soldado que es primero del escala,[5] tiene más aborrecido el vivir? No por cierto; mas el deseo de alabanza le hace ponerse al peligro. Y así en las artes y letras es lo mesmo.[6] Predica muy bien el presentado,[7] y es hombre que desea mucho el provecho de las ánimas; mas pregunten a su merced

---

[1]Cayo Plinio Cecilio Segundo, llamado Plinio *el joven* (ca. 62-ca. 113), escritor romano.

[2]debería.

[3]El sentido del pasaje no es claro. Debe entenderse: «Y esto [se dice] para que [se entienda que] ninguna cosa...», o bien, asignando valor verbal a *para*: «Y esto conduce a que...»

[4]Marco Tulio Cicerón (a.C.106 a a.C.43), político, escritor y orador romano.

[5]primero de la escala (escalera), en el momento de asaltar una fortaleza.

[6]mismo.

[7]teólogo que cursó sus estudios pero aún no recibió el grado de maestro.

si le pesa cuando le dicen: «¡Oh qué maravillosamente lo ha hecho vuestra reverencia!» Justó[8] muy ruinmente el señor don Fulano, y dio el sayete de armas[9] al truhán porque le loaba de haber llevado muy buenas lanzas:[10] ¿qué hiciera si fuera verdad?

Y todo va de esta manera: que confesando yo no ser más santo que mis vecinos, de esta nonada, que en este grosero estilo escribo, no me pesará que hayan parte[11] y se huelguen con ello todos los que en ella algún gusto hallaren, y vean que vive un hombre con tantas fortunas, peligros y adversidades.

Suplico a Vuestra Merced reciba el pobre servicio de mano de quien lo hiciera más rico si su poder y deseo se conformaran. Y pues Vuestra Merced escribe se le escriba y relate el caso muy por extenso, parecióme no tomalle[12] por el medio, sino del principio, porque se tenga entera noticia de mi persona, y también porque consideren los que heredaron nobles estados cuán poco se les debe, pues Fortuna fue con ellos parcial, y cuánto más hicieron los que, siéndoles contraria, con fuerza y maña remando salieron a buen puerto.

Tratado primero. Cuenta Lázaro su vida y cúyo hijo fue

Pues sepa Vuestra Merced ante todas cosas que a mí llaman Lázaro de Tormes, hijo de Tomé Gonzáles y de Antona Pérez, naturales de Tejares, aldea de Salamanca. Mi nacimiento fue dentro del río Tormes, por la cual causa tomé el sobrenombre, y fue de esta manera: mi padre, que Dios perdone, tenía cargo de proveer una molienda de una aceña que está ribera de aquel río, en la cual fue molinero más de quince años; y estando mi madre una noche en la aceña, preñada de mí, tomóle el parto y parióme allí; de manera que con verdad me puedo decir nacido en el río.

Pues siendo yo niño de ocho años, achacaron a mi padre ciertas sangrías[13] mal hechas en los costales de los que allí a moler venían, por lo cual fue preso, y confesó, y no negó, y padeció persecución por justicia. Espero en Dios que está

---

[8]combatió en una justa, enfrentamiento caballeresco.

[9]vestimenta que llevaban los caballeros debajo de la armadura.

[10]haber combatido bien con la lanza.

[11]tengan parte.

[12]tomarle.

[13]en sentido figurado, robos, hurtos.

en la Gloria, pues el Evangelio los llama bienaventurados. En este tiempo se hizo cierta armada contra moros,[14] entre los cuales fue mi padre, que a la sazón estaba desterrado por el desastre[15] ya dicho, con cargo de acemilero de un caballero que allá fue; y con su señor, como leal criado, feneció su vida.

Mi viuda madre, como sin marido y sin abrigo se viese, determinó arrimarse a los buenos por ser uno de ellos, y vínose[16] a vivir a la ciudad, y alquiló una casilla, y metióse a guisar de comer a ciertos estudiantes, y lavaba la ropa a ciertos mozos de caballos del Comendador de la Magdalena;[17] de manera que fue frecuentando las caballerizas. Ella y un hombre moreno,[18] de aquellos que las bestias curaban,[19] vinieron en conocimiento.[20] Éste algunas veces se venía a nuestra casa, y se iba a la mañana; otras veces de día llegaba a la puerta, en achaque de[21] comprar huevos, y entrábase en casa. Yo, al principio de su entrada, pesábame con él y habíale miedo,[22] viendo el color y mal gesto que tenía; mas de que[23] vi que con su venida mejoraba el comer, fuile queriendo bien, porque siempre traía pan, pedazos de carne, y en el invierno leños, a que nos calentábamos.

De manera que, continuando la posada y conversación,[24] mi madre vino a darme un negrito muy bonito, el cual yo brincaba[25] y ayudaba a calentar. Y acuérdome que estando el negro de mi padrastro trebajando[26] con el mozuelo,

---

[14]Se refiere al ejército que finalmente resultó vencido en la batalla de Gelves en 1510.

[15]desgracia atribuida a los astros.

[16]fue.

[17]La iglesia de la Magdalena, en Salamanca, pertenecía a la Orden de Alcántara.

[18]eufemismo por «hombre negro».

[19]cuidaban.

[20]llegaron a conocerse. También implica, en sentido bíblico, tener trato sexual.

[21]con el pretexto de.

[22]sufría con su presencia y le tenía miedo.

[23]desde que.

[24]en el sentido de «trato o comunicación ilícita o amancebamiento».

[25]hacía saltar.

[26]jugando.

como el niño vía[27] a mi madre y a mí blancos, y a él no, huía de él con miedo para mi madre, y señalando con el dedo decía: «¡Madre, coco!» Respondió él riendo: «¡Hideputa!»[28]

Yo, aunque bien mochacho,[29] noté aquella palabra de mi hermanico, y dije entre mí: «¡Cuántos debe de haber en el mundo que huyen de otros porque no se veen[30] a sí mesmos!»

Quiso nuestra fortuna que la conversación del Zaide,[31] que así se llamaba, llegó a oídos del mayordomo, y hecha pesquisa, hallóse que la mitad por medio de la cebada que para las bestias le daban hurtaba; y salvados,[32] leña, almohazas, mandiles, y las mantas y sábanas de los caballos hacía perdidas;[33] y cuando otra cosa no tenía, las bestias desherraba, y con todo esto acudía[34] a mi madre para criar a mi hermanico. No nos maravillemos de un clérigo ni fraile porque el uno hurta de los pobres, y el otro de casa[35] para sus devotas y para ayuda de otro tanto, cuando a un pobre esclavo el amor le animaba a esto.

Y probósele cuanto digo y aun más, porque a mí, con amenazas, me preguntaban, y como niño respondía y descubría cuanto sabía con miedo, hasta ciertas herraduras que por mandado de mi madre a un herrero vendí.

Al triste de mi padrastro azotaron y pringaron,[36] y a mi madre pusieron pena por justicia, sobre el acostrumbrado centenario,[37] que en casa del sobredicho Comendador no entrase ni al lastimado Zaide en la suya acogiese.

---

[27]veía.

[28]interjección. La palabra no tenía necesariamente las connotaciones morales o sociales que tiene en la actualidad.

[29]muchacho, es decir, todavía niño.

[30]ven.

[31]palabra arábiga que significa "señor".

[32]salvado.

[33]simulaba que se habían perdido.

[34]ayudaba económicamente.

[35]en el sentido de "convento o parroquia".

[36]castigo que consistía en echar pringue, o sea grasa hervida, sobre las heridas producidas por los azotes.

[37]cien azotes.

Por no echar la soga tras el caldero,[38] la triste se esforzó y cumplió la sentencia; y por evitar peligro y quitarse de malas lenguas, se fue a servir a los que al presente vivían en el mesón de la Solana;[39] y allí, padeciendo mil importunidades, se acabó de criar mi hermanico hasta que supo andar, y a mí hasta ser buen mozuelo, que iba a[40] los huéspedes por vino y candelas y por lo demás que me mandaban.

En este tiempo vino a posar al mesón un ciego, el cual, paresciéndole que yo sería para adestralle,[41] me pidió a mi madre, y ella me encomendó a él diciéndole cómo era hijo de un buen hombre, el cual, por ensalzar la fe, había muerto en la de los Gelves, y que ella confiaba en Dios no saldría peor hombre que mi padre, y que le rogaba me tratase bien y mirase por mí, pues era huérfano. Él respondió que así lo haría y que me recibía no por mozo,[42] sino por hijo. Y así le comencé a servir y adestrar a mi nuevo y viejo amo.

Como estuvimos en Salamanca algunos días, pareciéndole a mi amo que no era la ganancia a su contento, determinó irse de allí, y cuando nos hubimos de partir yo fui a ver a mi madre, y ambos llorando, me dio su bendición y dijo:

—Hijo, ya sé que no te veré más; procura de ser bueno, y Dios te guíe; criado te he y con buen amo te he puesto, válete por ti.

Y así, me fui para mi amo, que esperándome estaba.

Salimos de Salamanca, y llegando a la puente,[43] está a la entrada de ella un animal de piedra, que casi tiene forma de toro, y el ciego mandóme que llegase cerca del animal, y allí puesto, me dijo:

—Lázaro, llega el oído a este toro y oirás gran ruido dentro de él.

Yo simplemente[44] llegué, creyendo ser ansí; y como sintió que tenía la cabeza par de la piedra,[45] afirmó recio la mano y diome una gran calabazada[46]

---

[38]refrán que significa «por no perderlo todo».

[39]situado en el lugar que hoy ocupa el ayuntamiento de Salamanca.

[40]para.

[41]adiestrarle, en el sentido de servirle de guía.

[42]sirviente.

[43]Puente era sustantivo femenino en la época.

[44]inocentemente.

[45]cuando sintió que tenía la cabeza junto a la piedra.

[46]golpe fuerte en la cabeza.

en el diablo del toro,[47] que más de tres días me duró el dolor de la cornada, y díjome:

—Necio, aprende, que el mozo del ciego un punto ha de saber más que el diablo.[48]

Y rió mucho la burla.

Parecióme que en aquel instante desperté de la simpleza en que, como niño, dormido estaba. Dije entre mí: «Verdad dice éste, que me cumple avivar el ojo y avisar,[49] pues solo soy, y pensar cómo me sepa valer».

Comenzamos nuestro camino, y en muy pocos días me mostró jerigonza; y como me viese de buen ingenio, holgábase mucho y decía: «Yo oro ni plata no te lo puedo dar; mas avisos para vivir muchos te mostraré». Y fue ansí, que, después de Dios, éste me dio la vida, y siendo ciego me alumbró y adestró[50] en la carrera de vivir.

Huelgo de contar a Vuestra Merced esta niñerías para mostrar cuánta virtud sea saber los hombres subir siendo bajos, y dejarse bajar siendo altos cuánto vicio.

Pues tornando al bueno de mi ciego y contando sus cosas, Vuestra Merced sepa que desde que Dios crió[51] el mundo, ninguno formó más astuto ni sagaz. En su oficio era un águila: ciento y tantas oraciones sabía de coro;[52] un tono bajo, reposado y muy sonable,[53] que hacía resonar la iglesia donde rezaba; un rostro humilde y devoto, que con muy buen continente ponía cuando rezaba, sin hacer gestos ni visajes con boca ni ojos como otros suelen hacer. Allende de esto, tenía otras mil formas y maneras para sacar el dinero. Decía saber oraciones para muchos y diversos efectos: para mujeres que no parían, para las que estaban de parto, para las que eran malcasadas, que[54] sus maridos las quisiesen bien. Echaba pronósticos a las preñadas si traían hijo o hija. Pues en caso de medicina, decía que Galeno[55] no supo la mitad que él para muela, desmayos, males de ma-

---

[47]expresión enfática, «en el endiablado toro».

[48]frase proverbial: «sabe un punto más que el diablo».

[49]estar alerta.

[50]adiestró, guió.

[51]creó.

[52]de memoria.

[53]sonoro.

[54]para que.

[55]Galeno (ca. 129-ca. 199), médico griego.

dre.[56] Finalmente, nadie le decía padecer alguna pasión,[57] que luego no le decía: «Haced esto, haréis estotro, cosed[58] tal yerba, tomad tal raíz». Con esto andábase todo el mundo tras él, especialmente mujeres, que cuanto les decía, creían. De éstas sacaba él grandes provechos con las artes que digo, y ganaba más en un mes que cien ciegos en un año.

Más también quiero que sepa Vuestra Merced que con todo lo que adquiría y tenía, jamás tan avariento ni mezquino hombre no vi, tanto que me mataba a mí de hambre y así no me demediaba[59] de lo necesario. Digo verdad: si con mi sotileza[60] y buenas mañas no me supiera remediar, muchas veces me finara[61] de hambre; mas con todo su saber y aviso le contaminaba[62] de tal suerte, que siempre, o las más veces, me cabía lo más y mejor. Para esto le hacía burlas endiabladas, de los cuales contaré algunas, aunque no todas a mi salvo.[63]

Él traía el pan y todas las otras cosas en un fardel de lienzo que por la boca se cerraba con una argolla de hierro y su candado y su llave, y al meter de todas las cosas y sacallas,[64] era con tan gran vigilancia y tanto por contadero,[65] que no bastara hombre en todo el mundo hacerle menos[66] una migaja. Mas yo tomaba aquella laceria[67] que él me daba, la cual en menos de dos bocados era despachada. Después que cerraba el candado y se descuidaba, pensando que yo estaba entendiendo en[68] otras cosas, por un poco de costura, que muchas veces del un lado del fardel descosía y tornaba a coser sangraba el avariento fardel, sacando no por tasa[69] pan, mas buenos pedazos, torreznos y longaniza. Y ansí, buscaba

---

[56]matriz.

[57]dolor, enfermedad, sufrimiento.

[58]en otras ediciones, *coged.*

[59]no me daba ni la mitad de lo necesario.

[60]sutileza.

[61]muriera.

[62]le engañaba.

[63]sin daño o perjuicio mío.

[64]sacarlas.

[65]de a una.

[66]dejarle sin.

[67]miseria, pobreza.

[68]ocupado en.

[69]de a poco.

no por tasa[69] pan, mas buenos pedazos, torreznos y longaniza. Y ansí, buscaba conveniente tiempo para rehacer, no la chaza,[70] sino la endiablada falta que el mal ciego me faltaba.

Todo lo que podía sisar y hurtar traía en medias blancas;[71] y cuando le mandaban rezar y le daban blancas, como él carecía de vista, no había el que se la daba amagado con ella, cuando yo la tenía lanzada en la boca y la media aparejada, que por presto que él echaba la mano, ya iba de mi cambio aniquilada en la mitad del justo precio. Quejábaseme el mal ciego, porque al tiento[72] luego conocía y sentía que no era blanca entera, y decía:

—¿Qué diablo es esto, que después que comigo[73] estás no me dan sino medias blancas, y de antes una blanca y un maravedí hartas veces me pagaban? ¡En ti debe estar esta desdicha!

También él abreviaba el rezar y la mitad de la oración no acababa, porque me tenía mandado que, en yéndose el que la mandaba rezar, le tirase por cabo del capuz.[74] Yo así lo hacía. Luego él tornaba a dar voces, diciendo: «¿Mandan rezar tal y tal oración?», como suelen decir.

Usaba poner cabe[75] sí un jarrillo de vino cuando comíamos, y yo, muy de presto,[76] le asía y daba un par de besos callados y tornábale a su lugar. Mas turóme[77] poco, que en los tragos conocía la falta, y por reservar su vino a salvo, nunca después desamparaba el jarro, antes lo tenía por el asa asido. Mas no había piedra imán que así trajese a sí como yo con una paja larga de centeno, que para aquel menester tenía hecha, la cual metiéndola en la boca del jarro, chupando el vino lo dejaba a buenas noches.[78] Mas como fuese el traidor tan astuto, pienso

---

[69]de a poco.

[70]no para rehacer la jugada.

[71]monedas de escaso valor.

[72]al tacto.

[73]conmigo.

[74]de la punta del capuz, capa larga y cerrada.

[75]junto a.

[76]con mucha rapidez.

[77]duróme.

[78]metafóricamente, burlar a alguien. También es expresión que significa «a oscuras y en blanco», es decir, «sin nada».

que me sintió, y dende[79] en adelante mudó propósito, y asentaba su jarro entre las piernas, y atapábale[80] con la mano, y ansí bebía seguro.

Yo, como estaba hecho al vino, moría por él; y viendo que aquel remedio de la paja no me aprovechaba ni valía, acordé[81] en el suelo del jarro hacerle una fuentecilla y agujero sotil,[82] y delicadamente con una muy delgada tortilla de cera taparlo, y al tiempo de comer, fingendo haber frío,[83] entrábame entre las piernas del triste ciego a calentarme en la pobrecilla lumbre que teníamos, y al calor de ella luego derretida la cera (por ser muy poca), comenzaba la fuentecilla a destilarme en la boca, la cual yo de tal manera ponía, que maldita la gota se perdía. Cuando el pobreto[84] iba a beber, no hallaba nada. Espantábase, maldecíase, daba al diablo el jarro y el vino, no sabiendo qué podía ser.

—No diréis, tío, que os lo bebo yo—decía—, pues no le quitáis de la mano.

Tantas vueltas y tientos dio al jarro, que halló la fuente, y cayó en la burla; mas así lo disimuló como si no lo hubiera sentido. Y luego otro día,[85] teniendo yo rezumando mi jarro como solía, no pensando el daño que me estaba aparejado ni que el mal ciego me sentía, sentéme como solía. Estando recibiendo aquellos dulces tragos, mi cara puesta hacia el cielo, un poco cerrados los ojos por mejor gustar el sabroso licor, sintió el desesperado ciego que agora tenía tiempo de tomar de mí venganza, y con toda su fuerza, alzando con dos manos aquel dulce y amargo jarro, le dejó caer sobre mi boca, ayudándose, como digo, con todo su poder, de manera que el pobre Lázaro, que de nada de esto se guardaba, antes, como otras veces, estaba descuidado y gozoso, verdaderamente me pareció que el cielo, con todo lo que en él hay, me había caído encima.

Fue tal el golpecillo, que me desatinó[86] y sacó de sentido, y el jarrazo tan grande, que los pedazos de él se me metieron por la cara, rompiéndomela por muchas partes, y me quebró los dientes, sin los cuales hasta hoy día me quedé. Desde aquella hora quise mal al mal ciego; y aunque me quería y regalaba y me

---

[79]desde entonces, a partir de entonces.

[80]tapábale.

[81]decidí, determiné.

[82]sutil.

[83]fingiendo tener frío.

[84]desdichado, infeliz.

[85]al día siguiente.

[86]sacó de tino, aturdió.

curaba, bien vi que se había holgado del cruel castigo. Lavóme con vino las roturas que con los pedazos del jarro me había hecho, y sonriéndose decía:

—¿Qué te parece, Lázaro? Lo que te enfermó te sana y da salud.

Y otros donaires, que a mi gusto no lo eran.

Ya que[87] estuve medio bueno de mi negra trepa[88] y cardenales, considerando que a pocos golpes tales el cruel ciego ahorraría de mí, quise yo ahorrar de él; mas no lo hice tan presto por hacello[89] más a mi salvo y provecho. Y aunque yo quisiera asentar mi corazón y perdonalle el jarrazo, no daba lugar el maltratamiento que el mal ciego dende allí adelante me hacía, que sin causa ni razón me hería, dándome coscorrones y repelándome. Y si alguno le decía por qué me trataba tan mal, luego contaba el cuento del jarro, diciendo:

—¿Pensaréis que este mi mozo es algún inocente? Pues oíd si el demonio ensayara otra tal hazaña.

Santiguándose los que lo oían, decían:

—¡Mirá[90] quién pensara de un muchacho tan pequeño tal ruindad!

Y reían mucho el artificio, y decíanle:

—Castigaldo,[91] castigaldo, que de Dios lo habréis.[92]

Y él, con aquello, nunca otra cosa hacía.

Y en esto, yo siempre le llevaba por los peores caminos, y adrede, por le hacer[93] mal y daño; si había piedras, por ellas; si lodo, por lo más alto, que aunque yo no iba por lo más enjuto, holgábame a mí de quebrar un ojo por quebrar dos al que ninguno tenía. Con esto siempre con el cabo alto del tiento me atentaba el colodrillo, el cual siempre traía lleno de tolondrones y pelado de sus manos; y aunque yo juraba no lo hacer con malicia, sino por no hallar mejor camino, no me aprovechaba ni me creía, mas tal era el sentido y el grandísimo entendimiento del traidor.

Y porque vea Vuestra Merced a cuánto se extendía el ingenio de este astuto ciego, contaré un caso de muchos que con él me acaecieron, en el cual me parece dio bien a entender su gran astucia. Cuando salimos de Salamanca, su motivo fue

---

[87]cuando, una vez que.

[88]paliza.

[89]hacerlo; más adelante, perdonarle.

[90]mirad.

[91]castigadlo.

[92]que Dios os recompensará.

[93]hacerle.

venir a tierra de Toledo, porque decía ser la gente más rica, aunque no muy limosnera; arrimábase a este refrán: «Más da el duro que el desnudo». Y venimos[94] a este camino por los mejores lugares. Donde hallaba buena acogida y ganancia, deteníamonos; donde no, a tercero día hacíamos Sant Juan.[95]

Acaeció que, llegando a un lugar que llaman Almorox[96] al tiempo que cogían las uvas, un vendimiador le dio un racimo de ellas en limosna. Y como suelen ir los cestos maltratados, y también porque la uva en aquel tiempo está muy madura, desgranábasele el racimo en la mano; para echarlo en el fardel, tornábase mosto y lo que a él se llegaba. Acordó de hacer un banquete, ansí por no lo poder llevar como por contentarme que aquel día me había dado muchos rodillazos y golpes. Sentámonos en un valladar, y dijo:

—Agora quiero yo usar contigo de una liberalidad, y es que ambos comamos este racimo de uvas, y que hayas[97] de él tanta parte como yo. Partillo hemos[98] de esta manera: tu picarás una vez, y yo otra; con tal que me prometas no tomar cada vez más de una uva. Yo haré lo mesmo hasta que lo acabemos, y de esta suerte no habrá engaño.

Hecho ansí el concierto,[99] comenzamos; mas luego al segundo lance, el traidor mudó propósito, y comenzó a tomar de dos en dos, considerando que yo debría hacer lo mismo. Como vi que él quebraba la postura,[100] no me contenté ir a la par con él, mas aún pasaba adelante: dos a dos, y tres a tres, y como podía, las comía. Acabado el racimo, estuvo un poco con el escobajo[101] en la mano, y meneando la cabeza dijo:

—Lázaro, engañado me has; juraré yo a Dios que has comido las uvas tres a tres.

—No comí—dije yo—, mas ¿por qué sospecháis eso?

Respondió el sagacísimo ciego:

---

[94]vinimos.

[95]Como era costumbre renovar los contratos el día de San Juan, la frase significa «cambiar de sitio, mudarse».

[96]población de Toledo, en el partido de Escalona.

[97]tengas.

[98]lo partiremos.

[99]acuerdo.

[100]rompía el acuerdo.

[101]gajo del racimo de uvas, una vez desgranado.

—¿Sabes en qué veo que las comiste tres a tres? En que comía yo dos a dos y callabas.[102]

A lo cual yo no respondí. Yendo que íbamos ansí por debajo de unos soportales, en Escalona, adonde a la sazón estábamos, en casa de un zapatero había muchas sogas y otras cosas que de esparto se hacen, y parte de ellas dieron a mi amo en la cabeza; el cual alzando la mano tocó en ellas, y viendo lo que era díjome:

—*Anda presto, mochacho, salgamos de entre tan mal manjar, que ahoga sin comerlo.*

Yo que bien descuidado iba de aquello, miré lo que era, y como no vi sino sogas y cinchas, que no era cosa de comer, díjele:

—*Tío, ¿por qué decís eso?*

Respondióme:

—*Calla, sobrino, según las mañas que llevas, lo sabrás y verás cómo digo verdad.*

Y ansí pasamos adelante por el mismo portal, y llegamos a un mesón, a la puerta del cual había muchos cuernos en la pared, donde ataban los recueros sus bestias, y como iba tentando si era allí el mesón adonde él rezaba cada día por la mesonera la oración de la Emparedada,[103] hació[104] de un cuerno, y con un gran sospiro,[105] dijo:

—*¡Oh mala cosa, peor que tienes la hechura! ¡De cuántos eres deseado poner tu nombre sobre cabeza ajena, y de cuán pocos tenerte, ni aun oir nombre por ninguna vía![106]*

Como le oí lo que decía, dije:

—*Tío, ¿qué es esto que decís?*

—*Calla, sobrino, que algún día te dará éste que en la mano tengo alguna mala comida y cena.*

—*No le comeré yo—dije—, y no me la dará.*

—*Yo te digo verdad; si no, verlo has,[107] si vives.*

---

[102]A continuación sigue uno de los pasajes intercalados en la edición de Alcalá.

[103]oración empleada como conjuro en las prácticas de hechicería.

[104]asió.

[105]suspiro.

[106]de ningún modo.

[107]lo verás.

Y ansí pasamos adelante, hasta la puerta del mesón, adonde pluguiere a Dios nunca allá llegáramos, según lo que me sucedía en él.

Era todo lo más que rezaba por mesoneras, y por bodegoneras y turroneras y rameras, y ansí por semejantes mujercillas, que por hombre casi nunca le vi decir oración.

Reíme entre mí, y aunque mochacho, noté mucho la discreta consideración del ciego.

Mas por no ser prolijo, dejo de contar muchas cosas, así graciosas como de notar, que con este mi primer amo me acaecieron, y quiero decir el despidiente[108] y, con él, acabar. Estábamos en Escalona,[109] villa del duque de ella, en un mesón, y diome un pedazo de longaniza que[110] le asase. Ya que la longaniza había pringado y comídose las pringadas,[111] sacó un maravedí de la bolsa y mandó que fuese por él de vino[112] a la taberna. Púsome el demonio el aparejo[113] delante los ojos, el cual, como suelen decir, hace al ladrón, y fue que había cabe el fuego un nabo pequeño, larguillo y ruinoso y tal, que por no ser para la olla, debió ser echado allí.

Y como al presente nadie estuviese sino él y yo solos, como me vi con apetito goloso, habiéndome puesto dentro el sabroso olor de la longaniza (del cual solamente sabía que había de gozar), no mirando qué me podría suceder, pospuesto todo el temor por cumplir con el deseo, en tanto que el ciego sacaba de la bolsa el dinero, saqué la longaniza, y, muy presto, metí el sobredicho nabo en el asador, el cual, mi amo dándome el dinero para el vino, tomó y comenzó a dar vueltas al fuego, queriendo asar al que de ser cocido, por sus deméritos, había escapado.

Yo fui por el vino, con el cual no tardé en despachar la longaniza; y cuando vine, hallé al pecador[114] del ciego que tenía entre dos rebanadas apretado el nabo, al cual aún no había conocido por no lo haber tentado con la mano. Como

---

[108]lo que despide, lo último.

[109]villa en la provincia de Toledo.

[110]para que.

[111]rebanadas de pan sobre las que se dejaba caer el pringue.

[112]mandó que fuese por un maravedí de vino...

[113]en sentido figurado, la oportunidad, la ocasión.

[114]forma de referirse al amo, sin connotación particular.

tomase las rebanadas y mordiese en ellas, pensando también llevar parte de la longaniza, hallóse en frío con el frío nabo; alteróse y dijo:

—¿Qué es esto, Lazarillo?

—¡Lacerado de mí!—dije yo—. ¿Si queréis a mí echar[115] algo? ¿Yo no vengo de traer el vino? Alguno estaba ahí, y por burlar haría esto.

—No, no—dijo él—, que yo no he dejado el asador de la mano. No es posible.

Yo torné a jurar y perjurar que estaba libre de aquel trueco y cambio; mas poco me aprovechó, pues a las astucias del maldito ciego nada se le escondía. Levantóse y asióme por la cabeza y llegóse a olerme. Y como debió sentir el huelgo, a uso de buen podenco, por mejor satisfacerse de la verdad y con la gran agonía que llevaba, asiéndome con las manos, abríame la boca más de su derecho y desatentadamente metía la nariz, la cual él tenía luenga y afilada, y a aquella sazón, con el enojo, se había augmentado[116] un palmo, con el pico de la cual me llegó a la gulilla.[117]

Y con esto, y con el gran miedo que tenía, y con la brevedad del tiempo, la negra longaniza aún no había hecho asiento en el estómago, y lo más principal, con el destiento[118] de la cumplidísima nariz medio cuasi ahogándome, todas estas cosas se juntaron, y fueron causa que el hecho y golosina se manifestase y lo suyo fuese vuelto a su dueño; de manera que antes que el mal ciego sacase de mi boca su trompa, tal alteración sintió mi estómago, que le dio con el hurto en ella, de suerte que su nariz y la negra mal mascada longaniza a un tiempo salieron de mi boca.

¡Oh gran Dios, quién estuviera aquella hora sepultado, que muerto ya lo estaba! Fue tal el coraje del perverso ciego, que, si al ruido no acudieran, pienso no me dejara con la vida. Sacáronme de entre sus manos, dejándoselas llenas de aquellos pocos cabellos que tenía, arañada la cara y rascuñado[119] el pescuezo y la garganta. Y esto bien lo merecía, pues por su maldad me venían tantas persecuciones.

---

[115]achacar, culpar de.

[116]aumentado.

[117]diminutivo de gola o gula.

[118]palabra sin documentar; debe interpretarse como exceso, turbación o descortesía.

[119]rasguñado.

Contaba el mal ciego a todos cuantos allí se allegaban mis desastres, y dábales cuenta una y otra vez, así de la del jarro como de la del racimo, y agora de lo presente. Era la risa de todos tan grande, que toda la gente que por la calle pasaba entraba a ver la fiesta; mas con tanta gracia y donaire recontaba el ciego mis hazañas, que aunque yo estaba tan maltratado y llorando, me parecía que hacía sinjusticia[120] en no se las reír.

Y en cuanto esto pasaba, a la memoria me vino una cobardía y flojedad que hice por que[121] me maldecía, y fue no dejalle[122] sin narices, pues tan buen tiempo tuve para ello, que la meitad[123] del camino estaba andado: que, con sólo apretar los dientes, se me quedaran en casa, y con ser de aquel malvado, por ventura lo retuviera mejor mi estómago que retuvo la longaniza, y no pareciendo ellas pudiera negar la demanda.[124] Pluguiera a Dios que lo hubiera hecho, que eso fuera así que así.[125]

Hiciéronnos amigos la mesonera y los que allí estaban, y con el vino que para beber le había traído laváronme la cara y la garganta. Sobre lo cual discantaba[126] el mal ciego donaires, diciendo:

—Por verdad, más vino me gasta este mozo en lavatorios al cabo del año que yo bebo en dos. A lo menos, Lázaro, eres en más cargo[127] al vino que a tu padre, porque él una vez te engendró, mas el vino mil te ha dado la vida.

Y luego contaba cuántas veces me había descalabrado y harpado[128] la cara, y con vino luego sanaba.

—Yo te digo—dijo—que si un hombre en el mundo ha de ser bienaventurado con vino, que serás tú.

Y reían mucho, los que me lavaban, con esto, aunque yo renegaba. Mas el pronóstico del ciego no salió mentiroso, y después acá muchas veces me acuerdo de aquel hombre, que sin duda debía tener espíritu de profecía, y me pesa de los

---

[120]injusticia.

[121]por la que.

[122]dejarle.

[123]mitad.

[124]frase jurídica, si no aparecieran las narices, podría negarse la acusación.

[125]expresión mal documentada: «lo mismo de un modo que de otro».

[126]decir a contrapunto.

[127]eres deudor.

[128]arañado, rasgado.

sinsabores que le hice, aunque bien se lo pagué, considerando lo que aquel día me dijo salirme tan verdadero como adelante Vuestra Merced oirá.

Visto esto y las malas burlas que el ciego burlaba de mí, determiné de todo en todo[129] dejalle, y como lo traía pensado y lo tenía en voluntad, con este postrer juego que me hizo, afirmélo más. Y fue ansí, que luego otro día salimos por la villa a pedir limosna y había llovido mucho la noche antes; y porque el día también llovía, y andaba rezando debajo de unos portales que en aquel pueblo había, donde no nos mojamos[130]; mas como la noche se venía, y el llover no cesaba, díjome el ciego:

—Lázaro, esta agua es muy porfiada, y cuanto la noche más cierra, más recia; acojámonos a la posada con tiempo.

Para ir allá, habíamos de pasar un arroyo que con la mucha agua iba grande. Yo le dije:

—Tío, el arroyo va muy ancho; mas si queréis, yo veo por donde travesemos[131] más aína[132] sin nos mojar,[133] porque se estrecha allí mucho, y saltando pasaremos a pie enjuto.

Parecióle buen consejo, y dijo:

—Discreto eres, por esto te quiero bien. Llévame a ese lugar donde el arroyo se ensangosta,[134] que agora es invierno y sabe mal el agua, y más llevar los pies mojados.

Yo, que vi el aparejo a mi deseo, saquéle de bajo de los portales, y lleveéle derecho a un pilar o poste de piedra que en la plaza estaba, sobre el cual y sobre otros cargaban saledizos de aquellas casas, y dígole:

—Tío, éste es el paso más angosto que en el arroyo hay.

Como llovía recio y el triste se mojaba, y con la priesa que llevábamos de salir del agua, que encima de nos caía, y lo más principal, porque Dios le cegó aquella hora el entendimiento (fue por darme dél venganza), creyóse de mí[135] y dijo:

—Ponme bien derecho y salta tú el arroyo.

---

[129]absolutamente, en definitiva.

[130]mojábamos.

[131]atravesemos, crucemos.

[132]pronto

[133]mojarnos.

[134]se estrecha.

[135]me creyó.

Yo lo puse bien derecho enfrente del pilar, y doy un salto y póngome detrás del poste como quien espera tope de toro y díjele:

—¡Sus![136] Saltá todo lo que podáis, porque deis de este cabo del agua.

Aun apenas lo había acabado de decir, cuando se abalanza el pobre ciego como cabrón, y de toda su fuerza arremete, tomando un paso atrás de la corrida para hacer mayor salto, y da con la cabeza en el poste, que sonó tan recio como si diera con una gran calabaza, y cayó luego para atrás, medio muerto y hendida la cabeza.

—¿Cómo, y olistes la longaniza y no el poste? ¡Olé![137] ¡Olé!—le dije yo.

Y déjole en poder de mucha gente que lo había ido a socorrer, y tomo la puerta de la villa en los pies de un trote,[138] y antes que la noche viniese di comigo en Torrijos. No supe más lo que Dios de él hizo, ni curé de lo saber.[139]

Tratado segundo. Cómo Lázaro se asentó con un clérigo y de las cosas que con él pasó

Otro día, no pareciéndome estar allí seguro, fuime a un lugar que llaman Maqueda,[140] adonde me toparon mis pecados con un clérigo, que llegando a pedir limosna, me preguntó si sabía ayudar a misa. Yo dije que sí, como era verdad, que aunque maltratado, mil cosas buenas me mostró el pecador del ciego, y una de ellas fue ésta. Finalmente el clérigo me recibió por suyo.

Escapé del trueno y di en el relámpago,[141] porque era el ciego para con éste un Alejandre Magno,[142] con ser la mesma avaricia, como he contado. No digo más sino que toda la laceria del mundo estaba encerrada en éste (no sé si de su cosecha era o lo había anexado[143] con el hábito de clerecía).

---

[136]interjección.

[137]oled.

[138]corrí hacia la puerta...

[139]ni me preocupé de saberlo.

[140]población del partido de Escalona en Toledo.

[141]frase proverbial: «ir de mal en peor».

[142]Alejandro Magno (a.C.356 a a.C.323), rey de Macedonia, era considerado ejemplo máximo de generosidad.

[143]agregado, adquirido.

El tenía un arcaz[144] viejo y cerrado con su llave, la cual traía atada con una agujeta[145] del paletoque,[146] y en viniendo el bodigo[147] de la iglesia, por su mano era luego allí lanzado, y tornada a cerrar el arca; y en toda la casa no había ninguna cosa de comer, como suele estar en otras: algún tocino colgado al humero, algún queso puesto en alguna tabla o en el armario, algún canastillo con algunos pedazos de pan que de la mesa sobran, que me parece a mí que aunque de ello no me aprovechara, con la vista de ello me consolara.

Solamente había una horca de cebollas, y tras la llave, en una cámara en lo alto de la casa. De éstas tenía yo de ración una para cada cuatro días, y cuando le pedía la llave para ir por ella, si alguno estaba presente, echaba mano al falsopecto,[148] y, con gran continencia, la desataba y me la daba, diciendo:

—Toma, y vuélvela luego, y no hagáis sino golosinar.[149]

Como si debajo de ella estuvieran todas las conservas de Valencia,[150] con no haber en la dicha cámara, como dije, maldita la otra cosa que las cebollas colgadas de un clavo, las cuales él tenía tan bien por cuenta, que si por malos de mis pecados me desmandara a más de mi tasa, me costara caro. Finalmente, yo me finaba de hambre.

Pues ya que comigo tenía poca caridad, consigo usaba más. Cinco blancas de carne era su ordinario para comer y cenar. Verdad es que partía comigo del caldo. Que de la carne, ¡tan blanco el ojo!,[151] sino un poco de pan, y ¡pluguiera a Dios que me demediara!

Los sábados[152] cómense en esta tierra cabezas de carnero, y enviábame por una que costaba tres maravedís. Aquélla le cocía y comía los ojos, y la lengua, y el cogote y sesos, y la carne que en las quijadas tenía, y dábame todos los huesos roídos, y dábamelos en el plato, diciendo:

---

[144]arca grande, arcón.

[145]cinta para ajustar al cuerpo ciertas prendas de vestir.

[146]capa larga y sin mangas.

[147]pan hecho de harina y leche que los fieles ofrecían en la misa.

[148]bolsillo oculto para asegurar el dinero.

[149]de golosina, golosinear.

[150]las frutas en conserva de Valencia eran muy apreciadas en la época.

[151]¡Absolutamente nada!

[152]La costumbre de no comer carne los sábados se observaba en Castilla desde la batalla de las Navas de Tolosa (1212).

—Toma, come, triunfa, que para ti es el mundo: ¡mejor vida tienes que el Papa!

«¡Tal te la dé Dios!», decía yo paso[153] entre mí.

A cabo de tres semanas que estuve con él, vine a tanta flaqueza, que no me podía tener en las piernas de pura hambre. Vime claramente ir a la sepultura, si Dios y mi saber no me remediaran. Para usar de mis mañas no tenía aparejo, por no tener en qué dalle salto,[154] y aunque algo hubiera, no podía cegalle,[155] como hacía al que Dios perdone (si de aquella calabazada feneció), que todavía, aunque astuto, con faltalle aquel preciado sentido, no me sentía, mas estotro, ninguno hay que tan aguda vista tuviese como él tenía.

Cuando al ofertorio estábamos, ninguna blanca en la concha[156] caía que no era de él registrada: el un[157] ojo tenía en la gente y el otro en mis manos. Bailábanle los ojos en el casco como si fueran de azogue. Cuantas blancas ofrecían tenía por cuenta, y acabado el ofrecer, luego me quitaba la concha y la ponía sobre el altar.

No era yo señor de[158] asirle una blanca todo el tiempo que con él veví,[159] o, por mejor decir, morí. De la taberna nunca le traje una blanca de vino, mas aquel poco que de la ofrenda había metido en su arcaz, compasaba[160] de tal forma, que le turaba[161] toda la semana. Y por ocultar su gran mezquindad, decíame:

—Mira, mozo, los sacerdotes han de ser muy templados en su comer y beber, y por esto yo no me desmando como otros.

Mas el lacerado mentía falsamente, porque en cofradías y mortuorios que rezamos, a costa ajena comía como lobo, y bebía más que un saludador.[162]

---

[153]en voz baja.

[154]darle salto, robarle.

[155]cegarle; luego, faltarle.

[156]recipiente para pedir limosnas.

[157]un.

[158]no tenía posibilidad de.

[159]viví.

[160]medía con cuidado.

[161]duraba.

[162]curandero.

Y porque dije de mortuorios, Dios me perdone que jamás fui enemigo de la naturaleza humana, sino entonces; y esto era porque comíamos bien y me hartaban. Deseaba y aún rogaba a Dios que cada día matase el suyo. Y cuando dábamos sacramento a los enfermos, especialmente la Extremaunción, como manda el clérigo rezar a los que están allí, yo cierto no era el postrero de la oración, y con todo mi corazón y buena voluntad rogaba al Señor, no que le echase a la parte que más servido fuese, como se suele decir, mas que le llevase de este mundo. Y cuando alguno de éstos escapaba (Dios me lo perdone), que mil veces le daba al diablo, y el que se moría, otras tantas bendiciones llevaba de mí dichas. Porque en todo el tiempo que allí estuve, que sería cuasi seis meses, solas veinte personas fallecieron, y éstas bien creo que las maté yo, o, por mejor decir, murieron a mi recuesta.[163] Porque viendo el Señor mi rabiosa y continua muerte, pienso que holgaba de matarlos por darme a mí vida. Mas de lo que al presente padecía remedio no hallaba; que si el día que enterrábamos yo vivía, los días que no había muerto, por quedar bien vezado[164] de la hartura, tornando a mi cuotidiana hambre, más lo sentía. De manera que en nada hallaba descanso, salvo en la muerte, que yo también para mí como para los otros, deseaba algunas veces; mas no la vía, aunque estaba siempre en mí.

Pensé muchas veces irme de aquel mezquino amo, mas por dos cosas lo dejaba: la primera, por no me atrever a mis piernas, por temer de la flaqueza, que de pura hambre me venía; y la otra, consideraba y decía: «Yo he tenido dos amos: el primero traíame muerto de hambre, y dejándole, topé con estotro, que me tiene ya con ella en la sepultura; pues si de éste desisto y doy en otro más bajo, ¿qué será sino fenecer?»

Con esto no me osaba menear, porque tenía por fe que todos los grados había de hallar más ruines. Y a abajar[165] otro punto, no sonara Lázaro ni se oyera en el mundo.

Pues estando en tal aflición (cual plega al Señor librar de ella a todo fiel cristiano), y sin saber darme consejo, viéndome ir de mal en peor, un día que el cuitado, ruin y lacerado de mi amo había ido fuera del lugar, llegóse acaso a mi puerta un calderero, el cual yo creo que fue ángel enviado a mí por la mano de Dios en aquel hábito. Preguntóme si tenía algo que adobar.[166] «En mí tenía-

---

[163]petición, requerimiento.

[164]avezado, acostumbrado.

[165]bajar.

[166]arreglar, componer.

des[167] bien que hacer, y no haríades poco si me remediásedes», dije paso, que no me oyó.

Mas como no era tiempo de gastarlo en decir gracias, alumbrado por el Espíritu Santo, le dije:

—Tío, una llave de este arca he perdido, y temo mi señor me azote. Por vuestra vida, veáis si en ésas que traéis hay alguna que le haga,[168] que yo os lo pagaré.

Comenzó a probar el angélico calderero una y otra de un gran sartal que de ellas traía, y yo [a] ayudalle[169] con mis flacas oraciones. Cuando no me cato,[170] veo en figura de panes, como dicen, la cara de Dios[171] dentro del arcaz, y abierto, díjele:

—Yo no tengo dineros que os dar por la llave, mas tomad de ahí el pago.

Él tomó un bodigo de aquéllos, el que mejor le pareció, y dándome mi llave, se fue muy contento, dejándome más a mí.

Mas no toqué en nada por el presente, porque no fuese la falta sentida, y aun porque me vi de tanto bien señor parecióme que la hambre no se me osaba allegar. Vino el mísero de mi amo, y quiso Dios no miró en la oblada[172] que el ángel había llevado.

Y otro día, en saliendo de casa, abro mi paraíso panal,[173] y tomo entre las manos y dientes un bodigo, y en dos credos[174] le hice invisible, no se me olvidando el arca abierta; y comienzo a barrer la casa con mucha alegría, pareciéndome con aquel remedio remediar dende en adelante la triste vida. Y así estuve con ello aquel día y otro gozoso. Mas no estaba en mi dicha que me durase mucho aquel descanso, porque luego, al tercero día, me vino la terciana derecha.[175]

Y fue que veo a deshora al que me mataba de hambre sobre nuestro arcaz, volviendo y revolviendo, contando y tornando a contar los panes. Yo disimulaba,

---

[167]teníais; más adelante, haríais y remediaseis.

[168]que le sirva.

[169]ayudarle.

[170]de improviso, cuando menos lo esperaba.

[171]expresión para referirse al pan caído al suelo, cuando se lo alza.

[172]ofrenda.

[173]paraíso de panes.

[174]el tiempo que se tarda en rezar dos credos, es decir, muy rápido.

[175]fiebre que se repite cada tres días.

y en mi secreta oración y devociones y plegarias, decía: «¡San Juan y ciégale!»[176]

Después que estuvo un gran rato echando la cuenta, por días y dedos contando, dijo:

—Si no tuviera a tan buen recado[177] esta arca, yo dijera que me habían tomado de ella panes; pero de hoy más, sólo por cerrar la puerta a la sospecha, quiero tener buena cuenta con ellos: nueve quedan y un pedazo.

«¡Nuevas malas te dé Dios!», dije yo entre mí.

Parecióme con lo que dijo pasarme el corazón con saeta de montero, y comenzóme el estómago a escarbar de hambre, viéndose puesto en la dieta pasada. Fue fuera de casa. Yo, por consolarme, abro el arca y, como vi el pan, comencélo de adorar,[178] no osando recebillo.[179] Contélos, si a dicha[180] el lacerado se errara, y hallé su cuenta más verdadera que yo quisiera. Lo más que yo pude hacer fue dar en ellos mil besos, y, lo más delicado que yo pude, del partido partí un poco al pelo que él estaba, y con aquél pasé aquel día, no tan alegre como el pasado.

Mas como la hambre[181] creciese, mayormente que tenía el estómago hecho a más pan aquellos dos o tres días ya dichos, moría mala muerte; tanto, que otra cosa no hacía en viéndome solo sino abrir y cerrar el arca y contemplar en aquella cara de Dios, que ansí dicen los niños. Mas el mesmo Dios, que socorre a los afligidos, viéndome en tal estrecho,[182] trujo a mi memoria un pequeño remedio: que, considerando entre mí, dije: «Este arquetón es viejo y grande y roto por algunas partes, aunque pequeños agujeros. Puédese pensar que ratones, entrando en él, hacen daño a este pan. Sacarlo entero no es cosa conveniente, porque verá la falta el que en tanta me hace vivir. Esto bien se sufre».[183]

Y comienzo a desmigajar el pan sobre unos no muy costosos manteles que allí estaban, y tomo uno y dejo otro, de manera que en cada cual de tres o cuatro desmigajé su poco. Después, como quien toma gragea, lo comí, y algo me conso-

---

[176]invocación a San Juan, patrono de los criados.

[177]recaudo.

[178]a adorar.

[179]recibirlo.

[180]por suerte.

[181]el hambre.

[182]aprieto, estrechez.

[183]es decir, es tolerable.

lé. Mas él, como viniese a comer y abriese el arca, vio el mal pesar, y sin duda creyó ser ratones los que el daño habían hecho, porque estaba muy al propio contrahecho[184] de como ellos lo suelen hacer. Miró todo el arcaz de un cabo a otro y viole ciertos agujeros, por do sospechaba habían entrado. Llamóme diciendo:

—¡Lázaro! ¡Mira, mira qué persecución ha venido aquesta noche por nuestro pan!

Yo híceme muy maravillado, preguntándole qué sería.

—¡Qué ha de ser!—dijo él—. Ratones, que no dejan cosa a vida.[185]

Pusímonos a comer, y quiso Dios que aun en esto me fue bien, que me cupo más pan que la laceria que me solía dar, porque rayó con un cuchillo todo lo que pensó ser ratonado, diciendo:

—Cómete eso, que el ratón cosa limpia es.

Y así, aquel día, añadiendo la ración del trabajo de mis manos (o de mis uñas, por mejor decir), acabamos de comer, aunque yo nunca empezaba.

Y luego me vino otro sobresalto, que fue verle andar solícito quitando clavos de las paredes y buscando tablillas, con las cuales clavó y cerró todos los agujeros de la vieja arca.

«¡Oh Señor mío!», dije yo entonces. «¡A cuánta miseria y fortuna y desastres estamos puestos[186] los nacidos y cuán poco duran los placeres de esta nuestra trabajosa vida! Heme aquí que pensaba con este pobre y triste remedio remediar y pasar mi laceria, y estaba ya cuanto que[187] alegre y de buena ventura. Mas no quiso mi desdicha, despertando a este lacerado de mi amo y poniéndole más diligencia de la que él de suyo se tenía (pues los míseros por la mayor parte nunca de aquélla carecen), agora, cerrando los agujeros del arca, cerrase la puerta a mi consuelo y la abriese a mis trabajos».

Así lamentaba yo, en tanto que mi solícito carpintero, con muchos clavos y tablillas, dio fin a sus obras, diciendo:

—Agora, donos[188] traidores ratones, conviéneos mudar propósito, que en esta casa mala medra tenéis.

---

[184]fingido, imitado.

[185]con vida.

[186]expuestos.

[187]algo.

[188]plural antiguo de la fórmula de tratamiento «don», usado en sentido humorístico.

De que salió de su casa, voy a ver la obra, y hallé que no dejó en la triste y vieja arca agujero ni aun por donde le pudiese entrar un mosquito. Abro con mi desaprovechada llave, sin esperanza de sacar provecho, y vi los dos o tres panes comenzados, los que mi amo creyó ser ratonados, y de ellos todavía saqué alguna lacería, tocándolos muy ligeramente, a uso de esgremidor[189] diestro. Como la necesidad sea tan gran maestra, viéndome con tanta siempre noche y día estaba pensando la manera que ternía[190] en sustentar el vivir. Y pienso, para hallar estos negros remedios, que me era luz la hambre, pues dicen que el ingenio con ella se avisa y al contrario con la hartura, y así era por cierto en mí.

Pues estando una noche desvelado en este pensamiento, pensando cómo me podría valer y aprovecharme del arcaz, sentí que mi amo dormía, porque lo mostraba con roncar y en unos resoplidos grandes que daba cuando estaba durmiendo. Levantéme muy quedito, y habiendo en el día pensado lo que había de hacer y dejado un cuchillo viejo que por allí andaba en parte do le hallase, voyme al triste arcaz, y, por do había mirado tener menos defensa, le acometí con el cuchillo, que a manera de barreno de él usé. Y como lo antiquísima arca, por ser de tantos años, la hallase sin fuerza y corazón, antes muy blanda y carcomida, luego se me rindió, y consintió en su costado, por mi remedio, un buen agujero. Esto hecho, abro muy paso la llagada arca y, al tiento, del pan que hallé partido, hice según de yuso[191] está escrito. Y con aquello algún tanto consolado, tornando a cerrar, me volví a mis pajas, en las cuales reposé y dormí un poco. Lo cual yo hacía mal y echábalo[192] al no comer. Y ansí sería, porque, cierto, en aquel tiempo no me debían de quitar el sueño los cuidados del rey de Francia.[193]

Otro día fue por el señor mi amo visto el daño, así del pan como del agujero que yo había hecho, y comenzó a dar a los diablos los ratones y decir:

—¿Qué diremos a esto? ¡Nunca haber sentido ratones en esta casa sino agora!

Y sin duda debía de decir verdad. Porque si casa había de haber en el reino justamente de ellos privilegiada,[194] aquélla, de razón, había de ser, porque no

---

[189]hábil esgrimidor.

[190]tendría.

[191]arriba.

[192]lo achacaba, lo atribuía.

[193]las preocupaciones del rey de Francia. Parece aludir al encarcelamiento de Francisco I después de la derrota de Pavía en 1525.

[194]libre, exenta.

suelen morar donde no hay qué comer. Torna a buscar clavos por la casa y por las paredes, y tablillas a atapárselos.[195] Venida la noche y su reposo, luego era yo puesto en pie con mi aparejo, y cuantos él tapaba de día destapaba yo de noche.

En tal manera fue y tal priesa nos dimos, que sin duda por esto se debió decir: «Donde una puerta se cierra, otra se abre». Finalmente, parecíamos tener a destajo la tela de Penélope,[196] pues cuanto él tejía de día rompía yo de noche, ca en pocos días y noches pusimos la pobre despensa de tal forma, que quien quisiera propiamente de ella hablar, más corazas viejas de otro tiempo que no arcaz la llamara, según la clavazón y tachuelas sobre sí tenía.

De que vio no le aprovechar nada su remedio, dijo:

—Este arcaz está tan mal tratado, y es de madera tan vieja y flaca, que no habrá ratón a quien[197] se defienda. Y va ya tal, que si andamos más con él nos dejará sin guarda. Y aun lo peor que, aunque hace poca, todavía hará falta faltando y me pondrá en costa de tres o cuatro reales. El mejor remedio que hallo, pues el de hasta aquí no aprovecha: armaré[198] por de dentro a estos ratones malditos.

Luego buscó prestada una ratonera, y con cortezas de queso que a los vecinos pedía, contino[199] el gato[200] estaba armando dentro del arca. Lo cual era para mí singular auxilio. Porque, puesto caso que yo no había menester muchas salsas para comer, todavía me holgaba con las cortezas del queso que de la ratonera sacaba, y sin esto, no perdonaba el ratonar del bodigo.

Como hallase el pan ratonado y el queso comido y no cayese el ratón que lo comía, dábase al diablo, preguntaba a los vecinos qué podría ser comer el queso y sacarlo de la ratonera y no caer ni quedar dentro el ratón y hallar caída la trampilla del gato. Acordaron los vecinos no ser el ratón el que este daño hacía, porque no fuera menos de haber caído alguna vez. Díjole un vecino:

---

[195]y torna a tapar los agujeros.

[196]alusión al personaje de la *Odisea* de Homero, que tejía y destejía una tela para prolongar la espera de Ulises como escusa para no elegir nuevo esposo.

[197]de quien, del cual.

[198]pondré dentro una trampa o cepo.

[199]continuamente.

[200]la ratonera.

—En vuestra casa yo me acuerdo que solía andar una culebra, y ésta debe de ser sin duda. Y lleva razón, que, como es larga, tiene lugar de tomar el cebo, y aunque la coja la trampilla encima, como no entre toda dentro, tórnase a salir.

Cuadró a todos lo que aquél dijo y alteró mucho a mi amo, y dende en adelante no dormía tan a sueño suelto, que cualquier gusano de la madera que de noche sonase pensaba ser la culebra que le roía el arca. Luego era puesto[201] en pie, y con un garrote que a la cabecera, desde que aquello le dijeron, ponía, daba en la pecadora del arca grandes garrotazos, pensando espantar la culebra. A los vecinos despertaba con el estruendo que hacía y a mí no dejaba dormir. Íbase a mis pajas y trastornábalas,[202] y a mí con ellas, pensando que se iba para mí y se envolvía en mis pajas o en mi sayo, porque le decían que de noche acaecía a estos animales, buscando calor, irse a las cunas donde están criaturas y aun mordellas[203] y hacerles peligrar.

Yo las más veces hacía del dormido,[204] y en la mañana decíame él:

—¿Esta noche, mozo, no sentiste nada? Pues tras la culebra anduve, y aun pienso se ha de ir para ti a la cama, que son muy frías y buscan calor.

—Plega a Dios que no me muerda—decía yo—, que harto miedo le tengo.

De esta manera andaba tan elevado y levantado del sueño, que, mi fe,[205] la culebra (o culebro, por mejor decir), no osaba roer de noche ni levantarse al arca; mas de día, mientra[206] estaba en la iglesia o por el lugar, hacía mis saltos. Los cuales daños viendo él, y el poco remedio que les podía poner, andaba de noche, como digo, hecho trasgo.

Yo hube[207] miedo que con aquellas diligencias no me topase con la llave, que debajo de las pajas tenía, y parecióme lo más seguro metella de noche en la boca. Porque ya, desde que viví con el ciego, la tenía tan hecha bolsa, que me acaeció tener en ella doce o quince maravedís, todo en medias blancas, sin que me estorbasen el comer, porque de otra manera no era señor de una blanca, que el maldito ciego no cayese con ella, no dejando costura ni remiendo que no me buscaba muy a menudo.

---

[201]se ponía.

[202]las removía.

[203]morderlas.

[204]me hacía el dormido.

[205]a fe mía.

[206]mientras.

[207]tuve.

Pues ansí como digo, metía cada noche la llave en la boca y dormía sin recelo que el brujo de mi amo cayese con ella; mas cuando la desdicha ha de venir, por demás es diligencia. Quisieron mis hados (o, por mejor decir, mis pecados) que una noche que estaba durmiendo, la llave se me puso en la boca, que abierta debía tener, de tal manera y postura, que el aire y resoplo que yo durmiendo echaba salía por lo hueco de la llave, que de cañuto era, y silbaba, según mi desastre quiso, muy recio, de tal manera, que el sobresaltado de mi amo lo oyó, y creyó sin duda ser el silbo de la culebra, y cierto lo debía parescer.

Levantóse muy paso con su garrote en la mano, y al tiento y sonido de la culebra se llegó a mí con mucha quietud por no ser sentido de la culebra. Y como cerca se vio, pensó que allí, en las pajas do yo estaba echado, al calor mío se había venido. Levantando bien el palo, pensando tenerla debajo y darle tal garrotazo que la matase, con toda su fuerza me descargó en la cabeza un tan gran golpe, que sin ningún sentido y muy mal descalabrado me dejó. Como sintió que me había dado, según yo debía hacer gran sentimiento con el fiero golpe, contaba él que se había llegado a mí y, dándome grandes voces llamándome, procuró recordarme.[208] Mas, como me tocase con las manos, tentó la mucha sangre que se me iba, y conoció el daño que me había hecho. Y con mucha priesa fue a buscar lumbre, y llegando con ella, hallóme quejando, todavía con mi llave en la boca, que nunca la desamparé, la mitad fuera, bien de aquella manera que debía estar al tiempo que silbaba con ella.

Espantado el matador de culebras qué podría ser aquella llave, miróla, sacándomela del todo de la boca, y vio lo que era, porque en las guardas[209] nada de la suya diferenciaba. Fue luego a proballa,[210] y con ella probó el maleficio. Debió de decir el cruel cazador: «El ratón y culebra que me daban guerra y me comían mi hacienda he hallado».

De lo que sucedió en aquellos tres días siguientes ninguna fe daré, porque los tuve en el vientre de la ballena,[211] más de cómo esto que he contado oí, después que en mí torné, decir a mi amo, el cual, a cuantos allí venían lo contaba por extenso.

---

[208]despertarme.

[209]extremo de la llave que entra en la cerradura.

[210]probarla.

[211]alusión al pasaje bíblico en el que se refiere que Jonás pasó tres días en el vientre de una ballena (Jonás 2, 1 y Mateo 12, 40).

A cabo de tres días yo torné en mi sentido, y vime echado en mis pajas, la cabeza toda emplastada y llena de aceites y ungüentos, y espantado dije:

—¿Qué es esto?

Respondióme el cruel sacerdote:

—A fe que los ratones y culebras que me destruían ya los he cazado.

Y miré por mí, y vime tan maltratado, que luego sospeché mi mal.

A esta hora entró una vieja que ensalmaba,[212] y los vecinos. Y comiénzanme a quitar trapos de la cabeza y curar el garrotazo. Y como me hallaron vuelto en mi sentido, holgáronse mucho, y dijeron:

—Pues ha tornado en su acuerdo,[213] placerá a Dios no será nada.

Ahí tornaron de nuevo a contar mis cuitas y a reírlas, y yo, pecador, a llorarlas. Con todo esto, diéronme de comer, que estaba transido de hambre, y apenas me pudieron demediar. Y ansí, de poco en poco, a los quince días me levanté y estuve sin peligro (mas no sin hambre) y medio sano.

Luego otro día que fui levantado, el señor mi amo me tomó por la mano y sacóme la puerta afuera, y puesto en la calle, díjome:

—Lázaro, de hoy más eres tuyo y no mío. Busca amo y vete con Dios. Que yo no quiero en mi compañía tan diligente servidor. No es posible sino que hayas sido mozo de ciego.

Y santiguándose de mí,[214] como si yo estuviera endemoniado, se torna a meter en casa y cierra su puerta.

Tratado tercero. Cómo Lázaro se asentó con un escudero y de lo que le acaeció con él

De esta manera me fue forzado sacar fuerzas de flaqueza, y poco a poco, con ayuda de las buenas gentes, di comigo en esta insigne ciudad de Toledo, adonde, con la merced de Dios, dende a quince días se me cerró la herida. Y mientras estaba malo, siempre me daban alguna limosna; mas después que estuve sano, todos me decían:

—Tú, bellaco y gallofero eres. Busca, busca un amo a quien sirvas.

---

[212]que curaba con ensalmos y hechicería.

[213]ha vuelto en sí.

[214]haciendo la señal de la cruz para espantar los malos espíritus.

—¿Y dónde se hallará ése—decía yo entre mí—si Dios agora de nuevo,[215] como crió el mundo, no le criase?

Andando así discurriendo de puerta en puerta, con harto poco remedio (porque ya la caridad se subió al cielo), topóme Dios con un escudero que iba por la calle, con razonable vestido, bien peinado, su paso y compás en orden. Miróme y yo a él, y díjome:

—Mochacho, ¿buscas amo?

Yo le dije:

—Sí, señor.

—Pues vente tras mí—me respondió—, que Dios te ha hecho merced en topar comigo; alguna buena oración rezaste hoy.

Y seguíle, dando gracias a Dios por lo que le oí, y también que me parecía, según su hábito y continente, ser el que yo había menester.

Era de mañana cuando este mi tercero amo topé; y llevóme tras sí gran parte de la ciudad. Pasábamos por las plazas do se vendía pan y otras provisiones. Yo pensaba (y aun deseaba) que allí me quería cargar de lo que se vendía, porque ésta era propria[216] hora, cuando se suele proveer de lo necesario; más muy a tendido paso pasaba por estas cosas. «Por ventura no lo vee aquí a su contento—decía yo—, y querrá que lo compremos en otro cabo».[217]

De esta manera anduvimos hasta que dio[218] las once. Entonces se entró en la iglesia mayor, y yo tras él, y muy devotamente le vi oír misa y los otros oficios divinos, hasta que todo fue acabado y la gente ida. Entonces salimos de la iglesia; a buen paso tendido comenzamos a ir por una calle abajo. Yo iba el más alegre del mundo en ver que no nos habíamos ocupado en buscar de comer. Bien consideré que debía ser hombre, mi nuevo amo, que se proveía en junto,[219] y que ya la comida estaría a punto y tal como yo la deseaba y aun la había menester.

En este tiempo dio el reloj la una después de medio día, y llegamos a una casa ante la cual mi amo se paró, y yo con él, y derribando el cabo de la capa sobre el lado izquierdo, sacó una llave de la manga, y abrió su puerta, y entramos en casa. La cual tenía la entrada obscura y lóbrega de tal manera, que parece

---

[215]por primera vez.

[216]propia.

[217]en otra parte, lugar.

[218]dieron.

[219]que hacía las compras al por mayor.

que ponía temor a los que en ella entraban, aunque dentro de ella estaba un patio pequeño y razonables[220] cámaras.

Desque fuimos entrados, quita de sobre sí su capa, y preguntando si tenía las manos limpias, la sacudimos y doblamos, y muy limpiamente, soplando un poyo que allí estaba, la puso en él; y hecho esto, sentóse cabo de ella, preguntándome muy por extenso de dónde era, y cómo había venido a aquella ciudad. Y yo le di más larga cuenta que quisiera, porque me parecía más conveniente hora de mandar poner la mesa y escudillar la olla,[221] que de lo que me pedía. Con todo eso, yo le satisfice de mi persona lo mejor que mentir supe, diciendo mis bienes y callando lo demás, porque me parecía no ser para en cámara.[222] Esto hecho, estuvo ansí un poco, y yo luego vi mala señal, por ser ya casi las dos y no le ver más aliento[223] de comer que a un muerto. Después de esto, consideraba aquel tener cerrada la puerta con llave, ni sentir arriba ni abajo pasos de viva persona por la casa; todo lo que yo había visto eran paredes, sin ver en ella silleta, ni tajo,[224] ni banco, ni mesa, ni aun tal arcaz como el de marras. Finalmente, ella parecía casa encantada. Estando así, díjome:

—Tú, mozo, ¿has comido?

—No, señor—dije yo—, que aún no eran dadas las ocho cuando con Vuestra Merced encontré.

—Pues, aunque de mañana, yo había almorzado, y cuando ansí como algo, hágote saber que hasta la noche me estoy ansí. Por eso, pásate como pudieres, que después cenaremos.

Vuestra Merced crea, cuando esto le oí, que estuve en poco de caer de mi estado,[225] no tanto de hambre como por conocer de todo en todo la fortuna serme adversa. Allí se me representaron de nuevo mis fatigas, y torné a llorar mis trabajos; allí se me vino a la memoria la consideración que hacía cuando me pensaba ir del clérigo, diciendo que, aunque aquel era desventurado y mísero, por ventura toparía con otro peor; finalmente, allí lloré mi trabajosa vida pasada y mi cercana muerte venidera. Y con todo, disimulando lo mejor que pude, le dije:

---

[220]alude, probablemente, al tamaño de las mismas.

[221]echar el contenido de la olla en las escudillas, platos.

[222]no ser correcto.

[223]ánimo, intención.

[224]tronco de madera para sentarse.

[225]desmayarme.

—Señor, mozo soy que no me fatigo mucho por comer, bendito Dios: de eso me podré yo alabar entre todos mis iguales por de mejor garganta,[226] y ansí fui yo loado de ella fasta[227] hoy día de los amos que yo he tenido.

—Virtud es ésa—dijo él—, y por eso te querré yo más: porque el hartar es de los puercos, y el comer regladamente es de los hombres de bien.

«¡Bien te he entendido!», dije yo entre mí. «¡Maldita tanta medicina y bondad como aquestos mis amos que yo hallo hallan en la hambre!»

Púseme a un cabo del portal, y saqué unos pedazos de pan del seno, que me habían quedado de los de por Dios.[228] Él, que vio esto, díjome:

—Ven acá, mozo. ¿Qué comes?

Yo lleguéme a él y mostréle el pan. Tomóme él un pedazo, de tres que eran, el mejor y más grande, y díjome:

—Por mi vida que parece éste buen pan.

—¡Y cómo agora—dije yo—, señor, es bueno!

—Sí, a fe—dijo él—. ¿Adónde lo hubiste?[229] ¿Si es amasado de manos limpias?

—No sé yo eso—le dije—; mas a mí no me pone asco el sabor de ello.

—Así plega a Dios—dijo el pobre de mi amo.

Y llevándolo a la boca, comenzó a dar en él tan fieros bocados como yo en lo otro.

—Sabrosísimo pan está—dijo—, por Dios.

Y como le sentí de qué pie cosqueaba,[230] dime priesa, porque le vi en disposición, si acababa antes que yo, se comediría a ayudarme a lo que me quedase. Y con esto acabamos casi a una. Y mi amo comenzó a sacudir con las manos unas pocas de migajas, y bien menudas, que en los pechos se le habían quedado. Y entró en una camareta[231] que allí estaba, y sacó un jarro desbocado y no muy nuevo, y desque hubo bebido, convidóme con él. Yo, por hacer del continente, dije:

—Señor, no bebo vino.

—Agua es—me respondió—; bien puedes beber.

---

[226]poco goloso.

[227]hasta.

[228]los recibidos como limosna.

[229]obtuviste.

[230]cojeaba.

[231]pequeña alcoba o recámara.

Entonces tomé del jarro y bebí. No mucho, porque de sed no era mi congoja.

Ansí estuvimos hasta la noche, hablando en cosas que me preguntaba, a las cuales yo le respondí lo mejor que supe. En este tiempo metióme en la cámara donde estaba el jarro de que bebimos y díjome:

—Mozo, párate allí, y verás cómo hacemos esta cama, para que la sepas hacer de aquí adelante.

Púseme de un cabo y él del otro, y hecimos[232] la negra cama, en la cual no había mucho que hacer, porque ella tenía sobre unos bancos un cañizo,[233] sobre el cual estaba tendida la ropa, que por no estar muy continuada a lavarse, no parecía colchón, aunque servía de él, con harta menos lana que era menester. Aquél tendimos, haciendo cuenta de ablandalle; lo cual era imposible, porque de lo duro mal se puede hacer blando. El diablo del enjalma[234] maldita la cosa tenía dentro de sí, que, puesto sobre el cañizo, todas las cañas se señalaban, y parecían a lo proprio entrecuesto[235] de flaquísimo puerco. Y sobre aquel hambriento colchón, un alfamar[236] del mesmo jaez, del cual el color yo no pude alcanzar.[237]

Hecha la cama y la noche venida, díjome:

—Lázaro, ya es tarde, y de aquí a la plaza hay gran trecho; también en esta ciudad andan muchos ladrones, que, siendo de noche, capean.[238] Pasemos como podamos y mañana, venido el día, Dios hará merced; porque yo, por estar solo, no estoy proveído,[239] antes, he comido estos días por allá fuera; mas agora hacerlo hemos de otra manera.

—Señor, de mí—dije yo—ninguna pena tenga Vuestra Merced, que bien sé pasar una noche y aun más, si es menester, sin comer.

—Vivirás más y más sano—me respondió—, porque, como decíamos hoy, no hay tal cosa en el mundo para vivir mucho, que comer poco.

---

[232]e hicimos.

[233]tejido de cañas.

[234]colchón.

[235]espinazo.

[236]especie de manta o cobertor.

[237]averiguar, adivinar.

[238]roban las capas.

[239]provisto.

«Si por esa vía es», dije entre mí, «nunca yo moriré, que siempre he guardado esa regla por fuerza, y aun espero, en mi desdicha, tenella[240] toda mi vida».

Y acostóse en la cama, poniendo por cabecera las calzas[241] y el jubón. Y mandóme echar a sus pies, lo cual yo hice. Mas maldito el sueño que yo dormí, porque las cañas y mis salidos huesos en toda la noche dejaron de rifar y encenderse, que con mis trabajos, males y hambre pienso que en mi cuerpo no había libra de carne, y también, como aquel día no había comido casi nada, radiaba de hambre, la cual con el sueño no tenía amistad. Maldíjeme mil veces (Dios me lo perdone), y a mi ruin fortuna, allí lo más de la noche, y lo peor, no osándome revolver por no despertalle,[242] pedí a Dios muchas veces la muerte.

La mañana venida levantámonos, y comienza a limpiar y sacudir sus calzas, y jubón, y sayo y capa. Y yo que le servía de pelillo.[243] Y vísteseme muy a su placer, de espacio.[244] Echéle aguamanos, peinóse, y puso su espada en el talabarte, y al tiempo que la ponía díjome:

—¡Oh, si supieses, mozo, qué pieza es ésta! No hay marco de oro en el mundo por que yo la diese; mas ansí, ninguna de cuantas Antonio[245] hizo, no acertó a ponelle[246] los aceros tan prestos como ésta los tiene.

Y sacóla de la vaina y tentóla con los dedos, diciendo:

—Vesla aquí. Yo me obligo con ella a cercenar un copo de lana.

Y yo dije entre mí: «Y yo con mis dientes, aunque no son de acero, un pan de cuatro libras».

Tornóla a meter y ciñósela, y un sartal de cuentas gruesas del talabarte. Y con un paso sosegado y el cuerpo derecho, haciendo con él y con la cabeza muy gentiles meneos, echando el cabo de la capa sobre el hombro y a veces so el brazo, y poniendo la mano derecha en el costado, salió por la puerta, diciendo:

—Lázaro, mira por la casa en tanto que voy a oír misa, y haz la cama, y ve por la vasija de agua al río, que aquí bajo está; y cierra la puerta con llave, no

---

[240]tenerla.

[241]pantalones ajustados a las piernas.

[242]despertarle.

[243]hacía trabajos de poca importancia.

[244]despacio.

[245]célebre armero toledano de fines del siglo XV, que forjó la espada de Fernando el Católico.

[246]ponerle.

nos hurten algo, y ponla aquí al quicio, porque, si yo viniere en tanto, pueda entrar.

Y súbese por la calle arriba con tal gentil semblante y continente, que quien no le conociera pensara ser muy cercano pariente al conde de Arcos,[247] o, a lo menos, camarero que le daba de vestir.

«¡Bendito seáis Vos, Señor», quedé yo diciendo, «que dais la enfermedad, y ponéis el remedio. ¿Quién encontrará a aquel mi señor que no piense, según el contento de sí lleva, haber anoche bien cenado y dormido en buena cama, y aunque agora es de mañana, no le cuenten por muy bien almorzado? ¡Grandes secretos son, Señor, los que Vos hacéis y las gentes ignoran! ¿A quién no engañará aquella buena disposición y razonable capa y sayo? ¿Y quién pensara que aquel gentil hombre se pasó ayer todo el día sin comer con aquel mendrugo de pan, que su criado Lázaro trujo un día y una noche en el arca de su seno, do no se le podía pegar mucha limpieza, y hoy, lavándose las manos y cara, a falta de paño de manos[248] se hacía servir de la halda[249] del sayo? Nadie por cierto lo sospechara. ¡Oh, Señor, y cuántos de aquéstos debéis Vos tener por el mundo derramados, que padecen por la negra que llaman honra, lo que por Vos no sufrirán!»

Ansí estaba yo a la puerta, mirando y considerando estas cosas, y otras muchas, hasta que el señor mi amo traspuso la larga y angosta calle; y como lo vi trasponer, torné me a entrar en casa, y en un credo la anduve toda, alto y bajo, sin hacer represa,[250] ni hallar en qué. Hago la negra dura cama, y tomo el jarro, y doy comigo en el río, donde en una huerta vi a mi amo en gran recuesta[251] con dos rebozadas[252] mujeres, al parecer de las que en aquel lugar no hacen falta,[253] antes muchas tiene por estilo de irse a las mañanicas del verano a refrescar y almorzar, sin llevar qué, por aquellas frescas riberas, con confianza que no ha de faltar quien se lo dé, según las tienen puestas en esta costumbre aquellos hidalgos del lugar.

---

[247]El último conde de Arcos murió en 1492. La alusión podría ser errata por conde Claros (de Montalbán), personaje del romancero español.

[248]toalla.

[249]falda.

[250]sin detenerme.

[251]requerimiento de amores.

[252]cubiertas con un rebozo o manto.

[253]de las que allí sobran.

Y como digo, él estaba entre ellas hecho un Macías,[254] diciéndoles más dulzuras que Ovidio[255] escribió. Pero, como sintieron de él que estaba bien enternecido, no se les hizo de vergüenza pedirle de almorzar con el acostumbrado pago.

Él, sintiéndose tan frío de bolsa cuanto estaba caliente del estómago, tomóle tal calofrío, que le robó la color del gesto,[256] y comenzó a turbarse en la plática, y a poner excusas no validas. Ellas, que debían ser bien instituidas,[257] como le sintieron la enfermedad, dejáronle para el que era.[258]

Yo, que estaba comiendo ciertos tronchos de berzas, con los cuales me desayuné, con mucha diligencia, como mozo nuevo, sin ser visto de mi amo, torné a casa, de la cual pensé barrer alguna parte, que era bien menester; mas no hallé con qué. Púseme a pensar qué haría, y parecióme esperar a mi amo hasta que el día demediase, y si viniese y por ventura trajese algo que comiésemos; mas en vano fue mi experiencia.

Desque vi ser las dos y no venía y la hambre me aquejaba, cierro mi puerta y pongo la llave do mandó y tórnome a mi menester.[259] Con baja y enferma voz y inclinadas mis manos en los senos, puesto Dios ante mis ojos y la lengua en su nombre, comienzo a pedir pan por las puertas y casas más grandes que me parecía. Mas como yo este oficio le hobiese[260] mamado en la leche (quiero decir que con el gran maestro el ciego lo aprendí), tan suficiente discípulo salí, que aunque en este pueblo no había caridad ni el año fuese muy abundante, tan buena maña me di, que antes que el reloj diese las cuatro ya yo tenía otras tantas libras de pan ensiladas[261] en el cuerpo, y más de otras dos en las mangas y senos. Volvíme a la posada, y al pasar por la Tripería pedí a una de aquellas mujeres, y diome un pedazo de uña de vaca con otras pocas de tripas cocidas.

---

[254]poeta gallego del siglo XIV que llegó a convertirse en leyenda como ejemplo del enamorado ideal.

[255]Publio Ovidio Nasón (a.C.43 a ca. a.C.18), poeta latino autor de *Ars amatoria*.

[256]el color del rostro.

[257]latinismo: instruidas.

[258]es decir, lo desdeñaron.

[259]a mi oficio, es decir, pedir limosna.

[260]hubiese.

[261]metidas en el silo, metáfora por cuerpo.

Cuando llegué a casa, ya el bueno de mi amo estaba en ella, doblada su capa y puesta en el poyo, y él paseándose por el patio. Como entré, vínose para mí. Pensé que me quería reñir la tardanza, mas mejor lo hizo Dios. Preguntóme dó venía. Yo le dije:

—Señor, hasta que dio las dos estuve aquí, y de que vi que Vuestra Merced no venía, fuime por esa ciudad a encomendarme a las buenas gentes, y hanme dado esto que veis.

Mostréle el pan y las tripas, que en un cabo de la halda traía, a la cual él mostró buen semblante, y dijo:

—Pues esperado te he[262] a comer, y de que vi que no veniste,[263] comí. Mas tú haces como hombre de bien en eso, que más vale pedillo[264] por Dios que no hurtallo. Y ansí Él me ayude como ello me parece bien, y solamente te encomiendo no sepan que vives comigo, por lo que toca a mi honra; aunque bien creo que será secreto, según lo poco que en este pueblo soy conocido. ¡Nunca a él yo hubiera de venir!

—De eso pierda, señor, cuidado—le dije—, que maldito aquel que ninguno tiene de pedirme esa cuenta, ni yo de dalla.

—Agora, pues, come, pecador, que si a Dios place, presto nos veremos sin necesidad. Aunque te digo que después que en esta casa entré, nunca bien me ha ido; debe ser de mal suelo, que hay casas desdichadas y de mal pie, que a los que viven en ellas pegan la desdicha. Ésta debe de ser, sin duda, de ellas; mas yo te prometo, acabado el mes no quede en ella, aunque me la den por mía.

Sentéme al cabo del poyo, y porque no me tuviese por glotón, callé la merienda, y comienzo a cenar y morder en mis tripas y pan, y, disimuladamente, miraba al desventurado señor mío, que no partía sus ojos de mis faldas, que aquella sazón servían de plato. Tanta lástima haya Dios de mí como yo había de él, porque sentí lo que sentía, y muchas veces había por ello pasado, y pasaba cada día. Pensaba si sería bien comedirme a convidalle;[265] mas, por me haber dicho[266] que había comido, temíame no aceptaría el convite. Finalmente, yo deseaba aquel pecador ayudase a su trabajo del mío, y se desayunase como el día

---

[262]te he esperado.

[263]viniste.

[264]pedirlo; luego, hurtarlo y darla.

[265]convidarle.

[266]por haberme dicho.

antes hizo, pues había mejor aparejo, por ser mejor la vianda y menos mi hambre.

Quiso Dios cumplir mi deseo, y aun pienso que el suyo, porque, como comencé a comer y él se andaba paseando, llegóse a mí y díjome:

—Dígote, Lázaro, que tienes en comer la mejor gracia que en mi vida vi a hombre, y que nadie te lo verá hacer que no le pongas gana aunque no la tenga.

«La muy buena que tú tienes», dije yo entre mí, «te hace parecer la mía hermosa».

Con todo, parecióme ayudarle pues se ayudaba y me abría camino para ello, y díjele:

—Señor, el buen aparejo hace buen artífice; este pan está sabrosísimo, y esta uña de vaca tan bien cocida y sazonada, que no habrá a quien no convide con su sabor.

—¿Uña de vaca es?

—Sí, señor.

—Dígote, que es el mejor bocado del mundo, y que no hay faisán que ansí me sepa.

—Pues pruebe, señor, y verá qué tal está.

Póngole en las uñas la otra[267] y tres o cuatro raciones de pan de lo más blanco, y asentóseme al lado y comienza a comer como aquel que lo había gana,[268] royendo cada huesecillo de aquéllos mejor que un galgo suyo lo hiciera.

—Con almodrote—decía—es este singular manjar.

«Con mejor salsa lo comes tú», respondí yo paso.

—Por Dios, que me ha sabido como si hoy no hobiera comido bocado.

«¡Ansí me vengan los buenos años como es ello!», dije yo entre mí.

Pidióme el jarro del agua y díselo como lo había traído. Es señal, que pues no le faltaba el agua, que no le había a mi amo sobrado la comida. Bebimos, y muy contentos nos fuimos a dormir como la noche pasada.

Y por evitar prolijidad, de esta manera estuvimos ocho o diez días, yéndose el pecador en la mañana con aquel contento y paso contado a papar aire[269] por las calles, teniendo en el pobre Lázaro una cabeza de lobo.[270]

---

[267]sobreentendido, uña.

[268]tenía ganas de hacerlo.

[269]papar moscas, estar sin hacer nada.

[270]Era común en la época premiar al cazador de un lobo con obsequios como signo de gratitud.

Contemplaba yo muchas veces mi desastre, que escapando de los amos ruines que había tenido, y buscando mejoría, viniese a topar con quien no sólo no me mantuviese, mas a quien yo había de mantener. Con todo, le quería bien, con ver que no tenía ni podía más. Y antes le había lástima que enemistad. Y muchas veces, por llevar a la posada con que él lo pasase, yo lo pasaba mal.

Porque una mañana, levantándose el triste en camisa, subió a lo alto de la casa a hacer sus menesteres, y en tanto yo, por salir de sospecha, desenvolvíle el jubón y las calzas, que a la cabecera dejó, y hallé una bolsilla de terciopelo raso, hecho cien dobleces y sin maldita la blanca ni señal que la hobiese tenido mucho tiempo. «Este, decía yo, es pobre, y nadie da lo que no tiene; mas el avariento ciego y el malaventurado mezquino clérigo, que, con dárselo Dios a ambos, al uno de mano besada[271] y al otro de lengua suelta,[272] me mataban de hambre, aquéllos es justo desamar, y aquéste de haber mancilla».[273]

Dios es testigo que hoy día, cuando topo con alguno de su hábito con aquel paso y pompa, le he[274] lástima con pensar si padece lo que aquél le vi sufrir. Al cual, con toda su pobreza, holgaría de servir más que a los otros por lo que he dicho. Sólo tenía de él un poco de descontento: que quisiera yo que no tuviera tanta presunción, mas que abajara un poco su fantasía con lo mucho que subía su necesidad. Mas, según me parece, es regla ya entre ellos usada y guardada: aunque no haya cornado[275] de trueco, ha de andar el birrete en su lugar. El Señor lo remedie, que ya con este mal han de morir.

Pues, estando yo en tal estado, pasando la vida que digo, quiso mi mala fortuna, que de perseguirme no era satisfecha, que en aquella trabajada y vergonzosa vivienda[276] no durase. Y fue, como el año en esta tierra fuese estéril de pan, acordaron[277] el Ayuntamiento que todos los pobres extranjeros[278] se fuesen de la ciudad, con pregón que el que de allí adelante topasen fuese punido con azotes. Y así ejecutando la ley, desde a cuatro días que el pregón se dio, vi llevar

---

[271]Los feligreses solían besar la mano del sacerdote cuando entregaban su ofrenda.

[272]El ciego se ganaba el sustento rezando oraciones y recitando romances.

[273]lástima, compasión.

[274]le tengo.

[275]moneda antigua de escaso valor.

[276]modo de vida.

[277]acordó.

[278]forasteros.

una procesión de pobres azotando por las Cuatro Calles.[279] Lo cual me puso tan gran espanto, que nunca osé desmandarme a demandar.[280]

Aquí viera, quien vello[281] pudiera, la abstinencia de mi casa y la tristeza y silencio de los moradores, tanto, que nos acaeció estar dos o tres días sin comer bocado ni hablar palabra. A mí diéronme la vida unas mujercillas hilanderas de algodón, que hacían bonetes, y vivían par de[282] nosotros, con las cuales yo tuve vecindad y conocimiento. Que de la laceria que les traía me daban alguna cosilla, con la cual muy pasado me pasaba.[283]

Y no tenía tanta lástima de mí como del lastimado de mi amo, que en ocho días maldito el bocado que comió. A lo menos en casa bien lo estuvimos sin comer. No sé yo cómo o dónde andaba y qué comía. ¡Y vella venir a mediodía la calle abajo, con estirado cuerpo, más largo que galgo de buena casta! Y por lo que toca a su negra, que dicen, honra, tomaba una paja, de las que aun asaz no había en casa, y salía a la puerta escarbando los dientes que nada entre sí tenían, quejándose toda vía[284] de aquel mal solar, diciendo:

—Malo está de ver, que la desdicha de esta vivienda lo hace. Como ves, es lóbrega, triste, oscura. Mientras aquí estuviéremos hemos de padecer. Ya deseo que se acabe este mes por salir de ella.

Pues, estando en esta afligida y hambrienta persecución, un día, no sé por cuál dicha o ventura, en el pobre poder de mi amo entró un real, con el cual él vino a casa tan ufano como si tuviera el tesoro de Venecia,[285] y con gesto muy alegre y risueño me lo dio, diciendo:

—Toma, Lázaro, que Dios ya va abriendo su mano. Ve a la plaza y merca pan y vino y carne: ¡quebremos el ojo al diablo![286] Y más te hago saber porque te huelgues: que he alquilado otra casa, y en ésta desastrada no hemos de estar más de en cumpliendo el mes. ¡Maldita sea ella y el que en ella puso la primera

---

[279]lugar de Toledo, próximo a la catedral, habitado por judíos.

[280]pedir limosna.

[281]verlo.

[282]cerca de.

[283]frase de sentido oscuro: con la cual [laceria] muy pasado [de hambre] me pasaba [los días]; muy pasado [como la fruta pasa] me pasaba la vida con aquello.

[284]siempre.

[285]Se refiere al tesoro de San Marcos, prototipo de riqueza y opulencia.

[286]frase proverbial: «hacerlo rabiar».

teja, que con mal en ella entré! Por Nuestro Señor, cuanto ha que en ella vivo, gota de vino ni bocado de carne no he comido, ni he habido descanso ninguno; ¡mas tal vista tiene y tal oscuridad y tristeza! Ve y ven presto, y comamos hoy como condes.

Tomo mi real y jarro, y a los pies dándoles priesa, comienzo a subir mi calle, encaminando mis pasos para la plaza, muy contento y alegre. Mas ¿qué me aprovecha si está constituido en mi triste fortuna que ningún gozo me venga sin zozobra? Y ansí fue éste. Porque yendo la calle arriba, echando mi cuenta en lo que le emplearía que fuese mejor y más provechosamente gastado, dando infinitas gracias a Dios que a mi amo había hecho con dinero, a deshora me vino al encuentro un muerto que por la calle abajo muchos clérigos y gente en unas andas traían.

Arriméme a la pared por darles lugar, y desque el cuerpo pasó, venían luego a par del lecho una que debía ser su mujer del difunto, cargada de luto, y con ella otras muchas mujeres, la cual iba llorando a grandes voces y diciendo:

—Marido y señor mío: ¿adónde os me llevan? ¡A la casa triste y desdichada, a la casa lóbrega y oscura, a la casa donde nunca comen ni beben!

Yo, que aquello oí, juntóseme el cielo con la tierra y dije: «¡Oh, desdichado de mí! ¡Para mi casa llevan este muerto!»

Dejo el camino que llevaba y hendí por medio de la gente, y vuelvo por la calle abajo, a todo el más correr que pude, para mi casa; y entrado en ella, cierro a grande priesa, invocando el auxilio y favor de mi amo, abrazándome de él, que me venga ayudar y a defender la entrada. El cual, algo alterado, pensando que fuese otra cosa, me dijo:

—¿Qué es eso, mozo? ¿Qué voces das? ¿Qué has?[287] ¿Por qué cierras la puerta con tal furia?

—¡Oh, señor—dije yo—, acuda aquí, que nos traen acá un muerto!

—¿Cómo así?—respondió él.

—Aquí arriba lo encontré, y venía diciendo su mujer: «¡Marido y señor mío! ¿Adónde os llevan? ¡A la casa lóbrega y oscura, a la casa triste y desdichada, a la casa donde nunca comen ni beben!». Acá, señor, nos le traen.

Y, ciertamente, cuando mi amo esto oyó, aunque no tenía por qué estar muy risueño, rió tanto, que muy gran rato estuvo sin poder hablar. En este tiempo tenía ya yo echada la aldaba a la puerta y puesto el hombro en ella por más defensa. Pasó la gente con su muerto, y yo todavía me recelaba que nos le habían

---

[287]¿Qué tienes?

de meter en casa. Y desque fue ya más harto de reír que de comer el bueno de mi amo, díjome:

—Verdad es, Lázaro; según la viuda lo va diciendo, tú tuviste razón de pensar lo que pensaste; mas, pues Dios lo ha hecho mejor y pasan adelante, abre, abre y ve por de comer.

—Déjalos, señor, acaben de pasar la calle—dije yo.

Al fin vino mi amo a la puerta de la calle y ábrela esforzándome, que bien era menester, según el miedo y alteración, y me torno a encaminar. Mas aunque comimos bien aquel día, maldito el gusto yo tomaba en ello, ni en aquellos tres días torné en mi color; y mi amo muy risueño todas las veces que se le acordaba aquella mi consideración.

De esta manera estuve con mi tercero y pobre amo, que fue este escudero, algunos días, y en todos deseando saber la intención de su venida y estada[288] en esta tierra, porque, desde el primer día que con él asenté, le conocí ser extranjero, por el poco conocimiento y trato que con los naturales de ella tenía. Al fin se cumplió mi deseo, y supe lo que deseaba, porque un día que habíamos comido razonablemente y estaba algo contento contóme su hacienda, y díjome ser de Castilla la Vieja y que había dejado su tierra no más de por no quitar el bonete a un caballero su vecino.

—Señor—dije yo, si él era lo que decís y tenía más que vos, ¿no errábades[289] en no quitárselo primero, pues decís que él también os lo quitaba?

—Sí es, y sí tiene, y también me lo quitaba él a mí; mas, de cuantas veces yo se lo quitaba primero, no fuera malo comedirse él alguna y ganarme por la mano.

—Paréceme, señor—le dije yo—, que en eso no mirara, mayormente con mis mayores que yo y que tienen más.

—Eres mochacho—me respondió—y no sientes las cosas de la honra, en que el día de hoy está todo el caudal de los hombres de bien. Pues te hago saber que yo soy, como vees,[290] un escudero; mas, ¡vótote a Dios!, si al conde topo en la calle y no me quita muy bien quitado del todo el bonete, que otra vez que venga me sepa yo entrar en una casa, fingiendo yo en ella algún negocio, o atravesar otra calle, si la hay, antes que llegue a mí, por no quitárselo. Que un hidalgo no debe a otro que a Dios y al rey nada, ni es justo, siendo hombre de bien, se descuide un punto de tener en mucho su persona. Acuérdome que un día

---

[288]permanencia, estadía.

[289]errabais.

[290]ves.

deshonré en mi tierra a un oficial, y quise ponerle las manos, porque cada vez que le topaba, me decía: «Mantenga Dios a Vuestra Merced».[291] «Vos, don villano ruin—le dije yo—, ¿por qué no sois bien criado? ¿Manténgaos Dios, me habéis de decir, como si fuese quienquiera?» De allí adelante, de aquí acullá me quitaba el bonete, y hablaba como debía.

—¿Y no es buena manera de saludar un hombre a otro—dije yo—decirle que le mantenga Dios?

—¡Mira mucho de enhoramala!—dijo él—. A los hombres de poca arte[292] dicen eso; más a los más altos, como yo, no les han de hablar menos de: «Beso las manos a Vuestra merced», o por lo menos: «Bésoos, señor, las manos», si el que me habla es caballero. Y ansí, de aquel de mi tierra que me atestaba de mantenimiento nunca más le quise sufrir, ni sufriría, ni sufriré a hombre del mundo, del rey abajo, que «Manténgaos Dios» me diga.

«Pecador de mí—dije yo—, por eso tiene tan poco cuidado de mantenerte, pues no sufres que nadie se lo ruegue».

—Mayormente—dijo—que no soy tan pobre que no tengo en mi tierra un solar de casas, que a estar ellas en pie y bien labradas, diez y seis leguas de donde nací, en aquella Costanilla[293] de Valladolid, valdrían más de doscientas veces mil maravedís, según se podrían hacer grandes y buenas; y tengo un palomar, que a no estar derribado como está, daría cada año más de doscientos palominos; y otras cosas que me callo, que dejé por lo que tocaba a mi honra. Y vine a esta ciudad pensando que hallaría un buen asiento, mas no me ha sucedido como pensé. Canónigos y señores de la iglesia muchos hallo, mas es gente tan limitada, que no los sacarán de su paso todo el mundo. Caballeros de media talla también me ruegan; mas servir con éstos es gran trabajo, porque de hombre os habéis de convertir en malilla,[294] y si no, «Andá con Dios» os dicen. Y las más veces son los pagamentos a largos plazos, y las más[295] y las más ciertas comido por servido. Ya cuando quieren reformar conciencia y satisfaceros vuestros sudores, sois librados[296] en la recámara,[297] en un sudado jubón, o raída capa o

---

[291]fórmula de saludo muy antigua, empleada originalmente incluso con los reyes pero que se había vuelto frecuente entre gente de nivel social bajo.

[292]de poca categoría social.

[293]una de las calles más ricas de Valladolid.

[294]naipe comodín de la baraja.

[295]= las más veces.

[296]pagados.

sayo. Ya cuando asienta un hombre con un señor de título, todavía pasa su laceria. ¿Pues, por ventura, no hay en mí habilidad para servir y contentar a éstos?
Por Dios, si con él topase, muy gran su privado pienso que fuese, y que mil
servicios le hiciese, porque yo sabría mentille[298] tan bien como otro, y agrada-
lle a las mil maravillas; reílle hía[299] mucho sus donaires y costumbres, aunque
no fuesen las mejores del mundo; nunca decirle cosa con que le pesase, aunque
mucho le cumpliese; ser muy diligente en su persona, en dicho y hecho; no me
matar por no hacer bien las cosas que él no había de ver; y ponerme a reñir
donde lo oyese con la gente de servicio, porque pareciese tener gran cuidado de
lo que a él tocaba; si riñese con algún su criado, dar unos puntillos agudos para
le encender[300] la ira, y que pareciesen en favor del culpado; decirle bien de lo
que bien le estuviese, y por el contrario, ser malicioso mofador; malsinar[301] a
los de casa y a los de fuera; pesquisar y procurar de saber vidas ajenas para con-
társelas, y otras muchas galas de esta calidad, que hoy día se usan en palacio y
a los señores de él parecen bien. Y no quieren ver en sus casas hombres virtuosos; antes los aborrecen y tienen en poco y llaman necios, y que no son personas
de negocios ni con quien el señor se puede descuidar; y con éstos los astutos
usan, como digo, el día de hoy, de lo que yo usaría; mas no quiere mi ventura
que le halle.

De esta manera lamentaba también su adversa fortuna mi amo, dándome
relación de su persona valerosa.

Pues estando en esto, entró por la puerta un hombre y una vieja. El hombre
le pide el alquiler de la casa y la vieja el de la cama. Hacen cuenta, y de dos en
dos meses le alcanzaron lo que él en un año no alcanzara. Pienso que fueron
doce o trece reales. Y él les dio muy buena respuesta; que saldría a la plaza a
trocar una pieza[302] de a dos y que a la tarde volviesen; mas su salida fue sin
vuelta.

---

[297]aposento donde se guardaban los vestidos. El sentido de la frase es: se
paga con ropa usada.

[298]mentirle; más adelante, agradarle y reírle.

[299]le reiría = le festejaría.

[300]encenderle.

[301]difamar, calumniar.

[302]moneda.

Por manera que a la tarde ellos volvieron; mas fue tarde. Yo les dije que aún no era venido. Venida la noche y él no, yo hube miedo de quedar en casa solo, y fuime a las vecinas y contéles el caso, y allí dormí.

Venida la mañana, los acreedores vuelven y preguntan por el vecino, mas... a estotra puerta. Las mujeres le[303] responden:

—Veis aquí su mozo y la llave de la puerta.

Ellos me preguntaron por él, y díjele que no sabía adónde estaba y que tampoco había vuelto a casa desde que salió a trocar la pieza, y que pensaba que de mí y de ellos se había ido con el trueco.

De que esto me oyeron, van por un alguacil y un escribano. Y helos do vuelven luego con ellos, y toman la llave, y llámanme, y llaman testigos, y abren la puerta, y entran a embargar la hacienda de mi amo hasta ser pagados de su deuda. Anduvieron toda la casa, y halláronla desembarazada, como he contado, y dícenme:

—¿Qué es de la hacienda de tu amo: sus arcas y paños de pared[304] y alhajas de casa?[305]

—No sé yo eso—le respondí.

—Sin duda—dicen ellos—esta noche lo deben de haber alzado y llevado a alguna parte. Señor alguacil, prended a este mozo, que él sabe dónde está.

En esto vino el alguacil y echóme mano por el collar del jubón, diciendo:

—Mochacho, tú eres preso si no descubres los bienes de este tu amo.

Yo, como en otra tal no me hubiese visto (porque asido del collar sí había sido muchas y infinitas veces, mas era mansamente de él trabado, para que mostrase el camino al que no vía), yo hube mucho miedo, y, llorando, prometíle de decir lo que me preguntaban.

—Bien está—dicen ellos—. Pues di todo lo que sabes y no hayas temor.

Sentóse el escribano en un poyo para escrebir[306] el inventario, preguntándome qué tenía.

—Señores—dije yo—, lo que éste mi amo tiene, según él me dijo, es un muy buen solar de casas y un palomar derribado.

---

[303] les.

[304] tapices, cortinados.

[305] objetos de uso y adorno de la casa.

[306] escribir.

—Bien está—dicen ellos—; por poco que eso valga, hay para nos entregar[307] de la deuda. ¿Y a qué parte de la ciudad tiene eso?—me preguntaron.

En su tierra—les respondí.

—Por Dios, que está bueno el negocio—dijeron ellos—, ¿y adónde es su tierra?

—De Castilla la Vieja me dijo él que era—le dije yo.

Riéronse mucho el alguacil y el escribano, diciendo:

—Bastante relación es ésta para cobrar vuestra deuda, aunque mejor fuese.

Las vecinas, que estaban presentes, dijeron:

—Señores, éste es un niño inocente y ha pocos días que está con ese escudero, y no sabe de él más que vuestras mercedes, sino cuanto el pecadorcico se llega aquí a nuestra casa, y le damos de comer lo que podemos por amor de Dios, y a las noches se iba a dormir con él.

Vista mi inocencia, dejáronme, dándome por libre. Y el alguacil y el escribano piden al hombre y a la mujer sus derechos. Sobre lo cual tuvieron gran contienda y ruido. Porque ellos alegaron no ser obligados a pagar, pues no había de qué ni se hacía el embargo. Los otros decían que habían dejado de ir a otro negocio que les importaba más por venir a aquél.

Finalmente, después de dadas muchas voces, al cabo carga un porquerón[308] con el viejo alfamar[309] de la vieja, aunque no iba muy cargado. Allá van todos cinco dando voces. No sé en qué paró: creo yo que el pecador alfamar pagara por todos. Y bien se [le] empleaba, pues el tiempo que había de reposar y descansar de los trabajos pasados se andaba alquilando.

Así, como he contado, me dejó mi pobre tercero amo, do acabé de conocer mi ruin dicha, pues, señalándose[310] todo lo que podría contra mí, hacía mis negocios tan al revés, que los amos, que suelen ser dejados de los mozos, en mí no fuese ansí, mas que mi amo me dejase y huyese de mí.

Tratado cuarto. Cómo Lázaro se asentó con un fraile de la Merced y de lo que le acaeció con él

---

[307]entregarnos.

[308]corchete, servidor de justicia.

[309]cobertor, manta.

[310]ensañándose.

Hube de buscar el cuarto, y éste fue un fraile de la Merced, que las mujercillas que digo me encaminaron. Al cual ellas le llamaban pariente. Gran enemigo del coro y de comer en el convento, perdido por andar fuera, amicísimo de negocios seglares y visitar. Tanto, que pienso que rompía él más zapatos que todo el convento. Éste me dio los primeros zapatos que rompí en mi vida; mas no me duraron ocho días, ni yo pude con su trote durar más. Y por esto, y por otras cosillas que no digo salí de él.

Tratado quinto. Cómo Lázaro se asentó con un buldero[311] y de las cosas que con él pasó

En el quinto por mi ventura di, que fue un buldero, el más desenvuelto y desvergonzado, y el mayor echador de ellas que jamás yo vi ni ver espero, ni pienso que nadie vio. Porque tenía y buscaba modos y maneras y muy sotiles invenciones.

En entrando en los lugares do habían de presentar la bula, primero presentaba[312] a los clérigos o curas algunas cosillas, no tampoco de mucho valor ni sustancia: una lechuga murciana, si era por el tiempo; un par de limas o naranjas; un melocotón; un par de duraznos; cada sendas peras verdiniales.[313] Ansí procuraba tenerlos propicios, porque favoreciesen su negocio y llamasen sus feligreses a tomar la bula.

Ofreciéndosele a él las gracias, informábase de la suficiencia de ellos. Si decían que entendían, no hablaba en latín, por no dar tropezón; mas aprovechábase de un gentil y bien cortado romance y desenvoltísima lengua. Y si sabía que los dichos clérigos eran de los reverendos (digo, que más con dineros que con letras, y con reverendas se ordenan), hacíase entre ellos un Santo Tomás y hablaba dos horas en latín. A lo menos, que lo parecía, aunque no lo era.

Cuando por bien no le tomaban las bulas, buscaba cómo por mal se las tomasen. Y para aquello hacía molestias al pueblo, e otras veces con mañosos artificios. Y porque todos los que le veía hacer sería largo de contar, diré uno muy sotil y donoso, con el cual probaré bien su suficiencia.

---

[311]vendedor de bulas.

[312]regalaba, daba como presente.

[313]a cada uno una pera de las que son verdes aun después de madurar.

En un lugar de la Sagra de Toledo[314] había predicado dos o tres días, haciendo sus acostumbradas diligencias, y no le habían tomado bula, ni a mi ver tenían intención de se la tomar.[315] Estaba dado al diablo con aquello, y pensando qué hacer, se acordó de convidar al pueblo para otro día de mañana despedir la bula.

Y esa noche, después de cenar, pusiéronse a jugar la colación él y el alguacil. Y sobre el juego vinieron a reñir y a haber malas palabras. Él llamó al alguacil ladrón, y el otro a él falsario. Sobre esto, el señor comisario, mi señor, tomó un lanzón que en el portal do jugaban estaba. El alguacil puso mano a su espada, que en la cinta tenía.

Al ruido y voces que todos dimos, acuden los huéspedes y vecinos y métense en medio. Y ellos, muy enojados, procurándose de desembarazar de los que en medio estaban para se matar.[316] Mas como la gente al gran ruido cargase, y la casa estuviese llena de ella, viendo que no podían afrentarse con las armas, decíanse palabras injuriosas, entre las cuales el alguacil dijo a mi amo que era falsario y las bulas que predicaba que eran falsas.

Finalmente, que los del pueblo, viendo que no bastaban a ponellos[317] en paz, acordaron de llevar el alguacil de la posada a otra parte. Y así quedó mi amo muy enojado. Y después que los huéspedes y vecinos le hubieron rogado que perdiese el enojo, y se fuese a dormir, se fue, y así nos echamos todos.

La mañana venida, mi amo se fue a la iglesia y mandó tañer a misa y al sermón para despedir la bula. Y el pueblo se juntó, el cual andaba murmurando de las bulas, diciendo cómo eran falsas y que el mesmo alguacil, riñendo, lo había descubierto. De manera que, tras que tenían mala gana de tomalla, con aquello del todo la aborrecieron.

El señor comisario se subió al púlpito, y comienza su sermón, y a animar a la gente a que no quedasen sin tanto bien y indulgencia como la santa bula traía.

Estando en lo mejor del sermón, entra por la puerta de la iglesia el alguacil, y desque hizo oración, levantóse, y con voz alta y pausada, cuerdamente comenzó a decir:

---

[314]zona entre Toledo y Madrid.

[315]tomársela.

[316]matarse.

[317]ponerlos; más adelante, tomarla.

—Buenos hombres, oídme una palabra, que despúes oiréis a quien quisiéredes.[318] Yo vine aquí con este echacuervo[319] que os predica, el cual me engañó, y dijo que le favoreciese en este negocio, y que partiríamos la ganancia. Y
agora, visto el daño que haría a mi conciencia y a vuestras haciendas, arrepentido
de lo hecho, os declaro claramente que las bulas que predica son falsas y que no
le creáis ni las toméis, y que yo, *directe* ni *indirecte*,[320] no soy parte en ellas,
y que desde agora dejo la vara y doy con ella en el suelo. Y si en algún tiempo
éste fuere castigado por la falsedad, que vosotros me seáis testigos cómo yo no
soy con[321] él ni le doy a ello ayuda, antes os desengaño y declaro su maldad.
Y acabó su razonamiento.

Algunos hombres honrados que allí estaban se quisieron levantar y echar el
alguacil fuera de la iglesia, por evitar escándalo. Mas mi amo les fue a la mano
y mandó a todos que, so pena de excomunión, no le estorbasen, mas que le
dejasen decir todo lo que quisiese. Y ansí él también tuvo silencio mientras el
alguacil dijo todo lo que he dicho.

Como calló, mi amo le preguntó si quería decir más, que lo dijese.

El alguacil dijo:

—Harto hay más que decir de vos y de vuestra falsedad; mas por agora
basta.

El señor comisario se hincó de rodillas en el púlpito, y puestas las manos
y mirando al cielo, dijo ansí:

—Señor Dios, a quien ninguna cosa es escondida, antes todas manifiestas,
y a quien nada es imposible, antes todo posible: tú sabes la verdad y cuán injustamente yo soy afrentado. En lo que a mí toca, yo lo perdono, porque tú, Señor,
me perdones. No mires a aquel que no sabe lo que hace ni dice; mas la injuria
a ti hecha te suplico, y por justicia te pido, no disimules; porque alguno que está
aquí, que por ventura pensó tomar aquesta santa bula, dando crédito a las falsas
palabras de aquel hombre lo dejará de hacer, y, pues es tanto perjuicio del próji-
mo, te suplico yo, Señor, no lo disimules, mas luego muestra aquí milagro, y sea
de esta manera: que si es verdad lo que aquél dice y que yo traigo maldad y
falsedad, este púlpito se hunda comigo y meta siete estados[322] debajo de tierra,

---

[318]quisierais.

[319]estafador, embaucador.

[320]fórmula jurídica latina, ni directa ni indirectamente.

[321]estoy con.

[322]unidad de medida equivalente a siete pies.

do él ni yo jamás parezcamos; y si es verdad lo que yo digo y aquél, persuadido del demonio (por quitar y privar a los que están presentes de tan gran bien), dice maldad, también sea castigado y de todos conocida su malicia.

Apenas había acabado su oración el devoto señor mío, cuando el negro alguacil cae de su estado, y da tan gran golpe en el suelo, que la iglesia toda hizo resonar, y comenzó a bramar y echar espumajos por la boca y torcella[323] y hacer visajes con el gesto, dando de pie y de mano, revolviéndose por aquel suelo a una parte y a otra.

El estruendo y voces de la gente era tan grande, que no se oían unos a otros. Algunos estaban espantados y temerosos.

Unos decían: «El Señor le socorra y valga». Otros: «Bien se le emplea, pues levantaba tan falso testimonio».

Finalmente, algunos que allí estaban, y a mi parecer no sin harto temor, se llegaron y le trabaron de los brazos, con los cuales daba fuertes puñadas a los que cerca de él estaban. Otros le tiraban por las piernas y tuvieron reciamente, porque no había mula falsa en el mundo que tan recias coces tirase. Y así le tuvieron un gran rato. Porque más de quince hombres estaban sobre él, y a todos daba las manos llenas, y, si se descuidaban, en los hocicos.

A todo esto, el señor mi amo estaba en el púlpito de rodillas, las manos y los ojos puestos en el cielo, transportado en la divina esencia, que el planto y ruido de voces que en la iglesia había no eran parte[324] para apartalle[325] de su divina contemplación.

Aquellos buenos hombres llegaron a él, y dando voces le despertaron, y le suplicaron quisiese socorrer a aquel pobre, que estaba muriendo, y que no mirase a las cosas pasadas ni a sus dichos malos, pues ya de ellos tenía el pago; mas si en algo podría aprovechar para librarle del peligro y pasión que padecía, por amor de Dios lo hiciese, pues ellos veían clara la culpa del culpado, y la verdad y bondad suya, pues a su petición y venganza el Señor no alargó el castigo.

El señor comisario, como quien despierta de un dulce sueño, los miró, y miró al delincuente y a todos los que alderredor[326] estaban, y muy pausadamente les dijo:

---

[323]torcerla.

[324]no eran suficientes para.

[325]apartarle.

[326]alrededor.

—Buenos hombres, vosotros nunca habíades[327] de rogar por un hombre en quien Dios tan señaladamente se ha señalado; mas, pues Él nos manda que no volvamos mal por mal, y perdonemos las injurias, con confianza podremos suplicarle que cumpla lo que nos manda y Su Majestad perdone a éste, que le ofendió poniendo en su santa fe obstáculo. Vamos todos a suplicalle.[328]

Y así, bajó del púlpito y encomendó a que muy devotamente suplicasen a Nuestro Señor tuviese por bien de perdonar a aquel pecador y volverle en su salud y sano juicio, y lanzar de él el demonio, si Su Majestad había permitido que por su gran pecado en él entrase.

Todos se hincaron de rodillas, y delante del altar, con los clérigos, comenzaban a cantar con voz baja una letanía. Y viniendo él con la cruz y agua bendita, después de haber sobre él cantado, el señor mi amo, puestas las manos al cielo y los ojos que casi nada se le parecía sino un poco de blanco, comienza una oración no menos larga que devota, con la cual hizo llorar a toda la gente (como suelen hacer en los sermones de Pasión, de predicador y auditorio devoto), suplicando a Nuestro Señor, pues no quería la muerte del pecador, sino su vida y arrepentimiento, que aquel encaminado por el demonio y persuadido de la muerte y pecado, le quisiese perdonar y dar vida y salud, para que se arrepintiese y confesase sus pecados.

Y esto hecho, mandó traer la bula y púsosela en la cabeza. Y luego el pecador del alguacil comenzó, poco a poco, a estar mejor y tornar en sí. Y desque fue bien vuelto en su acuerdo, echóse a los pies del señor comisario y demandóle perdón; y confesó haber dicho aquello por la boca y mandamiento del demonio, lo uno, por hacer a él daño y vengarse del enojo; lo otro, y más principal, porque el demonio reciba mucha pena del bien que allí se hiciera en tomar la bula.

El señor mi amo le perdonó, y fueron hechas las amistades entre ellos. Y a tomar la bula hubo tanta priesa, que casi ánima viviente en el lugar no quedó sin ella, marido y mujer, y hijos y hijas, mozos y mozas.

Divulgóse la nueva de lo acaecido por los lugares comarcanos, y, cuando a ellos llegábamos, no era menester sermón ni ir a la iglesia, que a la posada la venían a tomar, como si fueran peras que se dieran de balde. De manera que, en diez o doce lugares de aquellos alderredores donde fuimos, echó el señor mi amo otras tantas mil bulas sin predicar sermón.

---

[327]habíais.

[328]suplicarle.

Cuando él hizo el ensayo,[329] confieso mi pecado que también fui de ello espantado, y creí que ansí era, como otros muchos; mas con ver después la risa y burla que mi amo y el alguacil llevaban y hacían del negocio, conocí cómo había sido industriado[330] por el industrioso y inventivo de mi amo.

Acaeciónos en otro lugar, el cual no quiero nombrar por su honra, lo siguiente, y fue que mi amo predicó dos o tres sermones, y dó a Dios la bula tomaban. Visto por el astuto de mi amo lo que pasaba, y que aunque decía se fiaban por un año no aprovechaba, y que estaban tan rebeldes en tomarla, y que su trabajo era perdido, hizo tocar las campanas para despedirse, y hecho su sermón y despedido desde el púlpito, ya que se quería abajar, llamó al escribano y a mí, que iba cargado con unas alforjas, y hízonos llegar al primer escalón, y tomó al alguacil las que en las manos llevaba, y las que yo tenía en las alforjas púsolas junto a sus pies, y tornóse a poner en el púlpito con cara alegre, y arrojar desde allí, de diez en diez y de veinte en veinte, de sus bulas hacia todas partes, diciendo:

—Hermanos míos, tomad, tomad de las gracias que Dios os envía hasta vuestras casas, y no os duela, pues es obra tan pía de redención de los cautivos cristianos que están en tierra de moros, porque no renieguen nuestra santa fe y vayan a las penas del infierno, siquiera ayudadles con vuestra limosna, y con cinco Pater nostres y cinco Ave marías, para que salgan de cautiverio. Y aun también aprovechan para los padres y hermanos y deudos que tenéis en el Purgatorio, como lo veréis en esta santa bula.

Como el pueblo las vio ansí arrojar, como cosa que la daba de balde y ser venida de la mano de Dios, tomaban a más tomar, aun para los niños de la cuna y para todos sus defuntos contando desde los hijos hasta el menor criado que tenían, contándolos por los dedos. Vímonos en tanta priesa, que a mí aínas[331] me acabaron de romper un pobre y viejo sayo que traía; de manera que certifico a Vuestra Merced que en poco más de un hora no quedó bula en las alforjas, y fue necesario ir a la posada por más.

Acabados de tomar todos, dijo mi amo desde el púlpito a su escribano y al del Consejo que se levantasen, y para que se supiese quién eran los que habían

---

[329]engaño.

[330]inventado, pergeñado.

[331]casi.

de gozar de la santa indulgencia y perdones de la santa bula y para que él diese buena cuenta a quien le había enviado, se escribiesen.[332]

Y así, luego todos de muy buena voluntad decían las que habían tomado, contando por orden los hijos y criados y defuntos.

Hecho su inventario, pidió a los alcaldes que, por caridad, porque él tenía que hacer en otra parte, mandasen al escribano le diese autoridad del inventario y memoria de las que allí quedaban, que, según decía el escribano, eran más de dos mil.

Hecho esto, él se despedió con mucha paz y amor, y ansí nos partimos de este lugar. Y aun antes que nos partiésemos, fue preguntando él por el teniente cura del lugar y por los regidores si la bula aprovechaba para las criaturas que estaban en el vientre de sus madres.

A lo cual él respondió que, según las letras que él había estudiado, que no, que lo fuesen a preguntar a los doctores más antiguos que él, y que esto era lo que sentía en este negocio.

Y ansí nos partimos, yendo todos muy alegres del buen negocio. Decía mi amo al alguacil y escribano:

—¿Qué os parece, cómo a estos villanos, que con sólo decir cristianos viejos somos, sin hacer obras de caridad se piensan salvar, sin poner nada de su hacienda? Pues, ¡por vida del licenciado Pascasio Gómez,[333] que a su costa se saquen más de diez cautivos!

Y ansí nos fuimos hasta otro lugar de aquel cabo de Toledo, hacia la Mancha, que se dice, adonde topamos otros más obstinados en tomar bulas. Hechas mi amo y los demás que íbamos nuestras diligencias, en dos fiestas que allí estuvimos no se habían echado treinta bulas.

Visto por mi amo la gran perdición y la mucha costa que traía, y el ardideza[334] que el sotil de mi amo tuvo para hacer desprender sus bulas fue que este día dijo la misa mayor, y después de acabado el sermón y vuelto al altar, tomó una cruz que traía de poco más de un palmo, y en un brasero de lumbre que encima del altar había (el cual habían traído para calentarse las manos, porque hacía gran frío), púsole detrás del misal, sin que nadie mirase en ello. Y allí, sin decir nada, puso la cruz encima la lumbre, y ya que hubo acabado la misa y echada la bendición, tomóla con un pañizuelo bien envuelta la cruz en la mano

---

[332]fueran anotados.

[333]fórmula exclamativa con el sentido de «por mi vida», en la que se usaba el nombre propio.

[334]ingeniosidad.

derecha y en la otra la bula, y ansí se bajó hasta la postrera grada del altar, adonde hizo que besaba la cruz. Y hizo señal que viniesen adorar la cruz. Y ansí vinieron los alcaldes los primeros, y los más ancianos del lugar, viniendo uno a uno, como se usa.

Y el primero que llegó, que era un alcalde viejo, aunque él le dio a besar la cruz bien delicadamente, se abrasó los rostros[335] y se quitó presto a fuera. Lo cual visto por mi amo, le dijo.

—¡Paso quedo, señor alcalde! ¡Milagro!

Y ansí hicieron otros siete o ocho. Ya todos decían:

—¡Paso, señores! ¡Milagro!

Cuando él vido[336] que los rostriquemados[337] bastaban para testigos del milagro, no la quiso dar más a besar. Subióse al pie del altar y de allí decía cosas maravillosas, diciendo que por la poca caridad que había en ellos había Dios permitido aquel milagro, y que aquella cruz había de ser llevada a la santa iglesia mayor de su obispado, que por la poca caridad que en el pueblo había, la cruz ardía.

Fue tanta la prisa que hubo en el tomar de la bula, que no bastaban dos escribanos ni los clérigos ni sacristanes a escribir. Creo de cierto que se tomaron más de tres mil bulas, como tengo dicho a Vuestra Merced.

Después, al partir, él fue con gran reverencia, como es razón, a tomar la santa cruz, diciendo que la había de hacer engastonar[338] en oro, como era razón. Fue rogado mucho del Concejo y clérigos del lugar les dejase allí aquella santa cruz, por memoria del milagro allí acaecido. Él en ninguna manera lo quería hacer, y al fin, rogado de tantos, se la dejó; con que le dieron otra cruz vieja que tenían, antigua, de plata, que podrá pesar dos o tres libras, según decían.

Y ansí nos partimos alegres con el buen trueque y con haber negociado bien. En todo no vio nadie lo suso dicho sino yo. Porque me subí a par del altar para ver si había quedado algo en las ampollas,[339] para ponello en cobro,[340] como otras veces yo lo tenía de costumbre, y como allí me vio, púsose el dedo

---

[335]labios.

[336]vio.

[337]los que se habían quemado el rostro.

[338]engastar.

[339]vinajeras.

[340]guardarlo, beberlo.

en la boca, haciéndome señal que callase. Yo ansí lo hice, porque me cumplía,[341] aunque después que vi el milagro no cabía en mí por echallo[342] fuera, sino que el temor de mi astuto amo no me lo dejaba comunicar con nadie, ni nunca de mí salió. Porque me tomó juramento que no descubriese el milagro, y ansí lo hice hasta agora.

Y aunque mochacho, cayóme mucho en gracia y dije entre mí: «¡Cuántas de éstas deben hacer estos burladores entre la inocente gente!»

Finalmente, estuve con este mi quinto amo cerca de cuatro meses, en los cuales pasé también hartas fatigas.

Tratado sexto. Cómo Lázaro se asentó con un capellán y lo que con él pasó

Después de esto, asenté con un maestro de pintar panderos para molelle[343] los colores, y también sufrí mil males.

Siendo ya en este tiempo bien mozuelo, entrando un día en la iglesia mayor, un capellán de ella me recibió por suyo. Y púsome en poder un asno y cuatro cántaros, y un azote, y comencé a echar[344] agua por la cibdad.[345] Este fue el primer escalón que yo subí para venir a alcanzar buena vida, porque mi boca era medida.[346] Daba cada día a mi amo treinta maravedís ganados, y los sábados ganaba para mí, y todo lo demás, entre semana, de treinta maravedís.

Fueme tan bien en el oficio, que al cabo de cuatro años que lo usé, con poner en la ganancia buen recaudo, ahorré para me vestir[347] muy honradamente de la ropa vieja. De la cual compré un jubón de fustán viejo y un sayo raído, de manga tranzada[348] y puerta,[349] y una capa que había sido frisada, y una espa-

---

[341]me convenía.

[342]echarlo.

[343]molerle.

[344]vender.

[345]ciudad.

[346]Como los aguadores vendían el agua pregonándola y Lázaro lo hacía bien, ganaba lo suficiente para no pasar necesidades.

[347]vestirme.

[348]trenzada.

[349]escote o recorte por donde sale la camisa.

da de las viejas primeras de Cuéllar.[350] Desque me vi en hábito de hombre de bien, dije a mi amo se tomase su asno, que no quería más seguir aquel oficio.

Tratado séptimo. Cómo Lázaro se asentó con un alguacil y de lo que le acaeció con él

Despedido del capellán, asenté por hombre de justicia con un alguacil. Mas muy poco viví con él, por parecerme oficio peligroso. Mayormente, que una noche nos corrieron a mí y a mi amo a pedradas y a palos unos retraídos.[351] Y a mi amo, que esperó, trataron mal, mas a mí no me alcanzaron. Con esto renegué del trato.

Y pensando en qué modo de vivir haría mi asiento, por tener descanso y ganar algo para la vejez, quiso Dios alumbrarme, y ponerme en camino y manera provechosa. Y con favor que tuve de amigos y señores, todos mis trabajos y fatigas hasta entonces pasados fueron pagados con alcanzar lo que procuré: que fue un oficio real, viendo que no hay nadie que medre, sino los que le tienen.

En el cual el día de hoy vivo y resido a servicio de Dios y de Vuestra Merced. Y es que tengo cargo de pregonar los vinos que en esta ciudad se venden, y en almonedas y cosas perdidas; acompañar los que padecen persecuciones por justicia y declarar a voces sus delitos: pregonero, hablando en buen romance.

En el cual oficio, un día que ahorcábamos un apañador en Toledo, y llevaba una buena soga de esparto, conocí y caí en la cuenta de la sentencia que aquel mi ciego amo había dicho en Escalona, y me arrepentí del mal pago que le di, por lo mucho que me enseñó. Que, después de Dios, él me dio industria para llegar al estado que ahora estó.[352]

Hame sucedido tan bien, yo le he usado tan fácilmente, que casi todas las cosas al oficio tocantes pasan por mi mano. Tanto que, en toda la ciudad, el que ha de echar vino a vender, o algo, si Lázaro de Tormes no entiende en ello, hacen cuenta de no sacar provecho.

En este tiempo, viendo mi habilidad y buen vivir, teniendo noticia de mi persona el señor arcipreste de Sant Salvador,[353] mi señor, y servidor y amigo

---

[350]ciudad de Segovia, célebre por la fabricación de espadas.

[351]aquellos que, después de haber cometido un delito, se refugiaban en la iglesia para escapar de la justicia.

[352]estoy.

[353]San Salvador, iglesia de Toledo.

de Vuestra Merced, porque le pregonaba sus vinos, procuró casarme con una criada suya. Y visto por mí que de tal persona no podía venir sino bien y favor, acordé de lo hacer.[354] Y así, me casé con ella, y hasta agora no estoy arrepentido.

Porque, allende de ser buena hija[355] y diligente servicial, tengo en mi señor acipreste[356] todo favor y ayuda, y siempre en el año le da en veces al pie[357] de una carga de trigo; por las Pascuas, su carne; y cuando el par de los bodigos, las calzas viejas que deja. Y hízonos alquilar una casilla par de la suya. Los domingos y fiestas casi todas las comíamos en su casa.

Mas malas lenguas, que nunca faltaron ni faltarán, no nos dejan vivir, diciendo no sé qué y sí sé qué de que veen a mi mujer irle a hacer la cama y guisalle[358] de comer. Y mejor les ayude Dios que ellos dicen la verdad.

Aunque en este tiempo siempre he tenido alguna sospech[u]ela, y habido algunas malas cenas por esperalla[359] algunas noches hasta las laudes, y aún más; y se me ha venido a la memoria lo que mi amo el ciego me dijo en Escalona, estando asido al cuerno. Aunque, de verdad, siempre pienso que el diablo me lo trae a la memoria por hacerme mal casado, y no le aprovecha.

Porque, allende de no ser ella mujer que se pague de estas burlas, mi señor me ha prometido lo que pienso cumplirá. Que él me habló un día muy largo delante de ella y me dijo:

—Lázaro de Tormes, quien ha de mirar a dichos de malas lenguas nunca medrará. Digo esto porque no me maravillaría alguno, viendo entrar en mi casa a tu mujer y salir de ella. Ella entra muy a tu honra y suya, y esto te lo prometo.[360] Por tanto, no mires a lo que puedan decir, sino a lo que te toca, digo, a tu provecho.

—Señor—le dije—, yo determiné de arrimarme a los buenos. Verdad es que algunos de mis amigos me han dicho algo de eso, y aun por más de tres veces me han certificado que antes que comigo casase había parido tres veces, hablando con reverencia de Vuestra Merced, porque está ella delante.

---

[354]decidí hacerlo.

[355]muchacha.

[356]arcipreste.

[357]casi, cerca de.

[358]guisarle.

[359]esperarla.

[360]juro, aseguro.

LITERATURA ESPAÑOLA: UNA ANTOLOGÍA

Entonces mi mujer echó juramentos sobre sí, que yo pensé la casa se hundiera con nosotros. Y después tomóse[361] a llorar y a echar maldiciones sobre quien comigo la había casado. En tal manera, que quisiera ser muerto antes que se me hubiera soltado aquella palabra de la boca. Mas yo de un cabo y mi señor de otro, tanto le dijimos y otorgamos,[362] que cesó su llanto, con juramento que le hice de nunca más en mi vida mentalle[363] nada de aquello, y que yo holgaba y había por bien de que ella entrase y saliese, de noche y de día, pues estaba bien seguro de su bondad. Y así quedamos todos tres bien conformes.

Hasta el día de hoy nunca nadie nos oyó sobre el caso; antes, cuando alguno siento que quiere decir algo de ella, le atajo y le digo:

—Mirá,[364] si sois amigo, no me digáis cosa con que me pese, que no tengo por mi amigo al que me hace pesar; mayormente, si me quiere meter mal con mi mujer, que es la cosa del mundo que yo más quiero y la amo más que a mí; y me hace Dios con ella mil mercedes y más bien que yo merezco; que yo juraré sobre la hostia consagrada, que es tan buena mujer como vive dentro de las puertas de Toledo. Quien otra cosa me dijere, yo me mataré con él.[365] De esta manera no me dicen nada y yo tengo paz en mi casa.

Esto fue el mesmo año que nuestro victorioso Emperador[366] en esta insigne ciudad de Toledo entró, y tuvo en ella Cortes, y se hicieron grandes regocijos, como Vuestra Merced habrá oído. Pues en este tiempo estaba en mi prosperidad y en la cumbre de toda buena fortuna.

La vida de Lazarillo de Tormes y de sus fortunas y adversidades. Edición de Alberto Blecua. Madrid: Castalia, 1974.

---

[361]púsose.

[362]concedimos.

[363]mentarle.

[364]Mirad.

[365]combatiré con él.

[366]Carlos I de España y V de Alemania (1500-1558).

SANTA TERESA DE JESÚS (1515-82)

La vida de la Santa Madre Teresa de Jesús y algunas de las mercedes que Dios le hizo, escrita por ella misma

Capítulo primero. En que trata cómo comenzó el Señor a despertar esta alma en su niñez a cosas virtuosas, y la ayuda que es para esto serlo los padres

1. El tener padres virtuosos y temerosos de Dios me bastara, si yo no fuera tan ruin, con lo que el Señor me favorecía, para ser buena. Era mi padre aficionado a leer buenos libros, y ansí[1] los tenía de romance[2] para que leyesen sus hijos. Estos,[3] con el cuidado que mi madre tenía de hacernos rezar y ponernos en ser devotos de nuestra Señora y de algunos santos, comenzó a despertarme de edad, a mi parecer, de seis o siete años. Ayudábame no ver en mis padres favor sino para la virtud. Tenían muchas.

Era mi padre[4] hombre de mucha caridad con los pobres y piadad[5] con los enfermos, y aun con los criados; tanta, que jamás se pudo acabar con[6] él tuviese esclavos, porque los había gran piadad y estando una vez en casa una[7] de un su hermano, la regalaba[8] como a sus hijos: decía que, de que[9] no era libre, no lo podía sufrir de piadad. Era de gran verdad; jamás nadie le oyó jurar ni murmurar. Muy honesto en gran manera.

---

[1] así.

[2] en lengua romance.

[3] esto, se refiere a todo lo anterior.

[4] Alonso Sánchez de Cepeda, natural de Toledo.

[5] piedad.

[6] convencerlo para que, conseguir que.

[7] sobreentendido, esclava.

[8] atendía, obsequiaba.

[9] ya que, dado que.

2. Mi madre[10] también tenía muchas virtudes, y pasó la vida con grandes enfermedades. Grandísima honestidad: con ser de harta hermosura, jamás se entendió que diese ocasión a que ella hacía caso de ella; porque, con morir de treinta y tres años, ya su traje era como de persona de mucha edad; muy apacible y de harto entendimiento. Fueron grandes los trabajos que pasaron el tiempo que vivió; murió muy cristianamente.

3. Éramos tres hermanas[11] y nueve hermanos[12]; todos parecieron[13] a sus padres, por la bondad de Dios, en ser virtuosos, sino fui yo, aunque era la más querida de mi padre; y antes que comenzase a ofender a Dios, parece tenía alguna razón, porque yo he lástima, cuando me acuerdo las buenas inclinaciones que el Señor me había dado, y cuán mal me supe aprovechar de ellas. Pues mis hermanos ninguna cosa[14] me desayudaban a servir a Dios.

4. Tenía uno[15] casi mi edad—juntábamonos entrambos[16] a leer vidas de santos—que era el que yo más quería, aunque a todos tenía gran amor y ellos a mí; como vía[17] los martirios que por Dios los santos pasaban, parecíame compraban muy barato el ir a gozar de Dios, y deseaba yo mucho morir ansí, no por amor que yo entendiese tenerle, sino por gozar tan en breve de los grandes bienes que leía haber[18] en el cielo, y juntábame con este mi hermano a tratar qué medio habría para esto. Concertábamos irnos a tierra de moros, pidiendo por amor de Dios para que allá nos descabezasen, y paréceme que nos daba el Señor ánimo en tan tierna edad, si viéramos algún medio, sino que el tener padres nos parecía el mayor embarazo.

Espantábanos mucho el decir que pena y gloria era[19] para siempre en lo que leíamos. Acaecíanos estar muchos ratos tratando de esto; y gustábamos de

---

[10]Beatriz D'Avila y Ahumada (1494-1529), nacida en Olmedo (Valladolid), segunda esposa de Sánchez de Cepeda.

[11]María de Cepeda, hija del primer matrimonio, y Juana.

[12]Juan Jerónimo y Pedro, del primer matrimonio, y Fernando, Rodrigo, Lorenzo, Antonio, Pedro, Jerónimo y Agustín, del segundo.

[13]se parecieron.

[14]de ninguna manera.

[15]Se refiere a Rodrigo (1511-1536), colaborador y confidente de Teresa.

[16]entrambos, ambos.

[17]veía.

[18]que leía que había...

[19]había.

decir muchas veces: ¡para siempre, siempre, siempre! En pronunciar esto mucho rato era el Señor servido me quedase en esta niñez imprimido el camino de la verdad.

5. De que[20] vi que era imposible ir donde me matasen por Dios, ordenábamos[21] ser ermitaños; y en una huerta que había en casa procurábamos, como podíamos, hacer ermitas, poniendo unas pedrecillas[22] que luego se nos caían, y ansí no hallábamos remedio en nada para nuestro deseo; que ahora me pone devoción ver cómo me daba Dios tan presto lo que yo perdí por mi culpa.

6. Hacía limosna como podía y podía poco. Procuraba soledad para rezar mis devociones, que eran hartas,[23] en especial el rosario, de que mi madre era muy devota, y ansí nos hacía serlo. Gustaba mucho, cuando jugaba con otras niñas, hacer monesterios,[24] como que éramos monjas; y yo me parece deseaba serlo, aunque no tanto como las cosas que he dicho.

7. Acuérdome que cuando murió mi madre, quedé yo de edad de doce años poco menos. Como yo comencé a entender lo que había perdido, afligida fuime a una imagen de nuestra Señora, y supliquéla fuese mi madre con muchas lágrimas. Paréceme que aunque se hizo con simpleza, que me había valido; porque conocidamente[25] he hallado a esta Virgen soberana en cuanto me he encomendado a ella, y en fin me ha tornado a sí. Fatígame ahora ver y pensar en qué estuvo el no haber yo estado entera en los buenos deseos que comencé.

8. ¡Oh, Señor mío!, pues parece tenéis determinado que me salve, plega a vuestra Majestad sea ansí; y de hacerme tantas mercedes como me habéis hecho, ¿no tuviérades[26] por bien—no por mi ganancia, sino por vuestro acatamiento— que no me ensuciara tanto posada adonde tan continuo habíades de morar? Fatígame, Señor, aun decir esto, porque sé que fue mía toda la culpa; porque no me parece os quedó a Vos nada por hacer, para que desde esta edad no fuera toda vuestra. Cuando voy a quejarme de mis padres tampoco puedo, porque no vía en ellos sino todo bien y cuidado de mi bien.

---

[20]una vez que.

[21]decidimos.

[22]diminutivo de piedras.

[23]muchas.

[24]jugar a que vivían en un monasterio.

[25]con certeza.

[26]tuvierais; luego, habíais.

Pues pasando de esta edad, que comencé a entender las gracias de naturaleza que el Señor me había dado, que según decían eran muchas, cuando por
ellas le había de dar gracias, de todas me comencé a ayudar para ofenderle como
ahora diré.

**Capítulo segundo. Trata cómo fue perdiendo estas virtudes, y lo que importa
en la niñez tratar con personas virtuosas**

1. Paréceme que comenzó a hacerme mucho daño lo que ahora diré. Consi-
dero algunas veces cuán mal lo hacen los padres que no procuran que vean sus
hijos siempre cosas de virtud de todas maneras; porque, con serlo tanto mi madre
como he dicho, de lo bueno no tomé tanto, en llegando a uso de razón, ni casi
nada, y lo malo me dañó mucho. Era aficionada a libros de caballerías, y no tan
mal tomaba este pasatiempo, como yo le tomé para mí; porque no perdía su
labor, sino desenvolvíamonos para leer en ellos, y por ventura lo hacía para no
pensar en grandes trabajos que tenía, y ocupar sus hijos, que no anduviesen en
otras cosas perdidos. De esto le pesaba tanto a mi padre, que se había de tener
aviso a que no lo viese. Yo comencé a quedarme en costumbre de leerlos; y
aquella pequeña falta que en ella vi, me comenzó a enfriar los deseos, y comenzar a faltar en los demás; y parecíame no era malo, con gastar muchas horas del
día y de la noche en tan vano ejercicio, aunque escondida de mi padre. Era tan
en extremo lo que en esto me embebía que si no tenía libro nuevo, no me parece
tenía contento.

2. Comencé a traer galas y a desear contentar en parecer bien, con mucho
cuidado de manos y cabello y olores, y todas las vanidades que en esto podía
tener, que eran hartas por ser muy curiosa.[27] No tenía mala intención, porque
no quisiera yo que nadie ofendiera a Dios por mí. Duróme mucha curiosidad de
limpieza demasiada y cosas que me parecía a mí no eran ningún pecado, muchos
años; ahora veo cuán malo debía ser.

Tenía primos hermanos algunos, que en casa de mi padre no tenían otros
cabida para entrar, que era muy recatado; y pluguiera a Dios que lo fuera de
éstos también, porque ahora veo el peligro que es tratar en la edad que se han de
comenzar a criar virtudes con personas que no conocen la vanidad del mundo,[28]
sino que antes despiertan para meterse en él. Eran casi de mi edad, poco mayores

---

[27]limpia, aseada.

[28]no saben que el mundo es vano.

que yo; andábamos siempre juntos; teníamos gran amor, y en todas las cosas que les daba contento, los sustentaba plática y oía sucesos de sus aficiones y niñerías nonada[29] buenas; y lo que peor fue, mostrarse el alma a lo que fue causa de todo su mal. Si yo hubiera de aconsejar, dijera a los padres que en esta edad tuviesen gran cuenta con las personas que tratan a sus hijos; porque aquí está mucho mal, que se va nuestra natural antes a lo peor que a lo mijor.[30]

3. Ansí me acaeció a mí, que tenía una hermana de mucha más edad que yo, de cuya honestidad y bondad, que tenía mucha, de ésta no tomaba nada, y tomé todo el daño de una parienta que trataba mucho en casa. Era de tan livianos tratos, que mi madre la había mucho procurado desviar que tratase en casa (parece adivinaba el mal que por ella me había de venir); y era tanta la ocasión que había[31] para entrar, que no había podido.[32] A esta que digo me aficioné a tratar. Con ella era mi conversación y pláticas, porque me ayudaba a todas las cosas de pasatiempo que yo quería, y aun me ponía en ellas, y daba parte de sus conversaciones y vanidades. Hasta que traté con ella, que fue de edad de catorce años, y creo que más (para tener amistad conmigo, digo, y darme parte de sus cosas), no me parece había dejado a Dios por culpa mortal, ni perdido el temor de Dios, aunque le tenía mayor de la honra. Éste tuvo fuerza para no la perder del todo; ni me parece por ninguna cosa del mundo en esto me podía mudar, ni había amor de persona de él que a esto me hiciese rendir. ¡Ansí tuviera fortaleza en no ir contra la honra de Dios, como en la daba mi natural para no perder en lo que me parecía a mí está la honra del mundo! ¡Y no miraba que la perdía por muchas otras vías!

4. En querer ésta vanamente tenía extremo: los medios que eran menester para guardarla no ponía ninguno; sólo para no perderme del todo tenía gran miramiento.

Mi padre y mi hermana sentían mucho esta amistad. Reprendíanmela muchas veces. Como no podían quitar la ocasión de entrar ella en casa, no les aprovechaban sus diligencias, porque mi sagacidad para cualquier cosa mala era mucha.

Espántame algunas veces el daño que hace una mala compañía, y si no hubiera pasado por ello no lo pudiera creer; en especial en tiempo de mocedad

---

[29]de ninguna manera.

[30]mejor.

[31]tenía.

[32]sobreentendido, evitarlo.

debe ser mayor el mal que hace: querría escarmentasen en mí los padres para mirar mucho en esto. Y es ansí que de tal manera me mudó esta conversación, que de natural y alma virtuoso no me dejó casi ninguna,[33] y me parece me imprimía sus condiciones ella y otra tenía la misma manera de pasatiempos.

5. Por aquí entiendo el gran provecho que hace la buena compañía; y tengo por cierto, que, si tratara en aquella edad con personas virtuosas, que estuviera entera en la virtud; porque si en esta edad tuviera quien me enseñara a temer a Dios, fuera tomando fuerzas el alma para no caer. Después, quitado este temor de todo, quedóme sólo el de la honra, que en todo lo que hacía me traía atormentada. Con pensar que no se había de saber, me atrevía a muchas cosas bien contra ella y contra Dios.

6. Al principio dañáronme las cosas dichas, a lo que me parece, y no debía ser suya[34] la culpa, sino mía; porque después mi malicia para el mal bastaba, junto con tener criadas, que para todo mal hallaba en ellas buen aparejo: que si alguna fuera en aconsejarme bien, por ventura me aprovechara, mas el interés les cegaba como a mí la afeción.[35] Y pues nunca era incluida[36] a mucho mal—porque cosas deshonestas naturalmente las aborrecía—, sino a pasatiempos de buena conversación, mas puesta en la ocasión, estaba en la mano el peligro, y ponía en él a mi padre y hermanos; de los cuales me libró Dios, de manera que se parece bien procuraba contra mi voluntad que del todo no me perdiese; aunque no pudo ser tan secreto que no hubiese harta quiebra de mi honra y sospecha en mi padre. Porque no me parece había[37] tres meses que andaba en estas vanidades, cuando me llevaron a un monesterio que había en este lugar,[38] adonde se criaban personas semejantes, aunque no tan ruines en costumbres como yo; y esto con tan gran simulación que sola yo y algún deudo lo supo, pero aguardaron a coyuntura aunque no pareciese novedad; porque haberse mi hermana casado y quedar sola sin madre, no era bien.

---

[33]sobreentendido, virtud.

[34]es decir, de la pariente de la que habla en el párrafo anterior.

[35]afición, inclinación.

[36]inclinada.

[37]hacía.

[38]convento de Nuestra Señora de Gracia, de monjas agustinas, en las afueras de Ávila.

7. Era tan demasiado el amor que mi padre me tenía y la mucha disimulación[39] mía, que no había creer tanto mal de mí y ansí no quedó en desgracia conmigo. Como fue breve el tiempo, aunque se entendiese algo, no debía ser dicho con certinidad;[40] porque, como yo temía tanto la honra, todas mis diligencias eran en que fuese secreto, y no miraba que no podía serlo a quien todo lo ve. ¡Oh Dios mío, qué daño hace en el mundo tener esto en poco, y pensar que ha de haber cosa secreta, que sea contra Vos! Tengo por cierto que se escusarían grandes males si entendiésemos que no está el negocio en guardarnos de los hombres, sino en no nos guardar de descontentaros a Vos.

8. Los primeros ocho días sentí mucho, y más la sospecha que tuve se había entendido la vanidad mía, que no de estar allí; porque ya yo andaba cansada, y no dejaba de tener gran temor de Dios cuando le ofendía, y procuraba confesarme con brevedad. Traía un desasosiego que en ocho días, y aun creo en menos, estaba muy más contenta que en casa de mi padre. Todas lo estaban conmigo, porque en esto me daba el Señor gracia: en dar contento adonde quiera que estuviese, y ansí era muy querida; y puesto que yo estaba entonces ya enemigísima[41] de ser monja, holgábame de ver tan buenas monjas, que lo eran mucho las de aquella casa, y de gran honestidad y relisión[42] y recatamiento.[43] Aun con todo esto no me dejaba el demonio de tentar, y buscar los de afuera cómo me desasosegar con recaudos. Como no había lugar, presto se acabó, y comenzó mi alma a tornarse a acostumbrar en el bien de mi primera edad, y vi la gran merced que hace Dios a quien pone en compañía de buenos. Paréceme andaba Su Majestad mirando y remirando por dónde me podía tornar a sí. ¡Bendito seáis Vos, Señor, que tanto me habéis sufrido,[44] amén!

9. Una cosa tenía que parece me podía ser alguna disculpa, si no tuviera tantas culpas, y es que era el trato con quien por vía de casamiento me parecía poder acabar en bien; e informada de con quién me confesaba y de otras personas, en muchas cosas me decían no iba contra Dios.

---

[39]discreción.

[40]certeza.

[41]superlativo de enemiga.

[42]religión.

[43]recato.

[44]tolerado.

Dormía una monja[45] con las que estábamos seglares, que por medio suyo parece quiso el Señor comenzar a darme luz, como ahora diré.

Capítulo tercero. En que trata cómo fue parte la buena compañía para tornar a despertar sus deseos, y por qué manera comenzó el Señor a darle alguna luz del engaño que había traído

1. Pues comenzando a gustar de la buena y santa conversación de esta monja, holgábame de[46] oírla cuán bien hablaba de Dios, porque era muy discreta y santa. Esto a mi parecer en ningún tiempo dejé de holgarme de oírlo. Comenzóme a contar cómo ella había venido a ser monja por sólo leer lo que dice el Evangelio: "¡Muchos son los llamados y pocos los escogidos!" Decíame el premio que daba el Señor a los que todo lo dejan por él. Comenzó esta buena compañía a desterrar las costumbres que había hecho la mala y a tornar a poner en mi pensamiento deseo de las cosas eternas y a quitar algo de la gran enemistad que tenía con ser monja, que se me había puesto grandísima; y si vía alguna tener lágrimas cuando rezaba, u otras virtudes, habíala mucha envidia, porque era tan recio mi corazón en este caso que, si leyera toda la pasión no llorara una lágrima. Esto me causaba pena.

2. Estuve año y medio en este monesterio harto mijorada;[47] comencé a rezar muchas oraciones vocales y a procurar con todas me encomendasen a Dios, que me diese el estado en que le había de servir; mas todavía deseaba no fuese monja, que éste no fuese Dios servido de dármele, aunque también temía el casarme.

A cabo de este tiempo que estuve aquí, ya tenía más amistad de ser monja, aunque no en aquella casa, por las cosas más virtuosas que después entendí tenían, que me parecían extremos demasiados; y había algunas de las más mozas que me ayudaban en esto, que si todas fueran de un parecer, mucho me aprovechara. También tenía yo una grande amiga[48] en otro monesterio, y esto me era parte para no ser monja, si lo hubiese de ser, sino adonde ella estaba. Miraba más

---

[45]María de Briceño y Contreras (1498-1584), quien tuvo gran influencia sobre Teresa.

[46]me placía.

[47]muy mejorada.

[48]Juana Juárez, monja carmelita de la Encarnación de Ávila.

el gusto de mi sensualidad[49] y vanidad, que lo bien que me estaba a mi alma. Estos buenos pensamientos de ser monja me venían algunas veces y luego se quitaban, y no podía persuadirme a serlo.

3. En este tiempo, aunque yo no andaba descuidada de mi remedio, andaba más ganoso el Señor de disponerme para el estado que me estaba mijor. Diome una gran enfermedad, que hube de tornar en[50] casa de mi padre. En estando buena, lleváronme en casa de mi hermana, que residía en una aldea, para verla, que era en extremo el amor que me tenía y a su querer no saliera yo de con ella; y su marido también me amaba mucho, al menos mostrábame todo regalo, que aun esto debo más al Señor, que en todas partes siempre lo he tenido, y todo se lo servía como la que soy.

4. Estaba en el camino un hermano de mi padre,[51] muy avisado y de grandes virtudes, viudo, a quien también andaba el Señor dispuniendo[52] para sí, que en su mayor edad dejó todo lo que tenía y fue fraile, y acabó de suerte que creo goza de Dios. Quiso que me estuviese con él unos días. Su ejercicio eran buenos libros de romance,[53] y su hablar era lo más ordinario[54] de Dios y de la vanidad del mundo. Hacíame le leyese, y aunque no era amiga de ellos, mostraba que sí; porque en esto de dar contento a otros he tenido extremo, aunque a mí me hiciese pesar; tanto que en otras fuera virtud y en mí ha sido gran falta, porque iba muchas veces muy sin discreción.

¡Oh, válame Dios, por qué términos me andaba Su Majestad dispuniendo para el estado en que se quiso servir de mí, que, sin quererlo yo, me forzó a que hiciese fuerza! Sea bendito por siempre, amén.

5. Aunque fueron los días que estuve pocos, con la fuerza que hacían en mi corazón las palabras de Dios, ansí leídas como oídas, y la buena compañía, vine a ir entendiendo la verdad de cuando niña, de que no era todo nada,[55] y la vanidad del mundo, y cómo acababa en breve, y a temer, si me hubiera muerto, cómo me iba al infierno. Y aunque no acababa mi voluntad de inclinarse a ser

---

[49]sentidos y sensibilidad.

[50]volver a.

[51]Pedro Sánchez de Cepeda, vecino de Hortigosa.

[52]disponiendo.

[53]Parece aludir a libros en lengua romance pero de tema piadoso.

[54]comúnmente.

[55]todo [lo creado] es nada.

monja, vi era el mijor y más siguro estado; y ansí poco a poco me determiné a forzarme para tomarle.

6. En esta batalla estuve tres meses, forzándome a mí mesma[56] con esta razón: que los trabajos y pena de ser monja no podía ser mayor que la del purgatorio, y que yo había bien merecido el infierno; que no era mucho estar lo que viviese como en purgatorio, y que después me iría derecha al cielo, que éste era mi deseo. Y en este movimiento de tomar este estado, más me parece me movía un temor servil que amor. Poníame[57] el demonio que no podría sufrir los trabajos de la relisión, por ser tan regalada. A esto me defendía con los trabajos que pasó Cristo, porque no era mucho yo pasase algunos por él; que él me ayudaría a llevarlos debía pensar, que esto postrero no me acuerdo. Pasé hartas tentaciones estos días.

7. Habíanme dado, con unas calenturas, unos grandes desmayos, que siempre tenía bien poca salud. Diome la vida haber quedado ya amiga de buenos libros: leía en las Epístolas de San Jerónimo,[58] que animaban de suerte que me animé a decirlo a mi padre, que casi era como tomar el hábito; porque era tan honrosa,[59] que me parece no tornara atrás de ninguna manera habiéndolo dicho una vez. Era tanto lo que quería, que en ninguna manera lo pude acabar con él, ni bastaron ruegos de personas que procuré hablasen. Lo que más[60] se pudo acabar con él fue que después de sus días haría lo que quisiese. Yo ya me temía a mí y a mi flaqueza no tornase atrás, y ansí no me pareció me convenía esto, y procurélo por otra vía como ahora diré.

Libro de la vida. Edición de Dámaso Chicharro. Madrid: Cátedra, 1984.

---

[56]misma.

[57]me sugería.

[58](h. 342-420), doctor de la Iglesia, tradujo la Biblia del hebreo al latín.

[59]pundonorosa, puntillosa.

[60]lo más que.

MIGUEL DE CERVANTES (1547-1616)

El licenciado Vidriera

Paséandose dos caballeros por las riberas de Tormes,[1] hallaron en ellas, debajo de un árbol, durmiendo, a un muchacho de hasta edad de once años, vestido como un labrador. Mandaron a un criado que le despertase; despertó, y preguntáronle de adónde era y qué hacía durmiendo en aquella soledad. A lo cual el muchacho respondió que el nombre de su tierra se le había olvidado, y que iba a la ciudad de Salamanca a buscar un amo a quien servir, por sólo que le diese estudio. Preguntáronle si sabía leer; respondió que sí, y escribir también.

—De esa manera—dijo uno de los caballeros—, no es por falta de memoria habérsete olvidado el nombre de tu patria.

—Sea por lo que fuere—respondió el muchacho—: que ni el de ella ni el de mis padres sabrá ninguno hasta que yo pueda honrarlos a ellos y a ella.

—Pues, ¿de qué suerte los piensas honrar?—preguntó el otro caballero.

—Con mis estudios—respondió el muchacho—, siendo famoso por ellos; porque yo he oído decir que de los hombres se hacen los obispos.

Esta respuesta movió a los dos caballeros a que le recibiesen y llevasen consigo, como lo hicieron, dándole estudios de la manera que se usa dar en aquella universidad a los criados que sirven. Dijo el muchacho que se llamaba Tomás Rodaja, de donde infirieron sus amos, por el nombre y por el vestido, que debía de ser hijo de algún labrador pobre. A pocos días le vistieron de negro, y a pocas semanas dio Tomás muestras de tener raro ingenio, sirviendo a sus amos con toda fidelidad, puntualidad y diligencia que, con no faltar un punto a sus estudios, parecía que sólo se ocupaba en servirlos. Y como el buen servir del siervo mueve la voluntad del señor a tratarle bien, ya Tomás Rodaja no era criado de sus amos, sino su compañero. Finalmente, en ocho años que estuvo con ellos se hizo tan famoso en la universidad por su buen ingenio y notable habilidad, que de todo género de gentes era estimado y querido. Su principal estudio fue de leyes; pero en lo que más se mostraba era en letras humanas; y tenía tan

---

[1]río de España, afluente del Duero, que pasa por Salamanca.

felice memoria, que era cosa de espanto; e ilustrábala tanto con su buen entendimiento que no era menos famoso por él que por ella.

Sucedió que se llegó el tiempo que sus amos acabaron sus estudios y se fueron a su lugar, que era una de las mejores ciudades de la Andalucía. Lleváronse consigo a Tomás, y estuvo con ellos algunos días; pero como le fatigasen los deseos de volver a sus estudios y a Salamanca—que enhechiza la voluntad de volver a ella a todos los que de la apacibilidad de su vivienda han gustado—, pidió a sus amos licencia para volverse. Ellos, corteses y liberales, se la dieron, acomodándole de suerte que con lo que le dieron se pudiera sustentar tres años.

Despidióse de ellos, mostrando en sus palabras su agradecimiento, y salió de Málaga—que ésta era la patria de sus señores—y al bajar de la cuesta de la Zambra, camino de Antequera,[2] se topó con un gentilhombre a caballo, vestido bizarramente de camino, con dos criados también a caballo. Juntóse con él y supo como llevaba su mismo viaje. Hicieron camarada, departieron de diversas cosas, y a pocos lances dio Tomás muestras de su raro ingenio y el caballero las dio de su bizarría y cortesano trato, y dijo que era capitán de infantería por Su Majestad y que su alférez estaba haciendo la compañía[3] en tierra de Salamanca. Alabó la vida de la soldadesca; pintóle muy al vivo la belleza de la ciudad de Nápoles, las holguras de Palermo, la abundancia de Milán, los festines de Lombardía, las espléndidas comidas de las hosterías; dibujóle dulce y puntualmente el *aconcha, patrón; pasa acá, manigoldo; venga la macatela, li polastri, e li macarroni.*[4] Puso las alabanzas en el cielo de la vida libre del soldado y de la libertad de Italia; pero no le dijo nada del frío de las centinelas, del peligro de los asaltos, del espanto de las batallas, de la hambre de los cercos, de la ruina de las minas, con otras cosas de este jaez, que algunos las toman y tienen por añadiduras del peso de la soldadesca, y son la carga principal de ella. En resolución, tantas cosas le dijo, y tan bien dichas, que la discreción de nuestro Tomás Rodaja comenzó a titubear y la voluntad a aficionarse a aquella vida, que tan cerca tiene la muerte.

El capitán, que don Diego de Valdivia se llamaba, contentísimo de la buena presencia, ingenio y desenvoltura de Tomás, le rogó que se fuese con él a Italia, si quería, por curiosidad de verla; que él le ofrecía su mesa y aun, si fuese necesario, su bandera, porque su alférez la había de dejar presto.

---

[2]antiguo camino desde Málaga hasta Toledo.

[3]reclutando hombres para una compañía de soldados.

[4]atiende patrón; ven acá, gamberro; vengan la *maccatella* [especie de albóndiga machacada], los pollos y los macarrones.

Poco fue menester para que Tomás tuviese el envite, haciendo consigo en un instante un breve discurso de que sería bueno ver a Italia y Flandes y otras diversas tierras y países, pues las luengas peregrinaciones hacen a los hombres discretos, y que en esto, a lo más largo, podía gastar tres o cuatro años, que añadidos a los pocos que él tenía, no serían tantos que impidiesen volver a sus estudios. Y como si todo hubiera de suceder a medida de su gusto, dijo al capitán que era[5] contento de irse con él a Italia; pero había de ser condición que no se había de sentar debajo de bandera, ni ponerse en lista de soldado, por no obligarse a seguir su bandera. Y aunque el capitán le dijo que no importaba ponerse en lista, que ansí[6] gozaría de los socorros y pagas que a la compañía se diesen, porque él daría licencia todas las veces que se la pidiese.

—Eso sería—dijo Tomás—ir contra mi conciencia y contra la del señor capitán; y así, más quiero ir suelto que obligado.

—Conciencia tan escrupulosa—dijo don Diego—, más es de religioso que de soldado; pero como quiera que sea, ya somos camaradas.

Llegaron aquella noche a Antequera, y en pocos días y grandes jornadas se pusieron donde estaba la compañía, ya acababa de hacer, y que comenzaba a marchar la vuelta[7] de Cartagena, alojándose ella y otras cuatro por los lugares que le venían a mano. Allí notó Tomás la autoridad de los comisarios, la incomodidad de algunos capitanes, la solicitud de los aposentadores, la industria y cuenta de los pagadores, las quejas de los pueblos, el rescatar de las boletas, las insolencias de los bisoños, las pendencias de los huéspedes, el pedir bagajes más de los necesarios, y, finalmente, la necesidad casi precisa de hacer todo aquello que notaba y mal le parecía.

Habíase vestido Tomás de papagayo,[8] renunciando los hábitos de estudiante, y púsose a lo de Dios es Cristo,[9] como se suele decir. Los muchos libros que tenía los redujo a unas *Horas de Nuestra Señora*[10] y un *Garcilaso* sin comen-

---

[5]estaba.

[6]así.

[7]dirigirse hacia algún sitio.

[8]con variedad de colores, es decir, bizarramente.

[9]expresión que indica actuar con bravura.

[10]libros de horas, por lo común ilustrados, que organizaban los rezos según las horas canónicas.

to,[11] que en las dos faldriqueras[12] llevaba. Llegaron más presto de lo que quisieran a Cartagena, porque la vida de los alojamientos es ancha y varia y cada día se topan cosas nuevas y gustosas.

Allí se embarcaron en cuatro galeras de Nápoles, y allí notó también Tomás Rodaja la extraña vida de aquellas marítimas casas, adonde lo más del tiempo maltratan las chinches, roban los forzados, enfadan los marineros, destruyen los ratones y fatigan las maretas.[13] Pusiéronle temor las grandes borrascas y tormentas, especialmente en el golfo de León,[14] que tuvieron dos, que la una los echó a Córcega y la otra los volvió a Tolón, en Francia. En fin, trasnochados, mojados y con ojeras, llegaron a la hermosa y bellísima ciudad de Génova, y desembarcándose en su recogido mandrache,[15] después de haber visitado una iglesia, dio el capitán con todos sus camaradas en una hostería, donde pusieron en olvido todas las borrascas pasadas con el presente *gaudeamus*.[16]

Allí conocieron la suavidad del Trebiano, el valor del Montefrascón, la fuerza del Asperino, la generosidad de los dos griegos Candia y Soma, la grandeza del de las Cinco Viñas, la dulzura y apacibilidad de la señora Guarnacha, la rusticidad de la Chentola, sin que entre todos estos señores osase parecer la bajeza del Romanesco.[17] Y habiendo hecho el huésped la reseña de tantos y tan diferentes vinos, se ofreció de hacer parecer allí, sin usar de tropelía, ni como pintados en mapa, sino real y verdaderamente, a Madrigal, Coca, Alaejos, y a la Imperial más que Real Ciudad, recámara del dios de la risa; ofreció a Esquivias, a Alanís, a Cazalla, Guadalcanal y la Membrilla, sin que se le olvidase de Ribadabia y de Descargamaría.[18] Finalmente, más vinos nombró el huésped, y más les dio, que pudo tener en sus bodegas el mismo Baco.[19]

---

[11]referencia a las ediciones de los poemas de Garcilaso de la Vega (1501?-36), sin comentarios.

[12]faltriqueras.

[13]movimientos de las olas del mar.

[14]al sur de Francia, sobre el Mediterráneo.

[15]del italiano *mandraccio*, "aprisco", lugar donde se recoge el ganado para protegerlo de las inclemencias del tiempo.

[16]en el sentido amplio de "fiesta".

[17]Se refiere a las características de distintas variedades regionales de vinos italianos.

[18]regiones españolas de las que provienen famosos vinos.

[19]dios del vino.

Admiráronle también al buen Tomás los rubios cabellos de las genovesas y la gentileza y gallarda disposición de los hombres, la admirable belleza de la ciudad, que en aquellas peñas parece que tiene las casas engastadas, como diamantes en oro. Otro día se desembarcaron todas las compañías que habían de ir al Piamonte; pero no quiso Tomás hacer este viaje, sino irse desde allí por tierra a Roma y a Nápoles, como lo hizo, quedando de volver por la gran Venecia y por Loreto a Milán y al Piamonte, donde dijo don Diego de Valdivia que le hallaría si ya no los hubiesen llevado a Flandes, según se decía.

Despidióse Tomás del capitán de allí a dos días, y en cinco llegó a Florencia, habiendo visto primero a Luca, ciudad pequeña, pero muy bien hecha, y en la que, mejor que en otras partes de Italia, son bien vistos y agasajados los españoles. Contentóle Florencia en extremo, así por su agradable asiento como por su limpieza, suntuosos edificios, fresco río y apacibles calles. Estuvo en ella cuatro días, y luego se partió a Roma, reina de las ciudades y señora del mundo. Visitó sus templos, adoró sus reliquias y admiró su grandeza; y así como por las uñas del león se viene en conocimiento de su grandeza y ferocidad, así él sacó la de Roma por sus despedazados mármoles, medias y enteras estatuas, por sus rotos arcos y derribadas termas, por sus magníficos pórticos y anfiteatros grandes, por su famoso y santo río, que siempre llena sus márgenes de agua y las beatifica con las infinitas reliquias de cuerpos de mártires que en ella tuvieron sepultura; por sus puentes, que parece que se están mirando unas a otras, y por sus calles, que con sólo el nombre cobran autoridad sobre todas las de las otras ciudades del mundo: la vía Apia, la Flaminia, la Julia, con otras de este jaez. Pues no le admiraba menos la división de sus montes dentro de sí misma: el Celio, el Quirinal y el Vaticano, con los otros cuatro, cuyos nombres manifiestan la grandeza y majestad romana.[20] Notó también la autoridad del Colegio de los Cardenales, la majestad del Sumo Pontífice, el concurso y variedad de gentes y naciones. Todo lo miró, y notó y puso en su punto. Y habiendo andado la estación de las siete iglesias,[21] y confesádose con un penitenciario, y besado el pie a Su Santidad, lleno de *agnusdei*[22] y cuentas, determinó irse a Nápoles; y por ser tiempo

---

[20]Los siete montes principales de Roma son: el Capitolino, el Palatino, el Aventino, el Esquilino, el Celio, el Viminal y el Quirinal.

[21]las iglesias de San Pedro, San Pablo, San Juan de Letrán, San Sebastián, Santa María la Mayor, San Lorenzo y Santa Cruz.

[22]oración que se dice en la misa entre el Padre Nuestro y la comunión; en latín significa "cordero de Dios".

de mutación,[23] malo y dañoso para todos los que en él entran o salen de Roma, como hayan caminado por tierra, se fue por mar a Nápoles, donde a la admiración que traía de haber visto a Roma añadió la que le causó ver a Nápoles, ciudad, a su parecer y al de todos cuantos la han visto, la mejor de Europa, y aun de todo el mundo.

Desde allí se fue a Sicilia, y vio a Palermo, y después a Micina:[24] de Palermo le pareció bien el asiento y belleza, y de Micina, el puerto, y de toda la isla, la abundancia, por quien propiamente y con verdad es llamada granero de Italia. Volvióse a Nápoles y a Roma, y de allí fue a Nuestra Señora de Loreto, en cuyo santo templo no vio paredes ni murallas; porque todas estaban cubiertas de muletas, de mortajas, de cadenas, de grillos, de esposas, de cabelleras, de medios bultos de cera y de pinturas y retablos, que daban manifiesto indicio de las innumerables mercedes que muchos habían recebido[25] de la mano de Dios por intercesión de su divina Madre, que aquella sacrosanta imagen suya quiso engrandecer y autorizar con muchedumbre de milagros, en recompensa de la devoción que le tienen aquellos que con semejantes doseles tienen adornados los muros de su casa. Vio el mismo aposento y estancia donde se relató la más alta embajada y de más importancia que vieron, y no entendieron, todos los cielos, y todos los ángeles, y todos los moradores de las moradas sempiternas.

Desde allí, embarcándose en Ancona, fue a Venecia, ciudad que a no haber nacido Colón en el mundo no tuviera en él semejante: merced al cielo y al gran Hernando Cortés, que conquistó la gran Méjico para que la gran Venecia tuviese en alguna manera quien se le opusiese. Estas dos famosas ciudades se parecen en las calles, que son todas de agua: la de Europa, admiración del mundo antiguo; la de América, espanto del mundo nuevo. Parecióle que su riqueza era infinita, su gobierno prudente, su sitio inexpugnable, su abundancia mucha, sus contornos alegres, y, finalmente toda ella en sí y en sus partes digna de la fama que de su valor por todas las partes del orbe se extiende, dando causa de acreditar más esta verdad la máquina[26] de su famoso arsenal, que es el lugar donde se fabrican las galeras, con otros bajeles que no tienen número.

---

[23]tiempo de cambios estacionales súbitos.

[24]Mesina, capital de la provincia homónima, en Sicilia.

[25]recibido.

[26]el edificio.

Por poco fueran los de Calipso[27] los regalos y pasatiempos que halló nuestro curioso en Venecia, pues casi le hacían olvidar de su primer intento. Pero habiendo estado un mes en ella, por Ferrara, Parma y Plasencia volvió a Milán, oficina de Vulcano,[28] ojeriza del reino de Francia, ciudad, en fin, de quien se dice que puede decir y hacer; haciéndola magnífica la grandeza suya y de su templo y su maravillosa abundancia de todas las cosas a la vida humana necesarias. Desde allí se fue a Aste, y llegó a tiempo que otro día marchaba el tercio de Flandes.

Fue muy bien recibido de su amigo el capitán, y en su compañía y camarada pasó a Flandes, y llegó a Amberes, ciudad no menos para maravillar que las que había visto en Italia. Vio a Gante, y a Bruselas, y vio que todo el país se disponía a tomar las armas para salir en campaña el verano siguiente.

Y habiendo cumplido con el deseo que le movió a ver lo que había visto, determinó volverse a España y a Salamanca a acabar sus estudios, y como lo pensó lo puso luego por obra, con pesar grandísimo de su camarada, que le rogó, al tiempo de despedirse, le avisase de su salud, llegada y suceso. Prometióselo ansí como lo pedía, y por Francia volvió a España, sin haber visto a París, por estar puesta en armas. En fin, llegó a Salamanca, donde fue bien recebido de sus amigos, y con la comodidad que ellos le hicieron prosiguió sus estudios hasta graduarse de licenciado en leyes.

Sucedió que en este tiempo llegó a aquella ciudad una dama de todo rumbo y manejo. Acudieron luego a la añagaza y reclamó todos los pájaros del lugar, sin quedar *vademécum* que no la visitase. Dijéronle a Tomás que aquella dama decía que había estado en Italia y en Flandes, y por ver si la conocía, fue a visitarla, de cuya visita y vista quedó ella enamorada de Tomás. Y él, sin echar de ver en ello, si no era por fuerza y llevado de otros, no quería entrar en su casa. Finalmente, ella le descubrió su voluntad y le ofreció su hacienda. Pero como él atendía más a sus libros que a otros pasatiempos, en ninguna manera respondía al gusto de la señora, la cual, viéndose desdeñada y, a su parecer, aborrecida y que por medios ordinarios y comunes no podía conquistar la roca de la voluntad de Tomás, acordó de buscar otros modos a su parecer más eficaces y bastantes para salir con el cumplimiento de sus deseos. Y así, aconsejada de una morisca, en un membrillo toledano dio a Tomás unos de estos que llaman hechizos, creyendo que le daba cosa que le forzase la voluntad a quererla: como

---

[27]ninfa griega, que recogió a Ulises en su isla de Ogigia.

[28]La alusión a Vulcano, dios forjador, se explica dado que Milán era famosa por sus fábricas de armas.

si hubiese en el mundo yerbas, encantos ni palabras suficientes a forzar el libre albedrío; y así, las que dan estas bebidas o comidas amatorias se llaman *venefi-cios*[29]; porque no es otra cosa lo que hacen sino dar veneno a quien las toma, como lo tiene mostrado la experiencia en muchas y diversas ocasiones.

Comió en tan mal punto Tomás el membrillo que al momento comenzó a herir de pie y de mano como si tuviera alferecía, y sin volver en sí estuvo muchas horas, al cabo de las cuales volvió como atontado, y dijo con lengua turbada y tartamuda que un membrillo que había comido le había muerto, y declaró quién se le había dado. La justicia, que tuvo noticia del caso, fue a buscar la malhechora; pero ya ella, viendo el mal suceso, se había puesto en cobro,[30] y no pareció jamás.

Seis meses estuvo en la cama Tomás, en los cuales se secó y se puso, como suele decirse, en los huesos, y mostraba tener turbados todos los sentidos; y aunque le hicieron los remedios posibles, sólo le sanaron la enfermedad del cuerpo, pero no de lo del entendimiento; porque quedó sano, y loco de la más extraña locura que entre las locuras hasta entonces se había visto. Imaginóse el desdichado que era todo hecho de vidrio, y con esta imaginación, cuando alguno se llegaba a él, daba terribles voces pidiendo y suplicando con palabras y razones concertadas que no se le acercasen, porque le quebrarían: que real y verdaderamente él no era como los otros hombres: que todo era de vidrio, de pies a cabeza.

Para sacarle de esta extraña imaginación, muchos, sin atender a sus voces y rogativas, arremetieron a él y le abrazaron, diciéndole que advirtiese y mirase como no se quebraba. Pero lo que se granjeaba en esto era que el pobre se echaba en el suelo dando mil gritos, y luego le tomaba un desmayo del cual no volvía en sí en cuatro horas; y cuando volvía, era renovando las plegarias y rogativas de que otra vez no le llegasen. Decía que le hablasen desde lejos, y le preguntasen lo que quisiesen, porque a todos les respondería con más entendimiento, por ser hombre de vidrio y no de carne: que el vidrio, por ser de materia sutil y delicada, obraba por ella el alma con más prontitud y eficacia que no por la del cuerpo, pesada y terrestre.

Quisieron algunos experimentar si era verdad lo que decía, y así, le preguntaron muchas y difíciles cosas, a las cuales respondió espontáneamente con grandísima agudeza de ingenio; cosa que causó admiración a los más letrados de la Universidad y a los profesores de la medicina y filosofía, viendo que en un

---

[29]venenos.

[30]refugiado en un lugar seguro.

sujeto donde se contenía tan extraordinaria locura como era el pensar que fuese de vidrio, se encerrase tan grande entendimiento que respondiese a toda pregunta con propiedad y agudeza.

Pidió Tomás le diesen alguna funda donde pusiese aquel vaso quebradizo de su cuerpo, por que[31] al vestirse algún vestido estrecho no se quebrase; y así, le dieron una ropa parda y una camisa muy ancha, que él se vistió con mucho tiento y se ciñó con una cuerda de algodón. No quiso calzarse zapatos en ninguna manera, y el orden que tuvo para que le diesen de comer sin que a él llegasen fue poner en la punta de una vara una vasera de orinal, en la cual le ponían alguna cosa de fruta de las que la sazón del tiempo ofrecía. Carne ni pescado, no lo quería; no bebía sino en fuente o en río, y esto, con las manos; cuando andaba por las calles, iba por la mitad de ellas, mirando a los tejados, temeroso no le cayese alguna teja encima y le quebrase. Los veranos dormía en el campo al cielo abierto, y en los inviernos se metía en algún mesón, y en el pajar se enterraba hasta la garganta, diciendo que aquélla era la más propia y más segura cama que podían tener los hombres de vidrio. Cuando tronaba, temblaba como un azogado, y se salía al campo, y no entraba en poblado hasta haber pasado la tempestad.

Tuviéronle encerrado sus amigos mucho tiempo; pero viendo que su desgracia pasaba adelante, determinaron de condescender con lo que él les pedía, que era le dejasen andar libre, y así, le dejaron, y él salió por la ciudad, causando admiración y lástima a todos los que le conocían.

Cercáronle luego los muchachos; pero él con la vara los detenía, y les rogaba le hablasen apartados, por que no se quebrase: que por ser hombre de vidrio, era muy tierno y quebradizo. Los muchachos, que son la más traviesa generación del mundo, a despecho de sus ruegos y voces, le comenzaron a tirar trapos, y aun piedras, por ver si era de vidrio, como él decía; pero él daba tantas voces y hacía tales extremos, que movía a los hombres a que riñesen y castigasen a los muchachos por que no le tirasen.

Mas un día que le fatigaron mucho se volvió a ellos, diciendo:

—¿Qué me queréis, muchachos porfiados como moscas, sucios como chinches, atrevidos como pulgas? ¿Soy yo, por ventura, el monte Testacho[32] de Roma, para que me tiréis tantos tiestos y tejas?

---

[31]para que.

[32]sitio donde se arrojaban desperdicios.

Por oírle reñir y responder a todos le seguían siempre muchos, y los muchachos tomaron y tuvieron por mejor partido antes oílle que tiralle.[33] Pasando, pues, una vez por la ropería de Salamanca, le dijo una ropera:

—En mi ánima, señor Licenciado, que me pesa de su desgracia; pero, ¿qué haré, que no puedo llorar?

Él se volvió a ella, y muy mesurado, le dijo:

—*Filiae Hierusalem, plorate super vos et super filios vestros.*[34]

Entendió el marido de la ropera la malicia del dicho y díjole:

—Hermano licenciado Vidriera—que así decía él que se llamaba—, más tenéis de bellaco que de loco.

—No se me da un ardite—respondió él—, como no tenga nada de necio.

Pasando un día por la casa llana y venta común,[35] vio que estaban a la puerta de ella muchas de sus moradoras, y dijo que eran bagajes del ejército de Satanás que estaban alojados en el mesón del Infierno.

Preguntóle uno qué consejo o consuelo daría a un amigo suyo que estaba muy triste porque su mujer se le había ido con otro.

A lo cual respondió:

—Dile que dé gracias a Dios por haber permitido le llevasen de casa a su enemigo.

—Luego ¿no irá a buscarla?—dijo el otro.

—Ni por pienso[36]—replicó Vidriera—; porque sería el hallarla hallar un perpetuo y verdadero testigo de su deshonra.

—Ya que eso sea así—dijo el mismo—, ¿qué haré yo para tener paz con mi mujer?

Respondióle:

—Dale lo que hubiere menester; déjala que mande a todos los de tu casa; pero no sufras que ella te mande a ti.

Díjole un muchacho:

—Señor licenciado Vidriera, yo me quiero desgarrar[37] de mi padre porque me azota muchas veces.

Y respondióle:

---

[33] oírle y tirarle.

[34] latín: hijas de Jerusalem, llorad por vosotras y por vuestros hijos.

[35] prostíbulo.

[36] de ninguna manera.

[37] huir, apartarse.

—Advierte, niño, que los azotes que los padres dan a los hijos honran y los del verdugo afrentan.

Estando a la puerta de una iglesia, vio que entraba en ella un labrador de los que siempre blasonan de cristianos viejos, y detrás de él venía uno que no estaba en tan buena opinión como el primero, y el Licenciado dio grandes voces al labrador, diciendo:

—Esperad, Domingo, a que pase el sábado.

De los maestros de escuela decía que eran dichosos, pues trataban siempre con ángeles, y que fueran dichosísimos si los angelitos no fueran mocosos. Otro le preguntó que qué le parecía de las alcahuetas. Respondió que no lo eran las apartadas, sino las vecinas.

Las nuevas de su locura y de sus respuestas y dichos se extendió por toda Castilla, y llegando a noticia de un príncipe o señor que estaba en la Corte, quiso enviar por él, y encargóselo a un caballero amigo suyo que estaba en Salamanca que se lo enviase, y topándolo el caballero un día, le dijo:

—Sepa el señor licenciado Vidriera que un gran personaje de la Corte le quiere ver y envía por él.

A lo cual respondió:

—Vuesa merced me excuse con ese señor, que yo no soy bueno para palacio, porque tengo vergüenza y no sé lisonjear.

Con todo esto, el caballero le envió a la Corte, y para traerle usaron con él de esta invención: pusiéronle en unas árganas de paja, como aquellas donde llevan el vidrio, igualando los tercios[38] con piedras, y entre paja puestos algunos vidrios, por que se diese a entender que como vaso de vidrio le llevaban. Llegó a Valladolid,[39] entró de noche, y desembanastáronle en la casa del señor que había enviado por él, de quien fue muy bien recibido, diciéndole:

—Sea muy bien venido el señor licenciado Vidriera. ¿Cómo ha ido en el camino? ¿Cómo va de salud?

A lo cual respondió:

—Ningún camino hay malo como se acabe, si no es el que va a la horca. De salud estoy neutral, porque están encontrados mis pulsos con mi celebro.[40]

---

[38]cada mitad de una carga, transportada a lomo de animal.

[39]donde estuvo asentada la Corte entre 1601 y 1606.

[40]cerebro.

Otro día, habiendo visto en muchas alcándaras muchos neblíes[41] y azores y otros pájaros de volatería, dijo que la caza de altanería era digna de príncipes y de grandes señores; pero que advirtiesen que con ella echaba el gusto censo sobre el provecho a más de dos mil por uno. La caza de liebres dijo que era muy gustosa, y más cuando se cazaba con galgos prestados.

El caballero gustó de su locura, y dejóle salir por la ciudad, debajo del amparo y guarda de un hombre que tuviese cuenta que los muchachos no le hiciesen mal, de los cuales y de toda la Corte fue conocido en seis días, y a cada paso, en cada calle y en cualquiera esquina, respondía a todas las preguntas que le hacían; entre las cuales le preguntó un estudiante si era poeta, porque le parecía que tenía ingenio para todo.

A lo cual respondió:

—Hasta ahora no he sido tan necio, ni tan venturoso.

—No entiendo eso de necio y venturoso—dijo el estudiante..

Y respondió Vidriera:

—No he sido tan necio que diese en poeta malo, ni tan venturoso que haya merecido serlo bueno.

Preguntóle otro estudiante que en qué estimación tenía a los poetas. Respondió que a la ciencia, en mucha; pero que a los poetas, en ninguna. Replicáronle que por qué decía aquello. Respondió que del infinito número de poetas que había, eran tan pocos los buenos, que casi no hacían número. Y así, como si no hubiese poetas, no los estimaba; pero que admiraba y reverenciaba la ciencia de la poesía porque encerraba en sí todas las demás ciencias: porque de todas se sirve, de todas se adorna, y pule y saca a luz sus maravillosas obras, con que llena el mundo de provecho, de deleite y de maravilla. Añadió más:

—Yo bien sé en lo que se debe estimar un buen poeta, porque se me acuerda de aquellos versos de Ovidio[42] que dicen:

Cuma ducum fuerant olim Regnumque poeta:
Praemiaque antiqui magna tulere chori.
Sanctaque maiestas, et erat venerabile nomen
Vatibus; et large sape dabantur opes.[43]

---

[41]halcones.

[42]Publio Ovidio Nasón (43 a.C.-18), poeta latino, autor de *Ars amatoria*, *Fasti* entre otras obras.

[43]*Cura ducum fuerunt olim regumque poetae, / praemiaque antiqui magna tulere chori, / sanctaque maiestas, et erat venerabile nomen / vatibus, et largae saepe dabantur opes* (*Ars amandi* 3:405-8): «En otros tiempos los poetas eran los

Y menos se me olvida la alta calidad de los poetas, pues los llama Platón[44] intérpretes de los dioses, y de ellos dice Ovidio:

Est Deus in nobis, agitante calescimus illo.[45]

Y también dice:

At sacri vates, et Divum cura vocamus.[46]

Esto se dice de los buenos poetas; que de los malos, de los churrulleros, ¿qué se ha de decir sino que son la idiotez y la arrogancia del mundo?

Y añadió más:

—¡Qué es ver a un poeta de estos de la primera impresión cuando quiere decir un soneto a otros que le rodean, las salvas que les hace diciendo: «Vuesas mercedes escuchen un sonetillo que anoche a cierta ocasión hice, que, a mi parecer, aunque no vale nada, tiene un no sé qué de bonito»! Y en esto tuerce los labios, pone en arco las cejas y se rasca la faldriquera, y de entre otros mil papeles mugrientos y medio rotos, donde queda otro millar de sonetos, saca el que quiere relatar, y al fin le dice, con tono melifluo y alfeñicado. Y si acaso los que le escuchan, de socarrones o de ignorantes, no le alaban, dice: «O vuesas mercedes no han entendido el soneto, o yo no le he sabido decir; y así, será bien recitarle otra vez y que vuesas mercedes le presten más atención, porque en verdad que el soneto lo merece». Y vuelve como primero a recitarle, con nuevos ademanes y nuevas pausas. Pues, ¿qué es verlos censurar los unos a los otros? ¿Qué diré del ladrar que hacen los cachorros y modernos a los mastinazos antiguos y graves? ¿Y qué de los que murmuran de algunos ilustres y excelentes sujetos donde resplandece la verdadera luz de la poesía que, tomándola por alivio y entretenimiento de sus muchas y graves ocupaciones, muestran la divinidad de sus ingenios y la alteza de sus conceptos, a despecho y pesar del circunspecto ignorante que juzga de lo que no sabe y aborrece lo que no entiende, y del que quiere que se estime y tenga en precio la necedad que se sienta debajo de doseles y la ignorancia que se arrima a los sitiales?

Otra vez le preguntaron qué era la causa de que los poetas, por la mayor parte, eran pobres. Respondió que porque ellos querían, pues estaba en su mano

---

favoritos de los héroes y de los reyes, y los antiguos coros obtenían grandes recompensas. El nombre de poeta era algo importante y venerable y se le prodigaban grandes honores y riquezas» (trad. de Federico Sainz de Robles).

[44](ca. 428 a.C.-347 a.C.), filósofo griego.

[45]*Fasti* 3:5: «En nosotros está Dios; nos enardecemos impulsados por Él».

[46]*Amores*, III, elegía IX, v. 17: "Sin embargo, se llama a los poetas sagrados y obra de los dioses".

ser ricos, si se sabían aprovechar de la ocasión que por momentos traían entre las manos, que eran las de sus damas, que todas eran riquísimas en extremo, pues tenían los cabellos de oro, frente de plata bruñida, los ojos de verdes esmeraldas, los dientes de marfil, los labios de coral y la garganta de cristal transparente, y que lo que lloraban eran líquidas perlas. Y más, que lo que sus plantas pisaban, por dura y estéril tierra que fuese, al momento producía jazmines y rosas; y que su aliento era de puro ámbar, almizcle y algalia, y que todas estas cosas eran señales y muestras de su mucha riqueza. Éstas y otras cosas decía de los malos poetas; que de los buenos siempre dijo bien y los levantó sobre el cuerno de la luna.

Vio un día en la acera de San Francisco unas figuras pintadas de mala mano, y dijo que los buenos pintores imitaban la naturaleza; pero que los malos la vomitaban.

Arrimóse un día con grandísimo tiento, por que no se quebrase, a la tienda de un librero, y díjole:

—Este oficio me contentara mucho si no fuera por una falta que tiene.

Preguntóle el librero se la dijese. Respondióle:

—Los melindres que hacen cuando compran un privilegio de un libro, y de la burla que hacen a su autor si acaso le imprime a su costa, pues en lugar de mil y quinientos, imprimen tres mil libros, y cuando el autor piensa que se venden los suyos, se despachan los ajenos.

Acaeció este mismo día que pasaron por la plaza seis azotados, y diciendo el pregón: «Al primero, por ladrón», dio grandes voces a los que estaban delante de él, diciéndoles:

—Apartaos, hermanos, no comience aquella cuenta por alguno de vosotros.

Y cuando el pregonero llegó a decir: «Al trasero...», dijo:

—Aquél debe ser el fiador de los muchachos.

Un muchacho le dijo:

—Hermano Vidriera, mañana sacan a azotar a una alcagüeta.

Respondióle:

—Si dijeras que sacaban a azotar a un alcagüete, entendiera que sacaban a azotar un coche.

Hallóse allí uno de estos que llevan sillas de manos, y díjole:

—De nosotros, licenciado, ¿no tenéis qué decir?

—No—respondió Vidriera—, sino que sabe cada uno de vosotros más pecados que un confesor; mas es con esta diferencia: que el confesor los sabe para tenerlos secretos, y vosotros, para publicarlos por las tabernas.

Oyó esto un mozo de mulas, porque de todo género de gente le estaba escuchando contino,[47] y díjole:

—De nosotros, señor Redoma,[48] poco o nada hay que decir, porque somos gente de bien y necesaria en la república.

A lo cual respondió Vidriera:

—La honra del amo descubre la del criado. Según esto, mira a quién sirves y verás cuán honrado eres: mozos sois vosotros de la más ruin canalla que sustenta la tierra. Una vez, cuando no era de vidrio, caminé una jornada en una mula de alquiler tal, que le conté ciento y veinte y una tachas, todas capitales y enemigas del género humano. Todos los mozos de mulas tienen su punta de rufianes, su punta de cacos, y su es no es de truhanes. Si sus amos (que así llaman ellos a los que llevan en sus mulas) son boquimuelles,[49] hacen más suertes en ellos que las que echaron en esta ciudad los años pasados. Si son extranjeros, los roban; si estudiantes, los maldicen; si religiosos, los reniegan; y si soldados, los tiemblan. Éstos, y los marineros y carreteros y arrieros, tienen un modo de vivir extraordinario y sólo para ellos: el carretero pasa lo más de la vida en espacio de vara y media de lugar, que poco más debe de haber del yugo de las mulas a la boca del carro; canta la mitad del tiempo y la otra mitad reniega. Y en decir: «Háganse a la zaga»,[50] se les pasa otra parte; y si acaso les queda por sacar alguna rueda de algún atolladero, más se ayudan de dos pésetes[51] que de tres mulas. Los marineros son gente gentil, inurbana, que no sabe otro lenguaje que el que se usa en los navíos; en la bonanza son diligentes, y en la borrasca, perezosos; en la tormenta mandan muchos y obedecen pocos; su Dios es su arca y su rancho, y su pasatiempo, ver mareados a los pasajeros. Los arrieros son gente que ha hecho divorcio con las sábanas y se ha casado con las enjalmas; son tan diligentes y presurosos, que a trueco de no perder la jornada, perderán el alma; su música es la del mortero; su salsa, la hambre; sus maitines, levantarse a dar sus piensos; y sus misas, no oír ninguna.

Cuando esto decía, estaba a la puerta de un boticario, y volviéndose al dueño, le dijo:

---

[47]continuamente.

[48]señor Astuto.

[49]blandos de boca.

[50]expresión que usaban los carreteros para que las personas transportadas se echaran sobre la parte de atrás.

[51]fórmula de juramento.

—Vuesa merced tiene un saludable oficio, si no fuese tan enemigo de sus candiles.

—¿En qué modo soy enemigo de mis candiles?—preguntó el boticario.

Y respondió Vidriera:

—Esto digo porque en faltando cualquiera aceite la suple la del candil que está más a mano; y aun tiene otra cosa este oficio bastante a quitar el crédito al más acertado médico del mundo.

Preguntándole por qué, respondió que había boticario que, por no decir que faltaba en su botica lo que recetaba el médico, por las cosas que le faltaban ponía otras que a su parecer tenían la misma virtud y calidad, no siendo así; y con esto, la medicina mal compuesta obraba al revés de lo que había de obrar la bien ordenada.

Preguntóle entonces uno que qué sentía de los médicos, y respondió esto:

—*Honora medicum propter necessitatem, etenim creavit eum Altissimus. A Deo enim est omnis medela, et a rege accipiet donationem. Disciplina medici exaltavit caput illius, et in conspectu magnatum collaudabitur. Altissimus de terra creavit medicinam, et vir prudens non ab[h]orrebit illam.*[52] Esto dice—dijo—el *Eclesiástico* de la Medicina y de los buenos médicos, y de los malos se podría decir todo al revés, porque no hay gente más dañosa a la república que ellos. El juez nos puede torcer o dilatar la justicia; el letrado, sustentar por su interés nuestra injusta demanda; el mercader, chuparnos la hacienda; finalmente, todas las personas con quien de necesidad tratamos nos pueden hacer algún daño; pero quitarnos la vida sin quedar sujetos al temor del castigo, ninguno. Sólo los médicos nos pueden matar y nos matan sin temor y a pie quedo,[53] sin desenvainar otra espada que la de un récipe.[54] Y no hay descubrirse sus delitos, porque al momento los meten debajo de su tierra. Acuérdaseme que cuando yo era hombre de carne, y no de vidrio, como agora[55] soy, que a un médico de estos de segunda clase le despidió un enfermo por curarse con otro, y el primero, de allí a cuatro

---

[52]«Honra al médico por la necesidad, porque el Altísimo lo crió. Porque de Dios viene toda medicina, y el rey recibirá donativos. La ciencia del médico exaltará su cabeza, y será alabado entre los magnates. El Altísimo crió de la tierra los medicamentos, y el hombre prudente no los desechará».

[53]sin esfuerzo.

[54]receta médica.

[55]ahora.

días, acertó a pasar por la botica donde receptaba[56] el segundo, y preguntó al boticario que cómo le iba al enfermo que él había dejado, y que si le había receptado alguna purga el otro médico. El boticario le respondió que allí tenía una recepta de purga que el día siguiente había de tomar el enfermo. Dijo que se la mostrase, y vio que al fin de ella estaba escrito: *Sumat diluculo*, y dijo: «Todo lo que lleva esta purga me contenta, si no es este *dilúculo*, porque es húmido[57] demasiadamente».[58]

Por estas y otras cosas que decía de todos los oficios se andaban tras él, sin hacerle mal y sin dejarle sosegar; pero, con todo esto, no se pudiera defender de los muchachos si su guardián no lo defendiera. Preguntóle uno qué haría para no tener envidia a nadie. Respondióle:

—Duerme: que todo el tiempo que durmieres serás igual al que envidias.

Otro le preguntó qué remedio tendría para salir con una comisión que había dos años que la pretendía. Y díjole:

—Parte a caballo y a la mira de quien la lleva, y acompáñale hasta salir de la ciudad, y así saldrás con ella.[59]

Pasó acaso una vez por delante donde él estaba un juez de comisión que iba de camino a una causa criminal, y llevaba mucha gente consigo y dos alguaciles; preguntó quién era, y como se lo dijeron, dijo:

—Yo apostaré que lleva aquel juez víboras en el seno, pistoletas en la cinta[60] y rayos en las manos, para destruir todo lo que alcanzare su comisión. Yo me acuerdo haber tenido un amigo que en ocasión criminal que tuvo dio una sentencia tan exorbitante, que excedía en muchos quilates a la culpa de los delincuentes. Preguntéle que por qué había dado aquella tan cruel sentencia y hecho tan manifiesta injusticia. Respondióme que pensaba otorgar la apelación, y que con esto dejaba campo abierto a los señores del Consejo para mostrar su misericordia moderando y poniendo aquella su rigurosa sentencia en su punto y debida

---

[56]recetaba.

[57]húmedo.

[58]Según H. Sieber, se trata de un juego de palabras entre la indicación en latín, "tómalo al amanecer", y "los efectos de la purga (dilu-culo, *diluo* = lavar, limpiar las asentaderas)".

[59]juego de palabras sobre la expresión "salir con ella", conseguirla y salir de la ciudad con ella.

[60]cintura.

proporción. Yo le respondí que mejor fuera haberla dado de manera que les quitara de aquel trabajo, pues con esto le tuvieran a él por juez recto y acertado.

En la rueda de la mucha gente que, como se ha dicho, siempre le estaba oyendo, estaba un conocido suyo en hábito de letrado,[61] al cual otro le llamó *Señor Licenciado*; y sabiendo Vidriera que el tal a quien llamaron licenciado no tenía ni aun título de bachiller, le dijo:

—Guardaos, compadre, no encuentren con vuestro título los frailes de la redención de cautivos, que os le llevarán por mostrenco.

A lo cual dijo el amigo:

—Tratémonos bien, señor Vidriera, pues ya sabéis vos que soy hombre de altas y de profundas letras.

Respondióle Vidriera:

—Ya yo sé que sois un Tántalo[62] en ellas, porque se os van por altas y no las alcanzáis de profundas.

Estando una vez arrimado a la tienda de un sastre, vióle que estaba mano sobre mano, y díjole:

—Sin duda, señor maeso, que estáis en camino de salvación.

—¿En qué lo veis?—preguntó el sastre.

—¿En qué lo veo?—respondió Vidriera—. Véolo en que pues no tenéis que hacer, no tendréis ocasión de mentir.

Y añadió:

—Desdichado del sastre que no miente y cose las fiestas: cosa maravillosa es que casi en todos los de este oficio apenas se hallará uno que haga un vestido justo, habiendo tantos que los hagan pecadores.

De los zapateros decía que jamás hacían, conforme a su parecer, zapato malo; porque si al que se le calzaban venía estrecho y apretado, le decían que así había de ser, por ser de galanes calzar justo, y que en trayéndolos dos horas vendrían más anchos que alpargates; y si le venían anchos, decían que así habían de venir, por amor de[63] la gota.

---

[61]vestido de negro, con larga toga.

[62]rey de Frigia, condenado a padecer hambre y sed, estando metido en el agua hasta el cuello y con frutos que colgaban sobre su cabeza.

[63]a causa de.

Un muchacho agudo que escribía en un oficio de provincia le apretaba mucho con preguntas y demandas, y le traía nuevas de lo que en la ciudad pasaba, porque sobre todo discantaba[64] y a todo respondía. Este le dijo una vez:

—Vidriera, esta noche se murió en la cárcel un banco que estaba condenado [a] ahorcar.

A lo cual respondió:

—Él hizo bien a darse priesa[65] a morir antes que el verdugo se sentara sobre él.

En la acera de [San] Francisco estaba un corro de ginoveses,[66] y pasando por allí, uno de ellos le llamó, diciéndole:

—Lléguese acá el señor Vidriera y cuéntenos un cuento.

Él respondió:

—No quiero, por que no me le paséis a Génova.[67]

Topó una vez a una tendera que llevaba delante de sí una hija suya muy fea, pero muy llena de dijes, de galas y de perlas, y díjole a la madre:

—Muy bien habéis hecho de empedralla,[68] porque se pueda pasear.

De los pasteleros dijo que había muchos años que jugaban a la dobladilla[69] sin que les llevasen [a] la peña, porque habían hecho el pastel de a dos de a cuatro, el de a cuatro de a ocho, y el de ocho de a medio real, por sólo su albedrío y beneplácito. De los titereros decía mil males: decía que era gente vagamunda[70] y que trataba con indecencia de las cosas divinas, porque con las figuras que mostraban en sus retablos volvían la devoción en risa, y que les acontecía envasar en un costal todas o las más figuras del Testamento Viejo y Nuevo y sentarse sobre él a comer y beber en los bodegones y tabernas; en resolución, decía que se maravillaba de como quien podía no les ponía perpetuo silencio en sus retablos, o los desterraba del reino.

Acertó a pasar una vez por donde él estaba un comediante vestido como un príncipe, y en viéndole, dijo:

---

[64]comentaba, discernía.

[65]prisa.

[66]genoveses.

[67]Debido a los endeudamientos, el oro español terminaba en manos de los banqueros de Génova.

[68]empedrarla.

[69]juego de naipes.

[70]vagabunda.

—Yo me acuerdo haber visto a éste salir al teatro enharinado el rostro y vestido un zamarro del revés, y con todo esto, a cada paso fuera del tablado, jura a fe de hijodalgo.

—Débelo de ser—respondió uno—, porque hay muchos comediantes que son muy bien nacidos e hijosdalgo.

—Así será verdad—replicó Vidriera—; pero lo que menos ha menester la farsa es personas bien nacidas; galanes sí, gentiles hombres y de expeditas lenguas. También sé decir de ellos que en el sudor de su cara ganan su pan con inllevable trabajo, tomando continuo de memoria, hechos perpetuos gitanos, de lugar en lugar y de mesón en venta, desvelándose en contentar a otros, porque en el gusto ajeno consiste su bien propio. Tienen más, que con su oficio no engañan a nadie, pues por momentos sacan su mercadería a pública plaza, al juicio y a la vista de todos. El trabajo de los autores[71] es increíble, y su cuidado, extraordinario, y han de ganar mucho para que al cabo del año no salgan tan empeñados que les sea forzoso hacer pleito de acreedores. Y con todo esto, son necesarios en la república, como lo son las florestas, las alamedas y las vistas de recreación, y como lo son las cosas que honestamente recrean.

Decía que había sido opinión de un amigo suyo que el que servía a una comedianta, en una sola servía a muchas damas juntas, como era a una reina, a una ninfa, a una diosa, a una fregona, a una pastora, y muchas veces caía la suerte en que sirviese en ella a un paje y a un lacayo, que todas estas y más figuras suele hacer una farsante.

Preguntóle uno que cuál había sido el más dichoso del mundo. Respondió que *Nemo*; porque *Nemo novit patrem*; *Nemo sine crimine vivit. Nemo sua sorte contentus*; *Nemo ascendit in coelum*.[72]

De los diestros[73] dijo una vez que eran maestros de una ciencia o arte que cuando la habían menester no la sabían, y que tocaban algo en presuntuosos, pues querían reducir a demostraciones matemáticas, que son infalibles, los movimientos y pensamientos coléricos de sus contrarios. Con los que se teñían las barbas tenía particular enemistad; y riñendo una vez delante de él dos hombres que el uno era portugués, éste dijo al castellano, asiéndose de las barbas, que tenía muy teñidas:

---

[71]directores de compañías de teatro.

[72]frases tomadas de distintas fuentes, bíblicas y clásicas: "Nadie conoce al padre"; "Nadie vive sin crimen"; "Nadie acepta contento su muerte"; "Nadie ascendió al cielo".

[73]habilidosos.

—Por istas barbas que teño no rostro...[74]

A lo cual acudió Vidriera:

—Olay, home, naon digáis teño, sino tiño.[75]

Otro traía las barbas jaspeadas y de muchas colores, culpa de la mala tinta; a quien dijo Vidriera que tenía las barbas de muladar overo.[76] A otro, que traía las barbas por mitad blancas y negras por haberse descuidado, y los cañones crecidos, le dijo que procurase de no porfiar ni reñir con nadie porque estaba aparejado a que le dijesen que mentía por la mitad de la barba.[77]

Una vez contó que una doncella discreta y bien entendida, por acudir a la voluntad de sus padres, dio el sí de casarse con un viejo todo cano, el cual la noche antes del día del desposorio se fue, no al río Jordán,[78] como dicen las viejas, sino a la redomilla del agua fuerte[79] y plata, con que renovó de manera su barba que la acostó de nieve y la levantó de pez. Llegóse la hora de darse las manos, y la doncella conoció por la pinta y por la tinta la figura, y dijo a sus padres que le diesen el mismo esposo que ellos le habían mostrado, que no quería otro. Ellos le dijeron que aquel que tenía delante era el mismo que le habían mostrado y dado por esposo. Ella replicó que no era, y trujo[80] testigos como el que sus padres le dieron era un hombre grave y lleno de canas, y que pues el presente no las tenía, no era él, y se llamaba a engaño. Atúvose a esto, corrióse el teñido, y deshízose el casamiento.

Con las dueñas tenía la misma ojeriza que con los escabechados[81]; decía maravillas de su *perma-foy*,[82] de las mortajas de sus tocas, de sus muchos melindres, de sus escrúpulos y de su extraordinaria miseria. Amohinábanle sus flaque-

---

[74]Por estas borbas que tengo en el rostro.

[75]Hombre, no digas tengo sino tiño.

[76]de color de huevo.

[77]alusión a la frase "mentir descaradamente".

[78]según la creencia popular, quien se bañase en sus aguas, rejuvenecería.

[79]compuesto de vinagre, sal y otras sustancias, que se usaba para "renovar" o teñir la barba.

[80]trajo.

[81]puestos en conserva o escabeche, es decir, aquellos que tiñen sus barbas.

[82]*par ma foi*, a fe mía.

zas de estómago, sus vaguidos de cabeza, su modo de hablar, con más repulgos que sus tocas, y finalmente, su inutilidad y sus vainillas.[83]

Uno le dijo:

—¿Qué es esto, señor Licenciado, que os he oído decir mal de muchos oficios y jamás lo habéis dicho de los escribanos, habiendo tanto que decir?

A lo cual respondió:

—Aunque de vidrio, no soy tan frágil que me deje ir con la corriente del vulgo, las más veces engañado. Paréceme a mí que la gramática de los murmuradores y el *la, la, la* de los que cantan son los escribanos; porque así como no se puede pasar a otras ciencias si no es por la puerta de la gramática, y como el músico primero murmura que canta, así los maldicientes, por donde comienzan a mostrar la malignidad de sus lenguas es por decir mal de los escribanos y alguaciles y de los otros ministros de justicia, siendo un oficio el del escribano sin el cual andaría la verdad por el mundo a sombra de tejados,[84] corrida y maltratada; y así dice el *Eclesiástico*: *In manu Dei potestas hominis est, et super faciem scribe imponet honorem.*[85] Es el escribano persona pública, y el oficio del juez no se puede ejercitar cómodamente sin el suyo. Los escribanos han de ser libres, y no esclavos, ni hijos de esclavos; legítimos, no bastardos ni de ninguna mala raza nacidos. Juran de secreto fidelidad y que no harán escritura usuraria; que ni amistad ni enemistad, provecho o daño les moverá a no hacer su oficio con buena y cristiana conciencia. Pues si este oficio tantas buenas partes requiere, ¿por qué se ha de pensar que de más de veinte mil escribanos que hay en España se lleve el diablo la cosecha, como si fuesen cepas de su majuelo?[86] No lo quiero creer, ni es bien que ninguno lo crea; porque, finalmente, digo que es la gente más necesaria que había en las repúblicas bien ordenadas, y que si llevaban demasiados derechos, también habían demasiados tuertos, y que de estos dos extremos podía resultar un medio que les hiciese mirar por el virote.[87]

De los alguaciles dijo que no era mucho que tuviesen algunos enemigos, siendo su oficio, o prenderte, o sacarte la hacienda de casa, o tenerte en la suya

---

[83]vainicas.

[84]disimuladamente.

[85]*In manu Dei prosperitas hominis et super faciem scribae imponet honorem suum* (*Eclesiástico* X, 5): "En la mano de Dios está el poder del hombre, y sobre la persona del escriba pondrá su honor".

[86]viña.

[87]atender con cuidado.

en guarda y comer a tu costa. Tachaba la negligencia e ignorancia de los procuradores y solicitadores, comparándolos a los médicos, los cuales, que sane o no sane el enfermo, ellos llevan su propina, y los procuradores y solicitadores, lo mismo, salgan o no salgan con el pleito que ayudan.

Preguntóle uno cuál era la mejor tierra. Respondió que la temprana y agradecida. Replicó el otro:

—No pregunto eso, sino que cuál es mejor lugar: ¿Valladolid o Madrid?

Y respondió:

—De Madrid, los extremos; de Valladolid, los medios.

—No lo entiendo—repitió el que se lo preguntaba.

Y dijo:

—De Madrid, cielo y suelo; de Valladolid, los entresuelos.

Oyó Vidriera que dijo un hombre a otro que así como había entrado en Valladolid, había caído su mujer muy enferma, porque la había probado la tierra.[88]

A lo cual dijo Vidriera:

—Mejor fuera que se la hubiese comido, si acaso es celosa.

De los músicos y de los correos de a pie decía que tenían las esperanzas y las suertes limitadas, porque los unos la acababan con llegar a serlo de a caballo, y los otros con alcanzar a ser músicos del Rey. De las damas que llaman *cortesanas* decía que todas, o las más, tenían más de corteses que de sanas.

Estando un día en iglesia vio que traían a enterrar a un viejo, a bautizar a un niño y a velar una mujer, todo a un mismo tiempo, y dijo que los templos eran campos de batalla, donde los viejos acaban, los niños vencen y las mujeres triunfan.

Picábale una vez una avispa en el cuello, y no se la osaba sacudir, por no quebrarse; pero, con todo eso, se quejaba. Preguntóle uno que cómo sentía aquella avispa, si era su cuerpo de vidrio. Y respondió que aquella avispa debía de ser murmuradora, y que las lenguas y picos de los murmuradores eran bastantes a desmoronar cuerpos de bronce, no que[89] de vidrio.

Pasando acaso un religioso muy gordo por donde él estaba, dijo uno de sus oyentes:

—De [h]ético no se puede mover el padre.

Enojóse Vidriera, y dijo:

---

[88] le había afectado el cambio.

[89] no sólo.

—Nadie se olvide de lo que dice el Espíritu Santo: *Nolite tangere christos meos.*[90]

Y subiéndose más en cólera, dijo que mirasen en ello, y verían que de muchos santos que de pocos años a esta parte había canonizado la Iglesia y puesto en el número de los bienaventurados, ninguno se llamaba el capitán don Fulano, ni el secretario don Tal de don Tales, ni el Conde, Marqués o Duque de tal parte, sino fray Diego, fray Jacinto, fray Raimundo, todos frailes y religiosos; porque las religiones son los Aranjueces[91] del cielo, cuyos frutos, de ordinario, se ponen en la mesa de Dios.

Decía que las lenguas de los murmuradores eran como las plumas del águila: que roen y menoscaban todas las de las otras aves que a ellas se juntan. De los gariteros y tahúres decía milagros: decía que los gariteros eran públicos prevaricadores, porque en sacando el barato del que iba haciendo suertes, deseaban que perdiese y pasase el naipe adelante, por que el contrario las hiciese y él cobrase sus derechos. Alabada mucho la paciencia de un tahúr, que estaba toda una noche jugando y perdiendo, y con ser de condición colérico y endemoniado, a trueco de que su contrario no se alzase, no descosía la boca, y sufría lo que un mártir de Barrabás.[92] Alababa también las conciencias de algunos honrados gariteros que ni por imaginación consentían que en su casa se jugase otros juegos que polla y cientos; y con esto, a fuego lento, sin temor y nota de malsines, sacaban al cabo del mes más barato que los que consentían los juegos de estocada, del reparolo, siete y llevar, y pinta en la del punto.[93]

En resolución, él decía tales cosas, que si no fuera por los grandes gritos que daba cuando le tocaban o a él se arrimaban, por el hábito que traía, por la estrechez de su comida, por el modo con que bebía, por el no querer dormir sino al cielo abierto en el verano y el invierno en los pajares, como queda dicho, con que daba tan claras señales de su locura, ninguno pudiera creer sino que era uno de los más cuerdos del mundo.

Dos años o poco más duró en esta enfermedad, porque un religioso de la Orden de San Jerónimo, que tenía gracia y ciencia particular en hacer que los mudos entendiesen y en cierta manera hablasen, y en curar locos, tomó a su

---

[90](*Paralipómenos* I, xvi, 22): "No toquéis a mis ungidos".

[91]Aranjuez, ciudad próxima a Madrid, celebrada por sus fuentes y jardines.

[92]criminal que, con motivo de la Pascua judía, fue indultado en lugar de Jesús.

[93]juegos de naipes.

cargo de curar a Vidriera, movido de caridad, y le curó y sanó, y volvió a su primer juicio, entendimiento y discurso. Y así como le vio sano, le vistió como letrado y le hizo volver a la Corte, adonde, con dar tantas muestras de cuerdo como las había dado de loco, podía usar su oficio y hacerse famoso por él.

Hízolo así, y llamándose el licenciado Rueda, y no Rodaja, volvió a la Corte, donde apenas hubo entrado, cuando fue conocido de los muchachos; mas como le vieron en tan diferente hábito del que solía, no le osaron dar grita ni hacer preguntas; pero seguíanle, y decían unos a otros:

—¿Este no es el loco Vidriera? A fe que es él. Ya viene cuerdo. Pero también puede ser loco bien vestido como mal vestido: preguntémosle algo, y salgamos de esta confusión.

Todo esto oía el Licenciado, y callaba, y[94] iba más confuso y más corrido que cuando estaba sin juicio.

Pasó el conocimiento de los muchachos a los hombres, y antes que el Licenciado llegase al patio de los Consejos llevaba tras de sí más de doscientas personas de todas suertes. Con este acompañamiento, que era más que de un catedrático, llegó al patio, donde le acabaron de circundar cuantos en él estaban. Él, viéndose con tanta turba a la redonda, alzó la voz y dijo:

—Señores, yo soy el licenciado Vidriera, pero no el que solía: soy ahora el licenciado Rueda. Sucesos y desgracias que acontecen en el mundo por permisión del cielo me quitaron el juicio, y las misericordias de Dios me le han vuelto. Por las cosas que dicen que dije cuando loco, podéis considerar las que diré y haré cuando cuerdo. Yo soy graduado en leyes por Salamanca, adonde estudié con pobreza y adonde llevé segundo en licencias: de do se puede inferir que más la virtud que el favor me dio el grado que tengo. Aquí he venido a este gran mar de la Corte para abogar y ganar la vida; pero si no me dejáis, habré venido a bogar y granjear la muerte: por amor de Dios que no hagáis que el seguirme sea perseguirme y que lo que alcancé por loco, que es el sustento, lo pierda por cuerdo. Lo que solíades preguntarme en las plazas, preguntádmelo ahora en mi casa, y veréis que el que os respondía bien, según dicen, de improviso os responderá mejor de pensado.

Escucháronle todos y dejáronle algunos. Volvióse a su posada con poco menos acompañamiento que había llevado.

Salió otro día, y fue lo mismo; hizo otro sermón, y no sirvió de nada. Perdía mucho y no ganaba cosa, y viéndose morir de hambre, determinó de dejar

---

[94] e.

la Corte y volverse a Flandes, donde pensaba valerse de las fuerzas de su brazo, pues no se podía valer de las de su ingenio.

Y poniéndolo en efecto, dijo al salir de la Corte:

—¡Oh, Corte, que alargas las esperanzas de los atrevidos pretendientes y acortas las de los virtuosos encogidos, sustentas abundantemente a los truhanes desvergonzados y matas de hambre a los discretos vergonzosos!

Esto dijo, y se fue a Flandes, donde la vida que había comenzado a eternizar por las letras las acabó de eternizar por las armas, en compañía de su buen amigo el capitán Valdivia, dejando fama en su muerte de prudente y valentísimo soldado.

Novelas ejemplares. Edición de Harry Sieber. Madrid: Cátedra, 1985.

LOPE DE VEGA (1562-1635)

Fuente Ovejuna

HABLAN EN ELLA LAS PERSONAS SIGUIENTES

Fernán Gómez de Guzmán, Comendador Mayor de la Orden de Calatrava
Ortuño, criado de Fernán Gómez
Flores, criado de Fernán Gómez
El Maestre de Calatrava, Rodrigo Téllez Girón
Pascuala, labradora
Laurencia, labradora
Mengo, labrador
Barrildo, labrador
Frondoso, labrador
Juan Rojo, labrador, tío de Laurencia
Esteban (padre de Laurencia) y Alonso, Alcaldes
Rey don Fernando
Reina doña Isabel
Don Manrique
Dos Regidores de Ciudad Real
Un Regidor, 1° de Fuente Ovejuna
Otro Regidor, de Fuente Ovejuna, llamado Cuadrado
Otro Regidor, sin nombre, que podría ser uno de los anteriores
Cimbranos, soldado
Jacinta, labradora
Un muchacho
Algunos labradores
Un juez, pesquisidor
La música
Leonelo, licenciado por Salamanca

ACTO PRIMERO

Escena I

(Sala de la casa del Maestre de Calatrava. Salen el Comendador, Flores y Ortu-
ño, criados.)

Comendador.	¿Sabe el Maestre que estoy
	en la villa?
Flores.	Ya lo sabe.
Ortuño.	Está, con la edad, más grave.
Comendador.	¿Y sabe también que soy
	Fernán Gómez de Guzmán?
Flores.	Es muchacho, no te asombre.
Comendador.	Cuando[1] no sepa mi nombre,
	¿no le sobra el que me dan
	de Comendador mayor?[2]
Ortuño.	No falta quien le aconseje
	que de ser cortés se aleje.
Comendador.	Conquistará poco amor.
	Es llave la cortesía
	para abrir la voluntad;
	y para la enemistad,
	la necia descortesía.
Ortuño.	Si supiese un descortés
	cómo lo aborrecen todos,
	y querrían de mil modos
	poner la boca a sus pies,
	antes que serlo ninguno,
	se dejaría morir.
Flores.	¡Qué cansado es de sufrir!
	¡Qué áspero y qué importuno!
	Llaman la descortesía
	necedad en los iguales,
	porque es entre desiguales

---

[1] aunque, aun cuando.

[2] Después del maestre, era la más alta dignidad de la orden y se ocupaba
sobre todo de la organización militar.

linaje de tiranía.
Aquí no te toca nada:
que un muchacho aún no ha llegado
a saber qué es ser amado.

Comendador. La obligación de la espada
que se ciñó el mismo día
que la Cruz de Calatrava
le cubrió el pecho, bastaba
para aprender cortesía.

Flores. Si te han puesto mal con él,
presto le conocerás.

Ortuño. Vuélvete, si en duda estás.

Comendador. Quiero ver lo que hay en él.

Escena II

(Sale el Maestre de Calatrava y acompañamiento.)

Maestre. Perdonad, por vida mía,
Fernán Gómez de Guzmán,
que agora[3] nueva me dan
que en la villa estáis.

Comendador.   Tenía
muy justa queja de vos;
que el amor y la crianza
me daban más confïanza,
por ser, cual somos los dos:
vos, Maestre en Calatrava;
yo, vuestro Comendador
y muy vuestro servidor.

Maestre. Seguro, Fernando, estaba
de vuestra buena venida.
Quiero volveros a dar
los brazos.

Comendador.   Debéisme honrar,
que he puesto por vos la vida

---

[3]ahora.

entre diferencias[4] tantas,
hasta suplir vuestra edad
el Pontífice.[5]

Maestre.   Es verdad.
Y por las señales santas
que a los dos cruzan el pecho,
que os lo pago en estimaros
y, como a mi padre, honraros.

Comendador.   De vos estoy satisfecho.

Maestre.   ¿Qué hay de guerra por allá?

Comendador.   Estad atento, y sabréis
la obligación que tenéis.

Maestre.   Decid, que ya lo estoy, ya.

Comendador.   Gran Maestre, don Rodrigo
Téllez Girón, que a tan alto
lugar os trajo el valor
de aquel vuestro padre claro,
que, de ocho años, en vos
renunció su Maestrazgo,
que después por más seguro
juraron y confirmaron
Reyes y Comendadores,
dando el Pontífice santo
Pío segundo[6] sus bulas,
y después las suyas Paulo,[7]
para que don Juan Pacheco,[8]
gran Maestre de Santiago,
fuese vuestro coadjutor;
ya que es muerto, y que os han dado

---

[4]partidos, bandos.

[5]Como se dirá más adelante, en el momento de su elección el nuevo maestre era un niño de ocho años y, por lo tanto, necesitaba de una autorización papal.

[6]Papa entre 1458 y 1464.

[7]Paulo II, Papa entre 1467 y 1471.

[8](1419-74), marqués de Villena, hermano de don Pedro Girón, llegó a ser maestre de Santiago y Calatrava.

el gobierno sólo a vos,
aunque de tan pocos años,
advertid que es honra vuestra
seguir en aqueste caso
la parte de vuestros deudos;
porque muerto Enrique cuarto,[9]
quieren que al rey don Alonso
de Portugal,[10] que ha heredado,
por su mujer,[11] a Castilla,
obedezcan sus vasallos;
que aunque pretende lo mismo
por Isabel,[12] don Fernando,[13]
gran Príncipe de Aragón,
no con derecho tan claro
a vuestros deudos; que, en fin,
no presumen que hay engaño
en la sucesión de Juan,
a quien vuestro primo hermano[14]
tiene agora en su poder.
Y así, vengo a aconsejaros
que juntéis los caballeros
de Calatrava en Almagro,
y a Ciudad Real toméis,
que divide como paso
a Andalucía y Castilla,
para mirarlos a entrambos.[15]
Poca gente es menester,
porque tiene por soldados
solamente sus vecinos

---

[9](1454-74), rey de Castilla.

[10]Alfonso V (1438-81).

[11]Juana la Beltraneja, hija considerada ilegítima de Enrique IV.

[12]hermana de Enrique IV, quien heredó el reino de Castilla.

[13]Fernando V de Aragón (1452-1516), esposo de Isabel I de Castilla.

[14]Diego López Pacheco, marqués de Villena.

[15]Se refiere a los reinos de Castilla y Andalucía.

y algunos pocos hidalgos,
que defienden a Isabel
y llaman rey a Fernando.
Será bien que deis asombro,
Rodrigo, aunque niño, a cuantos
dicen que es grande esa Cruz
para vuestros hombros flacos.
Mirad los Condes de Urueña,
de quien venís, que mostrando
os están desde la fama
los laureles que ganaron;
los Marqueses de Villena,
y otros capitanes, tantos,
que las alas de la fama
apenas pueden llevarlos.
Sacad esa blanca espada;
que habéis de hacer, peleando,
tan roja como la Cruz;
porque no podré llamaros
Maestre de la Cruz roja
que tenéis al pecho, en tanto
que tenéis blanca[16] la espada;
que una al pecho y otra al lado,
entrambas han de ser rojas;
y vos, Girón soberano,
capa del templo inmortal
de vuestros claros pasados.

Maestre.   Fernán Gómez, estad cierto
que en esta parcialidad,
porque veo que es verdad,
con mis deudos me concierto.
Y si importa, como paso,
a Ciudad Real mi intento,
veréis que, como violento
rayo, sus muros abraso.

---

[16]limpia, sin manchas de sangre.

No porque es muerto[17] mi tío,
piensen de mis pocos años
los propios y los extraños
que murió con él mi brío.
Sacaré la blanca espada,
para que quede su luz
de la color de la Cruz,
de roja sangre bañada.
Vos, ¿adónde residís?
¿Tenéis algunos soldados?

Comendador. Pocos, pero mis criados;
que si de ellos os servís,
pelearán como leones.
Ya veis que en Fuente Ovejuna[18]
hay gente humilde y alguna,
no enseñada en escuadrones,
sino en campos y labranzas.

Maestre. ¿Allí residís?

Comendador.   Allí
de mi Encomienda escogí
casa entre aquestas mudanzas.

Maestre Vuestra gente se registre.[19]

Comendador Que no quedará vasallo.

Maestre. Hoy me veréis a caballo,
poner la lanza en el ristre.

Escena III

(Plaza de Fuente Ovejuna. Vanse, y salen Pascuala y Laurencia.)

Laurencia. ¡Mas que nunca acá volviera!

Pascuala. Pues, a la he,[20] que pensé

---

[17]haya muerto.

[18]población en la provincia de Córdoba, que dependía de la Orden de Calatrava.

[19]sea inscrita en un registro.

[20]rusticismo: a la fe.

	que cuando te lo conté, más pesadumbre te diera.
Laurencia.	¡Plega al cielo que jamás le vea en Fuente Ovejuna!
Pascuala.	Yo, Laurencia, he visto alguna tan brava, y pienso que más; y tenía el corazón brando[21] como una manteca.
Laurencia.	Pues ¿hay encina tan seca como esta mi condición?
Pascuala.	¡Anda ya! Que nadie diga: de esta agua no beberé.
Laurencia.	¡Voto al sol que lo diré, aunque el mundo me desdiga! ¿A qué efeto[22] fuera bueno querer a Fernando[23] yo? ¿Casárame con él?
Pascuala.	No.
Laurencia.	Luego la infamia condeno. ¡Cuántas mozas en la villa, del Comendador fiadas, andan ya descalabradas!
Pascuala.	Tendré yo por maravilla que te escapes de su mano.
Laurencia.	Pues en vano es lo que ves, porque ha[24] que me sigue un mes, y todo, Pascuala, en vano. Aquel Flores, su alcahuete, y Ortuño, aquel socarrón, me mostraron un jubón, una sarta[25] y un copete.

---

[21]rusticismo: blando.

[22]efecto.

[23]el comendador.

[24]hace.

[25]collar o gargantilla.

Dijéronme tantas cosas
de Fernando, su señor,
que me pusieron temor;
mas no serán poderosas
para contrastar mi pecho.

Pascuala.   ¿Dónde te hablaron?

Laurencia.   Allá
en el arroyo, y habrá
seis días.

Pascuala.   Y yo sospecho
que te han de engañar, Laurencia.

Laurencia.   ¿A mí?

Pascuala.   Que no, sino al cura.

Laurencia.   Soy, aunque polla,[26] muy dura
yo para su reverencia.[27]
Pardiez, más precio poner,
Pascuala, de madrugada,
un pedazo de lunada[28]
al huego[29] para comer,
con tanto zalacatón[30]
de una rosca que yo amaso,
y hurtar a mi madre un vaso
del pegado canjilón;[31]
y más precio al mediodía
ver la vaca entre las coles,
haciendo mil caracoles
con espumosa armonía;
y concertar, si el camino
me ha llegado a causar pena,

---

[26]gallina nueva.

[27]tratamiento que se da a los religiosos, aplicado aquí para referirse al comendador.

[28]pernil de cerdo.

[29]rusticismo: fuego.

[30]pedazo de pan.

[31]cangilón.

casar una berenjena
con otro tanto tocino;
y después un pasatarde,[32]
mientras la cena se aliña,
de una cuerda de mi viña,[33]
que Dios de pedrisco guarde;
y cenar un salpicón
con su aceite y su pimienta,
y[34] irme a la cama contenta,
y al «inducas tentación»[35]
rezalle[36] mis devociones;
que cuantas raposerías,[37]
con su amor y sus porfías,
tienen estos bellacones,
porque todo su cuidado,
después de darnos disgusto,
es anochecer con gusto
y amanecer con enfado.

Pascuala.   Tienes, Laurencia, razón;
que en dejando de querer,
más ingratos suelen ser
que al villano el gorrión.
En el invierno, que el frío
tiene los campos helados,
descienden de los tejados,
diciéndole «tío, tío»,
hasta llegar a comer
las migajas de la mesa;
mas luego que el frío cesa,

---

[32]tentempié.

[33]racimo de uvas.

[34]e.

[35]palabras finales del *Pater noster* (*Padre nuestro*): «Et ne nos inducas in tentationem» (No nos dejes caer en la tentación).

[36]rezarle.

[37]ardides y mañas como las del zorro.

y el campo ven florecer,
no bajan diciendo «tío»,
del beneficio olvidados,
mas saltando en los tejados
dicen: «judío, judío».[38]
Pues tales los hombres son:
cuando nos han menester,
somos su vida, su ser,
su alma, su corazón;
pero pasadas las ascuas,
las tías somos judías,
y en vez de llamarnos tías,
anda el nombre de las Pascuas.[39]

Laurencia.	¡No fiarse de ninguno!
Pascuala.	Lo mismo digo, Laurencia.

Escena IV

(Salen Mengo y Barrildo y Frondoso.)

Frondoso.	En aquesta diferencia
	andas, Barrildo, importuno.
Barrildo.	A lo menos aquí está
	quien nos dirá lo más cierto.
Mengo.	Pues hagamos un concierto
	antes que lleguéis allá;
	y es, que si juzgan por mí,
	me dé cada cual la prenda,
	precio de aquesta contienda.
Barrildo.	Desde aquí digo que sí.
	Mas si pierdes, ¿qué darás?
Mengo.	Daré mi rabel de boj,[40]
	que vale más que una troj,

---

[38]término empleado con sentido ofensivo, en particular entre los campesinos que se jactaban de ser cristianos viejos.

[39]insultar.

[40]instrumento musical de cuerdas y arco.

porque yo le estimo en más.

Barrildo. Soy contento.

Frondoso.   Pues lleguemos.

Dios os guarde, hermosas damas.

Laurencia. ¿Damas, Frondoso, nos llamas?

Frondoso. Andar al uso queremos:

al bachiller, licenciado;

al ciego, tuerto; al bisojo,

bizco; resentido,[41] al cojo,

y buen hombre, al descuidado.

Al ignorante, sesudo;

al mal galán, soldadesca;[42]

a la boca grande, fresca,

y al ojo pequeño, agudo.

Al pleitista, diligente;

al gracioso, entremetido;[43]

al hablador, entendido,

y al insufrible, valiente.

Al cobarde, para poco;

al atrevido, bizarro;

compañero, al que es un jarro,[44]

y desenfadado, al loco.

Gravedad, al descontento;

a la calva, autoridad;

donaire, a la necedad,

y al pie grande, buen cimiento.

Al buboso,[45] resfriado;

comedido, al arrogante;

al ingenioso, constante;

al corcovado, cargado.

Esto llamaros imito,

---

[41]en sentido físico, aquel que se resiente de una pierna.

[42]soldado.

[43]entrometido, aunque tal vez deba remplazarse por «entretenido».

[44]expresión que se aplicaba al hombre recio.

[45]llagado, con bubas.

	damas, sin pasar de aquí;
	porque fuera hablar así
	proceder en infinito.
Laurencia.	Allá en la ciudad, Frondoso,
	llámase por cortesía
	de esa suerte; y a fe mía,
	que hay otro más riguroso
	y peor vocabulario
	en las lenguas descorteses.
Frondoso.	Querría que lo dijeses.
Laurencia.	Es todo a esotro contrario:
	al hombre grave, enfadoso;
	venturoso, al descompuesto;
	melancólico, al compuesto,
	y al que reprehende, odioso.
	Importuno, al que aconseja;
	al liberal, moscatel;[46]
	al justiciero, crüel,
	y al que es piadoso, madeja.
	Al que es constante, villano;
	al que es cortés, lisonjero;
	hipócrita, al limosnero,
	y pretendiente, al cristiano.
	Al justo mérito, dicha;
	a la verdad, imprudencia;
	cobardía, a la paciencia,
	y culpa, a lo que es desdicha.
	Necia, a la mujer honesta;
	mal hecha, a la hermosa y casta,
	y a la honrada... Pero basta,
	que esto basta por respuesta.
Mengo.	Digo que eres el dimuño.[47]
Barrildo.	¡Soncas,[48] que lo dice mal!
Mengo.	Apostaré que la sal

---

[46]proclive a gastar sin control.

[47]rusticismo: demonio.

[48]exclamación rústica: «¡En verdad!»

	la echó el cura con el puño.
Laurencia.	¿Qué contienda os ha traído,
	si no es que mal lo entendí?
Frondoso.	Oye, por tu vida.
Laurencia.	Di.
Frondoso.	Préstame, Laurencia, oído.
Laurencia.	¿Cómo prestado? Y aun dado.
	Desde agora os doy el mío.
Frondoso.	En tu discreción confío.
Laurencia.	¿Qué es lo que habéis apostado?
Frondoso.	Yo y Barrildo contra Mengo.
Laurencia.	¿Qué dice Mengo?
Barrildo.	Una cosa
	que, siendo cierta y forzosa,
	la niega.
Mengo.	A negarla vengo,
	porque yo sé que es verdad.
Laurencia.	¿Qué dice?
Barrildo.	Que no hay amor.
Laurencia.	Generalmente es rigor.
Barrildo.	Es rigor y es necedad.
	Sin amor, no se pudiera
	ni aun el mundo conservar.
Mengo.	Yo no sé filosofar;
	leer, ¡ojalá supiera!
	Pero si los elementos
	en discordia eterna viven,
	y de los mismos reciben
	nuestros cuerpos alimentos...
	cólera y melancolía,
	flema y sangre, claro está.
Barrildo.	El mundo de acá y de allá,
	Mengo, todo es armonía.
	Armonía es puro amor,
	porque el amor es concierto.
Mengo.	Del natural, os advierto
	que yo no niego el valor.
	Amor hay, y el que entre sí
	gobierna todas las cosas,

correspondencias forzosas
de cuanto se mira aquí;
y yo jamás he negado
que cada cual tiene amor
correspondiente a su humor
que le conserva en su estado.
Mi mano al golpe que viene
mi cara defenderá;
mi pie, huyendo, estorbará
el daño que el cuerpo tiene.
Cerraránse mis pestañas
si al ojo le viene mal,
porque es amor natural.

Pascuala. Pues ¿de qué nos desengañas?

Mengo. De que nadie tiene amor
más que a su misma persona.

Pascuala. Tú mientes, Mengo, y perdona;
porque ¿es materia el rigor
con que un hombre a una mujer
o un animal quiere y ama
su semejante?

Mengo.   Eso llama
amor propio, y no querer.
¿Qué es amor?

Laurencia.   Es un deseo
de hermosura.

Mengo.   Esa hermosura
¿por qué el amor la procura?

Laurencia. Para gozarla.

Mengo.   Eso creo.
Pues ese gusto que intenta,
¿no es para él mismo?

Laurencia.   Es así.

Mengo. Luego, ¿por quererse a sí
busca el bien que le contenta?

Laurencia. Es verdad.

Mengo.   Pues de ese modo
no hay amor, sino el que digo,
que por mi gusto le sigo,

	y quiero dármele en todo.
Barrildo.	Dijo el cura del lugar
	cierto día en el sermón
	que había cierto Platón[49]
	que nos enseñaba a amar;
	que este amaba el alma sola
	y la virtud de lo amado.
Pascuala.	En materia habéis entrado
	que, por ventura, acrisola
	los caletres[50] de los sabios
	en sus cademias[51] y escuelas.
	Muy bien dice, y no te muelas[52]
	en persuadir sus agravios.
Laurencia.	Da gracias, Mengo, a los cielos,
	que te hicieron sin amor.
Mengo.	¿Amas tú?
Laurencia.	Mi propio honor.
Frondoso.	Dios te castigue con celos.
Barrildo.	¿Quién gana?
Pascuala.	Con la quistión[53]
	podéis ir al sacristán,
	porque él o el cura os darán
	bastante satisfacción.
	Laurencia no quiere bien;
	yo tengo poca experiencia.
	¿Cómo daremos sentencia?
Frondoso.	¿Qué mayor que ese desdén?

---

[49]filósofo griego (ca. 427-ca. 347 a.C.) reputado como teórico del amor.

[50]juicio, facultad de discernir.

[51]rusticismo: academias.

[52]en sentido metafórico, molestarse.

[53]rusticismo: cuestión.

Escena V

(Sale Flores.)

Flores.	Dios guarde a la buena gente.
Pascuala.	*(A Laurencia aparte.)* Este es del Comendador criado.
Laurencia.	¡Gentil azor! *(A Flores.)* ¿De adónde bueno, pariente?
Flores.	¿No me veis a lo soldado?
Laurencia.	¿Viene don Fernando acá?
Flores.	La guerra se acaba ya, puesto que nos ha costado alguna sangre y amigos.
Frondoso.	Contadnos cómo pasó.
Flores.	¿Quién lo dirá como yo, siendo mis ojos testigos? Para emprender la jornada de esta ciudad, que ya tiene nombre de Ciudad Real, juntó el gallardo Maestre dos mil lucidos infantes de sus vasallos valientes, y trecientos de a caballo, de seglares y de freiles;[54] porque la Cruz roja obliga cuantos al pecho la tienen, aunque sean de orden sacro; mas contra moros se entiende. Salió el muchacho bizarro con una casaca verde, bordada de cifras de oro, que sólo los brazaletes por las mangas descubrían, que seis alamares[55] prenden.

---

[54]de fraile, caballero que ha profesado en una orden militar.

[55]abotonaduras hechas de trenzas de hilo de oro.

Un corpulento bridón,[56]
rucio rodado,[57] que al Betis
bebió el agua, y en su orilla
despuntó la grama fértil;
el codón,[58] labrado en cintas
de ante; y el rizo copete,[59]
cogido en blancas lazadas,
que con las moscas de nieve[60]
que bañan la blanca piel
iguales labores teje.
A su lado Fernán Gómez,
vuestro señor, en un fuerte
melado,[61] de negros cabos,[62]
puesto que con blanco bebe.[63]
Sobre turca jacerina,[64]
peto y espaldar luciente,
con naranjada casaca,
que de oro y perlas guarnece
el morrión, que, coronado
con blancas plumas, parece
que del color naranjado
aquellos azares[65] vierte.
Ceñida al brazo una liga
roja y blanca, con que mueve
un fresno entero por lanza,

---

[56]caballo ensillado y enfrenado a la brida.

[57]caballo con manchas más oscuras que el color general de su pelo.

[58]protección de cuero que se pone a la cola del caballo, atada a la grupa.

[59]crin que cae sobre la frente de entre las orejas.

[60]manchas en la pelambre del caballo.

[61]del color de la miel.

[62]extremos (patas, hocico y crines).

[63]de labio blanco.

[64]cota de malla.

[65]azahares.

que hasta en Granada le temen.
La ciudad se puso en arma;
dicen que salir no quieren
de la corona real,
y el patrimonio defienden.
Entróla, bien resistida;
y el Maestre a los rebeldes
y a los que entonces trataron
su honor injuriosamente,
mandó cortar las cabezas;
y a los de la baja plebe,
con mordazas en la boca,
azotar públicamente.
Queda en ella tan temido
y tan amado, que creen
que quien en tan pocos años
pelea, castiga y vence,
ha de ser en otra edad
rayo del África fértil,
que tantas lunas azules
a su roja Cruz sujete.
Al Comendador y a todos
ha hecho tantas mercedes,
que el saco de la ciudad
el de su hacienda parece.
Mas ya la música suena:
recebilde[66] alegremente,
que al triunfo, las voluntades
son los mejores laureles.

Escena VI

(Sale el Comendador y Ortuño; músicos; Juan Rojo, regidor, y Esteban y Alonso, alcaldes. Cantan.)
          Sea bien venido

---

[66]recibidle.

el Comendadore[67]
de rendir las tierras
y matar los hombres.
¡Vivan los Guzmanes!
¡Vivan los Girones!
Si en las paces blando,
dulce en las razones.
Venciendo moricos,
fuerte como un roble,
de Ciudad Reale
viene vencedore;
que a Fuente Ovejuna
trae sus pendones.
¡Viva muchos años;
viva Fernán Gómez!

Comendador.   Villa, yo os agradezco justamente
el amor que me habéis aquí mostrado.

Alonso.   Aun no muestra una parte del que siente.
Pero, ¿qué mucho que seáis amado,
mereciéndolo vos?

Esteban.   Fuente Ovejuna
y el Regimiento[68] que hoy habéis honrado,
que recibáis, os ruega y importuna,
un pequeño presente, que esos carros
traen, señor, no sin vergüenza alguna,
de voluntades y árboles[69] bizarros,
más que de ricos dones. Lo primero
traen dos cestas de polidos[70] barros;[71]
de gansos viene un ganadillo entero,
que sacan por las redes las cabezas,

---

[67]-e epentética.

[68]cuerpo de regidores.

[69]mástiles.

[70]pulidos.

[71]vasijas de barro.

para cantar vueso[72] valor guerrero.
Diez cebones en sal, valientes piezas,
sin otras menudencias y cecinas;
y más que guantes de ámbar, sus cortezas.
Cien pares de capones y gallinas,
que han dejado viudos a sus gallos
en las aldeas que miráis, vecinas.
Acá no tienen armas ni caballos,
no jaeces bordados de oro puro,
si no es oro el amor de los vasallos.
Y porque digo puro, os aseguro
que vienen doce cueros,[73] que aun en cueros[74]
por enero podéis guardar un muro,
si de ellos aforráis vuestros guerreros,
mejor que de las armas aceradas;
que el vino suele dar lindos aceros.
De quesos y otras cosas no excusadas
no quiero daros cuenta: justo pecho[75]
de voluntades que tenéis ganadas;
y a vos y a vuestra casa, ¡buen provecho!

Comendador. Estoy muy agradecido.
Id, Regimiento, en buen hora.

Alonso. Descansad, señor, agora,
y seáis muy bien venido;
que esta espadaña que veis,
y juncia, a vuestros umbrales
fueran perlas orientales,
y mucho más merecéis,
a ser posible a la villa.

Comendador. Así lo creo, señores.
Id con Dios.

Esteban. Ea, cantores,

---

[72]vuestro.

[73]recipientes de vino.

[74]desnudo.

[75]tributo que se pagaba al rey o señor.

                vaya otra vez la letrilla.

Cantan.   Sea bien venido
                el Comendadore
                de rendir las tierras
                y matar los hombres. *(Vanse.)*

Escena VII

(El Comendador se dirige con sus criados hacia la Casa de la Encomienda, y desde la puerta habla a Laurencia y Pascuala, que se retiraban con los otros vecinos.)

Comendador.   Esperad vosotras dos.
Laurencia.   ¿Qué manda su señoría?
Comendador.   ¿Desdenes el otro día,
                pues, conmigo? ¡Bien, por Dios!
Laurencia.   ¿Habla contigo, Pascuala?
Pascuala.   Conmigo no, ¡tirte ahuera![76]
Comendador.   Con vos hablo, hermosa fiera,
                y con esotra zagala.
                ¿Mías no sois?
Pascuala.   Sí, señor;
                mas no para cosas tales.
Comendador.   Entrad, pasad los umbrales;
                hombres hay, no hayáis temor.
Laurencia.   Si los alcaldes entraran,
                que de uno soy hija yo,
                bien huera[77] entrar; mas si no...
Comendador.   ¡Flores!
Flores.   Señor...
Comendador.   ¿Qué reparan
                en no hacer lo que les digo?
Flores.   Entrá,[78] pues.
Laurencia.   No nos agarre.

---

[76]de "tírate" y "afuera", aléjate.

[77]rusticismo: fuera.

[78]entrad.

Flores.	Entrad, que sois necias.
Pascuala.	Harre,[79]
	que echaréis luego el postigo.
Flores.	Entrad, que os quiere enseñar
	lo que trae de la guerra.
Comendador.	*(A Ortuño aparte mientras se entra en la casa.)*
	Si entraren, Ortuño, cierra.
Laurencia.	Flores, dejadnos pasar.
Ortuño.	¡También venís presentadas
	con lo demás!
Pascuala.	¡Bien a fe!
	Desvíese, no le dé...
Flores.	Basta, que son extremadas.
Laurencia.	¿No basta a vueso señor
	tanta carne presentada?
Ortuño.	La vuestra es la que le agrada.
Laurencia.	¡Reviente de mal dolor! *(Vanse.)*
Flores.	¡Muy buen recado llevamos!
	No se ha de poder sufrir
	lo que nos ha de decir
	cuando sin ellas nos vamos.
Ortuño.	Quien sirve se obliga a esto.
	Si en algo desea medrar,
	o con paciencia ha de estar,
	o ha de despedirse presto.

Escena VIII

(Sala del palacio de los Reyes. Vanse los dos y salgan el rey don Fernando, la reina doña Isabel, Manrique y acompañamiento.)

Isabel.	Digo, señor, que conviene
	el no haber descuido en esto,
	por ver a Alfonso en tal puesto,
	y su ejército previene.
	Y es bien ganar por la mano

---

[79]arre, interjección empleada con los animales.

	antes que el daño veamos;
	que si no lo remediamos,
	el ser muy cierto está llano.
Rey.	De Navarra y de Aragón
	está el socorro seguro,
	y de Castilla procuro
	hacer la reformación
	de modo que el buen suceso
	con la prevención se vea.
Isabel.	Pues vuestra Majestad crea
	que el buen fin consiste en eso.
Manrique.	Aguardando tu licencia
	dos regidores están
	de Ciudad Real: ¿entrarán?
Rey.	No les nieguen mi presencia.

Escena IX

(Salen dos Regidores de Ciudad Real.)

Regidor 1º.	Católico rey Fernando,
	a quien ha enviado el cielo,
	desde Aragón a Castilla
	para bien y amparo nuestro:
	en nombre de Ciudad Real
	a vuestro valor supremo
	humildes nos presentamos,
	el real amparo pidiendo.
	A mucha dicha tuvimos
	tener título de vuestros,
	pero pudo derribarnos
	de este honor el hado adverso.
	El famoso don Rodrigo
	Téllez Girón, cuyo esfuerzo
	es en valor extremado,
	aunque es en la edad tan tierno,
	Maestre de Calatrava,
	él, ensanchar pretendiendo
	el honor de la Encomienda,

	nos puso apretado cerco.
	Con valor nos prevenimos,
	a su fuerza resistiendo,
	tanto, que arroyos corrían
	de la sangre de los muertos.
	Tomó posesión, en fin;
	pero no llegara a hacerlo,
	a no le dar[80] Fernán Gómez
	orden, ayuda y consejo.
	Él queda en la posesión,
	y sus vasallos seremos;
	suyos, a nuestro pesar,
	a no remediarlo presto.
Rey.	¿Dónde queda Fernán Gómez?
Regidor 1º.	En Fuente Ovejuna creo,
	por ser su villa y tener
	en ella casa y asiento.
	Allí, con más libertad
	de la que decir podemos,
	tiene a los súbditos suyos
	de todo contento ajenos.
Rey.	¿Tenéis algún capitán?
Regidor 2º.	Señor, el no haberle es cierto,
	pues no escapó ningún noble
	de preso, herido o de muerto.
Isabel.	Ese caso no requiere
	ser de espacio remediado,
	que es dar al contrario osado
	el mismo valor que adquiere.
	Y puede el de Portugal,
	hallando puerta segura,
	entrar por Extremadura
	y causarnos mucho mal.
Rey.	Don Manrique,[81] partid luego,

---

[80]a no darle.

[81]Rodrigo Manrique, comendador de Segura y conde de Paredes, maestre de Santiago a partir de 1474.

llevando dos compañías;
remediad sus demasías,
sin darles ningún sosiego.
El conde de Cabra[82] ir puede
con vos, que es Córdoba, osado,
a quien nombre de soldado
todo el mundo le concede;
que este es el medio mejor
que la ocasión nos ofrece.

Manrique.   El acuerdo me parece
como de tan gran valor.
Pondré límite a su exceso,
si el vivir en mí no cesa.

Isabel.   Partiendo vos a la empresa,
seguro está el buen suceso.

Escena X

(Campo de las cercanías de Fuente Ovejuna. Vanse todos y salen Laurencia y Frondoso.)

Laurencia.   A medio torcer los paños,
quise, atrevido Frondoso,
para no dar que decir,
desviarme del arroyo;
decir a tus demasías
que murmura el pueblo todo,
que me miras y te miro,
y todos nos traen sobre ojo.
Y como tú eres zagal
de los que huellan brioso
y, excediendo a los demás,
vistes bizarro y costoso,
en todo el lugar no hay moza
o mozo en el prado o soto,
que no se afirme diciendo

---

[82]Diego Fernández de Córdoba.

que ya para en uno somos;
y esperan todos el día
que el sacristán Juan Chamorro
nos eche de la tribuna,
en dejando los piporros.[83]
Y mejor sus trojes vean
de rubio trigo en agosto
atestadas y colmadas,
y sus tinajas de mosto,
que tal imaginación
me ha llegado a dar enojo:
ni me desvela ni aflije,
ni en ella el cuidado pongo.

Frondoso. Tal me tienen tus desdenes,
bella Laurencia, que tomo,
en el peligro de verte,
la vida, cuando te oigo.
Si sabes que es mi intención
el desear ser tu esposo,
mal premio das a mi fe.

Laurencia. Es que yo no sé dar otro.

Frondoso. ¿Posible es que no te duelas
de verme tan cuidadoso,
y que, imaginando en ti,
ni bebo, duermo ni como?
¿Posible es tanto rigor
en ese angélico rostro?
¡Viven los cielos, que rabio!

Laurencia. ¡Pues salúdate,[84] Frondoso!

Frondoso. Ya te pido yo salud,
y que ambos como palomos
estemos, juntos los picos,
con arrullos sonorosos,
después de darnos la Iglesia...

Laurencia. Dilo a mi tío Juan Rojo,

---

[83]instrumento musical de viento.

[84]cúrate.

	que, aunque no te quiero bien,
	ya tengo algunos asomos.
Frondoso.	¡Ay de mí! El señor es este.
Laurencia.	Tirando viene a algún corzo.
	¡Escóndete en esas ramas!
Frondoso.	¡Y con qué celos me escondo!

Escena XI

(Sale el Comendador.)

Comendador.	No es malo venir siguiendo
	un corcillo temeroso,
	y topar tan bella gama.
Laurencia.	Aquí descansaba un poco
	de haber lavado unos paños.
	Y así, al arroyo me torno,
	si manda su Señoría.
Comendador.	Aquesos desdenes toscos
	afrentan, bella Laurencia,
	las gracias que el poderoso
	cielo te dio, de tal suerte
	que vienes a ser un monstro.[85]
	Mas si otras veces pudiste
	huir mi ruego amoroso,
	agora no quiere el campo,
	amigo secreto y solo;
	que tú sola no has de ser
	tan soberbia, que tu rostro
	huyas al señor que tienes,
	teniéndome a mí en tan poco.
	¿No se rindió Sebastiana,
	mujer de Pedro Redondo,
	con ser casadas entrambas,
	y la de Martín del Pozo,

---

[85]monstruo.

	habiendo apenas pasado
	dos días del desposorio?
Laurencia.	Esas, señor, ya tenían,
	de haber andado con otros,
	el camino de agradaros,
	porque también muchos mozos
	merecieron sus favores.
	Id con Dios, tras vueso corzo;
	que a no veros con la Cruz,
	os tuviera por demonio,
	pues tanto me perseguís.
Comendador.	¡Qué estilo tan enfadoso!
	Pongo la ballesta en tierra,
	y a la prática[86] de manos
	reduzgo[87] melindres.
Laurencia.	¡Cómo!
	¿Eso hacéis? ¿Estáis en vos?

Escena XII

(Sale Frondoso y toma la ballesta.)

Comendador	*(Creyéndose solo, a Laurencia.)*
	No te defiendas.
Frondoso.	*(Aparte.)* Si tomo
	la ballesta, ¡vive el cielo,
	que no la ponga en el hombro...!
Comendador.	Acaba, ríndete.
Laurencia.	¡Cielos
	ayudadme agora!
Comendador.	Solos
	estamos; no tengas miedo.
Frondoso	*(Mostrándose al Comendador.)*
	Comendador generoso,
	dejad la moza o creed

---

[86]práctica.

[87]reduzco.

que de mi agravio y enojo
será blanco vuestro pecho,
aunque la Cruz me da asombro.

Comendador. ¡Perro villano!

Frondoso.   No hay perro.
¡Huye, Laurencia!

Laurencia.   Frondoso,
mira lo que haces.

Frondoso.   Vete. *(Vase.)*

Escena XIII

Comendador. ¡Oh, mal haya el hombre loco,
que se desciñe la espada!
Que, de no espantar medroso
la caza, me la quité.

Frondoso. Pues, pardiez, señor, si toco
la nuez,[88] que os he de apiolar.[89]

Comendador. Ya es ida. Infame, alevoso,
suelta la ballesta luego.[90]
¡Suéltala, villano!

Frondoso.   ¿Cómo?
Que me quitaréis la vida.
Y advertid que amor es sordo,
y que no escucha palabras
el día que está en su trono.

Comendador. ¿Pues la espalda ha de volver
un hombre tan valeroso
a un villano? ¡Tira, infame,
tira, y guárdate, que rompo
las leyes de caballero!

Frondoso. Eso, no. Yo me conformo
con mi estado, y, pues me es

---

[88]parte de la ballesta donde se prende la cuerda y se encaja la flecha.
[89]matar.
[90]de inmediato.

	guardar la vida forzoso,
	con la ballesta me voy.
Comendador.	¡Peligro extraño y notorio!
	Mas yo tomaré venganza
	del agravio y del estorbo.
	¡Que no cerrara con él!
	¡Vive el cielo, que me corro!

ACTO SEGUNDO

Escena I

(La Plaza de Fuente Ovejuna. Salen Esteban y Regidor 1º.)

Esteban.	Así tenga salud, como parece,
	que no se saque más agora el pósito.
	El año apunta mal, y el tiempo crece,
	y es mejor que el sustento estén en depósito,
	aunque lo contradicen más de trece.
Regidor 1º.	Yo siempre he sido, al fin, de este propósito,
	en gobernar en paz esta república.
Esteban.	Hagamos de ello a Fernán Gómez súplica.
	No se puede sufrir que estos astrólogos
	en las cosas futuras, y ignorantes,
	nos quieran persuadir con largos prólogos
	los secretos a Dios sólo importantes.
	¡Bueno es que, presumiendo de teólogos,
	hagan un tiempo el que después y antes![91]
	Y pidiendo el presente lo importante,
	al más sabio veréis más ignorante.
	¿Tienen ellos las nubes en su casa,
	y el proceder de las celestes lumbres?
	¿Por dónde ven lo que en el cielo pasa,
	para darnos con ello pesadumbres?
	Ellos en el sembrar nos ponen tasa;

---

[91]«el tiempo que será después y el que fue antes».

daca[92] el trigo, cebada y las legumbres,
calabazas, pepinos y mostazas...
¡Ellos son, a la fe, las calabazas!
Luego cuentan que muere una cabeza,
y después viene a ser en Trasilvania;[93]
que el vino será poco, y la cerveza
sobrará por las partes de Alemania;
que se helará en Gascuña[94] la cereza,
y que habrá muchos tigres en Hircania.[95]
Y al cabo, al cabo, se siembre o no se siembre,
el año se remata por diciembre.

Escena II

(Salen el licenciado Leonelo y Barrildo.)

Leonelo.   A fe, que no ganéis la palmatoria,[96]
porque ya está ocupado el mentidero.
Barrildo.   ¿Cómo os fue en Salamanca?
Leonelo.   Es larga historia.
Barrildo.   Un Bártulo[97] seréis.
Leonelo.   Ni aun un barbero.
Es, como digo, cosa muy notoria
en esta facultad lo que os refiero.
Barrildo.   Sin duda que venís buen estudiante.
Leonelo.   Saber he procurado lo importante.
Barrildo.   Después que vemos tanto libro impreso,

---

[92]rusticismo: contracción de "da acá".

[93]región situada en Europa oriental, citada como sinónimo de lugar ignoto y lejano.

[94]antigua provincia de Francia.

[95]antigua región de Irán.

[96]En las escuelas, se encargaba al chico que llegara en primer lugar la tarea de aplicar con la palmeta los castigos que dictaba el maestro.

[97]Bartolo de Sassaferrato (1314-57), jurisconsulto boloñés, cuyos libros eran empleados como textos escolares por los estudiantes de leyes.

	no hay nadie que de sabio no presuma.
Leonelo.	Antes que ignoran más, siento por eso,
	por no se reducir[98] a breve suma,
	porque la confusión, con el exceso,
	los intentos resuelve en vana espuma;
	y aquel que de leer tiene más uso,
	de ver letreros solo está confuso.
	No niego yo que de imprimir el arte
	mil ingenios sacó de entre la jerga,
	y que parece que en sagrada parte
	sus obras guarda y contra el tiempo alberga;
	este las distribuye y las reparte.
	Débese esta invención a Gutemberga,[99]
	un famoso tudesco de Maguncia,
	en quien la fama su valor renuncia.
	Mas muchos que opinión tuvieron grave,
	por imprimir sus obras la perdieron;
	tras esto, con el nombre del que sabe,
	muchos sus ignorancias imprimieron.
	Otros, en quien la baja envidia cabe,
	sus locos desatinos escribieron,
	y con nombre de aquel que aborrecían,
	impresos por el mundo los envían.
Barrildo.	No soy de esa opinión.
Leonelo.	El ignorante
	es justo que se vengue del letrado.
Barrildo.	Leonelo, la impresión es importante.
Leonelo.	Sin ella muchos siglos se han pasado,
	y no vemos que en éste se levante
	un Jerónimo santo,[100] un Agustino.[101]
Barrildo.	Dejadlo y asentaos, que estáis mohíno.

---

[98]reducirse.

[99]Johannes Gensfleisch, llamado Gutenberg (ca. 1397-1468), considerado inventor de la imprenta.

[100]San Jerónimo (ca. 342-420), padre y doctor de la Iglesia.

[101]San Agustín (354-430), padre de la Iglesia.

Escena III

(Salen Juan Rojo y otro labrador.)

Juan Rojo. No hay en cuatro haciendas para un dote,
si es que las vistas han de ser al uso;
que el hombre que es curioso es bien que note
que en esto el barrio y vulgo anda confuso.

Labrador. ¿Qué hay del Comendador? ¡No os alborote!

Juan Rojo. ¡Cuál a Laurencia en ese campo puso!

Labrador. ¿Quién fue cual él tan bárbaro y lascivo?
Colgado le vea yo de aquel olivo.

Escena IV

(Salen el Comendador, Ortuño y Flores.)

Comendador. Dios guarde la buena gente.

Regidor. ¡Oh, señor!

Comendador. ¡Por vida mía,
que se estén!

Alonso, alcalde. Vusiñoría,[102]
a donde suele se siente,
que en pie estaremos muy bien.

Comendador. ¡Digo que se han de sentar!

Esteban. De los buenos es honrar,
que no es posible que den
honra los que no la tienen.

Comendador. Siéntense; hablaremos algo.

Esteban. ¿Vio vusiñoría el galgo?

Comendador. Alcalde, espantados vienen
esos criados de ver
tan notable ligereza.

Esteban. Es una extremada pieza.
Pardiez, que puede correr
a un lado de un delincuente
o de un cobarde en quistión.

---

[102]vuesa señoría.

Comendador.	Quisiera en esta ocasión que le hiciérades[103] pariente a una liebre que por pies por momentos se me va.
Esteban.	Sí haré, par Dios.[104] ¿Dónde está?
Comendador.	Allá; vuestra hija es.
Esteban.	¿Mi hija?
Comendador.	Sí.
Esteban.	Pues ¿es buena para alcanzada de vos?
Comendador.	Reñilda, alcalde, por Dios.
Esteban.	¿Cómo?
Comendador.	Ha dado en darme pena. Mujer hay, y principal, de alguno que está en la plaza, que dio, a la primera traza, traza de verme.
Esteban.	Hizo mal. Y vos, señor, no andáis bien en hablar tan libremente.
Comendador.	¡Oh, qué villano elocuente! ¡Ah, Flores!, haz que le den la *Política*, en que lea, de Aristóteles.
Esteban.	Señor, debajo de vuestro honor vivir el pueblo desea. Mirad que en Fuente Ovejuna hay gente muy principal.
Leonelo.	(*Aparte.*) ¿Viose desvergüenza igual?
Comendador.	Pues ¿he dicho cosa alguna de que os pese, Regidor?
Regidor.	Lo que decís es injusto; no lo digáis, que no es justo que nos quitéis el honor.

---

[103]hicierais.

[104]rusticismo: por Dios.

Comendador.	¿Vosotros honor tenéis?
	¡Qué freiles de Calatrava!
Regidor.	Alguno acaso se alaba
	de la Cruz que le ponéis,
	que no es de sangre tan limpia.
Comendador.	¿Y ensúciola yo juntando
	la mía a la vuestra?
Regidor.	Cuando
	que[105] el mal más tiñe que alimpia.[106]
Comendador.	De cualquier suerte que sea,
	vuestras mujeres se honran.
Alonso, alcalde.	¡Esas palabras deshonran
	las obras! ¡No hay quien las crea...!
Comendador.	¡Qué cansado villanaje!
	¡Ah! Bien hayan las ciudades,
	que a hombres de calidades
	no hay quien sus gustos ataje;
	allá se precian casados
	que visiten sus mujeres.
Esteban.	No harán, que con esto quieres
	que vivamos descuidados.
	En las ciudades hay Dios,
	y más presto quien castiga.
Comendador.	¡Levantaos de aquí!
Alonso, alcalde.	¡Que diga
	lo que escucháis por los dos![107]
Comendador.	¡Salí de la plaza luego!
	No quede ninguno aquí.
Esteban.	Ya nos vamos.
Comendador.	*(Acercándose con violencia a ellos.)*
	¡Pues no! Ansí...
Flores.	Que te reportes te ruego.
Comendador.	¡Querrían hacer corrillo
	los villanos en mi ausencia!

---

[105]puesto que.

[106]rusticismo: limpia.

[107]el Regidor y el Alcalde.

Ortuño.	Ten un poco de paciencia.
Comendador.	De tanta me maravillo.
	Cada uno de por sí
	se vayan hasta sus casas.
Leonelo.	*(Aparte.)* ¡Cielo, que por esto pasas...!
Esteban.	Ya yo me voy por aquí.

Escena V

(Vanse los labradores, y quedan solos el Comendador y sus criados.)

Comendador.	¿Qué os parece de esta gente?
Ortuño.	No sabes disimular,
	que no quieres escuchar
	el disgusto que se siente.
Comendador.	¿Estos se igualan conmigo?
Flores.	Que no es aqueso igualarse.
Comendador.	Y el villano... ¿ha de quedarse
	con ballesta y sin castigo?
Flores.	Anoche pensé que estaba
	a la puerta de Laurencia;
	y a otro, que su presencia
	y su capilla imitaba,
	de oreja a oreja le di
	un beneficio famoso.
Comendador.	¿Dónde estará aquel Frondoso?
Flores.	Dicen que anda por ahí.
Comendador.	¿Por ahí se atreve a andar
	hombre que matarme quiso?
Flores.	Como el ave sin aviso
	o como el pez, viene a dar
	al reclamo o al anzuelo.
Comendador.	¡Que a un capitán cuya espada
	tiemblan Córdoba y Granada,
	un labrador, un mozuelo,
	ponga una ballesta al pecho!
	El mundo se acaba, Flores.
Flores.	Como eso pueden amores.
	Y pues que vives, sospecho

que grande amistad le debes.

Comendador. Yo he disimulado, Ortuño,
que si no, de punta a puño,
antes de dos horas breves
pasara todo el lugar;
que hasta que llegue ocasión
al freno de la razón
hago la venganza estar.
¿Qué hay de Pascuala?

Flores.   Responde
que anda agora por casarse.

Comendador. Hasta allá quiere fiarse...

Flores. En fin, te remite donde
te pagarán de contado.

Comendador. ¿Qué hay de Olalla?

Ortuño.   Una graciosa
respuesta.

Comendador.   Es moza briosa.
¿Cómo?

Ortuño.   Que su desposado
anda tras ella estos días
celoso de mis recados,
y de que con tus criados
a visitalla[108] venías.
Pero que, si se descuida,
entrarás como primero.

Comendador. ¡Bueno, a fe de caballero!
Pero el villanejo cuida...[109]

Ortuño. Cuida, y anda por los aires.

Comendador. ¿Qué hay de Inés?

Flores.   ¿Cuál?

Comendador.   La de Antón.

Flores. Para cualquier ocasión
te ha ofrecido sus donaires.
Habléla por el corral,

---

[108]visitarla.

[109]piensa, sospecha.

	por donde has de entrar si quieres.
Comendador.	A las fáciles mujeres
	quiero bien y pago mal.
	Si estas supiesen, oh Flores,
	estimarse en lo que valen...
Flores.	No hay disgustos que se igualen
	a contrastar sus favores.
	Rendirse presto desdice
	de la esperanza del bien;
	mas hay mujeres también,
	y el filósofo[110] lo dice,
	que apetecen a los hombres
	como la forma desea
	la materia; y que esto sea
	así, no hay de que te asombres.
Comendador.	Un hombre de amores loco
	huélgase que a su accidente
	se le rindan fácilmente,
	mas después las tiene en poco;
	y el camino de olvidar,
	al hombre más obligado,
	es haber poco costado
	lo que pudo desear.

Escena VI

(Sale Cimbranos, soldado.)

Cimbranos.	¿Está aquí el Comendador?
Ortuño.	¿No le ves en tu presencia?
Cimbranos.	¡Oh, gallardo Fernán Gómez!
	Trueca la verde montera
	en el blanco morrión,
	y el gabán en armas nuevas;
	que el Maestre de Santiago,
	y el Conde de Cabra cercan

---

[110]referencia a Aristóteles, filósofo por antonomasia.

a don Rodrigo Girón,
por la castellana Reina,
en Ciudad Real; de suerte
que no es mucho que se pierda
lo que en Calatrava sabes
que tanta sangre le cuesta.
Ya divisan con las luces,
desde las altas almenas,
los castillos y leones
y barras aragonesas.
Y aunque el Rey de Portugal
honrar a Girón quisiera,
no hará poco en que el Maestre
de Almagro con vida vuelva.
Ponte a caballo, señor,
que sólo con que te vean,
se volverán a Castilla.

Comendador. No prosigas; tente, espera.
Haz, Ortuño, que en la plaza
toquen luego una trompeta.
¿Qué soldados tengo aquí?

Ortuño. Pienso que tienes cincuenta.

Comendador. Pónganse a caballo todos.

Cimbranos. Si no caminas apriesa,[111]
Ciudad Real es del Rey.

Comendador. No hayas[112] miedo que lo sea. *(Vanse todos.)*

Escena VII

(Campo en las cercanías de Fuente Ovejuna. Salen Mengo y Laurencia y Pascuala, huyendo.)

Pascuala. No te apartes de nosotras.

Mengo. Pues ¿aquí tenéis temor?

Laurencia. Mengo, a la villa es mejor

---

[111]aprisa.

[112]tengas.

que vamos[113] unas con otras,
pues que no hay hombre ninguno,
porque no demos con él.

Mengo. ¡Que este demonio crüel
nos sea tan importuno!

Laurencia. No nos deja a sol ni a sombra.

Mengo. ¡Oh, rayo del cielo baje,
que sus locuras ataje!

Laurencia. Sangrienta fiera le nombra,
arsénico y pestilencia
del lugar.

Mengo. Hanme contado
que Frondoso, aquí, en el prado,
para librarte, Laurencia,
le puso al pecho una jara.

Laurencia. Los hombres aborrecía,
Mengo, mas desde aquel día
los miro con otra cara.
¡Gran valor tuvo Frondoso!
Pienso que le ha de costar
la vida.

Mengo. Que del lugar
se vaya, será forzoso.

Laurencia. Aunque ya le quiero bien,
eso mismo le aconsejo;
mas recibe mi consejo
con ira, rabia y desdén.
¡Y jura el Comendador
que le ha de colgar de un pie!

Pascuala. ¡Mal garrotillo le dé!

Mengo. Mala pedrada es mejor.
¡Voto al sol, si le tirara
con la que llevo al apero,
que al sonar el crujidero,[114]
al casco se la encajara!

---

[113]vayamos.

[114]latiguillo.

	No fue Sábalo, el romano tan vicioso por jamás.
Laurencia.	Heliogábalo[115] dirás, más que una fiera, inhumano.
Mengo.	Pero Galván[116] (o quién fue, que yo no entiendo de historia) mas su cativa[117] memoria vencida de éste se ve. ¿Hay hombre en naturaleza como Fernán Gómez?
Pascuala.	No, que parece que le dio de una tigre la aspereza.

Escena VIII

(Sale Jacinta.)

Jacinta.	¡Dadme socorro, por Dios, si la amistad os obliga!
Laurencia.	¿Qué es esto, Jacinta amiga!
Pascuala.	Tuyas lo somos las dos.
Jacinta.	Del Comendador criados, que van a Ciudad Real, más de infamia natural que de noble acero armados, me quieren llevar a él.
Laurencia.	Pues, Jacinta, Dios te libre, que cuando contigo es libre, conmigo será crüel. *(Vase.)*
Pascuala.	Jacinta, yo no soy hombre que te puedo defender. *(Vase.)*
Mengo.	Yo sí lo tengo de ser, porque tengo el ser y el nombre.

---

[115]Vario Avito Basiano Heliogábalo (ca. 204-22), emperador romano.

[116]personaje del romancero, raptor de Moriana a quien hizo matar.

[117]en sentido antiguo, infeliz, desdichada.

	Llégate, Jacinta, a mí.
Jacinta.	¿Tienes armas?
Mengo.	Las primeras
	del mundo.
Jacinta.	¡Oh, si las tuvieras!
Mengo.	Piedras hay, Jacinta, aquí.

Escena IX

(Salen Flores y Ortuño.)

Flores.	¿Por los pies pensabas irte?
Jacinta.	Mengo, ¡muerta soy!
Mengo.	Señores,
	¿a estos pobres labradores...?
Ortuño.	Pues ¿tú quieres persuadirte
	a defender la mujer?
Mengo.	Con los ruegos la defiendo,
	que soy su deudo y pretendo
	guardalla,[118] si puede ser.
Flores.	Quitalde[119] luego la vida.
Mengo.	¡Voto al sol, si me emberrincho,
	y el cáñamo[120] me descincho,
	que la llevéis bien vendida!

Escena X

(Salen el Comendador y Cimbranos.)

Comendador.	¿Qué es eso? ¿A cosas tan viles
	me habéis de hacer apear?
Flores.	Gente de este vil lugar,
	que ya es razón que aniquiles
	pues en nada te da gusto,

---

[118]guardarla.

[119]quitadle.

[120]cáñamo de la honda.

	a nuestras armas se atreve.
Mengo.	Señor, si piedad os mueve
	de soceso[121] tan injusto,
	castigad estos soldados,
	que con vuestro nombre agora
	roban una labradora
	a esposo y padres honrados;
	y dadme licencia a mí
	que se la pueda llevar.
Comendador.	Licencia les quiero dar...
	para vengarse de ti.
	¡Suelta la honda!
Mengo.	¡Señor!...
Comendador.	Flores, Ortuño, Cimbranos,
	con ella le atad[122] las manos.
Mengo.	¿Así volvéis por su honor?
Comendador.	¿Qué piensan Fuente Ovejuna
	y sus villanos de mí?
Mengo.	Señor, ¿en qué os ofendí,
	ni el pueblo, en cosa ninguna?
Flores.	¿Ha de morir?
Comendador.	No ensuciéis
	las armas que habéis de honrar
	en otro mejor lugar.
Ortuño.	¿Qué mandas?
Comendador.	Que lo azotéis.
	Llevalde,[123] y en ese roble
	le atad y le desnudad,
	y con las riendas...
Mengo.	¡Piedad,
	piedad, pues sois hombre noble!
Comendador.	...azotalde[124] hasta que salten

---

[121]rusticismo: suceso.

[122]atadle.

[123]llevadle.

[124]azotadle.

	los hierros de las correas.
Mengo.	¡Cielos! ¿A hazañas tan feas
	queréis que castigos falten? *(Vanse.)*

Escena XI

Comendador.	Tú, villana, ¿por qué huyes?
	¿Es mejor un labrador
	que un hombre de mi valor?
Jacinta.	¡Harto bien me restituyes
	el honor que me han quitado
	en llevarme para ti!
Comendador.	¿En quererte llevar?
Jacinta.	Sí,
	porque tengo un padre honrado,
	que si en alto nacimiento
	no te iguala, en las costumbres
	te vence.
Comendador.	Las pesadumbres
	y el villano atrevimiento
	no tiemplan bien un airado.
	¡Tira por ahí!
Jacinta.	¿Con quién?
Comendador.	Conmigo.
Jacinta.	Míralo bien.
Comendador.	Para tu mal lo he mirado.
	Ya no mía, del bagaje
	del ejército has de ser.
Jacinta.	No tiene el mundo poder
	para hacerme, viva, ultraje.
Comendador.	Ea, villana, camina.
Jacinta.	¡Piedad, señor!
Comendador.	No hay piedad.
Jacinta.	Apelo de tu crueldad
	a la justicia divina.

(Llévanla y vanse, y salen Laurencia y Frondoso.)

Escena XII

Laurencia.	¿Cómo así a venir te atreves,
	sin temer tu daño?
Frondoso.	Ha sido
	dar testimonio cumplido
	de la afición que me debes.
	Desde aquel recuesto vi
	salir al Comendador,
	y, fiado en tu valor,
	todo mi temor perdí.
	¡Vaya donde no le vean
	volver!
Laurencia.	Tente en maldecir,
	porque suele más vivir
	al que la muerte desean.
Frondoso.	Si es eso, viva mil años,
	y así se hará todo bien,
	pues deseándole bien,
	estarán ciertos sus daños.
	Laurencia, deseo saber
	si vive en ti mi cuidado,
	y si mi lealtad ha hallado
	el puerto de merecer.
	Mira que toda la villa
	ya para en uno nos tiene;
	y de cómo a ser no viene,
	la villa se maravilla.
	Los desdeñosos extremos
	deja, y responde no o sí.
Laurencia.	Pues a la villa y a ti
	respondo que lo seremos.
Frondoso.	Deja que tus plantas bese
	por la merced recebida,[125]
	pues el cobrar nueva vida
	por ella es bien que confiese.

---

[125]recibida.

Laurencia.	De cumplimientos acorta,
	y, para que mejor cuadre,
	habla, Frondoso, a mi padre,
	pues es lo que más importa,
	que allí viene con mi tío;
	y fía que ha de tener
	ser, Frondoso, tu mujer
	¡buen suceso!
Frondoso.	¡En Dios confío! *(Escóndense.)*

Escena XIII

(Salen Esteban, Alonso, el otro alcalde, el Regidor y Juan Rojo.)

Alonso	Fue su término de modo
	que la plaza alborotó.
	En efecto, procedió
	muy descomedido en todo.
	No hay a quien admiración
	sus demasías no den.
	La pobre Jacinta es quien
	pierde por su sinrazón.
Regidor.	Ya a los Católicos Reyes,
	que este nombre les dan ya,
	presto España les dará
	la obediencia de sus leyes.
	Ya sobre Ciudad Real,
	contra el Girón que la tiene,
	Santiago a caballo viene
	por capitán general.
	Pésame, que era Jacinta
	doncella de buena pro.
Alonso.	¿Luego a Mengo le azotó?
Regidor.	No hay negra bayeta o tinta
	como sus carnes están.
Alonso.	Callad, que me siento arder,
	viendo su mal proceder
	y el mal nombre que le dan.
	Yo ¿para qué traigo aquí

	este palo sin provecho?
Regidor.	Si sus criados lo han hecho,
	¿de qué os afligís ansí?
Alonso.	¿Queréis más? Que me contaron
	que a la de Pedro Redondo
	un día que en lo más hondo
	de este valle la encontraron,
	después de sus insolencias,
	a sus criados la dio.
Regidor.	Aquí hay gente. ¿Quién es?
Frondoso.	Yo,
	que espero vuestras licencias.
Regidor.	Para mi casa, Frondoso,
	licencia no es menester;
	debes a tu padre el ser,
	y a mí otro ser amoroso.
	Hete criado, y te quiero
	como a mi hijo.
Frondoso.	Pues, señor,
	fiado en aquese amor,
	de ti una merced espero.
	Ya sabes de quién soy hijo.
Esteban.	¿Hate agraviado ese loco
	de Fernán Gómez?
Frondoso.	No poco.
Esteban.	El corazón me lo dijo.
Frondoso.	Pues, señor, con el seguro
	del amor que habéis mostrado,
	de Laurencia enamorado,
	el ser su esposo procuro.
	Perdona si en el pedir
	mi lengua se ha adelantado;
	que he sido en decirlo osado,
	como otro lo ha de decir.
Esteban.	Vienes, Frondoso, a ocasión
	que me alargarás la vida,
	por la cosa más temida
	que siente mi corazón.
	Agradezco, hijo, al cielo

que así vuelvas por mi honor,
y agradézcole a tu amor
la limpieza de tu celo.
Mas, como es justo, es razón
dar cuenta a tu padre de esto;
sólo digo que estoy presto,
en sabiendo su intención;
que yo dichoso me hallo
en que aqueso llegue a ser.

Regidor 1º.   De la moza al parecer
tomad, antes de acetallo.[126]

Alonso.   No tengáis de eso cuidado,
que ya el caso está dispuesto;
antes de venir a esto,
entre ellos se ha concertado.
En el dote, si advertís,
se puede agora tratar,
que por bien os pienso dar
algunos maravedís.

Frondoso.   Yo dote no he menester.
De eso no hay que entristeceros.

Regidor.   ¡Pues que no la pide en cueros,
lo podéis agradecer!

Esteban.   Tomaré el parecer de ella;
si os parece, será bien.

Frondoso.   Justo es, que no hace bien
quien los gustos atropella.

Esteban.   ¡Hija! ¡Laurencia!
Laurencia.   Señor.
Esteban.   Mirad si digo bien yo.
¡Ved qué presto respondió!
Hija Laurencia, mi amor,
a preguntarte ha venido... *(Se van a un lado.)*
(apártate aquí)... si es bien
que a Gila, tu amiga, den
a Frondoso por marido,

---

[126]aceptarlo.

	que es un honrado zagal,
	si le hay en Fuente Ovejuna.
Laurencia.	¿Gila se casa?
Esteban.	Y si alguna
	le merece y es su igual...
Laurencia.	Yo digo, señor, que sí.
Esteban.	Sí, mas yo digo que es fea,
	y que harto mejor se emplea
	Frondoso, Laurencia, en ti.
Laurencia.	¿Aún no se te han olvidado
	los donaires con la edad?
Esteban.	¿Quiéresle tú?
Laurencia.	Voluntad
	le he tenido y le he cobrado,
	pero por lo que tú sabes.
Esteban.	¿Quieres tú que diga sí?
Laurencia.	Dilo tú, señor, por mí.
Esteban.	¿Yo? ¿Pues tengo yo las llaves?
	Hecho está. Ven, buscaremos...

(Vuelven al grupo con los demás.)

	a mi compadre en la plaza.
Regidor.	Vamos.
Esteban.	Hijo, y en la traza
	del dote, ¿qué le diremos?
	Que yo bien te puedo dar
	cuatro mil maravedís.
Frondoso.	Señor, ¿eso me decís?
	¡Mi honor queréis agraviar!
Esteban.	Anda, hijo, que eso es
	cosa que pasa en un día;
	que si no hay dote, a fe mía,
	que se echa menos después.

(Vanse, y queda Frondoso y Laurencia.)

Laurencia.	Di, Frondoso, ¿estás contento?
Frondoso.	¡Cómo si lo estoy! ¡Es poco,
	pues que no me vuelvo loco
	de gozo, del bien que siento!
	Risa vierte el corazón
	por los ojos, de alegría,

> viéndote, Laurencia mía,
> en tal dulce posesión. *(Vanse.)*

Escena XIV

(Salen el Maestre, el Comendador, Flores y Ortuño.)

Comendador. Huye, señor, que no hay otro remedio.
Maestre. La flaqueza del muro lo ha causado,
y el poderoso ejército enemigo.
Comendador. Sangre les cuesta, y infinitas vidas.
Maestre. Y no se alabarán que en sus despojos
pondrán nuestro pendón de Calatrava,
que a honrar su empresa y los demás bastaba.
Comendador. Tus designios, Girón, quedan perdidos.
Maestre. ¿Qué puedo hacer, si la fortuna ciega
a quien hoy levantó, mañana humilla? *(Dentro.)*
¡Victoria por los reyes de Castilla!
Maestre. Ya coronan de luces las almenas,
y las ventanas de las torres altas
entoldan con pendones victoriosos.
Comendador. Bien pudieran, de sangre que les cuesta.
A fe, que es más tragedia que no fiesta.
Maestre. Yo vuelvo a Calatrava, Fernán Gómez.
Comendador. Y yo a Fuente Ovejuna, mientras tratas
o seguir esta parte de tus deudos
o reducir la tuya al Rey Católico.
Maestre. Yo te diré por cartas lo que intento.
Comendador. El tiempo ha de enseñarte.
Maestre.   ¡Ah, pocos años,
sujetos al rigor de sus engaños!

Escena XV

(Plaza de Fuente Ovejuna. Sale la boda, músicos, Mengo, Frondoso, Laurencia, Pascuala, Barrildo, Esteban, alcalde y Juan Rojo.)

Músicos. ¡Vivan muchos años
los desposados!

	¡Vivan muchos años!
Mengo.	A fe, que no os ha costado mucho trabajo el cantar.
Barrildo.	¿Supiéraslo tú trovar mejor que él está trovado?
Frondoso.	Mejor entiende de azotes, Mengo, que de versos ya.
Mengo.	Alguno en el valle está, para que no te alborotes, a quien el Comendador...
Barrildo.	No lo digas, por tu vida, que este bárbaro homicida a todos quita el honor.
Mengo.	Que me azotasen a mí cien soldados aquel día... sola una honda tenía; harto desdichado fui. Pero que le hayan echado una melecina[127] a un hombre, que, aunque no diré su nombre, todos saben que es honrado, llena de tinta y de chinas, ¿cómo se puede sufrir?
Barrildo.	Haríalo por reír.
Mengo.	No hay risa en melecinas, que aunque es cosa saludable... yo me quiero morir luego.
Frondoso.	¡Vaya la copla, te ruego...!, si es copla razonable.
Mengo.	¡Vivan muchos años juntos los novios, ruego a los cielos, y por envidias ni celos ni riñan ni anden en puntos! Lleven a entrambos difuntos, de puro vivir cansados. ¡Vivan muchos años!

---

[127]medicina, lavativa.

Frondoso.	¡Maldiga el cielo el poeta,
	que tal coplón arrojó!
Barrildo.	Fue muy presto...
Mengo.	Pienso yo
	una cosa de esta seta:[128]
	¿no habéis visto un buñolero,[129]
	en el aceite abrasando,
	pedazos de masa echando,
	hasta llenarse el caldero?
	Que unos le salen hinchados,
	otros tuertos y mal hechos,
	ya zurdos y ya derechos,
	ya fritos y ya quemados.
	Pues así imagino yo
	un poeta componiendo,
	la materia previniendo,
	que es quien la masa le dio.
	Va arrojando verso aprisa
	al caldero del papel,
	confiado en que la miel
	cubrirá la burla y risa.
	Mas poniéndolo en el pecho,
	apenas hay quien los tome;
	tanto, que sólo los come
	el mismo que los ha hecho.
Barrildo.	¡Déjate ya de locuras!
	Deja los novios hablar.
Laurencia.	Las manos nos da a besar.
Juan Rojo.	Hija, ¿mi mano procuras?
	Pídela a tu padre luego
	para ti y para Frondoso.
Esteban.	Rojo, a ella y a su esposo
	que se la dé, el cielo ruego,
	con su larga bendición.
Frondoso.	Los dos a los dos la echad.

---

[128]secta.

[129]persona que hace o vende buñuelos.

Juan Rojo. ¡Ea, tañed y cantad,
pues que para en uno son!
Músicos. Al val de Fuente Ovejuna
la niña en cabello[130] baja;
el caballero la sigue
de la Cruz de Calatrava.
Entre las ramas se esconde,
de vergonzosa y turbada;
fingiendo que no le ha visto,
pone delante las ramas.
　¿Para qué te ascondes,[131]
　niña gallarda?
　Que mis linces deseos
　paredes pasan.
Acercóse el caballero,
y ella, confusa y turbada,
hacer quiso celosías
de las intricadas[132] ramas.
Mas, como quien tiene amor,
los mares y las montañas
atraviesa fácilmente,
la dice tales palabras:
　«¿Para qué te ascondes,
　niña gallarda?
　Que mis linces deseos
　paredes pasan».

Escena XVI

(Sale el Comendador, Flores, Ortuño y Cimbranos.)
Comendador. Estése la boda queda,
y no se alborote nadie.
Juan Rojo. No es juego aqueste, señor,

---

[130]joven doncella, por la costumbre de no usar toca o cobertura en la cabeza.
[131]rusticismo: escondes.
[132]intrincadas.

	y basta que tú lo mandes.
	¿Quieres lugar? ¿Cómo vienes
	con tu belicoso alarde?
	¿Venciste? Mas ¿qué pregunto?
Frondoso.	¡Muerto soy! ¡Cielos, libradme!
Laurencia.	Huye por aquí, Frondoso.
Comendador.	Eso, no. ¡Prendelde, àtalde![133]
Juan Rojo.	Date, muchacho, a prisión.
Frondoso.	Pues ¿quieres tú que me maten?
Juan Rojo.	¿Por qué?
Comendador.	No soy hombre yo
	que mato sin culpa a nadie,
	que si lo fuera, le hubieran
	pasado de parte a parte
	esos soldados que traigo.
	Llevarle mando a la cárcel,
	donde la culpa que tiene
	sentencie su mismo padre.
Pascuala.	Señor, mirad que se casa.
Comendador.	¿Qué me obliga a que se case?
	¿No hay otra gente en el pueblo?
Pascuala.	Si os ofendió, perdonadle,
	por ser vos quien sois.
Comendador.	No es cosa,
	Pascuala, en que yo soy parte.
	Es esto contra el Maestre
	Tellez Girón, que Dios guarde;
	es contra toda su Orden,
	es su honor, y es importante
	para el ejemplo, el castigo;
	que habrá otro día quien trate
	de alzar pendón contra él,
	pues ya sabéis que una tarde
	al Comendador mayor
	—¡qué vasallos tan leales!—
	puso una ballesta al pecho.

---

[133]prendedle, atadle.

Esteban.	Supuesto que el disculparle
	ya puede tocar a un suegro,
	no es mucho que en causas tales
	se descomponga con vos
	un hombre, en efecto, amante.
	Porque si vos pretendéis
	su propia mujer quitarle,
	¿qué mucho que la defienda?
Comendador.	Majadero sois, alcalde.
Esteban.	Por vuestra virtud, señor.
Comendador.	Nunca yo quise quitarle
	su mujer, pues no lo era.
Esteban.	¡Sí quisistes! Y esto baste,
	que Reyes hay en Castilla,
	que nuevas órdenes hacen,
	con que desórdenes quitan.
	Y harán mal, cuando descansen
	de las guerras, en sufrir
	en sus villas y lugares
	a hombres tan poderosos
	por traer cruces tan grandes.
	Póngasela el Rey al pecho,
	que para pechos reales
	es esa insignia, y no más.
Comendador.	¡Hola! ¡La vara quitalde!
Esteban.	Tomad, señor, norabuena.
Comendador.	*(Golpeándolo con la vara.)* Pues con ella quiero dalle,[134]
	como a caballo brioso.
Esteban.	Por señor os sufro. Dadme.
Pascuala.	¡A un viejo de palos das!
Laurencia.	Si le das porque es mi padre,
	¿qué vengas en él de mí?
Comendador.	Llevadla, y haced que guarden
	su persona diez soldados. *(Vase él y los suyos.)*
Esteban.	¡Justicia del cielo baje! *(Vase.)*
Pascuala.	¡Volvióse en luto la boda! *(Vase.)*

---

[134]darle.

Barrildo.	¿No hay aquí un hombre que hable?
Mengo.	Yo tengo ya mis azotes,
	que aun se ven los cardenales,[135]
	sin que un hombre vaya a Roma...
	Prueben otros a enojarle.
Juan Rojo.	Hablemos todos.
Mengo.	Señores,
	aquí todo el mundo calle.
	Como ruedas de salmón[136]
	me puso los atabales.

ACTO TERCERO

Escena I

(Sala en la que se reúnen los vecinos de Fuente Ovejuna. Salen Esteban, Alonso y Barrildo.)

Esteban.	¿No han venido a la junta?
Barrildo.	No han venido.
Esteban.	Pues más apriesa nuestro daño corre.
Barrildo.	Ya está lo más del pueblo prevenido.
Esteban.	Frondoso con prisiones[137] en la torre,
	y mi hija Laurencia en tanto aprieto,
	si la piedad de Dios no lo socorre...

Escena II

(Salen Juan Rojo y el Regidor.)

| **Juan.** | ¿De qué dais voces, cuando importa tanto |
| | a nuestro bien, Esteban, el secreto? |

---

[135]juego de palabras basado en la doble significación del término "cardenal": hematoma y eclesiástico.

[136]rodajas de color salmón.

[137]grillos y cadenas.

Esteban.   Que doy tan pocas es mayor espanto.

(Sale Mengo.)

Mengo.   También vengo yo a hallarme en esta junta.

Esteban.   Un hombre cuyas canas baña el llanto,
labradores honrados, os pregunta
qué obsequias[138] debe hacer toda esta gente
a su patria sin honra, ya perdida.
Y si se llaman honras justamente,
¿cómo se harán, si no hay entre nosotros
hombre a quien este bárbaro no afrente?
Respondedme: ¿hay alguno de vosotros
que no esté lastimado en honra y vida?
¿No os lamentáis los unos de los otros?
Pues si ya la tenéis todos perdida,
¿a qué aguardáis? ¿Qué desventura es ésta?

Juan.   La mayor que en el mundo fue sufrida.
Mas pues ya se publica y manifiesta
que en paz tienen los Reyes a Castilla,
y su venida a Córdoba se apresta,
vayan dos regidores a la villa,
y, echándose a sus pies, pidan remedio.

Barrildo.   En tanto que aquel Rey Fernando humilla
a tantos enemigos, otro medio
será mejor, pues no podrá, ocupado,
hacernos bien con tanta guerra en medio.

Regidor.   Si mi voto de vos fuera escuchado,
desamparar la villa doy por voto.

Juan.   ¿Cómo es posible en tiempo limitado?

Mengo.   ¡A la fe, que si entiendo el alboroto,
que ha de costar la junta alguna vida!

Regidor.   Ya todo el árbol de paciencia roto,
corre la nave de temor perdida.
La hija quitan con tan gran fiereza
a un hombre honrado, de quien es regida
la patria en que vivís, y en la cabeza
la vara quiebran tan injustamente.

---

[138]exequias, honras fúnebres.

	¿Qué esclavo se trató con más bajeza?
Juan.	¿Qué es lo que quieres tú que el pueblo intente?
Regidor.	Morir, o dar la muerte a los tiranos,
	pues somos muchos, y ellos poca gente.
Barrildo.	¡Contra el señor las armas en las manos!
Esteban.	El rey solo es señor después del cielo,
	y no bárbaros hombres inhumanos.
	Si Dios ayuda nuestro justo celo,
	¿qué nos ha de costar?
Mengo.	Mirad, señores,
	que vais[139] en estas cosas con recelo.
	Puesto que por los simples labradores
	estoy aquí, que más injurias pasan,
	más cuerdo represento sus temores.
Juan.	Si nuestras desventuras se compasan,
	para perder las vidas, ¿qué aguardamos?
	Las casas y las viñas nos abrasan;
	tiranos son. ¡A la venganza vamos![140]

Escena III

(Sale Laurencia, desmelenada.)

Laurencia.	Dejadme entrar, que bien puedo,
	en consejo de los hombres;
	que bien puede una mujer,
	si no a dar voto, a dar voces.
	¿Conocéisme?
Esteban.	¡Santo cielo!
	¿No es mi hija?
Juan.	¿No conoces
	a Laurencia?
Laurencia.	Vengo tal,
	que mi diferencia os pone
	en contingencia quién soy.

---

[139]vayáis.

[140]vayamos.

Esteban.   ¡Hija mía!

Laurencia.   No me nombres
tu hija.

Esteban.   ¿Por qué, mis ojos?
¿Por qué?

Laurencia.   ¡Por muchas razones!
Y sean las principales,
porque dejas que me roben
tiranos sin que me vengues,
traidores sin que me cobres.
Aún no era yo de Frondoso,
para que digas que tome,
como marido, venganza,
que aquí por tu cuenta corre;
que en tanto que de las bodas
no haya llegado la noche,
del padre y no del marido,
la obligación presupone;
que en tanto que no me entregan
una joya, aunque la compren,
no ha de correr por mi cuenta
las guardas ni los ladrones.
Llevóme de vuestros ojos
a su casa Fernán Gómez;
la oveja al lobo dejáis,
como cobardes pastores.
¿Qué dagas no vi en mi pecho?
¡Qué desatinos enormes,
qué palabras, qué amenazas,
y qué delitos atroces
por rendir mi castidad
a sus apetitos torpes!
Mis cabellos, ¿no lo dicen?
¿No se ven aquí los golpes,
de la sangre, y las señales?
¿Vosotros sois hombres nobles?
¿Vosotros, padres y deudos?
¿Vosotros, que no se os rompen
las entrañas de dolor,

de verme en tantos dolores?
Ovejas sois, bien lo dice
de Fuente Ovejuna el nombre.
¡Dadme unas armas a mí,
pues sois piedras, pues sois bronces,
pues sois jaspes, pues sois tigres...!
Tigres no, porque feroces
siguen quien roba sus hijos,
matando los cazadores
antes que entren por el mar,
y por sus ondas se arrojen.
Liebres cobardes nacistes;
bárbaros sois, no españoles.
¡Gallinas, vuestras mujeres
sufrís que otros hombres gocen!
¡Poneos ruecas en la cinta!
¿Para qué os ceñís estoques?
¡Vive Dios, que he de trazar
que solas mujeres cobren
la honra, de estos tiranos,
la sangre, de estos traidores!
¡Y que os han de tirar piedras,
hilanderas, maricones,
amujerados, cobardes!
¡Y que mañana os adornen
nuestras tocas y basquiñas,
solimanes y colores![141]
A Frondoso quiere ya,
sin sentencia, sin pregones,
colgar el Comendador
del almena de una torre;
de todos hará lo mismo;
y yo me huelgo, medio hombres,
porque quede sin mujeres
esta villa honrada, y torne
aquel siglo de amazonas,

---

[141]cosméticos.

	eterno espanto del orbe.
Esteban.	Yo, hija, no soy de aquellos
	que permiten que los nombres
	con esos títulos viles.
	Iré solo, si se pone
	todo el mundo contra mí.
Juan.	Y yo, por más que me asombre
	la grandeza del contrario.
Regidor.	Muramos todos.
Barrildo.	Descoge
	un lienzo al viento en un palo,
	y mueran estos inormes.[142]
Juan.	¿Qué orden pensáis tener?
Mengo.	Ir a matarle sin orden.
	Juntad el pueblo a una voz,
	que todos están conformes
	en que los tiranos mueran.
Esteban.	Tomad espadas, lanzones,
	ballestas, chuzos y palos.
Mengo.	¡Los reyes, nuestros señores,
	vivan!
Todos.	¡Vivan muchos años!
Mengo.	¡Mueran tiranos traidores!
Todos.	¡Traidores tiranos mueran! *(Vanse todos.)*

Escena IV

(En el tumulto, Laurencia llama a las mujeres, que quedan solas en escena.)

Laurencia.	Caminad, que el cielo os oye.
	¡Ah..., mujeres de la villa!
	¡Acudid, porque se cobre
	vuestro honor! ¡Acudid todas!

(Salen Pascuala, Jacinta y otras mujeres.)

Pascuala.	¿Qué es esto? ¿De qué das voces?
Laurencia.	¿No veis cómo todos van

---

[142]enormes y fuera de norma.

a matar a Fernán Gómez,
y hombres, mozos y muchachos
furiosos, al hecho corren?
¿Será bien que solos ellos
de esta hazaña el honor gocen,
pues no son de las mujeres
sus agravios los menores?

Jacinta. Di, pues, ¿qué es lo que pretendes?

Laurencia. Que puestas todas en orden,
acometamos un hecho
que dé espanto a todo el orbe.
Jacinta, tu grande agravio,
que sea cabo; responde
de una escuadra de mujeres.

Jacinta. ¡No son los tuyos menores!

Laurencia. Pascuala, alférez serás.

Pascuala. Pues déjame que enarbole
en un asta la bandera;
verás si merezco el nombre.

Laurencia. No hay espacio para eso,
pues la dicha nos socorre;
bien nos basta que llevemos
nuestras tocas por pendones.

Pascuala. Nombremos un capitán.

Laurencia. ¡Eso no!

Pascuala.   ¿Por qué?

Laurencia.   Que adonde
asiste mi gran valor,
no hay Cides ni Rodamontes.[143] *(Vanse.)*

Escena V

---

[143]Rodomonte, personaje del *Orlando Furioso* de Ludovico Ariosto (1474-1533).

(En la casa de la Encomienda. Sale Frondoso, atadas las manos; Flores, Ortuño, Cimbranos y el Comendador.)

Comendador. De ese cordel que de las manos sobra,
quiero que le colguéis, por mayor pena.

Frondoso. ¡Qué nombre, gran señor, tu sangre cobra!

Comendador. Colgalde luego en la primera almena.

Frondoso. Nunca fue mi intención poner por obra
tu muerte, entonces.

Flores.   Grande ruido suena.

(Ruido suene.)

Comendador. ¿Ruido?

Flores.   Y de manera que interrompen[144]
tu justicia, señor.

Ortuño.   ¡Las puertas rompen!

(Ruido.)

Comendador. ¡La puerta de mi casa, y siendo casa
de la Encomienda!

Flores.   ¡El pueblo junto viene!

Juan. *(Dentro.)* ¡Rompe, derriba, hunde, quema, abrasa!

Ortuño. Un popular motín mal se detiene.

Comendador. ¿El pueblo, contra mí?

Flores.   La furia pasa
tan adelante, que las puertas tiene
echadas por la tierra.

Comendador.   Desatalde.
Templa, Frondoso, ese villano Alcalde.

Frondoso. Yo voy, señor, que amor les ha movido. *(Vase.)*

Mengo. *(Dentro.)* ¡Vivan Fernando y Isabel, y mueran
los traidores!

Flores.   Señor, por Dios te pido
que no te hallen aquí.

Comendador.   Si perseveran,
este aposento es fuerte y defendido.
Ellos se volverán.

Flores.   Cuando se alteran

---

[144]interrumpen.

	los pueblos agraviados, y resuelven,[145]
	nunca sin sangre o sin venganza vuelven.
Comendador.	En esta puerta así como rastrillo,
	su furor con las armas defendamos.
Frondoso.	*(Dentro.)* ¡Viva Fuente Ovejuna!
Comendador.	¡Qué caudillo!
	Estoy porque a su furia acometamos.
Flores.	De la tuya, señor, me maravillo.
Esteban.	Ya el tirano y los cómplices miramos.
	¡Fuente Ovejuna, y los tiranos mueran!

Escena VI

(Salen todos.)

Comendador.	¡Pueblo esperad!
Todos.	¡Agravios nunca esperan!
Comendador.	Decídmelos a mí, que iré pagando,
	a fe de caballero, esos errores.
Todos.	¡Fuente Ovejuna! ¡Viva el rey Fernando!
	¡Mueran malos cristianos, y traidores!
Comendador.	¿No me queréis oír? Yo estoy hablando.
	¡Yo soy vuestro señor!
Todos.	¡Nuestros señores
	son los Reyes Católicos!
Comendador.	¡Espera!
Todos.	¡Fuente Ovejuna, y Fernán Gómez muera!

Escena VII

(El Comendador y los suyos se retiran combatiendo por un lado de la escena, y mientras los hombres van tras de ellos, las mujeres entran por el otro lado. Vanse, y salen las mujeres armadas.)

Laurencia.	Parad en este puesto de esperanzas,
	soldados atrevidos, no mujeres.

---

[145]Se determinan a hacer algo.

Pascuala. ¡Lo que mujeres son en las venganzas!

¡En él beban su sangre! ¡Es bien que esperes!

Jacinta. ¡Su cuerpo recojamos en las lanzas!

Pascuala. Todas son de esos mismos pareceres.

Esteban. *(Dentro.)* ¡Muere, traidor Comendador!

Comendador.   Ya muero.

¡Piedad, Señor, que en tu clemencia espero!

Barrildo. *(Dentro.)* Aquí está Flores.

Mengo.   ¡Dale a ese bellaco!

Que ese fue el que me dio dos mil azotes.

Frondoso. *(Dentro.)* No me vengo, si el alma no le saco.

Laurencia. ¡No excusamos entrar!

Pascuala.   No te alborotes.

Bien es guardar la puerta.

Barrildo. *(Dentro.)*   No me aplaco.

¡Con lágrimas agora, marquesotes!

Laurencia. Pascuala, yo entro dentro, que la espada

no ha de estar tan sujeta ni envainada. *(Vase.)*

Barrildo. *(Dentro.)* Aquí está Ortuño.

Frondoso. *(Dentro.)*   Córtale la cara.

(Sale Flores huyendo, y Mengo tras él.)

Flores. ¡Mengo, piedad, que no soy yo el culpado!

Mengo. Cuando ser alcahuete no bastara,

bastaba haberme el pícaro azotado.

Pascuala. ¡Dánoslo a las mujeres, Mengo! ¡Para,

acaba por tu vida...!

Mengo.   Ya está dado,

que no le quiero yo mayor castigo.

Pascuala. Vengaré tus azotes.

Mengo.   Eso digo.

Jacinta. ¡Ea, muera el traidor!

Flores.   ¿Entre mujeres?

Jacinta. ¿No le viene muy ancho?

Pascuala.   ¿Aqueso lloras?

Jacinta. ¡Muere, concertador de sus placeres!

Pascuala. ¡Ea, muera el traidor!

Flores.   ¡Piedad, señoras!

(Sale Ortuño huyendo de Laurencia.)

Ortuño. Mira que no soy yo...

Laurencia.	¡Ya sé quién eres!
	¡Entrad, teñid las armas vencedoras
	en estos viles!
Pascuala.	¡Moriré matando!
Todas.	¡Fuente Ovejuna, y viva el rey Fernando!

Escena VIII

(Sala del palacio de los Reyes. Vanse, y salen el rey Fernando y la reina doña Isabel, y don Manrique, Maestre.)

Manrique.
De modo la prevención
fue, que el efecto esperado
llegamos a ver logrado,
con poca contradicción.
Hubo poca resistencia;
y supuesto que la hubiera,
sin duda ninguna fuera
de poca o ninguna esencia.
Queda el de Cabra ocupado
en conservación del puesto,
por si volviere dispuesto
a él el contrario osado.

Rey.
Discreto el acuerdo fue,
y que asista es conveniente,
y reformando la gente,
el paso tomado esté.
Que con eso se asegura
no podernos hacer mal
Alfonso, que en Portugal
tomar la fuerza procura.
Y el de Cabra es bien que esté
en ese sitio asistente,
y como tan diligente,
muestras de su valor dé,
porque con esto asegura
el daño que nos recela,
y como fiel centinela
el bien del Reino procura.

Escena IX

(Sale Flores, herido.)

Flores.　　　　Católico Rey Fernando,
　　　　a quien el cielo concede
　　　　la corona de Castilla,
　　　　como a varón excelente:
　　　　oye la mayor crueldad
　　　　que se ha visto entre las gentes,
　　　　desde donde nace el sol
　　　　hasta donde se escurece.[146]
Rey.　　　　Repórtate.
Flores.　　　　　　　　Rey supremo,
　　　　mis heridas no consienten
　　　　dilatar el triste caso,
　　　　por ser mi vida tan breve.
　　　　De Fuente Ovejuna vengo,
　　　　donde, con pecho inclemente,
　　　　los vecinos de la villa
　　　　a su señor dieron muerte.
　　　　Muerto Fernán Gómez queda
　　　　por sus súbditos aleves,
　　　　que vasallos indignados
　　　　con leve causa se atreven.
　　　　Con título de tirano,
　　　　que le acumula la plebe,
　　　　a la fuerza de esta voz
　　　　el hecho fiero acometen;
　　　　y quebrantando su casa,
　　　　no atendiendo a que se ofrece
　　　　por la fe de caballero
　　　　a que pagará a quien debe,
　　　　no sólo no le escucharon,
　　　　pero con furia impaciente
　　　　rompen el cruzado pecho

---

[146]oscurece.

con mil heridas crueles;
y por las altas ventanas
le hacen que al suelo vuele,
adonde en picas y espadas
le recogen las mujeres.
Llévanle a una casa muerto,
y a porfía, quien más puede,
mesa su barba y cabello,
y apriesa su rostro hieren.
En efecto, fue la furia
tan grande que en ellos crece,
que las mayores tajadas
las orejas a ser vienen.
Sus armas borran con picas
y a voces dicen que quieren
tus reales armas fijar,
porque aquellas les ofenden.
Saqueáronle la casa,
cual si de enemigos fuese,
y gozosos entre todos
han repartido sus bienes.
Lo dicho he visto escondido,
porque mi infelice suerte
en tal trance no permite
que mi vida se perdiese.
Y así estuve todo el día
hasta que la noche viene,
y salir pude escondido
para que cuenta te diese.
Haz, señor, pues eres justo
que la justa pena lleven
de tan riguroso caso
los bárbaros delincuentes.
Mira que su sangre a voces
pide que tu rigor prueben.

Rey.   Estar puedes confiado
que sin castigo no queden.
El triste suceso ha sido
tal, que admirado me tiene;

y que vaya luego un juez
que lo averigüe conviene,
y castigue los culpados
para ejemplo de las gentes.
Vaya un capitán con él,
porque seguridad lleve,
que tan grande atrevimiento
castigo ejemplar requiere.
Y curad a ese soldado
de las heridas que tiene.

Escena X

(Plaza de Fuente Ovejuna. Vanse, y salen los labradores y labradoras, con la cabeza de Fernán Gómez en una lanza.)

Músicos.   ¡Muchos años vivan
                 Isabel y Fernando,
                 y mueran los tiranos!

Barrildo.   ¡Diga su copla Frondoso!

Frondoso.   Ya va mi copla, a la fe;
                 si le faltare algún pie,
                 enmiéndelo el más curioso:
                 ¡Vivan la bella Isabel,
                 y Fernando de Aragón
                 pues que para en uno son,
                 él con ella, ella con él!
                 A los cielos San Miguel
                 lleve a los dos de las manos.
                 ¡Vivan muchos años,
                 y mueran los tiranos!

Laurencia.   ¡Diga Barrildo!

Barrildo.   Ya va,
                 que a fe que la he pensado.

Pascuala.   Si la dices con cuidado,
                 buena y rebuena será.

Barrildo.   ¡Vivan los Reyes famosos
                 muchos años, pues que tienen
                 la victoria, y a ser vienen

	nuestros dueños venturosos!
	¡Salgan siempre victoriosos
	de gigantes y de enanos,
	y mueran los tiranos!
Músicos.	¡Muchos años vivan
	Isabel y Fernando,
	y mueran los tiranos!
Laurencia.	¡Diga Mengo!
Frondoso.	¡Mengo diga!
Mengo.	Yo soy poeta donado.[147]
Pascuala.	Mejor dirás: lastimado
	el envés de la barriga.
Mengo.	Una mañana en domingo
	me mandó azotar aquel,
	de manera que el rabel
	daba espantoso respingo;
	pero agora... ¡que los pringo...![148]
	¡Vivan los Reyes Cristiánigos,
	y mueran los tiránigos!
Músicos.	¡Vivan muchos años!
Esteban.	*(Refiriéndose a la cabeza del muerto.)* Quita la cabeza allá.
Mengo.	Cara tiene de ahorcado.

(Saca un escudo Juan Rojo con las armas reales.)

Regidor.	Ya las armas han llegado.
Esteban.	Mostrá[149] las armas acá.
Juan.	¿A dónde se han de poner?
Regidor.	Aquí, en el Ayuntamiento.
Esteban.	¡Bravo escudo!
Barrildo.	¡Qué contento!
Frondoso.	Ya comienza a amanecer
	con este sol nuestro día.
Esteban.	¡Vivan Castilla y León,
	y las barras de Aragón,
	y muera la tiranía!

---

[147]inexperto.

[148]Era costumbre untar con pringue a los azotados.

[149]mostrad.

Advertid, Fuente Ovejuna,
a las palabras de un viejo,
que el admitir su consejo
no ha dañado vez ninguna.
Los Reyes han de querer
averiguar este caso,
y más tan cerca del paso
y jornada que han de hacer.
Concertaos todos a una
en lo que habéis de decir.

Frondoso. ¿Qué es tu consejo?

Esteban.   Morir
diciendo: ¡Fuente Ovejuna!
Y a nadie saquen de aquí.

Frondoso. Es el camino derecho:
¡Fuente Ovejuna lo ha hecho!

Esteban. ¿Queréis responder así?

Todos.   ¡Sí!

Esteban. Ahora, pues, yo quiero ser
agora el pesquisidor,
para ensayarnos mejor
en lo que habemos[150] de hacer.
Sea Mengo el que esté puesto
en el tormento.

Mengo.   ¿No hallaste
otro más flaco?

Esteban.   ¿Pensaste
que era de veras?

Mengo.   Di presto.

Esteban. ¿Quién mató al Comendador?

Mengo. ¡Fuente Ovejuna lo hizo!

Esteban. Perro, ¿si te martirizo?

Mengo. Aunque me matéis, señor.

Esteban. Confiesa, ladrón.

Mengo.   Confieso.

Esteban. Pues ¿quién fue?

---

[150]hemos.

Mengo.	¡Fuente Ovejuna!
Esteban.	Dalde otra vuelta.
Mengo.	Es ninguna.
Esteban.	¡Cagajón para el proceso!

Escena XI

(Sale el Regidor.)

Regidor.	¿Qué hacéis de esta suerte aquí?
Frondoso.	¿Qué ha sucedido, Cuadrado?
Regidor.	Pesquisidor ha llegado.
Esteban.	Echá[151] todos por ahí.
Regidor.	Con él viene un capitán.
Esteban.	¡Venga el diablo! Ya sabéis
	lo que responder tenéis.
Regidor.	El pueblo prendiendo van,
	sin dejar alma ninguna.
Esteban.	Que no hay que tener temor.
	¿Quién mató al Comendador,
	Mengo?
Mengo.	¿Quién? ¡Fuente Ovejuna!

Escena XII

(En la Casa de la Orden de Calatrava. Vanse, y sale el Maestre y un soldado.)

Maestre.	¡Que tal caso ha sucedido!
	Infelice fue su suerte.
	Estoy por darte la muerte
	por la nueva que has traído.
Soldado.	Yo, señor, soy mensajero,
	y enojarte no es mi intento.
Maestre.	¡Que a tal tuvo atrevimiento
	un pueblo enojado y fiero!
	Iré con quinientos hombres,

---

[151]echad.

                  y la villa he de asolar;
                  en ella no ha de quedar
                  ni aun memoria de los nombres.

Soldado.   Señor, tu enojo reporta,
                  porque ellos al Rey se han dado;
                  y no tener enojado
                  al Rey es lo que te importa.

Maestre.   ¿Como al Rey se pueden dar,
                  si de la Encomienda son?

Soldado.   Con él sobre esa razón
                  podrás luego pleitear.

Maestre.   Por pleito ¿cuándo salió
                  lo que él le entregó en sus manos?
                  Son señores soberanos,
                  y tal reconozco yo.
                  Por saber que al Rey se han dado,
                  se reportará mi enojo,
                  y ver su presencia escojo
                  por lo más bien acertado;
                  que puesto que tenga culpa
                  en casos de gravedad,
                  en todo mi poca edad
                  viene a ser quien me disculpa.
                  Con vergüenza voy, mas es
                  honor quien puede obligarme,
                  y importa no descuidarme
                  en tan honrado interés. *(Vanse.)*

Escena XIII

(Campo muy cerca de Fuente Ovejuna, junto a las casas de la villa. Sale Laurencia sola.)

Laurencia.   Amando, recelar daño en lo amado,
                  nueva pena de amor se considera,
                  que quien en lo que ama daño espera,
                  aumenta en el temor nuevo cuidado.
                    El firme pensamiento desvelado,
                  si le aflige el temor, fácil se altera,

que no es, a firme fe, pena ligera
ver llevar el temor, el bien robado.
  Mi esposo adoro; la ocasión que veo

al temor de su daño me condena,
si no le ayuda la felice suerte.
  Al bien suyo se inclina mi deseo:
si está presente, está cierta mi pena;
si está en ausencia, está cierta mi muerte.

Escena XIV

(Sale Frondoso.)

Frondoso.	¡Mi Laurencia!
Laurencia.	¡Esposo amado!

¿Como estar aquí te atreves?

Frondoso.	¿Esas resistencias debes

a mi amoroso cuidado?

Laurencia.	Mi bien, procura guardarte,

porque tu daño recelo.

Frondoso.	No quiero, Laurencia, el cielo

que tal llegue a disgustarte.

Laurencia.	¿No temes ver el rigor

que por los demás sucede,
y el furor con que procede
aqueste pesquisidor?
Procura guardar la vida.
Huye tu daño, no esperes.

Frondoso.	¿Cómo que procure quieres

cosa tan mal recebida?
¿Es bien que los demás deje
en el peligro presente,
y de tu vista me ausente?
No me mandes que me aleje,
porque no es puesto en razón
que, por evitar mi daño,
sea con mi sangre extraño

en tan terrible ocasión. *(Voces dentro.)*
Voces parece que he oído;
y son, si yo mal no siento,
de alguno que dan tormento.
Oye con atento oído.

(Dice dentro el Juez y responden.)

Juez.   Decid la verdad, buen viejo.

Frondoso.   Un viejo, Laurencia mía,
atormentan.

Laurencia.   ¡Qué porfía!

Esteban.   Déjenme un poco.

Juez.   Ya os dejo.
Decid, ¿quién mató a Fernando?

Esteban.   Fuente Ovejuna lo hizo.

Laurencia.   Tu nombre, padre, eternizo.

Frondoso.   ¡Bravo caso!

Juez.   ¡Ese muchacho!
Aprieta, perro, yo sé
que lo sabes. ¡Di quién fue!
¿Callas? Aprieta, borracho.

Niño.   Fuente Ovejuna, señor.

Juez.   ¡Por vida del Rey, villanos,
que os ahorque con mis manos!
¿Quién mató al Comendador?

Frondoso.   ¡Que a un niño le den tormento,
y niegue de aquesta suerte!

Laurencia.   ¡Bravo pueblo!

Frondoso.   Bravo y fuerte.

Juez.   ¡Esa mujer! Al momento
en ese potro tened.
Dale esa mancuerda[152] luego.

Laurencia.   Ya está de cólera ciego.

Juez.   Que os he de matar, creed,
en este potro, villanos.
¿Quién mató al Comendador?

---

[152]tormento que consistía en atar al reo con ligaduras que eran apretadas vuelta tras vuelta.

Pascuala.	Fuente Ovejuna, señor.
Juez.	¡Dale!
Frondoso.	Pensamientos vanos.
Laurencia.	Pascuala niega, Frondoso.
Frondoso.	Niegan niños; ¿qué te espantas?
Juez.	Parece que los encantas.
	¡Aprieta!
Laurencia.	¡Ay, cielo piadoso!
Juez.	¡Aprieta, infame! ¿Estás sordo?
Laurencia.	Fuente Ovejuna lo hizo.
Juez.	Traedme aquel más rollizo...
	¡ese desnudo, ese gordo!
Laurencia.	¡Pobre Mengo! Él es sin duda.
Frondoso.	Temo que ha de confesar.
Mengo.	¡Ay, ay!
Juez.	Comienza a apretar.
Mengo.	¡Ay!
Juez.	¿Es menester ayuda?
Mengo.	¡Ay, ay!
Juez.	¿Quién mató, villano,
	al señor Comendador?
Mengo.	¡Ay, yo lo diré, señor!
Juez.	Afloja un poco la mano.
Frondoso.	Él confiesa.
Juez.	Al palo aplica
	la espalda.
Mengo.	Quedo, que yo
	lo diré.
Juez.	¿Quién le mató?
Mengo.	Señor, Fuente Ovejunica.
Juez.	¿Hay tan gran bellaquería?
	Del dolor se están burlando;
	en quien estaba esperando,
	niega con mayor porfía.
	Dejaldos, que estoy cansado.
Frondoso.	¡Oh, Mengo, bien te haga Dios!
	Temor que tuve de dos,
	el tuyo me le ha quitado.

Escena XV

(Salen con Mengo, Barrildo y el Regidor.)

Barrildo.	¡Vítor, Mengo!
Regidor.	Y con razón.
Barrildo.	¡Mengo, vítor!
Frondoso.	Eso digo.
Mengo.	¡Ay, ay!
Barrildo.	Toma, bebe, amigo.
	Come.
Mengo.	¿Ay, ay! ¿Qué es?
Barrildo.	Diacitrón.[153]
Mengo.	¡Ay, ay!
Frondoso.	Echa de beber.
Barrildo.	Ya va.
Frondoso.	Bien lo cuela. Bueno está.
Laurencia.	Dale otra vez a comer.
Mengo.	¡Ay, ay!
Barrildo.	Esta va por mí.
Laurencia.	Solenemente[154] lo embebe.
Frondoso.	El que bien niega, bien bebe.
Regidor.	¿Quieres otra?
Mengo.	¡Ay, ay! Sí, sí.
Frondoso.	Bebe, que bien lo mereces.
Laurencia.	A vez por vuelta las cuela.
Frondoso.	Arrópale, que se hiela.
Barrildo.	¿Quieres más?
Mengo.	Sí, otras tres veces.
	¡Ay, ay!
Frondoso.	Si hay vino, pregunta.
Barrildo.	Sí hay. Bebe a tu placer,
	que quien niega, ha de beber.
	¿Qué tiene?
Mengo.	Una cierta punta.[155]

---

[153]cidra confitada.

[154]solemnemente.

[155]se dice que el vino tiene punta cuando se avinagra.

	Vamos, que me arromadizo.[156]
Frondoso.	Que lea, que este es mejor.
	¿Quién mató al Comendador?
Mengo.	Fuente Ovejunica lo hizo.

(Vanse todos, menos Frondoso y Laurencia.)

Escena XVI

	Justo es que honores le den.
Frondoso.	Pero decidme, mi amor,
	¿quién mató al Comendador?
Laurencia.	Fuente Ovejuna, mi bien.
Frondoso.	¿Quién lo mató?
Laurencia.	¡Dasme espanto!
	Pues Fuente Ovejuna fue.
Frondoso.	Y yo, ¿con qué te maté?
Laurencia.	¿Con qué? Con quererte tanto.

Escena XVII

(Sala de un alojamiento de la Reina en uno de sus viajes. Vanse, y salen el rey y la reina y después Manrique.)

	No entendí, señor, hallaros
Isabel.	aquí, y es buena mi suerte.
Rey.	En nueva gloria convierte
	mi vista el bien de miraros.
	Iba a Portugal de paso,
	y llegar aquí fue fuerza.
Isabel.	Vuestra Majestad le tuerza,
	siendo conveniente el caso.
Rey.	¿Como dejáis a Castilla?
Isabel.	En paz queda, quieta y llana.
Rey.	Siendo vos la que la allana,
	no lo tengo a maravilla.

---

[156]acatarro.

(Sale don Manrique.)

Manrique. Para ver vuestra presencia
el Maestre de Calatrava,
que aquí de llegar acaba,
pide que le deis licencia.
Isabel. Verle tenía deseado.
Manrique. Mi fe, señora, os empeño,
que, aunque es en edad pequeño,
es valeroso soldado.

Escena XVIII

(Sale el Maestre y se retira don Manrique.)
Maestre. Rodrigo Téllez Girón,
que de loaros no acaba,
Maestre de Calatrava,
os pide, humilde, perdón.
Confieso que fui engañado,
y que excedí de lo justo
en cosas de vuestro gusto,
como mal aconsejado.
El consejo de Fernando,
y el interés, me engañó,
injusto fiel; y ansí yo
perdón humilde os demando.
Y si recebir[157] merezco
esta merced que suplico,
desde aquí me certifico
en que a serviros me ofrezco.
Y que en aquesta jornada
de Granada, adonde vais,
os prometo que veáis
el valor que hay en mi espada;
donde, sacándola apenas,
plantaré mis cruces rojas

---

[157]recibir.

sobre sus altas almenas.
Y más, quinientos soldados
en serviros emplearé,
junto con la firma y fe
de en mi vida disgustaros.

Rey. Alzad, Maestre, del suelo,
que siempre que hayáis venido,
seréis muy bien recebido.

Maestre. Sois de afligidos consuelo.

Isabel. Vos, con valor peregrino,
sabéis bien decir y hacer.

Maestre. Vos sois una bella Ester,[158]
y vos, un Jerjes divino.

Escena XIX

(Sale Manrique.)

Manrique. Señor, el pesquisidor
que a Fuente Ovejuna ha ido,
con el despacho ha venido
a verse ante tu valor.

Rey. Sed juez de estos agresores.

Maestre. Si a vos, señor, no mirara,
sin duda les enseñara
a matar comendadores.

Rey. Eso ya no os toca a vos.

Isabel. Yo confieso que he de ver
el cargo en vuestro poder,
si me lo concede Dios.

Escena XX

(Sale el Juez.)

---

[158]personaje del Antiguo Testamento, joven judía que fue esposa de Asuero
o Jerjes I, rey de Persia.

Juez.   A Fuente Ovejuna fui
                de la suerte que has mandado,
                y con especial cuidado
                y diligencia asistí.
                Haciendo averiguación
                del cometido delito,
                una hoja no se ha escrito
                que sea en comprobación;
                porque, conformes a una,
                con una valeroso pecho,
                en pidiendo quién lo ha hecho,
                responden: Fuente Ovejuna.
                Trecientos he atormentado
                con no pequeño rigor,
                y te prometo, señor,
                que más que esto no he sacado.
                Hasta niños de diez años
                al potro arrimé, y no ha sido
                posible haberlo inquirido
                ni por halagos ni engaños.
                Y pues tan mal se acomoda
                el poderlo averiguar,
                o los has de perdonar
                o matar la villa toda.
                Todos vienen ante ti
                para más certificarte;
                de ellos podrás informarte.

Rey.   Que entren, pues vienen, les di.[159]

Escena XXI

(Salen los dos alcaldes, Frondoso, las mujeres y los villanos que quisieren.)

Laurencia.   ¿Aquestos los Reyes son?
Frondoso.   Y en Castilla poderosos.
Laurencia.   Por mi fe, que son hermosos:

---

[159]diles.

	¡bendígalos San Antón!
Isabel.	¿Los agresores son estos?
Al. Esteban.	Fuente Ovejuna, señora,

que humildes llegan agora
para serviros dispuestos.
La sobrada tiranía
y el insufrible rigor
del muerto Comendador,
que mil insultos hacía,
fue el autor de tanto daño.
Las haciendas nos robaba
y las doncellas forzaba,
siendo de piedad extraño.

Frondoso. Tanto, que aquesta zagala
que el cielo me ha concedido,
en que tan dichoso he sido
que nadie en dicha me iguala,
cuando conmigo casó,
aquella noche primera,
mejor que si suya fuera,
a su casa la llevó.
Y a no saberse guardar
ella, que en virtud florece,
ya manifiesto parece
lo que pudiera pasar.

Mengo. ¡No es ya tiempo que hable yo?
Si me dais licencia, entiendo
que os admiraréis, sabiendo
del modo que me trató.
Porque quise defender
una moza, de su gente
que, con término insolente,
fuerza la querían hacer,
aquel perverso Nerón[160]
de manera me ha tratado,
que el reverso me ha dejado

---

[160]Claudio César Nerón (37-68), emperador romano.

        como rueda de salmón.
        Tocaron mis atabales
        tres hombres con tal porfía,
        que aun pienso que todavía
        me duran los cardenales.
        Gasté en este mal prolijo,
        porque el cuero se me curta,
        polvos de arrayán y murta,[161]
        más que vale mi cortijo.

Al. Esteban.   Señor, tuyos ser queremos.
        Rey nuestro eres natural,
        y con título de tal
        ya tus armas puesto habemos.
        Esperamos tu clemencia,
        y que veas, esperamos,
        que en este caso te damos
        por abono la inocencia.

Rey.   Pues no puede averiguarse
        el suceso por escrito,
        aunque fue grave el delito,
        por fuerza ha de perdonarse.
        Y la villa es bien se quede
        en mí, pues de mí se vale,
        hasta ver si acaso sale
        comendador que la herede.

Frondoso.   Su Majestad habla, en fin,
        como quien tanto ha acertado.
        Y aquí, discreto senado,
        Fuente Ovejuna da fin.

Fuente Ovejuna. Edición de Francisco López Estrada. Madrid: Castalia, 1984.

---

[161]arrayán pequeño, empleado con fines medicinales.

LUIS DE GÓNGORA Y ARGOTE (1571-1627)

Fábula de Polifemo y Galatea[1]

Estas que me dictó rimas sonoras,
culta sí, aunque bucólica, Talía
—¡oh excelso conde!—, en las purpúreas horas
que es rosas el alba y rosicler el día,
ahora que de luz tu Niebla doras,
escucha, al son de la zampoña mía,
si ya los muros no te ven, de Huelva,
peinar el viento, fatigar la selva.[2]

Templado, pula en la maestra mano
el generoso pájaro su pluma,
o tan mudo en la alcándara, que en vano
aun desmentir al cascabel presuma;
tascando haga el freno de oro, cano,
del caballo andaluz la ociosa espuma;
gima el lebrel en el cordón de seda.

---

[1]Polifemo es un personaje de la *Odisea* y un cíclope antropófago, hijo de Poseidón que devoró a algunos compañeros de Ulises. Dada la dificultad del texto, se transcribe aquí al pie de cada estrofa la versión en prosa que hizo Dámaso Alonso.

[2]Estas rimas que Talía (culta, a pesar de ser una musa campestre) me inspiró en las purpúreas horas de la mañana, cuando la aurora es toda rosas y el día un matiz de rosicler, escúchalas (¡oh excelso conde!) cantadas al son de mi zampoña; escúchamelas ahora que ilustras y doras con el esplendor de tu luz tu Niebla (ahora que estás en tu villa de Niebla), si ya no es que, entregado a la caza, te hayas salido de ese lugar y, peinando con el vuelo de tus halcones los vientos, fatigando con el escudriño del ojeo los bosques, tal vez te hayas acercado hasta los mismos muros de Huelva.

Y al cuerno, al fin, la cítara suceda.[3]

Treguas al ejercicio sean robusto,
ocio atento, silencio dulce, en cuanto
debajo escuchas de dosel augusto,
del músico jayán el fiero canto.
Alterna con las Musas hoy el gusto;
que si la mía puede ofrecer tanto
clarín (y de la Fama no segundo),
tu nombre oirán los términos del mundo.[4]

Donde espumoso el mar silïano
el pie argenta de plata al Lilibeo
(bóveda o de las fraguas de Vulcano,
o tumba de los huesos de Tifeo),
pálidas señas cenizoso un llano
—cuando no del sacrílego deseo—
del duro oficio da. Allí una alta roca

---

[3]¡Que el generoso halcón, preparado convenientemente para la caza con una dieta previa ("templado" llama el arte de la cetrería al que está en tales condiciones), se entretenga en pulir y alisar con el pico sus plumas, sostenido en el puño del maestro cetrero, o que, si se halla sobre la percha o alcándara que sirve de soporte a estas aves, se esté tan quieto (aunque no será posible) que ni aun le suene el cascabel que colgado lleva! ¡Que el fogoso caballo andaluz se esté enfrenado, tascando y cubriendo de blanca espuma el freno de oro (encaneciendo el oro con lo blanco de la espuma, producto de la impaciencia en el ocio y no de la actividad en la carrera)! ¡Que el lebrel gima con ansia de escapar del cordón de seda que lo atraílla! Y ahora, en suspenso la caza, suceda por fin al cuerno o trompa de los cazadores la cítara del poeta.

[4]Sirvan un dulce silencio y un ocio, atento a la lectura de mi poema, de treguas o descanso del robusto ejercicio venatorio, mientras que tú, asentado bajo el dosel augusto que corresponde a tu grandeza, escuchas el fiero canto del músico gigantazo Polifemo. Alterna hoy con las Musas, con la poesía, el placer de tus deportes; que si mi Musa, mi poesía, es capaz de ofrecer un tan grato clarín como es necesario para proclamar dignamente tus alabanzas (y tal que no sea inferior al más potente de la Fama), tu nombre ha de resonar con mis versos por todos los confines del mundo.

mordaza es a una gruta, de su boca.[5]

Guarnición tosca de este escollo duro
troncos robustos son, a cuya greña
menos luz debe, menos aire puro
la caverna profunda, que a la peña;
caliginoso lecho, el seno oscuro
ser de la negra noche nos lo enseña
infame turba de nocturnas aves,
gimiendo tristes y volando graves.[6]

De este, pues, formidable de la tierra
bostezo, el melancólico vacío
a Polifemo, horror de aquella sierra,
bárbara choza es, albergue umbrío
y redil espacioso donde encierra
cuanto las cumbres ásperas cabrío,
de los montes, esconde: copia bella

---

[5]Cerca de donde el espumoso mar de Sicilia casi rodea el promontorio al que los antiguos llamaron Lilibeo (y hoy se llama lo mismo y también Boeo), como calzando el pie de este monte y argentándolo con la plata de las ondas marinas; cerca de esta montaña que sirvió de bóveda a las fraguas subterráneas de Vulcano o de sepultura a los huesos de Tifeo (uno de los gigantes que pretendieron escalar el Cielo y fueron vencidos por los dioses), un llano, cubierto de ceniza, da todavía con ella pálidas señales, o del duro oficio de las herrerías de Vulcano, o del sacrílego intento de Tifeo (porque Tifeo, enterrado allí, vomita a veces cenizas ardientes desde su sepultura). En este sitio, pues, una alta roca tapa la entrada de una gruta, sirviendo así como de mordaza a la boca de la caverna.

[6]Unos troncos robustos sirven de defensa y tosca guarnición a este recio peñasco. A la greña o maraña intrincada de los árboles debe la caverna profunda aún menos luz del día y menos aire puro que a la peña que la cubre (pues si mucha luz y aire quita esta piedra, más quitan aún los árboles que están delante). Y que el seno oscuro de la cueva es lecho tenebroso de la noche más sombría nos lo indica una infame turba de aves nocturnas que allí gimen con tristeza y vuelan pesadamente.

que un silbo junto y un peñasco sella.[7]

Un monte era de miembros eminente
este (que, de Neptuno hijo fiero,
de un ojo ilustra el orbe de su frente,
émulo casi del mayor lucero)
cíclope, a quien el pino más valiente,
bastón, le obedecía, tan ligero,
y al grave peso junco tan delgado,
que un día era bastón y otro cayado.[8]

Negro el cabello, imitador undoso
de las oscuras aguas del Leteo,
al viento que lo peina proceloso,
vuela sin orden, pende sin aseo;
un torrente es su barba impetüoso,
que (adusto hijo de este Pirineo)
su pecho inunda, o tarde, o mal, o en vano
surcada aun de los dedos de su mano.[9]

---

[7]El triste hueco de este formidable bostezo de la tierra (el hueco de esta enorme gruta) sirve al gigante Polifemo, horror y espanto de aquellos montes, de bárbara choza, de sombrío albergue y de redil espacioso en el que encierra todo el ganado cabrío que esconde u oculta con su número las ásperas cumbres de la sierra: bella abundancia de ganado que, a un silbido de su gigantesco pastor, se reúne, y a la que un peñasco manejado por Polifemo deja encerrada en la cueva.

[8]Era como un eminente monte de miembros humanos este cíclope, feroz hijo del dios Neptuno. En la frente de Polifemo, amplia como un orbe, brilla un solo ojo, que podría casi competir aun con el Sol, nuestro máximo lucero. El más alto y fuerte pino de la montaña lo manejaba como ligero bastón; y, si se apoyaba sobre él, cedía al enorme peso, cimbreándose como delgado junco, de tal modo, que, si un día era bastón, al otro ya estaba encorvado como un cayado.

[9]El cabello negro, imitador, en lo undoso y lo oscuro, de las lóbregas aguas del río del Olvido, pende sin aseo cuando no vuela desordenadamente al soplo de los vientos huracanados; su barba es un impetuoso raudal que se diría bajar de la mole montañosa que es el gigante, como torrente nacido en este gran Pirineo: hijo adusto, pues, de este Pirineo ("adusto" por lo fosco y encrespado, y "adusto"—*adusto* vale etimológicamente lo mismo que 'requemado'—por venir del Pirineo, pues el nombre *Pirineo* se relacionaba tradicionalmente con la voz

No la Trinacria en sus montañas, fiera
armó de crüeldad, calzó de viento,
que redima feroz, salve ligera,
su piel manchada de colores ciento:
pellico es ya la que en los bosques era
mortal horror al que con paso lento
los bueyes a su albergue reducía,
pisando la dudosa luz del día.[10]

Cercado es (cuanto más capaz, más lleno)
de la fruta, el zurrón, casi abortada,
que el tardo otoño deja al blando seno
de la piadosa hierba, encomendada:
la serba, a quien le da rugas el heno;
la pera, de quien fue cuna dorada
la rubia paja, y—pálida tutora—
la niega avara, y pródiga la dora.[11]

Erizo es el zurrón, de la castaña,

---

griega *pyr*, 'fuego'); así se despeña la barba torrencial de Polifemo llegando a inundar el pecho del cíclope, surcada, no por cepillo o peine, sino todo lo más (aunque pocas veces y mal y sin resultado) por los dedos del propio gigante.

[10]No ha criado la isla de Sicilia, en las asperezas de sus montañas, fiera alguna armada de tanta crueldad o dotada de pies tan ligeros, que—frente a Polifemo—libre por su ferocidad o salve con su ligereza su piel manchada de cien colores. Usa el gigante las pieles de las bestias que mata: ya le sirve a Polifemo de pellico la fiera que antes, en los bosques, producía mortal espanto al labrador que, con paso lento, caminando a la dudosa luz crepuscular, volvía a su establo los bueyes, de la labranza.

[11]El zurrón (cuanto más capaz, tanto más lleno) sirve de cercado a la fruta, que se sale y rebosa de él casi como si se abortara; a la fruta seronda o inverniza que el tardío otoño deja como encomendada al piadoso oficio de la hierba, pues, guardada entre hierba, va con lentitud madurando: las serbas que entre el heno se van llenando de arrugas; y las peras que están como en cuna dorada entre la rubia paja, la cual, ejerciendo de pálida tutora ("pálida" por su color pajizo y porque este tinte conviene a la severidad y rigor de la tutoría) las esconde con avaricia (como a sus pupilas un tutor) mientras pródigamente les va dando un color dorado (como un honesto tutor la hacienda de sus encomendadas).

y (entre el membrillo o verde o datilado)
de la manzana hipócrita, que engaña,
a lo pálido no, a lo arrebolado,
y, de la encina (honor de la montaña,
que pabellón al siglo fue dorado)
el tributo, alimento, aunque grosero,
del mejor mundo, del candor primero.[12]

Cera y cáñamo unió (que no debiera)
cien cañas, cuyo bárbaro rüído,
de más ecos que unió cáñamo y cera
albogues, duramente es repetido.
La selva se confunde, el mar se altera,
rompe Tritón su caracol torcido,
sordo huye el bajel a vela y remo:
¡tal la música es de Polifemo![13]

Ninfa, de Doris hija, la más bella,
adora, que vio el reino de la espuma.

---

[12]El zurrón le sirve como de erizo a las castañas, pues las contiene; y también se podría decir que sirve de erizo a las manzanas—mezcladas entre los membrillos verdes o los datilados—(manzanas hipócritas, que engañan no como aquellos que tras una tez pálida esconden lo encendido de sus deseos, sino al contrario, porque la manzana, de piel arrebolada, oculta un interior de carne cérea), y también se podría decir que servía de erizo a la bellota (fruto de la encina, árbol que es honor de la montaña y sirvió de único techo a la edad de oro), a la bellota, alimento, aunque grosero, del mundo mejor, de la inocencia de aquellos tiempos primitivos.

[13]Para formar el enorme instrumento de Polifemo, la cera y el cáñamo unieron cien cañas (que no las debieran haber unido, por los graves efectos que la espantosa música produjo), cuyo bárbaro ruido es repetido duramente por más ecos que cañas o albogues fueron unidos por el cáñamo y la cera (es decir: por más de cien ecos). La selva, con sus alimañas, se conturba al oír tal música; el mar se altera todo; el dios marino Tritón rompe, por inútil o de enfadado (al ver que hay un más potente y horrísono instrumento), la trompa o caracola con la que forma en las aguas el estruendo de las tempestades; asustados y ensordecidos los marinos, escapan a vela y remo los navíos. ¡Tal es la horrible música del gigante Polifemo!

Galatea es su nombre, y dulce en ella
el terno Venus de sus Gracias suma.
Son una y otra luminosa estrella
lucientes ojos de su blanca pluma:
si roca de cristal no es de Neptuno,
pavón de Venus es, cisne de Juno.[14]

Purpúreas rosas sobre Galatea
la Alba entre lilios cándidos deshoja:
duda el Amor cuál más su color sea,
o púrpura nevada, o nieve roja.
De su frente la perla es, eritrea,
émula vana. El ciego dios se enoja,
y, condenado su esplendor, la deja
pender en oro al nácar de su oreja.[15]

Invidia de las ninfas y cuidado
de cuantas honra el mar deidades era;
pompa del marinero niño alado

---

[14]Adora Polifemo a una ninfa, hija de Doris, y la más bella que ha visto el reino marino de la espuma. Se llama Galatea, y en ella resume dulcemente Venus los encantos de sus tres Gracias. Son sus ojos dos luminosas estrellas: lucientes ojos que fulguran sobre su piel tan blanca como la pluma del cisne. Reúne, pues, Galatea las características combinadas del pavón o pavo real (tener ojos en la pluma) y del cisne (tener la pluma blanca). Y como el pavón está consagrado a Juno y el cisne a Venus, podemos decir que es un pavón de Venus (pavón, por los ojos; de Venus por ser blanca como el cisne de Venus), o bien, cisne de Juno (cisne, por la blancura; de Juno, por los ojos "de su pluma": cualidad del pavón de Juno); si ya no queremos llamarla roca o escollo cristalino de los mares de Neptuno.

[15]Blanca y colorada es Galatea: la Aurora ha deshojado sobre ella rosas rojas como la púrpura, entremezcladas con lirios (es decir, azucenas) de un blancor cándido. Duda el Amor y no se determina a decir cuál sea el color de la ninfa: si púrpura nevada o si roja nieve; tan ligados y matizados están en ella ambos colores. En vano la perla del mar Eritreo quiere competir con la frente de Galatea. El ciego dios de amor, se enoja de ver el atrevimiento de la perla, y, condenando su esplendor, la relega, engastada en el oro de un zarcillo, a pender de la nacarada oreja de la muchacha.

que sin fanal conduce su venera.
Verde el cabello, el pecho no escamado,
ronco sí, escucha a Glauco la ribera
inducir a pisar la bella ingrata,
en carro de cristal, campos de plata.[16]

Marino joven, las cerúleas sienes,
del más tierno coral ciñe Palemo,
rico de cuantos la agua engendra bienes,
del Faro odioso al promontorio extremo;
mas en la gracia igual, si en los desdenes
perdonado algo más que Polifemo,
de la que, aún no le oyó, y, calzada plumas,
tantas flores pisó como él espumas.[17]

Huye la ninfa bella; y el marino
amante nadador, ser bien quisiera,
ya que no áspid a su pie divino,
dorado pomo a su veloz carrera;

---

[16]Mucho la envidiaban las otras ninfas, y por ella estaba lleno de un amoroso cuidado el corazón de todas las divinidades a las que honra el mar (de todos los dioses marinos). En ella se mostraba la pompa y el triunfo del Amor, de ese dios niño y alado, que, cual marinero, conduce a ciegas (como navío sin farol) la concha o venera de su madre Venus. Glauco (uno de esos dioses marinos enamorados de Galatea), que tiene el cabello verde y el pecho no cubierto de escamas (pues sólo es pez de medio cuerpo para abajo), pero que sí lo tiene ronco de vocear en vano su amor, incita a la bella e ingrata ninfa a que monte con él en el carro cristalino que, como dios del mar, gobierna, para surcar así los campos de plata de las ondas.

[17]Es Palemón un joven habitante de los mares, que ciñe y adorna sus azuladas sienes con ramas del más tierno coral, y que es rico de cuantos bienes cría el agua desde el odioso Faro de Mesina (lugar de muchos naufragios) hasta el promontorio del Lilibeo en el otro extremo de la isla. Pero, a pesar de su juventud y sus riquezas, ante Galatea halla tan poca correspondencia y gracia como Polifemo, aunque tal vez no extreme con él los desdenes tanto como con el gigante. Apenas Palemón comienza sus requiebros de amor, apenas si le ha oído aún Galatea, cuando ésta huye como si tuviera alas en los pies, pisando tantas flores de la ribera como él (que la persigue nadando) pisa espumas del mar.

mas, ¿cuál diente mortal, cuál metal fino
la fuga suspender podrá ligera
que el desdén solicita? ¡Oh cuánto yerra
delfín que sigue en agua corza en tierra![18]

Sicilia, en cuanto oculta, en cuanto ofrece,
copa es de Baco, huerto de Pomona:
tanto de frutas ésta la enriquece,
cuanto aquél de racimos la corona.
En carro que estival trillo parece,
a sus campañas Ceres no perdona,
de cuyas siempre fértiles espigas
las provincias de Europa son hormigas.[19]

A Pales su viciosa cumbre debe
lo que a Ceres, y aún más, su vega llana;
pues si en la una granos de oro llueve,
copos nieva en la otra mil de lana.
De cuantos siegan oro, esquilan nieve,

---

[18]Huye la hermosa ninfa; y el marino amante que la persigue nadando, bien quisiera ser, ya que no áspid fatal que mordiera el pie divino de Galatea (como el que, mordiendo a Eurídice, que huía de Aristeo, detuvo la carrera y la vida de la fugitiva), sí una manzana de oro que a la ninfa desdeñosa le hiciera menguar el paso (como en el mito de Atalanta, a la que Hipomenes, que competía en correr con ella, arrojó unas manzanas de oro: agachóse a cogerlas Atalanta, y perdió por esta distracción). Pero, ¿qué diente mortífero (como el del áspid de Eurídice), qué metal preciado (como el de las manzanas de Atalanta) podrá suspender la rápida fuga, provocada por el desdén amoroso? ¡Oh, cómo se equivoca quien trata de perseguir lo inalcanzable, quien, como delfín que nada por el mar, pretende seguir a una ninfa que huye, veloz cual corza, por la tierra!

[19]Sicilia, por su abundancia del vino que oculta en sus bodegas y de los frutos que ofrece en sus árboles, es como la copa de Baco (dios del vino) y cual un huerto de Pomona (diosa de los frutos): tanto ésta la enriquece con sus frutas, cuanto aquél corona de vides sus collados. Ceres (diosa de la agricultura), en su carro, que, adornado de espigas, parece un trillo de la cosecha estival, no deja nunca de visitar las campiñas sicilianas, haciéndolas rendir constante y abundantemente sus cereales: campiñas de cuyas siempre fértiles cosechas las naciones de Europa son hormigas, pues, como hormigas al grano, van allí a abastecerse.

o en pipas guardan la exprimida grana,
bien sea religión, bien amor sea,
deidad, aunque sin templo, es Galatea.[20]

    Sin aras, no: que el margen donde para
del espumoso mar su pie ligero,
al labrador, de sus primicias ara,
de sus esquilmos es al ganadero;
de la Copia—a la tierra, poco avara—
el cuerno vierte el hortelano, entero,
sobre el mimbre que tejió, prolija,
si artificiosa no, su honesta hija.[21]

    Arde la juventud, y los arados
peinan las tierras que surcaron antes,
mal conducidos, cuando no arrastrados
de tardos bueyes, cual su dueño errantes;
sin pastor que los silbe, los ganados
los crujidos ignoran resonantes,
de las hondas, si, en vez del pastor pobre,

---

[20]Las lozanas cumbres de la isla deben a Pales (diosa de los ganados) una gran abundancia de rebaños; tanta y aún más que su vega llana debe de mieses a Ceres (diosa de la agricultura); pues si en la vega llueve, en vez de agua, granos de oro (tan ricos son en ella los sembrados), en las cumbres nieva, en vez de nieve, mil copos de lana (tanto abundan en ellas las ovejas). Para todos los que siegan oro (para todos los labradores que cultivan los cereales), para todos los que esquilan nieve (para todos los ganaderos que recogen lana), y para todos los vendimiadores que guardan en toneles el mosto, rojo como la grana, exprimido de la uva, para todos ellos (bien sea por religión—dado el origen divino de la ninfa—, bien sea simplemente por amor) es Galatea una deidad, aunque una deidad sin templo.

[21]Pero no sin aras; porque el sitio de la orilla del espumoso mar donde se detiene su pie ligero, les sirve a sus enamorados, de ara en que depositar sus ofrendas: las primicias de la cosecha, al labrador; y las granjerías de su ganado, al ganadero. Y el hortelano vuelca sus productos, como si vertiera todo el Cuerno de la Abundancia (tan poco avara con relación a aquella fértil tierra), sobre el cestillo de mimbres, que, con mucho trabajo, aunque con escaso artificio, ha tejido la honesta hija del propio rústico.

el céfiro no silba, o cruje el robre.[22]

Mudo la noche el can, el día, dormido,
de cerro en cerro y sombra en sombra yace.
Bala el ganado; al mísero balido,
nocturno el lobo de las sombras nace.
Cébase; y fiero, deja humedecido
en sangre de una lo que la otra pace.
¡Revoca, Amor, los silbos, o a su dueño
el silencio del can siga, y el sueño![23]

La fugitiva ninfa, en tanto, donde
hurta un laurel su tronco al sol ardiente,
tantos jazmines cuanta hierba esconde
la nieve de sus miembros, da a una fuente.
Dulce se queja, dulce le responde
un ruiseñor a otro, y dulcemente
al sueño da sus ojos la armonía,

---

[22]La juventud de la isla se abrasa en amor a Galatea; y los arados (absortos en este amor los que los guían) pasan al descuido sobre las tierras de la labranza, peinándolas ligeramente (sobre las mismas tierras que, en otro tiempo, abrieron y surcaron), mal conducidos por los aradores, cuando no arrastrados al azar por los tardos bueyes, tan errantes como sus dueños. Los ganados, sin pastor que los silbe (pues tampoco los pastores piensan en otra cosa, sino en el amor de Galatea), ya no oyen como antaño los resonantes crujidos de las hondas pedreras, a no ser que, en vez del pobre pastor silben los céfiros, o crujan al viento los robles de la montaña.

[23]Abstraídos los enamorados pastores, aun los perros del ganado descuidan la guarda: permanecen mudos, sin ladrar, de noche y duermen (en vez de vigilar) por el día. No hacen sino andar sesteando de cerro en cerro y buscando de sombra en sombra el tempero más agradable para su dormir. Balan, sin guardián, los ganados. Al oír el mísero balido, surgen de las sombras nocturnas los lobos, y se ceban fieramente en el indefenso rebaño, dejando mojada con la sangre de sus víctimas aun la misma hierba que las otras ovejas pacen. ¡Oh, Amor, vuelve a hacer que suenen los silbidos de los pastores, haz que vuelvan los pastores a su ganado! Y, si no quieres, que se vaya el inútil silencio y el dormir del can, con su enamorado y errante dueño.

por no abrasar con tres soles el día.[24]

    Salamandria del Sol, vestido estrellas,
latiendo el Can del cielo estaba, cuando
(polvo el cabello, húmidas centellas,
si no ardientes aljófares, sudando)
llegó Acis; y, de ambas luces bellas
dulce Occidente viendo al sueño blando,
su boca dio, y sus ojos cuanto pudo,
al sonoro cristal, al cristal mudo.[25]

    Era Acis un venablo de Cupido,
de un fauno, medio hombre, medio fiera,
en Simetis, hermosa ninfa, habido;
gloria del mar, honor de su ribera.
El bello imán, el ídolo dormido,
que acero sigue, idólatra venera,
rico de cuanto el huerto ofrece pobre,

---

[24]Mientras ocurren estos efectos de amor, que hemos relatado, Galatea, la ninfa que huye de todos sus amadores, allá en un lugar donde un laurel protege con su follaje su propio tronco del fuego del sol, da a las márgenes de una fuente tantos jazmines (tanta cantidad de sus blancos miembros) cuanta hierba cubre la blancura de sus miembros mismos. Unos ruiseñores se quejan dulcemente allí, y se responden el uno al otro, y dulcemente la armonía de la música va cerrando los ojos de Galatea y entregándolos al sueño, para impedir que tres soles abrasaran al día (el sol del cielo más los dos soles que son los ojos de la muchacha).

[25]Era un día de la canícula, cuando el Sol entra en la constelación del Can. Estaba, pues, el Can celeste, vestido de sus propias estrellas, ladrando—como echando llamas—, hecho salamandra del cielo (pues el animal de este nombre, según una tradición antigua, puede estar dentro del fuego sin consumirse), cuando llegó al sitio donde dormía Galatea el joven Acis. Llegó acalorado, lleno de polvo el cabello y sudando resplandecientes gotas, que por lo ardiente y lo húmedo podríamos llamar centellas líquidas, si ya no las queremos calificar de aljófares abrasados; y viendo que el sueño blando había ocultado (como oculta el Occidente al Sol) los dos bellos soles de los ojos de Galatea, dio su boca al cristal sonoro (al agua de la fuente) y sus ojos, cuanto se lo permitía la posición, al cristal mudo (a los miembros cristalinos de la dormida ninfa): se puso, pues, a beber en la fuente y a mirar de reojo a la muchacha.

rinden las vacas y fomenta el robre.[26]

El celestial humor recién cuajado
que la almendra guardó entre verde y seca,
en blanca mimbre se lo puso al lado,
y un copo, en verdes juncos, de manteca;
en breve corcho, pero bien labrado,
un rubio hijo de una encina hueca,
dulcísimo panal, a cuya cera
su néctar vinculó la primavera.[27]

Caluroso, al arroyo da las manos,
y con ellas las ondas a su frente,
entre dos mirtos que, de espuma canos,
dos verdes garzas son de la corriente.
Vagas cortinas de volantes vanos
corrió Favonio lisonjeramente
a la (de viento cuando no sea) cama
de frescas sombras, de menuda grama.[28]

---

[26]Era el bello Acis como un venablo que el dios del amor usara para herir los corazones. Había sido engendrado por un fauno, medio hombre y medio fiera, en la hermosa ninfa Simetis, y era gloria del mar y honor de sus orillas. Galatea es como un bello imán que le atrae y al que sigue cual el acero; y al ver dormido el ídolo que adora, como un idólatra lo venera; lo venera, como puede él, rico de todo lo que ofrece un pobre huerto, de lo que rinden las vacas y de la miel que se cría en lo hueco de los robles.

[27]En un cestillo de blanco mimbre puso Acis al lado de Galatea almendras frescas mondadas, ese humor celestial recién cuajado, que la almendra guarda cuando no está ni ya verde ni seca todavía; dejó también una pella de manteca en unos verdes junquillos; y, en un vaso de corcho, pequeño, pero bien labrado, un dulcísimo panal, rubio hijo de una hueca encina, a cuya cera quedó vinculado o perpetuamente unido el néctar de la estación primaveral (el aroma y el dulzor de sus flores).

[28]Acis, acalorado, se refresca las manos en el arroyo; y con ellas lleva el agua hasta su cara. Lávase así Acis entre dos mirtos en los que se detiene el agua, y, encaneciéndolos con lo blanco de su espuma, los hace parecer dos verdes garzas que se bañaran en la corriente (verdes, por ser color de los mirtos; garzas, por estar emblanquecidos por la espuma). Un suave céfiro que mansamente

La ninfa, pues, la sonorosa plata
bullir sintió del arroyuelo apenas,
cuando, a los verdes márgenes ingrata,
segur se hizo de sus azucenas.
Huyera; mas tan frío se desata
un temor perezoso por sus venas,
que a la precisa fuga, al presto vuelo,
grillos de nieve fue, plumas de hielo.[29]

Fruta en mimbres halló, leche exprimida
en juntos, miel en corcho, mas sin dueño;
si bien al dueño debe, agradecida,
su deidad culta, venerado el sueño.
A la ausencia mil veces ofrecida,
este de cortesía no pequeño
indicio la dejó—aunque estatua helada—
más discursiva y menos alterada.[30]

---

soplaba, corrió las vagas cortinas de vanos volantes de sus ondas, sobre el sitio donde Galatea dormía, lecho que (si no le queremos llamar cama de viento), era una cama de grama menuda y frescas sombras.

[29]Apenas, pues, oyó Galatea bullir el agua sonorosa y plateada del arroyo (que Acis movía), cuando se convirtió en segur de sus propias azucenas; es decir, se puso en pie, y, al ponerse en pie, separó o segó de la hierba—como una segur—las azucenas de sus propios blancos miembros, que antes cubrían o florecían el césped (obrando así ingratamente con los verdes márgenes que le habían proporcionado grato reposo). Su primer impulso fue echar a correr, pero por la sangre se le difundió un perezoso frío de temor, tan frío que le impidió la necesaria fuga, como unos grillos (no de hierro, sino de nieve, por lo helado de su alteración) que la retuvieran presa; como unas plumas que siendo de hielo hicieran imposible el presto vuelo de su huida.

[30]Encontró Galatea las frutas en cestillo de mimbres, la manteca en juncos y la miel en vaso de corcho; pero no vio al donador de estas ofrendas. Si bien comprende, agradecida, que debe al dueño de ellas el haber sido cultivada o adorada con dones su deidad, y venerado y respetado su sueño. Dispuesta ya mil veces a ausentarse, a huir, este no pequeño indicio de cortesía la dejó (aunque aún convertida por el miedo en helada estatua) con más discurso y menos alteración.

No al Cíclope atribuye, no, la ofrenda;
no a sátiro lascivo, ni a otro feo
morador de las selvas, cuya rienda
el sueño aflija, que aflojó el deseo.
El niño dios, entonces, de la venda,
ostentación gloriosa, alto trofeo
quiere que al árbol de su madre sea
el desdén hasta allí de Galatea.[31]

Entre las ramas del que más se lava
en el arroyo, mirto levantado,
carcaj de cristal hizo, si no aljaba,
su blanco pecho, de un arpón dorado.
El monstro de rigor, la fiera brava,
mira la ofrenda ya con más cuidado,
y aun siente que a su dueño sea, devoto,
confuso alcaide más, el verde soto.[32]

Llamáralo, aunque muda, mas no sabe
el nombre articular que más querría;
ni lo ha visto, si bien pincel süave
lo ha bosquejado ya en su fantasía.
Al pie—no tanto ya, del temor, grave—
fía su intento; y, tímida, en la umbría

---

[31]No puede atribuir de ningún modo la ofrenda al Cíclope Polifemo, ni a un lascivo sátiro, ni a ningún otro de los feos faunos o silvanos, moradores de los bosques, en los cuales el sueño de una mujer rompe la rienda de la audacia, ya aflojada de antemano por el mal deseo. Entonces, el niño dios que tiene los ojos vendados, el dios del Amor, quiere que Galatea se enamore, y que el desdén que victoriosamente hasta allí tuvo la ninfa, vencido ya, sirva de gloriosa ostentación o trofeo, colgado del mirto, árbol de Venus, madre del mismo Amor.

[32]Disparó el Amor, desde el levantado mirto que más se baña en la corriente, una flecha dorada que se hincó en el blanco pecho de Galatea, quedando así el pecho convertido como en carcaj o aljaba de la flecha. Herida por el Amor, la ninfa—aquel monstruo de rigor, aquella fiera áspera para sus enamora-dos—comienza ahora a mirar con más cuidado las ofrendas que encontró junto a sí, y aun llega a sentir que el verde soto oculte por más tiempo—como celoso alcaide—al devoto donador de los regalos.

cama de campo y campo de batalla,
fingiendo sueño al cauto garzón halla.[33]

El bulto vio, y, haciéndolo dormido,
librada en un pie toda sobre él pende
(urbana al sueño, bárbara al mentido
retórico silencio que no entiende):
no el ave reina, así, el fragoso nido
corona inmóvil, mientras no desciende
—rayo con plumas—al milano pollo
que la eminencia abriga de un escollo

como la ninfa bella, compitiendo
con el garzón dormido en cortesía,
no sólo para, mas el dulce estruendo
del lento arroyo enmudecer querría.
A pesar luego de las ramas, viendo
colorido el bosquejo que ya había
en su imaginación Cupido hecho
con el pincel que le clavó su pecho,

de sitio mejorada, atenta mira,
en la disposición robusta, aquello
que, si por lo süave no la admira,
es fuerza que la admire por lo bello.
Del casi tramontado sol aspira
a los confusos rayos, su cabello;
flores su bozo es, cuyas colores,

---

[33]Con gusto llamaría Galatea (aunque muda aún por el susto) al donante de las ofrendas; pero no sabe formar este nombre que sería el que más desearía pronunciar. Ni ha visto su persona, aunque un suave pincel amoroso lo ha bosquejado ya en su fantasía, le ha hecho que se le imagine. Fía su intento a sus pies—ya menos pesados, menos paralizados por el pasado temor—y se dirige a donde en la sombreada cama de campo que forma la hierba encuentra al astuto mancebo que se finge dormido. La cama en que finge sueño será el campo de batalla desde donde Acis vencerá el corazón de Galatea como explican las estrofas que siguen.

como duerme la luz, niegan las flores.[34]

En la rústica greña yace oculto
el áspid, del intonso prado ameno,
antes que del peinado jardín culto
en el lascivo, regalado seno:
en lo viril desata de su vulto
lo más dulce el Amor, de su veneno;
bébelo Galatea, y da otro paso
por apurarle la ponzoña al vaso.[35]

---

[34]Ve Galatea la forma de Acis, y, creyéndole dormido, mantenida en un pie, se inclina toda sobre el mancebo (como si pendiera sobre él) para contemplarle, urbana o cortés para con el sueño (respetando cortésmente el que ella cree sueño), pero bárbara por lo que se refiere a aquel fingido silencio, bárbara porque no entiende este silencio, este lenguaje mudo, al cual podemos llamar retórico, por su artificiosidad o fingimiento y porque la belleza de Acis hablaba por sí sola mejor que bellos discursos.

No se queda tan inmóvil el águila, reina de las otras aves cuando corona en su vuelo su inaccesible nido (mientras no desciende—veloz como un rayo con plumas—a cebarse en el milano pollo, al que abriga la cumbre de algún peñascal), como la bella ninfa, compitiendo, en el respeto cortés al sueño, con el muchacho dormido (pues éste había respetado antes el sueño de Galatea), no sólo se queda quieta, sino que hasta desearía hacer enmudecer el dulce, atenuado estruendo que formaba el lento arroyo.

Viendo luego—a pesar de las ramas interpuestas—ya coloreado y real aquel bosquejo que el Amor le había dibujado en la imaginación, como con un pincel, con aquella flecha que le clavó en el pecho; mejorándose de lugar, mira y escudriña atentamente en la robusta virilidad de aquel rostro, todo lo que, si por lo suave no la admira, es fuerza que la admire por la belleza. El cabello de Acis aspira a igualar en el color los rayos del Sol poco antes de la puesta; su bozo es todo florido, flores cuyas tonalidades, como el muchacho tiene cerradas las luces de sus ojos, faltas de luz, no se distinguen bien.

[35]La víbora yace oculta en la rústica maraña del ameno prado que nadie siega, mejor que en el regalado seno de un jardín exquisitamente cultivado. Así, en la descuidada virilidad del rostro de Acis, ha entremezclado o disimulado el Amor lo más dulce de su veneno. Galatea lo está bebiendo ya con los ojos, y sin ser dueña de sí, da aún otro paso y se acerca más a Acis, para mirarle mejor, para apurar hasta el fin aquel vaso de amorosa ponzoña.

Acis—aún más de aquello que dispensa
la brújula del sueño vigilante—,
alterada la ninfa esté o suspensa,
Argos es siempre atento a su semblante,
lince penetrador de lo que piensa,
cíñalo bronce o múrelo diamante:
que en sus paladïones Amor ciego,
sin romper muros, introduce fuego.[36]

El sueño de sus miembros sacudido,
gallardo el joven la persona ostenta,
y al marfil luego de sus pies rendido,
el coturno besar dorado intenta.
Menos ofende el rayo prevenido,
al marinero, menos la tormenta
prevista le turbó o pronosticada:
Galatea lo diga, salteada.[37]

Más agradable y menos zahareña,
al mancebo levanta venturoso,
dulce ya concediéndole y risueña,
paces no al sueño, treguas sí al reposo.
Lo cóncavo hacía de una peña
a un fresco sitïal dosel umbroso,

---

[36]Acis está con cien ojos (como Argos), atento siempre al semblante de Galatea, más de lo que parece permitir el breve resquicio que dejan sus párpados en aquel fingido, vigilante sueño; y es un lince que penetra todo lo que ella piensa y siente (ora esté aún alterada entre el miedo y el amor; ora, indecisa), aunque Galatea lo quisiera encubrir con bronce o murar con diamante. Porque el amor sabe con sus fingidos paladiones introducir el fuego de la pasión, no por un hueco abierto en la muralla (como los griegos introdujeron el Paladión en Troya) sino sin necesidad de romper muros.

[37]Acis sacude de sus miembros el fingido sueño y se levanta, y al levantarse muestra la gallardía de su persona; y luego, postrado ante los pies blancos como marfil, de Galatea, intenta besar el coturno labrado en oro, con que la ninfa se calza. Menos asusta al marinero el rayo que puede ser previsto; menos le turba la tormenta prevenida o pronosticada: bien lo puede testimoniar Galatea, que no esperaba la súbita acción del mozo.

y verdes celosías unas hiedras,
trepando troncos y abrazando piedras.[38]

Sobre una alfombra, que imitara en vano
el tirio sus matices (si bien era
de cuantas sedas ya hiló, gusano,
y, artífice, tejió la Primavera)
reclinados, al mirto más lozano,
una y otra lasciva, si ligera,
paloma se caló, cuyos gemidos
—trompas de amor—alteran sus oídos.[39]

El ronco arrullo al joven solicita;
mas, con desvíos Galatea suaves,
a su audacia los términos limita,
y el aplauso al concento de las aves.
Entre las ondas y la fruta, imita
Acis al siempre ayuno en penas graves:
que, en tanta gloria, infierno son no breve,
fugitivo cristal, pomos de nieve.[40]

---

[38]Depuesto su sobresalto, ya más agradable y menos esquiva, levanta Galatea al venturoso mancebo, concediéndole, dulcemente risueña, no paces para que volviese a dormir, sino treguas al descanso, es decir, que interrumpiese su descanso para estar con ella. Formaba allí lo hueco de una peña un umbroso dosel a un fresco lugar, apropiado para sentarse o reclinarse en él como en un sitial, y le servían de verdes celosías unas hiedras que subían trepando por los troncos y abrazando las peñas.

[39]Reclinados sobre la alfombra de la hierba (alfombra cuyos matices imitaran mal los famosos colores de Tiro, aunque sólo estaba hecha de las sedas que la Primavera hiló, como gusano, y tejió como artífice en su telar), se abatieron al más lozano de los mirtos, dos enceladas y ligeras palomas, cuyos gemidores arrullos escuchan los dos enamorados (y son como trompas del dios del amor, que les incitaran a su guerra), y al escucharlos sienten profunda alteración.

[40]El ronco arrullo de las palomas excita los deseos amorosos de Acis, pero Galatea le esquiva con suavidad y le modera, poniendo freno a la audacia del joven y limitando el aplauso a la armonía que forman las aves.

Entre el agua y la fruta, sin poder llegar a una ni a otra, imita Acis en sus graves penas al siempre ayuno Tántalo (condenado por los dioses a estar metido

No a las palomas concedió Cupido
juntar de sus dos picos los rubíes,
cuando al clavel el joven atrevido
las dos hojas le chupa carmesíes.
Cuantas produce Pafo, engendra Gnido,
negras vïolas, blancos alhelíes,
llueven sobre el que Amor quiere que sea
tálamo de Acis ya y de Galatea.[41]

Su aliento humo, sus relinchos fuego,
si bien su freno espumas, ilustraba
las columnas Etón que erigió el griego,
do el carro de la luz sus ruedas lava,
cuando, de amor el fiero jayán ciego,
la cerviz oprimió a una roca brava,
que a la playa, de escollos no desnuda,
linterna es ciega y atalaya muda.[42]

---

con el agua a la boca en un río: las ramas de un manzano, con sus frutos, cuelgan sobre él, pero cuando las quiere alcanzar se retiran; y si quiere beber del agua, baja el nivel de ésta y no puede aplacar la sed); así también, en medio de la gloria de verse al lado de tal belleza, son para Acis infierno o condenación no pequeña aquellos brazos cristalinos que como agua fugitiva se le escapan, aquellos senos, como pomas de nieve, que no puede tocar.

[41]Apenas había otorgado Cupido a las palomas juntar en amor los dos rubíes de sus picos, cuando, atrevido, Acis le chupa al clavel de la boca de Galatea, las dos hojas carmesíes, los dos rojos labios. Todas las oscuras violetas y los blancos alhelíes que cría Pafos y engendra Gnido (ciudades consagradas a Venus) llueven sobre aquel lugar que Amor ha destinado ya para tálamo de Acis y de Galatea.

[42]Con su aliento hecho todo humo y sus relinchos fuego, aunque con el freno lleno de espumas, ilustraban o iluminaban ya Etón y los otros caballos del sol las columnas de Hércules, que erigió este héroe griego en el estrecho de Gibraltar, sitio donde el carro solar lava en el océano, al ponerse, sus ruedas. Estaba, pues, ya el sol, todavía ardoroso, inclinado hacia occidente y próximo a la puesta, cuando Polifemo, el fiero gigantazo, se sentó, oprimiéndolo con su peso, sobre lo alto de una brava roca, que a la playa, erizada de escollos, le sirve—aunque sin luz—de faro, y—aunque sin emitir señales—de atalaya (pues como un faro o una atalaya domina el arenal).

Arbitro de montañas y ribera,
aliento dio, en la cumbre de la roca,
a los albogues que agregó la cera,
el prodigioso fuelle de su boca;
la ninfa los oyó, y ser más quisiera
breve flor, hierba humilde, tierra poca,
que de su nuevo tronco vid lasciva,
muerta de amor, y de temor no viva.[43]

Mas—cristalinos pámpanos sus brazos—
amor la implica, si el temor la anuda,
al infelice olmo que pedazos
la segur de los celos hará aguda.
Las cavernas en tanto, los ribazos
que ha prevenido la zampoña ruda,
el trueno de la voz fulminó luego:
¡referidlo, Pïérides, os ruego![44]

«¡Oh bella Galatea, más süave
que los claveles que tronchó la aurora;
blanca más que las plumas de aquel ave
que dulce muere y en las aguas mora;
igual en pompa al pájaro que, grave,

---

[43]Puesto Polifemo en la cumbre de la roca, dominando las montañas y la marina--como árbitro entre ambas partes--el enorme fuelle que formaba su boca sopló las cañas o albogues unidos con cera, que constituían su instrumento músico. La ninfa, desde donde estaba con su Acis, oyó aquella música y hubiera preferido ser entonces una florecilla, una hierbecita o un poquito de tierra (para escapar así a los celos del jayán), mejor que verse allí--muerta de amor por Acis y de miedo a Polifemo--unida, como exuberante vid, al tronco de su nuevo esposo.

[44]Pero, enlazados sus brazos a Acis, como pámpanos que fueran de cristal, el amor la entrelaza y el temor la obliga a anudarse más aún (como la vid al tronco de un olmo) al cuerpo de su amigo, tronco al cual ha de hacer pedazos la aguda hacha de los celos. En tanto, la voz del gigante ha caído, fulminando como el rayo, sobre las cavernas y ribazos de la isla, prevenidos ya antes por el preludio musical de la zampoña. ¡Referidlo por mí, oh Musas Piérides: os lo ruego!

su manto azul de tantos ojos dora
cuantas el celestial zafiro estrellas!
¡Oh tú, que en dos incluyes las más bellas![45]

«Deja las ondas, deja el rubio coro
de las hijas de Tetis, y el mar vea,
cuando niega la luz un carro de oro,
que en dos la restituye Galatea.
Pisa la arena, que en la arena adoro
cuantas el blanco pie conchas platea,
cuyo bello contacto puede hacerlas,
sin concebir rocío, parir perlas.[46]

«Sorda hija del mar, cuyas orejas
a mis gemidos son rocas al viento:
o dormida te hurten a mis quejas
purpúreos troncos de corales ciento,
o al disonante número de almejas
—marino, si agradable no, instrumento—
coros tejiendo estés, escucha un día
mi voz, por dulce, cuando no por mía.[47]

---

[45]¡Oh bella Galatea, más suave que los claveles que la aurora, con el peso del rocío, troncha; más blanca que el cisne, aquel ave que muere cantando dulcemente y mora en las aguas; igual en pompa al pavo real, pájaro que gravemente dora su manto o plumaje azul con otros tantos ojos como estrellas tiene el zafiro de los cielos para adornar su manto azulado! ¡Oh tú que en sólo las dos estrellas de tus ojos comprendes o resumes las más bellas del cielo!

[46]Sal de las aguas, deja el rubio coro de las ninfas del océano, hijas de Tetis; y vea el mar que, cuando el carro del Sol, al ponerse, niega su luz, en los dos soles de sus ojos la restituye Galatea. Pisa la arena de la playa, que yo adoro en la arena cuantas conchas platea tu blanco pie, cuyo contacto puede hacer que las conchas paran perlas sin que—según se creía—necesiten concebir rocío.

[47]Sorda hija del mar, cuyas orejas son tan insensibles a mis ruegos como al viento las rocas: o ya estés dormida en las aguas, entre los rojos troncos de cien corales que impidan llegar hasta ti mis quejas; o ya estés bailando y tejiendo coros a la discordante música de unas almejas (instrumento marino, hecho con la concha de este molusco, pero instrumento poco agradable), escucha una vez mi voz, por ser dulce, ya que no por ser mía.

«Pastor soy, mas tan rico de ganados,
que los valles impido más vacíos,
los cerros desparezco levantados
y los caudales seco de los ríos;
no los que, de sus ubres desatados,
o derivados de los ojos míos,
leche corren y lágrimas; que iguales
en número a mis bienes son mis males.[48]

«Sudando néctar, lambicando olores,
senos que ignora aun la golosa cabra,
corchos me guardan, más que abeja flores
liba inquïeta, ingenïosa labra;
troncos me ofrecen árboles mayores,
cuyos enjambres, o el abril los abra,
o los desate el mayo, ámbar distilan
y en ruecas de oro rayos del sol hilan.[49]

«Del Júpiter soy hijo, de las ondas,
aunque pastor; si tu desdén no espera
a que el monarca de esas grutas hondas,
en tronco de cristal te abrace nuera,
Polifemo te llama, no te escondas;

[48]Es cierto que soy pastor, pero tan rico en ganados que embarazo y lleno con ellos los valles más amplios, hago desaparecer—cubriéndoloscon mis rebaños—los más encumbrados cerros, y seco—al abrevar mis hatos—los caudales de los ríos. Mas no se agotarían (tan rico soy) los caudales de leche que manan de las ubres de mis reses, ni tampoco (tan desgraciado soy) los caudales de lágrimas que fluyen o derivan de mis ojos: pues si grandes son en número mis bienes, tan grandes son también mis pesares.

[49]Sudando dulce néctar, destilando el olor de las flores, escondrijos de la isla que no puede descubrir ni aun la golosa cabra, guardan mis colmenas de corcho: más colmenas que flores innumerables liba inquieta, e ingeniosamente melifica la abeja. Los árboles mayores me ofrecen sus troncos, en donde tengo también enjambres, los cuales, o ya se abran con el mes de abril, o ya con el de mayo se disgreguen al salir las abejas a libar por los campos, exudan una miel del color del ámbar, y en la cera dorada del panal (como en una rueca) labran una miel rubia cual si hilaran los mismos rayos del sol.

que tanto esposo admira la ribera
cual otro no vio Febo, más robusto,
del perezoso Volga al Indo adusto.[50]

«Sentado, a la alta palma no perdona
su dulce fruto mi robusta mano;
en pie, sombra capaz es mi persona
de innumerables cabras el verano.
¿Qué mucho, si de nubes se corona
por igualarme la montaña en vano,
y en los cielos, desde esta roca, puedo
escribir mis desdichas con el dedo?[51]

«Marítimo alcïón roca eminente
sobre sus huevos coronaba, el día
que espejo de zafiro fue luciente
la playa azul, de la persona mía.
Miréme, y lucir vi un sol en mi frente,
cuando en el cielo un ojo se veía:
neutra el agua dudaba a cuál fe preste,
o al cielo humano, o al cíclope celeste.[52]

---

[50]Aunque pastor, soy hijo nada menos que de Neptuno, que es como el Júpiter o dios supremo del mar. Si ya no es que tu condición desdeñosa está esperando a que sea el mismo Neptuno quien, en su trono de cristal, te abrace como nuera, no te escondas, pues es Polifemo quien te llama: que la ribera del mar admira en él un esposo de tanto valer y grandeza, cual el sol nunca lo vio tan robusto, desde el río Volga, a quien los hielos hacen de perezoso fluir, hasta la abrasada corriente del río Indo.

[51]Estando sentado, mi robusta mano llega a alcanzar el dulce fruto de las altas palmas; si estoy en pie, sirve mi cuerpo de sombra suficiente para proteger del sol innumerables cabras en los meses del verano. ¿Qué mucho sea así, si aun las altas montañas quieren en vano igualarme tratando de aumentar su altura con coronarse de nubes, y en los mismos cielos puedo desde esta peña escribir con el dedo mis desdichas amorosas?

[52]Coronaba el ave marina llamada alción una roca eminente, empollando los huevos de su nidal (hacen esto sólo en ciertas épocas de calma), el día en que el mar azul sirvió a mi persona de luciente espejo de zafiro. Miréme, y vi lucir en mi frente un ojo como un sol, mientras que en el cielo se veía al sol como un

«Registra en otras puertas el venado
sus años, su cabeza colmilluda
la fiera cuyo cerro levantado,
de helvecias picas es muralla aguda;
la humana suya el caminante errado
dio ya a mi cueva, de piedad desnuda,
albergue hoy, por tu causa, al peregrino,
do halló reparo, si perdió camino.[53]

«En tablas dividida, rica nave
besó la playa miserablemente,
de cuantas vomitó riquezas grave,
por las bocas del Nilo el Orïente.
Yugo aquel día, y yugo también süave,
del fiero mar a la sañuda frente
imponiéndole estaba (si no al viento
dulcísimas coyundas) mi instrumento,

«cuando, entre globos de agua, entregar veo
a las arenas ligurina haya,
en cajas los aromas del Sabeo,
en cofres las riquezas de Cambaya:
delicias de aquel mundo, ya trofeo
de Escila, que, ostentando en nuestra playa,
lastimoso despojo fue dos días

---

gran ojo. Indecisa el agua, dudaba a cuál había de creer cielo: si a Polifemo, cielo humano por el sol—el ojo—que le lucía en la frente, o al cielo, cíclope celestial por el único ojo—el sol—que brillaba en su bóveda.

[53] En otras puertas se pueden ver, como trofeos de la caza, las cornamentas de los venados (por los cuales descubre el animal la edad que tenía) y las colmilludas cabezas de los jabalíes, fieras cuyo levantado cerro o espinazo está erizado de rígidas cerdas, como picas de los afamados piqueros helvéticos, que, erguidas, formaran una muralla coronada de agudas puntas. En mi cueva, desnuda de toda piedad, colgaban también, como trofeos, en otro tiempo, cabezas humanas, cabezas de caminantes extraviados; pero hoy—por tu amor—mi cueva sirve de albergue al peregrino, el cual, si perdió su ruta, halla en mi cueva, buena acogida y remedio.

a las que esta montaña engendra arpías.[54]

«Segunda tabla a un ginovés mi gruta
de su persona fue, de su hacienda;
la una reparada, la otra enjuta,
relación del naufragio hizo horrenda.
Luciente paga de la mejor fruta
que en hierbas se recline, en hilos penda,
colmillo fue del animal que el Ganges
sufrir muros le vio, romper falanges;

«arco, digo, gentil, bruñida aljaba,
obras ambas de artífice prolijo,
y de Malaco rey a deidad Java
alto don, según ya mi huésped dijo.
De aquél la mano, de ésta el hombro agrava;
convencida la madre, imita al hijo:
serás a un tiempo en estos horizontes
Venus del mar, Cupido de los montes.»[55]

---

[54] Una rica nave, rota en pedazos, llegó lastimosamente a la playa, y venía cargada de cuantas riquezas lanza o arroja el Oriente a Occidente por las bocas del Nilo. Aquel día mi zampoña estaba—con su música—imponiendo como un suave yugo a la airada frente del mar—hacía que se aquietara la arrugada superficie del agua—(si ya no se quiere decir que le ponía dulces coyundas al mismo viento), cuando entre grandes olas veo que una nave genovesa, naufragada, está entregando a las arenas, en cajas, aromas de la región sabea, en cofres las riquezas que produce Cambaya. Deliciosos productos de Oriente, ya mero trofeo de los escollos de Escila y la furia del mar, que expuestos y diseminados en nuestra playa, sirvieron de despojo a los ladrones, depredadores como arpías, que viven en estas montañas.

[55] A un náufrago genovés mi gruta le sirvió como de segunda tabla de salvamento tanto para su persona como para su hacienda. Restaurado ya en sus fuerzas, y enjuta su mercadería, me hizo el relato horrendo de su naufragio. Habiéndole dado yo la mejor fruta que se madura recostada entre pajas o colgada de hilos, al aire, recibí como luciente paga un regalo en marfil, colmillo del animal al cual el Ganges vio sufrir muros y romper escuadrones:

Un lindo arco, quiero decir, hecho de marfil, con su bruñida aljaba, trabajados los dos por un artífice escrupuloso, y que habían servido como alto regalo

Su horrenda voz, no su dolor interno,
cabras aquí le interrumpieron, cuantas
—vagas el pie, sacrílegas el cuerno—
a Baco se atrevieron en sus plantas.
Mas, conculcado el pámpano más tierno
viendo el fiero pastor, voces él tantas,
y tantas despidió la honda piedras,
que el muro penetraron de las hiedras.[56]

De los nudos, con esto, más süaves,
los dulces dos amantes desatados,
por duras guijas, por espinas graves
solicitan el mar con pies alados:
tal, redimiendo de importunas aves
incauto meseguero sus sembrados,
de liebres dirimió copia, así, amiga,
que vario sexo unió y un surco abriga.[57]

Viendo el fiero jayán, con paso mudo
correr al mar la fugitiva nieve

---

hecho por un rey malaco a una deidad de Java (según mi huésped me refirió).

Yo te los doy a ti, Galatea: toma en tu mano el arco, cuelga de tu hombro la aljaba. Convencida ya Venus (de tu excelencia en hermosura), imita ahora a su hijo Cupido (en ir armada de arco): serás al mismo tiempo en estos campos, Venus del mar y Cupido de los montes (la más bella del mar, y el mejor tirador de la montaña).

[56]Aquí le interrumpieron su horrible voz (aunque no pudieron interrumpirle la pena de su pecho) unas cabras que, con ligero pie y con cuerno sacrílego, se habían atrevido a las plantas de Baco; es decir, que estaban comiendo y destrozando unas vides. Mas viendo el fiero jayán que las cabras pisoteaban los más tiernos pámpanos, dio tantas voces él, y su honda despidió tantas piedras, que unas y otras traspasaron el muro de hiedra tras el cual estaban Galatea y Acis.

[57]Asustados los dos tiernos enamorados por las voces y las piedras, se separan y, dejando la mayor dulzura de su amor, corren hacia el mar por terrenos, ya de guijas duras, ya de penosísimas espinas, tan velozmente como si tuvieran alas en los pies. No de otro modo, a veces, un labrador que quiere ahuyentar de sus campos una bandada de aves dañinas, insospechadamente separa de pronto una pareja de amigas liebres, a las que unió su distinto sexo y un surco dio abrigo.

(que a tanta vista el líbico desnudo
registra el campo de su adarga breve)
y al garzón viendo, cuantas mover pudo
celoso trueno, antiguas hayas mueve:
tal, antes que la opaca nube rompa,
previene rayo fulminante trompa.[58]

Con vïolencia desgajó infinita,
la mayor punta de la excelsa roca,
que al joven, sobre quien la precipita,
urna es mucha, pirámide no poca.
Con lágrimas la ninfa solicita
las deidades del mar, que Acis invoca:
concurren todas, y el peñasco duro
la sangre que exprimió, cristal fue puro.[59]

Sus miembros lastimosamente opresos
del escollo fatal fueron apenas,
que los pies de los árboles más gruesos
calzó el líquido aljófar de sus venas.
Corriente plata al fin sus blancos huesos,
lamiendo flores y argentando arenas,
a Doris llega, que, con llanto pío,

---

[58]Viendo el fiero gigante correr sigilosamente hacia el mar los níveos miembros de Galatea (pues para tan aguda vista como la de Polifemo están patentes—al otro lado del Mediterráneo—las breves adargas de los desnudos habitantes de Libia), y viendo correr también al bello joven, lanzó un grito de celos, que hizo agitarse tantas antiguas hayas como habría podido sacudir un trueno. Del mismo modo, antes que la oscura nube se desgarre, la fulminante trompa del trueno anuncia la caída del rayo.

[59]Con enorme y violento esfuerzo arrancó Polifemo la mayor punta del elevado peñasco desde donde había cantado, la cual le sirve al joven, sobre quien la precipita, de urna, para sus restos, excesivamente grande, y de no pequeña pirámide funeraria. La ninfa, toda llorosa, pide ayuda a las divinidades del mar, y también las invoca Acis. Acuden todas en su ayuda, y hacen que la sangre que al caer sobre él exprimió el duro peñasco se convierta en agua pura y cristalina.

yerno lo saludó, lo aclamó río.[60]

Sonetos

"A Córdoba"

¡Oh excelso muro, oh torres coronadas
de honor, de majestad, de gallardía!
¡Oh gran río, gran rey de Andalucía,
de arenas nobles, ya que no doradas!

¡Oh fértil llano, oh sierras levantadas,
que privilegia el cielo y dora el día!
¡Oh siempre glorïosa patria mía,
tanto por plumas cuanto por espadas!

Si entre aquellas rüinas y despojos
que enriquece Genil y Dauro[61] baña
tu memoria no fue alimento mío,

nunca merezcan mis ausentes ojos
ver tu muro, tus torres y tu río,
tu llano y sierra, ¡oh patria, oh flor de España!

"De pura honestidad..."

---

[60]Apenas fueron los miembros de Acis aplastados por el peñasco fatal, cuando el agua, que, como líquido aljófar, salió de sus venas, bañó, calzándolos, los pies de los más gruesos árboles. Sus huesos, convertidos también en agua como corriente plata, pasan rozando flores de lugares amenos o plateando doradas arenas, hasta llegar a Doris, al mar. Y Doris, madre de Galatea, le acoge con piadoso llanto, por su muerte, y al mismo tiempo le saluda como a yerno y le aclama como a divinidad pues ha sido transformado en río.

[61]ríos de España en cuya confluencia está la ciudad de Granada, capital de la provincia homónima.

De pura honestidad templo sagrado,
cuyo bello cimiento y gentil muro
de blanco nácar y alabastro duro
fue por divina mano fabricado;

pequeña puerta de coral preciado,
claras lumbreras de mirar seguro,
que a la esmeralda fina el verde puro
habéis para viriles[62] usurpado;

soberbio techo, cuyas cimbrias[63] de oro
al claro Sol, en cuanto en torno gira,
ornan de luz, coronan de belleza;

ídolo bello, a quien humilde adoro,
oye piadoso al que por ti suspira,
tus himnos canta, y tus virtudes reza.

"La dulce boca..."

La dulce boca que a gustar convida
un humor entre perlas distilado,[64]
y a no invidiar[65] aquel licor sagrado
que a Júpiter ministra el garzón de Ida,[66]

amantes, no toquéis, si queréis vida;
porque entre un labio y otro colorado
Amor está, de su veneno armado,
cual entre flor y flor sierpe escondida.

---

[62]cristales claros y transparentes.

[63]arcos que soportan las bóvedas.

[64]destilado.

[65]envidiar.

[66]alusión a Ganimedes quien, de acuerdo con la mitología, fue raptado por Júpiter y transportado al Olimpo para servir de escanciador a los dioses.

No os engañen las rosas, que a la Aurora
diréis que, aljofaradas[67] y olorosas,
se le cayeron del purpúreo seno;

manzanas son de Tántalo,[68] y no rosas,
que después huyen del que incitan ahora,
y sólo del Amor queda el veneno.

"De una dama que, quitándose una sortija, se picó con un alfiler"

Prisión de nácar era articulado
de mi firmeza un émulo luciente,
un dïamante, ingeniosamente
en oro también él aprisionado.

Clori, pues, que su dedo apremïado
de metal aun precioso no consiente,
gallarda un día, sobre impacïente,
le redimió[69] del vínculo dorado.

Mas ay, que insidïoso latón breve
en los cristales de su bella mano
sacrílego divina sangre bebe:

púrpura ilustró[70] menos indïano
marfil; invidïosa, sobre nieve
claveles deshojó la Aurora en vano.

---

[67]cubiertas con aljófar.

[68]Tántalo había sido condenado a estar sumergido en el agua sin poder beberla y contemplando fruta a la que no tenía acceso.

[69]latinismo: rescató.

[70]coloreó.

"Inscripción para el sepulcro de Domínico Greco"[71]

　　Ésta en forma elegante, oh peregrino,
de pórfido luciente dura llave
el pincel niega al mundo más süave,
que dio espíritu a leño, vida a lino.

　　Su nombre, aun de mayor aliento digno
que en los clarines de la Fama cabe,
el campo ilustra de ese mármol grave.
Venérale, y prosigue tu camino.

　　Yace el Griego. Heredó Naturaleza
arte, y el Arte, estudio; Iris,[72] colores;
Febo,[73] luces—si no sombras, Morfeo[74].—

　　Tanta urna, a pesar de su dureza,
lágrimas beba y cuantos suda olores
corteza funeral de árbol sabeo.[75]

"Mientras por competir..."

　　Mientras por competir con tu cabello
oro bruñido al sol relumbra en vano;
mientras con menosprecio en medio el llano
mira tu blanca frente el lilio[76] bello;

---

[71]Domingo Theotocópulis, el Greco (1541-1614), célebre pintor y amigo de Góngora.

[72]diosa del arcoiris y mensajera de los dioses.

[73]Sol; nombre de Apolo en cuanto dios de la luz.

[74]dios de los sueños.

[75]árbol de Sabá, en Arabia, de donde se extrae la corteza aromática con que se prepara el incienso.

[76]lirio.

mientras a cada labio, por cogello,[77]
siguen más ojos que al clavel temprano,
y mientras triunfa con desdén lozano
del luciente cristal tu gentil cuello,

goza cuello, cabello, labio y frente,
antes que lo que fue en tu edad dorada
oro, lilio, clavel, cristal luciente,

no sólo en plata o víola[78] troncada
se vuelva, mas tú y ello juntamente
en tierra, en humo, en polvo, en sombra, en nada.

"Ilustre y hermosísima María"

Ilustre y hermosísima María
mientras se dejan ver a cualquier hora
en tus mejillas la rosada aurora,
Febo en tus ojos, y en tu frente el día,

y mientras con gentil descortesía
mueve el viento la hebra voladora
que la Arabia en sus venas atesora
y el rico Tajo[79] en sus arenas cría;

antes que de la edad Febo eclipsado,
y el claro día vuelto en noche oscura,
huya la aurora del mortal nublado;

antes que lo que hoy es rubio tesoro
venza a la blanca nieve su blancura,
goza, goza el color, la luz, el oro.

---

[77]cogerlo.

[78]violeta.

[79]río de la Península Ibérica, el de mayor longitud, que cruza el territorio de oeste a este y desemboca junto a Lisboa.

"A una rosa"[80]

Ayer naciste, y morirás mañana.
Para tan breve ser, ¿quién te dio vida?
¿Para vivir tan poco estás lucida,
y para no ser nada estás lozana?

Si te engañó su hermosura vana,
bien presto la verás desvanecida,
porque en tu hermosura está escondida
la ocasión de morir muerte temprana.

Cuando te corte la robusta mano,
ley de la agricultura permitida,
grosero aliento acabará tu suerte.

No salgas, que te aguarda algún tirano:
dilata tu nacer para tu vida,
que anticipas tu ser para tu muerte.

Dámaso Alonso. *Góngora y el "Polifemo"*. Madrid: Gredos, 1980; *Sonetos completos*. Edición de Biruté Ciplijauskaité. Madrid: Castalia, 1976.

---

[80]soneto atribuido.

FRANCISCO DE QUEVEDO Y VILLEGAS (1580-1645)

Poemas metafísicos

"Signifícase la propria[1] brevedad de la vida, sin pensar, y con padecer, salteada de la muerte"

¡Fue sueño ayer; mañana será tierra!
¡Poco antes, nada; y poco después, humo!
¡Y destino ambiciones, y presumo
apenas punto al cerco que me cierra!

Breve combate de importuna guerra,
en mi defensa, soy peligro sumo;
y mientras con mis armas me consumo,
menos me hospeda el cuerpo, que me entierra.

Ya no es ayer; mañana no ha llegado;
hoy pasa, y es, y fue, con movimiento
que a la muerte me lleva despeñado.

Azadas son la hora y el momento
que, a jornal de mi pena y mi cuidado,
cavan en mi vivir mi monumento.

---

[1]propia.

"Conoce la diligencia con que se acerca la muerte, y procura conocer también la conveniencia de su venida, y aprovecharse de ese conocimiento"

Ya formidable y espantoso suena,
dentro del corazón, el postrer día;
y la última hora, negra y fría,
se acerca, de temor y sombras llena.

Si agradable descanso, paz serena
la muerte, en traje de dolor, envía,
señas da su desdén de cortesía:
más tiene de caricia que de pena.

¿Qué pretende el temor desacordado
de la que a rescatar, piadosa, viene
espíritu en miserias anudado?

Llegue rogada, pues mi bien previene;
hálleme agradecido, no asustado;
mi vida acabe, y mi vivir ordene.

"Descuido del divertido[2] vivir a quien la muerte llega impensada"

Vivir es caminar breve jornada,
y muerte viva es, Lico, nuestra vida,
ayer al frágil cuerpo amanecida,
cada instante en el cuerpo sepultada.

Nada que, siendo, es poco, y será nada
en poco tiempo, que ambiciosa olvida;
pues, de la vanidad mal persuadida,
anhela duración, tierra animada.

---

[2]distraído.

   Llevada de engañoso pensamiento
y de esperanza burladora y ciega,
tropezará en el mismo monumento.

   Como el que, divertido, el mar navega,
y, sin moverse, vuela con el viento,
y antes que piense en acercarse, llega.

Heráclito cristiano

Salmo XVII

   Miré los muros de la patria mía,
si un tiempo fuertes, ya desmoronados,
de la carrera de la edad cansados,
por quien caduca ya su valentía.

   Salíme al campo, vi que el sol bebía
los arroyos del yelo[3] desatados,
y del monte quejosos los ganados,
que con sombras hurtó su luz al día.

   Entré en mi casa; vi que, amancillada,
de anciana[4] habitación era despojos;
mi báculo, más corvo y menos fuerte;

   vencida de la edad sentí mi espada.
Y no hallé cosa en que poner los ojos
que no fuese recuerdo de la muerte.

Salmo XIX

   ¡Cómo de entre mis manos te resbalas!

———————————————

   [3]hielo.
   [4]antigua.

¡Oh, cómo te deslizas, edad mía!
¡Qué mudos pasos traes, oh muerte fría,
pues con callado pie todo lo igualas!

Feroz, de tierra el débil muro escalas,
en quien lozana juventud se fía;
mas ya mi corazón del postrer día
atiende el vuelo, sin mirar las alas.

¡Oh condición mortal! ¡Oh dura suerte!
¡Que no puedo querer vivir mañana
sin la pensión[5] de procurar mi muerte!

Cualquier instante de la vida humana
es nueva ejecución, con que me advierte
cuán frágil es, cuán mísera, cuán vana.

Poemas morales

"A un amigo que retirado de la corte pasó su edad"

Dichoso tú, que, alegre en tu cabaña,
mozo y viejo espiraste la aura pura,
y te sirven de cuna y sepoltura[6]
de paja el techo, el suelo de espadaña.

En esa soledad, que, libre, baña
callado el sol con lumbre más segura,
la vida al día más espacio dura,
y la hora, sin voz, te desengaña.

No cuentas por los cónsules los años;
hacen tu calendario tus cosechas;

---

[5]el pesar.
[6]sepultura.

pisas todo tu mundo sin engaños.

De todo lo que ignoras te aprovechas;
ni anhelas premios, ni padeces daños,
y te dilatas cuanto más te estrechas.

"Desde la torre"

Retirado en la paz de estos desiertos
con pocos, pero doctos, libros juntos,
vivo en conversación con los difuntos
y escucho con mis ojos a los muertos.

Si no siempre entendidos, siempre abiertos,
o enmiendan, o fecundan mis asuntos;
y en músicos callados contrapuntos
al sueño de la vida hablan despiertos.

Las grandes almas que la muerte ausenta,
de injurias de los años, vengadora,
libra, ¡oh gran don Iosef!,[7] docta la emprenta.[8]

En fuga irrevocable huye la hora;
pero aquélla el mejor cálculo cuenta
que en la lección y estudios nos mejora.

---

[7]Joseph Antonio González de Salas (1588-1651), destacado humanista y
amigo del autor.

[8]imprenta.

"Epístola satírica y censoria contra las costumbres presentes de los castellanos, escrita a don Gaspar de Guzmán, Conde de Olivares,[9] en su valimiento"

No he de callar, por más que con el dedo,
ya tocando la boca, o ya la frente,
silencio avises, o amenaces miedo.

¿No ha de haber un espíritu valiente?
¿Siempre se ha de sentir lo que se dice?
¿Nunca se ha de decir lo que se siente?

Hoy, sin miedo que, libre, escandalice,
puede hablar el ingenio, asegurado
de que mayor poder le atemorice.

En otros siglos pudo ser pecado
severo estudio y la verdad desnuda,
y romper el silencio el bien hablado.

Pues sepa quien lo niega, y quien lo duda,
que es lengua la verdad de Dios severo,
y la lengua de Dios nunca fue muda.

Son la verdad y Dios, Dios verdadero,
ni eternidad divina los separa,
ni de los dos alguno fue primero.

Si Dios a la verdad se adelantara,
siendo verdad, implicación hubiera
en ser, y en que verdad de ser dejara.

La justicia de Dios es verdadera,
y la misericordia, y todo cuanto
es Dios, todo ha de ser verdad entera.

---

[9](1587-1645), favorito de Felipe IV que propició un programa de reformas administrativas e implementó medidas económicas de corte mercantilista.

Señor Excelentísimo, mi llanto
ya no consiente márgenes ni orillas:
inundación será la de mi canto.

Ya sumergirse miro mis mejillas,
la vista por dos urnas derramada
sobre las aras de las dos Castillas.

Yace aquella virtud desaliñada,
que fue, si rica menos, más temida,
en vanidad y en sueño sepultada.

Y aquella libertad esclarecida,
que en donde supo hallar honrada muerte,
nunca quiso tener más larga vida.

Y pródiga de la alma, nación fuerte,
contaba, por afrentas de los años,
envejecer en brazos de la suerte.

Del tiempo el ocio torpe, y los engaños
del paso de las horas y del día,
reputaban los nuestros por extraños.

Nadie contaba cuánta edad vivía,
sino de qué manera: ni aun una hora
lograba sin afán su valentía.

La robusta virtud era señora,
y sola dominaba al pueblo rudo;
edad, si mal hablada, vencedora.

El temor de la mano daba escudo
al corazón, que, en ella confïado,
todas las armas despreció desnudo.

Multiplicó en escuadras un soldado
su honor precioso, su ánimo valiente,
de sola honesta obligación armado.

Y debajo del cielo, aquella gente,
si no a más descansado, a más honroso
sueño entregó los ojos, no la mente.

Hilaba la mujer para su esposo
la mortaja, primero que el vestido;
menos le vio galán que peligroso.

Acompañaba el lado del marido
más veces en la hueste que en la cama;
sano le aventuró, vengóle herido.

Todas matronas, y ninguna dama:
que nombres del halago cortesano
no admitió lo severo de su fama.

Derramado y sonoro el Oceano
era divorcio de las rubias minas
que usurparon la paz del pecho humano.

Ni los trujo[10] costumbres peregrinas
el áspero dinero, ni el Oriente
compró la honestidad con piedras finas.

Joya fue la virtud pura y ardiente;
gala el merecimiento y alabanza;
sólo se cudiciaba[11] lo decente.

No de la pluma dependió la lanza,
ni el cántabro con cajas y tinteros
hizo el campo heredad, sino matanza.

Y España, con legítimos dineros,

---

[10]trajo.

[11]codiciaba.

no mendigando el crédito a Liguria,[12]
más quiso los turbantes que los ceros.

Menos fuera la pérdida y la injuria,
si se volvieran Muzas[13] los asientos:
que esta usura es peor que aquella furia.

Caducaban las aves en los vientos,
y expiraba decrépito el venado:
grande vejez duró en los elementos.

Que el vientre, entonces bien diciplinado,[14]
buscó satisfación,[15] y no hartura,
y estaba la garganta sin pecado.

Del mayor infanzón de aquella pura
república de grandes hombres, era
una vaca sustento y armadura.

No había venido al gusto lisonjera
la pimienta arrugada, ni del clavo
la adulación fragrante[16] forastera.

Carnero y vaca fue principio y cabo,
y con rojos pimientos, y ajos duros,
tan bien como el señor, comió el esclavo.

Bebió la sed los arroyuelos puros;
después mostraron del carchesio[17] a Baco[18]

---

[12]región al noroeste de Italia, donde se sitúa el puerto de Génova, sede de los grandes prestamistas italianos de la época.

[13]muzárabes o mozárabes.

[14]disciplinado.

[15]satisfacción.

[16]flagrante.

[17]del latín *carchesium*, copa grande utilizada en el ritual de las libaciones.

el camino los brindis mal seguros.

El rostro macilento, el cuerpo flaco
eran recuerdo del trabajo honroso,
y honra y provecho andaban en un saco.

Pudo sin miedo un español velloso
llamar a los tudescos bacchanales,[19]
y al holandés, hereje y alevoso.

Pudo acusar los celos desiguales
a la Italia; pero hoy, de muchos modos,
somos copias, si son originales.

Las descendencias gastan muchos godos,
todos blasonan, nadie los imita:
y no son sucesores, sino apodos.

Vino el betún precioso que vomita
la ballena, o la espuma de las olas,
que el vicio, no el dolor, nos acredita.

Y quedaron las huestes españolas
bien perfumadas, pero mal regidas,
y alhajas las que fueron pieles solas.

Estaban las hazañas mal vestidas,
y aún no se hartaba de buriel[20] y lana
la vanidad de fembras[21] presumidas.

A la seda pomposa siciliana,

---

[18]nombre latino de Dionisos, dios del vino.

[19]bacanales.

[20]color rojo oscuro.

[21]hembras.

que manchó ardiente múrice,[22] el romano
y el oro hicieron áspera y tirana.

    Nunca al duro español supo el gusano
persuadir que vistiese su mortaja,
intercediendo el Can por el verano.[23]

    Hoy desprecia el honor al que trabaja,
y entonces fue el trabajo ejecutoria,
y el vicio gradüó la gente baja.

    Pretende el alentado joven gloria
por dejar la vacada sin marido,
y de Ceres[24] ofende la memoria.

    Un animal a la labor nacido,
y símbolo celoso a los mortales,
que a Jove[25] fue disfraz, y fue vestido;

    que un tiempo endureció manos reales,
y detrás de él los cónsules gimieron,
y rumia luz en campos celestiales,

    ¿por cuál enemistad se persuadieron
a que su apocamiento fuese hazaña,
y a la mieses tan grande ofensa hicieron?

    ¡Qué cosa es ver un infanzón de España
abreviado en la silla a la jineta,

---

    [22]teñida de múrice, sustancia colorante que se extraía del molusco del mismo nombre, muy común en el mar Mediterráneo.

    [23]alusión a la canícula, los días más calientes del año.

    [24]nombre latino de Deméter, diosa de la agricultura y la fecundidad.

    [25]antiguo nombre de Júpiter (o Zeus); de acuerdo con la mitología greco-latina, Júpiter adoptó la forma de toro para acercarse a Europa, de quien estaba enamorado, y con el engaño poder secuestrarla.

y gastar un caballo en una caña![26]

Que la niñez al gallo le acometa
con semejante munición apruebo;
mas no la edad madura y la perfeta.[27]

Ejercite sus fuerzas el mancebo
en frentes de escuadrones; no en la frente
del útil bruto la asta del acebo.

El trompeta le llame diligente,
dando fuerza de ley el viento vano,
y al son esté el ejército obediente.

¡Con cuánta majestad llena la mano
la pica, y el mosquete carga el hombro,
del que se atreve a ser buen castellano!

Con asco, entre las otras gentes, nombro
al que de su persona, sin decoro,
más quiere nota dar, que dar asombro.

Jineta y cañas son contagio moro;
restitúyanse justas y torneos,
y hagan paces las capas con el toro.

Pasadnos vos de juegos a trofeos:
que sólo grande rey y buen privado
pueden ejecutar estos deseos.

Vos, que hacéis repetir siglo pasado,
con desembarazarnos las personas
y sacar a los miembros de cuidado;

---

[26]fiesta ecuestre entre caballeros, en la que se jugaba a tirarse cañas unos a
los otros.

[27]perfecta.

vos distes[28] libertad con las valonas,[29]
para que sean corteses las cabezas,
desnudando el enfado a las coronas.

Y pues vos enmendastes[30] las cortezas,
dad a la mejor parte medicina:
vuélvanse los tablados fortalezas.

Que la cortés estrella, que os inclina
a privar sin intento y sin venganza,
milagro que a la invidia[31] desatina,

tiene por sola bienaventuranza
el reconocimiento temeroso,
no presumida y ciega confianza.

Y si os dio el ascendiente generoso
escudos, de armas y blasones llenos,
y por timbre el martirio glorïoso,

mejores sean por vos los que eran buenos
Guzmanes, y la cumbre desdeñosa
os muestre, a su pesar, campos serenos.

Lograd, señor, edad tan venturosa;
y cuando nuestras fuerzas examina
persecución unida y belicosa,

la militar valiente disciplina
tenga más platicantes que la plaza:
descansen tela falsa y tela fina.

---

[28]disteis.

[29]cuello grande y vuelto sobre el pecho, los hombros y espalda.

[30]enmendasteis.

[31]envidia.

Suceda a la marlota[32] la coraza,
y si el Corpus que danzas no los pide,
velillos y oropel no hagan baza.

El que en treinta lacayos los divide,
hace suerte en el toro, y con un dedo
la hace en él la vara que los mide.

Mandadlo ansí,[33] que aseguraros puedo
que habéis de restaurar más que Pelayo;[34]
pues valdrá por ejércitos el miedo,
y os verá el cielo administrar su rayo.

Elogios, epitafios, túmulos

"A Roma sepultada en sus ruinas"

Buscas en Roma a Roma, ¡oh, peregrino!
y en Roma misma a Roma no la hallas:
cadáver son las que ostentó murallas,
y tumba de sí proprio el Aventino.[35]

Yace donde reinaba el Palatino;[36]
y limadas del tiempo, las medallas
más se muestran destrozo a las batallas
de las edades que blasón latino.

Sólo el Tibre[37] quedó, cuya corriente,
si ciudad la regó, ya, sepoltura,

---

[32]vestido de origen morisco.

[33]así.

[34]noble visigodo (?-737) que venció a los musulmanes en Covadonga en 722.

[35]una de las siete colinas de Roma, en el extremo suroeste de la ciudad.

[36]colina sagrada de Roma, donde Rómulo fundó la ciudad.

[37]Tíber.

lo llora con funesto son doliente.

¡Oh, Roma!, en tu grandeza, en tu hermosura,
huyó lo que era firme, y solamente
lo fugitivo permanece y dura.

"Memoria inmortal de don Pedro Girón, Duque de Osuna, muerto en la prisión"

Faltar pudo su patria al grande Osuna,
pero no a su defensa sus hazañas;
diéronle muerte y cárcel las Españas,[38]
de quien él hizo esclava la Fortuna.

Lloraron sus invidias una a una
con las proprias naciones las extrañas;
su tumba son de Flandres[39] las campañas,
y su epitafio la sangrienta luna.

En sus exequias encendió el Vesubio
Parténope, y Trinacria al Mongibelo;[40]
el llanto militar creció en diluvio.

Diole el mejor lugar Marte[41] en su cielo;
la Mosa, el Rhin, el Tajo y el Danubio[42]
murmuran con dolor su desconsuelo.

---

[38]falleció el 25 de septiembre de 1624.

[39]Flandes.

[40]Parténope y Trinacria son los antiguos nombres de Nápoles y Sicilia; Mongibelo es el nombre que recibía el volcán Etna.

[41]dios romano de la guerra.

[42]ríos de Europa.

Poemas amorosos

"Amante agradecido a las lisonjas mentirosas de un sueño"

¡Ay, Floralba! Soñé que te... ¿Dírelo?
Sí, pues que sueño fue: que te gozaba.
¿Y quién, sino un amante que soñaba,
juntara tanto infierno a tanto cielo?

Mis llamas con tu nieve y con tu yelo,
cual suele opuestas flechas de su aljaba,
mezclaba Amor, y honesto las mezclaba,
como mi adoración en su desvelo.

Y dije: «Quiera Amor, quiera mi suerte,
que nunca duerma yo, si estoy despierto,
y que si duermo, que jamás despierte».

Mas desperté del dulce desconcierto;
y vi que estuve vivo con la muerte,
y vi que con la vida estaba muerto.

Canta sola a Lisi y la amorosa pasión de su amante

"Afectos varios de su corazón fluctuando en las ondas de los cabellos de Lisi"

En crespa tempestad del oro undoso,
nada golfos de luz ardiente y pura
mi corazón, sediento de hermosura,
si el cabello deslazas[43] generoso.

---

[43]desenlazas.

Leandro,[44] en mar de fuego proceloso,
su amor ostenta, su vivir apura;
Icaro,[45] en senda de oro mal segura,
arde sus alas por morir glorioso.

Con pretensión de fénix, encendidas
sus esperanzas, que difuntas lloro,
intenta que su muerte engendre vidas.

Avaro y rico y pobre, en el tesoro,
el castigo y la hambre imita a Midas,[46]
Tántalo[47] en fugitiva fuente de oro.

"Retrato de Lisi que traía en una sortija"

En breve cárcel traigo aprisionado,
con toda su familia de oro ardiente,
el cerco de la luz resplandeciente,
y grande imperio del Amor cerrado.

Traigo el campo que pacen estrellado
las fieras altas de la piel luciente;
y a escondidas del cielo y del Oriente,
día de luz y parto mejorado.

---

[44]personaje de un relato tradicional grecolatino que murió ahogado cuando cruzaba a nado el Helesponto, para visitar a su amada Hero.

[45]hijo de Dédalo que, provisto de alas hechas de cera y plumas se acercó excesivamente al sol y cayó quemado al mar.

[46]monarca legendario de Frigia, en Asia Menor, a quien se le había concedido un deseo. Guiado por su ambición, solicitó que todo lo que tocara se convirtiera en oro.

[47]rey mítico de Frigia, condenado a causa de sus crímenes a padecer hambre y sed, sumergido en el agua hasta el cuello y con frutos que pendían sobre su cabeza.

Traigo todas las Indias[48] en mi mano,
perlas que, en un diamante, por rubíes,
pronuncian con desdén sonoro yelo,

y razonan tal vez fuego tirano
relámpagos de risa carmesíes,
auroras, gala y presunción del cielo.

"Amor constante más allá de la muerte"

Cerrar podrá mis ojos la postrera
sombra que me llevare el blanco día,
y podrá desatar esta alma mía
hora a su afán ansioso lisonjera;

mas no, de esotra parte, en la ribera,
dejará la memoria, en donde ardía;
nadar sabe mi llama la agua fría,
y perder el respeto a ley severa.

Alma a quien todo un dios prisión ha sido,
venas que humor a tanto fuego han dado,
medulas que han gloriosamente ardido,

su cuerpo dejará, no su cuidado;
serán ceniza, mas tendrá sentido;
polvo serán, mas polvo enamorado.

"Amante desesperado del premio y obstinado en amar"

¡Qué perezosos pies, qué entretenidos
pasos lleva la muerte por mis daños!
El camino me alargan los engaños

---

[48]Indias Occidentales era el nombre oficial de los dominios españoles en
América.

y en mí se escandalizan los perdidos.

Mis ojos no se dan por entendidos;
y por descaminar mis desengaños,
me disimulan la verdad los años
y les guardan el sueño a los sentidos.

Del vientre a la prisión vine en naciendo;
de la prisión iré al sepulcro amando,
y siempre en el sepulcro estaré ardiendo.

Cuantos plazos la muerte me va dando,
prolijidades son, que va creciendo,
porque no acabe de morir penando.

Poemas satíricos y burlescos

"A un hombre de gran nariz"

Érase un hombre a una nariz pegado,
érase una nariz superlativa,
érase una alquitara medio viva,
érase un peje espada mal barbado;

era un reloj de sol mal encarado,
érase un elefante boca arriba,
érase una nariz sayón y escriba,
un Ovidio Nasón mal narigado.

Érase el espolón de una galera,
érase una pirámide de Egito,[49]
los doce tribus de narices era;

érase un naricísimo infinito,

---

[49]Egipto.

frisón[50] archinariz, caratulera,
sabañón garrafal, morado y frito.

"A Apolo[51] siguiendo a Dafne"[52]

Bermejazo[53] platero de las cumbres,
a cuya luz se espulga la canalla,
la ninfa Dafne, que se afufa y calla,
si la quieres gozar, paga y no alumbres.

Si quieres ahorrar de pesadumbres,
ojo del cielo, trata de compralla:[54]
en confites gastó Marte la malla,
y la espada en pasteles y en azumbres.

Volvióse en bolsa Júpiter severo;
levantóse las faldas la doncella
por recogerle en lluvia de dinero.

Astucia fue de alguna dueña estrella,
que de estrella sin dueña no lo infiero:
Febo,[55] pues eres sol, sírvete de ella.

"A Dafne, huyendo de Apolo"

«Tras vos, un alquimista va corriendo,
Dafne, que llaman Sol, ¿y vos, tan cruda?

---

[50]grande, exorbitante.

[51]dios del sol, de la luz, de la poesía, etc.

[52]ninfa, hija de Gea, que fue transformada en laurel para liberarla de la persecusión de Apolo.

[53]de color bermejo, rojo brillante.

[54]comprarla.

[55]sobrenombre romano de Apolo.

Vos os volvéis murciégalo[56] sin duda,
pues vais del Sol y de la luz huyendo.

«Él os quiere gozar, a lo que entiendo,
si os coge en esta selva tosca y ruda:
su aljaba suena, está su bolsa muda;
el perro, pues no ladra, está muriendo.

«Buhonero de signos y planetas,
viene haciendo ademanes y figuras,
cargado de bochornos y cometas».

Esto la dije; y en cortezas duras
de laurel se ingirió[57] contra sus tretas,
y, en escabeche, el Sol se quedó a escuras.[58]

"Epitafio de una dueña, que idea también puede ser de todas"

Fue más larga que paga de tramposo;
más gorda que mentira de indïano;
más sucia que pastel en el verano;
más necia y presumida que un dichoso;

más amiga de pícaros que el coso;[59]
más engañosa que el primer manzano;
más que un coche alcahueta; por lo anciano,
más pronosticadora que un potroso.

Más charló que una azuda y una aceña,
y tuvo más enredos que una araña;
más humos que seis mil hornos de leña.

---

[56]murciélago.

[57]se ocultó, se metamorfoseó.

[58]oscuras.

[59]plaza donde se lidian toros y se ejecutan otras fiestas públicas.

De mula de alquiler sirvió en España,
que fue buen noviciado para dueña:
y muerta pide, y enterrada engaña.

"Letrilla satírica"

Poderoso caballero
es don Dinero.

Madre, yo al oro me humillo;
él es mi amante y mi amado,
pues, de puro enamorado,
de contino[60] anda amarillo;
que pues, doblón o sencillo,
hace todo cuanto quiero,
poderoso caballero
es don Dinero.

Nace en las Indias honrado,
donde el mundo le acompaña;
viene a morir en España
y es en Génova[61] enterrado.
Y pues quien le trae al lado
es hermoso, aunque sea fiero,
poderoso caballero
es don Dinero.

Es galán y es como un oro,
tiene quebrado el color,
persona de gran valor,
tan cristiano como moro.
Pues que da y quita el decoro
y quebranta cualquier fuero,
poderoso caballero

---

[60]continuamente.

[61]centro bancario de primera importancia en los siglos XIV a XVI.

es don Dinero.

Son sus padres principales,
y es de nobles descendiente,
porque en las venas de Oriente
todas las sangres son reales;
y pues es quien hace iguales
al duque y al ganadero,
poderoso caballero
es don Dinero.

Mas, ¿a quién no maravilla
ver en su gloria sin tasa
que es lo menos de su casa
doña Blanca de Castilla?[62]
Pero, pues da al bajo silla
y al cobarde hace guerrero,
poderoso caballero
es don Dinero.

Sus escudos de armas nobles
son siempre tan principales,
que sin sus escudos reales
no hay escudos de armas dobles;
y pues a los mismos robles
da codicia su minero,
poderoso caballero
es don Dinero.

Por importar en los tratos
y dar tan buenos consejos,
en las casas de los viejos
gatos le guardan de gatos.[63]

---

[62]juego de palabras: "blanca" era una moneda de plata y Blanca de Castilla (1187-1252) había llegado a ser reina de Francia y regente durante la minoría de edad de su hijo, Luis IX, rey entre 1226 y 1270.

[63]germanía: ladrones.

Y pues él rompe recatos
y ablanda al juez más severo,
poderoso caballero
es don Dinero.

   Y es tanta su majestad
(aunque son sus duelos hartos),
que con haberle hecho cuartos,[64]
no pierde su autoridad;
pero, pues da calidad
al noble y al pordiosero,
poderoso caballero
es don Dinero.

   Nunca vi damas ingratas
a su gusto y afición;
que a las caras de un doblón
hacen sus caras baratas;
y pues las hace bravatas
desde una bolsa de cuero,
poderoso caballero
es don Dinero.

   Más valen en cualquier tierra
(¡mirad si es harto sagaz!)
sus escudos en la paz
que rodelas en la guerra.
Y pues al pobre le entierra
y hace proprio al forastero,
poderoso caballero
es don Dinero.

Obra poética. Edición de José Manuel Blecua. Madrid: Castalia, 1969-80.

---

[64]moneda que equivalía a cuatro maravedíes; "hacer cuartos", pena que se daba a ciertos criminales, cuyos cuerpos eran despedazados después de muertos.

PEDRO CALDERÓN DE LA BARCA (1600-81)

La dama duende

PERSONAS

Don Manuel	Doña Beatriz
Don Luis	Isabel, *criada*
Cosme, *gracioso*	Clara, *criada*
Don Juan	Rodrigo, *criado*
Doña Angela	Criados

La escena es en Madrid.

JORNADA PRIMERA

(Calle. Salen don Manuel y Cosme, de camino.)

Manuel.   Por una hora no llegamos
a tiempo de ver las fiestas,
con que Madrid generosa
hoy el bautismo celebra
del primero Baltasar.[1]

Cosme.   Como esas cosas se aciertan,
o se yerran por un hora.
Por una hora que füera
antes Píramo a la fuente,
no hallara a su Tisbe muerta,[2]
y las moras no mancharan,
porque dicen los poetas

---

[1] el príncipe Baltasar Carlos, hijo de Felive IV e Isabel de Borbón, bautizado el 4 de noviembre de 1629.

[2] la tragedia *Píramo y Tisbe* de Pedro Rosete Niño.

que con arrope de moras
se escribió aquella tragedia.
Por una hora que tardara
Tarquino, hallara a Lucrecia
recogida,[3] con lo cual
los autores no anduvieran,
sin ser vicarios, llevando
a salas de competencias
la causa, sobre saber
si hizo fuerza o no hizo fuerza.
Por una hora que pensara
si era bien hecho o no era,
echarse Hero de la torre,[4]
no se echara, es cosa cierta;
con que se hubiera excusado
el doctor Mira de Mescua
de haber dado a los teatros
tan bien escrita comedia,
y haberla representado
Amarilis, tan de veras,
que volatín del carnal
(si otros son de la cuaresma),
sacó más de alguna vez
las manos en la cabeza.
Y puesto que hemos perdido
por una hora tan gran fiesta,
no por una hora perdamos
la posada, que si llega
tarde Abindarráez[5] es ley
que haya de quedarse afuera;
y estoy rabiando por ver
este amigo que te espera,

---

[3]alusión a *Lucrecia y Tarquino*, obra de Francisco de Rojas Zorrilla (1607-48).

[4]*Hero y Leandro*, drama mitológico de Antonio Mira de Amescua (1574?-1644).

[5]personaje de una leyenda popular morisca.

como si fueras galán
al uso, con cama y mesa,
si sabe cómo o por dónde
tan grande dicha nos venga;
pues, sin ser los dos torneos,
hoy a los dos nos sustenta.

Manuel. Don Juan de Toledo es, Cosme,
el hombre que más profesa
mi amistad, siendo los dos
envidia, ya que no afrenta,
de cuantos la antigüedad
por tantos siglos celebra.
Los dos estudiamos juntos,
y pasando de las letras
a las armas, los dos fuimos
camaradas en la guerra;
en la de Piamonte, cuando
el señor Duque de Feria[6]
con la jineta[7] me honró,
le di, Cosme, mi bandera.
Fue mi alférez, y después,
sacando de una refriega
una penetrante herida
le curé en mi cama mesma.[8]
La vida, después de Dios,
me debe; dejo otras deudas
de menores intereses
que entre nobles es bajeza
referirlas; pues por eso
pintó la docta academia
al galardón una dama
rica, y las espaldas vueltas,
dando a entender que, en haciendo

---

[6]Estos dos versos traen alusiones a episodios menores de la Guerra de los Treinta Años (1618-48).

[7]lanza corta, que antiguamente era insignia de los capitanes de infantería.

[8]misma.

el beneficio, es discreta
acción olvidarse de él,
que no le hace el que le acuerda.
En fin, don Juan, obligado
de amistades y finezas,
viendo que su Majestad
con este gobierno premia
mis servicios, y que vengo
de paso a la Corte, intenta
hoy hospedarme en su casa
por pagarme con las mesmas;
y aunque a Burgos me escribió
de casa y calle las señas,
no quise andar preguntando
a caballo dónde era;
y así dejé en la posada
las mulas y las maletas,
yendo hacia donde me dice.
Vi las galas y libreas,
e informado de la causa,
quise, aunque de paso, verlas.
Llegamos tarde en efecto,
porque...

(Salen doña Angela e Isabel, en corto,[9] tapadas.[10])

Angela.   Si, como lo muestra
el traje, sois caballero
de obligaciones y prendas,
amparad a una mujer
que a valerse de vos llega.
Honor y vida me importa
que aquel hidalgo no sepa
quien soy, y que no me siga.
Estorbad, por vida vuestra,
a una mujer principal

---

[9]con falda que no cubría el calzado.

[10]Era costumbre heredada de los árabes que las mujeres salieran con el rostro cubierto.

una desdicha, una afrenta;
que podrá ser que algún día...
Adiós, adiós, que voy muerta.

(Vanse las dos muy aprisa.)

Cosme.   ¿Es dama o es torbellino?
Manuel.   ¡Hay tal suceso!
Cosme.   ¿Qué piensas
               hacer?
Manuel.   ¿Eso me preguntas?
               ¿Cómo puede mi nobleza
               excusarse de estorbar
               una desdicha, una afrenta?
               Que, según muestra, sin duda
               es su marido.
Cosme.   ¿Y qué intentas?
Manuel.   Detenerle con alguna
               industria;[11] mas si con ella
               no puedo, será forzoso,
               el valerme de la fuerza,
               sin que él entienda la causa.
Cosme.   Si industria buscas, espera,
               que a mí se me ofrece una.
               Esta carta, que encomienda
               es de un amigo, me valga.

(Salen don Luis y Rodrigo, su criado.)

Luis.   Yo tengo de conocerla,
               no más de por el cuidado
               con que de mí se recela.
Rodrigo.   Síguela y sabrás quién es.

(Llega Cosme y retírase don Manuel.)

Cosme.   Señor, aunque con vergüenza
               llego, vuesarced me haga
               tan gran merced, que me lea
               a quién esta carta dice.
Luis.   No voy agora con flema. *(Detiénele Cosme.)*
Cosme.   Pues si flema sólo os falta,

---

[11]maña o maquinación.

yo tengo cantidad de ella
y podré partir con vos.

Luis. Apartad.

Manuel. *(Aparte.)* ¡Oh, qué derecha
es la calle! Aun no se pierden
de vista.

Cosme.   Por vida vuestra...

Luis. ¡Vive Dios, que sois pesado,
y os romperé la cabeza,
si mucho me hacéis...!

Cosme.   Por eso
os haré poco.

Luis.   Paciencia
me falta para sufriros.
Apartad de aquí. *(Rempújale.)*[12]

Manuel. *(Aparte.)*   (Ya es fuerza
llegar. Acabe el valor
lo que empezó la cautela.)
Caballero, ese criado *(Llega.)*
es mío, y no sé qué pueda
haberos hoy ofendido,
para que de esa manera
le atropelléis.

Luis.   No respondo
a la duda o a la queja,
porque nunca satisfice
a nadie. Adiós.

Manuel.   Si tuviera
necesidad mi valor
de satisfacciones, crea
vuestra arrogancia de mí,
que no me fuera sin ella.
Preguntar en qué os ofende
en qué os agravia o molesta,
merece más cortesía;
y pues la Corte la enseña,

----

[12]empújale.

no la pongáis el mal nombre
de que un forastero venga
a enseñarla a los que tienen
obligación de saberla.

Luis. Quien pensare que no puedo
enseñarla yo...

Manuel. La lengua
suspended y hable el acero.

(Sacan las espadas y riñen.)

Luis. Decís bien.

Cosme. ¡Oh, quién tuviera
gana de reñir!

Rodrigo. Sacad
la espada vos.

Cosme. Es doncella,
y sin cédula o palabra,
no puedo sacarla.

(Salen doña Beatriz, teniendo a don Juan, y Clara, criada y gente.)

Juan. Suelta,
Beatriz.

Beatriz. No has de ir.

Juan. Mira que es
con mi hermano la pendencia.

Beatriz. ¡Ay de mí triste!

Juan. A tu lado *(a Don Luis.)*
estoy.

Luis. Don Juan, tente, espera;
que, más que a darme valor,
a hacerme cobarde llegas.
Caballero forastero,
quien no excusó la pendencia
solo, estando acompañado
bien se ve que no la deja
de cobarde. Idos con Dios,
que no sabe mi nobleza
reñir mal, y más con quien
tanto brío y valor muestra.
Idos con Dios.

Manuel. Yo os estimo

bizarría y gentileza;
pero si de mí, por dicha,
algún escrúpulo os queda,
me hallaréis donde quisiereis.

Luis. Norabuena.

Manuel.   Norabuena.

Juan. ¿Qué es lo que miro y escucho?
¡Don Manuel!

Manuel.   ¡Don Juan!

Juan.   Suspensa
el alma no determina
qué hacer, cuando considera
un hermano y un amigo
(que es lo mismo) en diferencia
tal, y hasta saber la causa,
dudaré.

Luis.   La causa es ésta:
volver por ese criado
este caballero intenta,
que necio me ocasionó
a hablarle mal. Todo cesa
con esto.

Juan.   Pues siendo así,
cortés me darás licencia,
para que llegue a abrazarle.
El noble huésped, que espera
nuestra casa, es el señor
don Manuel. Hermano, llega,
que dos, que han reñido iguales,
desde aquel instante quedan
más amigos, pues ya hicieron
de su valor experiencia.
Dadme los brazos.

Manuel.   Primero
que a vos os los dé, me lleva
el valor que he visto en él,
a que al servicio me ofrezca
del señor don Luis.

Luis.   Yo soy

	vuestro amigo, y ya me pesa
	de no haberos conocido,
	pues vuestro valor pudiera
	haberme informado.
Manuel.	El vuestro
	escarmentado me deja.
	Una herida en esta mano
	he sacado.
Luis.	Más quisiera
	tenerla mil veces yo.
Cosme.	¡Qué cortesana pendencia!
Juan.	¿Herida? Venid a curaros.
	Tú, don Luis, aquí te queda
	hasta que tome su coche
	doña Beatriz, que me espera;
	y de esta descortesía
	me disculparás con ella.
	Venid, señor, a mi casa,
	mejor dijera a la vuestra
	donde os curéis.
Manuel.	Que no es nada.
Juan.	Venid presto.
Manuel.	*(Aparte.)* ¡Qué tristeza
	me ha dado que me reciba
	con sangre Madrid!
Luis.	*(Aparte.)* ¡Qué pena
	tengo de no haber podido
	saber qué dama era aquélla!
Cosme.	*(Aparte.)* ¡Qué bien merecido tiene
	mi amo lo que se lleva,
	porque no se meta a ser
	don Quijote de la legua!

(Vanse los tres y llega don Luis a doña Beatriz, que está aparte.)

Luis.	Ya la tormenta pasó.
	Otra vez, señora, vuelva
	a restituir las flores,
	que agora marchita y seca,
	de vuestra hermosura el hielo
	de un desmayo.

Beatriz.   ¿Dónde queda
don Juan?

Luis.   Que le perdonéis
os pide; porque le llevan
forzosas obligaciones,
y el cuidar con diligencia
de la salud de un amigo
que va herido.

Beatriz.   ¡Ay de mí! ¡Muerta
estoy! ¿Es don Juan?

Luis.   Señora,
no es don Juan; que no estuviera,
estando herido mi hermano,
yo con tan grande paciencia.
No os asustéis; que no es justo
que sin que él la herida tenga,
tengamos entre los dos,
yo el dolor y vos la pena;
digo dolor, el de veros
tan postrada, tan sujeta
a un pesar imaginado,
que hiere con mayor fuerza.

Beatriz.   Señor don Luis, ya sabéis
que estimo vuestras finezas,
supuesto que lo merecen
por amorosas y vuestras;
pero no puedo pagarlas,
que esto han de hacer las estrellas,
y no hay de lo que no hacen,
quien las tome residencia.[13]
Si lo que menos se halla
es hoy lo que más se precia
en la Corte, agradeced
el desengaño, siquiera
por ser cosa que se halla
con dificultad en ella.

---

[13]pida cuentas.

	Quedad con Dios. *(Vase con su criada.)*
Luis.	Id con Dios.
	No hay acción que me suceda
	bien, Rodrigo. Si una dama
	veo airosa, y conocerla
	solicito, me detienen
	un necio y una pendencia,
	que no sé cuál es peor:
	si riño, y mi hermano llega,
	es mi enemigo su amigo;
	si por disculpa me deja
	de una dama, es una dama
	que mil pesares me cuesta;
	de suerte que una tapada
	me huye, un necio me atormenta,
	un forastero me mata,
	y un hermano me le lleva
	a ser mi huésped a casa,
	y otra dama me desprecia.
	¡De mal anda mi fortuna!
Rodrigo.	De todas aquesas penas,
	¿qué sé la que sientes más?
Luis.	No sabes.
Rodrigo.	¿Que la que llegas
	a sentir más, son los celos
	de tu hermano y Beatriz bella?
Luis.	Engáñaste.
Rodrigo.	¿Pues cuál es?
Luis.	Si tengo de hablar de veras
	(de ti sólo me fiara),
	lo que más siento es que sea
	mi hermano tan poco atento,
	que llevar a casa quiera
	un hombre mozo, teniendo,
	Rodrigo, una hermana bella,
	viuda y moza, y como sabes,
	tan de secreto, que apenas
	sabe el sol que vive en casa;
	porque Beatriz, por ser deuda,

solamente la visita.

Rodrigo. Ya sé que su esposo era
administrador en puerto
de mar de unas reales rentas
y quedó debiendo al Rey
grande cantidad de hacienda,
y ella a la Corte se vino
de secreto, donde intenta,
escondida y retirada,
componer mejor sus deudas;
y esto disculpa a tu hermano,
pues, si mejor consideras
que su estado no la da
ni permiso ni licencia
de que nadie la visite,
y que, aunque tu huésped sea
don Manuel, no ha de saber
que en casa, señor, se encierra
tal mujer, ¿qué inconveniente
hay en admitirle en ella?
Y más habiendo tenido
tal recato y advertencia
que para su cuarto ha dado
por otra calle la puerta,
y la que salía a la casa,
por desmentir la sospecha,
de que el cuidado la había
cerrado o porque pudiera
con facilidad abrirse
otra vez, fabricó en ella
una alacena de vidrios,
labrada de tal manera,
que parece que jamás
en tal parte ha habido puerta.

Luis. ¿Ves con lo que me aseguras?
Pues con eso mismo intentas
darme muerte, pues ya dices
que no ha puesto por defensa
de su honor más que unos vidrios,

que al primer golpe se quiebran. *(Vase.)*

(Habitación de doña Angela en casa de don Juan. Salen doña Angela e Isabel.)

Angela.   Vuélveme a dar, Isabel
esas tocas (¡pena esquiva!),
vuelve a amortajarme viva,
ya que mi suerte crüel
lo quiere así.

Isabel.   Toma presto;
porque si tu hermano viene,
y alguna sospecha tiene,
no la confirme con esto,
de hallarte en la manera
que hoy en palacio te vio.

Angela.   ¡Válgame el cielo! Que yo
entre dos paredes muera,
donde apenas el sol sabe
quién soy, pues la pena mía
en el término del día
ni se contiene ni cabe;
donde inconstante la luna,
que aprende influjos de mí,
no puede decir: «Ya vi
que lloraba su fortuna».
Donde en efecto encerrada
sin libertad he vivido,
porque enviudé de un marido,
con dos hermanos casada.
¡Y luego delito sea,
sin que toque en liviandad,
depuesta la autoridad
ir donde tapada vea
un teatro en quien la fama
para su aplauso inmortal,
con acentos de metal,
a voces de bronce llama!
¡Suerte injusta, dura estrella!

Isabel.   Señora, no tiene duda
el que mirándote viuda,
tan moza, bizarra y bella,

tus hermanos cuidadosos
te celen, porque este estado
es el más ocasionado
a delitos amorosos;
y más en la Corte hoy,
donde se han dado en usar
unas viuditas de azar,[14]
que al cielo mil gracias doy
cuando en la calle las veo
tan honestas, tan fruncidas,
tan beatas y aturdidas;
y en quedándose en manteo[15]
es el mirarlas contento,
pues sin toca y devoción,
saltan más que cualquier don
que una pelota de viento.
Y este discurso doblado[16]
para otro tiempo, señora,
¿cómo no habemos agora
en el forastero hablado,
a quien tu honor encargaste
y tu galán hoy le hiciste?

Angela. Parece que me leíste
el alma en eso que hablaste.
Cuidadosa me ha tenido,
no por él, sino por mí;
porque después, cuando oí
de las cuchilladas ruido,
me puse (mas son quimeras),
Isabel, a imaginar
que él había de tomar
mi disgusto tan de veras,
que había de sacar la espada

---

[14]juego de palabras basado en los términos "azar" (ocasión, aventura) y "azahar" (flor del naranjo que simboliza la virginidad).

[15]ropa de paño que llevaban las mujeres de la cintura abajo.

[16]dejado.

	en mi defensa. Yo fui
	necia en empeñarle así;
	mas una mujer turbada,
	¿qué mira o qué considera?
Isabel.	Yo no sé si lo estorbó;
	mas sé que no nos siguió
	tu hermano más.
Angela.	Oye, espera.

(Sale don Luis.)

Luis.	¡Angela!
Angela.	Hermano y señor,
	turbado y confuso vienes.
	¿Qué ha sucedido, qué tienes?
Luis.	Harto tengo, tengo honor.
Angela.	*(Aparte.)* ¡Ay de mí! Sin duda es
	que don Luis me conoció.
Luis.	Y así siento mucho yo
	que te estimen poco.
Angela.	Pues,
	¿has tenido algún disgusto?
Luis.	Lo peor es que cuando vengo
	a verte, el disgusto tengo
	que tuve, Angela.
Isabel.	*(Aparte.)* ¿Otro susto?
Angela.	Pues yo, ¿en qué te puedo dar,
	hermano, disgusto? Advierte...
Luis.	Tú eres la causa, y el verte...
Angela.	¡Ay de mí!
Luis.	Angela, estimar
	tan poco de nuestro hermano.
Angela.	*(Aparte.)* Eso sí.
Luis.	Pues cuando vienes
	con los disgustos que tienes
	cuidado te da. No en vano
	el enojo que tenía
	con él el huésped pagó;
	pues sin conocerle yo,
	hoy le he herido en profecía.
Angela.	Pues ¿cómo fue?

Luis.

Entré en la plaza
de palacio, hermana, a pie,
hasta el palenque, porque
toda la desembaraza
de coches y caballeros
la guardia. A un corro me fui
de amigos, adonde vi
que alegres y lisonjeros
los tenía una tapada,
a quien todos celebraron
lo que dijo, y alabaron
de entendida y sazonada.
Desde el punto que llegué,
otra palabra no habló,
tanto que alguno obligó
a preguntarla por qué,
porque yo llegaba, había
con tanto extremo callado.
Todo me puso en cuidado.
Miré si la conocía,
y no pude, porque ella
le puso más en taparse,
en esconderse y guardarse.
Viendo que no pude vella,[17]
seguirla determiné;
ella siempre atrás volvía
a ver si yo la seguía,
cuyo gran cuidado fue
espuela de mi cuidado.
Yendo de esta suerte, pues
llegó un hidalgo, que es
de nuestro huésped criado,
a decir que le leyese
una carta; respondí
que iba de prisa, y creí

---

[17]verla. Hay varios ejemplos subsiguientes en el texto de este tipo de modificación en la forma del infinitivo verbal.

que detenerme quisiese
con este intento, porque
la mujer le habló al pasar;
y tanto dio en porfiar,
que le dije no sé qué.
Llegó en aquella ocasión,
en defensa del criado
nuestro huésped, muy soldado.
Sacamos en conclusión
las espadas. Todo es esto,
pero más pudiera ser.

Angela. ¡Miren la mala mujer
en que ocasión te había puesto!
Que hay mujeres tramoyeras,
pondré que no conocía
quién eras, y que lo hacía
sólo porque la siguieras.
Por eso estoy harta yo
de decir (si bien te acuerdas)
que mires que no te pierdas
por mujercillas, que no
saben más que aventurar
los hombres.

Luis.   ¿En qué has pasado
la tarde?

Angela.   En casa me he estado,
entretenida en llorar.

Luis. ¿Hate nuestro hermano visto?

Angela. Desde esta mañana no
ha entrado aquí.

Luis.   ¡Qué mal yo
estos descuidos resisto!

Angela. Pues deja los sentimientos;
que al fin sufrirle es mejor;
que es nuestro hermano mayor,
y comemos de alimentos.

Luis. Si tú estás tan desconsolada,
yo también; que yo por ti
lo sentía. Y porque así

veas no dárseme nada,
a verle voy, y aun con él
haré una galantería.

Isabel.   ¿Qué dirás, señora mía,
después del susto crüel,
de lo que en casa nos pasa?
Pues el que hoy ha defendido
tu vida, huésped y herido
le tienes dentro de casa.

Angela.   Yo, Isabel, lo sospeché
cuando de mi hermano oí
la pendencia, y cuando vi
que el herido el huésped fue,
pero aún bien no lo he creído;
porque caso extraño fuera
que un hombre a Madrid viniera,
y hallase recién venido,
una dama que rogase
que su vida defendiese,
un hermano que le hiriese
y otro que le aposentase.
Fuera notable suceso;
y aunque todo puede ser,
no lo tengo de creer
sin verlo.

Isabel.   Y si para eso
te dispones, yo bien sé
por donde verle podrás,
y aun más que verle.

Angela.   Tú estás
loca. ¿Cómo, si se ve
de mi cuarto tan distante,
el suyo?

Isabel.   Parte hay por donde
este cuarto corresponde
al otro: esto no te espante.

Angela.   No porque verlo deseo,
sino sólo por saber,
dime: ¿cómo puede ser?

	Que lo escucho y no lo creo.
Isabel.	¿No has oído que labró
	en la puerta una alacena
	tu hermano?
Angela.	Ya lo que ordena
	tu ingenio he entendido yo.
	Dirás que, pues es de tabla,
	algún agujero hagamos
	por donde al huésped veamos.
Isabel.	Más que eso mi ingenio entabla.
Angela.	Di.
Isabel.	Por cerrar y encubrir
	la puerta, que se tenía,
	y que a este jardín salía,
	y poder volverla a abrir,
	hizo tu hermano poner
	portátil una alacena.
	Ésta (aunque de vidrios llena)
	se puede muy bien mover.
	Yo lo sé bien; porque, cuando
	la alacena aderecé,
	la escalera la arrimé
	y ella se fue desclavando
	poco a poco: de manera
	que todo junto cayó,
	y dimos en tierra yo,
	alacena y escalera;
	de suerte, que en falso agora
	la tal alacena está,
	y apartándose, podrá
	cualquiera pasar, señora.
Angela.	Esto no es determinar,
	sino prevenir primero.
	Ves aquí Isabel, que quiero
	a esotro cuarto pasar.
	Y he quitado la alacena.
	Por allá, ¿no se podrá
	quitar también?
Isabel.	Claro está;

y para hacerla más buena,
en falso se han de poner
dos clavos, para advertir
que sólo la sepa abrir
el que lo llega a saber.

Angela.   Al criado que viniere
por luz y por ropa, di
que vuelva a avisarte a ti,
si acaso el huésped saliere
de casa; que, según creo,
no le obligará la herida
a hacer cama.

Isabel.   ¿Y, por tu vida,
irás?

Angela.   Un necio deseo
tengo de saber si es él
el que mi vida guardó;
porque, si le cuesto yo
sangre y cuidado, Isabel,
es bien mirar por su herida,
si es que segura del miedo
de ser conocida, puedo
ser con él agradecida.
Vamos, que tengo de ver
la alacena, y si pasar
puedo al cuarto, he de cuidar,
sin que él lo llegue a entender,
desde aquí de su regalo.

Isabel.   Notable cuento será.
Mas ¿si lo cuenta?

Angela.   No hará,
que hombre, que su esfuerzo iguala
a su gala y discreción,
puesto que de todo ha hecho
noble experiencia en mi pecho
en la primera ocasión,
de valiente en lo arrestado,
de galán en lo lucido,
en el modo de entendido,

no me ha de causar cuidado
que diga suceso igual;
que fuera notable mengua
que echara una mala lengua
tan buenas partes a mal. *(Vanse.)*

(Cuarto de don Manuel. Una alacena movible, hecha con anaqueles; vidrios en ella. Un brasero, etc. Salen don Juan, don Manuel y un criado, con luz.)

Juan. Acostaos, por mi vida.
Manuel. Es tan poca la herida
que antes, don Juan, sospecho
que parece melindre el haber hecho
caso ninguno de ella.
Juan. Harta ventura ha sido de mi estrella;
que no me consolara
jamás, si este contento me costara
el pesar de teneros
en mi casa indispuesto, y el de veros
herido por la mano
(si bien no ha sido culpa) de mi hermano.
Manuel. El es buen caballero,
y me tiene envidioso de su acero,
de su estilo admirado
y he de ser muy su amigo y su criado.

(Salen Don Luis y un criado con un azafate cubierto, y en él un aderezo de espada.)[18]

Luis. Yo, señor, lo soy vuestro,
como en la pena que recibo muestro,
ofreciéndoos mi vida;
y porque el instrumento de la herida
en mi poder no quede,
pues ya agradarme ni servirme puede,
bien como aquel criado
que a su señor algún disgusto ha dado,
hoy de mí lo despido.
Ésta es, señor, la espada que os ha herido;
a vuestras plantas viene

---

[18]Se refiere al juego completo: espada, vaina, etc.

a pediros perdón, si culpa tiene.
Tome vuestra querella
con ella en mí venganza de mí y de ella.

Manuel.   Sois valiente y discreto:
en todo me vencéis. La espada acepto,
porque siempre a mi lado
me enseñe a ser valiente. Confiado
desde hoy vivir procuro;
porque ¿de quién no vivirá seguro
quien vuestro acero ciñe generoso?
Que él sólo me tuviera temeroso.

Juan.   Pues don Luis me ha enseñado
a lo que estoy por huésped obligado,
otro regalo quiero
que recibáis de mí.

Manuel.   ¡Qué tarde espero
pagar tantos favores!
Los dos os competís en darme honores.

(Sale Cosme, cargado de maletas y cojines.)

Cosme.   Doscientos mil demonios
de su furia infernal den testimonios
volviéndose inclementes
doscientas mil serpientes,
que, asiéndome, de un vuelo
den conmigo de patas en el cielo,
del mandato oprimidos
de Dios, por justos juicios compelidos;
si vivir no quisiera sin injurias
en Galicia o Asturias,
antes que en esta corte.

Manuel.   Reporta...

Cosme.   El repertorio se reporte.

Juan.   ¿Qué dices?

Cosme.   Lo que digo;
que es traidor quien da paso a su enemigo.

Luis.   ¿Qué enemigo? Detente.

Cosme.   El agua de una fuente y otra fuente.

Manuel.   ¿Y por eso te inquietas?

Cosme.   Venía de cojines y maletas

	por la calle cargado,
	y en una zanja de una fuente he dado,
	y así lo traigo todo
	(como dice el refrán) puesto de lodo.
	¿Quién esto en casa mete?
Manuel.	Vete de aquí, que estás borracho. ¡Vete!
Cosme.	Si borracho estuviera,
	menos mi enojo con el agua fuera.
	Cuando en un libro leo de mil fuentes
	que vuelven varias cosas sus corrientes,
	no me espanto, si aquí ver determino,
	que nace el agua a convertirse en vino.
Manuel.	Si él empieza, en un año
	no acabará.
Juan.	Él tiene humor extraño.
Luis.	Sólo de ti quería
	saber (si sabes leer, como este día
	en el libro citado
	muestras) ¿por qué pediste tan pesado
	que una carta leyese? ¿Qué te apartas?
Cosme.	Porque sé leer en libros y no en cartas.
Luis.	Está bien respondido.
Manuel.	Que no hagáis caso de él, por Dios os pido.
	Ya le iréis conociendo,
	y sabréis que es burlón.
Cosme.	Hacer pretendo
	de mis burlas alarde.
	Para alguna os convido.
Manuel.	Pues no es tarde,
	porque me importa, hoy quiero
	hacer una visita.
Juan.	Yo os espero
	para cenar.
Manuel.	Tú, Cosme, esas maletas
	abre, y saca la ropa; no las metas
	hasta limpiarlas harto.
Juan.	Si quisieres cerrar, ésta es del cuarto
	la llave; que aunque tengo
	llave maestra, por si acaso vengo

tarde, más que las dos, otra no tiene,
ni otra puerta tampoco. *(Aparte.)* Así conviene.)
Y en el cuarto la deja, y cada día
vendrán a aderezarle. *(Vase, y queda Cosme.)*

Cosme.   Hacienda mía,
ven acá; que yo quiero
visitarte primero;
porque ver determino
cuánto habemos sisado en el camino;
que, como en las posadas
no se hilan las cuentas tan delgadas
como en casa, que vive en sus porfías
la cuenta, y la razón por lacerías,[19]
hay mayor aparejo de provecho,
para meter la mano, no en mi pecho,
sino en la bolsa ajena. *(Abre una maleta, y saca un bolsín.)*
Hallé la propia; buena está y rebuena,
pues aquesta jornada
subió doncella y se apeó preñada.
Contarlo quiero, aunque es tiempo perdido.
Porque yo, ¿qué borregos he vendido
a mi señor para que mire y vea,
si está cabal? Lo que ello fuere sea.
Su maleta es aquésta:
ropa quiero sacar por si se acuesta
tan presto; que él mandó que hiciese esto.
Mas porque él lo mandó, ¿se ha de hacer presto?
Por haberlo él mandado
antes no lo he de hacer, que soy criado.
Salirme un rato es justo
a rezar a una ermita. ¿Tendrás gusto
de esto, Cosme? —Tendré. —Pues, Cosme, vamos,
que antes son nuestros gustos que los amos. *(Vase.)*
*(Por una alacena que estará hecha con anaqueles, y vidrios[20] en ella, quitándose
con goznes, como que se desencaja, salen doña Angela e Isabel.)*

---

[19]pobrezas, miserias; también lacerias.

[20]objetos de vidrio.

Isabel.	Que está el cuarto solo dijo Rodrigo, porque el tal huésped y tus hermanos se fueron.
Angela.	Por eso pude atreverme a hacer sola esta experiencia.
Isabel.	¿Ves que no hay inconveniente para pasar hasta aquí?
Angela.	Antes, Isabel, parece que todo cuanto previne yo fue muy impertinente, pues con ninguno encontramos; que la puerta fácilmente se abre y se vuelve a cerrar, sin ser posible que se eche de ver.
Isabel.	¿Y a qué hemos venido?
Angela.	A volvernos solamente; que, para hacer sola una travesura dos mujeres, basta haberla imaginado; porque al fin esto no tiene más fundamento que haber hablado en ello dos veces, y estar yo determinada (siendo verdad que es aqueste caballero el que por mí se empeñó osado y valiente, como te he dicho) a mirar por su regalo.
Isabel.	Aquí tiene el que le trajo tu hermano, y una espada en un bufete.
Angela.	Ven acá. ¿Mi escribanía trajeron aquí?
Isabel.	Dio en ese desvarío mi señor. Dijo que aquí la pusiese con recado de escribir, y mil libros diferentes.

Angela.   En el suelo hay dos maletas.

Isabel.   Y abiertas. Señora ¿quieres
                     que veamos lo que hay en ellas?

Angela.   Sí, que quiero neciamente
                     mirar qué ropas y alhajas
                     trae.

Isabel.   Soldado y pretendiente
                     vendrá muy mal alhajado.

(Sacan todo cuanto van diciendo, y todo lo esparcen por la sala.)

Angela.   ¿Qué es eso?

Isabel.   Muchos papeles.

Angel.   ¿Son de mujer?

Isabel.   No, señora,
                     sino procesos que vienen
                     cosidos, y pesan mucho.

Angela.   Pues si fueran de mujeres,
                     ellos fueran más livianos.
                     Mal en eso te detienes.

Isabel.   Ropa blanca hay aquí alguna.

Angela.   ¿Huele bien?

Isabel.   Sí, a limpia huele.

Angela.   Ése es el mejor perfume.

Isabel.   Las tres calidades tiene
                     de blanca, blanda y delgada.
                     Mas, señora, ¿qué es aqueste
                     pellejo con unos hierros
                     de herramientas diferentes?

Angela.   Muestra a ver. Hasta aquí hierro
                     de sacamuelas parece;
                     mas éstas son tenacillas,
                     y el alzador del copete
                     y los bigotes esotras.[21]

Isabel.   Item, escobilla y peine.
                     Oye, que, más prevenido,
                     no le faltará al tal huésped

---

[21]diferentes implementos exigidos por la moda masculina para rizar el pelo, retorcer la punta del bigote, etc.

	la horma de su zapato.
Angela.	¿Por qué?
Isabel.	Porque aquí la tiene.
Angela.	¿Hay más?
Isabel.	Sí, señora. Item,

como a forma de billetes,
legajo segundo.

| Angela. | Muestra. |

De mujer son, y contienen
más que papel. Un retrato.
Está aquí.

| Isabel. | ¿Qué te suspende? |
| Angela. | El verle; que una hermosura, |

si está pintada, divierte.

| Isabel. | Parece que te ha pesado |

de hallarle.

| Angela. | ¡Qué necia eres! |

No mires más.

| Isabel. | ¿Y qué intentas? |
| Angela. | Dejarle escrito un billete. |

Toma el retrato. *(Pónese a escribir.)*

| Isabel. | Entre tanto |

la maleta del sirviente
he de ver. Esto es dinero;
cuartazos[22] son insolentes,
que en la república donde
son los príncipes y reyes
las doblas[23] y patacones,[24]
ellos son la común plebe.
Una burla le he de hacer,
y ha de ser de aquesta suerte:
quitarle de aquí el dinero
al tal lacayo, y ponerle
unos carbones. Dirán:

---

[22]cuartos = monedas equivalentes a cuatro maravedís.

[23]moneda castellana de oro.

[24]antigua moneda de plata de una onza.

                    ¿dónde demonios los tiene
                    esta mujer? No advirtiendo
                    que esto sucedió en noviembre,
                    y que hay brasero en el cuarto.

(Quita el dinero de la bolsa, y pone carbón.)

Angela.   Ya escribí. ¿Qué te parece
                    adónde deje el papel,
                    porque, si mi hermano, viene,
                    no lo vea?

Isabel.   Allí, debajo
                    de la toalla que tienen
                    las almohadas; que al quitarla,
                    se verá forzosamente,
                    y no es parte que hasta entonces
                    se ha de andar.

Angela.   Muy bien adviertes.
                    Ponle allí, y ve recogiendo
                    todo esto.

Isabel.   Mira que tuercen
                    ya la llave.

Angela.   Pues dejallo
                    todo, esté como estuviere,
                    y a escondernos, Isabel,
                    ven.

Isabel.   Alacena *me fecit.*[25]

(Vanse por la alacena y queda como estaba. Sale Cosme.)

Cosme.   Ya que me he servido a mí,
                    de barato quiero hacerle
                    a mi amo otro servicio.
                    Mas ¿quién nuestra hacienda vende
                    que así hace almoneda de ella?
                    ¡Vive Cristo, que parece
                    plazuela de la Cebada[26]
                    la sala con nuestros bienes!

---

[25]"me hizo" en latín: se trata de un juego de palabras sobre la fórmula que empleaban los pintores para firmar sus obras.

[26]sitio donde se hallaba un gran mercado.

¿Quién está aquí? No está nadie,
por Dios, y si está, no quiere
responder. No me responda,
que me huelgo de que eche
de ver que soy enemigo
de respondones. Con este
humor, sea bueno o sea malo
(si he de hablar discretamente),
estoy temblando de miedo;
pero como a mí me deje
el revoltoso de alhajas
libre mi dinero, llegue
y revuelva las maletas
una y cuatrocientas veces.
Mas ¿qué veo? ¡Vive Dios, *(Registra la bolsa.)*
que en carbones lo convierte!
Duendecillo, duendecillo,
quienquiera que seas o fueres,
el dinero que tú das
en lo que mandares vuelve.
Mas lo que yo hurto, ¿por qué?

(Salen don Juan, don Luis y don Manuel.)

Juan.   ¿De qué das voces?
Luis.   ¿Qué tienes?
Manuel.   ¿Qué te ha sucedido? Habla.
Cosme.   ¡Lindo desenfado es ése!
Si tienes por inquilino,
señor, en tu casa un duende,
¿para qué nos recibiste
en ella? Un instante breve
que falté de aquí, la ropa
de tal modo y de tal suerte
hallé, que, toda esparcida,
una almoneda parece.
Juan.   ¿Falta algo?
Cosme.   No falta nada.
El dinero solamente
que en esta bolsa tenía,
que era mío, me convierte

	en carbones.
Luis.	Sí, ya entiendo.
Manuel.	¡Qué necia burla previenes!
	¡Qué fría y qué sin donaire!
Juan.	¡Qué mala y qué impertinente!
Cosme.	No es burla ésta, ¡vive Dios!
Manuel.	Calla, que estás como sueles.
Cosme.	Es verdad; mas suelo estar
	en mi juicio algunas veces.
Juan.	Quedaos con Dios, y acostaos,
	don Manuel, sin que os desvele
	el duende de la posada;
	y aconsejadle que intente
	otras burlas al criado. *(Vase.)*
Luis.	No en vano sois tan valiente
	como sois, si habéis de andar,
	desnuda la espada siempre,
	saliendo de los disgustos
	en que este loco os pusiere. *(Vase.)*
Manuel.	¿Ves cuál me tratan por ti?
	Todos por loco me tienen
	porque te sufro. A cualquiera
	parte que voy me suceden
	mil desaires por tu causa.
Cosme.	Ya estás solo, y no he de hacerte
	burla mano a mano yo;
	porque sólo en tercio puede
	tirarse uno con su padre.
	Dos mil demonios me lleven
	si no es verdad que salí;
	y alguien, fuese quien se fuese,
	hizo este estrago.
Manuel.	Con eso
	ahora disculparte quieres
	de la necedad. Recoge
	esto que esparcido tienes
	y entra a acostarte.
Cosme.	Señor,
	en una galera reme...

Manuel.   Calla, calla, o ¡vive Dios!
            que la cabeza te quiebre.

(Entra en la alcoba.)

Cosme.   Pesárame con extremo
            que lo tal me sucediese.
            Ahora bien: vuelvo a envasar
            otra vez los adherentes
            de mis maletas. ¡Oh cielos,
            quién la trompeta tuviese
            del juicio de las alhajas,
            porque a una voz solamente
            viniesen todas! *(Vuelve don Manuel con un papel.)*

Manuel.   Alumbra,
            Cosme.

Cosme.   Pues ¿qué te sucede
            señor? ¿Has hallado acaso
            allá dentro alguna gente?

Manuel.   Descubrí la cama, Cosme,
            para acostarme, y halléme
            debajo de la toalla
            de la cama este billete
            cerrado y ya el sobrescrito
            me admira más.

Cosme.   ¿A quién viene?

Manuel.   A mí, mas de modo extraño.

Cosme.   ¿Cómo dice?

Manuel.   De esta suerte. *(Lee.)*
            «Nadie me abra, porque soy
            de don Manuel solamente».

Cosme.   ¡Plegue a Dios que no me creas
            por fuerza! No le abras, tente,
            sin conjurarle primero.

Manuel.   Cosme, lo que me suspende
            es la novedad, no el miedo;
            que quien admira, no teme.

(Lee.) «Con cuidado me tiene vuestra salud, como a quien fue la causa de su riesgo. Y así, agradecida y lastimada, os suplico me aviséis de ella y os sirváis de mí, que para lo uno y lo otro habrá ocasión, dejando la respuesta donde ha-

llasteis éste, advirtiendo que el secreto importa, porque el día que lo sepa alguno
de los amigos, perderé yo el honor y la vida».

Cosme.	¡Extraño caso!
Manuel.	¿Qué extraño?
Cosme.	¿Eso no te admira?
Manuel.	No;

antes con esto llegó
a mi vista el desengaño.

Cosme.	¿Cómo?
Manuel.	Bien claro se ve

que aquella dama tapada,
que tan ciega y tan turbada
de don Luis huyendo fue,
era su dama, supuesto,
Cosme, que no puede ser,
si es soltero, su mujer.
Y dando por cierto esto,
¿qué dificultad tendrá
que en la casa de su amante
tenga ella mano bastante
para entrar?

Cosme.	Muy bien está

pensado; mas mi temor
pasa adelante. Confieso
que es su dama, y el suceso
te doy por bueno, señor;
pero ella, ¿cómo podía
desde la calle saber
lo que había de suceder
para tener este día
ya prevenido el papel?

Manuel.	Después de haberme pasado,
	pudo dársele a un criado.
Cosme.	Y aunque se le diera, ¿él
	cómo aquí ha de haberle puesto?
	Pues nadie en el cuarto entró
	desde que en él quedé yo.
Manuel.	Bien pudo ser antes de esto.
Cosme.	Sí; mas hallar trabucadas

las maletas y la ropa,
y el papel escrito, topa
en más.

Manuel.   Mira si cerradas
esas ventanas están.

Cosme. Y con aldabas y rejas.

Manuel. Con mayor duda me dejas
y mil sospechas me dan.

Cosme. ¿De qué?

Manuel.   No sabré explicallo.

Cosme. En efecto, ¿qué has de hacer?

Manuel. Escribir y responder
pretendo, hasta averiguallo,
con estilo que parezca
que no ha hallado en mi valor
ni admiración ni temor,
que no dudo que se ofrezca
una ocasión en que demos,
viendo que papeles hay,
con quien los lleva y los tray.[27]

Cosme. ¿Y de aquesto no daremos
cuenta a los huéspedes?

Manuel.   No,
porque no tengo de hacer
mal alguno a una mujer
que así de mí se fió.

Cosme. Luego, ¿ya ofendes a quien
su galán juzgas?

Manuel.   No tal,
pues sin hacerla a ella mal,
puedo yo proceder bien.

Cosme. No, señor; más hay aquí
de lo que a ti te parece.
Con cada discurso crece
mi sospecha.

Manuel.   ¿Cómo así?

---

[27]trae.

Cosme.	Ves aquí que van y vienen
	papeles, y que jamás
	aunque lo examines más,
	ciertos desengaños tienen.
	¿Qué creerás?
Manuel.	Que ingenio y arte
	hay para entrar y salir,
	para cerrar, para abrir,
	y que el cuarto tiene parte
	por dónde. Y en duda tal,
	el juicio podré perder,
	pero no, Cosme, creer
	cosa sobrenatural.
Cosme.	¿No hay duendes?
Manuel.	Nadie los vio.
Cosme.	¿Familiares?[28]
Manuel.	Son quimeras.
Cosme.	¿Brujas?
Manuel.	Menos.
Cosme.	¿Hechiceras?
Manuel.	¡Qué error!
Cosme.	¿Hay súcubos?[29]
Manuel.	No.
Cosme.	¿Encantadoras?
Manuel.	Tampoco.
Cosme.	¿Mágicas?
Manuel.	Es necedad.
Cosme.	¿Nigromantes?
Manuel.	Liviandad.
Cosme.	¿Energúmenos?
Manuel.	¡Qué loco!
Cosme.	¡Vive Dios que te cogí!
	¿Diablos?

---

[28]según la creencia popular, demonio que tiene trato con una persona a quien acompaña y sirve.

[29]de acuerdo con la superstición, espíritu o demonio que tiene trato carnal con un hombre bajo la apariencia de mujer.

Manuel.	Sin poder notorio.
Cosme.	¿Hay almas del purgatorio?
Manuel.	¿Qué me enamoren a mí?
	¡Hay más necia bobería!
	Déjame, que estás cansado.
Cosme.	En fin, ¿qué has determinado?
Manuel.	Asistir de noche y día
	con cuidados singulares
	(aquí el desengaño fundo)
	sin creer que hay en el mundo
	ni duendes ni familiares.
Cosme.	Pues yo, en efecto, presumo
	que algún demonio los tray,
	que esto más habrá, donde hay
	quien tome tabaco de humo.

JORNADA SEGUNDA

(Habitación de doña Angela. Salen doña Angela, doña Beatriz e Isabel.)

Beatriz.	Notables cosas me cuentas.
Angela.	No te parezcan notables
	hasta que sepas el fin.
	¿En qué quedamos?
Beatriz.	Quedaste
	en que por el alacena
	hasta su cuarto pasaste,
	que es tan difícil de verse
	como fue de abrirse fácil;
	que le escribiste un papel,
	y que al otro día hallaste
	la respuesta.
Angela.	Digo, pues,
	que tan cortés y galante
	estilo no vi jamás,
	mezclando entre lo admirable
	del suceso, lo gracioso,
	imitando los andantes
	caballeros, a quien pasan

aventuras semejantes.
El papel, Beatriz, es éste:
holgaréme que te agrade.

(Lee.) «Fermosa[30] dueña, cualquier que vos seáis la condolida de este afanado caballero, y asaz piadosa minoráis sus cuitas, ruégovos me queráis facer sabidor del follón mezquino, o pagano malandrín, que en este encanto vos amancilla, para que segunda vegada[31] en vueso nombre, sano ya de las pasadas feridas, entre en descomunal batalla, maguer que finque[32] muerto en ella; que non es la vida de más pro que la muerte, tenudo[33] a su deber un caballero. El dador de la luz vos mampare,[34] e a mí non olvide. *El caballero de la Dama Duende.*»

Beatriz.   ¡Buen estilo, por mi vida,
            y a propósito el lenguaje,
            del encanto y la aventura!

Angela.   Cuando esperé que con graves
            admiraciones viniera
            el papel, vi semejante
            desenfado, cuyo estilo
            quise llevar adelante,
            y respondiéndole así,
            pasé...

Isabel.   Detente, no pases,
            que viene don Juan, tu hermano.

Angela.   Vendrá muy firme y amante
            a agradecerte la dicha
            de verte, Beatriz, y hablarte
            en su casa.

Beatriz.   No me pesa
            si hemos de decir verdades.

(Sale don Juan.)

Juan.   No hay mal que por bien no venga,
            dicen adagios vulgares,

---

[30]Hermosa.

[31]vez.

[32]aunque quede.

[33]arcaísmo = tenido.

[34]ampare, proteja.

y en mí se ve, pues que vienen
por mis bienes vuestros males.
He sabido, Beatriz bella,
que un pesar, que vuestro padre
con vos tuvo, a nuestra casa
sin gusto y contento os trae.
Pésame que hayan de ser
lisonjeros y agradables,
como para vos mis gustos,
para mí vuestros pesares;
pues es fuerza que no sienta
desdichas que han sido parte
de veros; porque hoy amor
diversos efectos hace,
en vos de pena, y en mí
de gloria, bien como el áspid,
de quien, si sale el veneno,
también la trïaca sale.
Vos seáis muy bien venida;
que aunque es corto el hospedaje,
bien se podrá hallar un sol
en compañía de un ángel.

Beatriz. Pésames y parabienes
tan cortésmente mezclasteis,
que no sé a qué responderos.
Disgustada con mi padre
vengo: la culpa tuvisteis;
pues aunque el galán no sabe,
sabe que por el balcón
hablé anoche, y mientras pase
el enojo, con mi prima
quiere que esté, porque hace
de su virtud confïanza.
Sólo os diré, y esto baste,
que los disgustos estimo;
porque también en mí cause
amor efectos diversos,
bien como el sol, cuando esparce
bellos rayos, que una flor

se marchita y otra nace.
Hiere el amor en mi pecho,
y es sólo un rayo bastante
a que se muera el pesar,
y nazca el gusto de hallarme
en vuestra casa, que ha sido
una esfera de diamante,
hermosa envidia de un sol,
y capaz dosel de un ángel.

Angela. Bien se ve que de ganancia
andáis hoy los dos amantes,
pues que me dais de barato
tantos favores.

Juan.   ¿No sabes,
hermana, lo que he pensado?
Que tú sola, por vengarte
del cuidado que te da
mi huésped, cuerda buscaste
huéspeda, que a mí me ponga
en cuidado semejante.

Angela. Dices bien, y yo lo he hecho
sólo porque la regales.

Juan. Yo me doy por muy contento
de la venganza. *(Quiere irse.)*

Beatriz.   ¿Qué haces,
don Juan? ¿Dónde vas?

Juan.   Beatriz,
a servirte; que dejarte,
sólo a ti por ti pudiera.

Angela. Déjale ir.

Juan.   Dios os guarde.

Angela. Sí, cuidado con su huésped
me dio, y cuidado tan grande,
que apenas sé de mi vida,
y él de la suya no sabe.
Viéndote a ti, con el mismo
cuidado he de desquitarme;
porque de huésped a huésped
estemos los dos iguales.

Beatriz. El deseo de saber
tu suceso, fuera parte
solamente a no sentir
su ausencia.

Angela. Por no cansarte,
papeles suyos y míos
fueron y vinieron tales
(los suyos digo) que pueden
admitirse y celebrarse;
porque mezclando las veras
y las burlas, no vi iguales
discursos.

Beatriz. Y él, en efecto,
¿qué es a lo que se persuade?

Angela. A que debo de ser dama
de don Luis, juntando partes
de haberme escondido de él,
y de tener otra llave
del cuarto.

Beatriz. Sola una cosa
dificultad se me hace.

Angela. ¿Di cuál es?

Beatriz. ¿Cómo este hombre,
viendo que hay quien lleva y trae
papeles, no te ha espiado
y te ha cogido en el lance?

Angela. No está eso por prevenir;
porque tengo a sus umbrales
un hombre yo, que me avisa
de quién entra y de quién sale;
y así no pasa Isabel
hasta saber que no hay nadie.
Que ya ha sucedido, amiga
un día entero quedarse
un criado para verlo,
y haberle salido en balde
la diligencia y cuidado,
y porque no se me pase
de la memoria, Isabel,

llévate aquel azafate
en siendo tiempo.

Beatriz.   Otra duda.
¿Cómo es posible que alabes
de tan entendido, un hombre
que no ha dado en casos tales
en el secreto común
de la alacena?

Angela.   ¿Ahora sabes
lo del huevo de Juanelo,
que los ingenios más grandes
trabajaron en hacer
que en un bufete de jaspe
se tuviese en pie, y Juanelo,
con sólo llegar y darle
un golpecillo, le tuvo?
Las grandes dificultades,
hasta saberse lo son;
que sabido, todo es fácil.

Beatriz.   Otra pregunta.
Angela.   Di cuál.
Beatriz.   De tan locos disparates,
¿qué piensas sacar?

Angela.   No sé.
Dijérate que mostrarme
agradecida, y pasar
mis penas y soledades,
si ya no fuera más que esto,
porque necia y ignorante,
he llegado a tener celos
de ver que el retrato guarde
de una dama, y aún estoy
dispuesta a entrar y tomarle
en la primera ocasión,
y no sé cómo declare
que estoy ya determinada
a que me vea y me hable.

Beatriz.   ¿Descubierta por quién eres?
Angela.   ¡Jesús, el cielo me guarde!

Pedro Calderón de la Barca 833

Ni él, pienso yo, que a un amigo
y huésped traición tan grande
hiciera; pues el pensar
que soy dama suya, hace
que me escriba temeroso,
cortés, turbado y cobarde;
y, en efecto, yo no tengo
de ponerme a ese desaire.

Beatriz. Pues ¿cómo ha de verte?

Angela. Escucha,
y sabrás la más notable
traza, sin que yo al peligro
de verme en su cuarto pase,
y él venga, sin saber dónde.

Isabel. Pon otro hermano a la margen,
que viene don Luis.

Angela. Después
lo sabrás.

Beatriz. ¡Qué desiguales
son los influjos! ¡Que el cielo
en igual mérito y partes
ponga tantas diferencias
y tantas distancias halle,
que, con un mismo deseo,
uno obligue y otro canse!
Vamos de aquí, que no quiero
que llegue don Luis a hablarme. *(Quiere irse.)*

(Sale don Luis.)

Luis. ¿Por qué os ausentáis así?

Beatriz. Sólo porque vos llegasteis.

Luis. La luz más hermosa y pura
de quien el sol la aprendió,
¿huye porque llego yo?
¿Soy la noche por ventura?
Pues perdone tu hermosura
si atrevido y descortés
en detenerte me ves;
que yo, en esta contingençia,
no quiero pedir licencia,

porque tú no me la des.
Que, estimando tu rigor,
no quiere la suerte mía
que aun esto, que es cortesía,
tenga nombre de favor.
Ya sé que mi loco amor
en tus desprecios no alcanza
un átomo de esperanza;
pero yo, viendo tan fuerte
rigor, tengo de quererte,
por sólo tomar venganza.
Mayor gloria me darás
cuando más penas me ofrezcas;
pues cuando más me aborrezcas
tengo de quererte más.
Si de esto quejosa estás,
porque con sólo un querer
los dos vengamos a ser,
entre el placer y el pesar,
extremos, aprende a amar
o enséñame a aborrecer.
Enséñame tú rigores,
yo te enseñaré finezas;
enséñame tú asperezas,
yo te enseñaré favores;
tú desprecios, y yo amores;
tú olvido, y yo firme fe;
aunque es mejor, porque dé
gloria al amor, siendo dios,
que olvides tú por los dos;
que yo por los dos querré.

Beatriz. Tan cortésmente os quejáis,
que, aunque agradecer quisiera
vuestras penas, no lo hiciera,
sólo porque las digáis.

Luis. Como tan mal me tratáis,
el idioma del desdén
aprendí.

Beatriz. Pues ése es bien

que sigáis; que en caso tal
hará soledad el mal
a quien le dice tan bien.

(Quiere irse, y detiénela don Luis.)

Luis. Oye, si acaso te vengas,
y padezcamos los dos.

Beatriz. No he de escucharos. Por Dios,
amiga, que le detengas. *(Vase.)*

Angela. ¡Que tan poco valor tengas
que esto quieras oír y ver!

Luis. ¡Ay hermana! ¿Qué he de hacer?

Angela. Dar tus penas al olvido;
que querer aborrecido
es morir, y no querer.

(Vase con Isabel.)

Luis. Quejoso, ¿cómo podré
olvidarla? ¡Qué es error!
Dila que me haga un favor,
y obligado olvidaré;
ofendido, no; porque
el más prudente, el más sabio
da su sentimiento al labio;
si olvidarse el favor suele,
es porque el favor no duele
de la suerte que el agravio.

(Sale Rodrigo.)

Rodrigo. ¿De dónde vienes?

Luis. No sé.

Rodrigo. Triste parece que estás:
¿la causa no me dirás?

Luis. Con doña Beatriz hablé.

Rodrigo. No digas más; ya se ve
en ti lo que respondió.
Pero ¿dónde está, que yo
no la he visto?

Luis. La tirana
es huéspeda de mi hermana
unos días, porque no
me falte un enfado así

de un huésped; que cada día
mis hermanos a porfía
se conjuran contra mí;
pues cualquiera tiene aquí
uno que pesar me dé:
de don Manuel, ya se ve,
y de Beatriz; pues los cielos
me traen a casa mis celos,
porque sin ellos no esté.

Rodrigo. Mira que don Manuel puede
oírte, que viene allí.

(Sale don Manuel.)

Manuel. *(Aparte.)* ¡Solo en el mundo por mí
tan gran prodigio sucede!
¿Qué haré, cielos, con que quede
desengañado, y saber
de una vez si esta mujer
dama de don Luis ha sido,
o cómo mano ha tenido
y cautela, para hacer
tantos engaños?

Luis. Señor
don Manuel.

Manuel. Señor don Luis.

Luis. ¿De dónde bueno venís?

Manuel. De palacio.

Luis. Grande error
el mío fue en preguntar,
a quien pretensiones tiene,
dónde va ni dónde viene;
porque es fuerza que ha de dar
cualquiera línea en palacio,
como centro de su esfera.

Manuel. Si sólo a palacio fuera,
estuviera más despacio;
pero mi afán inmortal
mayor término ha pedido.
Su Majestad ha salido
esta tarde al Escorial,

	y es fuerza esta noche ir
	con mis despachos allá,
	que de importancia será.
Luis.	Si ayudaros a servir
	puedo en algo, ya sabéis
	que soy, en cualquier suceso,
	vuestro.
Manuel.	Las manos os beso
	por la merced que me hacéis.
Luis.	Ved, que no es lisonja esto.
Manuel.	Ya veo que es voluntad
	de mi aumento.
Luis.	Así es verdad.
	(*Aparte.*) Porque negocies más presto.
Manuel.	Pero a un galán cortesano
	tanto como vos, no es justo
	divertirle de su gusto;
	porque yo tengo por llano
	que estaréis entretenido,
	y gran desacuerdo fuera
	que ausentaros pretendiera.
Luis.	Aunque hubiérades[35] oído
	lo que con Rodrigo hablaba,
	no respondierais así.
Manuel.	¿Luego bien he dicho?
Luis.	Sí,
	que aunque es verdad que lloraba
	de una hermosura el rigor,
	a la firme voluntad,
	la hace tanta soledad
	el desdén como el favor.
Manuel.	¡Qué desvalido os pintáis!
Luis.	Amo una grande hermosura
	sin estrella y sin ventura.
Manuel.	¿Conmigo disimuláis
	agora?

---

[35]hubierais.

Luis.   ¡Plugiera al cielo!
Mas tan infeliz nací
que huye esta beldad de mí
como de la noche el velo
de la hermosa luz del día,
a cuyos rayos me quemo.
¿Queréis ver con cuánto extremo
es la triste suerte mía?
Pues porque no la siguiera
amante y celoso yo,
a una persona pidió
que mis pasos detuviera.
Ved si hay rigores más fieros,
pues todos suelen buscar
terceros para alcanzar,
y ella huye por terceros. *(Vanse él y Rodrigo.)*

Manuel.   ¿Qué más se ha de declarar?
¡Mujer que su vista huyó
y a otra persona pidió
que le llegase a estorbar!
Por mí lo dice y por ella.
Ya por lo menos vencí
una duda, pues ya vi
que, aunque es verdad que es aquélla,
no es su dama; porque él
despreciado no viviera,
si en su casa la tuviera.
Ya es mi duda más crüel.
Si no es su dama ni vive
en su casa, ¿cómo así
escribe y responde? Aquí
muere un engaño, y concibe
otro engaño. ¿Qué he de hacer?
Que soy en mis opiniones
confusión de confusiones.
¡Válgate Dios por mujer!

(Sale Cosme.)
Cosme.   Señor, ¿qué hay de duende? Acaso
hasle visto por acá

	que de saber que no está
	allá me holgaré.
Manuel.	Habla paso.
Cosme.	Que tengo mucho que hacer
	en nuestro cuarto, y no puedo
	entrar.
Manuel.	Pues ¿qué tienes?
Cosme.	Miedo.
Manuel.	¿Miedo un hombre ha de tener?
Cosme.	No le ha de tener, señor,
	pero ve aquí que le tiene,
	porque al suceso conviene.
Manuel.	Deja aquese necio humor,
	y lleva luz, porque tengo
	que disponer y escribir,
	y esta noche he de salir
	de Madrid.
Cosme.	A eso me atengo,
	pues dices con eso aquí
	que tienes miedo al suceso.
Manuel.	Antes te he dicho con eso
	que no hago caso de ti;
	pues de otras cosas me acuerdo,
	que son diferentes, cuando
	en éstas me estás hablando.
	El tiempo en efecto pierdo.
	En tanto que me despido
	de don Juan, ten luz. *(Vase.)*
Cosme.	Sí haré.
	Luz al duende llevaré,
	que es hora que sea servido,
	y no esté a oscuras. Aquí
	ha de haber una cerilla;
	en aquella lamparilla,
	que se está muriendo allí,
	encenderla agora puedo.
	¡Oh, qué prevenido soy!
	Y entre éstas y estotras voy

titiritando[36] de miedo. *(Vase.)*
(Cuarto de don Manuel. Sale Isabel por la alacena con una azafate cubierto.)

Isabel.   Fuera están, que así el criado
me lo dijo. Agora es tiempo
de poner este azafate
de ropa blanca en el puesto
señalado. ¡Ay de mí triste!
que, como es de noche, tengo,
con la grande oscuridad,
de mí misma asombro y miedo.
¡Válgame Dios, que temblando
estoy! El duende primero
soy que se encomienda a Dios.
No hallo el bufete. ¿Qué es esto?
Con la turbación y espanto
perdí de la sala el tiento.
No sé dónde estoy, ni hallo
la mesa. ¿Qué he de hacer? ¡Cielos!
Si no acertase a salir,
y me hallasen aquí dentro,
dábamos con todo el caso
al traste. Gran temor tengo,
y más agora, que abrir
la puerta del cuarto siento,
y trae luz el que la abre.
Aquí dio fin el suceso;
que ya ni puedo esconderme
ni volver a salir puedo.

(Sale Cosme, con luz.)

Cosme.   Duende, mi señor, si acaso
obligan los rendimientos
a los duendes bien nacidos,
humildemente le ruego
que no se acuerde de mí
en sus muchos embelecos,
y esto por cuatro razones:

---

[36]tiritando.

la primera, yo me entiendo

(Va andando, e Isabel, detrás de él, huyendo de que no la vea.)

la segunda, usted lo sabe;

la tercera, por aquello

de que al buen entendedor...;

la cuarta por estos versos:

> *Señora dama duende*
>
> *duélase de mí,*
>
> *que soy niño y solo*
>
> *y nunca en tal me vi.*

Isabel.   *(Aparte.)* Ya con la luz he cobrado

el tino del aposento,

y él no me ha visto; si aquí

se la mato, será cierto

que, mientras la va a encender,

salir a mi cuarto puedo;

que cuando sienta el rüido,

no me verá por lo menos,

y a dos daños, el menor.

Cosme.   ¡Qué gran músico es el miedo!

Isabel.   *(Aparte.)* Esto ha de ser de esta suerte.

(Dale un porrazo y mátale la luz.)

Cosme.   ¡Ay infeliz, que me han muerto!

¡Confesión!

Isabel.   Ahora podré

escaparme.

(Al querer huir Isabel, sale don Manuel.)

Manuel.   ¿Qué es aquesto,

Cosme? ¿Cómo estás sin luz?

Cosme.   Como a los dos nos ha muerto

el duende: a la luz, de un soplo,

y a mí, de un golpe.

Manuel.   Tu miedo

te hará creer esas cosas.

Cosme.   Bien a mi costa las creo.

Isabel.   *(Aparte.)* ¡Oh si la puerta encontrase!

Manuel.   ¿Quién está aquí?

(Se encuentra Isabel con don Manuel, y él la tiene del azafate.)

Isabel.   *(Aparte.)*   Peor es esto;

que con el amo he encontrado.

Manuel. Trae luz, Cosme, que ya tengo
a quien es.

Cosme.   Pues no le sueltes.

Manuel. No haré; ve por ella presto.

Cosme. Tenle bien.

Isabel. *(Aparte.)*   Del azafate
asió; en sus manos le dejo.
Hallé la alacena. ¡Adiós! *(Vase, y él tiene el azafate.)*

Manuel. Cualquiera que es, se esté quedo
hasta que traigan la luz;
porque si no, ¡vive el cielo
que le dé de puñaladas!
Pero sólo abrazo el viento,
y encuentro sólo una cosa
de ropa y de poco peso.
¿Qué será? ¡Válgame Dios,
que en más confusión me ha puesto!

(Sale Cosme, con la luz.)

Cosme. Téngase el duende a la luz.
Pues ¿qué es de él? ¿No estaba preso?
¿Qué es esto, señor?

Manuel.   No acierto
a responder. Esta ropa
me ha dejado, y se fue huyendo.

Cosme. ¿Y qué dices de este lance?
Aun bien, que agora tú mesmo
dijiste que le tenías,
y se te fue por el viento.

Manuel. Diré que aquesta persona,
que con arte y con ingenio
entra y sale aquí, esta noche
estaba encerrada dentro;
que, para poder salir,
te mató la luz, y luego
me dejó a mí el azafate,
y se me ha escapado huyendo.

Cosme. ¿Por dónde?

Manuel.   Por esa puerta.

Cosme.	Harásme que pierda el seso.
	¡Vive Dios que yo le vi
	a los últimos reflejos
	que la pavesa dejó
	de la luz que me había muerto!
Manuel.	¿Qué forma tenía?
Cosme.	Era un fraile
	tamañito, y tenía puesto
	un cucurucho tamaño,
	que por estas señas creo
	que era duende capuchino.
Manuel.	¡Qué de cosas hace el miedo!
	Alumbra aquí, y lo que trajo
	el frailecito veremos.
	Ten este azafate tú.
Cosme.	¿Yo azafates del infierno?
Manuel.	Tenle, pues.
Cosme.	Tengo las manos
	sucias, señor, con el sebo
	de la vela, y mancharé
	el tafetán que cubierto
	le tiene; mejor será
	que lo pongas en el suelo.
Manuel.	Ropa blanca es y un papel.
	Veamos si el fraile es discreto.

(*Lee.*) «En el poco tiempo que ha que vivís en esa casa, no se ha podido hacer más ropa; como se fuere haciendo, se irá llevando. A lo que decís del amigo, persuadido a que soy dama de don Luis, os aseguro que no sólo no lo soy, pero que no puedo serlo, y esto dejo para la vista, que será presto. Dios os guarde».

	Bautizado está este duende,
	pues de Dios se acuerda.
Cosme.	¿Veslo
	cómo hay duende religioso?
Manuel.	Muy tarde es; ve componiendo
	las maletas y cojines
	y en una bolsa pon estos *(Dale unos papeles.)*
	papeles, que son el todo
	a que vamos, que yo entiendo
	en tanto dejar respuesta

         a mi duende. *(Pónelos sobre una silla, y don Manuel escribe.)*

Cosme.   Aquí yo quiero,
         para que no se me olviden
         y estén a mano, ponerlos,
         mientras me detengo un rato
         solamente a decir esto:
         ¿has creído ya que hay duendes?

Manuel.   ¡Qué disparate tan necio!

Cosme.   ¿Esto es disparate? ¿Ves
         tú mismo tantos efectos,
         como venirse a tus manos
         un regalo por el viento,
         y aún dudas? Pues bien haces,
         si a ti te va bien con eso;
         mas déjame a mí que yo,
         que peor partido tengo,
         lo crea.

Manuel.   ¿De qué manera?

Cosme.   De esta manera lo pruebo:
         si nos revuelven la ropa,
         te ríes mucho de verlo,
         y yo soy quien la compone,
         que no es trabajo pequeño.
         Si a ti te dejan papeles
         y te llevan los conceptos,
         a mí me dejan carbones
         y se llevan mi dinero.
         Si traen dulces, tú te huelgas
         como un padre de comerlos,
         y yo ayuno como un puto,
         pues ni los toco ni veo.
         Si a ti te dan las camisas,
         las valonas[37] y pañuelos,
         a mí los sustos me dan
         de escucharlo y de saberlo.
         Si cuando los dos venimos

---

[37]cuellos amplios que caían sobre los hombros.

aquí, casi a un mismo tiempo,
te dan a ti un azafate,
tan aseado y compuesto;
a mí un mojicón me dan
en aquestos pestorejos,[38]
tan descomunal, tan grande,
que me hace escupir los sesos.
Para ti sólo, señor,
es el gusto y el provecho;
para mí, el susto y el daño,
y tiene el duende, en efecto,
para ti mano de lana,
para mí mano de hierro.
Pues déjame que lo crea,
que se apura el sufrimiento
queriendo negarle a un hombre
lo que está pasando y viendo.

Manuel.   Haz las maletas, y vamos,
que allá en el cuarto te espero
de don Juan.

Cosme.   ¿Pues qué hay que hacer
si allá vestido de negro
has de andar, y esto se hace
con tomar un ferreruelo?[39]

Manuel.   Deja cerrado, y la llave
lleva, que si en este tiempo
hiciera falta, otra tiene
don Juan. (Confuso me ausento
por no llevar ya sabido
esto, que ha de ser tan presto;
pero uno importa al honor
de mi casa y de mi aumento,
y otro solamente a un gusto,
y así entre los dos extremos,
donde el honor es lo más,

---

[38]parte exterior de la cerviz.

[39]herreruelo, capa más bien corta, con cuello y sin capilla.

               todo lo demás es menos.) *(Vanse.)*
(Cuarto de doña Angela. Salen doña Angela, doña Beatriz e Isabel.)

Angela.   ¿Esto te ha sucedido?

Isabel.   Ya todo el embeleco vi perdido,
               porque si allí me viera,
               fuerza, señora, fuera
               el descubrirse todo;
               pero en efecto, me escapé del modo
               que te dije.

Angela.   Fue extraño
               suceso.

Beatriz.   Y ha de dar fuerza al engaño,
               sin haber visto gente,
               ver que dé un azafate y que se ausente.

Angela.   Si tras de esto consigo
               que me vea del modo que te digo,
               ni dudo de que pierda
               el juicio.

Beatriz.   La atención más grave y cuerda
               es fuerza que se espante,
               Angela, con suceso semejante;
               porque querer llamalle
               sin saber dónde viene y que se halle
               luego con una dama
               tan hermosa, tan rica y de tal fama,
               sin que sepa quién es ni dónde vive
               (que esto es lo que tu ingenio le apercibe),
               y haya, vendado y ciego,
               de volver a salir y dudar luego,
               ¿a quién no ha de admirar?

Angela.   Todo advertido
               está ya, y por estar tú aquí no ha sido
               hoy la noche primera
               que ha de venir a verme.

Beatriz.   ¿No supiera
               yo callar el suceso
               de tu amor?

Angela.   Que no, prima, no es por eso,
               sino que estando en casa

tú, como a mis hermanos les abrasa
tu amor, no salen de ella,
adorando los rayos de tu estrella,
y fuera aventurarme,
no ausentándose ellos, empeñarme.

(Sale don Luis, al paño.)

Luis.   *(Aparte.)* ¡Oh cielos! ¡Quién pudiera
disimular su afecto! ¡Quién pusiera
límite al pensamiento,
freno a la voz y ley al sentimiento!
Pero ya que conmigo
tan poco puedo, que esto no consigo,
desde aquí he de ensayarme
a vencer mi pasión y reportarme.

Beatriz.   Yo diré de qué suerte
se podrá disponer para no hacerte
mal tercio y para hallarme
aquí, porque sintiera el ausentarme,
sin que el efecto viera
que deseo.

Angela.   Pues di de qué manera.

Luis.   *(Aparte.)* ¿Qué es lo que las dos tratan,
que de su mismo aliento se recatan?

Beatriz.   Las dos publicaremos
que mi padre envió por mí, y haremos
la deshecha[40] con modos,
que creyendo que estoy ya ausente todos,
vuelva a quedarme en casa...

Luis.   *(Aparte.)* ¿Qué es esto, cielos, que en mi agravio pasa?

Beatriz.   Y oculta con secreto,
sin estorbos podré ver el efeto...[41]

Luis.   *(Aparte.)* ¿Qué es lo que oigo, hado injusto?

Beatriz.   Que ha de ser para mí de tanto gusto.

Angela.   Y luego, ¿qué diremos
de verte aquí otra vez?

---

[40]disimulo con que se aspira a ocultar algo.

[41]efecto.

Beatriz. ¿Pues no tendremos
(¡que mal eso te admira!)
ingenio para hacer otra mentira?

Luis. *(Aparte.)* Sí tendréis. ¡Que esto escucho!
Con nuevas penas y tormentos lucho.

Beatriz. Con esto, sin testigos y en secreto,
de este notable amor veré el efeto,
pues estando escondida
yo, y estando la casa recogida,
sin escándalo arguyo
que pasar pueda de su cuarto al tuyo.

Luis. *(Aparte.)* Bien claramente infiero
(cobarde vivo y atrevido muero)
su intención. Mas dichoso
mi hermano la merece: ¡estoy celoso!
A darle se prefiere
la ocasión que desea, y así quiere
que de su cuarto pase
sin que nadie lo sepa, y yo me abrase
y porque sin testigos
se logren (¡oh enemigos!)
mintiendo mi sospecha,
hacer quiere conmigo la deshecha.
Pues si esto es así, cielo,
para el estorbo de su amor apelo,
y cuando esté escondida,
buscando otra ocasión, con atrevida
resolución veré toda la casa,
hasta hallarle, que el fuego que me abrasa,
ya no tiene otro medio,
que el estorbar es último remedio
de un celoso. Valedme, ¡santos cielos!,
que abrasado de amor muero de celos. *(Vase.)*

Angela. Está bien prevenido,
y mañana diremos que te has ido.

(Sale don Juan.)

Juan. ¡Hermana! ¡Beatriz bella!

Beatriz. Ya te echábamos menos.

Juan. Si mi estrella

	tantas dichas mejora,
	que me eche menos vuestro sol, señora,
	de mí mismo envidioso,
	tendré mi mismo bien por sospechoso,
	que posible no ha sido
	que os haya merecido
	mi amor ese cuidado,
	y así, de mí envidioso y envidiado,
	tendré en tan dulce abismo
	yo lástima y envidia de mí mismo.
Beatriz.	Contradecir no quiero
	argumento, don Juan, tan lisonjero,
	que quien ha dilatado
	tanto el venirme a ver y me ha olvidado,
	¿quién duda que estaría
	bien divertido, sí y allí tendría
	envidia a su ventura
	y lástima, perdiendo la hermosura
	que tanto le divierte?
	Luego claro se prueba de esta suerte
	con cierto silogismo
	la lástima y envidia de sí mismo.
Juan.	Si no fuera ofenderme y ofenderos,
	intentara, Beatriz, satisfaceros
	con deciros que he estado
	con don Manuel, mi huésped, ocupado
	agora en su partida,
	porque se fue esta noche.
Angela.	¡Ay de mi vida!
Juan.	¿De qué, hermana, es el susto?
Angela.	Sobresalta un placer como un disgusto.
Juan.	Pésame que no sea
	placer cumplido el que tu pecho vea,
	pues volverá mañana.
Angela.	*(Aparte.)* (Vuelva a vivir una esperanza vana.)
	Ya yo me había espantado,
	que tan de paso nos venía el enfado,
	que fue siempre importuno.
Juan.	Yo no sospecho que te dé ninguno,

sino que tú y don Luis mostráis disgusto,
por ser cosa en que yo he tenido gusto.

Angela. No quiero responderte,
aunque tengo bien qué, y es por no hacerte
mal juego, siendo agora
tercero de tu amor, pues nadie ignora
que ejerce amor las flores de fullero
mano a mano, mejor que con tercero.
Vente, Isabel, conmigo, *(Aparte a ella.)*
que aquesta noche misma a traer me obligo
el retrato, pues puedo
pasar con más espacio y menos miedo.
Tenme tú prevenida
una luz, y en que pueda ir escondida,
porque no ha de tener, contra mi fama,
quien me escribe retrato de otra dama.

(Vanse doña Angela e Isabel.)

Beatriz. No creo que te debo
tantas finezas.

Juan.   Los quilates pruebo
de mi fe (porque es mucha)
en un discurso.

Beatriz.   Dile.

Juan.   Pues escucha.
Bella Beatriz, mi fe es tan verdadera,
mi amor tan firme, mi afición tan rara,
que, aunque yo no quererte deseara,
contra mi mismo afecto te quisiera.
Estímate mi vida de manera
que, a poder olvidarte, te olvidara,
fuera gusto mi amor y no ley fuera.
Quien quiere a una mujer, porque no puede
olvidalla, no obliga con querella,
pues nada el albedrío le concede.
Yo no puedo olvidarte, Beatriz bella,
y siento el ver que tan ufana quede,
con la victoria de tu amor mi estrella.

Beatriz. Si la elección se debe al albedrío
y la fuerza al impulso de una estrella,

voluntad más segura será aquella
que no vive sujeta a un desvarío.
Y así de tus finezas desconfío,
pues mi fe, que imposibles atropella,
si viera a mi albedrío andar sin ella,
negara ¡vive el cielo!, que era mío.
Pues aquel breve instante que gastara
en olvidar, para volver a amarte,
sintiera que mi afecto me faltara.
Y huélgome de ver que no soy parte
para olvidarte, pues que no te amara
el rato que tratara de olvidarte. *(Vanse.)*

(Calle. Sale don Manuel tras Cosme, que viene huyendo.)

Manuel.   ¡Vive Dios, si no mirara...

Cosme.   Por eso miras.

Manuel.   ...que fuera
infamia mía, que hiciera
un desatino!

Cosme.   Repara
en que te he servido bien,
y un descuido no está en mano
de un católico cristiano.

Manuel.   ¿Quién ha de sufrirte, quién,
si lo que más importó
y lo que más te he encargado
es lo que más se ha olvidado?

Cosme.   Pues por eso se olvidó,
por ser lo que me importaba;
que si importante no fuera,
en olvidarse, ¿qué hiciera?
¡Viven los cielos! que estaba
tan cuidadoso en traer
los papeles, que por eso
los puse aparte, y confieso
que el cuidado vino a ser
el mismo que me dañó,
pues si aparte no estuvieran,
con los demás se vinieran.

Manuel.   Harto es que se te acordó

en la mitad del camino.

Cosme. Un gran cuidado llevaba,
sin saber qué le causaba,
que le juzgué desatino,
hasta que en el caso di,
y supe que era el cuidado
el habérseme olvidado
los papeles.

Manuel. Di que allí
el mozo espere, teniendo
las mulas, porque también
llegar con ruido no es bien,
despertando a quien durmiendo
está ya, pues puedo entrar,
supuesto que llave tengo,
y el despacho, por quien vengo,
sin ser sentido sacar.

(Vase Cosme y vuelve.)

Cosme. Ya el mozo queda advertido,
mas considera, señor,
que sin luz es grande error
querer hallarlos, y el ruido
excusarse no es posible,
porque si luz no nos dan
en el cuarto de don Juan,
¿cómo hemos de ver?

Manuel. ¡Terrible
es tu enfado! ¿Agora quieres
que le alborote y le llame?
¿Pues no sabrás (dime, infame,
que causa de todo eres)
por el tiento, dónde fue
donde quedaron?

Cosme. No es ésa
la duda; que yo a la mesa,
donde sé los dejé,
iré a ciegas.

Manuel. Abre presto.

Cosme. Lo que a mi temor responde

	es que no sabré yo adónde
	el duende los habrá puesto;
	porque ¿qué cosa he dejado
	que haya vuelto a hallarla yo
	en la parte que quedó?
Manuel.	Si los hubiere mudado,
	luz entonces pediremos;
	pero hasta verlo, no es bien
	que alborotemos a quien
	buen hospedaje debemos. *(Vanse.)*

(Cuarto de don Manuel. Salen por la alacena doña Angela e Isabel.)

Angela.	Isabel, pues recogida
	está la casa, y es dueño
	de los sentidos el sueño,
	ladrón de la media vida,
	y sé que el huésped se ha ido,
	robarle el retrato quiero
	que vi en el lance primero.
Isabel.	Entra quedo, y no hagas ruido.
Angela.	Cierra tú por allá fuera,
	y hasta venirme a avisar
	no saldré yo, por no dar
	en más riesgo.
Isabel.	Aquí me espera.

(Vase Isabel. Cierra la alacena. Salen como a oscuras don Manuel y Cosme.)

Cosme.	*(Hablando bajo con su amo, junto a la puerta.)*
	Ya está abierto.
Manuel.	Pisa quedo;
	que, si aquí sienten rumor,
	será alboroto mayor.
Cosme.	¿Creerásme que tengo miedo?
	Este duende bien pudiera
	tenernos luz encendida.
Angela.	La luz que traje escondida,
	porque de aquesta manera
	no se viese, es tiempo ya
	de descubrir.

(Ellos están apartados, y ella saca una luz de una linterna que trae cubierta.)

Cosme.	*(Aparte a su amo.)* Nunca ha andado

el duende tan bien mandado.
¡Que presto la luz nos da!
Considera agora aquí
si te quiere bien el duende,
pues que para ti la enciende,
y la apaga para mí.

Manuel. ¡Válgame el cielo! Ya es
esto sobrenatural;
que traer con priesa[42] tal
luz no es obra humana.

Cosme. ¿Ves
como a confesar viniste
que es verdad?

Manuel. ¡De mármol soy!
Por volver atrás estoy.

Cosme. Mortal eres: ya temiste.

Angela. Hacia aquí la mesa veo,
y con papeles está.

Cosme. Hacia la mesa se va.

Manuel. ¡Vive Dios, que dudo y creo
una admiración tan nueva!

Cosme. ¿Ves cómo nos va guiando,
lo que venimos buscando,
sin que veamos quién la lleva?

*(Doña Angela saca la luz de la linterna, pónela en un candelero, que habrá en
la mesa, y toma una silla y siéntase de espaldas a los dos.)*

Angela. Pongo aquí la luz, y agora
la escribanía veré.

Manuel. Aguarda, que a los reflejos
de la luz todo se ve;
y no vi en toda mi vida
tan soberana mujer.
¡Válgame el cielo! ¿Qué es esto?
Hidras, a mi parecer,
son los prodigios, pues de uno
nacen mil. ¡Cielos! ¿Qué haré?

---

[42]prisa.

Cosme. Despacio lo va tomando.
Silla arrastra.

Manuel. Imagen es
de la más rara beldad,
que el soberano pincel
ha obrado.

Cosme. Así es verdad;
porque sólo la hizo él.

Manuel. Más que la luz resplandecen
sus ojos.

Cosme. Lo cierto es
que son sus ojos luceros
del cielo de Lucifer.

Manuel. Cada cabello es un rayo
del sol.

Cosme. Hurtáronlos de él.

Manuel. Una estrella es cada rizo.

Cosme. Sí será; porque también
se las trajeron acá,
o una parte de las tres.

Manuel. ¡No vi más rara hermosura!

Cosme. No dijeras eso a fe
si el pie la vieras; porque éstos
son malditos por el pie.

Manuel. ¡Un asombro de belleza,
un ángel hermoso es!

Cosme. Es verdad, pero patudo.

Manuel. ¿Qué es esto, qué intenta hacer
con mis papeles?

Cosme. Yo apuesto
que querrá mirar y ver
lo que buscas, porque aquí
tengamos menos que hacer;
que es duende muy servicial.

Manuel. ¡Válgame el cielo! ¿Qué haré?
Nunca me he visto cobarde,
sino sólo aquesta vez.

Cosme. Yo, sí, muchas.

Manuel. Y calzado

	de prisión de hielo al pie,
	tengo el cabello erizado,
	y cada suspiro es
	para mi pecho un puñal,
	para mi cuello un cordel.
	Mas ¿yo he de tener temor?
	¡Vive el cielo que he de ver
	si sé vencer un encanto! *(Llega y ásela.)*
	Angel, demonio o mujer,
	a fe que no has de librarte
	de mis manos esta vez.
Angela.	*(Aparte.)* ¡Ay, infelice de mí!
	Fingida su ausencia fue;
	más ha sabido que yo.
Cosme.	De parte de Dios (aquí es
	Troya del diablo) nos di...
Angela.	*(Aparte.)* Mas yo disimularé.
Cosme.	¿Quién eres, y qué nos quieres?
Angela.	Generoso don Manuel
	Enríquez, a quien está
	guardado un inmenso bien,
	no me toques, no me llegues
	que llegarás a perder
	la mayor dicha que el cielo
	te previno, por merced
	del hado, que te apadrina
	por decretos de su ley.
	Yo te escribí aquesta tarde
	en el último papel
	que nos veríamos presto,
	y anteviendo[43] aquesto fue.
	Y pues cumplí mi palabra,
	supuesto que ya me ves,
	en la más humana forma
	que he podido elegir, ve
	en paz, y déjame aquí;

---

[43]previendo.

porque aun cumplido no es
el tiempo en que mis sucesos
has de alcanzar y saber.
Mañana lo sabrás todo;
y mira, que a nadie des
parte de esto, si no quieres
una gran suerte perder.
Ve en paz.

Cosme.   Pues que con la paz
nos convida, señor, ¿qué
esperamos?

Manuel.   *(Aparte.)*   (¡Vive Dios,
que corrido de temer
vanos asombros estoy!
Y puesto que no los cree
mi valor, he de apurar
todo el caso de una vez.)
Mujer, quienquiera que seas,
(que no tengo de creer
que eres otra cosa nunca),
vive Dios que he de saber
quién eres, cómo has entrado
aquí, con qué fin y a qué.
Sin esperar a mañana
esta dicha gozaré;
si demonio, por demonio,
y si mujer, por mujer;
que a mi esfuerzo no le da
que recelar ni temer
tu amenaza, cuando fueras
demonio; aunque yo bien sé
que teniendo cuerpo tú
demonio no puedes ser,
sino mujer.

Cosme.   Todo es uno.

Angela.   No me toques, que a perder
echas una dicha.

Cosme.   Dice
el señor diablo muy bien;

no la toques, pues no ha sido
arpa, laúd ni rabel.[44]

Manuel. Si eres espíritu, agora
con la espada lo veré. *(Saca la espada.)*
Pues aunque te hiera aquí,
no he de poderte ofender.

Angela. ¡Ay de mí! ¡Detén la espada,
sangriento el brazo detén!
Que no es bien que des la muerte
a una infelice mujer.
Yo confieso que lo soy;
y aunque es delito el querer,
no delito que merezca
morir mal, por querer bien.
No manches, pues, no desdores
con mi sangre el rosicler
de ese acero.

Manuel.   Di: ¿quién eres?

Angela. Fuerza el decirlo ha de ser;
porque no puedo llevar
tan al fin como pensé
este amor, este deseo,
esta verdad, esta fe.
Pero estamos a peligro,
si nos oyen o nos ven,
de la muerte; porque soy
mucho más de lo que ves;
y así es fuerza, por quitar
estorbos que puede haber,
cerrar, señor, esa puerta,
y aun la del portal también;
porque no puedan ver luz,
si acaso vienen a ver
quién anda aquí.

Manuel.   Alumbra, Cosme,
cerremos las puertas. ¿Ves

---

[44]instrumento musical pastoril, de tres cuerdas y arco.

	cómo es mujer, y no duende?
Cosme.	Yo, ¿no lo dije también? *(Vanse los dos.)*
Angela.	Cerrada estoy por defuera.
	Ya, ¡cielos!, fuerza ha de ser
	decir la verdad, supuesto
	que me ha cerrado Isabel,
	y que el huésped me ha cogido
	aquí. *(Sale Isabel por la alacena.)*
Isabel.	Ce, señora, ce.
	Tu hermano por ti pregunta.
Angela.	Bien sucede. Echa el cancel
	de la alacena. ¡Ay amor!
	La duda se queda en pie. *(Vanse, y cierran la alacena.)*

(Salen don Manuel y Cosme.)

Manuel.	Ya están cerradas las puertas.
	Proseguid, señora; haced
	relación... Pero ¿qué es esto?
	¿Dónde está?
Cosme.	Pues ¿yo qué sé?
Manuel.	¿Si se ha entrado en el alcoba?
	Ve delante.
Cosme.	Yendo a pie
	es, señor, descortesía
	ir yo delante.
Manuel.	Veré
	todo el cuarto. Suelta, digo.
Cosme.	Digo que suelto.

(Quítale don Manuel la luz, entra en el cuarto y vuelve a salir.)

Manuel.	¡Crüel
	es mi suerte!
Cosme.	Aun bien que agora
	por la puerta no se fue.
Manuel.	Pues ¿por dónde pudo irse?
Cosme.	Eso no alcanzo yo. ¿Ves
	(siempre te lo he dicho yo)
	cómo es diablo, y no mujer?
Manuel.	¡Vive Dios que he de mirar
	todo este cuarto, hasta ver
	si debajo de los cuadros

rota está alguna pared,
si encubren estas alfombras
alguna cueva, y también
las bovedillas del techo!

Cosme. Solamente aquí se ve
esta alacena.

Manuel.   Por ella
no hay que dudar ni temer,
siempre compuesta de vidrios.
A mirar lo demás ven.

Cosme. Yo no soy nada mirón.

Manuel. Pues no tengo de creer
que es fantástica su forma,
puesto que llegó a temer
la muerte.

Cosme.   También llegó
a adivinar y saber
que, a sólo verla esta noche,
habíamos de volver.

Manuel. Como sombra se mostró,
fantástica su luz fue;
pero como cosa humana
se dejó tocar y ver:
como mortal se temió,
receló como mujer,
como ilusión se deshizo,
como fantasma se fue.
Si doy la rienda al discurso,
no sé, ¡vive Dios!, no sé
ni qué tengo de dudar
ni qué tengo de creer.

Cosme. Yo, sí.

Manuel.   ¿Qué?

Cosme.   Que es mujer-diablo;
pues que novedad no es,
si la mujer es demonio
todo el año, que una vez,
por desquitarse de tantas,
sea el demonio mujer.

JORNADA TERCERA

(Cuarto de doña Angela. Sale don Manuel, como a oscuras, guiándole Isabel.)

Isabel.   Espérame en esta sala:
                    luego saldrá a verte aquí
                    mi señora. *(Vase como cerrando.)*

Manuel.   No está mala
                    la tramoya. ¿Cerró? Sí.
                    ¡Qué pena a mi pena iguala!
                    Yo volví del Escorial,
                    y este encanto peregrino,
                    este pasmo celestial,
                    que a traerme la luz vino
                    y me deja en duda igual,
                    me tiene escrito un papel,
                    diciendo muy tierna en él:
                    «Si os atrevéis a venir
                    a verme, habéis de salir
                    esta noche con aquel
                    criado que os acompaña.
                    Dos hombres esperarán
                    en el cementerio (¡extraña
                    parte!) de San Sebastián,
                    y una silla».[45] Y no me engaña.
                    En ella entré y discurrí,
                    hasta que el tino perdí.
                    Y al fin a un portal de horror
                    lleno, de sombra y temor,
                    solo y a oscuras salí.
                    Aquí llegó una mujer
                    (al oír y al parecer),
                    y a oscuras y por el tiento,
                    de aposento en aposento,
                    sin oír, hablar ni ver,
                    me guió. Pero ya veo

---

[45]silla de manos.

luz; por el resquicio es
de una puerta. Tu deseo
lograste, amor, pues ya ves
la dama; aventuras creo. *(Acecha por la cerradura.)*
¡Qué casa tan alhajada!
¡Qué mujeres tan lucidas!
¡Qué sala tan adornada!
¡Qué damas tan bien prendidas!
¡Qué beldad tan extremada!

(Salen todas las mujeres con toallas y conservas y agua, y haciendo reverencia todos, sale doña Angela, ricamente vestida.)

Angela.   *(Aparte a doña Beatriz.)* Pues presumen que eres ida
a tu casa mis hermanos,
quedándote aquí escondida,
los recelos serán vanos;
porque una vez recogida,
ya no habrá que temer nada.

Beatriz.   ¿Y qué ha de ser mi papel?

Angela.   Agora, el de mi criada;
luego, el de ver, retirada,
lo que me pasa con él.
¿Estaréis muy disgustado *(A don Manuel.)*
de esperarme?

Manuel.   No, señora;
que quien espera la aurora
bien sabe que su cuidado,
en las sombras sepultado
de la noche oscura y fría,
ha de tener, y así hacía
gusto el pesar que pasaba;
pues cuanto más se alargaba
tanto más llamaba al día.
Si bien no era menester
pasar noche tan oscura,
si el sol de vuestra hermosura
me había de amanecer;
que para resplandecer
vos, soberano arrebol,
la sombra ni el tornasol

de la noche no os había
de estorbar; que sois el día
que amanece sin el sol.
Huye la noche, señora,
y pasa a la dulce salva
la risa bella del alba
que ilumina, mas no dora;
después del alba la aurora,
de rayos y luz escasa,
dora, mas no abrasa. Pasa
la aurora, y tras su arrebol
pasa el sol; y sólo el sol
dora, ilumina y abrasa.
El alba, para brillar,
quiso a la noche seguir;
la aurora, para lucir,
al alba quiso imitar;
el sol, deidad singular,
a la aurora desafía,
vos al sol: luego la fría
noche no era menester,
si podéis amanecer
sol del sol después del día.

Angela. Aunque agradecer debiera
discurso tan cortesano,
quejarme quiero (no en vano)
de ofensa tan lisonjera;
pues no siendo ésta la esfera
a cuyo noble ardimiento
fatigas padece el viento,
sino un albergue piadoso,
os viene a hacer sospechoso
el mismo encarecimiento.
No soy alba, pues la risa
me falta en contento tanto;
ni aurora, pues que mi llanto
de mi dolor no os avisa;
no soy sol, pues no divisa
mi luz la verdad que adoro,

y así lo que soy ignoro;
que sólo sé que no soy
alba, aurora o sol; pues hoy
no alumbro, río ni lloro.
Y así os ruego que digáis
señor don Manuel, de mí
que una mujer soy y fui,
a quien vos sólo obligáis
al extremo que miráis.

Manuel. Muy poco debe de ser;
pues aunque me llego a ver
aquí, os pudiera argüir
que tengo más que sentir,
señora, que agradecer.
Y así, me doy por sentido.

Angela. ¿Vos de mí sentido?

Manuel.   Sí,
pues que no fiáis de mí
quien sois.

Angela.   Solamente os pido
que eso no mandéis; que ha sido
imposible de contar.
Si queréis venirme a hablar,
con calidad ha de ser
que no lo habéis de saber
ni lo habéis de preguntar;
porque para con vos hoy
un enigma a ser me ofrezco
que ni soy lo que parezco
ni parezco lo que soy.
Mientras encubierta estoy,
podréis verme y podré veros;
porque si a satisfaceros
llegáis, y quién soy sabéis,
vos quererme no querréis,
aunque yo quiera quereros.
Pincel que lo muerto informa,
tal vez un cuadro previene
que una forma a una luz tiene,

y a otra luz tiene otra forma.
Amor, que es pintor, conforma
dos luces, que en mí tenéis;
si hoy a aquesta luz me veis,
y por eso me estimáis,
cuando a otra luz me veáis
quizá me aborreceréis.
Lo que deciros me importa
es en cuanto a haber creído
que de don Luis dama he sido;
que esta sospecha reporta
mi juramento, y la acorta.

Manuel. Pues ¿qué, señora, os moviera
a encubriros de él?

Angela.   Pudiera
ser tan principal mujer
que tuviera que perder
si don Luis me conociera.

Manuel. Pues decidme solamente:
¿cómo a mi casa pasáis?

Angela. Ni eso es tiempo que sepáis;
que es el mismo inconveniente.

Beatriz. *(Aparte.)* (Aquí entro yo lindamente.)
Ya el agua y dulce está aquí;
vuexcelencia mire si...

(Llegan todas con toallas, vidrio y algunas cajas de dulce.)

Angela. ¡Qué error y qué impertinencia!
Necia, ¿quién es excelencia?
¿Quieres engañar así
ahora al señor don Manuel
para que con eso crea
que yo gran señora sea?

Beatriz. Advierte...

Manuel. *(Aparte.)* De mi crüel
duda salí con aquel
descuido; agora he creído
que una gran señora ha sido,
que, por serlo, se encubrió,
y que con el oro vio

su secreto conseguido.

(Llama dentro don Juan, y túrbanse todos.)

Juan.	*(Dentro.)* Abre, Isabel, esta puerta.
Angela.	*(Aparte.)* ¡Ay cielos! ¿Qué ruido es éste?
Isabel.	¡Yo soy muerta!
Beatriz.	*(Aparte.)* ¡Helada estoy!
Manuel.	*(Aparte.)* ¿Aun no cesan mis crüeles
	fortunas? ¡Válgame el cielo!
Angela.	Señor, mi padre es aquéste.
Manuel.	¿Qué he de hacer?
Angela.	Fuerza es que vais[46]
	a esconderos a un retrete.
	Isabel, llévale tú,
	hasta que oculto le dejes
	en aquel cuarto que sabes,
	apartado; ya me entiendes.
Isabel.	Vamos presto.
Juan.	*(Dentro.)* ¿No acabáis
	de abrir la puerta?
Manuel.	¡Valedme,
	cielos, que vida y honor
	van jugadas a una suerte!

(Vase don Manuel con Isabel.)

Juan.	*(Dentro.)* La puerta echaré en el suelo.
Angela.	Retírate tú, pues puedes,
	en esa cuadra, Beatriz;
	no te hallen aquí.

(Vase doña Beatriz, y sale don Juan.)

Angela.	¿Qué quieres
	a estas horas en mi cuarto,
	que así a alborotarnos vienes?
Juan.	Respóndeme tú primero,
	Angela: ¿qué traje es ése?
Angela.	De mis penas y tristezas
	es causa el mirarme siempre
	llena de luto, y vestíme,

---

[46]vayáis.

	por ver si hay con qué me alegre,
	estas galas.
Juan.	No lo dudo;
	que tristezas de mujeres
	bien con galas se remedian,
	bien con joyas convalecen;
	si bien me parece que es
	tu cuidado impertinente.
Angela.	¿Qué importa el vestirme así,
	donde nadie llegue a verme?
Juan.	Dime: ¿volvióse Beatriz
	a su casa?
Angela.	Y cuerdamente
	su padre, por mejor medio,
	en paz su enojo convierte.
Juan.	Yo no quise saber más,
	para ir a ver si pudiese
	verla y hablarla esta noche.
	Quédate con Dios, y advierte
	que ya no es tuyo ese traje. *(Vase.)*
Angela.	Vaya Dios contigo, y vete.

(Sale doña Beatriz.)

Angela.	Cierra esa puerta, Beatriz.
Beatriz.	Bien hemos salido de este
	susto. A buscarme tu hermano va.
Angela.	Ya hasta que se sosiegue
	más la casa, y don Manuel
	vuelva de su cuarto a verme,
	para ser menos sentidas,
	entremos a este retrete.
Beatriz.	Si eso te sucede bien,
	te llaman la Dama Duende. *(Vanse.)*

(Cuarto de don Manuel. Salen por la alacena don Manuel e Isabel.)

Isabel.	Aquí has de quedarte, y mira
	que no hagas ruido, que pueden
	sentirte.
Manuel.	Un mármol seré.
Isabel.	Quieran los cielos que acierte
	a cerrar, que estoy turbada. *(Vase.)*

Manuel. ¡Oh, a cuánto, cielos, se atreve
quien se atreve a entrar en parte
donde ni alcanza ni entiende
qué daños se le aperciben,
qué riesgos se le previenen!
Veme aquí a mí en una casa,
que dueño tan noble tiene
(de excelencia por lo menos),
lleno de asombros crüeles,
y tan lejos de la mía.
Pero ¿qué es esto? Parece
que a esta parte alguna puerta
abren. Sí, y ha entrado gente.

(Sale Cosme.)

Cosme. Gracias a Dios que esta noche
entrar podré libremente *(A tientas.)*
en mi aposento sin miedo,
aunque sin luz salga y entre;
porque el duende mi señor,
puesto que a mi amo tiene,
¿para qué me quiere a mí?
Pero para algo me quiere. *(Topa con don Manuel.)*
¿Quién va? ¿Quién es?

Manuel. Calle, digo,
quienquiera que es, si no quiere
que le mate a puñaladas.

Cosme. No hablaré más que un pariente
pobre en la casa de un rico.

Manuel. *(Aparte.)* (Criado sin duda es éste,
que acaso ha entrado hasta aquí.
De él informarme conviene
dónde estoy.) Dime, ¿qué casa
es ésta y qué dueño tiene?

Cosme. Señor, el dueño y la casa
son del diablo, que me lleve;
porque aquí vive una dama,
que llaman la Dama Duende,
que es un demonio en figura
de mujer.

Manuel.   Y tú, ¿quién eres?
Cosme.   Soy un fámulo o criado,
                    soy un súbdito, un sirviente,
                    que, sin qué ni para qué,
                    estos encantos padece.
Manuel.   Y ¿quién es tu amo?
Cosme.   Es
                    un loco, un impertinente,
                    un tonto, un simple, un menguado,
                    que por tal dama se pierde.
Manuel.   Y ¿es su nombre?
Cosme.   Don Manuel
                    Enríquez.
Manuel.   ¡Jesús mil veces!
Cosme.   Yo, Cosme Catiboratos
                    me llamo.
Manuel.   Cosme, ¿tú eres?
                    Pues, ¿cómo has entrado aquí?
                    Tu señor soy. Dime: ¿vienes
                    siguiéndome tras la silla?
                    ¿Entraste tras mí a esconderte
                    también en este aposento?
Cosme.   ¡Lindo desenfado es ése!
                    Dime: ¿cómo estás aquí?
                    ¿No te fuiste muy valiente,
                    solo, donde te esperaban?
                    Pues ¿cómo tan presto vuelves?
                    ¿Y cómo, en fin, has entrado
                    aquí trayendo yo siempre
                    la llave de aqueste cuarto?
Manuel.   Pues dime: ¿qué cuarto es éste?
Cosme.   El tuyo, o el del demonio.
Manuel.   ¡Viven los cielos, que mientes!
                    Porque lejos de mi casa
                    y en otra bien diferente
                    estaba en aqueste instante.
Cosme.   Pues cosas serán del duende,
                    sin duda; porque te he dicho
                    la verdad pura.

Manuel.   Tu quieres
que pierda el juicio.

Cosme.   ¿Hay más
de desengañarte? Vete
por esa puerta, y saldrás
al portal, adonde puedes
desengañarte.

Manuel.   Bien dices;
iré a examinarle y verle. *(Vase.)*

Cosme.   Señores, ¿cuándo saldremos
de tanto embuste aparente?

(Sale Isabel por la alacena.)

Isabel.   *(Aparte.)* (Volvióse a salir don Juan,
y porque a saber no llegue
don Manuel, adonde está
sacarle de aquí conviene.)
Ce, señor, ce.

Cosme.   *(Aparte.)*   Esto es peor;
ceáticas[47] son estas cees.

Isabel.   Ya mi señor recogido
queda.

Cosme.   *(Aparte.)* ¿Qué señor es éste?

(Sale don Manuel.)

Manuel.   Este es mi cuarto, en efecto.

Isabel.   ¿Eres tú?

Cosme.   Sí, yo soy.

Isabel.   Vente
conmigo.

Manuel.   Tú dices bien.

Isabel.   No hay que temer; nada esperes.

Cosme.   ¡Señor, que el duende me lleva!

(Toma Isabel a Cosme de la mano, y llévale por la alacena.)

Manuel.   ¿No sabremos finalmente
de dónde nace este engaño?
¿No respondes? ¡Qué necio eres!

---

[47]ciáticas = arbustos de cuyo tallo gotea un líquido blanco y venenoso; por
extensión, nocivas.

¡Cosme, Cosme! ¡Vive el cielo,
que toco con las paredes!
¿Yo no hablaba aquí con él?
¿Dónde se desaparece
tan presto? ¿No estaba aquí?
Yo he de perder dignamente
el juicio. Mas pues es fuerza
que aquí otro cualquiera entre,
he de averiguar por dónde;
porque tengo de esconderme
en esta alcoba, y estar
esperando atentamente
hasta averiguar quién es
esta hermosa Dama Duende. *(Vase.)*

(Sala de doña Angela.) Salen todas las mujeres, una con luces, y otra con algunas cajas, y otra con un vidrio de agua.)

Angela.   Pues a buscarte ha salido *(A doña Beatriz.)*
mi hermano, y pues Isabel
a su mismo cuarto ha ido
a traer a don Manuel,
esté todo apercibido:
halle, cuando llegue aquí,
la colación prevenida.
Todas le esperad así.

Beatriz.   No he visto en toda mi vida
igual cuento.

Angela.   ¿Viene?

Criada.   Sí,
que ya siento sus pisadas.

(Sale Isabel, trayendo a Cosme de la mano.)

Cosme.   ¡Triste de mí! ¿Dónde voy?
Ya éstas son burlas pesadas.
Mas no, pues mirando estoy
bellezas tan extremadas.

	¿Yo soy Cosme, o Amadís?[48]
	¿Soy Cosmillo o Belianís?[49]
Isabel.	Ya viene aquí. Mas ¿qué veo?
	¡Señor!...
Cosme.	*(Aparte.)* Ya mi engaño creo,
	pues tengo el alma en un tris.
Angela.	¿Qué es esto, Isabel?
Isabel.	*(Aparte, a su ama.)* Señora,
	donde a don Manuel dejé,
	volviendo por él agora,
	a su criado encontré.
Beatriz.	Mal tu descuido se dora.
Isabel.	Está sin luz.
Angela.	¡Ay de mí!
	Todo está ya declarado.
Beatriz.	*(Aparte.)* (Más vale engañarle así.)
	Cosme.
Cosme.	Damiana.[50]
Beatriz.	A ese lado
	llegad.
Cosme.	Bien estoy aquí.
Angela.	Llegad; no tengáis temor.
Cosme.	¿Un hombre de mi valor,
	temor?
Angela.	Pues ¿qué es no llegar? *(Llégase a ellas.)*
Cosme.	*(Aparte.)* (Ya no se puede excusar,
	en llegando al pundonor.)
	Respeto no puede ser
	sin ser espanto ni miedo,
	porque al mismo Lucifer
	temerle muy poco puedo

---

[48]Amadís de Gaula, protagonista de la novela de caballerías homónima, cuya primera edición conocida (Zaragoza, 1508) se publicó a nombre de Garci Rodríguez de Montalvo.

[49]personaje de otra célebre novela de caballerías, *Don Belianís de Grecia* (primera parte, 1547; segunda parte, 1579) de Jerónimo Fernández.

[50]acaso deba leerse "demonia".

en hábito de mujer.
Alguna vez lo intentó,
y para el ardid que fragua,
cota[51] y nagua[52] se vistió;
que esto de cotilla y nagua
el demonio lo inventó.
En forma de una doncella
aseada, rica y bella,
a un pastor se apareció;
y él, así como la vio,
se encendió en amores de ella.
Gozó a la diabla, y despúes
con su forma horrible y fea
le dijo a voces: «¿No ves,
mísero de ti, cuál sea,
desde el copete a los pies,
la hermosura que has amado?
Desespera, pues has sido
agresor de tal pecado».
Y él, menos arrepentido
que antes de haberla gozado,
la dijo: «Si pretendiste,
¡oh sombra fingida y vana!,
que desesperase un triste,
vente por acá mañana
en la forma que trajiste;
verásme amante y cortés
no menos que antes después;
y aguardárte, en testimonio
de que aún horrible no es
en traje de hembra, un demonio».

Angela.   Volved en vos, y tomad
una conserva y bebed;
que los sustos causan sed.

Cosme.   Yo no la tengo.

---

[51]cota de malla.
[52]saya interior de tela blanca, enagua.

Beatriz.	Llegad;
	que habéis de volver, mirad,
	doscientas leguas de aquí.
Cosme.	¡Cielos! ¿Qué oigo? *(Llaman.)*
Angela.	¿Llaman?
Beatriz.	Sí.
Isabel.	*(Aparte.)* ¡Hay tormento más crüel!
Angela.	*(Aparte.)* ¡Ay de mí triste!
Luis.	*(Dentro.)* Isabel.
Beatriz.	*(Aparte.)* ¡Válgame el cielo!
Luis.	*(Dentro.)* Abre aquí.
Angela.	*(Aparte.)* Para cada susto tengo
	un hermano.
Isabel.	¡Trance fuerte!
Beatriz.	Yo me escondo. *(Vase.)*
Cosme.	*(Aparte.)* Este sin duda,
	es el verdadero duende.
Isabel.	*(A Cosme.)* Vente conmigo.
Cosme.	Sí haré. *(Vanse.)*

(Abren la puerta, y sale don Luis.)

Angela.	¿Qué es lo que en mi cuarto quieres?
Luis.	Pesares míos me traen
	a estorbar otros placeres.
	Vi ya tarde en ese cuarto
	una silla, donde vuelve
	Beatriz, y vi que mi hermano
	entró.
Angela.	Y, en fin, ¿qué pretendes?
Luis.	Como pisa sobre el mío,
	me pareció que había gente,
	y para desengañarme
	sólo, he de mirarle y verle.

(Alza una antepuerta y topa con doña Beatriz.)

Beatriz, ¿aquí estás?

(Sale doña Beatriz.)

Beatriz.	Aquí
	estoy: que hube de volverme,
	porque al disgusto volvió
	mi padre, enojado siempre.

Luis.	Turbadas estáis las dos.
	¿Qué notable estrago es éste
	de platos, dulces y vidrios?
Angela.	¿Para qué informarte quieres
	de lo que, en estando solas,
	se entretienen las mujeres?

(Hacen ruido en la alacena Isabel y Cosme.)

Luis.	Y aquel ruido, ¿qué es?
Angela.	*(Aparte.)* ¡Yo muero!
Luis.	¡Vive Dios, que allí anda gente!
	Ya no puede ser mi hermano
	quien se guarda de esta suerte.

(Aparta la alacena para entrar con luz.)

	¡Ay de mí! ¡Cielos piadosos,
	que queriendo neciamente
	estorbar aquí los celos,
	que amor en mi pecho enciende,
	celos de honor averiguo!
	Luz tomaré, aunque imprudente,
	pues todo se halla con luz,
	y el honor con luz se pierde. *(Vase.)*
Angela.	¡Ay, Beatriz, perdidas somos,
	si le encuentra!
Beatriz.	Si le tiene
	en su cuarto ya Isabel,
	en vano dudas y temes,
	pues te asegura el secreto
	de la alacena.
Angela.	¿Y si fuese
	tal mi desdicha que allí,
	con la turbación, no hubiese
	cerrado bien Isabel,
	y él entrase allá?
Beatriz.	Ponerte
	en salvo será importante.
Angela.	De tu padre iré a valerme
	como él se valió de mí,
	porque trocada la suerte,

si a ti te trajo un pesar,
a mí otro pesar me lleve. *(Vanse.)*

(Cuarto de don Manuel. Salen por la alacena Isabel y Cosme, y por otra parte don Manuel.)

Isabel.	Entra presto. *(Vase.)*
Manuel.	Ya otra vez en la cuadra siento gente.

(Sale don Luis con luz.)

Luis.	*(Aparte.)* Yo vi un hombre, ¡vive Dios!
Cosme.	Malo es esto.
Luis.	¿Cómo tienen desviada esta alacena?
Cosme.	Ya se ve luz; un bufete, que he encontrado aquí, me valga. *(Escóndese.)*
Manuel.	Esto ha de ser de esta suerte. *(Echa mano a la espada.)*
Luis.	¡Don Manuel!
Manuel.	¡Don Luis! ¿Qué es esto? ¿Quién vio confusión más fuerte?
Cosme.	*(Aparte.)* ¡Oigan por dónde se entró! Decirlo quise mil veces.
Luis.	¡Mal caballero, villano, traidor, fementido huésped, que al honor de quien te estima, te ampara y te favorece sin recato te aventuras *(Saca la espada.)* y sin decoro te atreves, esgrime ese infame acero!
Manuel.	Sólo para defenderme le esgrimiré, tan confuso de oírte, escucharte y verte, de oírme, verme y escucharme, que, aunque a matarme te ofreces, no podrás, porque mi vida, hecha a prueba de crüeles fortunas, es inmortal, ni podrás, aunque lo intentes, darme la muerte, supuesto que el dolor no me da muerte, que, aunque eres valiente tú,

	es el dolor más valiente.
Luis.	No con razones me venzas,
	sino con obras.
Manuel.	Detente,
	sólo hasta pensar si puedo
	yo, don Luis, satisfacerte.
Luis.	¿Qué satisfacciones hay,
	si así agraviarme pretendes,
	si en el cuarto de esa fiera
	por esa puerta que tiene
	entras, hay satisfacciones
	a tanto agravio?
Manuel.	Mil veces
	rompa esa espada mi pecho,
	don Luis, si yo eternamente
	supe de esta puerta o supe
	que paso a otro cuarto tiene.
Luis.	Pues ¿qué haces aquí encerrado
	sin luz?
Manuel.	*(Aparte.)* (¿Qué he de responderle?)
	Al criado espero.
Luis.	Cuando
	yo te he visto esconder, ¿quieres
	que mientan mis ojos?
Manuel.	Sí,
	que ellos engaño padecen
	más que otro sentido.
Luis.	Y cuando
	los ojos mientan, ¿pretendes
	que también mienta el oído?
Manuel.	También.
Luis.	Todos al fin mienten;
	tú sólo dices verdad,
	y eres tú solo el que...
Manuel.	Tente,
	porque aun antes que lo digas,
	que lo imagines y pienses,
	te habré quitado la vida,
	y ya arrestada la suerte,

primero soy yo. Perdonen
de amistad honrosas leyes.
Y pues ya es fuerza reñir,
riñamos como se debe:
parte entre los dos la luz,
que nos alumbre igualmente;
cierra después esa puerta,
por donde entraste imprudente,
mientras que yo cierro estotra,
y agora en el suelo se eche
la llave, para que salga
el que con la vida quede.

Luis.   Yo cerraré la alacena
por aquí con un bufete,
porque no puedan abrirla
por allá cuando lo intenten. *(Topa con Cosme.)*

Cosme.   *(Aparte.)* Descubrióse la tramoya.

Luis.   ¿Quién está aquí?

Manuel.   ¡Dura suerte
es la mía!

Cosme.   No está nadie.

Luis.   Dime, don Manuel, ¿no es éste
el criado que esperabas?

Manuel.   Ya no es tiempo de hablar éste.
Yo sé que tengo razón.
Creed de mí lo que quisiereis,
que, con la espada en la mano,
sólo ha de vivir quien vence.

Luis.   Ea pues, reñid los dos.
¿Qué esperáis?

Manuel.   Mucho me ofendes,
si eso presumes de mí.
Pensando estoy qué ha de hacerse
del criado, porque echarle
es enviar quien lo cuente,
y tenerle aquí, ventaja,
pues en cierto ha de ponerse
a mi lado.

Cosme.   No haré tal,

	si ése es el inconveniente.
Luis.	Puerta tiene aquesa alcoba
	a ese pequeño retrete;
	ciérrale en él, y estaremos
	así iguales.
Manuel.	Bien adviertes.
Cosme.	Para que yo riña, haced
	diligencias tan urgentes;
	que para que yo no riña,
	ocioso cuidado es ése. *(Vase.)*
Manuel.	Ya estamos solos los dos.
Luis.	Pues nuestro duelo comience. *(Riñen.)*
Manuel.	¡No vi más templado pulso!
Luis.	¡No vi pujanza más fuerte! *(Desguarnécesele la espada.)*
	Sin armas estoy; mi espada
	se desarma y desguarnece.
Manuel.	No es defecto del valor;
	de la fortuna accidente,
	sí, busca otra espada, pues.
Luis.	Eres cortés y valiente.
	([Aparte.] Fortuna, ¿qué debo hacer
	en una ocasión tan fuerte,
	pues cuando el honor me quita
	me da la vida y me vence?
	Yo he de buscar ocasión,
	verdadera o aparente,
	para que pueda en tal duda
	pensar lo que debe hacerse.)
Manuel.	¿No vas por la espada?
Luis.	Sí,
	y como a que venga esperes,
	presto volveré con ella.
Manuel.	Presto o tarde, aquí estoy siempre.
Luis.	Adiós, don Manuel, que os guarde.
Manuel.	Adiós, que con bien os lleve.
(Vase don Luis.)	
Manuel.	Cierro la puerta, y la llave
	quito porque no se eche
	de ver que está gente aquí.

¡Qué confusos pareceres
mi pensamiento combaten
y mi discurso revuelven!
¡Qué bien predije que había
puerta que paso la hiciese
y que era de don Luis dama!
Todo, en efecto, sucede
como yo lo imaginé.
Mas ¿cuándo desdichas mientes?

(Asómase Cosme en lo alto.)

Cosme. ¡Ah señor! Por vida tuya,
que lo que solo estuvieres
me eches allá, porque temo
que venga a buscarme el duende
con sus dares y tomares,
con sus dimes y diretes,
en un retrete que apenas
se divisan las paredes.

Manuel. Yo te abriré, porque estoy
tan rendido a los desdenes
del discurso, que no hay
cosa que más me atormente. *(Vase.)*

(Salen don Juan y doña Angela, con manto y sin chapines.)

Juan. Aquí quedarás en tanto
que me informe y me aconseje
de la causa que a estas horas
te ha sacado de esta suerte
de casa, porque no quiero
que en tu cuarto, ingrata, entres,
por informarme sin ti
de lo que a ti te sucede.
([Aparte.] De don Manuel en el cuarto
la dejo, y por si él viniere,
pondré a la puerta un criado
que le diga que no entre.)

Angela. ¡Ay infelice de mí!
Unas a otras suceden
mis desdichas. ¡Muerta soy!

(Salen don Manuel y Cosme.)

Cosme.	Salgamos presto.
Manuel.	¿Qué temes?
Cosme.	Que es demonio esta mujer
	y que aun allí no me deje.
Manuel.	Si ya sabemos quién es,
	y en una puerta un bufete
	y en otra la llave está,
	¿por dónde quieres que entre?
Cosme.	Por donde se le antojare.
Manuel.	Necio estás.

(Ve Cosme a doña Angela.)

Cosme.	¡Jesús mil veces!
Manuel.	Pues ¿qué es eso?
Cosme.	El *verbi gratia*[53]
	encaja aquí lindamente.
Manuel.	¿Eres ilusión o sombra,
	mujer, que a matarme vienes?
	Di, ¿cómo has entrado aquí?
Angela.	Don Manuel...
Manuel.	Di.
Angela.	Escucha, atiende.
	Llamó don Luis turbado,
	entró atrevido, reportóse osado,
	previnose prudente,
	pensó discreto y resistió valiente;
	miró la casa ciego,
	recorrióla advertido, hallóte, y luego
	ruido de cuchilladas
	habló, siendo las lenguas las espadas.
	Yo, viendo que era fuerza
	que dos hombres cerrados, a quien fuerza
	su valor y su agravio,
	retórico el acero, mudo el labio,
	no acaban de otra suerte
	que con sola una vida y una muerte;
	sin ser vida ni alma,

---

[53] "por ejemplo" en latín.

mi casa dejo, y a la oscura calma
de la tiniebla fría,
pálida imagen de la dicha mía,
a caminar empiezo:
aquí yerro, allí caigo, aquí tropiezo,
y torpes mis sentidos,
prisión hallan de seda en mis vestidos.
Sola, triste y turbada,
llego de mi discurso mal guiada
al umbral de una esfera,
que fue mi cárcel cuando ser debiera
mi puerto o mi sagrado.
Mas ¿dónde le ha de hallar un desdichado?
(¡Cómo eslabona el cielo nuestros males!)
Don Juan, don Juan mi hermano...
Que ya resisto, ya defiendo en vano
decir quien soy, supuesto
que el haberlo callado nos ha puesto
en riesgo tan extraño.
¿Quién creerá que el callarme haya hecho daño
siendo mujer? Y es cierto,
siendo mujer, que por callar me he muerto.
En fin, él esperando
a esta puerta estaba, ¡ay cielo!, cuando
yo a sus umbrales llego,
hecha volcán de nieve, alpe de fuego.
Él a la luz escasa
con que la luna mansamente abrasa,
vio brillar los adornos de mi pecho,
(no es la primer traición que nos han hecho)
y escuchó de las ropas el rüido,
(no es la primera que nos han vendido).
Pensó que era su dama,
y llegó mariposa de su llama
para abrasarse en ella,
y hallóme a mí por sombra de su estrella.
¿Quién de un galán creyera
que, buscando sus celos, conociera
tan contrarios los cielos,

que ya se contentara con sus celos?
Quiso hablarme, y no pudo,
que siempre ha sido el sentimiento mudo.
En fin, en tristes voces,
que mal formadas anegó veloces
desde la lengua al labio,
la causa solicita de su agravio.
Yo responderle intento
(ya he dicho cómo es mudo el sentimiento)
y aunque quise, no pude;
que mal al miedo la razón acude,
si bien busqué colores a mi culpa;
mas cuando anda a buscarse la disculpa,
o tarde o nunca llega,
más el delito afirma que le niega.
«Ven, dijo, hermana fiera,
de nuestro antiguo honor mancha primera;
dejaréte encerrada
donde segura estés y retirada,
hasta que cuerdo y sabio
de la ocasión me informe de mi agravio».
Entré donde los cielos
mejoraron, con verte, mis desvelos.
Por haberte querido,
fingida sombra de mi casa he sido;
por haberte estimado,
sepulcro vivo fui de mi cuidado;
porque no te quisiera,
quien el respeto a tu valor perdiera;
porque no te estimara,
quien su pasión dijera cara a cara.
Mi intento fue el quererte,
mi fin amarte, mi temor perderte,
mi miedo asegurarte,
mi vida obedecerte, mi alma hallarte,
mi deseo servirte
y mi llanto, en efecto, persuadirte
que mi daño repares,
que me valgas, me ayudes y me ampares.

Manuel. (*Aparte.*) (Hidras parecen las desdichas mías
al renacer de sus cenizas frías.
¿Qué haré en tan ciego abismo,
humano laberinto de mí mismo?
Hermana es de don Luis, cuando creía
que era dama. Si tanto (¡ay Dios!) sentía
ofenderle en el gusto,
¿qué será en el honor? ¡Tormento injusto!
Su hermana es; si pretendo
librarla y con mi sangre la defiendo,
remitiendo a mi acero su disculpa,
es ya mayor mi culpa,
pues es decir que he sido
traidor y que a su casa he ofendido,
pues en ella me halla.
Pues querer disculparme con culpalla
es decir que ella tiene
la culpa, y a mi honor no le conviene,
¿pues qué es lo que pretendo,
si es hacerme traidor si la defiendo;
si la dejo, villano;
si la guardo, mal huésped; inhumano
si a su hermano la entrego?
Soy mal amigo si a guardarla llego;
ingrato, si la libro, a un noble trato;
si no la libro, a un noble amor ingrato.
Pues de cualquier manera
mal puesto he de quedar, matando muera.)
No receles, señora; (*A doña Angela.*)
noble soy, y conmigo estás agora.

(*Llaman a la puerta.*)

Cosme. La puerta abren. (*Se dirige a doña Angela.*)

Manuel.   Nada temas
pues que mi valor te guarda.

Angela. Mi hermano es.

Manuel.   Segura estás.
Ponte luego a mis espaldas.

(*Sale don Luis.*)

Luis. Ya vuelvo. Pero ¿qué miro?

¡Traidora!... *(Amenazándola.)*

Manuel. Tened la espada,
señor don Luis. Yo os he estado
esperando en esta sala
desde que os fuisteis, y aquí
(sin saber cómo) esta dama
entró, que es hermana vuestra,
según dice, que palabra
os doy, como caballero,
que no la conozco, y basta
decir que engañado pude,
sin saber a quién, hablarla.
Yo la he de poner en salvo
a riesgo de vida y alma;
de suerte que nuestro duelo,
que había a puerta cerrada
de acabarse entre los dos,
a ser escándalo pasa.
En habiéndola librado,
yo volveré a la demanda
de nuestra pendencia, y pues
en quien sustenta su fama,
espada y honor han sido
armas de más importancia,
dejadme ir vos por honor,
pues yo os dejé ir por espada.

Luis. Yo fui por ella, mas sólo
para volver a postrarla
a vuestros pies, y cumpliendo
con la obligación pasada
en que entonces me pusisteis
pues que me dais nueva causa,
puedo ya reñir de nuevo.
Esa mujer es mi hermana;
no la ha de llevar ninguno
a mis ojos de su casa
sin ser su marido; así
si os empeñáis a llevarla,
con la mano podrá ser,

	pues con aquesa palabra
	podéis llevarla y volver,
	si queréis, a la demanda.
Manuel.	Volveré, pero advertido
	de tu prudencia y constancia,
	a sólo echarme a esos pies.
Luis.	Alza del suelo, levanta.
Manuel.	Y para cumplir mejor
	con la obligación jurada,
	a tu hermana doy la mano.

(Salen por una puerta doña Beatriz, Isabel y don Juan.)

Juan.	Si sólo el padrino falta,
	aquí estoy yo, que viniendo
	a donde dejé a mi hermana,
	el oíros me detuvo
	no salir a las desgracias
	como he salido a los gustos.
Beatriz.	Y pues con ellos se acaban,
	no se acaben sin terceros.
Juan.	Pues ¿tú, Beatriz, en mi casa?
Beatriz.	Nunca salí de ella; luego
	te podré decir la causa.
Juan.	Logremos esta ocasión,
	pues tan a voces nos llama.
Cosme.	¡Gracias a Dios que ya el duende
	se declaró! Dime: ¿estaba
	borracho? *(A don Manuel.)*
Manuel.	Si no lo estás,
	hoy con Isabel te casas.
Cosme.	Para estarlo fuera eso,
	mas no puedo.
Isabel.	¿Por qué causa?
Cosme.	Por no malograr el tiempo
	que en estas cosas se gasta,
	pudiéndolo aprovechar
	en pedir de nuestras faltas
	perdón, y humilde el autor
	os le pide a vuestras plantas.

Obras completas. Edición de Angel Valbuena Briones. Madrid: Aguilar, 1973.